2010年国家社会科学基金西部项目"胡塞尔哲学中的意义问题研究"（项目编号10XZX0008）

云南省哲学社会科学成果文库

# 胡塞尔哲学中的
# 意义问题研究

庄 威 \ 著

中国社会科学出版社

# 图书在版编目（CIP）数据

胡塞尔哲学中的意义问题研究／庄威著．—北京：中国社会科学出版社，2016.11

（云南省哲学社会科学成果文库）

ISBN 978-7-5161-9256-6

Ⅰ.①胡⋯ Ⅱ.①庄⋯ Ⅲ.①胡塞尔（Husserl,Edmund,1859—1938）—哲学思想—研究 Ⅳ.①B516.52

中国版本图书馆 CIP 数据核字（2016）第 266509 号

| | |
|---|---|
| 出 版 人 | 赵剑英 |
| 责任编辑 | 孙 萍 |
| 责任校对 | 胡新芳 |
| 责任印制 | 王 超 |

| | |
|---|---|
| 出 版 | 中国社会科学出版社 |
| 社 址 | 北京鼓楼西大街甲 158 号 |
| 邮 编 | 100720 |
| 网 址 | http://www.csspw.cn |
| 发 行 部 | 010-84083685 |
| 门 市 部 | 010-84029450 |
| 经 销 | 新华书店及其他书店 |
| 印刷装订 | 三河市君旺印务有限公司 |
| 版 次 | 2016 年 11 月第 1 版 |
| 印 次 | 2016 年 11 月第 1 次印刷 |
| 开 本 | 710×1000 1/16 |
| 印 张 | 31.75 |
| 插 页 | 2 |
| 字 数 | 503 千字 |
| 定 价 | 116.00 元 |

凡购买中国社会科学出版社图书，如有质量问题请与本社营销中心联系调换

电话：010-84083683

版权所有 侵权必究

# 前　言

国内对胡塞尔意义问题讨论的专著，笔者限于眼界只看到一部北京大学靳希平教授指导的郑辟瑞博士的博士论文《胡塞尔的意义理论》（其正式出版于2012年）。这个问题散见在一些论文和专著的相关问题中。当然，量（论文30多篇）是否能代表一切很难说。

郑辟瑞博士的论文《胡塞尔的意义理论》采用的是将胡塞尔和弗雷格以及英美分析哲学家相比较的写作方式，有启发性。但这种比较是否恰恰忽略了胡塞尔自身的思想特点？例如作者一开始就立即切进胡塞尔的含义问题，没有交代清楚为什么会有这个问题。这个问题的规定性来自何处？这也是笔者写作本书的一个重要的立场，因为这个论题的选择本身不正是可堪深思的？

倪梁康先生的《现象学及其效应——胡塞尔与当代德国哲学》至今仍十分具有价值，该书虽出版于十多年前，但书中分专题论述的不少内容仍很有价值。倪先生的论文集《现象学的始基》一书对于六个研究都有论述，第一、四研究直接和意义问题相关。对其他研究的分析对于笔者把握胡塞尔意义及其相关问题都有不小帮助。倪先生另一部论文集《意识的向度》涉及意义问题的篇目主要是《意识现象学的意向分析》（载倪梁康《意识的向度》，北京大学出版社2007年版），作者主要以感知的意义分析为例来说明胡塞尔对意识的意向分析的特色，分析得十分全面：材料、立义、质料、质性、立义形式、立义内容、意向对象，向先验现象学转变的动机等。由于主题的缘故没有分析表述的含义或意义问题。另外这篇论文还分析了胡塞尔主体间互识、共识问题所涉及的意义问题。

邓晓芒先生在张廷国教授的《重建经验世界——胡塞尔晚期思想研究》一书序言中引用书中文字指出了全书重点并做出了总结，"通过自我学，胡塞尔首先确立了作为存在意义先验起源的'先验自我'，并以此作为出发点建立起了'他我'的世界和'主体际性'的世界；通过生活世界理论，胡塞尔对近代以来的实证的自然科学进行了深刻的反思，并对自然科学世界、日常生活世界和原始生活世界做出了进一步的划分；通过逻辑谱系学，胡塞尔不仅进一步地批判了逻辑的心理主义倾向，而且更为重要的是，为经验世界的建构提供了一个纯粹理性的先验根据"，"这也是作者在本书中追踪胡塞尔晚期思路的一条主要线索"。《经验与判断》实际上已经将意义问题"融入"了胡塞尔的逻辑谱系学的具体论述当中。当然，这里的"融入"具体如何做到，笔者会给出一个解释。

魏敦友教授的《回返理性之源》一书第四章第二、三节的论述十分精彩。邓晓芒先生在该书序言中也突出了这一章的重要性。① 作者通过引证分析指出："意义本质上是构造性的，它使对象向我们呈现出来，因此，对象的存在方式也就是意义的存在方式。"② "意义的发现及其生成性展开，这是现象学的核心，几乎可以说，现象学就是意义论，但意义绝不是自在的存在者，决不能像柏拉图那样把'意义'（理念）理解为脱离现实世界的超验存在，相反，它正是构成现实世界的'语境'（context），因而它是一个彻底的功能概念，而非实体概念，是涌动着的生成体验之流本身，它是现实世界之所以可能的最终的而且是自明的根据。"③ 魏敦友教授认为意义是一个彻底的功能性概念，什么叫作"功能性"？这种功能又是什么？意义本质上是构造性的，这种构造性又如何理解？对象的存在方式也是意义的存在方式，又如何理解？魏敦友教授这里涉及的问题也需要给出进一步的阐释，笔者希望自己能做到。

朱刚的《本原与延异：德里达对本原形而上学的解构》对胡塞尔第一研究和德里达关于第一研究的批评（德里达在《声音与现象》中进行了这项批评）做了细致分析，涉及了意义问题。作者对于德里达思想的宏观把握

---

① 参见魏敦友《回返理性之源》，武汉大学出版社1999年版，序言第5页。
② 魏敦友：《回返理性之源》，武汉大学出版社1999年版，第158页。
③ 同上。

十分出色,即德里达并没有陷入到对于胡塞尔细节之处的纠缠当中,而是从胡塞尔的观点可能导致的自身抵牾之处入手,对胡塞尔所依托的在场形而上学背景进行解构。这是汉语学界对德里达《声音与现象》不多的有涉及的专著之一。德里达的关键步骤即他把握到符号的指示(Anzeigen)层面,这正是导致不可还原的返回、重复和差异的地方,意义或表述同样避不开这种差异、非理想性、非同一性的影响。而这种理想性乃是胡塞尔现象学对"本质"的追寻所要求的,显然它会受到这种非理想的影响。对于德里达对胡塞尔的批评学界有不同声音,在本书中的有关涉及体现了笔者自己的判定。

关于胡塞尔哲学中的意义问题的论文自20世纪80年代后期开始出现,总共三十几篇,笔者认为论述得系统化的只有不多的几篇:靳希平《胡塞尔语言哲学简介》(《辽宁大学学报》1989年第4期)、许艾琼《胡塞尔意义理论纵横》(《湖北大学学报》(哲学社会科学版)1990年第3期)、莫伟民《论胡塞尔的意义理论》(《复旦学报》(社会科学版)1992年第1期)、吴增定《意义与意向性——胡塞尔的意义学说研究》(《哲学研究》1999年第4期)、陈志远《胡塞尔〈逻辑研究〉的直观和意义》(《哲学研究》2007年第3期)。

靳希平教授注意到了莫汉蒂(J. N. Mohanty)的研究,认为"胡塞尔现象学语言学研究所关心的主要是语言的表达本身、思想的内容以及非经验的、先验的思维活动本身的内部机制或结构这三方面的问题"①。这是作者认为的胡塞尔意义理论的背景。作者简略地分析了第一研究的基本观点,但是没有对靠后章节进行分析。他注意到了第一研究中"为一般的感觉……规定分派意义"的理论,②还分析了意义充实的理论,意义的观念性,但是作者赞同因伽登把意义视为前谓词领域中的存在物,在笔者看来论述得不够充分和令人信服。作者认为胡塞尔的语言哲学处在包含心理过程、意向性意指行为、赋义行为、内心状态的表达行为、意义的充实行为等一系列心理或意识活动框架中,笔者认为这个理解粗略了些;但作者注意到了不同于胡塞尔现象学的分析哲学把语言的意义理解为一个事实而并不对这个事实的内在机

---

① 靳希平:《胡塞尔语言哲学简介》,《辽宁大学学报》1989年第4期,第63页。
② 同上书,第64页。

制进行分析，这是很有见地的；笔者认为作为意义问题必然会深入到对"意义"的产生机制的理解中来，这必然会将思考的范围伸展到心灵哲学的范围中来。

许艾琼希望通过分析胡塞尔语言哲学来阐明欧洲大陆语言哲学的独特风格。作者注意到了胡塞尔关于主观表达式和客观表达式的区分，但对胡塞尔意义理论的其他方面顾及得系统化不够，显得单薄。作者尝试将胡塞尔和皮尔士、弗雷格进行比较，提供了一些可尝试的角度，但其分析有些单薄。作者将胡塞尔的主观表达式和卡普南的指示词理论进行了比较，将前者视为对后者的本体论说明，这是值得借鉴的认识。总的来说，作者认为意义理论是语言哲学的核心，"胡塞尔不是以逻辑分析手段分析语言而是以精神哲学——意向性来解释语言……也是一种意义理论"[1]，这里的概括表明了胡塞尔隶属于大陆哲学传统的特征。作者的表述"也是一种意义理论"，这个提法指出了一种困惑，意义理论可能有若干种，从分析传统中的重要哲学家的文献上来看，意义理论似乎头绪万千。意义理论纷繁头绪的梳理，连同为什么会有意义这个问题的产生一样，也是笔者需要澄清的问题，这些枯燥抽象的思考本身会引领人思考这样的一个问题：意义究竟是什么？

莫伟民认为弗雷格之后语言哲学有英美和大陆两条线索，[2] 胡塞尔属于后者。作者认为胡塞尔的"意义"是行为的意义（在笔者看来这并不准确），弗雷格理解的"含义"同思想、精神有关，但这种关联在其思考中是松散的（作者没有阐明为何这样），因而错过了意向性概念。作者认为胡塞尔的含义是指称的中介，"把意向理解成被意义中介的关系"，即意向性理论是一种意义中介理论，并要分析意向行为的现象结构，这一观点将意义和意向性看作一个理论整体是一个很不错的提法。莫伟民分析了从《逻辑研究》到《观念1》意义理论的变化，他指出《逻辑研究》中的意向内容不同于《观念1》中的意向对象（Noema），前者是一个理想的或抽象的实体或类，后者不是类或本质而是内容的"相互关联物"。但是作者似乎没有说清意向内容和意向对象和含义的关系，时而将它们等同，时而又加以区别。

---

[1] 许艾琼：《胡塞尔意义理论纵横》，《湖北大学学报》（哲学社会科学版）1990年第3期，第63页。
[2] 参看莫伟民《论胡塞尔的意义理论》，《复旦学报》（社会科学版）1992年第1期，第105页。

作者把意向对象视为抽象实体，由此也把"意义"视为抽象实体是不妥的。① 作者最终将胡塞尔的意义理论看作和精神能力相关，认为意义或内涵和意向关联紧密，并受到人类心灵有限能力的约束。

吴增定也和许多作者那样从分析《逻辑研究·第一研究》开始，但是仍然简单地认为其中这个部分没有区分直观显现中被给予的意义和表述中的意义。不过作者把这个问题进行了合乎逻辑的解释，②显得比前面的作者更清晰。但笔者并不认为作者讲清楚了意向对象（Noema）和意义的关系，从而他无法对意义做出最终合理的结论。作者分析了《观念1》中胡塞尔关于直观和判断行为的意义的具体观点。作者注意到胡塞尔谈到高阶的行为（如判断）奠基于低阶行为（如素朴表象行为），但对对应这两种行为的意义的关系问题却没有详论，作者敏锐地认识到对这个问题的澄清涉及意义的发生现象学分析，并深入到对《形式与先验的逻辑》和《经验与判断》的考察，将命题判断追溯到前谓词的起源，这里是一个"源初的意义世界"③、"生活世界"。这里的考察线条比之前的作者清晰。笔者论文的安排也主要是依次遵循了这几本胡塞尔著作提供的信息。

陈志远的研究可以说是上述文章中最为深入细致的。作者专门研究了《逻辑研究》中胡塞尔对于直观中意义构成的观点，仔细清理了胡塞尔在几个研究中关于这一问题的相互矛盾或犹疑的地方。作者的基本结论是胡塞尔由于服从要获得纯粹逻辑学概念的直观明见性这一目的而强调表述优先性，故"几乎总是把含义性质的意义和表述联系起来，因而与其说他反对直观中的意义构成，不如说在术语上他反对直观中的逻辑学意义上的含义构成"④。作者认为这同时又有积极意义，可以看到直观中的意义不同于逻辑含义，前者的观念性地位是难于捉摸的，意义是混沌的甚至是前语言的。作者在细节上下了功夫，得出了一些值得注意的结论，比如充实意义定位不清、直观质料不具有表述行为质料的观念抽象的特征。实际上作者自己也注意到了胡塞

---

① 莫伟民：《论胡塞尔的意义理论》，《复旦学报》（社会科学版）1992年第1期，第110页。
② 参看吴增定《意义与意向性——胡塞尔的意义学说研究》，《哲学研究》1999年第4期，第69页。
③ 吴增定：《意义与意向性——胡塞尔的意义学说研究》，《哲学研究》1999年第4期，第73页。
④ 陈志远：《胡塞尔〈逻辑研究〉的直观和意义》，《哲学研究》2007年第3期，第74页。

尔在意义问题上的观点的发展变化，这就已经很容易解释《研究》中对于直观意义的理解的含混；最主要的问题在于对于纯粹逻辑学的理解，作者似乎将《研究》中贬抑直观意义归咎于纯粹逻辑学的目的，这种对纯粹逻辑学的理解是不妥当的，在这一前提下的论述基调就不准确了，因而将胡塞尔描述为犹疑不决的形象。在笔者看来，直观意义的问题只是一个胡塞尔思想的自然发展、成熟的问题，之所以《观念1》扩展了对意义的看法，这并非仅仅是把感知作为典型分析这么简单，而是对于纯粹逻辑学基础探源的自然结果，这和后来的逻辑谱系学构成一脉。作者也看到了《研究》中感知意义的问题蕴含着发生现象学的问题。另外，作者认为胡塞尔的第六研究中的真理学以表述和直观的二元分立为开端，是充实研究的前提，认为表述"篡夺了"直观的意义构成机制和意义给予功能，这种观点是误入歧途的；表述和直观间的上述关系被过分夸大了，没有从发生现象学上考虑（例如《经验与判断》中关于知性对象的理论中所包含的意义观点）；认为"真"只作为充实研究的前提的观点，还应当扩展覆盖到对胡塞尔后来在《观念1》《经验与判断》中的发展的理论观点，这样才能体现胡塞尔对该问题的研究的丰富性。

尽管不可避免地，笔者对上述汉语学界的学者的观点应作出出于学术礼节式的评判，但对这些作者仍有无法偿清的债务，这些前辈学者和同辈学人们为笔者构造了本书得以产生的文字空间和源头。

国外对这个问题的研究已经半个世纪，英美哲学家对此兴趣浓厚，论述得比较深刻系统。其中，J. N. Mohanty（J. N. 莫罕提）的 *Husserls Theory of Meaning*（《胡塞尔的意义理论》）几乎涉及了《逻辑研究》和《观念1》中的所有关键之处，体例上不是按胡塞尔著作提供的自然发展的顺序，而是分专题论述了胡塞尔意义及其相关的重要问题有些局限于和表述有关的意义问题。还有 Bell, D.（大卫·贝尔），对胡塞尔第一研究中以及《观念1》中的意义以及相关问题做了分析。笔者找到的直接相关的论文有：Bar-Hllel Yehhoshua（Y. B. 哈莱），Ernsrt Tugendhart（恩斯特·图根哈特），tr. by Peter McCormick（彼得·麦克科米克）和 Frederick A. Elliston（F. A. 埃里斯顿），Donn Welton（多恩·威尔特恩），J. N. Mohanty, Ronald Mcintyre（莫汉蒂，罗纳德·麦金泰尔）和 David Woodruff Smith（戴维·伍德鲁夫·史密斯），鲁道夫·贝奈特（Rudolf Bernet），P. 西蒙斯（Simons，P.）。其他为了完成本书的参考文献不再列举，可见后面的参考文献（尤其是贝奈特和威尔顿等人于2005年所编的 Edmund Husserl: Critical Assessment of Leading Philosophers 一至五卷，提供了大量而深入的研究论文）。另外，Dan Zahavi（丹·扎哈维）Husserl's Phenomenology 已被李忠伟翻译成中文。

莫汉蒂在 Husserls Theory of Meaning 中认为胡塞尔的"意义"是把握现象学的本质的工具或中介，认为胡塞尔对"意义"概念的使用是类似于奎因的"语义上行"（semantics acsend）的做法。在笔者看来，这就为理解胡塞尔的"意义"定下了一个准确的"基调"。莫伟民接受了这个观点。这种语义上行的定位和魏敦友的功能性定位是一致的。当然，在具体的情况下，胡塞尔的"意义"观点的展示是有差异的，作者注意到了。

贝尔所著 Husserl 十分精彩，尽管篇幅不大，但容纳了胡塞尔思想发展的关键处和难点。作者不赞同哲学家和胡塞尔的研究者们将胡塞尔和弗雷格相比较，尤其是将胡塞尔的意义理论同化到弗雷格意义——所指框架中的做法。① 这种处理笔者认为是恰当的。作者认为莫汉蒂，D. Welton 等人的作品中都存在这样的不恰当的处理。

扎哈维《胡塞尔的现象学》第一章第三节对"意义"有一个精练的阐释。② 另外，他把弗雷斯达尔、德雷弗斯、W. D. 史密斯和麦金泰尔等学者的观点称作加利福尼亚学派或西岸观点，而将索克洛夫斯基、鲁德蒙德等人的观点称作东岸理解。前者把意向对象看作意向活动和对象关系的中介的观念性意谓或者意义，③ 这是一种对胡塞尔意向性理论的弗雷格式理解。意向对象在这里成了一个中介性的观念性实体，是达到我们所意向的对象的工具。后者不认为意向对象能够理解为观念性意义、概念或命题，它不是主体和对象之间的中介，意向对象在他们这里被理解为现象学反思中的抽象环节，"不可能孤立地去讨论意向对象"④。扎哈维不认为胡塞尔现象学应当理

---

① Bell, D., Husserl, London and New York: Routledge, 1990, pp. 135–140.
② 参见［丹麦］扎哈维《胡塞尔的现象学》，陈忠伟译，上海译文出版社2007年版，第17—23页。
③ 同上书，第58页。
④ 同上书，第60页。

解为一种意义理论（如西岸理解认为的那样），他认为应当从胡塞尔本人的意图，即现象学作为先验哲学的形而上学本体论的角度去理解。扎哈维的分析十分有价值，对于哲学家阵营的不同取向做了很好的分类。笔者本人不认为扎哈维同情的东岸的观点十分可取（当然，这种理解更接近于胡塞尔本人的看法），同时也不赞同西岸弗雷格式的理解，而是希望借助更多的参照系和交叉理解（比如德里达、罗蒂和 D. 丹尼特等提供的观点）来看待意向对象和意义关系问题，拓展对这个问题的理解，力图让不同的观点都能找到自己的位置。

必须提到的还有道恩·威尔顿（Donn Welton）的《意义的起源：胡塞尔现象学出发点的批判性研究》及其《另类胡塞尔》。威尔顿注重材料考证，力图给出一个准确的胡塞尔的现象学形象。他对分析哲学家、解构主义者对胡塞尔的解读提出了质疑，认为他们的解读具有内在的一致性，构成了胡塞尔研究中的标准化解读。他更强调对胡塞尔未发表的手稿的阅读研究，从中他试图证明"胡塞尔在成体系的理论中，把现象学的'静态'分析同现象学的'动态生成'区分开来的时候，胡塞尔已经走出了'笛卡尔式表述'的领域之外"[1]。他认为胡塞尔是"第一位直接面对'诸上下文或者语境（context）问题'的先验哲学家"[2]。他考证出"在 20 世纪 20 年代动态生成才明显的提出，但是当胡塞尔谈及这些观点的时候，总会提及更早些时候的工作。比如在《观念 1》中，胡塞尔之所以完全排除任何时间性问题，并不是因为胡塞尔的这类研究尚不存在，而是因为，他的静态方法是对问题做共时性的、结构性的处理，所以是建立在将任何时间性机制的思考都悬置起来的基础之上。在我的著作中，我们将把早期著作中的这种区别和对时间问题的排除，理解为动态生成研究的看守者。我们认为，这些早期著作是胡塞尔已经开始草拟动态生成方法的基地。在早期，他已经勾画了这类研究的草图，然后加以扩大；到 20 年代全面展开。我们认为，不应该把后期的新文本中的研究工作同早期工作对立起来，实际上，这些后期工作在不断发生转变过程中，开辟着新的深度，尽管如此，它们仍然都是以胡塞尔已发表著

---

[1] ［美］D. 威尔顿：《另类胡塞尔——胡塞尔现象学的"标准化"和"非标准化"的解读》，靳希平、郑辟瑞译，《世界哲学》2008 年第 3 期，第 61 页。

[2] 同上。

作的工作为基础、为领域，而且还是对早期工作的支持"①。"胡塞尔思想的发展过程是一个反向沉积过程，不是从早期出发向上，沉淀建立后期的层次，而是从'上部'、从晚期出发，'向下'，渗透式地重新构建较早期的层次的过程。"② "我们进行的是拆解（Abbauen）的工作：有秩序地去披露在下面托着基础本身的那些层次，也可以说，去寻找基础得以成立的基底。如果依据我们的建议从事这项工作，那么动态生成现象学的引入就不是对静态工作框架的拒斥，也不是一种企图把原来编织物的碎片重新拼凑成篇的拼缀工作，而是对胡塞尔的'导论性的'静态分析立于其上的真正基础进行系统的、深入的分析工作。"③ Welton 对意义问题的研究也和他以上立场相关联，笔者十分欣赏其研究方法，在其 2003 年的论文 The Systematicity of Husserls Transcendental Philosophy［载 Bernet, R., Welton, D., Zavota, G.（ed.）, "*Edmund Husserl*: *Critical Assessment of Leading Philosophers*, Vol. II, London and New York: Routledge, 2005.］中体现了这一点。笔者在论文体系安排和对胡塞尔思想的发展问题上也较赞同 Welton 的立场，认为胡塞尔思想具有延续统一性，并且立足其早期作品《逻辑研究》并逐渐展示出胡塞尔意义问题的发展脉络。正当笔者忙于思索写作之时，威尔顿的《另类胡塞尔：先验现象学视角》被靳希平教授译出并于 2012 年 7 月出版，笔者在本书中也必须对这部作品做出回应。

对于这些外国学者，笔者在偿还债务之外还要添加上更多利息，本无清偿的一天。浅浅写下这些浮略的话，文献和时间上的亏欠，请读者原谅。

---

① ［美］D. 威尔顿：《另类胡塞尔——胡塞尔现象学的"标准化"和"非标准化"的解读》，靳希平、郑辟瑞译，《世界哲学》2008 年第 3 期，第 68 页。
② 同上书，第 69 页。
③ 同上。

# 目 录

引言:"意义"——一个须否定的主题 …………………………………（1）

## 第一部分　进入意义问题的背景澄清

**第一章　纯粹逻辑学** ………………………………………………（33）
　　第一节　什么是纯粹逻辑学 ………………………………………（33）
　　第二节　纯粹逻辑学的任务 ………………………………………（36）
　　第三节　其他说明：流形论、数学家和哲学家 ………………（46）

**第二章　本质学与现象学** …………………………………………（52）
　　第一节　本质和本质学 ……………………………………………（52）
　　第二节　本质的把握 ………………………………………………（54）
　　第三节　现象学和本质学 …………………………………………（56）

**第三章　反思和明证性** ……………………………………………（65）
　　第一节　反思 ………………………………………………………（65）
　　第二节　对胡塞尔明证性原则的诸评价 ………………………（69）

## 第四章 《逻辑研究》中的"意识"概念……………………（88）
第一节 "意识"概念所处的理论位置 ………………………（88）
第二节 胡塞尔看待意识的三种视角 ………………………（93）
第三节 意向性层面上的基本概念和问题之分析 …………（102）
第四节 围绕意向体验继续展开的诸问题分析 ……………（112）
第五节 意向内容 ……………………………………………（117）
第六节 对胡塞尔"意识"理论之模式的评价 ……………（126）

# 第二部分 胡塞尔哲学中意义问题的多重呈现

## 第五章 作为种类的意义：第一研究中的意义问题 ………（139）
第一节 意义问题提出的背景 ………………………………（139）
第二节 和意义相关的符号理论和德里达的批评 …………（142）
第三节 对表述行为的详细分析和作为种类的含义 ………（146）
第四节 分析哲学中和意义有关的指称和摹状词问题 ……（165）

## 第六章 一般对象和意义层面的转移：关于第二研究 ……（187）
第一节 一般对象与一般意识 ………………………………（188）
第二节 批判：一般之物或观念之物的存在 ………………（191）
第三节 抽象与注意力 ………………………………………（193）
第四节 抽象与代现（Reprsentation） ……………………（198）
第五节 关于休谟的抽象理论 ………………………………（202）
第六节 对各种抽象和抽象物的概念划分 …………………（206）

## 第七章 整体与部分和纯粹语法学：第三、四研究中的意义问题 …（210）
第一节 独立对象与不独立对象 ……………………………（211）
第二节 "分析性"及其问题 ………………………………（220）
第三节 关于整体与部分的纯粹形式之理论的构想及其他分析 …（233）

第四节　独立/不独立含义和纯粹语法学 ……………………………（243）

## 第八章　表象和意义：第五研究中的意义问题 ……………………（253）
第一节　单纯表象 ……………………………………………………（253）
第二节　判断和作为称谓行为的表象 ………………………………（265）
第三节　表象作为称谓行为和陈述行为的质性统一属 ……………（273）

## 第九章　意义与充实：第六研究中的意义问题 ……………………（287）
第一节　认识作为充实的综合及其诸阶段 …………………………（292）
第二节　客体化和充实层面上的探索 ………………………………（307）
第三节　认识阶段的现象学 …………………………………………（314）

## 第十章　意义的问题的存在论或发生学视角：《逻辑研究》之后 …（329）
第一节　《逻辑研究》之后胡塞尔思想的发展 ………………………（329）
第二节　《观念1》中的意义问题 ……………………………………（333）
第三节　《经验与判断》中的意义问题 ………………………………（343）

# 第三部分　哲学史所给出的自然回答：什么是意义？

## 第十一章　语言哲学中的意义理论群像或意义的幽灵学谱系 ………（353）
第一节　石里克论意义与证实 ………………………………………（354）
第二节　亨佩尔的有关认知意义的看法 ……………………………（369）
第三节　丘奇的内涵语义学 …………………………………………（375）
第四节　蒯因《本体论的相对性》中的"意义" ……………………（377）
第五节　戴维森有关意义的观点 ……………………………………（382）
第六节　达米特论意义理论 …………………………………………（390）
第七节　格赖斯《表达者的意义和意向》中的意义理论 …………（403）
第八节　素朴无辜的语义观与不妥协的境况概念 …………………（405）

## 第十二章　意义理论的批评者们 ……………………………………（412）
　第一节　意义理论的批评者1：斯特劳森论意义 ………………（412）
　第二节　意义理论的批评者2：普特南论意义 …………………（417）
　第三节　意义理论的批评者3：克里普克对意义批判性的反思……（427）

## 第十三章　意义究竟是什么：从海德格尔到心灵哲学 …………（436）
　第一节　海德格尔对于"意义是什么"的另类回答 ……………（436）
　第二节　心灵哲学背景下的意义空间 ……………………………（456）

**结语** ……………………………………………………………………（480）

**参考文献** ………………………………………………………………（483）

**后记** ……………………………………………………………………（489）

# 引言:"意义"——一个须否定的主题

意义是什么?一个词的意义是什么?这个"什么"显然不同于苹果、木头这样的物理事物。"意义"究竟是什么呢?是一个东西吗?一个抽象的东西?似乎不能这样简单赞同,因为在交往中我们能够理解说话者的话的意义或意思,我们不会认为理解"今天天气很好"需要什么"抽象",也不会说这句话的意思很抽象。但对于外行人来说"2 不是超越数"很抽象,对于知情者而言这句话不抽象。日常生活中还经常说例如"这部反映乡村教师的电影很有教育意义"等之类的话,这句话里的"意义"不是我们讨论的对象,这句话实际上是说:"这部电影对于陶冶和净化人们的思想道德很有裨益。"

如果人们打算研究"意义"这个本身性质还未确定的东西,一开始有的可能只是一个说法,可以说"意义"是一个概念,以便将它理解为一个研究对象的标题。黑格尔会认为"……(概念)不是僵硬的形式、现成的框架,而是'自由的原则',是'独立存在着的实体性的力量'"①。显然作为研究对象的一个标题,我们直接地暂时地还用不着上升到黑格尔式的哲学考虑中。如果借用弗雷格的概念词的理论(见下文),我们可以说"意义"是一个概念词,其外延是各类表达("拿破仑"、"液体"、"3 加 1 等于 4"、"因为今天下雨了,所以农夫很高兴"、"您来了!""或者"……),而其"所指"是"意义"概念本身或者说"意义"的意义、意义是什么,弗雷格并没有加以讨论。所以首先直觉告诉我们:要说清楚"意义"是什么是困

---

① 邓晓芒、赵林:《西方哲学史》,高等教育出版社 2005 年版,第 249 页。

难的。因此，笔者要把胡塞尔的本书和思想及其意义问题加括号悬搁起来，以便适时打开括号。

20世纪以来在哲学的语言转向潮流中的哲学家们对"意义"问题也非常关心。弗雷格、罗素、卡尔那普、维特根斯坦、奎因、戴维森、达米特、罗蒂……由于一开始便阅读胡塞尔现象学，笔者对上述这一串人物谈不上有专业的研究，但是，由于本书本身的范围，笔者必须将其纳入阅读和思考的范围内来。考虑到弗雷格及其开语言哲学的风气并为后来的分析哲学家提供了讨论框架和术语，在这引言里有必要回顾一下弗雷格的相关思想。

还是分析那篇已被视为经典的《意义与所指》（Sinn und Bedeutung/On Sense and Nominatum）。这一文献作者并不因其德国人的身份而被排除在英美分析传统之外。这篇文章是由讨论相等（equality）而引发的一系列争议问题而产生的。弗雷格一开始便问道："相等是一种关系吗？是对象之间的关系，还是对象的名字或符号之间的关系？"[①] 在《概念文字》中弗雷格采取了后一种说法，"对象"实际上一开始在这个传统中就被排除了，令这个传统内部感兴趣的是对象的名字或符号之间的关系。这个有趣的开头容易被人忽略，后面读者会发现胡塞尔所感兴趣的同样也不是对象之间的实在关系，而是和弗雷格有类似的先天关系。显然，a=a 和 a=b 有明显不同，前者是先天有效的，后者包含着知识的增益。对后者来说，a 和 b 只有在其所指称同一个东西的条件下，才具有这种相等关系，除了这种指称的条件要求外，知识的增加的那一部分意味着所指称的事物在表现方式上的差别，这种差别当然体现在符号的差异上，毕竟符号 a 不同于符号 b。这种表现方式上的差别，弗雷格称为"符号的意义（Sinn）"，他认为表现方式包含于符号中。弗雷格将符号和名字区别于概念或关系，并用以指作为专名出现的任何名称，是用来指称一个单独对象的，由若干词语和其他符号所组成。弗雷格认为完善的符号体系中每个表达式应当对应一个确定的意义，自然语言当然无法满足这个条件。他认为："人们或许会承认，每个作为专名出现、符合语法规则的表达式总有一种意义。但是这不等于说，与意义相应也有一个所指的东西。'距离地球最远的天体'这些词语有一种意义，但是它们是否也

---

[①] 陈波、韩林合主编：《逻辑与语言：分析哲学经典文选》，东方出版社2005年版，第115页。

有其所指，则大有疑问。'最弱的收敛级数'一词有一种意义，但是可以证明它并无所指，因为对每个给定的收敛级数来说，都能找到另一个更弱的收敛级数。把握了一种意义，我们并不能确保其必有所指。"①

显然，要注意到弗雷格这里已经表明意义是明显不同于且超出所指的，一个表达式、专名可以没有所指。"意义对于所指的超出"这一问题，在本书一开始还远没有展开其包含的丰富领域，这里仅向读者预告这个问题的出场需要在对语言、心智或意识的性质做出极力阐释之后才能完成，胡塞尔的意义问题会引导读者走向这个阐释。

对于 Sinn（意义），弗雷格在其经典文献中的阐述是有些烦琐的，这种烦琐愈加提示读者这个问题的复杂性。弗雷格说：

"须把符号的所指和意义同与之相关联的观念区别开来。如果一符号的所指是一可感的对象，那么我关于这个对象的观念就是一个内心的影像，这种影像是从对我过去的感官印象和我过去的内部与外部活动的记忆中产生的。这样的观念常常浸透了情感；其各个部分的明晰性各不相同而且变化不定。即使在同一个人那里，同一个观念也并不总是具有相同的意义。观念是主观的，此人的观念不是他人的观念。因此，在与同一意义相关联的诸观念间自然就产生了种种差异。画家、骑手和动物学家对'骠赛佛拉斯'（Bucephalus，亚历山大大帝的战马）这个名字大概会有不同的观念。观念和符号意义的本质区别即在于此，符号的意义可以为许多人所共有，因而不是个别心灵的一个部分或样态。因为我们不能否认，人类拥有一代一代流传下来的共同的思想财富。"②

弗雷格引入了"观念"。他认为观念还可以包括直接经验，如感官印象和感官活动本身，同时也可以把直接经验理解为包括任何可感知的或空间对象。在处理纷繁的心理经验时，引用这个词表明人们内心体验的复杂多样，是一种很自然且传统的处理，如洛克、休谟的用法。但借此突出"意义"的非主观性则令人生疑，因为上述引文弗雷格借助传统来表明意义作为一种共同财富，这显然缺乏说服力，"自然对数"不可能对于我们所有的人而言

---

① 陈波、韩林合主编：《逻辑与语言：分析哲学经典文选》，东方出版社2005年版，第117—118页。
② 同上书，第118—119页。

都具有同样的财富价值，但对每个人而言难道这个专名没有意义而仅只对应每个人的观念？弗雷格坚持了意义的非主观性，认为它介于所指和观念之间，观念完全是主观的，意义则不是，同时也不是对象。

弗雷格想通过一个比喻来表明上述三者的关系。用望远镜观察月亮得到三样东西：月亮、望远镜中物镜所投射在望远镜内的实际影像和观察者视网膜上的影像。第一个东西就相当于所指，第二个就相当于意义，第三个相当于观念或直接经验；"望远镜里的光学影像确实是片面的，而且依赖于观察者的着眼点；但是它仍然是客观的，因为它可被许多观察者所利用"[①]。这种片面的光学影像用来类比意义，是不是意义也是片面的？它的客观性具有一种片面性？这如何理解？是指这种客观性如物镜上的光学影像般索然无用？假如人们再去观察物镜上的光学影像呢？可以假定，物镜上有一个影像，可一旦被人看到这个影像的理想性会在何处呢？仔细推敲着各类比，我们会惊奇地发现，意义的客观性简直是无法观测的，只存在于推理中。武汉大学哲学学院赵林教授曾调侃：假如观察者戴了一副眼镜，则是否可以说意义也在眼镜镜片上呢？如果我们还记得弗雷格写作这篇文章的原因正由是要处理"意义"问题而引出的，但从此处开始，他却开始"告别"意义，这种告别的不同形态我们可以在后文所涉及的哲学家的文本中多次看到，也包括胡塞尔在内。

弗雷格在此处还延伸了上述类比，他谈到了观念如何作为对象："假定使 A 的视网膜影像可为 B 所见，或 A 可以在镜子中看到自己视网膜上的影像，由此我们还可以进一步进行这种类比。这样我们也许可以指明一个观念本身如何能够被当做对象，但是，纵然如此，观察者所看到的也决不会是具有这个观念的人所直接看到的东西。不过，继续讨论这个问题，我们就会走入歧途了。"[②]

不想走入歧途的弗雷格看到了这样一种复杂性，即观念能否在主体间交流的问题，他想到了镜子反射的类比，但无论如何观察者通过镜中反射所看到的正在经历体验的当事者的视网膜图像的镜中图像，必定仍不同于当事者

---

[①] 陈波、韩林合主编：《逻辑与语言：分析哲学经典文选》，东方出版社 2005 年版，第 120 页。
[②] 同上。

自己在镜中所看到的。当然，镜子所带来的增殖，让这个比喻衍生出大量的问题，例如，镜面上的影像难道不就成了"意义"，如果继续采用望远镜的类比的话；所以，弗雷格这里的镜子类比在笔者看来讨论的并非是"观念"如何成为对象。另外，按照弗雷格对观念的定义，它既然被限定为主观第一人称，逻辑上则根本无法成为可公共交流的对象。当然，笔者对弗雷格这一经典文献的解读恰好是要从这里的未曾展开歧途开始，讨论分叉的可能性。分析哲学的文献给出了主流的解读，但是展开歧途和分叉，对于传统和主题提供不同的参照系，这是笔者想做的。

弗雷格本人对于"歧途"的回避是有目的的，这种目的恰好揭示了循着小分岔路可以通向的不同目的。在走向正途之前，弗雷格开始在岔路口告别："现在，我们可以认识到在语词、表达式或整个语句之间有三层区别。这种区别最多不过与观念有关，或者与意义而非所指有关，或者最后也会与所指有关。关于第一层区别，我们要注意，由于观念和语词无确定联系，此人所把握的区别他人可能并未发现。翻译和原文之间的区别当然不会超出这第一层区别。诗人之雕词琢句力图使其意义既富有色彩，又婉约含蓄，也属于这层区别。这种诗意的渲染和蓄隐不是客观的东西，而是要由各个听众和读者按照诗人或讲说者的暗示去体会的。人的观念如无某种相似之处，就绝不可能有艺术；但是我们永远不可能精确地判定诗人的意图在多大程度上被领悟了。"①

弗雷格告别了词语、表达式和语句的主观观念层次，当然，如读者所看到的，他关于意义的客观性的问题并没能真正澄清，他如何能真正作别含混？弗雷格没有处理。

和含糊性挥别之后，弗雷格才开始像众多文献所常作为论述弗雷格思想一开始所做的那样论及专名，但弗雷格是简单带过从而想尽快进入对句子的讨论。对于专名，他提出自认为简短而确切的公式：

"专名（语词，符号，符号组合，表达式）表达其意义，意指或指称其所指。我们使用符号来表达其意义并指称其所指。"②

---

① 陈波、韩林合主编：《逻辑与语言：分析哲学经典文选》，东方出版社2005年版，第120页。
② 同上书，第121页。

对于陈述句而言，弗雷格引入了"思想"（Denken/thought，费格尔的英文译作 proposition"命题"，有点刻意地去处理了），认为每一个陈述句均包含着一个思想。他在脚注中规定了自己对"思想"的使用："我不把思想理解为思维的主观活动，而是理解为思维的客观内容，这种内容可以成为许多思想者的共同财富。"①

弗雷格认为思想也便是陈述句的意义，是客观的。在此处便出现了著名的关于晨星昏星的例子。"晨星是被太阳照耀发光的天体"和"昏星是被太阳照耀发光的天体"，这两个句子表达了不同的思想，思想不可能是句子的所指。弗雷格承认如果不想超出思想的范围，那么只了解意义也就可以了，但是正是出于对于句子的真或真值的关注，此时仅有思想是不够的。所以弗雷格斩断了对于文学虚构、诗歌等句子的关注："例如，在听一首叙事诗时，除了其语言的和谐，我们感兴趣的就只是那些诗句的意义及其激发的想象和情感。关于真理的问题，我们则应该采取科学研究的态度而撇开美学的欣赏态度。因此，例如，只要我们把《奥德赛》这部史诗看作一种艺术作品，'奥德修斯'这个名字有无所指，就是与我们不相干的事了。正是对真理的追求驱使我们总是从意义进而探究所指。"②

所以，对于句子所指为其真值的违反日常人们习惯的规定具有强烈的个人指派性。当然，弗雷格的这种处理是为了其逻辑学旨趣。但是，就其所关注的意义问题而言，弗雷格实际上是忽略了。意义的主题被对逻辑学和所指的兴趣取代了。因此当弗雷格在一个脚注中谈及——"若能以一种特殊的术语来表示仅仅具有意义［而无所指］的符号，当然是求之不得的。如果我们称它们为'模像'（representation），那么演员的舞台语就是模相，而演员本身也是一模像"③。——就不令人觉得奇怪了，因为他已经没有从常识来看一个句子了。艺术虚构的所有表达都被模像这一奇特用法所专门囊括。意义或思想领域弗雷格已经将之与真值领域隔绝："我们把主词和谓词结合起来，仅仅达到一个思想，而决未从意义过渡到所指，决未从一个思想推移到它的真值。……真值不可能是思想的一个部分，正像（例如）太阳不可能是思想的一部分一样，

---

① 陈波、韩林合主编：《逻辑与语言：分析哲学经典文选》，东方出版社 2005 年版，第 121 页。
② 同上书，第 122—123 页。
③ 同上书，第 123 页。

因为它不是一种意义而是一个对象。"①所以，笔者不得不再次确认弗雷格不再讨论意义问题，而关注对象和真；意义在弗雷格那里总是离题的，但这种离题又总是犹犹豫豫，意义又不可废除，在需要它时甚至是随叫随到。弗雷格又不可能在逻辑形式之外考虑一般句子时完全撇开思想或意义，因为如果只关注所指，句子中的一切特殊的东西就都被抹掉了：

"我们决不可能只注意句子的所指，但是只有思想也不能提供知识，只有思想及其所指即其真值一起才给我们以知识。可以把判断看作从思想前进到真值。可以把判断看作从思想前进到真值，这自然不可能是判断的定义。判断是某种特殊的无可相比的东西。人们也许会说，判断是在真值范围内对部分的区分。这种区分是通过再回到思想而做出的。"②

所以弗雷格要引入"判断"以便在陈述句中保持意义和真值的心理主义关联。对于意义和所指，弗雷格标记了一种概念地形学，一种反常识的分界得到大多数奉弗雷格为鼻祖的分析哲学家们的遵循。就意义问题而言，挥别意义只是一个假象或者一种姿态，或者说这里产生了一种"意义的幽灵学"，读者在后面的内容中还可以看到这个意义幽灵学谱系可以置入无数文献。

接下来，一种分析哲学和逻辑学文献中一般加以概述的弗雷格关于真值替换的分析的论述展开了：一个句子包含另外一个句子作为它的部分，其真值在这个部分被另一个具有相同真值的句子替换时，必然保持不变。不过马上，弗雷格就注意到在间接引语中其语词不具有通常在陈述句直接陈述中的所指，在直接引语中一个句子指称另一个句子，在间接引语中则指称思想。由此，弗雷格开始考察从属句或子句的考察。他首先可以假定的是从属句的意义并非一个独立的思想。他认为由"that"引出的抽象子句包含的间接引语即从属子句的所指并非是真值，而是思想，且不是直陈句中所指意义上的思想，而是以"什么什么这个思想"（the thought that）一语的意义为其意义，这个意义又是整个复合句所表达的思想的一部分。

弗雷格非常仔细地具体区分了从属句的不同类型，第一种类型是跟在

---

① 陈波、韩林合主编：《逻辑与语言：分析哲学经典文选》，东方出版社2005年版，第124页。
② 同上。

"说到"、"听到"、"认为"、"相信"、"断定"之类的语词后面的从属句，其所指就是"思想"即意义。所以在间接引语的问题上，意义作为所指，不过这的确有点不好理解。弗雷格说，在这样的复合句中，"从属句的一个表达式不允许代之以另一个具有通常相同所指的表达式，而只能代之以具有相同的间接所指的表达式，即具有通常相同意义的表达式"①。但是，笔者已指出在论述论文的写作缘由时，弗雷格分明认为 a=b 和 a=a 揭示出来的一个问题是，符号或者表达式的不同意味着意义的不同，这样一来对于间接引语的上述类型而言不存在同义替换，因为相同的间接所指（即意义或思想）只体现在符号表达式的形式的全等上。所以在间接引语的分析中，同义替换无法实现。

在第一种类型的从属句分析下，弗雷格又给出了如下例子，例如"哥伦布从地球是圆的推论出它能够通过向西航行到达印度"这个句子有两个思想——地球是圆的和哥伦布通过向西航行能够到达印度——作为其部分的所指。哥伦布所确信的这两个思想，前者是后者的确信根据。但在这里无法用具有相同所指的表达式替换"地球"，这种替换对句子的真假有影响，但是整个句子的真却不依赖于上述两个思想是否为真，而在于哥伦布是否确信有上述关系，所以弗雷格相信这里必须涉及的是从属句子的间接所指即"思想"或"意义"。在此处意义根本无法消抹。另外类似的情况还有：

"由'为了……'开头的目的状语子句也是如此，因为目的显然是一个思想，所以这种虚拟语气的句子具有间接所指。

"用'命令'、'要求'、'禁止'带出的从属句会作为祈使句出现在直接谈话中。这样的句子只有意义而无所指。一个命令、一个要求确实不是思想，但是它们与思想处于同一层次。因此在带有'命令'、'要求'等等的从属句中，语词具有间接所指。……

"用'怀疑是否……'（doubt whether）、'不知……什么'（not to know what）之类的短语表示的附属问句，也有类似的情形。"②

对于前面的这些例子弗雷格认为在其中，"从属句可被看作一个名词，

---

① 陈波、韩林合主编：《逻辑与语言：分析哲学经典文选》，东方出版社 2005 年版，第 126 页。
② 同上书，第 128 页。

我们的确可以说：它是它在句子结构的语境中所代表的那个思想、那个命令等等的专名"[1]。按照他对专名的处理，专名具有意义和所指，则一个从属句子的所指就整句而言乃是其间接所指即意义，而直接所指在这里似乎没有起任何作用。这里充满了复杂性。所以笔者有时会怀疑弗雷格的这篇文章的严肃性——除了给逻辑学的技术处理带来方便和影响之外，除了提供一组令人迷惑的论题之外，似乎缺乏必要的清晰性。在本书的开头处，笔者及读者便要面对这样的困惑。貌似得出清晰结论的阅读者，笔者不禁会怀疑其是否保持了清晰的头脑。

弗雷格继续保持着其对从属句的进一步观察，他又发现了一种和前述第一种情形（即间接所指）完全不同的情形，"在这些从属句中的语词确有其通常的所指，然而并没有一个思想作为从属句的意义，也没有一个真值作为其所指"[2]。例如"凡是发现了行星轨道为椭圆形的人都死于贫困"。这里的从属句"凡是……的人"不能在一个独立的句子中加以表达，如果从属句的意义是一个思想的话，弗雷格认为显然不行，因为从属句的语法主词 whoever 没有独立的意义，它只是联系后面的子句"死于贫困"的媒介。弗雷格认为此处从属句的意义不是一个完全的思想，其所指既非真值也非思想而是开普勒（历史上开普勒发现了行星轨道为圆形且死于贫困）。

罗素——待会儿读者会来到他的文本面前——可能会将此处的从属句看作摹状词或者一个描述，即曾经有过某人，他最早发现了行星轨道为圆形。弗雷格则认为如果以此来表明整个句子的意义确实包含这样一个思想当然可以这么认为，但其原因只是在于避免若不如此则从属句就会无指称的情况。在他看来，断定任何事物都需要这样一个前提，即用来断定的无论简单还是复杂的专名都应该有所指。所以如果句子"开普勒死于贫困"是一个断言，则预先假定了"开普勒"有所指称，但弗雷格认为由此不能推出句子"开普勒死于贫困"的意义包含了"开普勒"这个名字指称某物这样一个思想。假如上述句子的意义包含了开普勒指称某人的话，则这个句子的否定就不再是"开普勒未死于贫困"，而是"开普勒未死于贫困，或者'开普勒'这个

---

[1] 陈波、韩林合主编：《逻辑与语言：分析哲学经典文选》，东方出版社 2005 年版，第 128 页。
[2] 同上。

名字没有所指"。显然，这里对句子的否定的处理弗雷格没有考虑所指的问题，而是对句子意义或思想的否定。所以，在这里读者不会感到一点形式逻辑上的技术处理，而是感到弗雷格深陷意义问题中。所以如果罗素用摹状词改写上述例子，我们可以猜想弗雷格会做何回应，弗雷格会认为这样的改写改变了原来句子的意义，这是他所不允许的。但是，意义究竟为何物仍处于分析的空白中。可惜我们看不到弗雷格会如何评判罗素的文本。

伴随着对这个例子的分析弗雷格再次表达了他对自然语言的天然缺陷的遗憾："各种语言都有一个缺陷，它们都包含一些并不指称对象的表达式（尽管这些表达式的语法形式似乎使它们适用于这个目的），因为表达式是否指称对象取决于某个句子的真假。"①

这里弗雷格又出现了对意义的离题，而转到真假问题上来了。真假导致所指的存在与否，由此会将意义加以精确化；但我们分明看到意义已超出所指和真的范围了。这种明显的离题伴随着弗雷格对于逻辑上完善语言的要求，他再次对意义问题不予理睬：

"一种逻辑上完善的语言（概念文字）应当满足这样一些条件：每个由已经引进的符号在语法上正确构成专名的表达式事实上都指称一个对象，而且任何不能保证有其所指的新符号都不作为专名加以引进。逻辑书都告诫人们要避免由于表达含混而引起逻辑错误。我认为告诫人们避免使用没有任何所指的貌似的专名，也是恰当的。……'民意'一词可作为一个例子；因为不难确定，这个词无论如何没有一个为人们普遍承认的所指。因此，至少在科学上断然消除这些错误的根源，决不是无关紧要的。这样，像上面讨论过的那类诘难就不可能有了，因为专名之是否具有所指，决不会取决于一个思想的真假。"②

不过，逻辑学书籍并没有告诉我们究竟如何理解意义。也许依靠逻辑工具的分析传统根本就没有处理意义问题。于是，奇怪的现象就出现了，意义问题不是意义问题，意义问题并不谈论意义。关于这一点笔者斗胆认为在所有标记为意义问题或理论的论文中都莫不如此。一旦脱离逻辑学上

---

① 陈波、韩林合主编：《逻辑与语言：分析哲学经典文选》，东方出版社2005年版，第129页。
② 同上书，第130页。

的精确所指的考虑,一旦对自然语言的句例进行分析,弗雷格须臾离不了请回"意义"。

以上弗雷格考察的是名词子句的情形,接下来他开始结合形容词字句和副词子句一并考察。例如"4 的那个小于 0 的平方根",词句的形容词子句为"which is smaller than 0",弗雷格认为这样的形容词子句和名词子句一样不可能以一个思想为其意义,也不可能以一个真值为其所指,因为"这里正如名词子句的情形一样,没有独立的主语,因而不可能在一个独立句中再现从属句的意义"①。

弗雷格进入到对于不同情形的丛林般不同子句情形的分析中,下面他考察的是关于地点和时间的副词子句的情况。同样地,副词子句本身也可构造为一个专名,因为时间和地点都可以看作对象,所以关于它们的语言上的名称都可以看作专名。理由同上,这种表示时间或地点的副词子句成分只是由一个关系代词或连词表示出来,也不可能具有独立的意义。此处,弗雷格给出的例句是"在石勒苏益格—荷尔施泰因被从丹麦分割出来之后,普鲁士和奥地利争吵不和"(After Schleswig Holstein was sepeated from Denmark, Prussia and Austria qurrelled)。弗雷格认为,"石勒苏益格—荷尔施泰因曾从丹麦分割出来"这个思想不是子句所含的意义,但是为了要让子句"在石勒苏益格—荷尔施泰因被从丹麦分割出来之后"有所指(因为无法理解子句是空洞无物的),则要认为这个思想是子句的所指。所以,至此可以问从属句在以上的列举到的名词、形容词和副词子句究竟包含意义或思想没有呢?弗雷格说清楚这个问题没有呢?笔者认为没有。弗雷格在这些场合表达的是这样的一贯说法,即并没有一个思想作为从属句的意义,也没有一个真值作为其所指。但是从属句却有一个作为所指的思想,或者作为所指的意义,从属句所不具备的意义或思想是一般直陈句独自就能拥有的完整意义。难怪罗素会非常不满弗雷格所指和意义的这一基本划分。为了一种完整性和尽量留下对弗雷格文本的足够印象,笔者将继续深入子句分析的丛林深处,弗雷格认为从属句或子句的意义不可能在整个句子中表达出来,"因为这个意义并不是一个完整的思想",但又必须认为它有"思想"或"意义"以维系其所

---

① 陈波、韩林合主编:《逻辑与语言:分析哲学经典文选》,东方出版社 2005 年版,第 131 页。

指,他说:"主句的意义也不是一个思想:只有主句和从属句组成的那个整体才具有这样一种意义。"①

为上述思想所覆盖的还有不少情况。例如按照弗雷格所说以现在时表示的把一瞬的时间既在前件子句又在后件子句中不确定地指示出来的条件子句:"当太阳位于北回归线时,在北半球上就出现了最长的白昼。"从属句的意义也并非一个完全的思想。

阅读弗雷格的这篇文章到此处附近的读者,在下文中却发现了例外,因为弗雷格的细致考察又揭示出有一些情况"大不相同"。情况之一:如果两个子句的共同成分是由一个专名所指称的,则从属句的所指依然是真值并且自身以一个完全的思想为意义。他举的例子是:"已清楚看到其右翼受到威胁的拿破仑亲率禁卫军进攻敌人的阵地"(Napolen, who recongrized the danger to his right flank, himself led his guards against the enemy position)。弗雷格说这个句子中表达了两个思想:"拿破仑清楚地看到其右翼受到威胁"和"拿破仑亲率禁卫军攻入敌人的阵地"。他认为这个句子不带任何含糊的同时断言了两个分句,因此从属句以一个完全的思想为其意义,从属句的所指因而也就是一个真值,"因此我们可以料想,这个从属句可代之以一个具有相同真值的句子而无害于整个句子的真值"②。

另一种大不相同的情况的例子是用"although"(尽管、虽然)开头的从属句,它也表达了自身完全的思想。的确,这样的让步句子的从属句可以用具有相同真值的句子替换而不妨碍整个句子的真值。

紧接着,弗雷格讨论了当代逻辑学教科书例示蕴涵式时时常列举的条件句,"如果太阳已经升起,则天空阴云密布"(If the sun has already risen, the sky is very cloudy)。现代读者此刻或许已经逐渐注意一种年代差异弥漫在这篇文献中,弗雷格写下的对这个例子的分析和当代逻辑学教科书的分析很不一样,这种并非轻微的阅读的年代错乱需要读者自行纠正;弗雷格此时还是依然从对作为自然的日常的这个例句进行首先是语言上的分析。弗雷格充分意识到了日常语言的分析和考虑真值的逻辑学分析的差异:

---

① 陈波、韩林合主编:《逻辑与语言:分析哲学经典文选》,东方出版2005年版,第132—133页。
② 同上书,第133页。

"这个句子中,时态是现在时,就是说,时间是确定的。地点也可以认为是确定的。这里我们可以说,已经断定了前件子句和后件子句的真值间的一种关系,即没有出现前件真后件假的情况。因此,即使太阳还没有升起,不论天空是否阴云密布,这个句子也是真的。因为这里讨论的只是真值,每个分句都可以另一个具有相同真值的子句代替而并不改变整个句子的真值。当然,在这种情况下对这个问题的说明常常是不适当的;思想很可能好像是空洞的;但是这与其真值无关。我们必须经常注意,从属的思想有其言外之意,不过没有明白表达出来,因此不应列入意义之内。因此,也不必考虑它们的真值。"[1]

所以,上述条件句的分析细致展示了作为逻辑学家的弗雷格关注真值的细致心理活动,关注真值让上述句子中的思想显得似乎无足轻重。因此,弗雷格的这种细致分析大概感染到了哲学家们,笔者猜测这样一种琐碎又伴随着一种带有常识感的细致分析是否是这篇文章归为分析哲学经典的原因之一。不过无论如何,对于意义的主题而言,弗雷格再次偏题。意义(思想)在这里因为明确的逻辑学主题而显得无足轻重,它本身甚至被排除到分析的用力处之外。

所以,笔者不禁对一切关于弗雷格的转述的二手分析结论感到不安。弗雷格的这篇归为语言哲学标题下的吸引了哲学家兴趣的(或许偏于计算风格的逻辑学家并不感兴趣)经典文献似乎只是在对日常语言做一些带有个人化术语偏好的分析。

弗雷格的细致论述还没有结束,他又看到了这样一种情况:从属句的思想是属于完整句子的意义,还是紧紧伴随着句子的意义,还要依情况而定。如前例"已清楚看到其右翼受到威胁的拿破仑亲率禁卫军进攻敌人的阵地",它可能不仅表达了前述中的两个思想,而且还可能包含着"认识到危险乃是拿破仑攻入敌阵的原因"这样一个思想,这就是伴随着整个句子的一种思想,但是否这个伴随思想被真地表达还是略加暗示,人们拿不准。如果用具有同样真值的"拿破仑已经45岁开外了"替代子句"拿破仑已清楚看到其右翼受到威胁",当然子句和整个句子的思想要变化,同时替换之前的

---

[1] 陈波、韩林合主编:《逻辑与语言:分析哲学经典文选》,东方出版社2005年版,第135页。

伴随思想的真值也可能改变——"这就表明在这种情况下具有相同真值的子句何以不能永远相互替换。一个子句通过它与其他子句的联系表达的东西比它单独表达的东西更多"①。

这里略去弗雷格后面不多的分析，他总之是认为要穷尽语言所提供的一切可能性是困难的，但是他希望他已经说清楚了一个从属句不能被永远代之以另一个具有相同真值的从属句而不损害整个句子的真值的理由。最后弗雷格认为尽管在纷繁复杂的子句讨论中存在着所指和思想关系的复杂性，但就完整的句子（而不是子句）而言真值还是其所指，而思想是其意义。

难道他的结论不充满局限性吗？假如子句的所指乃是思想或不独立的思想的话，那么这个不独立的思想本身又是什么呢？罗素可能不满其分析的烦琐反复，但是就弗雷格本人的论说而言，其结论还是自得圆满。整篇文献只是在子句问题上充满纷繁可能性。但是始终有一个问题没有得到追问，即意义或思想究竟是什么呢？这个哲学上的幽灵谁来给回答呢？胡塞尔也没有给出答案，因而也处在这个意义幽灵学的谱系之中。

弗雷格之所以做出这种构造和分析，是和他在其著作《概念文字》中建立逻辑演算系统有关。概念文字（Begriffschrift）实际上就是一种形式语言，弗雷格用它来建立逻辑演算系统。构造概念文字时，弗雷格引入了函数和自变元之后就产生了代入或替换的问题。自变元是函数的一部分，自变元的变化影响函数的取值，带入等值的自变元函数值不变。这样就很容易理解之前的对于一般语言的分析乃是形式语言研究结果的推广。对于从句而言情况比较复杂，但基本处理还是根据形式语言的探究结果来进行，弗雷格依然认为把一个从句代之以另一个具有同样真值的从句，并不总是损害整个主从复合句的真值。笔者认为对于这一类型的从句的意义的分析并没有增加任何对意义的理解。

句子的组成除了专名、从句还有概念词或者概念。概念词也有意义和所指，但弗雷格认为概念词的所指就是概念本身，而不是概念词的外延即隶属于此概念之下的对象。弗雷格把概念词看作带有自变元的函数，它的值总是为真。概念词和函数的性质类似，一个函数总是带有至少一个空位，需要由

---

① 陈波、韩林合主编：《逻辑与语言：分析哲学经典文选》，东方出版社2005年版，第136页。

自变元来填充，因此函数是不饱和、不满足的或需要补充的，须自变元来补充函数才能得到函数的值。概念词则需要专名来补充才是饱和或满足的，这样的情形下概念就有一个为真的值。函数可以有好几个变元，概念词也类似含有两个或多个需要填充的空位。由此可以看到概念词和专名的区别，相应于函数的不饱和的性质在概念那里可以叫作谓述性质。即使是概念词处在语法中的主语位置也同样具有谓述性质。

刚才对弗雷格的基本思考粗略地一览，需要记住的是弗雷格谈论所指，将句子、概念与函数的结构和性质进行类比，实际上是引入了新的语言分析工具，属于他建立的形式语言和逻辑演算系统的理论成果。我们看到无论是专名、句子还是概念词，其"意义"在弗雷格那里都没有像所指那样得到明确而具体的分析，而是直接地使用了这个概念。

在打开胡塞尔意义问题的括号之前，仍要继续看看作为分析哲学经典源头的一篇论文，来看看罗素的经典文献《论指称》中对意义的看法。笔者认为他的处理不仅加强了弗雷格那里已经表达出来的对追问"意义"本身究竟是什么这一问题的离题，而且干脆创造出了所指或者指称这一分析哲学文献上的重要论题。这一初次发表在 1905 年《心灵》上的文献大概折磨过和仍在折磨大量的哲学读者。《逻辑与知识》的编者提到当时："《心灵》的编者 G. F. 斯托特（Stout）教授虽然认为这篇论文既奇异又不合常规，但他终究还是做出了刊登该文的正确决定。究竟会有多少读者能理解着这篇文章仍然是不得而知的。"① 当然，笔者不打算完全考察其摹状词理论，而是要努力回顾罗素对"意义"的处理。这种偏题的解读对本书的进行十分必要，读者会发现意义如何在罗素那里造成一种哲学讨论模式的生发点。

当然正如文献名称所示，罗素处理的是指称词组 denotation 的意义。和弗雷格的细致分析从属子句一样，罗素也好像语法学家一样划定了指称词组的范围和特点，当然他说是缘于逻辑和数学乃至知识论上的重要性。认识论上的抱负不可忽视，按照罗素的术语，大量的知识并非来自亲知，而是通过摹状词或者说通过指称词组来达到，大量抽象的思想过程都不是依赖于亲知来完成的，罗素甚至还提到了对他人心灵的间接知识也是通过指称才能获得

---

① ［英］罗素：《逻辑与知识》，苑莉均译，商务印书馆 1996 年版，第 47 页。

的。所以讨论指称可能对应着整个人类知识之形式的解释。看看罗素所列举的指称词组的例子便可以看到这类词组涵盖人类可能的表达范围的宽广:"一个人、某个人、任何人、每个人、所有人、当今的英国国王、当今的法国国王、在二十世纪第一瞬间太阳系的质量中心、地球围绕太阳的旋转、太阳围绕地球的旋转。"①

读过这篇文章的读者大概会记得罗素对指称词组的令人难忘的逻辑学改写,这里笔者不再复述其形式,罗素的改写是想给出和提倡这样一种指称理论的原则:"指称词组本身不具有任何意义,但在词语表达式中出现指称词组的每个命题都有意义。"②罗素首先平静地展示了这种看起来反常的适用范围极广的改写,五页之后,他开始说明这种改写的必要何在。当然,哲学系学生们有些可能还记得他的目的,这种改写之必要是为了避免一些困难,如果将未改写的指称词组当作其在命题中的真正成分就会产生这些困难。克服这些困难,看起来是罗素这篇文章的主要目的。接下来,罗素指出了迈农和弗雷格的理论碰到的困难。

罗素主张不把指称词组看作命题的真正的成分,相反的但符合常识直观的是迈农的理论。迈农主张只要语法正确,指称词组都可以视为代表了一个对象。例如"圆的方",它也代表了一个对象,即使该对象并不实存(subsist)。罗素认为这是背理的,因为圆的方或者当今法国国王既存在又不存在,这违反了矛盾律。弗雷格区分了指称词组的意义(meaning)和所指(denotation,弗雷格用的是 Bedeutung)这两个组成要素,看起来可以避免上述迈农碰到的理论困难,因为弗雷格可以直接承认有些指称词组只有意义而没有所指。

但是罗素并不认为弗雷格可以成功地避免困难。他认为首要的一个难题是缺乏所指的情况。不过笔者认为他对此举的例子并不能驳倒弗雷格的划分。罗素认为"英国国王是秃头"这个陈述并非关于"英国国王"这个复合意义的陈述而是关于此意义所指称的真实的人的陈述,由于"法国国王"和"英国国王"在形式上一致,所以"法国国王是秃子"也不是关于"法

---

① [英]罗素:《逻辑与知识》,苑莉均译,商务印书馆 1996 年版,第 49 页。
② 同上书,第 51 页。

国国王"这个指称词组的意义的陈述而是对此意义所指称的人的陈述,但是"法国国王是秃子"这句话是无意义的,但同时由于该论述为假所以又并非是毫无意义的一句话。笔者认为罗素的这个论述并不妥当,当他说"法国国王是秃子"无意义的那个"意义"的时候,该"无意义"中的"意义"乃是一种日常语言关于"意义"的一种用法,即是指"这句话压根儿就不成立"或者"说这句话真是犯糊涂!"这种含义,试比较"这个圆的方体积庞大"就可以看得明显。而实际上按照弗雷格的划分,"法国国王是秃子"完全可以有一个类似"他是个工程师"所表达的那种"意义",难道人们不是已经理解了其字面意义了吗?因此,罗素的这个指责看起来没有道理。罗素继续认为对于这样不存在所指的情况的处理办法是:要么规定一个所指,要么抛弃含有指称词组的命题与指称短语的所指有关联的观点。罗素认为迈农采取的是前一种方式,即承认了不存在对象的 subsist。而罗素认为弗雷格也采取的这种前一种方式,他通过约定所指的方式以避免指称短语无所指,例如罗素认为弗雷格可能会把"法国国王"看作一个空类(即"某某先生的唯一的儿子"所指的那位先生的所有儿子构成的类)。罗素承认这种处理不会导致逻辑错误,但是人为性太多,对问题的分析不够精确。但他由此例得出弗雷格的这种处理办法会引起困难,似乎不够令人服气。

除了上述罗素认为的困难,还有三个重要的难题,他认为"有关指称的理论"应当有能力解决它们。所以罗素这里还明确标记出一门新理论、一个哲学讨论的新论题:指称问题。上述三个难题也是这篇文献的读者们留有印象的。一涉及同一律,即由著名的例子"乔治四世想知道斯各脱是否为《威弗利》的作者"所引发的,由于"《威弗利》的作者"的所指即"斯各脱",但乔治四世显然不想了解斯各脱是否是斯各脱,这个难题通过罗素对指称词组的改写可以克服,但是笔者认为弗雷格那里同样不存在解释这一问题的困难,弗雷格的经典文献可以说正是由解决这个同一律问题而引发的。二是排中律的困难,"当今法国国王是秃子"、"当今法国国王不是秃子"中按照排中律必有一真,"法国国王"无真实对应对象,所以两个命题都不真,这个问题倒是弗雷格所没有考虑的。弗雷格当然会承认这两个命题或句子都有意义,但其所指就不太好说了,弗雷格在此处的确缺少得力的逻辑工具来说清这个问题。三是非实体如何成为句子主词的问题,例如"A 和 B 之间的差异实存",假如 A 不同于 B 为假,这个问题就产生了,如何从逻辑上解释它呢?单独就指称短语"A 和 B 之间的差异",弗雷格当然会认为其有意义也有所指,弗雷格同样可将其看作一个类或一个概念词或者干脆认为其所指不存在但有意义,对他来说第三个难题也不成问题。罗素则无法想象非实体如何做主词的情况;不过这样的句子司空见惯,似乎罗素的确不走寻常路,他强烈的个人风格令他不满这样的情况,他想从逻辑技术上处理这个问题,弗雷格和迈农还没有因逻辑技术的发展而彻底离开一般的自然语言形式,至少在指称短语的范围内罗素走得要远许多。

以上,我们似乎再次遗忘了意义问题,罗素的文本马上便提示我们转到这个主题上来,他展示了一些意义对所指的关系所涉及的一些颇为奇特的困难,他想利用这方面的困难来质疑引起它们的弗雷格的意义和所指的划分这一理论的错误。这部分的论述在笔者看来明确表达了至少就指称词组而言的意义问题极为重要的思想,即:我们居然可以不谈论指称词组的意义,甚至废除"意义"这种提法(尽管罗素并没有这么明说)。考虑到之前提及的指称词组对应的知识论的广阔范围,使得我们不得不思虑由指称及意义问题可能引发的知识论和认识论上的变化的可能性。我们还是看看罗素的此处陈述的奇特困难吧!这出论述大概是这篇文献最难读的地方。

他首先说明或者不如说他首先规定,对任一指称词组 C,当它加上引号后即作为"C"出现时乃是指意义,而不加引号的 C 则是正在谈论其所指。罗素承认单就词组 C 而言既有意义又有所指,可是说"C 的意义"时,得到的乃是 C 的所指的意义,如罗素的著名例子"格雷挽歌的第一行的意义",它所陈述的乃是:

a. "'晚钟鸣报诀别的凶兆'的意义";而不是
b. "'格雷挽歌的第一行'的意义"。

所以,为了获得 b 即前述"C"就不能说"C 的意义"而需要说"'C'的意义",当然日常语言无法一次性在陈述中将这个区别在陈述句子的同时标记出来,这里罗素借助引号加以标记。再看看"C 的所指",这个陈述论述的所指在这里例子中的体现乃是"'晚钟鸣报诀别的凶兆'的所指",但是本来想要得到的所指对象乃是印在对应页码上的"格雷挽歌的第一行"本身。由此罗素总结说:

"谈论一个指称复合物的意义时所遇到的困难可以阐述如下：当我们将这个复合物置于一个命题之中的一瞬间，这个命题即是关于所指的。"这一陈述没有问题，至少按照罗素对引号的上述使用规定而言。接着他说："而假如我们做出一个其主词是'C的意义'的命题（例如命题'格雷挽歌的第一行的意义是简单的'），那么这个主词就是这个所指的意义（倘若它有任何意义的话）（即上述命题变成了：'晚钟鸣报诀别的凶兆'的意义是简单的——笔者注），但这不是我们本来想要的东西（本来想要的东西意指如下：不是别的具体的诗句而是陈述某个诗行位置的那句话：即'格雷挽歌的第一行'的意义是简单的——笔者注）。"罗素得出："这就导致我们说：当我们区别意义和所指时，我们必须处理意义。这个意义具有所指，并且是一个复合物。"（这一点实际上也并不是毫无疑问的，意义具有所指因而是一个复合物，这个复合物是哪个意义上的呢？——笔者注）由此，罗素便发现意义乃是非常特殊的东西："除了意义之外，就不存在可以被称之为复合物的、又可以说它既具有意义又具有所指的东西。依照这个观点，正确的说法是：有些意义具有所指（例如句子'格雷挽歌的第一行'——笔者注）。"①

罗素认为由上述结论会导致在谈论意义时出现更明显的困难，这里笔者继续仔细还原罗素的论述，他说如果我们想谈论复合物C（注意这里的"复合物C"究竟为何罗素没有说明，按照之前的分析罗素已经给出了两种复合物：指称复合物换句话说即指称词组，另一个就是前面提到作为复合物的意义），罗素给出的复合物依然是一个命题C：太阳系的质量中心是一个点，如果要谈论命题C自身，罗素认为即要给出一个谈论命题C自身的意义的命题，即假定我们的这个命题谈论的是关于"太阳系的质量中心是一个点"本身的含义的，如同之前提到的"格雷挽歌的第一行"的意义一样，那么对这个新命题而言，其主词不能是C，而应当是指称C的某个东西，罗素说："因而'C'这个我们想说及意义时使用的东西一定不是意义，而是某个指称意义的东西。"②罗素的意思是谈论命题C的意义的一个新命题的主词不是用C，而同样要用带引号的"C"，但是这个按照罗素的规定表示意义

---

① ［英］罗素：《逻辑与知识》，苑莉均译，商务印书馆1996年版，第60页。
② 同上。

的带引号的"C"在如此谈论命题的意义的时候一定不是意义,反倒是"C"一定要指称某个意义。可以构造罗素本人没有给出的下述谈论:"太阳系的质量中心是一个点"其意思是说太阳系有一个质量,相对其体积而言其质量有一个理论上的中心位置,抽象为一个几何上的点,所以此处"C"("太阳系的质量中心是一个点")必然是要指称一个意义的某种东西。所以,尽管罗素没有说,但仔细阅读会看得很清楚,罗素自己发现他先前规定的区分所指和意义的引号的使用规则根本无法维系,尤其是在命题中。他通过构造特殊情境得出了上述观点,在这里的特殊情境中压根儿就没有C(所指)的事!罗素由此认为之前假定"C"和C是不同的实体的区分看起来难以维系,二者的关系有些扑朔迷离,"C"甚至可以指称意义,即意义可以具有指称它自己的所指功能。罗素认定以上似乎能证明:"关于意义和所指的全部区别都是错误地想象出来的。"①这个质疑本身倒是公允,因为质疑整个所指和意义问题的形成是有道理的,尤其是"指"这一图式即使在"C"那里依然存在,但是在此情形下罗素坚持选择保留所指则至少缺乏进一步澄清的,这里的复杂论述没有表明二者中选择保留谁是恰当的,甚至反过来我们可以质疑罗素为何要坚持上述的引号的规定用法。所以笔者认为,在这篇文章最为难读的论述部分,罗素想保留所指的观点("不存在意义,有时只存在一个所指"②)缺乏进一步的展开说明。这一展开需要新的维度,读者只有耐心读到本书的靠后部分才会明了罗素这一缺乏的环节为何会逐步指向新的超出了"指"图式的理解方式。

为了避免罗素认为的可能混乱,他认为像"《威弗利》的作者"这样的指称短语也只得承认只有所指是相关的;当然,上文已经指出这一推论是不合理的。但是,罗素似乎没有顾及此处的严密与否,而是急于推出其摹状词理论来处理上述指称短语在不具备意义的情况下,如何避免"乔治四世想知道斯各脱是否为《威弗利》的作者"变成"乔治四世想知道斯各脱是否为斯各脱"的发生,当然罗素的改写指称词组的做法是许多读者所熟悉的:"根据我的观点,指称词组在本质上是句子的成分,它像绝大多数单个的字

---

① [英]罗素:《逻辑与知识》,苑莉均译,商务印书馆1996年版,第61页。
② 同上书,第56页注一。

一样,并不具有凭借它自身的意义。"①所以,看看"意义"在罗素那里的消失方式是很有趣的;不正像他批评弗雷格一样,罗素对意义的处理不更加具有人为性吗?按照罗素的改写,"威弗利的作者"这一指称短语的所指就是写了《威弗利》的那个实体 x,"指称词组本身并没有意义可言,因为有它出现在其中的任何一个命题,如果完全加以表述,并不包含这个词组,它已经被分解掉了"②。(罗素在后来更为成熟的文献中又有这样明确的说法:"那个写《威弗利》的人"的意义就是"那个使'x 写《威弗利》'真的 x 的值"③。"意义"在 19 年后在罗素那里又变成了变元的值。)

罗素有野心,他希望他的指称词组理论能具有普遍的应用范围,他例证出通过这种改写"我们可以从任意命题中做出一个指称词组,假如此命题真,这个词组就可以指称一个实体,假如此命题假,这个词组就不指称实体"④。

这里的"任意命题"体现了罗素的企图,跟之前罗素所认为的指称涵盖了亲知以外的所有知识来源相对应。这里笔者无须再指出罗素如何通过改写克服之前的种种困难,他的理论可以包含对出于科学要求而言被弗雷格排除在外的文学虚构对象的处理(如"阿波罗")。

这篇经典文献的末尾有一段话倒是给出了一个和本书有些关联的、根据指称理论而进行的罗素称之为"令人感兴趣的一个结果":

"当出现我们没有直接亲知的、然而仅仅由指称词组定义而知的事物时,通过指称词组在其中引入这一事物的命题实际上不包含此事物作为它的一个成分,但包含由这个指称词组的几个词所表达的诸成分。因此,在我们可以理解的每个命题中(即,不仅在那些我们能判断其真假的命题中,而且在我们能思考的所有命题中),所有的成分都确实是我们具有直接亲知的实体。现在,我们要了解像物质(在物理学上出现的物质的涵义上)和其他人的心灵这类事物只能通过指称词组,也就是说,我们无法亲知他们,却可以把

---

① [英]罗素:《逻辑与知识》,苑莉均译,商务印书馆 1996 年版,第 61 页。
② 同上书,第 62 页。
③ [英]罗素:《摹状词》,载[美] A. P. 马蒂尼奇编《语言哲学》,牟博等译,商务印书馆 2004 年版,第 409 页。
④ [英]罗素:《逻辑与知识》,苑莉均译,商务印书馆 1996 年版,第 65 页。

它们作为具有如此这般特性的东西来了解,因此,虽然我们可以构成命题函项 C (x),它对如此这般的一个物质粒子或对某人的心灵必定成立,然而我们却没有亲知对这些事物作出肯定的命题(而我们知道这些命题必定是真的),因为我们无法了解有关的真实实体。我们所知的是'某某人有一个具备着如此这般特性的心灵',但我们所不知的是:只要 A 是所提到的心灵,'A 就具备如此这般的特性',在这样一种情况下,我们知道一事物的这些特性而没有亲知该事物本身,因而不知道以该事物本身作为其成分的任一命题。"①

　　罗素此时的推论涉及的不再单纯是逻辑学上的结果了,而是关涉到认识论的状况。这个推论同样表达了我们已经看到的罗素的企图,在上述情况中人们面对指称词组并不能亲知它们所指称的相应实体,而只能亲知构成指称词组的例如印刷文字或陈述它们的声音;当然,这里难道不能亲知其意义吗?罗素所说的"具有直接亲知的实体"难道不包括这里指称词组的"意义",难道我们此时也不能谈论吗?能简单地弃"意义"而不顾吗?无论如何,人们会发现罗素根本无法在这个认识论的场合清除"意义"。罗素这里还引出了一个关于心灵的问题,我们不能亲知他人的心灵,罗素本应该接着问我们能亲知自己的心灵吗?另外罗素所说的——我们所知的是"某某人有一个具备着如此这般特性的心灵",我们知道这一点是什么意思呢?张三"相信"对应有一个具有"相信"特性的心灵,我们知道这一点,又是在怎样的意义上?对于处于相信状态的张三心灵(假如存在的话)我们无法亲知,那么我们知道的又是什么呢?我们真能像罗素所说的那样"可以构成命题函项 C (x),它对如此这般的一个物质粒子或对某人的心灵必定成立吗?"如果成立又是在哪个意义上呢?所以这篇普遍已经被誉为经典的分析哲学文献,当然依然还是经典,但却不一定会被限定在分析哲学的传统内;说实话,笔者认为最好不要迷信传统。罗蒂曾说过,这些传统只不过是根据你习惯阅读的书的种类而定的,然而,很显然,阅读并不存在边界。现在,你会发现意义的幽灵仍徘徊在罗素 1915 年的这篇文献中,他没有真正驱逐它,他并不了解它,如同机器中的幽灵一样,这属于认识论、心灵哲学的范围。

---

① [英] 罗素:《逻辑与知识》,苑莉均译,商务印书馆 1996 年版,第 68 页。

虽然偏离胡塞尔的意义问题有几万字了，确是希望这种曲折论述能够将读者逐步引入到对意义所属的这个范围的警觉，而不少分析传统内的哲学家都失去了这种警觉。这种必要的偏题对于意义问题的英美谱系或者大陆谱系来说都一直存在，没有这种离题就不可能有"意义问题"。

面对罗素的批评，"梅农①认为，逻辑规律只适用于那些对存在的或实存的客体有所断定的陈述，而不适用于有关虚构或不可能客体的陈述。所以他声称，罗素的批评不适用于他的理论。弗雷格没有对这一批评作出直接回答，但是在罗素就作为命题意义的真和假问题的通信中，他争辩说，在诗歌、虚构和幻想领域中，不涉及真或假的问题。只有对科学我们才关心真理、运用蕴含式。只有在这一领域才需要运用逻辑和意义分析理论"②。所以，就两人的回应来看，他们把罗素的批评或理论只看作是逻辑范围内的一种应用，并没有看到罗素关于指称词组的理论具有普遍应用的可能性或者他的抱负。

有学者认为罗素那里存在一条意义原则，即：任何意义理论的基本原则是语词和语词所代表的东西间的命名关系，这乃是拒斥弗雷格分析的主要理由，也是认为他自己的分析是一重要进展的主要理由。但至少从这篇经典文献来看，他确实强调的是对整个命题的理解来说有着关键作用的指称短语的情况；不过，"事实上，意向性——此概念源自布伦塔诺——可能是排斥这一模式的"③。

罗素的思考方式的确直接导致了分析传统下的大量文献中对意义问题的讨论模式基本上都是按照指称模式来进行，即讨论语词和所指的东西之间的关系；各类文献中出现的"语义学"其含义也通常是遵循上述模式的。但是，笔者认为奇怪的是为什么意义本身没有得到回答，这里不是有一个分明的背理之处：即意义原则根本不讨论意义？这难道不令人奇怪？

就罗素的意义论点，下述材料给出了弗雷格的一种回应态度："在信中

---

① 梅农和胡塞尔同为布伦塔诺的学生。在《论指称》一文中他的相关的指称理论也受到了罗素的批判。
② [美] 伊丽莎白·R. 埃姆斯：《罗素与其同代人的对话》，于海、黄伟力等译，云南人民出版社1997年版，第110页。
③ 同上。

朱尔丹（罗素的学生——笔者注）问弗雷格：'下列说法是否属实：罗素已经证明命题能被分析为这样一种形式，对该形式命题人们仅能假设一名词有一所指，等等，而没有一意义，你则坚持意义只是一名词的心理学特征。'弗雷格做了否定的回答，并列举了如下事实，我们理解一命题的意义是通过理解语词的意义而实现的［而罗素假设命题自身是由在表达命题的语句中的语词的所指对象构成的——笔者注］，所以当我们说埃特纳火山在西西里时，我们的脑海中必定有名词埃特纳火山的意义，因为这座山本身连同其熔岩层并不是该命题的一个构成要素。因为不同意朱尔丹的假定：意义可以是某种主观的东西，弗雷格举了一个例子，两位勘探家从两个不同的方位绘制一个国家的地图，他们各给一座山标以不同的名称，但后来发现那是同一座山。在这里，山和地图都是客观的，并且阿特伯就是阿尔法这一发现也是科学的、客观的发现，而不是心理的主观的发现。"①从这些论述中我们可以看出弗雷格所认持有的观点认为：意义是一个客观的东西，并非心理学的、主观上的东西。

　　当代著名的分析哲学家、弗雷格研究者达米特认为"……弗雷格的意义概念包含了三个不同成分：含义、语气和语力。他从来没有使用过一个统一的词来表达意义这个概念"②。"达米特特别指出，弗雷格的'指称'并不是意义概念中的组成部分，因为人们可能不知道一个表达式的指称，但这并不由此表明他无法理解或仅仅是部分地理解这个表达式。他写道：在弗雷格看来，指称是意义理论（即对语言作用的一般说明）所需要的概念。正如它需要真概念一样……""在含义和指称的关系上，达米特认为弗雷格更强调指称建立在一种语义学中的作用，因为'含义'概念完全是程序性的，就是说，我们完全可以跳过弗雷格设立的这个区分而直接进入指称。这特别适合弗雷格希望建立的谓词逻辑语言（具体的运用过程比较复杂，但总的方法是为每一个符号（单个常项）设定一个对象，而符号与对象之间的'指称'关系是由一种语义学解释提供的），而他的'指称'概念与他对谓词逻辑公式的'解释'概念是一致的。事实上，在弗雷格看来，一旦表达式的指称

---

① ［美］伊丽莎白·R. 埃姆斯：《罗素与其同代人的对话》，于海、黄伟力等译，云南人民出版社1997年版，第112—113页。
② 江怡：《英美分析哲学·下卷》，凤凰出版社、江苏人民出版社2005年版，第888页。

得以确立，该表达式所在的句子的真值也就由此得以确立。"①江怡先生在这段论述中使用的"指称"即弗雷格的"所指"，这里提请读者将此处的译法做个替换。

前述引文中达米特认为：弗雷格会认为指称是意义理论即对语言作用的一般说明所需要的概念。达米特关于"意义理论"的提法，在分析哲学中似乎已经形成了共识：即意义理论是对语言作用的一般说明，其基本原则似乎是语词和语词所代表的东西间的命名关系。但这一表达在弗雷格那里根本没有清晰的论题，在罗素那里也没有形成论题，读者在对上述经典文献的分析中也能感到这两位先驱者的文献可能具有多重指向。而当代的形式逻辑学中讲到的语义学的研究模式和上述达米特概括的意义理论的模式类似：如"在叙述命题逻辑的语法时，我们把所有的逻辑符号都当做无意义的'空位'。但是我们对用逻辑来表示对我们周围世界的推理自然还是感兴趣的。一旦我们正在研究的符号同这些符号所表示的其他现象联系起来，我们就开始从语法学过渡到语义学。语义学研究的是语法所容许的那些表达式是怎样与这些表达式所涉及的对象相联系的"②；塔斯基在1944年发表的《语义性真理概念和语义学的基础》一文中也有同样模式的经典表述："粗略讲来，语义学是研究语言的表达式和这些表达式'所指称'（refer to）的对象（或'事态'）这两者之间的某些关系的一门学科。"③

不过这种语词和语词所代表的东西之间的命名关系所包含的范围又是非常宽泛的，因为"在一个语句里一个人把哪些叫形式或结构，把哪些叫意义，在某种程度上讲是任意的。归根到底，一个词是否属于逻辑词汇是一个判定的问题"④。所以，在笔者看来，大量的语义学实际上每一种都存在不同的具体形式和规定，其所规定的上述词语和对象之间的关系有诸多不同方式加以刻画，故随着这种词语和对象模式的扩张，以词语和所指所规定的语

---

① 江怡：《英美分析哲学·下卷》，凤凰出版社、江苏人民出版社2005年版，第859页。
② [瑞典]詹斯·奥尔伍德、拉斯·冈纳尔·安德森、奥斯坦·达尔：《语言学中的逻辑》，王维贤、李先焜、蔡希杰译，北京大学出版社2009年版，第53页。
③ [美] A. P. 马蒂尼奇编：《语言哲学》，牟博等译，商务印书馆年2004年版，第86—87页。
④ [瑞典]詹斯·奥尔伍德、拉斯·冈纳尔·安德森、奥斯坦·达尔：《语言学中的逻辑》，王维贤、李先焜、蔡希杰译，北京大学出版社2009年版，第26页。

义学模式早就超过了单只强调所指的形态，尽管"指"这一图式依然作为一个重要因素基本上在大多数语义学具体形态中得以保留。所以语义学是否应该翻译作语义学实际上令人生疑，因为语义学这个词就其形态而言和意义没有直接关联，倒是汉语强调语义会暗示出语义学和意义之间有着某种关联。① 不过从意义理论和语义学模式的主要特征来看它们确有同构性，突出词语和词语所代表的对象之间的关系。所以，弗雷格的所指和意义的区分一直就没有被像罗素那样轻率而简单地废除。另外，由于语义学的"共识"，意义似乎就更加被置于一边，徘徊着。看起来，弗雷格那里确实标记出了我们将要不断碰到的话题范围。指或者所指模式的主宰和意义的时隐时现，控制着哲学家们的思考和争论。

另外，对于所指模式以及指称模式哲学家们似乎也清楚其缺憾，例如达米特认为："我们无法用'指称'概念去解释对内在感觉的表达是如何起作用的；其次，理解内在感觉的归咎，无法解释为知道它们成真的条件。的确在维特根斯坦看来，对（例如）疼痛归属的理解并不表现为对真值条件的把握。我们的哲学困惑恰恰在于我们使用了这样的模式，就是说，我们不得不在两种情况中作出选择：1. 一种行为主义的做法，即为这种归属寻找公认的最终可行的基础，而存在这样一个基础就保证了这种归属为真；2. 否定存在这样的基础，认为可以保证这种归属为真的东西仅仅适用于具有这种感觉的人，因而我们对这种归属的理解就完全取决于我们对原则上无法得到的某种事态的把握。结果就是放弃对这种陈述形式的意义给予一种真值条件的说明。我们只能认为，对疼痛归属的理解就在于掌握它们的实际用法。"② 所以，一开始在本书表面的离题中，对于疼痛这样的感觉和感知领域来说，似乎上述所指模式主宰下的分析哲学传统的意义理论和语义学模式是无法给出其意义的说明的，这种意义理论模式要处理主观感觉等领域初看起来没有那么容易。这一模式对于感觉感知这样的主观心理行为似乎不太感兴趣，但

---

① 英文中的 Semantic 借自法文，后者来自希腊词 semantikos，相当于"指示的"（significant），这个希腊形容词又来自动词 semainein，表示用符号（sema）指示（signify, indicate）、展示（show）。所以，尽管 significant 也译作有意义的，但"指示"的含义更为原始，所以语义学在汉语的翻译中字面上把"指"去除了，而在用法上却是突出了印欧语中"指"的意味而"意义"却成为附属物。

② 江怡：《英美分析哲学·下卷》，凤凰出版社、江苏人民出版社 2005 年版，第 877—878 页。

又不得不面对，就像罗素的经典篇章末尾要标记出那个指称短语所无法亲知的领域一样；而这个领域恰好是胡塞尔现象学的活动范围之一。

通过以上的讨论，笔者初步认为"意义"问题难以直接正面加以研究，而它在大多数场合和大多数哲学家的作品中经常是作为一种标题出现，而它本身总是被转移，于是剩下一个空壳、一个标题、一个日常化的又并非无关宏旨的标记。此刻，十分迫切的是，要进行关于胡塞尔现象学中意义问题的讨论，为了避免和上述分析传统一般所使用的意义理论或语义学的混淆，且根据胡塞尔现象学中意义问题的特点，我们必须要给"意义"一个定位。遗憾的是，胡塞尔也没有直接刻画或说明意义是什么，看起来也只是迂回地研究所指、外延、内涵、表象、质料、意向对象等，不过他对"意义"的使用有其鲜明的个人特色并且这种特色不属于分析传统。"直接刻画意义"是什么意思，这个提法本身也应好好思量一番。笔者赞同实用主义者罗蒂对意义的一种奥康式处理即把意义看作人类语汇中的一个，给人们提供描述对象的一种语言工具。罗蒂直截了当地认为："'意义分析'是一种根本不会有益处的哲学方法。每个人都确确实实清楚地理解每个他人的意义。问题在于，一方认为有过多的意义，而另一方认为有过少的意义。"[①]胡塞尔基本上把"意义"看作一种可以明见性地接受下来的现象学事实。

在笔者看来，胡塞尔没有走弗雷格及其后继者的道路，从而没有形成一种意义理论，他只是借意义之名在进行现象学的分析，同时多少赋予了意义以存在论承诺。胡塞尔直接谈论意义的做法相当于说："我用一只茶杯喝水"，而弗雷格的后继者们谈论所指等，相当于说"我用一堆某某原子组成的固态物质喝水"。这初看起来是难以还原的差异。这种差异，罗蒂有一段讨论两种语言哲学之重要差异的论述可资参考，他认为"语言哲学"这一学科有两个来源，"其一来自由弗雷格提出并由（例如）维特根斯坦在《逻辑哲学论》和卡尔那普在《意义和必然性》中讨论过的一系列问题。这些问题是有关如何使我们的意义和指称概念系统化，以便于使我们利用量化逻辑，保持我们对模态的直观，以及一般地产生一幅清晰的、直观上令人满意的关于这样一种方式的图画，按照这种方式，像'真理'、'意义'、'必然

---

[①] [美]里查德·罗蒂：《哲学的场景》，王俊、陆月宏译，上海译文出版社2009年版，第82页。

性'和'名字'等概念都可彼此协调"①。这个系列的问题，罗蒂称之为"纯的"语言哲学，它不含有认识论的偏见，与大多数近代哲学传统的关注点无关。其二是"不纯的"语言哲学，其"……来源是企图保持康德的哲学图画，以便为知识论形式的探索提供一种永恒的非历史的构架"②。显然，按照罗蒂这里的以分析哲学为标准的划分，弗雷格及其后继者的意义理论和语言哲学乃是正统，而胡塞尔的意义观点或语言哲学思想可以归为不纯的和非正统的。当然这种简洁不失洞察的分类观可以说明哲学风格或传统的差异，笔者要做的工作之一就是将属于不纯的语言哲学或意义问题阵营中的胡塞尔的意义问题做一个具体细致的展示。笔者把这种展示或者本书这项研究称为"胡塞尔的意义形态学"。笔者深感，就意义问题而言谈论其"形态"，也许是将包括影响颇大的英美哲学中的诸意义理论以及大陆哲学对意义的诸理解交叉并置理解作为主题的一个不错的选择。并且，就笔者看来，到目前为止所有的意义理论也确实只是在刻画意义的种种表现形态，而没有一种意义理论或者对意义问题的研究直接探问"意义是什么"的。所以，笔者认为一种形态学能够将所谓的不同研究传统收入视野之下。

理由已经较充分了，所以笔者不想采用已经带有偏好的"意义理论"一词来作为胡塞尔相关问题的标题，而是采用"意义问题"作为标题。在这个不轻松的开头又是初步地匆匆准备之后，笔者一开始就简单地把意义看作人类的语汇之一，认为胡塞尔眼中的"意义"是平凡的又是日常的不假思索意义上的。读者即将看到，胡塞尔则利用"意义"这个比例尺来通约意识王国，并不断调整比例大小。同时我们须记住这个论断："语言在表达中不能证明（或自明）本体的存在，不能由此推论或直观'本体不存在'。反过来，语言在表达中不能证明（或自明）本体的不存在，不能由此推论或直观'本体存在'。"③ 其次，同时把意义和意识的某些状态或层次联系起来。"意识"这个语汇在笔者看来实际上和"意义"所碰到的问题同样棘手，比如行为主义者甚至可以不采用意识这个语汇，使用它的确可以说是一

---

① ［美］里查德·罗蒂：《哲学的场景》，王俊、陈月宏译，上海译文出版社2009年版，第241页。
② 同上。
③ 张志扬：《语言空间》，福建教育出版社2000年版，第31页。

种传统或者方便,但是我们也不能轻易否认作为本体的意识领域是荒谬的。

  北京大学郑辟瑞的博士论文《胡塞尔的意义理论》十分出色。他的论文的任务实际上是以意义理论中的内在主义和外在主义之争为背景,将其意义理论放入各种意义理论的争论之中,来重构胡塞尔的意义理论的内在结构和历史发展,并考察其得失。内在主义相信知道一个意义就是具有某种意向内容的心理状态、意义在大脑中,外在主义则认为不能完全根据意向内容来确定行为者和对象(或指称)之间的关系,语境因素不可或缺。虽然对于英美哲学涉足不深,但和郑辟瑞博士相反,笔者并不认为胡塞尔那里有一种如前所述的被所指或指称模式所主宰的"意义理论"。胡塞尔和英美哲学家对于意义的研究定位是不同的,他对于讨论指称或者决定指称的外在因果关系不太感兴趣,而始终在意识领域中使用"意义"及其功能进行现象学描述,这种观念主义始终不同于英美传统中的经验主义,后者并没有直接使用意义及其功能,而是用心理学,或者用现实对象相关的指称,或者用经验意义上的语境来刻画意义。胡塞尔的意识哲学(而不是简单的带有心理学色彩的内在主义)分析本身的特点就不要求诉诸实项(reell)经验(在起源上意义还是要植根于经验),而直接把意义作为意向行为的一种组成或因素,用这个概念工具服务于现象学分析。他关于意义的独特的用法,可以反映出其现象学的特色。同时笔者认为意义作为意向性行为的一个因素或层面,在胡塞尔研究的各种主题中时隐时现,[①] 所以笔者首先会分析《逻辑研究》中的六个研究表明其和"意义"的关联,说明"意义"因素在胡塞尔那里的特殊地位和表现。为了达到这一目标还有一段很长的路要走,首先要问胡塞尔为什么会提出一门"现象学"?因为意义问题是在现象学的背景下讨论的,笔者就必须回答一下现象学究竟是怎样提出来的和它是怎样的。读者将会看到回答好这个问题对于理解胡塞尔的意义问题是必要的。还要请读者原谅的是,笔者大概会极为烦琐和深入地进入到胡塞尔烦琐概念的旋涡中去,

---

  ① 陈志远在其《胡塞尔〈逻辑研究〉中的直观与意义》一文中认为可以把"意义"看作是探究胡塞尔现象学的"阿里阿德涅之线",笔者赞同这个说法,读者随同本书一起将会发现,贯穿现象学的还有其他的线索,并且它们相互交织。这种交织用"珀涅罗珀的织物"较为贴切,并且胡塞尔不断改变术语、概念、角度,以求现象学分析的完备,如同珀涅罗珀为拒求婚者将公公的裹尸布织了又拆、拆了又织,等待丈夫俄底修斯的归来。

这需要我们共同的忍耐。笔者将怀着极大的耐心从《纯粹逻辑学引论》开始寻找胡塞尔"意义"的轨迹，同时给出曾预告的要给出的关于意义是什么的一种解释。希望读者相信这种迂回并非是无足轻重的。

# 第一部分

## 进入意义问题的背景澄清

# 第一章

# 纯粹逻辑学

"……由于形式的含义范畴和形式的对象范畴之间的相互关系，因此，就如在我写的《逻辑研究》中所出现的绝对有必要深入理解一种形式逻辑的观念一样，使这种观念涵盖全部的以这两种范畴为基础的先验理论。"①

## 第一节  什么是纯粹逻辑学

讨论胡塞尔的意义问题当然首先要说明一下他那里究竟有无此问题。引言中已经谈及笔者不同意胡塞尔那里有一种分析哲学意义上的"意义理论"形态，笔者也同时认为胡塞尔那里并不存在专门的意义理论，对胡塞尔来说意义的用法（如读者随后将会看到的那样）如此自然地嵌合在其思考中，以至于他使用"意义"压根儿就不存在什么问题；也许只是因为胡塞尔在1908年做过一个关于意义问题的演讲，所以意义问题的确可以看作是胡塞尔现象学的一个方面。除此之外，意义问题必然是笔者本人带入写作之中的。所以读者要理解在胡塞尔自己的文本中，意义问题即使可能有也并非其主要兴趣之所在；笔者确实认为"意义"对胡塞尔而言首先只是一个方法论上的或者术语选择问题，其次它可能引发相关具体问题的分析；尽管胡塞尔本人没有突出这个课题，但是像笔者这样的现象学爱好者的确想在此处多逗留一下，深入挖掘挖掘。

---

① ［德］胡塞尔：《伦理学与价值论的基本问题》，艾四林、安仕侗译，中国城市出版社2002年版，第10页。

所以，不如说本书研究的意义问题首先是一种以意义为主题的胡塞尔未分类的收藏品的展示、陈列。在上述意义上，笔者也利用胡塞尔的文本遗址清理出意义的痕迹，这种清理本身有无价值评论权不在笔者，但这种清理本身构成完整的线索，仿佛胡塞尔文本滋生出的故事、某个续写、删节或者横断剖面，有其自己的独特形态。

胡塞尔转向哲学之前的数学工作者的身份促使他从找寻科学活动的最终根据开始来澄清逻辑学概念。纯粹逻辑学和现象学甚至意义问题的联系实际是非常紧密的，读者马上会看到这一点。

胡塞尔指出科学、知识、真理、明证性这些概念①互相关联。由于科学要求系统性，所以单靠"明证性"无法获得无限多样真理中的统一性和规律性；这种系统性的获得需要"论证"及其他辅助手段②。胡塞尔把科学论

---

① 胡塞尔说"科学这个名称意味着，它与知识有关。……科学还应当附加地提出产生知识行为的某些更进一步的前提条件，即知识的实在可能性，……科学的目的在于知识"。（[德] 胡塞尔：《逻辑研究·第一卷》，倪梁康译，上海译文出版社 1994 年版，第 8—9 页）"在知识中我们拥有真理。在我们最终所依据的现时知识中，我们拥有的真理是一个正确判断的客体。"（[德] 胡塞尔：《逻辑研究·第一卷》，倪梁康译，上海译文出版社 1994 年版，第 9 页）胡塞尔的"真理"或"真"不是符号逻辑或者符号逻辑中讲的"真值"，而是具有正确判断的对象关系，他说"这里更需要的是——如果我们谈的是在最狭窄、最严格意义上的知识——明证性，即这样一种明白的确定性：我们承认的东西是存在的，我们否认的东西则不存在……"（[德] 胡塞尔：《逻辑研究·第一卷》，倪梁康译，上海译文出版社 1994 年版，第 9 页）这种确定性不是盲目的信仰也不是模糊的意见，也不是日常用语中知识的含义。对"明证性"更详细的说明这里无法展开，Elisabeth Stroker 专论胡塞尔的明证性问题（Elisabeth Stroker, "Husserls Priciple of Evidenc", Bernet, R., Welton, D., Zavota, G.（ed.）, in *Edmund Husserl*: *Critical Assessment of Leading Philosophers*, Vol. II, in London and New York: Routledge, pp. 117-118）十分出色。她认为明证性在胡塞尔那里是意识的一种样式，是和意向行为、方式以及行为对象并立的一个方面，胡塞尔自己没有专门详论。作者还认为空乏意向或符号意向和带有直观充实的意向之区分（我们在后文会分析这一点）是胡塞尔现象学的一个相当本质的方面，并且对于理解胡塞尔的明证性是最为关键的。因为明证性是对于某物自身给予经验的最终分析。对象自身给予的行为构成了直观充实的模态。同时，明证性也是关于"真"的经验，真必须理解为自身给予，即和对象相关的自身给予。真、自身给予、明证性相互关联。作者认为胡塞尔的明证性概念是不带神秘色彩的，其建立是一个艰苦的过程。读者还可以参考倪梁康《现象学的始基》，广东人民出版社 2004 年版，第 154 页。

② "论证"，笔者认为，可以看作是使科学系统化的组织形式，包括"推理形式"以及与符号逻辑中的逻辑定理地位相当的"范型"，可参见胡塞尔《逻辑研究·第 1 卷》，倪梁康译，上海译文出版社 1994 年版，第 13—14 页。"辅助手段"胡塞尔具体指：对论证的思维经济性的简化和替代如算术和符号系统，包括语言和其他记号。（参见胡塞尔《逻辑研究·第 1 卷》，倪梁康译，上海译文出版社 1994 年版，第 18—19 页）论证和其辅助手段又被胡塞尔叫作（针对科学系统化而言的）方法操作。

和逻辑学①相等同，其任务不仅仅在于研究个别论证（以及隶属于它的辅助手段）的形式和规律，还包括"探讨……哪些东西在形式上将科学规定为科学，哪些东西决定了科学内在地划分为各个区域、各个相对封闭的理论，哪些东西是科学的根本不同的种类和形式等等"②。

接着，胡塞尔没有马上阐明纯粹逻辑学的状貌，而是花了占《纯粹逻辑学导引》三分之二的篇幅去论辩纯粹逻辑学不以心理主义的结论而是以观念③和明证性为基础的。然后，他指出使科学成为科学的东西，"它们不是思维行为的心理学联系，更不是实在的联系，而是某种客观的或观念的联系，它们使这些思维行为具有统一的对象关系并且在此统一性中具有观念的有效性"④。这种观念的联系和两方面有关，一方面是对象性的统一，另一方面是"真"的统一，也可以说既包含简单的认识行为，也包含无论多么复杂的逻辑统一的认识联系，后者也是一个认识行为。

任何科学中都存在着观念的联系，而只有抽象科学或理论科学是真正的基础科学，所以胡塞尔实际上就将"科学的可能性条件"的问题转化成了"理论的可能性条件"的问题。而"这些条件部分是实在的，部分是观念的"⑤。实在的条件指心理学条件，这是胡塞尔不考虑的。他关注观念的条件，有两条：（1）意识活动的条件：这些条件先天地建立在认识本身的观

---

① 胡塞尔在《纯粹逻辑学导引》第6节已经将逻辑学看作是科学论了，这节标题——"一门作为科学论的逻辑学的可能性以及对它的论证"——也说明了这一点。
② ［德］胡塞尔：《逻辑研究·第1卷》，倪梁康译，上海译文出版社1994年版，第20页。
③ 胡塞尔的"观念"（Idee）、"观念之物"对应的领域极广，其本身却很难下一个清楚的定义，笔者只能说它不是实存之物，不是心理学意义上的体验，不在意识之外，也不是在思维体验中的实在组成部分意义上的思维内容，也不是在含义内涵意义上的思维内容。我们可以说它是一个被思考的对象，它们比如说是2这个数，红这个质或种类，矛盾律等。笔者毋宁认为"观念"，就是胡塞尔自己所采用的一套独特的有关相应对象的用法，如同洛克用"观念"〈idea〉来表示人在思想时作为理解对象的任何东西，或表示在思想中的每一对象的做法是另外一套关于"观念"的用法一样。胡塞尔对"观念"也使用"存在的"作为其谓词。这类似于蒯因对于"存在"的理解，蒯因把存在理解为符号逻辑中变元的值，而无论这个值取"观念"还是"苹果"。胡塞尔相信"如果我们将所有那些存在着的东西都合理地看作是存在的、看作是就像我们在思维中明见地把握为存在着的那样的存在，那么我们就不可能去否认观念存在的特有权利。实际上，在这个世界上还没有一门诠释学能够将这些观念对象从我们的言语和思维中消除出去"。（［德］胡塞尔：《逻辑研究·第二卷第一部分》，倪梁康译，上海译文出版社1998年版，第132页）又，《逻辑研究》中的"观念"相当于《观念1》中的"本质"。
④ ［德］胡塞尔：《逻辑研究·第一卷》，倪梁康译，上海译文出版社1994年版，第198页。
⑤ 同上书，第206页。

念中,不顾及人的认识在其心理约束性方面的特殊性。(2)纯粹的逻辑条件:它们纯粹地建立在认识的"内容之中"。①在有关这些观念条件的问题上,最终要回溯到纯粹建立在认识内容中的规律上去,更确切一点,这些规律建立在"认识内容所隶属的范畴概念"中。他认为"恰恰是这些规律[纯粹建立在认识内容中的规律——笔者注],或者说,恰恰是建立在这些规律上的范畴概念才构成了那些在客观—观念意义上可理解为理论可能性的东西"②。但是这些理论科学的观念条件还不是最后的终点,因为以上所说还不是针对所有理论科学或抽象的观念条件而言,而是针对每一门互不相通的理论科学而言的。

胡塞尔接下来就要追问所有理论科学的观念条件得以成立的条件,即追问"观念—规律的一般性"③的可能性条件,这是更为原初的可能性,是赋予所有理论以统一性以及决定其可能的变化和方式的规律。现在才终于到达胡塞尔的最后目的地,即要满足所有理论成立的可能性条件,这只可能在"形式"方面寻求了。"如果我们要想更深刻地明察构成这种思维的理论内容的理论关系本质,以及更深刻地明察构成这种思维的功效的先天规律根据,我们就只有回溯到形式和规律上去,回溯到这些形式和规律所属的另一个认识层次的理论关系上去。"④这也就是说,他现在要关注的是"……建立在理论的本质之中的系统理论"⑤。这个系统理论即纯粹逻辑学或科学论、知识论。

## 第二节 纯粹逻辑学的任务

《导引》的最后几节规定了纯粹逻辑学的三个任务。⑥

---

① 笔者认为,观念的这两个条件和《观念1》中的意向活动和意向对象两个方面是对应相关的。我们马上会看到胡塞尔的逻辑观是怎样的。
② [德]胡塞尔:《逻辑研究·第一卷》,倪梁康译,上海译文出版社1994年版,第208页。
③ 同上书,第209页。
④ 同上书,第210页。
⑤ 同上书,第211页。
⑥ 胡塞尔对这三个任务的论述十分简略,对此笔者参考了《观念1》第一章的内容。《观念1》的中译者提供了法译本中的保罗·利科的极具功力的注释,对理解胡塞尔的纯粹逻辑学提供了很大帮助。

任务（1）："第一项任务在于确定或科学地澄清较重要的概念，并且主要是确定所有原初的概念，它们使在客观联系之中的认识关系特别是使理论关系'成为可能'。换言之，这里的目的在于那些构造了理论统一这个观念的概念，或者也在于那些与上述概念有着观念规律联系的概念。"①

这里所谓理论、一个被给予的理论"……是一种对被给予的各种定律的演绎联结，而这个演绎联结本身则是某种对被给予的各种概念的联结"②；胡塞尔认为，如果忽略掉这里的被给予的概念本身，仅只考虑概念联结的"形式"，那么现在所考虑的实际就是关于上述被给予的概念的概念以及与被给予的概念相联系的关于其他观念的概念，这里的两种概念分别对应纯粹含义［意义］范畴和纯粹对象范畴。

纯粹含义［意义］范畴和概念、定律、真理等这些概念相关，它们组成了"原初概念"（或初始概念）。在这些原初概念之上，接下来要考虑的是"基本联结形式"，胡塞尔说这些基本联结形式是"构造性的"，"这尤其表现在那些完全一般地构造着定律的演绎统一的联结形式那里，例如，联言判断的、选言判断的、假设性的联结形式，这种联结将定律结合成为新的定律"。③除了这种构造着定律的演绎统一的形式，"此外还有将较低级的含义要素结合成为简单定律的联结形式，并且这又会导向各种类型的主语形式、谓语形式，导向联言判断、选言判断的结合形式，导向复数形式等等"④。在上述原初概念和联结形式的基础上，又可以产生复合的规律，"这些规律使我们有可能获得有关那些可以根据原初概念和形式推导出的诸概念组合的情况"⑤。

与上述原初概念和含义范畴⑥有着切近的规律性联系的，"是另一些与它们相关的概念，如对象、事态、一、多、数、关系、联结等等。这些概念是纯粹的或形式的对象范畴。……它们都独立于任何认识质料的特殊性，所

---

① ［德］胡塞尔：《逻辑研究·第一卷》，倪梁康译，上海译文出版社1994年版，第211页。
② 同上。
③ 同上书，第212页。
④ 同上。
⑤ 同上。
⑥ 这里的"含义范畴"包括了上引文中的"较低级的含义要素"及于其之上建立的简单定律的联结形式。

有在思维中具体出现的概念和对象、定律和事态等等都必须纳入到它们之中……"① 胡塞尔认为这些概念需要确定，并个别地研究它们的"现象学起源"，需要通过观念直观或本质直观来明察其本质。② 观念直观或本质直观的问题读者可参见本书第二章第二节。由于胡塞尔术语运用有一个烦琐的逐步展示的过程，加上笔者写作技巧的粗疏，无力在澄清每一个术语的前提下行文，希望读者原谅这种不便。

笔者同意利科的总结，他认为胡塞尔的初始概念包括了纯粹含义范畴和纯粹对象范畴，纯粹含义范畴正对应着联结形式。这种对于含义或者意义（李幼蒸先生在《纯粹现象学通论》中将"Sinn"译为"意义"，倪梁康先生则译为"含义"）的译法，请读者注意这二者的一致性，不致淆乱。另外靳希平先生在道恩·威尔顿的《另类胡塞尔：先验现象学视野》一书中将"Sinn"译为"意谊"，这是出于胡塞尔在许多情况下用 Sinn 来谈论非命题性或者非表述性的意义，例如"感知意义"等的用法，可以视为胡塞尔在其现象学中对于"意义"（Sinn）的首次使用，有其固定的具体用法。③

在利科看来，含义范畴和对象范畴是胡塞尔在提出"初始概念"这一纯粹逻辑学第一任务时所区别开的两个平面。所谓在意义或含义的平面上，"这就是或者在诸命题之间的联合④（合取、析取、假设等）或者在命题内部的联系⑤（主词、谓词、多数）的初始形式的平面上"⑥。纯粹对象的形式

---

① ［德］胡塞尔：《逻辑研究·第一卷》，倪梁康译，上海译文出版社1994年版，第212页。
② 对于这些形式或纯粹对象范畴胡塞尔明确表示要通过本质直观追溯其起源，而前文提到的"联结形式"胡塞尔却没有要求对其起源进行探讨，他说它们（包括构造着定律的演绎统一的联结形式和将较低级的含义要素结合成为简单定律的联结形式）是"构造的"。这里的"构造"语焉不详。但在胡塞尔的后期作品如《经验与判断》一书在称之为逻辑谱系学的现象学研究中讨论了这些"联结形式"在前谓词领域中的起源，这让我们领会到这"构造"背后发生学层面上的理论的可能性。
③ 参见［美］D. 威尔顿《另类胡塞尔：先验现象学的视野》，靳希平译，复旦大学出版社2012年版，第42页译者注。
④ 即胡塞尔讲的"一般地构造着定律的演绎统一的联结形式"。见上文。
⑤ 即胡塞尔讲的"将较低级的含义要素结合成为简单定律的联结形式"。见上文。
⑥ ［德］胡塞尔：《纯粹现象学通论》，李幼蒸译，商务印书馆1996年版，第499页，利科注43。利科认为，"第四研究"的"纯粹逻辑语法学"发展了这种研究，那里"将诸意义成分间的依属关系……样式的研究应用于意义……"纯粹语法学排除无意义但不排除悖谬，因而它和纯粹逻辑法则不同，后者显然要排除悖谬。对于第四研究的分析读者还需等待后文。

范畴则属于"形式本体论的严格的逻辑平面"①，这是对象的平面。读者一开始可能会不解，为什么"形式"会和"对象"有关联？这涉及笔者下面要分析到的胡塞尔现象学的本质学理论以及对于胡塞尔纯粹逻辑学或逻辑观的进一步理解，读者将会看到这一点正好是胡塞尔的逻辑学、现象学以及意义理论（如果可以重构的话）的特殊之处。

《观念1》中提出的"形式本体论"被胡塞尔明确视为"纯粹逻辑学"，它"永远作为包括普遍科学在内的整个范围的纯粹逻辑"②；"这种本体论是关于一般对象的本质科学。按照这门科学的意义，任何东西都是对象，因此我们才能确立分布于普遍科学内众多学科中的各种各样无限多的真理。但这些真理的全体都被归结为少量直接的或'基本的'真理，后者在纯粹逻辑学科中起着'公理'的作用。现在我们把出现在那些公理中的纯粹逻辑的基本概念定义为逻辑范畴或作为一般对象的逻辑区域范畴；借助这些概念，一般对象的逻辑本质在全部公理中被确定，或者说，这些概念表达对象本身的、任何一种东西（只要它一般地能够是某种东西）的无条件必然的和构成的规定性"③。胡塞尔认为纯粹逻辑学是分析性的，上述引文中出现的概念或范畴也是分析性的④，它们就是纯粹逻辑学任务一中提到的初始概念（含义范畴）和对象范畴。和《逻辑研究》一样，在《观念1》中更明确地表达出了含义范畴和对象范畴都是属于纯粹逻辑学范围之内的，"……诸'意义范畴'（意义和对象两个层面是硬币的两面——笔者注），即属于命题本质（命题逻辑）的各种不同命题、命题肢和命题形式的基本概念，也属于逻辑范畴类"；"它们属于逻辑范畴是因为，按照我们有关本质真理的定

---

① ［德］胡塞尔：《纯粹现象学通论》，李幼蒸译，商务印书馆1996年版，第499页。
② 同上书，第63页。
③ 同上。
④ 胡塞尔不仅仅把纯粹逻辑学的命题或规律视为分析的，而且还把讲纯粹逻辑学的概念或范畴（如对象、事态、数、关系、多等等）视为分析的。"分析"是相对于纯粹逻辑学的形式定律以及纯粹逻辑学的范畴而言的，它们都不针对具体的事实。而"综合"则和具体研究对象反映出来的本质性质相关，如"任何一个颜色都有广延"就是一个先天综合的法则。可以体会出胡塞尔的先天综合和康德的先天综合之间的些微区别（可参见胡塞尔《逻辑研究·第二卷第一部分》，倪梁康译，上海译文出版社1998年版，第269页），前者的先天综合法则似乎是通过对观念的或本质的直观而把握住的，后者的先天综合判断是依靠基于先验范畴之上的知性或思维能力而获得的。

义,本质真理①把'一般对象'和'一般意义'联系在一起,而且是这样联系在一起的,使得纯意义真理可转化为纯对象真理。正因为如此,'命题逻辑'尽管只论述意义问题,然而在完全的意义上仍是形式本体论的一部分"②。所以,纯粹逻辑学的范畴包括有对象范畴和意义范畴两个类别,形式本体论因此也就成了纯粹逻辑学的代名词。

利科对这一任务的概括十分精练:"建立'初始概念',它确立知识之间的联系,即联系的初步形式(析取,合取,主词,谓词,多数等)和更根本地确立客体的形式范畴(客体,事态,多数,数,现实等等)。"③

任务(2):建立在这些范畴规律之上的规律和理论。任务(2)中的规

---

① 《观念1》的第一章是从"事实"和"本质"的区分、本质直观开始的,"本质(艾多斯)是一种新客体"。这不同于《纯粹逻辑学导引》的开端之处(前面提到过《导引》是从科学、知识、真理开始的,并诉诸于明证性)。尽管两部作品开端处的体例有所区别,但其基本精神是一致的。《观念1》更系统化,在这里,从本质和本质直观开始,胡塞尔认为任何事实都具有本质,二者不可分离,本质由本质直观所把握([德]胡塞尔:《纯粹现象学通论》,李幼蒸译,商务印书馆1996年版,第3节),而且各种本质可以划分出等级归属(同上书,第2节);其中还谈及本质判断、本质命题、本质真理,前两者和被判断者的存在和不存在相关,后者的相关项则是本质事态,这些说法或概念相互牵连([德]胡塞尔:《纯粹现象学通论》,李幼蒸译,商务印书馆1996年版,第6节)。

《观念1》中胡塞尔开始构想一门"本质学"。这种和事实科学相依属又相互区别的本质学其下又区分出形式的和实质的本质科学。形式的本质科学研究和对象的本质法则的普遍限制有关,因此也就和"……一组形式本体论科学发生了关系,这些科学除狭义的形式逻辑外,还包括形式的'普遍科学'学科(因此也有算术、纯粹分析、集合论)"。([德]胡塞尔:《纯粹现象学通论》,李幼蒸译,商务印书馆1996年版,第59页)——这实际上是对应《导引》的纯粹逻辑学的内容。实质的本质科学的研究,是要针对具体经验对象所属的最高实质之下的该经验对象所属的"经验区域"而言的,所以实质的本质科学研究实际上就划分为具体的诸区域的本质科学的研究,又叫区域本质学。按照路德维希·兰德格雷贝(Ludwig Landgrebe)的观点,区域本质学在胡塞尔的《观念2》中有所体现,那里划分并分析了表面上显得传统的三个区域:物质的自然(material nature)、机能的自然(animate nature)、精神世界(spiritual world)(可以和物理学对象领域、生物及心理领域、文化社会领域的分划类比起来理解)(参见 Ludwig Landgrebe, trans. by William Mckenna, "Regions of being and regional ontologies, in Husserl's phenomenology", in Bernet, R., Welton, D., Zavota, G. (ed.), *Edmund Husserl: Critical Assessment of Leading Philosophers*, Vol. II, in London and New York: Routledge, 1981, p. 274);按照利科《观念1》注42体现出的观点(同上书,第499页),"区域"可以有更具体的划分,比如对颜色和广延的研究;也许,上述三个层次是对各区域进行合并约之后的体现。利科在《观念1》§9注32中对胡塞尔的整个本质科学进行了归纳(同上书,第497页)。在笔者看来十分明显的是,《观念1》比《导引》视野更广、更明确,纯粹逻辑学在此只是作为本质科学的一个组成部分而存在的,另一个部分是实质本质学;而对于本质的把握和更进一步的讨论则属于现象学的范围,它可以看作是针对本质科学的基础所进行的描述,或者对之进行讨论的方法论,其本身又可以独立作为现象学学科。

② [德]胡塞尔:《纯粹现象学通论》,李幼蒸译,商务印书馆1996年版,第63页。

③ 同上书,第97页,利科注31。

律建立在上述纯粹对象范畴和纯粹含义范畴之中;"这些规律不仅涉及〔这些概念的〕复合的可能形式以及通过这种复合而完成的对理论统一的变化改造的可能形式①,而且更多的是涉及已形成的构成形式的客观有效性,即:它们一方面涉及纯粹建立在范畴构成形式上的一般含义②的真与假,另一方面(就它们的对象性相关物而言)又涉及建立在它们的单纯范畴形式上的一般对象、一般事态等等的有与无(这两方面实际上也分别对应着纯粹逻辑含义学和纯粹逻辑语法学,这是第四研究的内容,我们会在下面的章节进行分析——笔者注)。这些规律具有逻辑—范畴的,因而也是可想象的最高普遍性,它们本身又构造着理论"③。在笔者看来,胡塞尔在任务(2)所说的具有上述特征的理论,乃是就任务(1)讲的纯粹含义范畴层面而言的关于推论的理论,即狭义的形式逻辑(即形式的陈述学说或者相当于《第四研究》中的纯粹逻辑含义学,应当注意到和它平行的还有形式数学层面),若相对具体一点涉及纯粹对象范畴的层面的话则可以对应于第四研究提到的纯粹逻辑语法学。胡塞尔认为它们是"一门包罗万象的理论"——即纯粹逻辑学④——的组成部分。并且,他指出这门包罗万象的理论的概念的可能性也要得到研究,并且认为"理论"这一概念还显得狭窄了(想想《观念1》

---

① 第二版中胡塞尔在这里有一个注185([德]胡塞尔:《逻辑研究·第一卷》,倪梁康译,上海译文出版社1994年版,第240页),他提示此处所讲到的概念复合的可能形式以及由此完成的对理论统一的改造,可以借助于第四研究中提到的纯粹语法学去理解。纯粹语法学和含义、表述的规律相关并研究其复合形式,它可以对应上文任务(1)末尾利科提到的意义平面。但是,通过上文以及注15可以看出纯粹语法学不能等同于纯粹逻辑学,因为虽然纯粹语法学可以视为对于纯粹逻辑学在意义和陈述方面的一种体现,但是它毕竟有其具体的研究对象即含义和表述,因而无法取代对纯粹逻辑学对象的其他层面上的研究(比如第三研究),另外,它也不能取代对作为纯粹逻辑学组成部分的形式的普遍科学的研究。所以倪梁康先生在《现象学和逻辑学》一文中将胡塞尔的纯粹逻辑学等同于纯粹语法学的做法似乎不够稳妥(参见倪梁康《现象学的始基》,广东人民出版社2004年版,第294页)。不过在《现象学的始基》第六章倪先生又把纯粹逻辑学分为广义狭义,狭义的纯粹逻辑学与第四研究中的纯粹含义学是统一的;他认为澄清纯粹逻辑学标题下的诸学科是一件并不太难的技术工作,并通过对纯粹含义学以及纯粹逻辑语法学同纯粹逻辑学的关系的分析注意到上述诸学科应当有一个基本的奠基顺序,这些说法在笔者看来是很有启发性的。

② 这里的含义对应的是纯粹逻辑学的含义范畴所指的那些内容,并非是就日常的表述的含义而言的。见前面对任务(1)的分析。

③ [德]胡塞尔:《逻辑研究·第一卷》,上海译文出版社1994年版,第213—214页。

④ 胡塞尔这里没有直说纯粹逻辑学可以看出,他似乎感到了这门包罗万象的科学,用纯粹逻辑学来称呼似乎不准确,可以看到后来他找到了更为准确的本质学来作为这门包罗万象的学科的名称。下文对任务三的分析可以证明笔者的猜测。

中的"本质学"的提法和此处"理论"的对比），这就表明即使是纯粹逻辑学的组成理论和概念、范畴还可以进行研究，实际上这个就属于现象学的任务范围了。

现在列一图示来说明至此已涉及的种种关联：

纯粹逻辑学或科学论（作为理论科学的观念可能性的基础）—论证及其辅助手段—科学—知识—真理（最严格意义上的知识）—明证性—现象学（既作为讨纯粹逻辑学的理论和概念之可能性的手段或方法论，也作为一门独立的学科）。

由此可以看出，立足于明证性之上的现象学实际上具有一种更为基础的地位。

利科对任务（2）的精练概括为："建立客观有效法则，它们建立在先前的范畴上，并从其产生'理论'：推导理论（如三段论），复多性理论［即'流形论'——笔者注］……"①笔者认为利科这里举出的复多性理论（流形论）并不是任务（2）的内容，而应当看作与任务（3）相关（见下文分析）。

另外，对于"形式逻辑"，胡塞尔在《经验与判断》中认为"……从形式逻辑在历史上形成时起，处于形式逻辑的中心的就是谓词判断的概念，即陈述的概念。形式逻辑的核心是陈述性逻辑，是关于判断及其'诸形式'的学说"②。但他又指出"至于说到形式逻辑按照其最原始的含义来说并不只是这一点，而是在一种充分扩展了的形式逻辑中，因而在一种把形式的数学当作形式的全面教育（Mathesis universalis）包含于自身之内的形式逻辑中，与形式的陈述学说相对应的是形式的本体论，是关于一般'某物'及其各种变形，因而关于对象、属性、关系、众多性等诸如此类的概念学说……"③可见，《经验与判断》广义的形式逻辑实际上具有两个看待层面：a. 形式数学；b. 形式的陈述学说或形式本体论（传统的形式逻辑也针对陈述，但完全没有像胡塞尔那样看到形式的陈述学说和形式数学以及形式本体

---

① ［德］胡塞尔：《纯粹现象学通论》，李幼蒸译，商务印书馆1996年版，第497页。

② ［德］胡塞尔：《经验与判断》，邓晓芒、张廷国译，生活·读书·新知三联书店1999年版，第25页。

③ 同上书，第26页。

论的关联，而形式陈述学说和形式本体论的同一关系也正是利科所指出的纯粹逻辑学的两个平面意义和对象的两个对应的平面的体现）。胡塞尔认为这两个领域（a 和 b）具有相互所属关系甚至具有内在的统一性，"这种统一性表明二者的分裂只是暂时的，它们根本不是建立在两个领域的区别之上的，而只是建立于两种态度之上的……"①

利科认为形式本体论中的逻辑学只是"狭义的形式逻辑"，这种"狭义的形式逻辑"在笔者看来似乎还无法等同于现今的符号逻辑或者形式逻辑，胡塞尔所说的形式逻辑由于其独特的本质学要求还和区域本质的陈述和命题有平行关系，笔者认为他的《观念1》中的"狭义的形式逻辑"和《经验与判断》中的"b. 形式的陈述学说"相对应，而"形式的'普遍科学'学科（算术、纯粹分析、集合论）"则和"a. 形式数学"相对应。显然尽管表达方式不一样，但实质上从《观念1》到《经验与判断》胡塞尔的逻辑学思想是一致的；形式本体论和纯粹逻辑学是一致的。《逻辑研究》之后，胡塞尔比较偏爱"形式本体论"的提法，实际上他从来也没有放弃过形式数学或者纯粹逻辑学的层面。

巴里·史密斯（Barry Smith）将《逻辑研究》中的六个研究都看作是形式本体论的具体内容，在他看来形式本体论的范畴比如对象、事态、一、多等，和形式逻辑（巴里·史密斯似乎是在今天符号化了的形式逻辑或数理逻辑意义上来讲的）的概念一样能够形成有规律的独立于认识材料的结构，这是完全符合胡塞尔的看法的。② 卡尔·舒曼（Karl Schuhmann）则认为形式本体论根据研究对象的不同方面或层次对应有多个子项目，他认为胡塞尔提到的这些项目有：意义的形式规则（formal doctrine of meaning）的逻辑学、纯粹数学、关于多和集合的纯粹理论；③ 这个观点和利科对形式本体论的划

---

① ［德］胡塞尔：《经验与判断》，邓晓芒、张廷国译，生活·读书·新知三联书店1999年版，第26页。

② 参见 Barry Smith, "Logic and Formal Ontology in Husserls Phenomenology", in Bernet, R., Welton, D., Zavota, G. (ed.), *Edmund Husserl: Critical Assessment of Leading Philosophers*, Vol. Ⅱ, in London and New York: Routledge, 2005, p. 300。

③ 参见 Karl Schuhmann, "Hussels' Concept of Philosophy", in Bernet, R., Welton, D., Zavota, G. (ed.), *Edmund Husserl: Critical Assessment of Leading Philosophers*, Vol. Ⅱ, in London and New York: Routledge, 1990, p. 5。

分也是一致的。路德维希·兰德格雷贝对这个问题说得比较简略和宽泛，他认为形式本体论研究所思想的任意对象或者说对象一般得以成立的条件，它不考虑具体的对象，①，这种说法也是成立的，尽管过于简单。接受这种宽泛性说法将会使"纯粹逻辑学"作为一个开放的概念的特征更加明显，不仅包括上述形式化的诸理论，还包括对这些理论的可能性的分析澄清，这就会涉及整个现象学分析的内容，因为可以把现象学看作对于纯粹逻辑学理论之可能性加以探讨的方法论和理论实践。美国现象学学者莫罕提（J. N. Mohanty）认为胡塞尔的逻辑学或纯粹逻辑学不是现代形式逻辑意义上的，而是一种"元逻辑"，形式逻辑是建基其上。②

不过，胡塞尔自己的观点也非常重要，他在1905年致布伦塔诺的信中谈及"纯粹逻辑学的观念"时说道："它本身可以或窄或宽地被理解，全看人们究竟只是想把它当做纯粹数学来建造，仅仅在与数学相同的精神中进行建造；还是将它与那种本真哲学的、与对它的认识批判理解相关的澄清联结在一起。后者就是我在《逻辑研究》中的态度。我现在觉得，把纯粹逻辑学与认识批判分离开来要更为实际一些。"③胡塞尔此时倾向于认为纯粹逻辑学不应该涵盖过广，不再愿意将纯粹逻辑学和认识论搅和在一起。但是在1920年的手稿中胡塞尔还是把纯粹逻辑学作为现象学之发生的一个导引，二者的关系从来就没有分离过，认识批判也是胡塞尔这种独特科学论之眼光的必然后果。在胡塞尔的《形式的与先验的逻辑》关于明证性的论述也可看出来上述关系，胡塞尔从一开始就非常清楚，"逻辑构成物的明见性并不比实在世界的明见性更少，而内在的心理体验的明见性是一种预设的明见性"，即逻辑构成物的明见性的性质不同于实在世界的明见性的性质，后者可以说是内在心理体验的明见性或者说在时间上和以交互主体的方式一再重新被证实的明见性。而逻辑构成物的明见性不仅作为引导现象学研究的标签或主线（如我们在《纯粹逻辑学导引》中看到的那样），并且由于逻辑形式

---

① 参见 Ludwig Landgrebe, trans. by William Mckenna, "Regions of Being and Regional Ontology in Husserls Phenomenology", in Bernet, R., Welton, D., Zavota, G. (ed.), *Edmund Husserl: Critical Assessment of Leading Philosophers*, Vol. II, in London and New York: Routledge, 1981, p. 272。

② J. N. Mohanty, *Husserl's Theory of Meaning*, The Hague: Martinus Nijhoff, 1977, p. 103.

③ [德] 胡塞尔：《逻辑研究》（中文修订本第1卷，老译本中未收录编者引论）编者（E. 霍伦斯坦）引论第31页注3。

本身作为形式，乃是对现象学研究而言的规则结构。这也体现了胡塞尔对于形式、数学方面的某种偏好，他在保留先验逻辑的同时对于形式逻辑同样赋予了以上述明见性特点意义上的独立性。

任务（3）：笔者认为任务（3）实际对应的应该就是《观念1》中的本质学理论中的形式本体论的内容。在任务（2）中胡塞尔已经提到由狭义的形式逻辑、算术、集合论组成的纯粹逻辑学是一门包罗万象的理论，在此基础上"那么一门有关一般理论可能性的科学的观念便得到充分展示"①。但是，胡塞尔说马上可以看到，"这门科学超出自身又指明了一门补充性的科学，这门补充性科学先天地探讨理论的本质类型（形式）以及探讨理论所具有的关系规律的本质类型（形式）。一言以蔽之，如此便产生了一个关于一般理论的更全面科学的观念，这门科学在其基础部分中研究那些构造性地包含在理论的观念中的本质概念和本质规律，然后它过渡到对这些观念进行区分，并且，它不研究这观念本身的可能性，而是先天地研究这些可能的理论"。胡塞尔对此解释道"我们有可能将纯粹范畴概念确定地构造成可能的理论的多种概念，我们有可能构造这样一些理论的纯粹'形式'，这些理论所具有的本质性已得到规律性的证实"②。这里的"可能理论"对应着形式本体论中各领域共有的最为广泛的"纯粹形式"，并且其本质可以被先天综合地把握，胡塞尔会"……遵照一定的程序来构造可能的形式，遵照一定的程序来纵观这些形式之间的规律性联系"，退一步说，即使无法获得这种系统化和条理性，至少也将会"……拥有一些对于特定种属的理论形式而言的一般定律，这些定律在这个已划定的范围内统治着这些形式的合乎规律的展开、联结和变化"③。显然，此时胡塞尔把这种涵盖所有领域的理论形式的一般定律定性为"形式的"。

另外，在《纯粹逻辑学导引》的最后一节，胡塞尔把对应于经验科学的关于或然性的基本规律纳入到纯粹逻辑学中来了。他认为经验思维的领域可称得上是一个"或然性的领域"，其中"……也必定有观念的要素和规律，一般经验科学的可能性、关于实在之物的或然性认识的可能性便先天的

---

① [德] 胡塞尔：《逻辑研究·第一卷》，倪梁康译，上海译文出版社1994年版，第215页。
② 同上。
③ 同上。

建立在这些要素和规律之中"①。他把"或然性观念"视为是一种"经验解释的统一的观念",认为它构成了逻辑工艺论②的第二大基础,将其和演绎推理的命题逻辑相并列,且作为纯粹逻辑学的组成部分之一。的确,这种可能性观念对于先验现象学的成形是关键的,观念的"可能性"领域同样也具有本质性,且在例如像《经验与判断》中想象力的自由变更方法就是着眼于这种经验思维的可能性领域从而获得本质观念的。笔者认为,《逻辑研究》作为胡塞尔哲学的发生点,和其为数甚少的非引论性作品包含了大量的重要的课题,尤其是意义问题的诸表现形态在数量上没有比这本书所包含得更丰富的了。

## 第三节 其他说明:流形论、数学家和哲学家

胡塞尔认为,上述三个任务所涉及的纯粹逻辑学及其补充理论(后者实际是被放到纯粹逻辑学这个标题下来谈论的)是"……一门关于一般理论的理论学科的最终目的和最高目的"③。很明显,在《纯粹逻辑学导引》阶段,胡塞尔心中已经有了一门包罗万象的、科学论的、宏大但并不十分明晰的构想。宏大是因为胡塞尔已经涉及了形式本体论和区域本体论的构想,不明晰是因为纯粹逻辑学及其补充理论的关系还不太明朗。而在《观念1》中,他仅用第一章就把一门本质学的构想明确地展示出来:纯粹逻辑学作为形式本体论,而其补充科学和实质本体论相关。

胡塞尔在《纯粹逻辑学导引》的末尾几个小节里又对纯粹逻辑学做了一些补充说明。他认为数学中的流形论是前述由纯粹逻辑学及其补充性科学

---

① [德]胡塞尔:《逻辑研究·第一卷》,倪梁康译,上海译文出版社1994年版,第224页。

② 在笔者看来,胡塞尔认为将逻辑学视为规范科学和工艺论的看法,只是从某个角度来看待逻辑学或科学论的产物。作为规范科学的逻辑学或科学论是相对于科学所追求的目标这个角度而言的。围绕这个目标就会有一些表现为规范和尺度的定律、规则,这些必然形成工艺论,胡塞尔认为将逻辑学定义为工艺论是自古以来常见的做法,但以工艺论作为其定义并不恰当。逻辑学或科学论本身的目的并不是工艺论,工艺论反而是围绕这个科学论的目的而形成的种种技术手段并表现出种种实践上的丰富性。工艺论这个提法虽然掩盖了逻辑学的本质,但不失为看待逻辑学的一个角度。

③ [德]胡塞尔:《逻辑研究·第一卷》,倪梁康译,上海译文出版社1994年版,第216页。

组成的科学的总体理想的"部分实现"①,当然,数学家们往往没有认识到这一点。流形论②在数学中究竟具体何指,笔者限于数学知识有限无法向读者说明,这里只是借助胡塞尔对流形论的论述,再来体会一下胡塞尔的那个"科学的总体理想"是什么。

胡塞尔说:"一门流形论的最一般观念就是一门这样的科学,它确定地组织各种可能理论(或领域)的本质类型并研究它们相互间的规律性关系。这样,所有现实的理论都是那些与它们相应的理论形式的特殊化的结果,或者说,单项化的结果,正如所有经过理论加工的认识领域都是个别的流形一样。如果在流形论中,有关的形式理论果真得到实施,那么为建立这种形式的所有现实理论而作的全部演绎性工作便也随之得到了完成。"③

从这段话中可以看出"现实的理论"是流形论中相应形式的特殊化的结果,这就有点类似某个区域本体论的先天综合的定律也要符合形式本体的分析以及该区域的最高属的定律一样,前者也是后者在具体情况下的特殊化、单项化;这种关系可以类比符号逻辑中对符号形式中的演绎和对演绎的具体解释之间的关系。流形论就相当于未经解释的包括初始符号、公理、推理规则,加上所有可能的演绎和证明序列的符号系统,而所有其他的可能理论或领域相当于对上述系统在具体情况中的实施、解释。当然,这只是个类比,对于胡塞尔而言,流形论的纯粹形式须被划分为全面的形式等级(比如,现实世界的空间的范畴形式可以纳入到几何学的范畴形式理论中来,因此前者就被纳入到一个被有规律地划定了范围的种属之中,而几何学的范畴

---

① [德] 胡塞尔:《逻辑研究·第一卷》,倪梁康译,上海译文出版社1994年版,第216页。
② 可以借助彭罗斯在《皇帝新脑》中的说明:"为了理解何为'流形',先考虑一个线圈,它仅为一维的流形。然后考虑一个闭合面,这是二维的流形。再摩想具有三维或更高维的'表面'。两个流形的'拓扑等价'表明其中一个可以连续运动地变成另一个——不能撕裂,也不能粘住。这样一个球面和一个立方体的表面就是拓扑等价的,同时它们和一个环或茶杯的表面不是拓扑等价的——后两者实际上是相互拓扑等价的。现在对于二维流形,存在一种决定其是否拓扑等价的算法——事实上可归结为计算每一曲面所具有'把柄'的数目。"([美] 彭罗斯:《皇帝新脑》,许明贤、吴忠超译,湖南科学技术出版社2007年版,第174—175页)四维的情况不存在决定其等价类的算法,三维的等价类的算法的存在性还未得以证明。读者可以参照后文看到,出于形式化的目的,胡塞尔把不同等级的研究区域之间的种属关系研究,类比为流形论中对于不同的具体流形的等价关系的抽象研究。流形论和纯粹逻辑学的关系在《观念1》利note 285也有说明。另可参见 [美] D. 威尔顿《另类胡塞尔:先验现象学的视野》,靳希平、郑辟瑞译,《世界哲学》2008年第3期,第98—99页,译者注。
③ [德] 胡塞尔:《逻辑研究·第一卷》,倪梁康译,上海译文出版社1994年版,第217页。

种属又纯粹范畴性地被规定为流形的种属),而符号逻辑的形式系统则不因为和现实的诸解释的联系而被划分形式等级。所以,流形论本身不能全然看作形式演绎系统,在胡塞尔心里,流形论因为和其下诸理论相关联而被潜在地划分了等级,并且流形论的形式部分还可以通过现象学追溯其"起源"。①

---

① 胡塞尔的流形论思想和希尔伯特的元数学思想是有关联的。欧几里得的平行公理看起来不像《几何原本》中的其他几何公理那样不证自明,人们想尽办法证明它成立或不成立的尝试长久以来并不成功。高斯早在1800年就已经认识到,否定欧几里得平行公理不会导致矛盾,因而除了欧几里得几何外,其他的几何学也是可能的。19世纪30年代俄国的罗巴切夫斯基和匈牙利的鲍耶尝试改变平行公理且保持其他欧里得几何公理不变,由此推导定理,希望从中推出矛盾,这样就能反证平行公理的正确性和一致性。但是他们发现这组新公理所建立起来的定理不符合日常经验,但这样建立起来的新几何也没有矛盾,由此发现在其真实性并不自明或者看来甚至并不真实的公理的基础上,有可能建立起一种相容的几何学。1870年德国数学家F.克莱因发现了把非欧几何对象和关系与欧式几何中特定对象和关系等同起来的方法,这样就证明了非欧几何和欧式几何一样的相容,非欧几何中若存在矛盾必然欧式几何中也会出现。这就终于表明平行公理不可能得到证明,这一点就像数学真理一样可靠。(参见[美]康斯坦斯·瑞德《希尔伯特》,袁向东、李文林译,上海科学技术出版社2006年版,第67—71页)
希尔伯特利用笛卡尔坐标几何将欧几里得公理都转化为代数真理,这样几何问题转化为代数问题,如果代数系统一致那么几何系统也是一致的,但是这种方法无法针对解释公理的模型的元素是无限的情况。于是,希尔伯特想到有可能将每一种数学演算系统都展示为某种"几何式"的公式组和样式,其中公式与公式之间具有有限数量的结构关系,他希望通过检验一个系统的表达式的结构性质,就能够证明从一个给定系统的公理出发不可能推出相互矛盾的公式,即证明系统的一致性;希尔伯特的这一方案要求不涉及公式的无限数量的结构性质,也不涉及对公式进行无限次操作运算。这就是希尔伯特的元数学思想。自此之前穆理茨·帕施提出将几何学归结为纯粹逻辑语法练习,皮亚诺走得更远,他用自己发明的符号逻辑的语言来转述帕施的工作,几何学被看作是变元之间关系的演算。希尔伯特则表示,几何定义(点、直线、平面)在数学上并不重要,它们也可以不叫点、线、面而叫桌子、啤酒、椅子,重要的是它们同所选择的公理的关系,关系他仍选用属于、介于、平行、合同、连续等熟悉的属于表示。这样由公理推得的定理对于基本概念和基本关系的任意解释都能成立,只要这些概念和关系满足公理就行。希尔伯特的思想可以说是表达方式和逻辑的完美。"元数学"(metamathematics)的字面意思就是"超出数学之外",因为在希尔伯特的《几何基础》中的公理还要求满足逻辑的要求:完备性(所有定理都可以由这些公理推出)、独立性(公理组中除去任一条,至少就会有某些定理不可能得到证明)、相容性(从公理出发不可能推得任何矛盾的定理)。这种元数学思想实际上是将一个数学理论看作是通过演绎方法从一组不限制其真实性和含义的假设中演绎出来的定理系统。希尔伯特的这一思想是1898—1899年展示出来的。
希尔伯特的这一思想对于逻辑学的现代发展来说也是里程碑式的。1847年布尔的《逻辑的数学分析》出版,他及其后继者试图发展出一种逻辑代数,为传统逻辑原理所未能覆盖的更广泛、多样的领域提供精确刻画,另一条逻辑学发展的线索与19世纪数学家们在分析基础方面的工作密切相关,数学家们试图把纯数学变成形式逻辑的一部分,"19世纪的数学家成功地使代数'算术化'了,并且通过证明数学分析中的各种概念均可用数论术语(即依据整数及其运算)来唯一定义,从而也使向来被称为无穷小分析的这一数学分支算术化了"。([美]欧内斯特·内格尔:《哥德尔证明》,陈东威译,中国人民大学出版社2008年版,第32页)弗雷格和罗素所试图做的就是用纯逻辑的概念来确定所有的数论概念,认为所有的数论公理都可以从很少几条可以被确认为纯粹逻辑真理的基本命题推导出来,经典就是1910年怀特海和罗素的《数学原理》。由此可以看到希尔伯特的元数学思想和逻辑学发展的密切关联。(转下页)

笔者认为在《观念1》中"流形论"已被"本质学"所取代，也许胡塞尔感到这样一门包罗万象的理论建构起来是非常困难，且难以成功的，所以在《观念1》中用划分层次的形式本体论来统括和规定纯粹逻辑学的内容，用实质本体论加上形式本体论来构成《逻辑研究》中那种"科学的总体理想"或者流形论。实际上胡塞尔自觉转向本质学也是对于"形式化"抱负的重新思考，他并没有放弃形式化的基本构想，但同时意识到了非形式化或非精确化的严格科学（现象学）的重要性。

可以看到，胡塞尔的纯粹逻辑学构想是眼光宏大的，他充分估计了数学或者逻辑的形式可以具有的包容性，他说："没有人能够禁止数学家们去利用所有那些可以根据数学形式和方法来进行探讨的东西。只有那些不了解作为现代科学，尤其是作为形式数学的数学并且仍然用欧几里得和亚当·里泽①来衡量数学的人，才会仍保留那种一般偏见，就好像数学之物的本质是在于数和量一样。如果哲学家反对'数学化'的逻辑学理论并且不想把他的临时寄生子转交给亲生的父母，那么超出其自然权限的不是数学家，而是哲学家。哲学的逻辑学家们在谈到数学推理理论时喜欢带着轻蔑的态度，但这种态度却无法改变这个事实，即：在这些理论中和在所有严格发展了的理论中一样……数学的形式探讨是惟一科学的形式，只有它才能提供系统的封

---

（接上页）希尔伯特的创造性思想有其根源，即"哥廷根传统"，即包括黎曼、克莱因等希尔伯特的前辈在内的数学家们都坚定不移地试图证明所有数学分支的统一性（如克莱因著名的埃尔兰根纲领就提出把许多不同的看上去毫无关系的几何，在群的概念下加以统一和分类）。（参见［美］康斯坦斯·瑞德《希尔伯特》，袁向东、李文林译，上海科学技术出版社2006年版，第22页）希尔伯特的把几何转化为代数，又把代数看作一个公理演绎系统的元数学思想，实际上就是这种追求数学统一的思想传统的体现。后来的罗素等英美逻辑学家们正是沿着由这些思想前辈们奠基的大道走下来的。

胡塞尔（1859—1938）本人是一位和希尔伯特（1861—1945）同时代的哲学家和数学家，他于1901—1916年和希尔伯特同在哥廷根大学。他把流形论看作是纯粹逻辑学思想的部分实现，在笔者看来其动机在于对于科学统一（而不仅是数学分支的统一）的追求，数学领域中的流形论正是一种提供统一可能性的工具。但是出于哲学上的考虑，胡塞尔并不像数学家那样偏爱形式上的追求，对于科学、认识、对象、本质的关注，使得他的逻辑学思想自成一派乃是一种先验逻辑。可以看到这种逻辑传统乃是延续康德而来，康德、黑格尔的逻辑学可以说追求的都不是形式上的推理和演绎，而是为认识奠基，乃是一种元科学、科学论或哲学，形式逻辑的部分实际上包含在这种先验逻辑的构想之中。实际上，在实用主义的鼻祖皮尔士、杜威那里也有这样的科学论或哲学构想："像皮尔士一样杜威把逻辑广义地构想为'关于探究的理论'，形式逻辑——通常的现代意义上的逻辑——只是其中的一部分……"（［美］苏珊·哈克、陈波、尚新建编：《实用主义文选》，东方出版社2007年版，第23页）

① A. 里泽（1492—1559），德国计算大师。引自该页中译者说明。

闭性和完整性，只有它才能为所有可能的问题以及解决这些问题的可能的形式提供一个概观。"①

可见，虽然数学理论的地位如此之高，但是"数学家实际上并不是纯粹的理论家，而只是一个富于创造的技术师，他就像一个仅仅关注着形式联系的设计师，把理论作为一个艺术作品构造起来。就像实践的机械师在建造机器时并不需要去最终明察自然的本质和自然规律的本质一样，数学家在构造数、值、推理、流形的理论时，也不需要去最终明察一般理论的本质以及决定着这些理论的概念和规律的本质"②。所以，在面对纯粹逻辑学的理论本身究竟何以可能时，显然就不能再去寻求形式层次上的东西了，因为纯粹逻辑学已经是形式上的最终的东西，那么只能转向新的理论层次，即"本质"。纯粹逻辑学作为"自然秩序上的在先之物"恰恰不是"为我的在先之物"。③ 后者就是哲学家的领域了。胡塞尔由此发展出以明证性、意向性为出发点的对本质进行洞察和把握的现象学。对于"本质"的把握，转向了主体或者"为我"的在先之物。在笔者看来，康德的先验哲学追问认识何以可能的条件而形成了他的先验逻辑学的内容，但他没有明确或充分展开或提出先验逻辑的发生学或其起源的问题（当然他的理论处处包含这个潜力），胡塞尔则通过对于科学何以可能的问题一步步逼近了纯粹逻辑学何以可能的问题并在此处转向了现象学这一新的层次，他可以进一步探索康德未加以展开的褶层。由于胡塞尔将纯粹逻辑学和具体一些的科学或理论以本质的角度视为本质学的一体物，其思考显得极具系统化。本质学在笔者看来是胡塞尔的独特之处，它将哲学思考和自然研究、数学研究贯穿、统一起来了，如胡塞尔所说："只有哲学研究才为自然研究者和数学家的科学成就提供了补充，从而使纯粹的和真正的理论认识得以完善。特殊研究者的发明术和哲学家的认识批判是相互补充的科学工作，只有通过这些科学工作，那种完善的、包容了所有本质关系的理论明察才能得以形成。"④

胡塞尔把接着《纯粹逻辑学导引》的六个研究视为"……对纯粹逻辑

---

① ［德］胡塞尔：《逻辑研究·第一卷》，倪梁康译，上海译文出版社1994年版，第220—221页。
② 同上书，第221页。
③ 同上。
④ 同上书，第222页。

学这门科学的哲学方面所做的准备性工作,这些研究将揭示,哪些是数学家不愿做也不能做的工作,然而却是人们非做不可的工作"①。所以,比导论多数倍篇幅的六个研究实际隶属于纯粹逻辑学的研究。而在《观念1》中情况发生了倒转,纯粹逻辑学明确地被隶属于本质学了。这再次表明了纯粹逻辑学和本质学的互属关系。

搞清楚胡塞尔的纯粹逻辑学思想对于理解其现象学的地位是非常必要的,对于本书讨论的意义问题也是不能回避的。虽然这里开了一个有些复杂的头,但可以看到在胡塞尔思想的逻辑学的基础考虑中,就已经考虑到了意义或含义层面。他的纯粹逻辑学本身就具有意义和对象两种看待层面或方式,此时的意义平面显然已隶属于纯粹逻辑学的大格局,并且着眼于从命题之间的联合方式(合取、析取、假设等)或者在命题内部的联系[主词、谓词、多数(复数)等]的角度看待。意义此时明显是胡塞尔纯粹逻辑学的一个重要层次。可以说在胡塞尔的思想基础中,"意义"在其逻辑学整个构想中已经占有非常重要的地位,它和对象层面具有一种平行且互属的关系。

---

① [德]胡塞尔:《逻辑研究·第一卷》,倪梁康译,上海译文出版社1994年版,第222页。

# 第二章

# 本质学与现象学

"不论任何人,若试图阅读胡塞尔的任何一本著作,都会注意到胡塞尔不仅是在某种高度技术的层面上进行写作,而且还创造了自己的特殊用语……"[①]

## 第一节 本质和本质学

笔者认为在《纯粹现象学通论》(即《观念1》)中胡塞尔发掘出了本质领域并建立了本质学,本质学就是科学论,现象学是本质学中的一支,本质学或科学论的奠基石。为了说明上述关系,笔者首先从"本质"开始。

胡塞尔对本质有一个界定,即本质是:相对于偶然性而言的决定研究对象或个体所属存在区域或范畴的规定性或因素。本质具有必然性。

偶然性和本质具有的必然性相对。偶然性的对象包括了经验的基本认知对象,一般认为它们是在时空中的具体存在物,其物理形态也可以发生改变,每一个个别存在都是偶然的。偶然性的对象还包括自然规律或法则。这些规律完全可以是另外的样子,所以由其所支配的可能经验的对象仍然是偶然性的。不过,也可以说偶然性包含了本质必然性的层面,因为偶然性本身就是一种本质,对于偶然性的经验科学的研究对象而言,说它们"按其自身的本质"可以是其他样子时,实际上就在谈论其本质了,这是通过偶然性反过来刻画本质。其次,就本质本身而言,偶然的某个对象可以被看作是区域

---

[①] [美]维克多·维拉德-梅欧:《胡塞尔》,杨富斌译,中华书局2002年版,第1页。

或者类，茶杯是不同于讲台的一个种类，它隶属于器皿这个更大的类之下，器皿又属于物质这样一个更为高级的类。最为高级和普遍的类或区域，前面曾提到，胡塞尔分为三种：物质自然（material nature）、机能的自然（animate nature）、精神世界（spiritual world）。茶杯和讲台都属于物质的自然这个最高类或区域。这三大类构成胡塞尔所谓区域本质学或实质本质学。再次，我们还可以抽象出形式层面。胡塞尔还区分出从形式层面看待本质的形式本质学学科，包括形式数学学科和形式陈述学。如果我们不讲种类和区域，那么我们还可以在形式这个层次上谈论本质。比如桌上有一个茶杯，它除了属于茶杯这个类属于器皿这个类属于物质这个类之外，还具有一种形式本质即"一个"、"一"；如果有两个茶杯，还可以把握到二这个形式本质。由此推广开来，胡塞尔把整个数学学科（包括算术、集合论、几何学等数学学科）都看作是属于形式本质学的。形式本质学当中还包括一门形式陈述学说，由于一切本质领域的本质研究最终要通过语言表达出来，所以表达陈述的语言在这种媒介工具的意义上被加以形式化的研究。还以茶杯为例，当人们说"茶杯是圆柱形"，在这个表达当中可以看到主语位置是一个名词茶杯，可以用任一个名词来代替茶杯，得到的结果未必符合现实，但在语法上是合法的；可是假如主语的位置上代入了一个非名词，那么得到的陈述就没有意义了，如"但是是圆柱形"，显然不合语法。第四研究中胡塞尔总结出了不少这样的陈述上的形式规律。

从前面的论述可以总结出胡塞尔的本质学包括：（1）形式本质学。有两个平行的层次：a. 形式的陈述学说（举例：类似于语法学）；b. 形式数学或形式的普遍科学诸学科（包括算术、纯粹分析、集合论）。（2）实质（或区域）本质学。实质和形式是看待本质的两种不同方式，实质又称区域即考虑到不同的本质研究领域，这种研究领域可以有无限多种，胡塞尔将其总括为三类：物质的自然、机能的自然、精神世界。本质学实际上可以看作是胡塞尔心中的科学论，即关于科学的科学、元科学、研究科学之所以可能的学科，它要系统地研究一切对象所具有必然性（即本质），也就是对象之所以成立的必要条件。胡塞尔在《逻辑研究》阶段提出的纯粹逻辑学已经是一种科学论的设想了，笔者认为在《观念1》中，这种纯粹逻辑学的科学论提法被本质学的新科学论提法所代替，大概是"逻辑学"这一概念的内涵没有"本质"的内涵包括的层面来得丰富，因为之前笔者提到过胡塞尔的逻辑学除了形式方面还涵盖了意义和对象两个互属层面，纯粹逻辑学的提法可能无法体现后一方面的含义。

## 第二节 本质的把握

胡塞尔认为本质是通过本质直观（Wesensschau）把握到的。什么是直观？什么又叫本质直观？"直观"（Anschauung）是一种意识样式，它具有"看"的形象，这当然是一个比喻，谁在看呢？意识在看。人们在日常生活中的想象、回忆和感知都具有意识在"看"的形象。胡塞尔认为一切科学最终的基础与合法性就在于直观。

胡塞尔说："自然认识以经验开始，并始终存在于经验之内"[①]，"世界是关于可能经验和经验性认识的对象的总和，是关于那些根据实际经验在正确理论思维中可以认识的对象的总和。"[②] 这里给出了胡塞尔称之为"自然的"那种态度。在此基础上胡塞尔谈到"直观"，他是这样引入直观的：每一门科学都有作为其研究领域的对象域，而保证其知识或者说正确陈述之合法性的是这样一些直观，"按照这些直观，属于该领域中的对象变为自身所与的存在，而且至少其中有一部分变为原初所与的存在"[③]。可以看到在此处胡塞尔引入的虽然是经验的尚未完全获得现象学术语群中具有特殊地位的"直观"（具有"看"意味）的用法也仍然强调了意识层面（这也是强调"意向性"的现象学术语群的特征），而淡化了或排除了自然态度中的对象的客观实在性，"直观"和"所与"是具有强烈对应关系的概念。另外，在此处可以看到直观分为好多种。利科谈到在胡塞尔那里原初的直观或者原初所与物和纯思想物或空乏意指是对立的，前者需要有充实的行为，而后者不具有，原初直观和所与物的概念在明证性（明见性）理论整体内取得意义。明证性或者原初的直观不能理解为只针对感知物或想象物，而要看到只要涉及经验性的对象也就存在有对于获得形式、关系、范畴等而言的原初所与

---

[①] [德]胡塞尔：《纯粹现象学通论》，李幼蒸译，商务印书馆1996年版，第48页。
[②] 同上书，第49页。
[③] 同上书，第48页。

物，比如第六研究所涉及的范畴直观。在笔者看来（借助利科的深刻注释），原初的直观、范畴直观和本质直观，其区别或许不在于针对的直观对象的等级不同，[①] 而在于考察角度的差别，原初的直观既然和充实相关，那么它就和范畴直观和本质直观毫无冲突，从充实的角度看，范畴直观和本质直观也可以是原初的直观。

本质直观就建立在经验直观基础之上，是意识对本质的看。被直观到的本质也称为纯粹本质，它可以是最高范畴，也可以是最高范畴之下的属或种，直到包括特殊物。

本质直观具有明证性（Evidenz）。明证性是"一切原则之原则"[②]，它不只是现象学的而且首先是本质学的绝对开端。明证性和本质直观不具有神秘主义色彩，获得本质是困难的，需要转换思维，需要付出艰苦努力。所获得的本质有时是看起来很琐碎微不足道的，比如前面对于杯子所属的杯子这个类的把握。有时本质直观则显得深刻极具洞察力，比如说马克思的政治经济学也可以看作是一种本质学，如他"看"出商品具有：使用价值和交换价值，并提炼出商品的本质是与物结合着的并作为物出现的人与人之间的一种社会关系，由此为起点涉及资本主义生产各阶段的形态或本质。可见对于本质的把握往往也不是那么轻松。

胡塞尔说："看不到观念是一种精神蔽障；由于偏见人们未能将自身直觉［Intuition——笔者注］领域中的东西转入自身的判断领域。实际上，一切人都在看'观念'、'本质'，并可以说持续地看它们，在自己的思维中运用它们，也作出本质判断……"[③] 胡塞尔将这种本质加以系统化之后就形成了本质学。

---

① 如果按照直观对象这一标准，与范畴直观对立的是"感性"直观（参见［德］胡塞尔《纯粹现象学通论》，李幼蒸译，商务印书馆1996年版，第494页，利科注13），与本质直观相对的是经验的直观或个别直观（［德］胡塞尔：《纯粹现象学通论》，李幼蒸译，商务印书馆1996年版，第51页）。
② ［德］胡塞尔：《纯粹现象学通论》，李幼蒸译，商务印书馆1996年版，第84页。
③ 同上书，第81页。

## 第三节　现象学和本质学

现象学是本质学的一支，是一门描述性的实质或区域本质学。① 不同于可以建立公理系统的，演绎性的精密科学（数学、几何学等），而是描述性的严格科学，属于胡塞尔划分的第三类本质区域：精神世界。

如果说本质学是胡塞尔的科学论、元科学，那么现象学就是这门科学论的奠基石。因为现象学研究意识领域，而其他所有的本质学支脉都必须和意识领域打交道，在这个意义上被"映射"到意识领域中来。比如研究杯子的本质，比如我们感知杯子并直观把握到杯子这个类，实际上这就要涉及意识是如何去进行把握的从而就涉及意识行为的本质特征，比如在这里的对于物理对象的外部感知的例子中意识具有意指、充实的本质特征。

由于现象学将其他本质领域映射到自身的领域中来，在这个意义上可以说它悬置了所有其他本质领域，至少在进行意识行为分析的开始悬置了形式本质学。科学研究要求普遍性、形式一般性，所以看起来似乎不可能排除形式逻辑或形式本体论，但存在将一切形式科学之入括号的可能性，因为如果假定对纯粹意识进行研究的现象学给自己只提出在纯粹直观中解决的描述分析的任务，那么数学学科的诸理论都不可能对现象学有用。通过纯粹直观对先验纯粹意识领域进行研究，现象学能够涉及逻辑命题或逻辑公理（如矛盾律）的普遍性和绝对的正当性，现象学可在自身所与物的例示中进行洞见，"因此我们能明确地将排除性的悬置作用扩大到形式逻辑以及一般科学全体；而且这样做时要肯定我们作为现象学者所遵循的规范的合理性：只运用我们能在意识本身中和在纯内在性中洞见到的东西"②。由此可以看到现象学诉诸纯粹直观，它可以研究纯粹逻辑学或形式本体论的正当性，它可说是一种独特的元逻辑，它具有对一切其他科学和对自身进行批判的这种独一无二的功能。③ 因此胡塞尔也称现象学为应用现象学，这种说法表明现象学具有康

---

① 参见［德］胡塞尔《纯粹现象学通论》，李幼蒸译，商务印书馆1996年版，第72页。
② 同上书，第155页。
③ 同上书，第160页。

德批判哲学的色彩。但同时应该注意到现象学可以发展为一门意识哲学，它既可以纳入到形式本质论的形式框架中，又可以作为区域本质论的一个研究领域，它本身是在纯粹直观（直观是联系本质和意识的桥梁）中产生的本质理论。

不过现象学被胡塞尔看作是为本质科学、为纯化后的先验意识的本质理论奠定基础的学科，这样现象学本身不能包含本质，否则就会陷入循环论证。但这一点由于语言和描述而本身无法做到，而描述性的科学本身不一定排除"本质"的运用，所以胡塞尔要对现象学本身可容许的"本质"做出限制：并非一切本质都属于纯粹意识领域，"如果我们打算建立一门作为关于内在意识构成物的、关于现象学排除范围内可于体验流中被把握的事件的、作为纯描述性本质科学的现象学，那么在此范围内就不包括任何超验的个体，从而也不包括任何超验的本质［比如：'物'、'空间形状'、'运动'、'物体颜色'、'人'、'人的感觉'、'心'、'心的体验（在心理学意义上的体验）'、'个人'、'个性'等，都是超验的本质——笔者注］，后者的逻辑位置确切说是在相关的超验对象的本质学科之内的"[①]，胡塞尔这样的立场是出于现象学应当承担的哲学功用来考虑的，他要求现象学绝对独立于实质的—本质的科学以及一切其他科学。这的确体现了现象学的一种解释学循环：即作为区域本质学的现象学同时不能是区域本质学，而具有独立性。读者后文将会看到必要的对于胡塞尔现象学的批评，这些批评和这个循环不无关系，如海德格尔的批评（参见本书第十三章第一节）。

现象学作为一种描述科学应当如何理解呢？前面讲到现象学和数学学科这样的本质学不同，后者显然不好作为考察现象学的导引。胡塞尔认为两种本质学科具有不同性质。胡塞尔把几何学看作形式数学学科的代表，并探问："一门现象学是否必须或者能够成为一门体验的'几何学'。"[②] 几何学学科的程序显然不是描述性的，"即几何学未依靠单一体直观去把握本质种差，因而未把握可在空间绘制的无数空间形态并对它们描述和分类，像经验自然科学在经验的自然形态方面所做的那样"[③]。胡塞尔对几何学的看法显

---

[①] ［德］胡塞尔：《纯粹现象学通论》，李幼蒸译，商务印书馆1996年版，第160页。
[②] 同上书，第175页。
[③] 同上书，第177页。

然是希尔伯特式的，他也认为几何学所固定的若干基本结构（体、平面、点、角等）虽然在公理中起决定作用，但借助于公理（作为最初的本质法则）几何学就能够在代表我们一般直观所不熟悉的一切进行精确规定的概念形式中，纯粹演绎地推出观念上可能的空间形状以及一切与之有关的本质事态。胡塞尔这里提到的几何学实际就是《逻辑研究》第一卷提到的流形论，他说一般空间形状的流形具有一种显著的基本逻辑特征："在某给予事例中可从有关领域的本质中导出的有限数目的概念和命题，以纯分析必然性方式完全地和无歧义地规定着该领域的一切可能形态的全体，于是在该领域中就必然没有什么未定之物了。"①流形论实际本身就可以看作是一个公理系统，但它是几何学的系统。如果把这种思想用到逻辑学上，也是类似的。胡塞尔把流形论的公理思想扩展到形式逻辑上：任意的公理体系中构成的命题，都是该公理的纯粹形式逻辑的结论，或者是与公理相矛盾的结论。对于流形而言其中的"真"②的概念就与流形的公理系统的形式逻辑结论是等价的，"假"的概念是和其矛盾的或反结论的概念等价。胡塞尔把彻底定义好的流形论的公理系统称作确定的公理系统，以此系统为基础的任何演绎学科就是一门确定的学科或严格意义上的数学学科。胡塞尔又明确提到如果把流形中的质料特殊项完全不确定（即视为"变元"）进行形式化，那么之前的流形的公理系统就变为了一个关于公理形式的系统，流形论就成了一种流形论形式，而与流形论有关的学科也就变成了一种学科形式，③即流形论还可以形式化，但具体的技术细节没有谈及，这种企图最终获得的将会是形式逻辑。胡塞尔的这种思想再次表明了他和希尔伯特思想的关联，在自注中胡塞尔提到自己的这些思想和相关概念已使用在1890年年初的"形式数学学科的理论研究中"，这个研究的目的耐人寻味："目的在于找到对想象问题的一个原则的解决。"胡塞尔经常思考这些问题，在1901—1902年冬季研究班上还曾对哥廷根数学学会做过两次讲演，胡塞尔说到希尔伯特思想对他的影响是很根本的："希尔伯特为算术基础所提出的确定性概念与'完全性公

---

① ［德］胡塞尔：《纯粹现象学通论》，李幼蒸译，商务印书馆1996年版，第177页。
② 哥德尔的工作表明胡塞尔这里对"真"的看法是不妥当的。
③ 参见［德］胡塞尔《纯粹现象学通论》，李幼蒸译，商务印书馆1996年版，第178页。

理'的紧密关联,对于每一位数学家都是显而易见的。"①

现象学并不能像数学学科那样寻找一种确定的精密的公理系统,并演绎出所属领域中的一切本质构成和规定;意识之流似乎也无法视为具体确定的流形。胡塞尔认为几何学的概念是"理念的"概念,表达着不能被"看"的东西(这样"理念"不同于"本质",本质是"看"到的),其起源或内容本质上不同于描述的概念的内容,"后者作为概念表达的不是'理念'(李幼蒸先生译文用的是'观念',笔者改为了理念,这样做的理由读者可参见本页脚注③——笔者注),而是直接从直观中引出的本质"②。这里可以看到"理念"和"本质"对应于精确科学和描述科学,观念化〈ideierend〉应同理念〈Idee〉区分开来,通过观念化可以获得"本质"。观念(理念)③〈Idee〉不存在于任何感性直观中,而描述的本质或多或少地接近于观念(理念),但不会到达,例如形态的本质描述:齿形的、伞形的等概念"在本质上而非偶然地是不精确的,因而也是非数学的"④。胡塞尔还提醒不要

---

① [德]胡塞尔:《纯粹现象学通论》,李幼蒸译,商务印书馆1996年版,第178页。
② 同上书,第180页。
③ 如何处理"Idee"着实让笔者头痛了一番,还好胡塞尔自己在《观念1》导言中做了澄清,他说在《逻辑研究》中使用的观念Idee容易和康德的Idee[理念]混淆,胡塞尔在《观念1》中就用本质或艾多斯〈eidos〉同义替换了《逻辑研究》中的这一中心概念。所以读者在读到《逻辑研究》部分文中出现的"观念"是可以作"本质"来理解的,观念直观〈Ideation〉也可以作本质直观来理解(也可参见倪梁康《意识的向度》,北京大学出版社2007年版,第522页)。另外,有关胡塞尔对于Idee的康德式用法,利科做了极好的总结:(1)正文中提到的作为精确科学几何学研究被视为理念的。(2)指神、上帝的限制性概念;胡塞尔也同康德一样出于一种理性的和先验的目的论的考虑而提到上帝,它是以相当间接的方式被认知的:自然界被还原为纯粹意识,由此产生了具有规则秩序的意识体验的事实的联结体,其中在经验直观的范围内、在形态学上有秩序的世界被构成为其意向相关物,对于这个世界存在有各种分类和描述的科学;在以上全部中存在有目的论,"因为由事实实现的合理性不是本质要求的合理性"。([德]胡塞尔:《纯粹现象学通论》,李幼蒸译,商务印书馆1996年版,第152页),这种本质要求的合理性询问的不是物质因果原因性,而是询问相应于构成性意识的现刻自行呈现的事实性基础、询问价值的现实性和机制无限增加的可能性。由此得到超验的、绝对的"上帝",它不同于意识的绝对也不同于世界中的超验存在。在现象学中上帝同样作为超验物被排除了。(3)体验流的统一体全体。由于超验的纯粹自我具有三重时间维度(过去、现在、未来)的构成,而一切体验都是纯粹自我的体验,因而一切体验就具有三重体验的视域或边缘域〈Horizont〉,我们把握到的体验实际上无法达到该体验流的充分规定,所以,说对该体验之流的把握是理念意义上的。由于体验流无所不包,因而可以认为胡塞尔的"理念"概念实际的使用范围是相当广泛的。但出于学界的大多数场合的用法,笔者在绝大多数场合还是用"观念"这一译法。
④ [德]胡塞尔:《纯粹现象学通论》,李幼蒸译,商务印书馆1996年版,第180页。

把描述科学的属概念混同于观念（理念）的属概念。胡塞尔很确定精确科学和描述科学往往联合在一起，《逻辑研究》实际上就具有这种特色，可视之为胡塞尔的"双重憧憬"且不能相互取代——"任何精确的，即在观念的基础结构之上进行的科学，不论其发展程度有多高，都不能解决有关纯粹描述问题的那种原初的和正当的任务"①。

胡塞尔明确说到现象学研究是"……用现象学态度观察的先验纯粹体验的描述性的本质学科；……无论什么在纯粹直观中可被把握作属于被还原的体验的东西，不论作为真实的［即'reell'倪梁康先生译作'实项的'——笔者注］组成部分还是作为后者的意向相关物，都是属于现象学的，而且对现象学来说这是绝对认识的一大源泉"②。由于意识的流逝性，似乎不可能在最基本的体验层次上谈论任何本质具体项③的或一切直接构成着它们的因素的精确的概念确定性，但是在高层次本质的层面上却可以维持其同一性并严格地加以把握，同时能够区别、分析它们并划分其种属关系，因此现象学作为一门全面描述科学是合理的。演绎的理论化步骤在现象学本身中被排除了，当然它不排除中间推论，但它的一切认识应当是描述性的，非直观的演绎程序起一种对这样一类事物的引导作用：使随后发生的直接的本质看必然使该事物成为所与物。胡塞尔还思考到在被还原的先验现象学领域（不论是全体还是局部领域）中，是否在描述程序之外有一种观念化的程序作为其对应物，后者以纯粹严格的观念取代了被直观的所与物，甚至可以作为一门体验学的手段，胡对此没有进一步的讨论（笔者认为《经验与判断》中的本质变更的学说大概体现的就是这样一种观念化程序）。胡塞尔认为把先天科学方法只限于有关观念物的精确科学，并将其作为唯一的本质科学、作为每一种新科学的模型（包括先验现象学的模型）的观点是错误的，因为作为一种描述科学现象学正是不同于数学科学这种精确科学的新的

---

① ［德］胡塞尔：《纯粹现象学通论》，李幼蒸译，商务印书馆1996年版，第181页。
② 同上。
③ 在论及区域本体论时，胡塞尔划分出这些概念："一种非独立的本质被称作一种抽象项，一种绝对独立的本质被称作具体项。一种实质本为一具体项的'此处这个'，被称作一个个别项。""个别项是纯逻辑所需要的原对象，是逻辑的绝对，一切逻辑变换都与其相关。"（［德］胡塞尔：《纯粹现象学通论》，李幼蒸译，商务印书馆1996年版，第70页）抽象项和具体项都可以看作是本质单个体。这些概念显然和第三研究对于独立与不独立的问题相关，读者可以参见本书第七章。

本质科学基本类别，胡塞尔用"严格的"来形容它。

利科总结了一下胡塞尔对于现象学的定位："现象学是：（1）一种类似于几何学的实质本质学（这里的几何学被看作是来源于原初直观的关于物理事物的一种本质学科，还没有进行流形论和公理化的形式研究；并且在确定了流形论的概念之后还要考察在质料上被确定的领域应该加以满足的必要条件，这也不是一个逻辑技巧的问题，而是在直接直观中把握本质的精确性的问题，这些意义上现象学和它相似——笔者注）；（2）一种区别于几何学的具体的和非抽象的科学；（3）这些抽象要素不适用于一个演绎结构，因为它们的本质是非精确的：因而这个特征意味着，现象学进行描述而非演绎。"①

理解现象学应当注意到的一个重要问题：排除自然主义的态度。现象学研究区域即意识或者纯粹意识领域，要研究意识行为的种种本质特征。达到这个领域要经历所谓现象学还原的程序。现象学要求排除自然态度（一般的日常的看待事物和世界的方式，包括物理学等科学研究在内都属于自然态度，"悬置"对象的存在、不对存在做判断），这样一来不管研究的领域是什么（哪怕是数学、形式逻辑），最后留下纯粹自我的纯粹意识领域，这一领域也被称作先验意识。胡塞尔说："意识本身具有的固有的存在，在其绝对的固有本质上，未受到现象学排除的影响。因此它仍然是'现象学剩余物'，是一种存在区域，一个本质上独特的存在区域，这个区域可肯定成为一门新型科学——现象学科学。"②胡塞尔把达到纯粹意识或先验意识的方法称作先验悬置，所以现象学作为一种本质学又是先验的，"因为它在纯粹主体中构成了一切超越物。还原的否定意义在构成的肯定意义前被完全消除了"③。利科认为胡塞尔的"先验的"概念和康德的先验概念是没有可比性的，但是可以看到他的先验概念确有继承康德之处：他的现象学研究的是排除了自然态度之后的纯粹意识领域的本质，这已经不是经验领域而是其所属的本质领域，且两人的先验概念都是相对于意识领域而言的观念主义的术语。不过，利科的判断也有助于我们理解国内学术界对于胡塞尔 transcendental 的争论，如王炳文和倪梁康两位先生倾向于译成"超越论的"，更加

---

① ［德］胡塞尔：《纯粹现象学通论》，李幼蒸译，商务印书馆1996年版，第529页。
② 同上书，第100页。
③ 同上书，第512页，利科注133。

贴近胡塞尔想表达的那种构成超越物的纯粹意识之本质的特点，但是按照传统的植根于康德哲学的"先验的"这一译法也有其强调本质的这一特点，所以无法保留着两重含义，笔者依然遵循更久远的来自康德的传统译法，但另一种译法同时铭记。

还需要注意的一个问题和纯粹自我（笔者把纯粹自我理解为纯粹意识所植根的先验的源头）的超验性有关，它具有一种在内在性中的、并非被构成的超验性。这里的纯粹自我的非被构成性是相对于属于世界的经验主体而言的，并且在很多研究中与纯粹自我有关的问题可以被悬置不问（比如几个研究中的情况），我们可以就其直接性和其与纯粹意识共同被给予而言把纯粹自我当作一种现象学材料，而超出此界限的与自我有关的理论都应该排除。① 但是，实际上胡塞尔的内时间意识理论恰恰可以看作是纯粹自我的可以做构成性的研究的一个明显证明（"纯粹自我"在胡塞尔的《逻辑研究》中甚至被怀疑其理论可能性，现在胡塞尔不仅不怀疑甚至还要研究其"构成"）。胡塞尔指出："时间是一组完全被界定的问题范围的名称，而且这些问题都是极其困难的。……我们先前的论述在某种程度上对一整片领域保持着和必定保持着沉默，以免混淆了首先只在现象学态度中看到的东西（纯粹意识、纯粹自我——笔者注）和这个尽管是一个新的方面却构成了一个自足研究领域的东西。我们通过还原产生的先验'绝对'实际上并非是最终物；它是在某种深刻的和完全独特的意义上被构成的东西，而且它在一种最终的和真正的绝对中有其根源。"②时间意识不是笔者本书要详细论及的东西，这里简单说明一下。时间性表示一般体验的一种本质特性，它不仅属于每一个单一的体验，而且也是体验与体验之间结合在一起的一种必然形式。每一个体验都是持续的并随其绵延存在于无限绵延的、被充实的连续体中，它必然有一个全面的、被无限充实的时间边缘域，它属于一个无限的体验流。每一个体验都具有时间上在前的体验和其必然的在后的边缘域，且体验的"现在"被充实，并且每一具有三重边缘域的体验组成体验流，体验时间统一流由这三个维度贯穿。

---

① 参见［德］胡塞尔《纯粹现象学通论》，李幼蒸译，商务印书馆 1996 年版，第 152 页。
② 同上书，第 204 页。

每一个体验都是时间性的，每一个体验也都是纯粹自我的体验，所以纯粹自我可将目光朝向该体验，并把体验把握为在现象学时间中现实存在的或延存的东西。也可以说纯粹自我是一个在全部三维上被充实的，此充实中有和纯粹自我相关联的内容连续体。① 时间问题不仅涉及纯粹自我这一超验物的构成问题，② 其他超验物（参见［德］胡塞尔《纯粹现象学通论》，李幼蒸译，商务印书馆1996年版，第41节提到的知觉物③、第59节提到的本质事物）当然由于和纯粹自我必然关联也会因为时间意识而具有构成问题。

通过对本质、本质学和现象学及其关系的梳理，笔者认为现象学和康德先验哲学具有结构上的基本一致性。胡塞尔现象学和康德先验哲学都是以科

---

① 参见［德］胡塞尔《纯粹现象学通论》，李幼蒸译，商务印书馆1996年版，第205页。

② 利科对于纯粹自我的构成问题的说明极好："自我的原构成——在某种意义上这是一种自构成——是一批重要未刊稿的研究对象。……如果有一个时间意识之'谜'，正因为它触及了自我本身的这种原构成。由海德格尔编辑成书的《内时间意识现象学》一书原稿撰写时间甚早（1903—1905），这可证明这一困难在先验现象学诞生之际已被认识。'第四沉思'指出，自我的时间性能够使我们过渡到一种自我'生成'的观点：'自我在一种历史统一性中以某种方式为自身而自行构成'……此'生成'是被动的或主动的……并存在于时间流内诸体验的'共存可能性'上。"（［德］胡塞尔：《纯粹现象学通论》，李幼蒸译，商务印书馆1996年版，第533—534页）当然，我们在《笛卡尔式的沉思》中可以看到胡塞尔关于自我之构成的思考。

③ 知觉具有实项和意向的层次，从意向的层次上看来，被知觉物实际上是一个超验客体例如桌子，我们无法在一次知觉行为中直观到它的所有部分，所以桌子是侧显出来的，不同的直观中我们知觉到同一个桌子却是通过不同的侧显方式。在这个意义上"桌子"的侧显（我们只能以这种方式知觉到它）相对于它的全侧面的显现而言是"超验的"，这里，侧显是体验对立于作为空间中存在的被侧显物。这就是胡塞尔讲的显现与被显现者的区分（第五研究）。胡塞尔区分了两种知觉，一种是内知觉即内在指向的知觉"或简单说，一个内在知觉（所谓'内部知觉'），知觉和被知觉者本质上构成了一种直接的统一体，即单一的具体我思行为的统一体。在此，知觉行为将其客体以如下方式包括在自身之中，即它只能抽象地、只能作为一种本质上非独立的东西与其客体分开。如果被知觉物是一种意向体验，如同当我们反思一种只是当下存在的信念（如说：'我相信……'）时的情况，我们就是在使两种意向体验相互混合，至少其中较高的体验是非独立的，而同时不只以较深的体验为根基，而且也意向地朝向它"。（［德］胡塞尔：《纯粹现象学通论》，李幼蒸译，商务印书馆1996年版，第110页）另一种是现实的或侧显意义上的知觉，两种知觉的对象都具有超验层面（即使内知觉对象的超验性体现在：例如对昨天回忆的回忆必定与昨天的回忆有所区别，昨天的回忆已不属于当下回忆的实项成分了，昨天的回忆这个意义上是一个超验物），但是内知觉完全不具有侧显的体验层次而是完全"内在的"；"内在的"和"超验的"并不抵触，它们考虑的是知觉的不同层次（参见［德］胡塞尔《纯粹现象学通论》，李幼蒸译，商务印书馆1996年版，第38、42、44节）。另外，胡塞尔关于"超验的"这一概念的用法和康德是不矛盾的，超验在康德那里具有超出经验的意味，在胡塞尔那里同样是指超出现实体验的非实项的层面［关于"超验"概念的问题，还可参见邓晓芒先生的《关于现象学文献翻译的思考》（《学术月刊》2007年第9期）一文，笔者赞同邓先生的结论："不论在康德那里还是在胡塞尔那里，transzendental 一词都完全可以翻译成'先验的'，并由此与 transzendent（超验的）形成一对相互重叠而又各有不同含义的术语"］。

学论为最终目的、为科学论奠基。康德《纯粹理性批判》研究纯粹数学何以可能，纯粹自然科学何以可能，形而上学何以可能，这三个问题涵盖了整个科学论。现象学和康德的先验哲学针对的都可以说是意识领域，他们都把意识看作是科学论的奠基性领域，解决了意识领域的结构和特征，那么科学论自然就不成问题了。并且，康德和胡塞尔的意识层面也不针对经验层面，而是针对纯粹的意识层面，只不过康德用"先验"这个词来形容这个层面，胡塞尔则用本质这个词来形容。胡塞尔对意识本质结构的具体现象学的分析研究，可以说是康德的先验原理论的深入和细化。

# 第三章
# 反思和明证性

"作者不应当用人类的推理剥夺艺术要求我们具有的短暂信念。"①

## 第一节 反思

现在要问通过直观来获得或把握本质是可行的吗？这里依然只是分析《观念1》中的明确立场。胡塞尔认为愤怒会因为反思而被驱散，而外部知觉是不会的，这保证了直观到的对象的普遍本质的可获得性，这也是胡塞尔的一个信念：即以原初性直观作为现象学方法和理论的基础。同时现象学必须借助于想象，因为现象学和其他本质科学一样其本质构成物是无限多的，人不可能掌握一切可能的特殊构成物，②"正如几何学家不可能为无限多的物体绘制图形和模型一样。在此本质研究的自由性无论如何也必然要求运用想象"③。自由想象是有界限的，之前必须通过原初直观去进行准确而丰富的观察。可以看出直观在现象学理论中的核心地位。

很多哲学家都反对胡塞尔的直观或本质直观的学说，为了更好地理解胡塞尔的直观学说，可以来看看与之相关的胡塞尔关于反思的论述。

胡塞尔认为在纯粹体验领域的最普遍本质特性中首先要研究反思，这是因为反思本身具有现象学方法论功能，"现象学的方法完全在反思行为内起

---

① 《博尔赫斯全集·散文卷上》，浙江文艺出版社1999年版，第415页。
② 利科注238提到著名的"（现象学）还原"是"构成"的反面，严格说来"构成"和"给予意义"是同义语。参见［德］胡塞尔《纯粹现象学通论》，李幼蒸译，商务印书馆1996年版，第523页。
③ ［德］胡塞尔：《纯粹现象学通论》，李幼蒸译，商务印书馆1996年版，第173页。

作用"①。可以认为纯粹自我体验着它的体验，包括实项的和意向的体验，但它们并不都是在"注视"、"注意的"意义上以内在直观和表象的特有方式被把握着。对于那些在"目光"之外的体验，可以通过反思指向它们。并且反思又可以作为新反思的基底，如此无穷。

对于当下现实的体验来说，一旦进入反思的目光内，就呈现为现实的被体验物；如果被体验物尚未被注视，而仅是呈现，那么就成为未被反思者。我们可以以记忆为基础和在预期中反思和体验被回忆者和被预期物。对于整个体验流（包括在未被反思的意识样式中被体验的体验）的研究都是在具有具体结构的反思行为中进行的，这些反思行为本身也是体验流，并且在高层次上的相应反思中可以作为现象学分析的客体。②

首先，"任何一种'反思'都具有一种意识变样的特性，而且它在本质上是任何意识都可以经历的"③。因为任何反思其本质都是态度改变的结果：一个已给予的体验经历了向被反思或被意识者的样式的某种转换。内在本质的把握和内在经验的一切样式都包含在反思概念之内，现象学的任务也就可以看作"……系统地研究反思项下体验的一切变样，以及与后者本质上相关的和以之为前提的一切变样"④。由于反思的无限进行，属于较高层次的新变样不断产生，但我们从任何体验出发都可以回溯到未被反思的体验及其实项的或意向的被给予物，最终返回到"绝对原初的体验"或"印象"。由于反思体验和纯粹自我必然相关，所以它是同一个纯粹自我的我思行为（"我思"在胡塞尔那里只是纯粹自我诸体验的一种，即在注意"目光"之内的体验，目光之外的体验比如未被注意的显现的事物）的作用场，胡塞尔认为纯粹自我是经验活动的意义与合法性的保障，否则反思到的体验就根本不对应那个直观被给予的内容，由此本质看，内在知觉、记忆的合法性也得到了保障，因为纯粹自我始终注视着意识流内的一切体验。胡塞尔认为"……只有当意识在内在知觉的反思意识中被给与时它才在认识上是可靠的；或者说，意识只在特殊的实事显现中才是可靠的"，这种设想是"荒谬的"，其

---

① ［德］胡塞尔：《纯粹现象学通论》，李幼蒸译，商务印书馆 1996 年版，第 186 页。
② 同上书，第 77 页。
③ 同上书，第 189 页。
④ 同上书，第 190 页。

错误在于"在回转目光时对作为'仍然'被意识者（直接持存）的曾经存在（Gewesensein）加以怀疑，并去怀疑成为目光对象的体验最终是否未因此而转化为某种其它的东西等等"①。胡塞尔提醒不要为这种怀疑的论点所迷惑，他认为这种观点具有形式的精确性（即出于连续时间内 T 和 T' 的对象是否是同一个是可以怀疑的），但不符合直观的自明性，完全的明晰性是一切真理的尺度和对于直观所与物的忠实表达。

现在，就可以领会胡塞尔对"反思"的讨论实际上既是对现象学基本方法的说明，又是对现象学原则之原则——自明性或明证性（倪梁康先生译为明见性，是同一个词 Evidenz）的重申。"即每一种原初给予的直观都是认识的合法源泉，在直观中原初地（可说是在其机体的现实中）给予我们的东西，只应按如其被给予的那样，而且也只在它在此被给予的限度之内被理解。应当看到，每一理论只能从原初给予物中引出其真理。"②现在就要看看胡塞尔对反思的合法性与对明证性的一些辩护，体现在他对一些责难的回应上。

责难 A 对于直接体验的认知难以设想，不可能理解关于体验之体验的报道如何能写在纸上，即使它存在着。这正是前面论述中遇到的被胡塞尔称为"荒谬的"情况，简言之即："他怎能知道他的体验实际上绝对如他所设想的那样呢？"③

责难 B 责难 A 中的怀疑实际上"……有可能以易于理解的方式从对内在经验的反思扩展到一切一般反思（即对于任何其它的体验的认知同样可以像对直观进行怀疑那样，怀疑其内容的'真实'——笔者注）"④。

回应 a. 针对责难 A，在心理学的体验的层面上胡塞尔实际上从来没有否认这样的观点是荒谬的——"即我们通过反思可以获得对一般体验绝对有效的知识，不论它是被反思的还是未被反思的"⑤，这和 H. J. 瓦特的观点（怀疑体验本身的绝对有效性）是一致的，胡塞尔也怀疑在心理学意义上我

---

① [德] 胡塞尔：《纯粹现象学通论》，李幼蒸译，商务印书馆 1996 年版，第 192—193 页。
② 同上书，第 84 页。
③ 同上书，第 194 页。
④ 同上书，第 195 页。
⑤ 同上书，第 196 页。

们是否能够报道体验的所有细节。还应当提到胡塞尔和 H. J. 瓦特也可能达成一致的地方,即就感觉(想象)的显现本身或就感觉材料而言它们是不可怀疑的,这一点胡塞尔没有提及。

体验的全部心理学细节虽然难以企及,但本质领域在胡塞尔那里是严格的没有疑问的。由此可以看到 H. J. 瓦特实际上没能真正理解现象学,并且混淆了心理学和现象学。

回应 b. 针对责难 A、B 胡塞尔指出其论调是心理主义的,而现象学是一种作为描述科学的本质学。现象学不需要完成关于体验的现实存在判断,也并非在自然的意义上完成"经验"和"观察"。现象学研究的"本质"是由反思的本质直观而获得的。例如对于一个想象的四角兽,我们如果在经验的层面注视它时,我们看不到的是它显现的方式(侧显)、侧显的材料和统握,后者乃是反思的对象,它们并非作为未被反思的显现体验的组成部分,但是不可加以怀疑。怀疑论者并没有触及这个本质层面。

回应 c. 针对责难 A、B 胡塞尔指出怀疑论是自相矛盾的。因为,当怀疑论者陈述其基本观点时,他正好把他加以否定的东西作为其前提了:怀疑论者陈述怀疑"反思改变了有待描述的体验"时,他也正在反思且断言这怀疑的正确性,他假定这个论断(在反思中做出的)没有改变与反思体验关系,但这和他的断言自相矛盾。

回应 d. 针对责难 A、B 胡塞尔认为即使退一步,上述怀疑也没有说明在多大程度上反思改变了原来的体验(包括原初直观的体验、反思、对反思的反思)、是否原来的体验已完全被改变而虚假化了。胡塞尔假设责难 B 的普遍性的怀疑成立,那么反思链条[体验、反思(体验)、反思(反思〈体验〉)、反思{反思(反思〈体验〉)}……]就根本无法获得一种连续有效的肯定性,因为每一个环节都是虚假的、可疑的。但是,很明显的是我们的反思链条的肯定性是存在的,这是无须怀疑的,这就足以说明这种荒谬性:即认为"在此不存在任何可认识的东西,不存在与未经反思的体验内容和它所经受的那种变样有关的任何东西"①。

胡塞尔得出:"怀疑主义在由言语论证返回到本质直观,返回到原初呈

---

① [德]胡塞尔:《纯粹现象学通论》,李幼蒸译,商务印书馆1996年版,第198页。

现的直观和本身合法性时，就失去了其效力"；"反思现象实际上是一种纯粹的和完全明晰的所与物领域。它是一个由于是直接的所以是永远可达到的本质洞见，它从作为对象的所与物开始，永远能反思所与的意识及其主体；从被知觉者，从机体上的'在此'开始永远能反思知觉行为；从记忆物开始，正如它作为本身'曾存在者'，'在眼前浮动着'开始，永远能反思回忆行为；从其流逝中所与的存在陈述开始，永远能反思该陈述行为，如此等等"①。在这样的意义上，"知觉正是作为对该被知觉者的知觉，现前意识正是作为对现前被意识者的意识而成为所与物"②。胡塞尔强调现象学必须不断诉诸洞见、明证或直观，这不是一个用词问题，而是一切认识中的最终部分，这和在最原初的逻辑的与算术的公理中谈到的洞见意思相同，比如两点间直线最短、一个茶杯不能是茶杯又不是茶杯等。

## 第二节　对胡塞尔明证性原则的诸评价

胡塞尔的明证性与直观的理论和实用主义的开创者皮尔士的一些看法有类似之处。《信念的确定》一文中皮尔士谈到我们确定信念③有四种方法：固执的方法、权威的方法、形而上学的方法、科学的方法。四种方法的优越性依次上升。其中形而上学的方法或者哲学的方法依据理性合乎理性而通常不依据任何观察到的事实，这种方法体现为探讨事物的终极原因的本能，皮尔士认为其失败是明显的。因为在形而上学或哲学方法看来，探究是某种和鉴赏力（taste）的发展相似的东西，鉴赏力多少是和时尚相关的事情，所以形而上学家们从未达成任何一致的意见。科学的方法不证明实在之物的真实存在与否，它从经验出发，其所依据的概念始终处于和谐之中，在应用中不会产生对这种方法的怀疑；对于相互矛盾的情况人们必定不满；可以用于许多事物，只有人们不知道如何使用这种方法时，才会停止使用它；且这种方

---

① ［德］胡塞尔：《纯粹现象学通论》，李幼蒸译，商务印书馆1996年版，第198页。
② 同上。
③ 信念是人摆脱焦虑不安达到一种安宁满足的状态，信念并非导致立即的行动，而是使我们处于这样一种状态：当相关情况发生时，我们将以一种特定的方式采取行动。参见［美］苏珊·哈克、陈波、尚新建编《实用主义文选》，东方出版社2007年版，第99—100页。

法已经使我们取得了很多成果而没有把我们引向对它的怀疑。在四种方法中它唯一地能显示出正确道路和错误道路。

可以看到胡塞尔的现象学方法在明证性、直观这一原则之原则这一点上是和科学方法以经验作为出发点类似的，不过现象学是一门描述纯粹意识的本质科学，而皮尔士的科学方法则是面向所有事物。尽管现象学相对科学而言描述意识领域的"微观"本质，但是胡塞尔处处要求直观和明证性，从对反思的合法性的论述上可以看出，这种直观和明证性的要求不是某种神秘东西，而确实是获得类似于一种常识或经验性的结果，虽然胡塞尔的重点在于对不同行为中的纯粹意识的本质结构进行描述和划分。胡塞尔把自己的现象学限定在一种本质学的立场上，就保证了其学科本身的自足性。

皮尔士赞赏笛卡尔贬抑莱布尼茨。笛卡尔找到我思作为保证观念明晰性的源泉，皮尔士认为我思是一个完全明显的命题，"接受一个在我们看来完全明显的命题，无论这个命题合乎逻辑还是不合乎逻辑，这都是我们不得不做的事情"①，莱布尼茨则注重逻辑的分析的明晰，其哲学中首先是抽象的定义（如"单子"）起着重要作用，所以当他看到笛卡尔的方法导致困境（身心二元论）时，"他除了要求对每一个重要词项下一个抽象定义之外，再也没有更好的补救办法，这种情况就是理所当然的了"②。所以，皮尔士和胡塞尔一样并非一味重视逻辑形式上的分析性，而更看重源头性的最明显的或"看"到的明证性的东西，他肯定了笛卡尔的"我思"信念。后来康德的纯粹自我意识的统觉，胡塞尔的纯粹自我和纯粹意识都是类似于"我思"这种概念地位或命题的东西，而且似乎不能证实也无法在理论中抹去。由此可以看到，皮尔士看起来并不排斥"我思"的原因是它在理论和实践中都可以和其他概念相和谐并且不会导致矛盾。倪梁康先生认为"现象学的思维方式是在实证与形而上学思维方式之外的另一种可能性：本质直观或观念直观的思维方式。它不是形而上的，也不是经验实证的"③。倪先生认为现象学处在形而上学和实证科学之间（可以看到皮尔士的实用主义立场也不完全排斥形而上学的某些具体观点）。笔者赞同这种说法。从本质学的立场

---

① ［美］苏珊·哈克、陈波、尚新建等编：《实用主义文选》，东方出版社2007年版，第116页。
② 同上。
③ 倪梁康：《思者的疑虑》，《中国图书评论》2008年第4期，第45页。

来看这是很自然的，胡塞尔的本质学其实本身处在形而上学和实证科学之间，而本质学中的"直观"具有一种沟通经验和本质的作用，并且是现象学理论合法性的一种保障。在笔者看来，现象学最后发展到追溯起源的逻辑谱系学的前谓词阶段，也可以说是直观的理论思想的延伸，对于这一点以后有机会再论述。①

另外，对于分析哲学传统中的前辈摩尔和罗素而言，其认识论理论中都有类似于胡塞尔直观或明证性的成分，比如摩尔认为像黄色这样的物理性质是一种并非复合的简单性质，而这是无法进一步分析的（那种物理学的语言"黄色是我们所看到的波长为多少到多少之间的光波"用来说明黄色的分析方法，在摩尔看来是不自然的），这种简单性质实际上就是原初的直观所把握到的，对于罗素而言，对于桌子的感觉材料实际上是无法穷尽的，但是我们也仍然同一性地把握到那同一张桌子，这也是无法怀疑的，这实际上也带有胡塞尔的本质直观的影子。② 当然，我们应该看到两种哲学传统之间的区别构成了胡塞尔和他们之间的迥然区别，胡塞尔从中排除掉了心理学和经验成分，而看出了新的研究领域，即本质领域。不过要注意，作为一个哲学文献阅读者，在笔者眼中，这两种传统的差异似乎并不是轻描淡写就能够一笔带过，这种差异可能会相当大，大到笔者有时会相信一定存在着无数风格的哲学，每一种风格都自视正宗。例如笔者在引言中看到的弗雷格和罗素就意义问题而言的差异。

胡塞尔的自足地建立在直观或明证性之上的现象学，会遭到另一种风格的哲学的强烈诟病。

现象学学者施皮格伯格认为一份极有可能是胡塞尔本人起草的《哲学与现象学研究年鉴》的声明，其中涉及划分现象学运动范围的标准：

"使他们联合起来的是这样一个共同的信念，即只有返回到直接直观这

---

① 在笔者看来，康德《纯粹理性批判》"概念分析论"之"纯粹知性概念的演绎（第一版）"中的"直观中领会的综合"、"想象中再生的综合"和"概念中认定的综合"等（参见［德］康德《纯粹理性批判》，邓晓芒译，杨祖陶校，人民出版社2004年版，第114—124页）。实际上已经具有胡塞尔明证性的意味在其中，胡塞尔把一点发挥了并且将它看作"原则"，所以这也就是胡塞尔和经验主义传统能够贴近的原因。

② 参见 Scott Somas, *The 20th' Analytical Philosophy*, Vol. 1, Princeton: Princeton University Press, 2003, pp. 42-44, pp. 169-172.

个最初的来源,回到由直接直观得来的对本质结构的洞察(die originären Quellen der Anschauung und die aus ihr zu schöpfunden Wesenseinsichten),我们才能运用伟大的哲学传统及其概念和问题;只有这样,我们才能直观地阐明这些概念,才能在直观的基础上重新陈述这些问题,因而最终至少在原则上解决这些问题。"①

施皮格伯格认为自称现象学家的人必须是明确或不明确地采用上述方法:"即(a)作为一切知识的来源和最后检验标准的直接直观(其意义尚待说明),对这种直观应尽可能如实地给以文字的描述;(b)对于本质结构的洞察,这是哲学知识的真正可能性和需要。"②对于判定属于现象学运动的标准除了直观方法的坚持以外,还有一点就是:"自觉地坚持(虽然有保留)运动本身,充分意识到这些方法的原则。一个思想家如果没有这样的表现,虽可以正当地被看成'实际上'属于这一运动,但是不应把他看作是它的真正成员。"③施皮格伯格在这里虽然指出了直观的意义是"尚待说明的",但不妨初步地将其作为现象学的一种简明判别。但是直观方法本身如果无法把握到引文所要求的"对本质结构的洞察",那么这对现象学而言的确会是一个沉重打击,至少对胡塞尔来说是。

法国现象学研究者马里翁《还原与给予》的第一章令人印象深刻。马里翁讨论了胡塞尔的现象学的开端的"突破"以及海德格尔对这个突破的"误读"。胡塞尔在1913年回顾《逻辑研究》时,称其为"一部突破性著作,因而它不是一个结尾,而是一个开端"④。这个突破并不在于海德格尔强调的第六研究的关于存在的范畴直观,和德里达所强调的第一研究中直观——在场方面。海德格尔发现胡塞尔忽略了"存在"。德里达认为胡塞尔现象学是一种在场形而上学,强调不在场,认为含义超出了直观所能把握的范围,含义和符号、标记相关,后者引出的"延异"。但是,马里翁的研究表明,人们忽略了胡塞尔的另一个更具一般性的表述即"给予"。

---

① [美]赫伯特·施皮格伯格:《现象学运动》,王炳文、张金言译,商务印书馆2011年版,第38页。
② 同上书,第38—39页。
③ 同上书,第39页。
④ [法]让-吕克·马里翁:《还原与给予》,方向红译,上海译文出版社2009年版,第5页。

马里翁引述了《危机》中的文字："《逻辑研究》中的新东西绝不在于纯粹存在论的研究……而在于主观指向的研究。……这样在那里'明见性'（这个僵硬的逻辑偶像）第一次被当成问题，使它从对科学明见性的偏爱中解放（befreit）出来，并被扩展到一般的自身给予性。"① 读者可以把直观看作给予性的子集，并且明见性被胡塞尔评价为一个僵硬的逻辑偶像，似乎意味着他本人对明见性这个术语的不满，被给予性似乎更具体；但读者不妨把直观—明见性—被给予性看作一种思想和术语的联合体，以上说明之后在本书的语境中不再强调它们之间的区别。

根据马里翁的分析，德里达在《声音与现象》中强调胡塞尔对"直观"的重视，海德格尔则对存在的范畴直观表示关注。不过，正如马里翁所说："《逻辑研究》所实现的突破，首先并不在于对直观的扩展或者对含义自主性的认可，而是对于相互关联的惊讶……""当第一次想到经验对象与给予方式的这种普遍关联的先天性时（大约是1898年我写作《逻辑研究》时），我被深深地震撼了。以至于，从那以后，我毕生的事业都受到系统阐明这种相互关联的先天性任务的支配"。② 显现与显现物之间的关联显然不仅仅是指对意识主体而言的被给予物，而且还看作是显现行为"给出"、"给予"的内涵，被提升到具体的研究领域，如直观、含义等领域之上，并且是这些领域的共同特点。实际上，在胡塞尔那里被给予性获得了在先性："被给予性比直观更广阔，比含义更自主，它通过自身而给出现象，因为必须完全由它使实事本身成为被给予物"，"《逻辑研究》中胡塞尔对在场的规定就已经超越了直观，甚至也没有把在场归于含义，这仅仅是由于他借助于被给予性而超越了这两者"。③

被给予性或者说直观、自明性在胡塞尔看来是知识的最高标准，"这是从《逻辑研究》开始胡塞尔思想中无处不在的一个课题。这也是胡塞尔的观点在其上至少表现出显著变化的一个课题。因为到最后胡塞尔便不再主张自明性是真理的十分安全的保障了，他要求对自明性给以最后的批判。……胡塞尔在自明性的种种类型和程度之间进行了区分，这种区分能够充分说明

---

① ［法］让-吕克·马里翁：《还原与给与》，方向红译，上海译文出版社2009年版，第48页。
② 同上书，第49页。
③ 同上书，第54页。

为什么自明性常常呼之不应，并且甚至陷入表面的矛盾之中。在这方面我仅指出适当的自明性与不适当的自明性的区别，这种区别是依据于自明性是否充分地表现了它的对象"①。

当然，由于自明性问题存在疑问，那么胡塞尔在逻辑研究之后发展出来的现象学还原的方法（还原的产物就是在自明性中被给予者及其性质）也不得不失去其预期的效力；"直到他生命的最后十年他还再三地说，对于还原的适当说明还没有制定出来。在写给茵加登的信中他甚至说，这不仅在现象学中，而且在一切哲学中都是一件最困难的事情"②。

另外必须提到的美国哲学家塞拉斯在《经验论和心灵哲学》一文中对"所与"（即和此处胡塞尔现象学的直观、给予、明证性有对应关系的）的概念给出了决定性的批判，他指出感觉材料或者内容的被给予必须以关于这种材料或内容的非推理的知识来定义才有可能成立。塞拉斯证明二者的逻辑联系显然无法建立，若有联系则表明这本身是一个悖论。["'所与'这个认识论范畴的要点在与它要解释经验知识是建立在关于事实的非推理的知识的基础之上的，那么这就意味着被感知到的是非推理的殊相（particulara）。但是这里就有一个悖论，殊相的非推理的知识要成为知识就必须以共相的形式表达出来。所以按照感觉材料观点，感觉内容本身并不能构成知识。所以还得思考知识的本性。如果坚持感觉材料的非推理性质，那么它对于建立经验知识的基础不会有帮助。"③] 塞拉斯认为："那种认为认识的事实可以被详尽无疑地（即使是从'原则上'）分析为非认识的事实的观点——不管是现象学的事实还是行为上的事实，也不管是公共的事实还是私人的事实，更不管用上多少虚拟语气和假设——我相信，它终究是一种严重的错误，一种类似于伦理学中的'自然主义谬误'的错误。"④所以胡塞尔如果坚持直观方法就必须接受其所伴随的不精确性，不过胡塞尔的现象学的本质学特点可以使其在一定程度上摆脱塞拉斯的批评，读者在下页将会看到。这里再看几

---

① [美]赫伯特·施皮格伯格：《现象学运动》，王炳文、张金言译，商务印书馆2011年版，第117页。
② 同上书，第180—181页。
③ 陈波、韩林合主编：《逻辑与语言：分析哲学经典文选》，东方出版社2005年版，第673页。
④ 同上书，第679页。

个可以继续质疑胡塞尔的地方。

朝向主体性的超越论的还原是胡塞尔寻求现象起源的彻底化尝试。这个超越论的领域涉及动态的意识现象的生成问题，但在这个领域中有一个大量的似乎是无意识的操作或活动领域，施皮格伯格指出在提出揭露超越论活动的生成方法和过程之前，"我们必须完全确信，如胡塞尔所主张的，这个超越论的世界实际上是'起源于'这些活动的。否则，这整个尝试就会显得是以未经证明的假定为论据进行推理，而所有提出来的解决办法在现象学中就会成为非常可疑的，因为现象学的基本原则就是坚定地接受现象的裁决"①。"到现在为止，还没有办法证明有关胡塞尔的自我的主动构成成就的这些主张。作为证明而存在的至多也只是带有启发性的东西，但是几乎不能证明所有客观性都应该把它们的存在以及它们的被认识到归功于超验的主观性。这并不妨碍构成的分析对客观性在我们意识中建立自身的方法提供最重要的洞察。"②施皮格伯格认为这种最终的超越论现象学在涉及意识发生领域时只具有启发性价值，在这里，经验主义的研究具有不可忽视的启发性，并且在这个领域先天和综合的区分显得无意义和无必要。他认为："现象学的心理学是仅从其主观的方面对心理现象的基本类型进行研究，而对于这些对象被嵌入于心理物理机体的客观关系之中这一点是完全不管的。"③

在涉及上述比《逻辑研究》阶段所涉领域更为基础的发生学领域时，胡塞尔的读者们大概不会不怀疑其可"绝对的"，但是这种构造当然并不能够作为与之对应或相关的实际的（用胡塞尔的话即实项的［reell］）意识现象的说明，这就好像实际中的自然科学规律要比实际中的自然现象要"精确"一样，现象学寻求的意识本质构造也比实际的意识要"严格"。

在心理学的体验的层面上，笔者引述过胡塞尔本人实际上从来没有否认这样的观点是荒谬的——"我们通过反思可以获得对一般体验绝对有效的知识，无论它是被反思的还是未被反思的"④，他也怀疑在心理学意义上我们

---

① ［美］赫伯特·施皮格伯格：《现象学运动》，王炳文、张金言译，商务印书馆2011年版，第182页。
② 同上书，第194页。
③ 同上书，第197页。
④ ［德］胡塞尔：《纯粹现象学通论》，李幼蒸译，商务印书馆1996年版，第196页。

是否能够报道体验的所有细节"他怎能知道他的体验实际上绝对如他所设想的那样呢?"①面对类似责难,胡塞尔只需指出其论调是心理主义的即可,而现象学是一种作为描述科学的本质学。现象学不需要完成关于体验的现实存在判断,也并非在自然的意义上完成"经验"和"观察"。现象学研究的"本质"是由反思的本质直观而获得的。例如对于一个想象的四角兽,我们如果在经验的心理主义层面注视它时,我们将不会看到它显现的方式(侧显)、侧显的材料和统握(立义),后者乃是反思或直观所获得的本质层面而并非作为这个具体体验的实在的组成部分。所以,"这门现象学并不是作为'事实'科学、而是作为本质科学而建立起来,或者也可以说,不是作为源自现象学'经验'、而是源自现象学'纯粹直观'的科学而建立起来,或者我们也常常说,源自本质直观的科学"②。因此,现象学也被胡塞尔称为本质学或者埃多斯的科学,类似于几何学,几何学研究的不是现实或事实,其对象是几何学家从直观中汲取的观念领域。而埃多斯科学不局限于几何学,它所研究的领域:"不是关于我的偶然现象的科学,更不是关于我作为这个经验自我—个体所具有的现象的科学[这里已经意味着本质学对于主体间性都是有效的——笔者注],而是关于在那种绝对必然性和普遍性当中的现象一般的科学,这种必然性和普遍性是在本质直观中根据任意的个别直观范例而得以汲取的。"③

在笔者看来,英美哲学家对现象学的直观可靠性的质疑态度在胡塞尔看来依然会被其加上"心理主义"这一命名而打发掉;自然科学(包括生物学、神经学等)采取的第三人称态度实际上可以视为一种"心理主义",而胡塞尔现象学始终是主观第一人称的范式。丹尼尔·丹尼特称现象学"以挑衅的姿态抵制物质论科学地进入"④。他认为:"我们愚弄自己的是,我们以为'内省'活动永远只是去看和看见(looking and seeing)的问题。我怀疑,当我们声称自己正在运用内部观察能力时,我们其实就是在进行某种即

---

① [德]胡塞尔:《纯粹现象学通论》,李幼蒸译,商务印书馆1996年版,第194页。
② [德]胡塞尔:《经验与判断》,王炳文、张金言译,商务印书馆2011年版,第115页。
③ 同上书,第117页。
④ [美]丹尼尔·丹尼特:《意识的解释》,苏德超等译,北京工业大学出版社2008年版,第73页。

兴的理论推理。我们之所以是相当容易受骗的理论家，正好是因为，'观察'的东西如此之少，而武断的看法又是那样之多，完全不管是否产生矛盾。当我们以共同的方式内省时，我们其实正好处于盲人摸象的境地……"① 丹尼特希望用科学方法许可的数据去建构一个关于心智事件的理论，这种方法他称之为不纯粹的现象学方法或者异现象学方法，在笔者看来，这实际就是一种自然科学的方法。丹尼特说："这是一条中立的道路，它从客观的自然科学及其所坚持的第三人称视角出发，走向一种现象学的描述方法，该方法（原则上）可以公正地处理最私密的、最不可言传的主观经验，而同时又绝不放弃科学在方法论上的审慎。"②

不过，很难想象，如果要探究意识的实际构造，胡塞尔为何还要坚持现象学，在这个问题上，胡塞尔的现象学当然没有对于意识可能的实际结构的访问特权。当然也应看到，正如施皮格伯格所指出的，胡塞尔在发生学领域如果要寻找意识的本质构成则很难避免和实际发生相互纠缠；不过尽管如此，似乎仍可以坚持一种本质意义上的发生现象学，胡塞尔也是如此操作的。因为，如果说直观—明证性—被给予性是胡塞尔的硬伤的话，那么这一评价的基调是自然主义或者实证科学式的。试想，你如何指出同样依赖直观的欧式几何学的公理同时是这门几何学的硬伤呢？道恩·威尔顿似乎并没有对这个意义上的胡塞尔的现象学立场表示反对，他所说的"先验现象学"对应于笔者这里所谈论的本质学。如果现象学有硬伤或对之不满的话，毋宁说是存在于美学意义上——即我们会对胡塞尔毕生构筑的作为科学之奠基的本质学的大厦产生审美疲劳，我们会觉得需要欣赏别的建筑或者风格。这样，笔者不得不承认实证主义的批评所带来的对于胡塞尔理论相对性的质疑效力不可不重视；在这个意义上，威尔顿所认为的——胡塞尔通过发生现象学使得其现象学分析保持一种不完结的开放性这一做法可以避免认识论上的其他类型或概念分析的可能性所带来的对现有既成分析的威胁——这一观点可能也是一种对于胡塞尔的过誉了。③

作为胡塞尔的老师和现象学先驱的布伦塔诺（Franz Brentano, 1838—

---

① [美] 丹尼尔·丹尼特：《意识的解释》，苏德超等译，北京工业大学出版社2008年版，第78页。
② 同上书，第81页。
③ 参见威尔顿《另类胡塞尔：先验现象学的视野》第十一章第五节。

1917）早于胡塞尔强调直观和描述心理学方法在自明性问题上就有其缺陷："即这种自明性的范围（它实际上限于经验者的直接经验）好像是无限小的，而就心理学家通过记忆的中介所达到的理解而言，这种自明性肯定不再是能防止错觉的东西。因此，这种区分虽然使自明性对于科学的经验保持完整性，却无法让心理学的科学家获得这种自明性。他唯一的安慰是所有其他科学家都有他自己的这种困境。"①当然，这种自明性依然是就意识或心理问题的实际领域而言的。布伦塔诺认为："在心理对于他想要阐明的东西是什么给以充分的澄清和描述之前，对于心理现象的任何因果性研究都是没有希望的。"②卡尔·施图姆福（Carl Stumpf, 1848—1936）把现象学看作是科学研究的基础阶段，他不想把现象学和科学对立起来，施皮格伯格称之为"实验现象学"③。

哥廷根小组的盖革（Moritz Geiger, 1880—1937）出于对科学的尊重才使得他确信现象学的方法存在着局限性。他不认为胡塞尔对现象学的唯心论解释带有最后结论的性质，而认为实在论的立场从现象学的观点看更为可取，在他看来现象学及其先验真理之掌握打开主观或现象界的钥匙，而科学则可以说明这个"现象"。在盖革那里"关于外界知识的这些以及相关的疑难问题表明现象学还有一些未完成的任务，而这些任务确是不能无限期置之不理的"④。哥廷根和慕尼黑小组的不少成员对于胡塞尔的批评正是基于这一点的，即经验和科学尚未为本质方法所穷尽，本质直观的方法可能在某些场合下过于自信了。

又如哥廷根小组的孔拉德-马修斯（Conard-Martius, 1888—1966）认为事实性方面是现象学所不能替代的，但后者可以为之提供理论范围上的准备，"作为有关事实的问题它也不能由现象学来回答"。"对于孔拉德-马修斯来说，在这种研究中，必须把断言存在内在语意之中以及被胡塞尔放入括弧之中作为分析意识的存在出发点。"⑤

---

① ［美］赫伯特·施皮格伯格：《现象学运动》，王炳文、张金言译，商务印书馆 2011 年版，第 76—77 页。
② 同上书，第 74 页。
③ 同上书，第 104 页。
④ 同上书，第 290 页。
⑤ 同上书，第 304 页。

芬克在谈及现象学时认为："'现象学的致命错误，即它相信，通过无偏见地观察事物本身就能获得一种绝对的新的开端'。特别是他断言，现象学的方法本质上不能阐明像空间、时间和运动这样一些根本的范畴，这些东西都不是现象，而是被现象当作前提的东西。当然，这并不意味着芬克已经完全抛弃了现象学。然而它确实意味着他不再认为现象学是唯一的哲学方法，或者甚至是根本的哲学方法。现在更为根本的是'本体论的方法'。它的主要特征似乎是对构成现象学基础的那些范畴进行概念的解释。"①

"现象学运动的中心在30年代向西转移了。事实上，在那个时期现象学运动进入了独立的法国阶段"，"他们［法国的哲学家们——笔者注］以一种独特的方式将现象学与实存主义融合起来，这使现象学更为协调，并且富有人性，其程度和方式甚至使现象学脱离了胡塞尔的超验的主观主义，脱离了舍勒的形而上学，脱离了海德格尔反主观主义的'存在思想'"。②法国在20世纪初到30年代这一期间并不存在一种围绕胡塞尔思想形成的现象学学圈。在笔者看来，如果说有一种"法国现象学"的话，那将会是一种结合了存在主义（先于胡塞尔产生效应的）、文学性的洞察和敏感、经过具体化要求之后的黑格尔哲学的混合体。萨特对胡塞尔就有如下诸批评：

"指责他陷入'纯粹的内在论'；指责他未能避免'事物幻觉'（通过对意识图像引进一种被动的材料［hyle］和感觉说来获得）；指责他'仍然胆小地'停在功能描写的层次上……指责他仅仅给我们一张关于真正超越的漫画，后者应该超越意识进入世界并且超越即时现在而进入过去和未来；指责他和康德同样未能避免唯我论，特别是由于引进'超验主体'这个无用而又致命的假设……指责他错误地认为一种关于普遍本质的现象学能够支配自由……"③

萨特把自由与意识和作为一切人类本质根源的存在等同起来了。在笔者看来，胡塞尔现象学的本质学或科学论的体系性要求、超越论主体及其相关领域的胡塞尔式的沉思在法国学者那里没有得到继承，这些有些脱离实际的

---

① ［美］赫伯特·施皮格伯格：《现象学运动》，王炳文、张金言译，商务印书馆2011年版，第340页。
② 同上书，第57页。
③ 同上书，第635页。

可能性领域法国人大都没有兴趣，他们致力于一种"具体化"，以一种更为细腻精细的敏感关注和人的身体、情绪、情感相关的内容。

梅洛-庞蒂在1950—1951年巴黎大学的演讲中，"他实际上将科学的归纳法与本质直观（Wesensschau）等同起来了。……另外，梅洛-庞蒂现在对于胡塞尔的'意向性'概念提出了怀疑，因为它太二元论了。在意向活动与意向对象之间的全部区分看来已不再有意义了"①。

保罗·利科强调现象学的分析性性质，"现象学应该是结构的，至少一开始是这样"②。然而，他强调符号行为的重要性，"简而言之，如果相对而言不可比较的各种处境无法被理解或者无法用语言讲出来"，那么，现象学不可能成立，"如果陈述的可能性没有记录在体验的'言下之意'，现象学就不是诸现象的逻格斯"③。所以，在语言和体验不可还原的差异上的意义上，现象学本身呈现的是一种可能性和解释学领域。由此，利科批评了胡塞尔现象学关于意识构成的分析："意识的构成性特点是对朴素自然主义（或者物质世界）的批判的胜利。但是获得的先验水平又具有次要程度的幼稚性，即批判的幼稚性，这种朴素在于把先验和构造性看成绝对的原始。能够揭露这种幼稚性反思……确保了一种从先验现象学向纯粹本体论现象学的转变。"④利科这里也同时对现象学的直观—被给予—明证性给予了批判，胡塞尔对构成领域中直观的被给予者的相信在利科看来是一种批判的幼稚性。同时，利科明确批判了胡塞尔的超越论的现象学，认为"先验反思的模糊性就在于它既是增益的又是减损的。人的构造性权力的胜利也是本体论的消退，就好像一种次要朴素性依附在其身上，一种先验的朴素性替代自然主义的朴素性。先验反思会产生这样的错觉：哲学反思没有禁欲，不用净化其视觉"⑤。"和自然态度的朴素性相比，这种朴素性可能更难克服"，这种先验态度是一种更为顽强的幻觉，这是自我的一种"自负"；"因此，被哲学征服的构成性的主观性就奇怪地称为应受谴责的文化上的伟大，这就如同经济

---

① ［美］赫伯特·施皮格伯格：《现象学运动》，王炳文、张金言译，商务印书馆2011年版，第764页。
② ［法］保罗·利科：《论现象学流派》，蒋海燕译，南京大学出版社2010年版，第49页。
③ 同上书，第50页。
④ 同上书，第63页。
⑤ 同上书，第67页。

和政治一样。先验现象学已经是自我的成果：它既由自我主张，又没有本体论的根基"。① 所以，利科要求从先验现象学折返到一种本体论的现象学即胡塞尔的现象学忽略了具体的人的实存（不是海德格尔意义上的）领域。

利科关于意志和意愿的现象学实际就具有这种批判胡塞尔超越论现象学的意图。利科认为情感和意志现象学就是要将意向分析的方法直接用于意识实践或者说具体的意识活动。但意识的实践的分析只需要指出意志的不同意向瞬间的"衔接"，并且把这些衔接作为一个工作计划而提出，因此利科这样批评胡塞尔："或许，通过意愿的自负理解本体论比从意识的理论层面研究现象的本体论含义更有成果。"②这就是说，胡塞尔现象学本身乃是一种自负意愿，利科这里是一种反身性批判。在他看来，胡塞尔的现象学通常围绕意义给予（sinngebung），尤其以"我想"的构成性权力为中心。

"从客观认识、物质认识及自然主义认识来看，这些解释人的意志和非意志生活并且被纳入到人类的科学当中的'事实'不是意识的体验；但是，如果这些事实没有从人的意识体验中汲取任何成分，那它们和人及其意识就毫无瓜葛了，它们对人来说就毫无意义了。恰当的不言自明的现象学常常蕴含在最客观的科学里，并且有时还通过心理学'吸纳'的观念发展。"③可见，利科看到了自然主义和现象学事实之间的一种关系，即现象学事实作为一种可能性和意义已经参与和混合进自然主义之中，参与到心理学的工作中，"并且构建其倾向于人类科学观念的'体验'的各个要素"④。利科因此认为在这个意义上谈论一种"个体意识的现象学"不再是荒谬的：

"个体意识，是'我'也是你；于是，对现象学者来讲，主观性意味着我对自己、对他者的认识的主观意识的主体功能。自我认识和对他者的认识相互转化，因此得到对与我类似的人都适用的真正的主观性的概念。甚至，选择的孤寂感的概念的建立也是主体间的；孤寂感还是人类生存条件的一个共同可能性，我将之理解为'任何人'都胜任的东西，即仍然是与我类似

---

① ［法］保罗·利科：《论现象学流派》，蒋海燕译，南京大学出版社2010年版，第68页。
② 同上。
③ 同上书，第54页。
④ 同上书，第55页。

的人。"①

在这里可以看到在被给予—直观—明见性问题上,现象学走向了自己的反面。本来胡塞尔想成就一种科学论,但利科这里却得出了一种个体意识的现象学。这里想引用一种笔者的个人理解和阅读经验——即:尽管施皮格伯格将其排除在现象学运动范围之外,但笔者依然要谈谈巴什拉的现象学所继续提供的一种个人或私人现象学的可能性。

加斯东·巴什拉(Gaston Bachelard,1884—1966)展示了一种个体的或私人的现象学,胡塞尔的正统现象学话语在对严格性追求上的失效,可能刚好成为现象学生命的转机,在对火的精神分析中我们发现的是诗性形象和遐想的"增殖",因此当读者读完该书时,"他不会增长任何方面的知识。这也许不是我们的差错,而是我们所选择的方式的代价而已。当我们转向自身时,我们就背离了真理。在我们进行内心体验时,我们就在根本上否认了客观经验"②。而在《水与梦》中巴什拉收获的是"赞同"——"水的各种形象,我依然在感受着,在其原初的复杂性中综合地感受着,同时赋予它们我的那种不由自主地赞同"③——这同后来他明确地提出的"展示"、"收集"相联系,也和《火的精神分析》中的"增殖"相联系。"赞同"标志着巴什拉沉浸于作品中水的形象所引发的遐想中,在"赞同"中他发现了或展示了物质、事物和梦想的缠绕或者说具身关系,例如这句论述:"正是通过故乡,我的梦有了它的适当的实体。"④这也就是在这部作品中巴什拉所研究的物质化的想象力的特点。在诗歌形象的层次上,主体性和对象性"彼此映射,不停地来回颠倒"⑤,这被他称为"回响"(echo),既是方法论又是直接体验,无须推理,不需要认识,不强调结果,这是一个充满无数经验的现象学领域。由于在这里形象先于思想,现象学方法就不再只是一种理论化的悬置和还原,而是"收集":"收集有关梦想意识的文献"⑥。此刻,在方法

---

① [法]保罗·利科:《论现象学流派》,蒋海燕译,南京大学出版社2010年版,第55页。
② [法]加斯东·巴什拉:《火的精神分析》,杜小真、顾嘉琛译,岳麓书社2005年版,第7—8页。
③ [法]加斯东·巴什拉:《水与梦》,顾嘉琛译,岳麓书社2005年版,第11页。
④ 同上书,第9页。
⑤ [法]加斯东·巴什拉:《空间的诗学》,张逸婧译,上海译文出版社2009年版,第5页。
⑥ 同上。

上现象学正在经历一种升华，这种升华导向现象学及其方法的平凡性，不追求严格宏大的理性的规定性，而是要导向想象力和形象这一精神的微领域的"微观的现象学"，巴什拉径直称作"灵魂的现象学"，而避免精神现象学的称谓，因为"与灵魂相结合的意识比起来与精神现象相结合的意识来更为放松而更少意向化。诗歌中显露出某些力量，它们不经过知识的回路"①。例如巴什拉要求"收集"、"展示"，而不是"直观"和"还原"，及其所揭示的每一个人在私人的具身的阅读和想象中都有成为一名现象学者的可能性，你可以自己开掘属于自己的现象学和术语。对此，巴什拉的现象学思想提供了一些启发性的手段和可能性。

巴什拉说："我们持续地经历着问题的解决，而这些问题是反思所不可能解决的。"②显然，他采取的不仅仅是反思的态度，而同时关注想象活动本身具有的活生生的肉体、情绪、思维的具身特点。他这种行动的哲学采取诗的态度，去描绘理论的紧张，反过来你不可能以紧张的态度去描绘欢乐与轻松。实际上巴什拉的现象学恰好是胡塞尔现象学的反身参照，海德格尔的哲学已具有这一特点了，但后者的反身性仍然是理论化了的，他仍然在追求一种存在的现象学、处于一种紧张当中；巴什拉则已经投身到理论的紧张本身又不身陷其中，这种紧张消解在阅读和想象力的展开中——"有时候，我们以为是在研究某物，其实我们只是在开展一种梦想"③。

那么关于哲学家和哲学或现象学胡塞尔展开着这样的梦想：

"实际上胡塞尔把哲学家称为是人类的公仆（Funktionäre）：他们通过检验我们受到威胁的文明的基础，为重建人性准备基础。胡塞尔按照苏格拉底和柏拉图的精神，以一种非常乐观的心情把哲学的这种使命描绘成是道德上'复兴'的使命。

"杜威看到柏拉图哲学中有一种逃避实际生活中的危险和不确定性的企图，但胡塞尔最终选择了'仅仅是开始者'的不确定性。"④

---

① ［法］加斯东·巴什拉：《空间的诗学》，张逸静译，上海译文出版社2009年版，第7页。
② 同上书，第15页。
③ 同上书，第25页。
④ ［美］赫伯特·施皮格伯格：《现象学运动》，王炳文、张金言译，商务印书馆2011年版，第129—130页。

但是，如以上罗列的对于胡塞尔开始或突破之处的批评一样，他也许从未开始或者真的开启了某种东西——"这个新运动的奠基者在其生涯即将结束的时候，发现自己几乎是处于悲剧性的孤立之中，他以一种苦涩的幽默把这种孤立比作唯我主义者的孤立，最后企图把它说成是一种必然和美德"①。

谈及某物的命运，实际已经在谈论其如何死亡，同时又是在说其如何生存或幸存；现象学引发我们如是思考。胡塞尔说："哲学是表达人类新型历史存在，即建立在自律精神之上的存在的工具（orgen），真正的自律就是在科学上对自己负责。由这种精神产生的文化产品的主要形式就是科学，它又是完全和完满的科学，即哲学的附属成分。"②这一判断最好分两部分看。诸多哲学家的批评其含糊性，使得胡塞尔的科学论构想解体了，剩下就是作为人类新型历史存在和精神自律的工具，在这个意义上现象学是重要的。正如梅洛-庞蒂所评价的："从某种意义上说，现象学什么都是或什么都不是。""但这是由于所指的这个东西无处不在，而不是它的缺乏。"③这就是现象学的命运，现象学仍然存在于学者的思考和争论中，存在于不计其数的文献中，存在于渴望接近者和躲避者的各自趣味中。这不正好说明其尚且幸存，仍然鼓动着哲学系学生学习这一以系统或不系统方式标记出来的词汇表。

如果说心理学和自然科学的发展破坏了现象学的基础，那么，现象学可以去掉这个意义上的严格性而成为一种广义上的现象学。施皮格伯格认为："现象学方法的第一个目标是扩大和加深我们直接经验的范围。自从胡塞尔的现象学宣言《作为严格科学的哲学》问世以来，在'转向事物本身'（Zu den Sachen）的口号下开拓直接的现象一直是现象学研究的主题。对这个现象学研究主题的解释可以有不同，但是共同关心的问题却总是要比传统经验主义更充分更加如实地倾听现象。"④实际上，逻辑分析也好、自然科学也好，现象学也好，或者其他的边界模糊的术语如自然主义等也好，它们在扩展经验的可能意义上都可以称为现象学。胡塞尔曾明确反对过实证主义：

---

① ［美］赫伯特·施皮格伯格：《现象学运动》，王炳文、张金言译，商务印书馆2011年版，第133页。
② 同上书，第217页。
③ 同上书，第729页。
④ 同上书，第890页。

"实证主义可以说是将哲学的头颅砍去了。"①这也许低估了实证主义及其所依赖的自然科学的方法,正如我们在丹尼特那里所看到的,在一些我们曾经固执地认为不可改变的领域可能真实存在误解,自然科学实际上对促进我们的经验的扩张是有效力。对此,现象学应当引以重视和尊重。但如果说有一种现象学情愫的话,那将是对可能的人类经验可能性的持续惊叹,正如同我们在法国哲学家那里看到的诸奇妙经验一样。施皮格伯格可能带有偏袒现象学嫌疑的一段话中表达了上述含义:

"要想真正认知,所需要的就是宽宏的精神,而不是经济的精神,是尊重而不是征服,是透镜而不是锤子。……如果我们喜欢用理发馆的语言,我们就可以用胡塞尔现象学的刷子与奥卡姆剃刀来对比;它的功能既是扫除异物,又是刷新真正现象,而无需将现象连根拔出。实证主义者们拒绝兑换夸大其词的形而上学术语的支票,除非它们至少在原则上能够以具体材料的硬币偿清。他们这样做是有道理的。但问题是,是否有任何正当理由将材料限定为感觉材料,从而甚至连它们的证书也不看就拒绝接受其他任何可能的材料呢?

"现象学反对在奥卡姆剃刀名义下缩小经验范围的做法,这不仅因为所强调的重点不同。在这方面,现象学代表对现代科学中这样一种倾向的反抗,即从简化的抽象开始而以最低限度科学概念的词汇结束……它(指现象学——笔者注)本身并不需要否认简化对于有限目标的正当性和用处。但是它有权利和义务反对那种自认为提供了有关现实的唯一合理的和完满的图画的简化。"②

在笔者看来,现象学提供了一种新的经验方式,尽管你可以不断质疑这个经验方式的可靠性。胡塞尔认为也可以谈论一种和自然经验相对置的现象学的经验,也叫超越论的经验,但胡塞尔不太愿意用"经验"来叙说现象学的"直观","所以我们宁可谈论关于个体个别的意识建构(或'现象',它在通过现象学还原的纯化后也叫做超越论的纯粹现象学)的一种(本原

---

① [德]胡塞尔:《第一哲学》,王炳文译,商务印书馆2006年版,第19页。
② [美]赫伯特·施皮格伯格:《现象学运动》,王炳文、张金言译,商务印书馆2011年版,第891页。

给予性或当下化的）直观,并且不言自明地将关于相应的埃多斯'本质'的直观,尤其是对此本原性的直观纳入它之中"①。

浙江大学的庞学铨和应奇先生怀疑:"分别由分析学派和现象学派在 20 世纪初以反对心理主义和自然主义之名发起的哲学革命的潜能是否已经消耗殆尽,而这不但关乎自古希腊以来即已奠基的作为理性守护者的哲学事业的命运,而且与人类对于自身及我们置身其中的共同体的自我理解密不可分。"②

这里所说的分析学派和现象学派的"消耗殆尽"可能是一个诗意的表达,二位前辈学者怀疑这二者正如罗蒂所怀疑的:自然科学接手哲学的主题之后,哲学还应该承担怎样的责任呢?在这种背景下,分析哲学和现象学同样也得思考自身的命运或者说即是思考哲学自身的命运。笔者不认为二者都消耗殆尽,只要有人不管出于任何理由长期阅读它们,它们依然在"起作用";但这个作用的效果我们无法预测,但可以断言它们都不再拥有它们各自自诩的科学性和严格性。现象学作为一种科学论不再可能,分析哲学实际上也只是自然科学的一个公共关系代理机构。

对于笔者而言,完全舍弃现象学总是可以和随便的,但却总是令人无比伤感,因为那意味着一种可能的词汇使用退出思想界的流通领域;但完全退出思想流通现实中无法做到。对笔者而言,这个词的使用标记着一种开放态度和个人选择,一种向可能的经验领域的开放。在可能经验的意义上,每个人可以有属于他的现象学;"对每个个体而言,各有不同的经验系列。尽管如此,对于根据经验构建出来的东西,如果在命名上要取得一致,那么这是不可能诉诸全然相异的质料而实现的,而只能通过对这些东西的结构的形式摹状来达到"③。

现象学经验的语言表述也正需要对意识现象或结构的"摹状",可以说现象学本身就具有一种准唯名论特征和准个人性,这解释了现象学的术语为何无法统一,因为现象学经验在词语上的自由摹状本身就是现象学的经验之

---

① [德] 胡塞尔:《文章与演讲（1911—1921）》,倪梁康译,人民出版社 2009 年版,第 168 页。
② 转引自"哲学的转向:语言与实践译丛"《总序》。
③ [美] 迈克尔·弗里德曼:《分道而行:卡尔纳普、卡西尔和海德格尔》,张卜天译,北京大学出版社 2009 年版,第 69 页。

一。私人的现象学及其准唯名论特点使得现象学再也无法塑型却终于无处不在，经过这种自我解构现象学可以达到它原来的设想，所有哲学的隐秘冲动或许已经实现，这个意义上的现象学的"消耗殆尽"又正是其开始。也许，不同哲学学派和风格间的互相攻讦和敝帚自珍都将成为曾经的自恋和怀旧，如同在抽屉里偶然发现的被遗忘的旧照片。

笔者在此处所勾画的胡塞尔现象学的局限或者硬伤如果能够帮助理解胡塞尔哲学的真正特征，促使读者思考并非偶像的胡塞尔哲学既然有局限，那么探讨这种不完美之物所包含的内容——"意义问题"——又会有何教益呢？笔者认为，如果不理解这种不完美，意义的幽灵学谱系在胡塞尔这里的延伸无法得到合适的评判。一切都得放在最后，一出长剧的最后结局处。

# 第四章

# 《逻辑研究》中的"意识"概念

"争论——甲：朋友，你的嗓子哑了——乙：那么，我输了，我们无须再争下去了！"①

## 第一节 "意识"概念所处的理论位置

"意识"概念时刻隐藏在胡塞尔的论点之下，研究者们往往也直接接纳它作为背景。但是"意识"就像空气一样，我们使用它看却看不见它。这里的目的在于梳理胡塞尔在《逻辑研究》第五研究中展示出来的"意识"概念，因为"意义"这一构成纯粹逻辑学或本质学的两个重要层面之一是可以对应或映射到意识层面，那么对于意义所生发的土壤作为笔耕的农人笔者也有必要翻检一番。

我们在第一章看到在《逻辑研究》第一卷《纯粹逻辑学导引》中胡塞尔提出了一门作为科学的最终基础的"纯粹逻辑学"及其三个任务，并把接着《导引》的六个研究视为"……对纯粹逻辑学这门科学的哲学方面所做的准备性工作，这些研究将揭示，哪些是数学家不愿做也不能做的工作，然而却是人们非做不可的工作"②。这里提请读者铭记在心的是这段话表明纯粹逻辑学具有形式和"起源"这两方面的内容。③在笔者看来，现象学属

---

① [德]尼采：《曙光》，田立年译，漓江出版社2003年版，第187页。
② [德]胡塞尔：《逻辑研究·第一卷》，倪梁康译，上海译文出版社1994年版，第222页。
③ 德里达的论文《"生成与结构"及现象学》正是对胡塞尔哲学中的这两个层次进行了理论挖掘（参见[法]德里达《书写与差异》，张宁译，生活·读书·新知三联书店2001年版，第277—304页）。

于后者并可以看作是纯粹逻辑学的哲学准备或者方法论。① 《逻辑研究》第二卷引论第一节标题也说明了这一点："为了对纯粹逻辑学进行认识批判的准备和澄清,现象学研究所具有的必要性。"②

胡塞尔看到了逻辑学以语言阐释和分析为开端,"不这样做的话,我们便没有可能去研究定律的含义,它(语言分析——笔者注)是一种位于我们科学的'门槛边'的对象"③。第一章提到纯粹逻辑学的任务中的初始概念和客观有效法则,它们产生数学学科式的定律系统,但是这些概念和定律的观念在运用中起作用的认识方式,和其意义给予及客观有效性的本质,需要语言和意义上的阐释。所以这里的语言分析不是经验、历史意义上的,"而是那种隶属于客观认识理论以及——与此密切相关——思维和认识体验的纯粹现象学的更广泛的领域的最一般性阐释"④。现象学研究的范围和动机在此都已给出。现象学的范围包括了思维和认识体验,它"……仅仅研究那些在直观中可把握、可分析的体验的纯粹本质一般性,而不研究那些作为实体事实、作为在显现的并被设定为经验事实的世界中体验着的人或动物的体验的经验统摄后的体验"⑤。胡塞尔提出现象学的动机在于打开和澄清纯粹逻辑学的基本概念和观念规律来历的"泉源","只有在把握住这些基本概念和观念规律的来历的情况下,我们才能赋予它们以'明晰性',这是认识批判地理解纯粹逻辑学的前提……"⑥

胡塞尔没有把现象学作为纯粹逻辑学的原本领域,而把它视为纯粹逻辑学研究的一种必不可少的促进;"因为,任何逻辑之物(如纯粹逻辑学的初始概念和定律——笔者注)只要作为研究客体而成为我们的东西并使建立于它之中的先天规律得以明见〈Evidenz〉,它们就必定是在具体的充

---

① 胡塞尔本人似乎从来没有明确展出纯粹逻辑学的具体状貌来,而总是处在澄清它的前工作中。例如他在总结六个研究的目的时说:"在这里并不想提供一个逻辑学体系,而是想提供为实现一门形式逻辑学、首先是实现一门纯粹的形式论所须作的前工作。"([德]胡塞尔:《逻辑研究·第二卷第一部分》,倪梁康译,上海译文出版社1998年版,第23页注[56])
② [德]胡塞尔:《逻辑研究·第二卷第一部分》,倪梁康,上海译文出版社1998年版,第1页。
③ 同上。
④ 同上书,第2页。
⑤ 同上。
⑥ 同上。这里实际上说明了胡塞尔现象学后来必然扩展到历史的发生的维度(参考本书第十一章)。

盈〈Fülle〉中被给予";"但逻辑之物起先是以一种不完善的形态被给予我们:概念是作为或多或少动摇不定的语词含义被给予我们,规律则因由概念构成而作为同样动摇不定的论断被给予我们。①尽管我们并不因此而缺乏逻辑的明察,尽管我们仍然可以明见地把握纯粹规律并认识到它奠基于纯粹思维形式之上;但这种明见性受那些在现时的规律判断中起作用的语词含义的制约。语词所带有的隐秘的双重意义会使其他的概念补加进来,定律的含义有了变化,但人们往往错误地认为,它仍具有原有的明见性。另一种可能是:这种双重含义引起的误解歪曲了纯粹逻辑学定律的意义(例如:将这些定律解释成经验心理学的定律),从而使纯粹逻辑之物失去其原有的明见性和特有的含义"。②这里语词含义对于逻辑学明察的制约被胡塞尔分成了两种表现形式:(1)歧义;(2)心理主义,解决之道就是依靠现象学在认识论上对纯粹逻辑概念或定律进行澄清。这样意义在胡塞尔那里呈现出一个不同于纯粹逻辑学技术上所需要的作为意义层面的新主题,即整个纯粹逻辑学既然需要语言表述,而和语言相伴随这个角度上的意义问题的澄清。

其实,在笔者看来,这种语词的影响对于胡塞尔澄清纯粹逻辑学的概念、规律并没有胡塞尔自己讲的那么重大,表面上是语词的澄清实质上是要对意识和体验行为采取现象学的分析,笔者赞同哈贝马斯把胡塞尔现象学归属于意识哲学传统这一看法。③ 一方面,胡塞尔的现象学仍遵循着意识哲学传统的感知模式:"作为思维统一性的逻辑概念必定起源于直观;它们必定是在某些体验的基础上通过观念直观的抽象而产生并在新的抽象中不断得到其同一性的新的验证。"④另一方面,胡塞尔要找到的纯粹逻辑学的规律是一种形式化的本质之物,需要用直观把握其"起源"。现象学的分析要求的是反自然态度的直观方向和思维方向,要求反思,使"意识行为本身和其内在

---

① 这里胡塞尔就很明显地从逻辑层面跳跃到发生、起源的层面上来了。
② [德] 胡塞尔:《逻辑研究·第二卷第一部分》,倪梁康译,上海译文出版社1998年版,第4页。
③ 参见 [德] 哈贝马斯《现代性的哲学话语》,曹卫东等译,译林出版社2004年版,第30—31页;[德] 哈贝马斯《后形而上学思想》,曹卫东、付德根译,译林出版社2001年版,第194—195页。
④ [德] 胡塞尔:《逻辑研究·第二卷第一部分》,倪梁康译,上海译文出版社1998年版,第5页。

的意义内涵成为对象"①。胡塞尔认为现象学自身有很多困难,② 但他对自己的道路比较自信,他说:"……无论纯粹现象学,特别是逻辑体验的纯粹现象学所遇到的困难有多大,它们绝不是那种使任何克服它们的企图都显得毫无指望的困难。……这里(指现象学领域——笔者注)是一组可及的、对于一门科学的哲学③的实现来说根本性的发现。"④

无论如何,胡塞尔自己认为需要对逻辑体验的语法和表述、含义、含义意向、含义充实问题加以关注。他说:"……这种分析的现象学首先涉及到'表象',更准确地说,它首先涉及到表述的表象。"⑤ "表象"是胡塞尔常用的重要概念⑥,本书第八章将讨论。胡塞尔把"表述的表象"视为一种"复合行为",读者这里权且仅把它作为对和表述行为一同出现并行使着含义意向和含义充实之功能的体验等和表述相关的行为进行分析的一个概括性"标题"。

表象和含义、表述、语言不是本章要讨论的项目,在讨论它们之前必须讨论"意识"概念,因为从第一研究含义和表述开始的对纯粹逻辑学的相关构造性的概念和形式的澄清,正是在"意识"框架下进行的(和康德一

---

① [德] 胡塞尔:《逻辑研究·第二卷第一部分》,倪梁康译,上海译文出版社1998年版,第8页。
② "所有困难的根源都在于现象学所要求的那种反自然的直观方向和思维方向。"([德] 胡塞尔:《逻辑研究·第二卷第一部分》,倪梁康译,上海译文出版社1998年版,第8页)"一种困难在于难以获得可把握的、在反复的确证中明见的结果,另一种困难在于难以阐述并向他人传达这些结果,这两种困难实际上是平行的。"([德] 胡塞尔:《逻辑研究·第二卷第一部分》,倪梁康译,上海译文出版社1998年版,第9页)讨论这些困难不是这里的主题,笔者想提醒的是,胡塞尔也许并没有能够看到有些困难并不能简单地克服。在笔者看来,对胡塞尔的真正批评来自另一种方向,参见本章最后一节。
③ 这里又涉及科学的哲学含义为何的问题。舒曼认为对胡塞尔的哲学的完整理解应当是,它有两个层次:作为意识科学的现象学,以及以前者为基础的意识对象的普遍科学;它还被划分为理论知识学、价值学、实践学三个领域(可参见 Karl Schuhmann, "Hussel's Concept of Philosophy", in Husserls Phenomenology, in *Edmund Husserl*: *Critical Assessment of Leading Philosophers*, 1990, Vol. Ⅱ, p. 9),这和康德的整个哲学体系划分十分相近。
④ [德] 胡塞尔:《逻辑研究·第二卷第一部分》,倪梁康译,上海译文出版社1998年版,第10页。
⑤ 同上。
⑥ 表象及其相关问题被胡塞尔列为逻辑研究的相关具体任务之一:"……在于澄清并区分在表象这个词中所包含的各种概念,这些概念将许多心理学、认识论和逻辑学搅得一团糊涂。"([德] 胡塞尔:《逻辑研究·第二卷第一部分》,倪梁康译,上海译文出版社1998年版,第13页)胡塞尔认为判断理论和表象理论相关,"'判断理论'实际上就是'表象理论'。当然,我们在这里所从事的绝不是一门心理学理论,而是一门受认识批判的兴趣规定的表象体验和判断体验的现象学"。([德] 胡塞尔:《逻辑研究·第二卷第一部分》,倪梁康译,上海译文出版社1998年版,第13页)

样）。胡塞尔了解这一点，但之所以把意识问题放到第五研究是因为现象学描述本身的困难。这是由于语言阐释的重要性，胡塞尔不得不首先处理表述和含义的问题，这在整卷研究的引论中已经说明了："要从现象学上对逻辑学进行奠基，我们还须克服这样一个困难：［一方面，］逻辑学想澄清许多概念，［另一方面，］它自己又必须在阐述中运用几乎所有这些概念。"①所以，第一研究（还有第二、三、四研究）是在默认了意识框架及其下诸概念的前提下进行分析的，而它们本身如何还没有澄清，所以胡塞尔将这个问题放到了第五研究来进行。

胡塞尔十分清楚："在现象学（以及认识论）基本研究的系统顺序方面还存在着某些始终无法弥补的缺陷。如果我们认为思维是我们首先必须澄清的东西，那么就不能允许在澄清的阐述本身之中不加批判地运用那些有问题的概念或术语。但我们却又不能先要求：必须在逻辑材料的实际联系导向有关概念之后才对这些概念进行批判分析。换言之：就其本身来看，对纯粹逻辑学的系统澄清和对任何一门学科的系统澄清一样，它要求人们循着事情的顺序、循着受澄清的科学的系统联系逐步地向前迈进。但在这里，若想保证我们的研究能够进行，人们就需要不断地打破这种系统的顺序；人们需要在事情的自然顺序导向概念之前就消除掉那些会威胁到研究本身进程的概念混乱。这些研究的进程可以说是之字形的；尤其当我们由于密切地依赖各种认识概念从而必然要一再地回到原初的分析上并不断地在新的和更新的分析中证实原初的和新的分析时，这个比喻就更为恰当了。"②

胡塞尔认为了解到了这种考虑，就会避免把现象学解释为描述心理学，现象学的纯粹描述"即：在对体验（即使是在自由想象中臆造的体验）的范例性个别直观的基础上进行的本质直观以及对在纯粹概念中被直观到的本质的确定，并不是经验的（自然科学的）描述，毋宁说它排斥所有自然地进行的经验（自然主义）统觉和设定"③；现象学谈论的不是"……动物生物的状态（甚至都不去谈论可能的自然的动物生物状态），它谈论的是感知、判断、感情、等等本身，谈论它们先天地、在无条件的〈unbedingt〉一

---

① ［德］胡塞尔：《逻辑研究·第二卷第一部分》，倪梁康译，上海译文出版社1998年版，第14页。
② 同上书，第14—15页。
③ 同上书，第15页。

般性中作为纯粹种类的纯粹个别性所拥有的东西，谈论那些只有在对'本质'（本质属、本质类）的纯粹直观把握的基础上才能明察到的东西……"①胡塞尔提醒人们，误解其现象学为描述心理学，跟自己论著的结构安排有关，在笔者看来，对意识问题的分析安排靠后正是导致这误解的重要原因之一。

可以看到胡塞尔所谈论的意识也不是自然科学的经验的意义上的意识，而是循着意识这个标题所给出的领域中的"作为纯粹种类的纯粹个别性所拥有的东西"。所以这个意识框架中的感知、判断等都是意识标题下的项目、种类，它们的本质、属性是讨论的对象。

上述现象学的困难对于读者理解胡塞尔的文本、术语造成了不小的麻烦，也给笔者行文带来了麻烦，要在有限的篇幅讲清楚胡塞尔逐渐展示出来的概念的真正含义的确困难，但是也有一个很大的好处就是，胡塞尔的做法使得我们必须习惯于在每一个概念处——即使是来自于传统的概念处——停留并思考其意义。②

## 第二节　胡塞尔看待意识的三种视角

在笔者看来，"意识"概念是一个得自于传统并已经为人所习惯的难以从词典里消除的概念。胡塞尔属于这个使用"意识"概念的传统，表象、感觉、判断、直观大体都是属于这个领域的。胡塞尔对意识的处理如前所述并非经验主义的，而带有他开创的现象学的自身特点的。第五研究更为具体地讨论了他自己眼中的意识概念。

第五研究标题叫"关于意向体验及其'内容'"。在此项研究的引论中胡塞尔讲，在分析含义意向通过一致性的直观而达到在明见性中被给予的充实这个任务（实际是第六研究的内容）之前，还需进行一项

---

① ［德］胡塞尔：《逻辑研究·第二卷第一部分》，倪梁康译，上海译文出版社1998年版，第16页。
② 笔者时常感到，由于胡塞尔分析之深入，这些概念被逼到了其产生的边缘，使人思考它们的来源、合理性，或许这也正是20世纪哲学语言转向的驱动力之一？

"更为普遍的研究"①。需要澄清"行为〈Akte〉"概念。如果只在第一研究的背景下,"行为"仅仅指意指体验,充实性的直观、充实也属于行为特征和行为体验。由后面的分析可以看到"行为"成了"意向行为"(意指体验当然在其范围中)的代名词。而为了进一步说明行为的本质就需要深入分析表象的现象学,"对这两者之间紧密联系的联想是由这样一个著名的命题所唤起的:任何一个行为或者是一个表象,或者以一个表象为基础"②。然而问题在于对于表象的理解分歧很多,在这里应当引用不同表象概念中的哪一个呢? 在进到这个问题之前,胡塞尔看到表象问题和意识领域相关,意识概念也有不同理解,所以分析表象问题之前,需要澄清胡塞尔眼中的"意识"概念。

意识概念歧义多,胡塞尔举出下列三个不同视角(注意这三个视角仅仅是角度或层次上的不同而并非彼此不容)分别加以分析。

第一,意识作为经验自我所具有的整个实项的〈reell〉现象学组成,作为在体验流的统一之中的心理体验。③ 胡塞尔指出现代心理学将其学科定义为具体意识统一的心理个体学科,或者定义为关于一门体验个体的意识体验的学科,或者定义为一门关于个体的意识内容的学科。胡塞尔说:"在'体验'和'内容'这两个标题下,现代心理学所指的是实在的事件〈reale Vorkommnisse〉(冯特合理地将它们称之为:发生的事情〈Ereignisse〉),这些每时每刻都在变化的事件在杂多的联结和穿透中构成了各个心理个体的

---

① [德]胡塞尔:《逻辑研究·第二卷第一部分》,倪梁康译,上海译文出版社1998年版,第379页。
② 同上。
③ 第一版为:"意识作为精神自我所具有的整个现象学组成。"意识在这里作为现象学的自我,作为心理体验的"捆索"〈Bündel〉或"交织"〈Verwebung〉;第一版中胡塞尔把现象学、描述这两个词只同实项的体验组成相关联,可参见第五研究胡塞尔自注(28)。在第二版中胡塞尔由于发展了意向性理论,"意向的"更加成为现象学的主要层面,所以在第二版的一些补充中常出现"观念—现象学"和"经验—现象学"的提法,笔者认为这就是出于对应意向层面和实项层面的原因,在《观念1》中它们可以分别对应意向相关项〈Noema〉(李幼蒸先生译作"意向对象")和意向活动〈Noesis〉(李幼蒸先生译为"意向作用"、"意向行为"、"意向过程")。

实项 reell（第一版作'实在的'real①——笔者注）统一。在这个意义上，只要感知、想象和图像表象、概念思维的行为、猜测和怀疑、快乐和痛苦、希望和恐惧、期望和意愿等等在我们的意识中发生，它们就是'体验'或'意识内容'。随着这些体验在其整体上和在其具体的充盈中被体验到，构成这些体验的各个部分和抽象要素也一同被体验到，这些部分和要素是实项的意识内容。"②

胡塞尔指出可以纯粹现象学地把握上述实项的体验概念，即"我们可以在排斥所有与经验—实在此在（与人或自然动物）的关系的情况下来把握这个概念，这样，描述心理学意义上的（即经验—现象学意义上的）体验概念就成为纯粹现象学意义上的体验概念"③。胡塞尔举例说在外感知中，颜色这个感觉因素构成了一个具体的看的实项组成部分，它也是体验的内容，但是颜色客体并没有被体验或意识到，所以颜色感觉并不同于颜色客体。故而在实项的体验概念之下容易混淆或难以区别显现和显现的客体，在这个例子中颜色感觉在立义之后才能作为颜色客体被统摄。胡塞尔看到了在体验之中存在实项地组成体验的东西，和非本真的（即意向层面）意义上的东西，即实项内容与意向内容之间的差异；并且这种区分必须扩展到感知行为以外的行为中去。

正因为上述实项内容与意向内容间的差异，现象学的体验概念和通俗的

---

① "实项的一词在日常用语和在哲学文献中的意义与实在的〈real〉相同。但在胡塞尔现象学中，这个词有其特殊的术语框架。'实项的'在这里是指意识生活的意向活动内涵的存在方式，更确切地说，这种存在方式作为权能化（其释义见倪梁康《胡塞尔现象学概念通释》，生活·读书·新知三联书店2007年版，第488页）反思的同一个客体在内在时间的一个特定现在上（或一个现在序列上）是现存的，并且在这个意义上是'现实的'……'实项的'在他那里同样也有别于'观念的'，后者被用来标识那种可以从本质上把握到的东西的存在方式，它们不定位在某一个时间段上，而是全时性的〈Allzeitlichkeit〉。实在之物与观念之物对立于实项之物，前者是两个意识相关物领域，后者属于意向活动的方面。"（倪梁康《胡塞尔现象学概念通释》，生活·读书·新知三联书店2007年版，第406页）"'实在的'概念不是胡塞尔自己的现象学术语，他只是在传统的意义上用它来标识在自然观点中被看作在感性感知中时空地被给予之物的存在方式，亦即个体之物的存在方式。胡塞尔本人始终试图用'实项的'〈reell〉概念来取代'实在的'：后者已经隐含着对意识内容的超越，而前者仅仅意味着对感性材料的内在拥有。"（倪梁康《胡塞尔现象学概念通释》，生活·读书·新知三联书店2007年版，第394页）《逻辑研究》第一版也把实项的、描述的称为现象学的。参见胡塞尔第二版的注释（参见［德］胡塞尔《逻辑研究·第二卷第一部分》，倪梁康译，上海译文出版社1998年版，第463—464页）。

② ［德］胡塞尔：《逻辑研究·第二卷第一部分》，倪梁康译，上海译文出版社1998年版，第382页。

③ 同上书，第383页。

体验概念也不一致。胡塞尔举例："……有人说，我体验了 1866 年和 1876 年的战争"，这个体验由感知、判断和其他的行为所组成，这个体验成为对象性的显现，成为了一个具体的和经验自我相关的对象，这种意识的体验当然可以在实项的层次上去讨论，但是没有多大意思的，实项的组成内容就是回忆中出现的图像、感知等等以及这个体验本身。而这些内容可以看作是包含在意向体验下的材料。意向的体验按照胡塞尔的文本也应当属于意识统一的部分，作为在一个经验自我的现象学统一意识流①中的组成部分，但是这条意识流本身是一个实项的整体，它的每一部分都可叫作"被体验"。所以在笔者看来，似乎实项体验和意向体验只是考察角度和层次的不同。如果把上述例子看作一个体验，那么可以分别从意向和实项角度加以考察；可以说在整体上这个体验是实项的，因为该体验归属为意识流的一部分。

上述实项和意向的层次关系似乎影响了胡塞尔在《逻辑研究》阶段对于"自我"的看法，胡塞尔讲"在通常说法的意义上的自我是一个经验的对象，本己的自我和陌生的自我都是如此，任何一个自我就像任意的一个物理事物一样，就像一所房子或一棵树等等。……如果我们将自我身体〈lchleib〉与经验自我区分开来，并且，如果我们然后再将纯粹经验自我限制在它的现象学内涵上，那么纯粹经验自我就还原为意识统一，即还原为实在的体验复合……"② 这里对于纯粹经验自我的还原仅还原到实在的体验复合，虽然对于实在或实项的体验可以在现象学意向的层面去考察，但由前述表明意向考察的结果仍然可以归之为意识流的一部分因而仍然带有经验的意味。所以，在《逻辑研究》阶段似乎还没有明显的先验自我的自觉考虑。还原出来的实在体验复合的内容，胡塞尔认为它们相互聚合融化为一并到达现象学的自我或意识统一，除此之外不再需要一个负载这些所有内容并再次加以统一的自我原则，胡塞尔认为这种原则令人费解。显然这里并没有先验自我的问题被提出。

第二，意识作为对本己心理体验的内觉知。胡塞尔介绍道："意识的第

---

① 胡塞尔在《逻辑研究·第二卷第一部分》第 397 页注（4）提到："第一版中，整个意识流都被称之为'现象学自我'。"

② ［德］胡塞尔：《逻辑研究·第二卷第一部分》，倪梁康译，上海译文出版社 1998 年版，第 388 页。

二个概念在内意识这个说法中得到表露。它就是人们说的那种——无论是在一般情况中，还是在某些情况中——伴随着现时的、体现的体验并且将这些体验它的对象而与体验发生联系的'内感知'。人们通常认为这种内感知具有明见性，这种明见性表明，人们将这种内感知理解为相应性〈adäquat〉感知，这种相应性感知不把任何在感知体验中自身非直观被表象的和非实项地被给予的东西附加给它的对象；相反，它完全就像它的对象事实上在感知中和随感知一同被体验到的那样来直观地表象和设定这些对象。"①可见这里的内感知是相应性感知，相应性感知也只能是内感知，并且可以在实项意义上谈论，这里的"内感知"还不是自然词义或心理学意义上的内感知体验，它的范围比较狭窄。所以，胡塞尔说"对于在这里出现的'内感知'这个表述的双重含义，我们最好是坚持在术语上区分内感知（作为对本己体验的感知）和相应性的（明见的）感知。这样，在内感知和外感知之间的被曲解的认识论和心理学的对立②也就会消失，取而代之的则是在相应性感知和不相应感知之间的真正对立，它建基于这些体验的纯粹现象学本质之中"③。

胡塞尔反对下面这种观点：前述第一个意识的概念意义上的关于内容的意识（或关于内容的体验）可以同时理解为第二个意义上的意识，即二者是等价的这种观点。胡塞尔似乎认为，实项意义上被意识到的东西是指作为在意识统一中的体验而体现的东西，它和相应感知内部地感知到的东西有区别。这种差异十分微妙。在笔者看来，实项的意识如前一点所分析和意向的意识是对意识的不同考察视角，不仅仅包括内感知，而且作为一个经验自我的现象学统一的意识流本身是一个实项的整体，它的每一部分都可叫作"被体验"，那么作为相应性的内感知的意识范围就要狭窄些。胡塞尔认为视两种意识为等同的观点会导致人们把意识含糊地理解为一种会引起循环的直观的知识（"内感知"的看待方式造成了这种结果：内感知本身是一个体验，因此需要新的内感知，如此反复）。④

---

① ［德］胡塞尔：《逻辑研究·第二卷第一部分》，倪梁康译，上海译文出版社1998年版，第389页。
② 关于内感知和外感知可以参见倪梁康《胡塞尔现象学概念通释》，生活·读书·新知三联书店2007年版，第497页。
③ ［德］胡塞尔：《逻辑研究·第二卷第一部分》，倪梁康译，上海译文出版社1998年版，第390页。
④ 由此也可以看到"意识"本身不是一种"知识"，而最好理解为一种讨论模式，本书第四章第五节将会涉及这个问题。

如前所述内感知有狭义和广义之分,狭义的内感知是相应性感知,实项意义上的意识领域显然和两种内感知领域是重合的;但是应当铭记的一点是,实项和内感知意义上的意识只是层面上的不同。胡塞尔认为实项的意识概念"起源于"内感知的意识概念也是上述关系的一种说明。他说:"第二个意识概念是'更原初的'概念,并且是一个'自在更早的'概念。"①从这个"较为狭窄的"②意识概念出发,可以进一步达到第一个较为宽泛的意识概念,即实项意义上的意识概念。

胡塞尔将"我在"〈sum〉看作是一种在所有怀疑面前都能够保持其有效性的明见性,他虽然意识到这里的自我具有非经验的意味,但没有深入,而是认为如果只考虑"我在"这个命题的明见性那么就无须诉诸哲学上的始终可疑的自我概念的认识和设定(这又是《逻辑研究》阶段胡塞尔没有深入考察先验自我的可能领域而限于逗留在描述现象学领域的一个例子),"因此我们最好是说:在'我在'这个判断中,明见性取决于某个没有在概念的明晰中得到划界的、经验的自我表象的核心"③。这个没有在概念上得到理解并且因此无法说出的核心所包含的东西,或者说,在各种情况下明见无疑地构成在经验自我上的被给予之物的东西,就是相应性的内感知。胡塞尔认为这种作为经验自我表象核心的内感明见可靠地确定了被感知之物是作为它被意指的那样被给予,我对它的把握就是它自身所是。这里的被感知之物是不能从概念上得到完整的理解和表达的,它们只在生动的、无法通过语词来衡量的间接意向中是明见的,它们构成了认识论上第一性的、绝对可靠的领域。

胡塞尔在这个感知领域中还注意到了时间问题。在内感知领域中"……还包含着那些被回忆展示为以前曾对我们明见当下存在过的、因而属于本己曾在的自我的东西……"④它们和相应感知共存、连续统一的相互属于,构成整体统一。这个统一形式就是作为实项地寓于整体之

---

① [德]胡塞尔:《逻辑研究·第二卷第一部分》,倪梁康译,上海译文出版社 1998 年版,第 390—391 页。
② 同上书,第 391 页。
③ 同上。
④ 同上书,第 401 页注(46)。

中的因素一同真实地属于整体内容的东西。并且共存的统一在每一时刻相互过渡，构造出一个变化的统一、意识流的统一。与这个整体统一不可分割的一个因素或功能就是时间意识。（这里的时间，即第一版中"时间"，前面带有定语"主观"二字，因而具有非先验观点的色彩①。）

  胡塞尔在此虽然没有深入思考先验自我的层次及其可能带来的效应，但还是对以纳托普为代表的康德式的纯粹自我或纯粹统觉的自我的观点进行了评论和思考。纳托普认为和所有意识内容都发生联系的纯粹自我是一个统一的关系点，意识就是与自我的关系；但是纳托普认为自我本身不能成为内容，任何描述都无法切中它，并且"自我被意识到"这个事实也无法描述，它是一个无法定义和推导的心理学的基本事实。胡塞尔反对纯粹自我和它被意识到这个事实无法加以描述的观点。胡塞尔认为"自我可以和其他任何外在事物一样被感知到"②。显然，胡塞尔没有把自我看作一个无法描述的抽象的关系点，他说："……这里的问题首先也在于广义上的对象概念。如果我们对一个思想、一个感觉、一个不舒服的感受等等进行关注，那么我们也就使这些体验成为内感知的对象，虽然这种对象并不是在事物意义上的对象；与此完全相同，那个被关注的自我中心以及自我与一个内容的确定关系也是对象性的被给予的。"③所以，胡塞尔看到在纳托普认为无法描述的地方是可以进行描述的；自我和其下内容同样构成了一种对象关系，它是可以加以分析的。当然这个和对象发生关系的自我如果从经验内容层面考察就会得到实项的和内感知意义上的内容和关联，但如果只是抽象地考察上述关系本身则需要一个新的层面了，由此胡塞尔就过渡到第三个层面上的意识概念了。他用"意向"来表述自我和其对象的被意识到的那种关系，经验自然意义上的实项体验相应地就成为了意向体验。从纯粹统觉自我的相关问题过渡到由意向体验加以划界的意识概念，看起来就像胡塞尔动用了一部新的语言转换机器，用在了纳托普无法置喙之处，并获得了新的研究领域。

---

  ① 参见［德］胡塞尔《逻辑研究·第二卷第一部分》，倪梁康译，上海译文出版社1998年版，第401页注（48）。通过时间意识的整体统一层面，内感知就进到体验流的统一之下的经验自我现象学的内容中了，即来到实项意义上的意识概念层次上。
  ② ［德］胡塞尔：《逻辑研究·第二卷第一部分》，倪梁康译，上海译文出版社1998年版，第396页。
  ③ 同上书，第394—395页。

在第二版的一段补充文字中，① 胡塞尔表示这里从实项概念层面向意向概念层面过渡，并不受纯粹自我问题的影响。他认为这个过渡不需要先验自我的深刻说明也能完成，并且对于《研究》中普遍涉及意向体验的实项内涵以及其与意向客体的本质关系的问题域没有影响。如果考虑到在《观念1》中胡塞尔明确发展出了现象学的哲学观念，那么这里的补充表明，即使不考虑现象学的先验哲学地位和可靠性的保证（即依靠纯粹自我）方面，《逻辑研究》中的几个研究本身也看作是可以作为方法的现象学的一种描述性运用。

第三，意识作为任何一种"心理行为"或"意向体验"的总称。胡塞尔的老师布伦塔诺认为心理现象或行为的本质是这样的："……任何一个心理现象都可以通过这样一种东西而得到描述，中世纪经院哲学家们将这种东西称作一个对象的意向的（或心灵的）内存在〈Inexistenz〉，而我们……则将它称作与一个内容的关系、向一个客体（在这里不应被理解为一个实在）的朝向，或内在的对象性。任何一个心理现象自身都含有作为客体的某物，尽管不是以同样的方式。"② 至于布伦塔诺对于心理现象的定义（"……并非所有心理现象都是心理行为，而且另一方面，在布伦塔诺那里模糊地起作用的标题'物理现象'也包含着很大一部分真正的心理现象"③）和分类（布伦塔诺将心理现象划分为表象、判断和情感运动〈如爱与恨〉④）是否妥当，胡塞尔这里还不想讨论，⑤ 他认为至关重要的一点是：意向关系，或简言之，意向，构成了"行为"的描述性的种属特征。胡塞尔举了一系列具有不同种属特点的意向行为的例子，比如对事态的单纯表象和对该事态认之为真或假的判断，⑥ "这些差异性建基于这个属的纯粹本质之中（而不能仅

---

① 参见［德］胡塞尔《逻辑研究·第二卷第一部分》，倪梁康译，上海译文出版社1998年版，第397页。
② 同上书，第408页。
③ 同上书，第407页。
④ 同上书，第409页。
⑤ 从第五研究关于表象的问题可以看出，胡塞尔接受了布伦塔诺这里对于心理现象的三重划分，并且，表象和判断都被胡塞尔看作是客体化的行为，而单纯的情感运动则不是客体化的行为。详见本书第八章。
⑥ 详见本书第八章。

仅理解为是将那些此类因素补充成为具体统一的体验的区别。第一版原有文字——笔者注），并且因此作为先天而先行于经验心理学的事实性"①。胡塞尔还认为对复合行为（比如建基于表象意向或判断意向的情感意向）的分析最终可以分析到不能再还原为其他心理体验的原始的意向特征。胡塞尔认为不可能不借助意向属的因素而将行为还原为那些织入进来的表象和判断的区别。比如美学的赞许、厌恶和对美学客体的单纯表象或理论评价具有明见的和本质不同的特性，这种价值层面上的行为的意向种属或差异就不好用别的理论语言来描述，而通过意向层面或者意向这种层面的"语言"加以把握才比较清晰。

胡塞尔所划分出来的，由意向性或意向关系划分出来的意向体验层面，"……将所有那些在某种确切意义上被描述为心理的此在、被意识的此在的东西都包含在自身之中。一个实在的生物，如果它缺乏这类体验，如果它自身仅仅具有像感觉体验这样一种内容，同时它无法对这些内容进行对象性的解释，或者通过它们而使对象被表象出来——并且更无法在进一步的行为中与对象发生关系，无法判断对象，无法为对象感到高兴或沮丧，无法爱对象和恨对象，无法欲求和讨厌对象——那么就没有人会愿意将这样一个生物称作是一个心理的生物"②。一个仅仅是感觉复合的生物和现象上是外部的事物没有区别，它们丝毫不具有上述诸心理或意向体验，胡塞尔认为："只有在这些体验中，而且仅仅当它们是在现象学的纯粹性中为我们所把握时，才能找到对这样一些基本概念进行抽象的具体基础，这些概念在逻辑学、伦理学、美学中，并且是作为构造这些学科的观念规律的概念，而发挥着系统的作用（读者可以回顾纯粹逻辑学的任务的实现对现象学的需要——笔者注）。"③

胡塞尔认为上述意向关系也可以在心理学联想的实在层面上进行谈论，于是"它变更为一个动物生物（无论这是一个事实自然的生物，还是一个带有各种观念可能'动物'生物的观念可能自然的生物——即在后一种情况中排斥了此在设定）所具有的心理状态的概念。进一步的结果是，

---

① ［德］胡塞尔：《逻辑研究·第二卷第一部分》，倪梁康译，上海译文出版社1998年版，第409页。
② 同上。
③ 同上。

'意向体验'这个纯粹现象学的属观念〈Gatungsidee〉变更为平行的和相近的心理学的属观念。根据对心理学联想的究竟是排出（原文为此，疑为'除'——笔者注）还是引入的不同情况，这同一种分析或是获得纯粹现象学的意义，或是获得心理学的意义"①。这里是第二版中胡塞尔附上的一段注，胡塞尔指出通过对心理学意义上的意向体验进行观念直观〈Ideation〉可以得到现象学意义上的意向体验或行为。这里的论述也可以看作现象学和心理学的平行论②的体现。意向性是胡塞尔所看重的布伦塔诺对心理现象的重要规定之一，之二就是表象，"'它们（心理现象——笔者注）或者就是表象，或者建基于作为其基础的表象之上。''如果一个东西没有被表象，那么它也就不能被判断，也不能被欲求，不能被希望和被惧怕。'在这个规定中表象当然没有被理解为被表象的内容（对象），而是被理解为表象行为"③。但在这里必须先阐明胡塞尔关于意识的观点，表象的问题放到后面会有专门涉及，下面就要深入到胡塞尔在意向行为层面上的基本概念或问题的分析。

## 第三节　意向性层面上的基本概念和问题之分析

　　a. 现象。胡塞尔认为布伦塔诺使用的"现象"概念除了心理现象和物理现象并非如他所绝对分划外还有相当不利的多义性，而且布伦塔诺还持有一个十分可疑的理论信念，即：任何一个意向体验都是一个现象。这就意味着除了具有与对象的关系，意向对象本身也是某些意向体验的对象。由于任何对象都是内意识的对象，意向体验作为对象就会造成类似于在本章第二节中在对内感知意义上的意识的分析中提到的无限循环。所以胡塞尔建议："在涉及有关类型的体验时，我们最好是既不谈论心理现象，也根本不去谈

---

　　① ［德］胡塞尔：《逻辑研究·第二卷第一部分》，倪梁康译，上海译文出版社1998年版，第407页注（7）。
　　② 可参见［法］德里达《声音与现象》，杜小真译，商务印书馆1999年版，第11—17页。德里达对胡塞尔的这种平行论进行了关注和深入剖析。
　　③ ［德］胡塞尔：《逻辑研究·第二卷第一部分》，倪梁康译，上海译文出版社1998年版，第411页。

论现象。"①胡塞尔对于现象的用法和日常用法一致,"在胡塞尔向先验现象学突破的初期,'现象'概念便已成为他的哲学的中心概念,他所面对的课题是双重意义上的现象:(1)在这种现象中显现出的客观性;(2)客观性意义上的现象,'现象'在这里所指的是'纯粹现象',即作为意识的意识、纯粹意识本身"②。

b. 两种误释。胡塞尔认为布伦塔诺有些说法值得怀疑且使人误入歧途。比如:"被感知、被想象、被判断、被期望的对象等等(或者说,以感知、表象的方式等等)'进入意识',或者反之,'意识'(或'自我')以这种或那种方式与这些对象'发生关系',这些对象以这种或那种方式'被纳入到意识之中'等等。"③又如这样的说法:"意向体验'自身含有作为客体的某物'等等。"④这里的种种说法对应两种误释:"第一个误释在于,这里所涉及的是一个实在的进程或在意识或自我与'被意识'的实事之间的一个实在关系;第二个误释在于,这里所涉及的是在两个可以用相同方式在意识中实项地找到的实事,即行为与意向对象之间的一种关系,是一种类似于一个心理内容与另一个心理内容之间的相互套接关系。"⑤

胡塞尔进一步考察第二个误释(第一个误释胡塞尔似乎没有考察,笔者认为两个误释实际比较接近:都是把意向关系做实在的理解,所以这里的说明适用于二者),这个误释中的"关系"概念胡塞尔也不想使用,但是如果无法避免使用,那么也不应将意向行为和意向对象之间的关系误释为一种心理学—实在的关系,或误释为一种属于体验实项内容的关系。显然,胡塞尔不满的是布伦塔诺对上述关系做实项意义的理解。这个误释是由于下述经院哲学的同义表述的影响的缘故:被用来标志意向体验的本质特性的内在对象性这个表述以及一个对象的意向的或心灵的内存在。

胡塞尔认为"意向体验的特别之处在于,它们以不同的方式与被表象的

---

① [德]胡塞尔:《逻辑研究·第二卷第一部分》,倪梁康译,上海译文出版社1998年版,第411页。
② 倪梁康:《胡塞尔现象学概念通释》,生活·读书·新知三联书店2007年版,第337页。
③ [德]胡塞尔:《逻辑研究·第二卷第一部分》,倪梁康译,上海译文出版社1998年版,第412页。
④ 同上。
⑤ 同上。

对象发生关系（如表象意向或判断意向等——笔者注）。它们恰恰是在意向的意义上做这件事情"①。胡塞尔说"某些体验是体现性的，它们具有意向的特征（具体如：具有表象意向、判断意向、欲求意向等等——笔者注）"②，而不是说体验的对象和意向体验是被体验体现〈presentation〉③ 的两个事实，这里"……只有一个东西〈eines〉是体现性的，即意向体验，它的本质描述特征正是有关的意向"④。对于体现性的体验，它和对象的意向关系确然地被进行，对象可以说是意向当下的。体验及其意向特征可以说都处在意识框架之中。对于对象不存在的意指行为，该意指依然是一个体验，具有意向特征，对象依然且仅仅被意指，但事实上是得不到充实的无。比如对朱庇特的表象和对千角形的表象。所以，经院哲学讲的"内在"、"心灵"对象不好用实项体验层面来刻画，而最好用意向对象代替之；"内在内容"也毋宁说只是一些意向的（被意指的）内容而已。胡塞尔建议鉴于有了意向和意向对象的概念，最好完全避免内在对象这个说法。

胡塞尔认为像对象在行为中被包含以及和它类似平行或等值的一些说法：如对象是被意识的、在意识之中、内在于意识等，都带有极为有害的歧义性，它们不具有胡塞尔之前讲的意识的前两种理解的明确性，胡塞尔认为"整个近代心理学与认识论都受到这些以及与它们相近的歧义性的迷惑"⑤。笔者认为胡塞尔下面这段话有歧义，如不澄清则会引起误会：

"如果这些所谓的内在内容毋宁说只是一些意向的（被意指的）内容而已，那么另一方面，那些属于意向体验实项组成的真正内在内容就不是意向的：它们建基于行为之上，作为必然的基点而使意向得以可能，但它们自身并没有被意指，它们不是那些在行为中被表象的对象。我看到的不是颜色感

---

① ［德］胡塞尔：《逻辑研究·第二卷第一部分》，倪梁康译，上海译文出版社1998年版，第413页。

② 同上。

③ "体现"倪梁康先生在第二研究的注释中有说明："……意味着事物在意识的原本被给予方式，相当于在意识中对事物的感知或当下拥有"（参见［德］胡塞尔《逻辑研究·第二卷第一部分》，倪梁康译，上海译文出版社1998年版，第194页），它和具体的充盈〈Fülle〉（详见本书第九章的有关充盈的论述）相关。

④ ［德］胡塞尔：《逻辑研究·第二卷第一部分》，倪梁康译，上海译文出版社1998年版，第413页。

⑤ 同上书，第415页。

觉，而是有色的事物，我听到的不是声音感觉，而是女歌手的歌，以及如此等等。"①

读者在这里可以回顾前面提到实项和意向的划分，"实项"实际上涵括了一切意识流中的组成部分，即使是看到颜色的事物、听到女歌手的歌这类意向行为，依然是归属于实项意识流的，但是实项的意识概念对于区分显现和显现者很不方便，这就需要"意向"层面进行补充或代替。所以实项和意向是讨论意识的不同视角，而并非后者对前者的全部推翻摧毁。所以上文"属于意向体验实项组成的真正内在内容就不是意向的"，笔者看来"意向体验实项组成"就不是一个矛盾，而是说，意向体验可从实项层面上加以把握；而"实项组成的真正内在内容就不是意向的"不是说实项的内容绝对不是意向的，而是说，对于一个具体的意向行为而言，比如听到女歌手的歌，在某些层面最好相对地用"实项的"加以说明（声音感觉），而对另外的描述目的最好选择"意向"层面（听到那首歌）。其实，实项的"声音感觉"可以在意向层面上进行描述，同样地，意向的"歌"也可以从意识流的实项意义上看作是实项的。所以，笔者强调实项和意向的区分是方便现象学描述分析的举措，并不是截然不相容的东西。这里又可以看到胡塞尔现象学的语言机器控制着概念术语的选取。

胡塞尔自己也没有截然分别使用实项的、内感知的和意向的三种描述层次，所以他明确地说："由于我们第一个意识概念——这个概念，从经验—心理学来理解，将那些属于心理个体之实在统一的体验流以及所有实项地构造这个意识流的因素都同样地标识为被意识〈bewußt〉——已经表现出穿越心理学的趋向，所以我们在前一章中就已经决定（但仅只是在排斥真正心理学之物的前提下，亦即在现象学的纯粹性中）偏好这个意识概念，这样，在无法避免的情况下（要想避免几乎是不可能的）我们就必须带着必要的谨慎来使用这种在内感知的意义上和在意向关系的意义上的关于意识的说法。"②这里表明胡塞尔在《逻辑研究》阶段甚至还有些偏好实项意义上的意识概念，因为它具有后两个概念所不具备的描述上的普遍性，但是后两个层

---

① ［德］胡塞尔：《逻辑研究·第二卷第一部分》，倪梁康译，上海译文出版社 1998 年版，第414页。
② 同上书，第415页。

次也是在分析问题时无法避免的,它们的使用须特别保持谨慎而避免歧义出错;而到了《观念1》,意向层面就几乎完全占据了现象学分析的立足点和主要篇幅。

正是由于上述关系,胡塞尔在第一版中把实项的也称为现象学的,对于习惯了将意向层面和现象学相联系的读者,读到第五研究的这个地方,或许会因此十分困惑。理清了上述关系之后就容易理解了。胡塞尔本人在第二版的注(28)中对此进行了说明:"事实上,'现象学的'这个词与'描述的'这个词一样,在本书的第一版中所指的都仅仅与实项的体验组成有关,并且在这一版中至此为止(第五研究第16节——笔者注)也主要是在这个意义上被使用。这与心理学观点的自然出发点相符合。但在对已进行的各项研究的再次沉思中以及在对被探讨的实事的更深入考虑中——尤其是从这里开始——有一个问题会变得敏感起来,并且还会越来越敏感,即:对意向的对象性本身(就像它在具体的行为体验中被意识到的那样被理解)的描述展示了另一个描述的方向,即纯粹直观地和相应地进行的描述的方向,这个方向不同于对实项的行为组成的描述方向,并且这种描述也必须被标识为现象学的描述。如果人们遵循这些方法的暗示,那么,这里得以突破的问题领域就会得到必然的和重要的扩展,而且,通过对描述层次的完全有意识的划分,我们就会获得长足的进步。"①

这里可以看到胡塞尔对实项、意向关系的理解的发展。现象学的提法起初偏好实项层面,多少会引起它是一种心理主义立场的理解;但在考虑到意向的对象可能具有的新的且宽广的领域后,尤其是对于本质学的明确提出之后,实项的层次位居次要,新的本质描述领域成为了现象学哲学所要追求的"理念"。

上述两个误释还涉及自我或意识和对象的关系。这两者在布伦塔诺那里是实在意义上的,是一种自然的反思,这种反思把自我作为一个关系点,第二个关系点是处在对象之中。(把自我看作纯粹关系的中心的观点前面胡塞尔已经加以拒绝,参见本章第二节)此处,则认为这种关系不是实在的,从

---

① [德]胡塞尔:《逻辑研究·第二卷第一部分》,倪梁康译,上海译文出版社1998年版,第463—464页。

下面这句便可以体会出——"但如果我们可以说是生活在有关行为之中，如果我们沉湎于例如对一个显现的过程的感知考察之中，……那么我们根本不会注意到作为这些被进行的行为之关系点的自我"①。这里的"自我"显然不具有先验含义，但仍然可以说自我在每一个行为中都意向地与一个对象有关，那么自我获得一种反思的态度：自我在对对象做判断，判断的命题在自我中，在反思的描述中无法回避和进行体验的自我的关系，但是各体验自身不处在包含它们的自我的表象复合体之中。这里，胡塞尔是想说自我和对象的关系对于具体体验本身来说并不是主题也不是实在关系（当然它可以作为反思中的一个层次）。由于此时的胡塞尔并没有提出先验自我的观点，所以他说必须排除的误释是："与自我的关系是一种属于意向体验本身的本质组成部分。"②读者如果考虑到这里的自我不是先验自我就好理解了；若考虑到后来先验自我的提出，这里的一些说法就必须得重新洗牌了，先验自我是一种关于意向体验本身的本质，自我和对象的关系也得到了极大重视。所以不得不承认，胡塞尔的某些论述非常容易造成误解的确是个事实。

c. 意向的、意向、行为、注意、充实。在烦琐的说明之后，胡塞尔只是说在需要正确性的地方就使用"意向体验"这个说法，"意向的"这个定语所指称的是须被划界的体验的集合所具有的共同本质特征，即意向特征，是以表象③的方式或以某个类似的方式与一个对象之物发生的关系。这种意向的关系，胡塞尔用"行为"〈Akt〉简称之。④ 对于"（意向）行为"来说，原初词义 actus（行动）以及关于活动〈Betätigung〉的想法必须始终被排斥。这里讲的"需要的被划界"和"需要正确性的地方"，笔者认为是指需要对意向性意义上的意识加以分析，也就是其他两种意识概念不方便或不

---

① ［德］胡塞尔：《逻辑研究·第二卷第一部分》，倪梁康译，上海译文出版社1998年版，第416页。
② 同上书，第417页。
③ 表象这个词含义极广，这里胡塞尔是在一个十分宽泛的意义上使用它，这个宽泛的意义是基于布伦塔诺的一个观点："每一个意向体验或者是一个表象，或者以一个表象为基础。"（［德］胡塞尔：《逻辑研究·第二卷第一部分》，倪梁康译，上海译文出版社1998年版，第477页）对于表象问题的说明见本章第一节，以及本书第八章的详细论述。
④ 参见［德］胡塞尔《逻辑研究·第二卷第一部分》，倪梁康译，上海译文出版社1998年版，第418页。

适于分析的时刻，比如听到歌声而不是声音感觉时。这里再次体现了胡塞尔的意向性理论受到其语言机器的控制。

　　胡塞尔提醒区分"注意"和"意向"。人们经常在对某物进行特别的关注和注意的意义上来谈论一个意向，但是意向对象并非始终受到注意和关注，只是有时它们相互交织在一起。"注意力"有其专门含义：以一种突出的方式在众行为之中的一个行为中"证实"自身。① "意向"这个表述还有一个歧义，根源于它自身带有的难以消除的瞄向〈Abzielen〉的形象，"因而非常适合于那些可以顺当地和易懂地被标识为理论瞄向［意图］或实践瞄向［意图］的行为。但这个形象的说法并不同样也适合于所有行为……"② 瞄向形象意义上（笔者认为"注意"也应归入这一形象）的意向是狭窄意义上的意向。胡塞尔说"与瞄向的活动形象相符的是作为相关物的射中〈Erzielen〉的活动（发射与击中）"③。和这个形象相应的是某些意向行为，如判断意向、欲求意向，其中可以找到"射中"和"充实"〈Erfüllungen〉行为的形象，胡塞尔认为射中当然是狭窄意义上的意向行为，"但充实也是行为，即也是'意向'"④，这就不限于狭窄意义上的意向了。他说只要涉及狭窄意义，就须提醒说明。另外，意向行为的"行为特征"这个表述会提醒人们注意诸意向行为所包含的差异。

　　本章第一节论述过关于概念的界定问题，对此胡塞尔自己也时常感到棘手，这也是进行现象学分析的困难之一。一方面需要在新的意义和层面上使用传统概念，同时又要和根深蒂固的传统因素相区分，且往往不能引进"……全新的、有别于所有生动语感和所有历史传统的人造语词"⑤。所以，在进行理论讨论的同时，胡塞尔自己不停地在梳理各种概念，这也给读者和笔者本人的理解和耐心都带来了挑战。胡塞尔的现象学须看作一架不停工作的语言机器，因为对概念语词的处理随处可见，并且，表面上虽然是澄清概念和问题，实际上往往却是把传统的概念或观点，还有胡塞尔自己的观点

---

　　① 参见［德］胡塞尔《逻辑研究·第二卷第一部分》，倪梁康译，上海译文出版社1998年版，第418页。
　　② 同上。
　　③ 同上书，第419页。
　　④ 同上。
　　⑤ 同上。

（也许他本人没有意识到这一点）逼到了一个对其合法性进行讨论追究的境地，后文中经常会遇到类似的情况。

d. 立义［统握］、感觉、感知。面对纷繁的术语，胡塞尔总结说："在所有这些术语性的阐释中，我们已经相当深地进入到我们的逻辑学—认识论兴趣所要求的那种描述分析之中（参见本第一节——笔者注）。但在我们继续这种描述分析之前，有必要顾及到某些涉及我们描述之基础的指责。"①首先，依然是对行为或意向体验标题下的体验划界的怀疑，比如纳托普的坚决反对（参见本章第二节）。胡塞尔再次强调一点："对我们来说更为重要的则是在内容的此在与内容之间的区别，前者是指被意识到的，但本身未成为感知客体的感觉，后者则是指感知客体。"②纳托普没有强调这种区分，胡塞尔则认为"这个'一个为我内容的此在'是一个可以并且需要进一步现象学分析的实事"③，即它在意向层面上的分析大有可为。

为了体现出现象学分析的特色，这里笔者也不妨列举一下这种进一步的分析。例如对同一个此在内容在注意方式上的不同（比如隐含或者在整体中突出该内容，附带注意或者优先注意）和立义〈auffassen〉④（在第一版中做"释义"〈deuten〉）的不同（比如同样的声音感觉可以立义为鸟鸣和刺耳噪音）⑤；所以，在同一内容的基础上可以有不同的对象被感知到。这些正是有了现象学意向体验层面之后才能完成的分析。胡塞尔强调"……立义本

---

① ［德］胡塞尔：《逻辑研究·第二卷第一部分》，倪梁康译，上海译文出版社1998年版，第419页。

② 同上书，第420页。

③ 同上。

④ 邓晓芒先生认为立义应当翻译作"统摄"或者"统握"，以保持延续康德传统而来的"统觉"的内涵（参见邓晓芒《关于现象学文献翻译的思考》，《学术月刊》2007年第9期，第39页），倪梁康先生的译法大概受到了佛教哲学的影响，具有东方色彩，读者可以参考佛教词条"八门两义"。笔者倾向于译为"统握"，立义，有点过于强调了意义的层次，倪先生自己也谈到，"立义"概念在胡塞尔现象学中是一个意向分析的中心概念，它基本上是一个与"赋义"、"意指"、"给予意义"等表述相平行的术语……（倪梁康：《胡塞尔现象学概念通释》，生活·读书·新知三联书店2007年版，第62页）考虑到这种平行关系，加上由于本书各处出现auffassen数量太多，故还是保留了倪先生的译法。这里提请读者注意。

⑤ 胡塞尔在《逻辑研究·第二卷第一部分》第424页提到："……立义的区别首先是描述性的区别；并且与认识批判者相关的唯有这些区别，而不是在无意识的心灵深处或在生理发生的领域中的某些隐蔽的和假设的过程。"所以立义不是在心理学、生理的意义上的，而可以从意向性的层次上看待。

身永远不能被还原为新的感觉的涌入〈Zufluß〉,它是一个行为特征,'意识'的一个方式,'心绪'的一个方式:我们将在这种意识方式中对感觉的体验称作对有关对象的感知"①。另外,此处给出了感觉和感知的用法区别,感觉似乎未经立义(但按照后文的论述,感觉似具有立义结构,见下页。笔者认为这是胡塞尔的一个未处理妥当的内容,另见本章第六节),可以看到"以自然科学心理学的考察方式在自然此在的范围内所能确定的东西,在排除了所有经验——实在之物的情况下,为我们产生出它的纯粹现象学组成。如果我们观看纯粹的体验及其特有的本质内涵,那么我们便观念地把握住纯粹的种类和种类的实事状态②,在这里是指纯粹的种类:感觉、立义、感知、与其被感知之物相关的感知,以及所属的本质关系。然后我们也可以明察到这样一个总体性的本质事态:被感觉的内容的存在完全不同于被感知的对象的存在,后者通过前者而得到体现〈präsentiert〉,但却不是实项地被意识(如果按照本章第二节中的分析,也可以说'却不是在实项意义上被谈论'——笔者注)"③。另外,胡塞尔还举了视觉感知领域的例子,大意和上述听觉感知的结论一致,这里不再多言。除了感知领域,胡塞尔还想把上述结论推广到各种体验上去。胡塞尔这样总结性地说道:"我们相信能够发现在两种意向体验之间的明见区别:在一种意向体验中,意向对象通过各个体验的内在特征而构造出自身,在另一种意向体验那里,情况则不是如此,也就是说,它们是这样一种内容,这种内容虽然可以作为行为的基石而起作用,但本身却不是行为。"④这里胡塞尔谈到两种意向体验,前一种的地位相当于前面论述的感知的地位,后一种则相当于感觉的地位。不过胡塞尔没有把后者称作行为,这有点奇怪,因为行为按前所述就是意向行为,笔者认为

---

① [德]胡塞尔:《逻辑研究·第二卷第一部分》,倪梁康译,上海译文出版社1998年版,第421页。

② 实事〈Sache〉"一方面,'实事'无非是指被给予之物、直接之物、直观之物,它是在自身显示(显现)中,在感性的具体性中被把握的对象;另一方面,'实事'还意味着哲学所应探讨的实际问题本身;更进一步说,它是指所有那些以被给予方式展示出来的实际问题,从而有别于那些远离实际问题的话语、意见与成见"。(倪梁康:《胡塞尔现象学概念通释》,生活·读书·新知三联书店2007年版,第421—422页)

③ [德]胡塞尔:《逻辑研究·第二卷第一部分》,倪梁康译,上海译文出版社1998年版,第421页。

④ 同上书,第423页。

这里可以看作胡塞尔的用语不严格。但他的意思是清楚的，后一种意向体验相对于具体的一个体验而言在进行现象学分析描述时不具有主题性（尽管它是前者的基石），比如回忆的内在体验、回忆的内感知就处在后一种意向体验的位置上，作为主题的是回忆行为本身。不过，对于非主题的意向体验而言同样可以进行主题化的分析，比如作为内感知的回忆，在内时间意识的分析中就可以作为主题。胡塞尔还分析了表述体验，再次说明上述结论。

e. 统觉。胡塞尔认为"现代统觉学说①是不充分的，它甚至忽略了对于逻辑学—认识论兴趣来说至关重要的方面"②。在胡塞尔看来，这种统觉学说不可能开启意向性理论所带来的深刻而广泛的新领域，而胡塞尔自己关于"立义"的相关观点可以说提供了关于统觉的新理论："对我们来说，统觉就是在体验本身之中，在它的描述内容之中相对于感觉的粗糙此在而多出的部分〈übershuß〉；它是这样一个行为特征，这个行为特征可以说是赋予感觉以灵魂〈beseelt〉，并且是根据其本质来赋予灵魂，从而使我们可以感知到这个或那个对象之物……感觉以及这些对它进行'立义'或'统摄'的行为在这里被体验（实项意义上的——笔者注），但它们并不对象性地显现出来；它们没有被看到，被听到，没有带着某个'意义'被感知。另一方面，对象则显现出来，被感知，但它们没有被体验（意向意义上的——笔者注）……我们在这里要排除相应性感知〈adäquate Wahrnehmung〉的情况。"③胡塞尔实际利用意向性的立义（或统摄）分析取代了传统的统觉学说，并扩大了统觉的内涵。类似的情形还适用于想象行为、图像化行为。

通过上述围绕着意向概念的相关分析和整理，胡塞尔（通过批评纳托普的观点）指出，认为意识的所有丰富性都在它的内容之中是不妥当的，因为通过意向性层面的体验的分析可以得到事实上存在着本质不同的意识方式（感知、想象、表述等），它们的意向特征属于不同种类的特征，人们可以在个别情况中直观到、直接相应地把握到这些区别，并"在概念中对它们进行比较，并因此而在不同的行为［中——原文无此字，笔者据文义补上］

---

① 可参见本章第二节对康德和新康德主义的统觉或自我的相关论述。
② ［德］胡塞尔：《逻辑研究·第二卷第一部分》，倪梁康译，上海译文出版社1998年版，第424页。
③ 同上。

使它们重又成为直观客体和思维客体"①。由于有了意向性的观点，对意识或体验可以进行上述比较细致的分析，我们再不能粗率地说世界是思维者的体验，因为体验是对世界的意指，世界本身成了意指的对象。那么，胡塞尔由此看出来，在这样的描述结构下构成的世界或随意一个其他对象的客观存在和真实、现实的自在存在是什么的问题，和"人们如何将客观存在规定为相对于主观的被思存在〈Gedacht-sein〉连同其'杂多性'的'统一性'"的问题，"以及在何种意义上可以将形而上学的内在的存在与超越的存在对立起来"②等问题就自然地得到了回答。因为意向性的描述结构本身成为了一个新的命题领域，这个领域因其暂不考虑或者先于本体论的问题而自成一派；"在这里所涉及的毋宁说是一个先于所有形而上学的并且处在认识论门口的区分，因此在这里没有什么问题被预设为是已回答了的，这些问题恰恰还应由认识论来回答才是"③。这样胡塞尔实际通过他的现象学语言机器将传统的本体论问题非主题化了，但由于其意识哲学的基本取向，实际上还有例如海德格尔所揭示出来的大量问题没有解决，例如，笔者在后面的章节中（如本书第十三章第二节）将指出胡塞尔意向性的指向模式可能只是一个幻象。

## 第四节　围绕意向体验继续展开的诸问题分析

胡塞尔在以上基本概念的说明之后更为明确地专注于意向体验这个层次上的问题，故笔者作为新的一节。这里的问题同样带有概念辨析同时夹杂问题分析的特点。

a. 意向体验的种属统一问题：意向感受（或体验）和非意向感受（或体验）　由于意向体验的提出，人们可能会怀疑"意向关系的特征是否足以划分'心理现象'（作为心理学的区域）"④，可能会考虑将体验划分为意向

---

① ［德］胡塞尔：《逻辑研究·第二卷第一部分》，倪梁康译，上海译文出版社 1998 年版，第 425 页。
② 同上书，第 425—426 页。
③ 同上书，第 426 页。
④ 同上。

体验和非意向体验。这个问题前面已经涉及。单从术语上看，意向体验当然存在，因为意向层面乃是意识本身具有的一个层面，而所谓非意向体验只是在并非意向这个层面来说的。但是胡塞尔在这个问题上显得很犹豫，甚至矛盾，他也想细细加以说明其中的问题。于是他以感受〈Gefühle〉领域为代表进行分析，"我们首先要考虑，在感受这个类别的行为中是否可以发现这样一类体验，它们本质上具有一个意向关系；然后，我们要观察，这个类别的其他体验是否可能缺乏这种关系"①。

胡塞尔认为存在具有意向性质的感受。这里他赞同布伦塔诺的看法，后者"……一方面维护感受的意向性，另一方面自己在并不自相矛盾的情况下主张：感受与所有不是单纯表象的行为一样，必须以表象为基础"②。"在布伦塔诺看来，这里有两个意向建造在一起，奠基性的意向提供被表象的对象，被奠基的意向则提供被感受的对象；前者可以脱离后者，但后者却不可脱离前者。而在对立的观点看来，这里只有一个意向，即表象意向。"③上述对立的观点胡塞尔不赞同，他认为表象和奠基其上的感受都具有意向性，两种意向性的关系是前者可以独立于后者，后者却不行；比如一个没有喜欢之物的喜欢是不可思议的，没有一个欲求不带有被欲求之物，没有一个信念不是关于某物的信念，没有一个赞同或准许不带有某些须得到赞同或准许的东西等。在这里——即"感受和所有不是单纯表象的行为一样，必须以表象为基础"④——这种结构统治了胡塞尔对意向体验的具体分析。另外，上述结构不能理解为"奠基性的表象引发〈bewirken〉被奠基的行为"，这种说法给人一种因果性的假象；"在这里以及在任何地方将意向关系看作因果关系，也就是说，将一个经验的、实体—因果的必然性联系强加于意向关系，这都是一种悖谬。因为意向客体，即被理解为'引发者'〈bewirkendes〉的那个客体，在这里只能是意向客体，但却不可能是在我之外现实存在并且实在地、心理物理地规定着我的心理生活的东西"⑤。胡塞尔完全是从意向的层

---

① [德]胡塞尔：《逻辑研究·第二卷第一部分》，倪梁康译，上海译文出版社1998年版，第426—427页。
② 同上书，第427页。
③ 同上。
④ 同上。
⑤ 同上书，第429页。

面来解读奠基和被奠基行为的关系，而不是从物理、自然的层面看，他举例说："美的感受或美的感觉并不'从属于'作为物理实在、作为物理原因的风景，而是在与此有关的行为意识中从属于作为这样或那样显现着的、也可能是这样那样被判断的、或令人回想起这个或那个东西等等之类的风景；它作为这样一种风景而'要求'、而'唤起'这一类感受。"①

现在来看看胡塞尔针对人们怀疑的第二个回答，即：有非意向感受。这个问题有些复杂，笔者认为胡塞尔的论述有勉强之处。初看起来似乎有非意向感受，因为看起来很明显"……感性的疼痛显然不能与一个信念、猜测、意愿等等置于同一个层次上，而应与粗糙或光滑、红或蓝这样一些感觉内容相提并论。……这些感性感受与从属于这些或那些感官领域的感觉融合在一起，完全就像感觉自身相互融合一样"②。这些似乎就是非意向性感受③。但胡塞尔对待这种类型的感受似乎有些模棱两可，他认为：尽管这些感受具有意向体验关系（如灼烧感一方面和自我〈被灼的身体部位〉有关，一方面和灼热的客体有关），"尽管这种关系是在意向体验中进行的，人们却不会想把这些感觉本身标识为意向体验。这里的事态毋宁说是这样的：感觉在这里是作为感知行为的展示〈darstellend〉内容而起作用……"④ 胡塞尔注意到这类并非感知的感受感觉自身只是展示性内容，同时却认为它们还是经历了有关对象性的立义或释义，这样一来，这类感受和感知、信念、意愿等等并没有结构上的差别。然而胡塞尔依然认为它们不是（意向）行为，"但行为是用它们构造起来的，即当感知立义这一类的意向占据了它们，可以说是赋予它们以灵魂的时候"⑤ 所以胡塞尔自己在这个问题上受展示性的感觉不具有灵魂和瞄向、射中这一意向形象的束缚，而不把它们视作意向行为；

---

① ［德］胡塞尔：《逻辑研究·第二卷第一部分》，倪梁康译，上海译文出版社1998年版，第430页。

② 同上。

③ 德里达提示（《现象学中的"结构"和"生成"》载［法］德里达《书写与差异·上卷》，张宁译，生活·读书·新知三联书店2001年版，第294—296页）注意胡塞尔这里谈到的非意向感受和《观念1》中"质素"〈Hyle〉的一致性（参见［德］胡塞尔《纯粹现象学通论》，李幼蒸译，商务印书馆1996年版，第213—214页，以及利科注346）。

④ ［德］胡塞尔：《逻辑研究·第二卷第一部分》，倪梁康译，上海译文出版社1998年版，第431页。

⑤ 同上。

胡塞尔的说法——"它们至多只是展示性内容或意向客体，而本身不是意向"①——难道不是自相抵牾吗？由于胡塞尔自己破了例，所以读者应当把它看作一个例外，借用胡塞尔的说法：这类非意向性的体验乃是作为一个经验的、对象性的立义的起点，我们应在意向行为的"起点"这个意义上去看待它们。可以认为胡塞尔显然不倾向于把意向感受（或体验）和非意向感受（或体验）看作同一种属。胡塞尔说布伦塔诺在阐释有关感受的意向性问题时就已指出了这里讨论的"歧义性"。布伦塔诺把痛感和快感与感受意义上的疼痛和愉快相区分，前一组被归属为"物理现象"，后一组归属为"心理现象"，并认为后者属于本质不同的更高属。胡塞尔同意这个看法，这也就是他把非意向感受成为经验对象性立义起点和意向行为的起点的原因，"起点"和"物理现象"这个表述倒是相互对应。②

胡塞尔指出在分析所有感受感觉与感受行为的复合体时，必须始终关注并充分利用上述区分。比如对一个幸运事件的喜悦，这个行为是一个具体的和确然复合的体验，"它在其统一中不仅包含着对可喜之事的表象和与此相关的喜欢〈Gefallen〉的行为特征；而且还有一个快感与表象相联结，这种快感一方面被立义为和定位为〈lokalisiert〉对感受着的心理物理主体之感受引起，另一方面被立义为和定义为客观的特性……这个以此方式而带有愉快色彩的事件本身现在才是喜悦的朝向、喜欢、欣喜以及人们所说的其他这类状况的基础"③。显然，在其中我们可以找到意向的感受（喜欢）和非意向的感受（心理物理主体的感受、快感）。在欲求和意愿的领域中也可以做类似的解释。

胡塞尔还分析了一下缺乏有意识的目标表象的仅仅存在欲求感觉的行为，或者说那种缺乏意向关系并因此而在属上有异于意向欲求的本质特征的体验。这里"缺乏意向关系"胡塞尔具体是指"……具有不确定朝向的意

---

① ［德］胡塞尔：《逻辑研究·第二卷第一部分》，倪梁康译，上海译文出版社1998年版，第431页。

② 还有一种笔者认为很有可能的解释是，胡塞尔区分意向和非意向性感受和本书第九章将要提到的客体化和非客体化的行为是相统一的、对应的，胡塞尔似乎想区分出属于生理层面的快感、痛感、愿望、喜爱等的单纯情绪性方面，把这些作为非意向性的和非客体化的行为。

③ ［德］胡塞尔：《逻辑研究·第二卷第一部分》，倪梁康译，上海译文出版社1998年版，第432页。

向，在这里，对象朝向的'不确定性'不具有匮乏〈Privation〉含义，而是必然标识着一个描述性的特征，亦即一个表象特征"①。类似的不确定的表象还有："某物"在动、"它"沙沙作响、"有人"摁铃等。这里的不确定朝向的表象先于所有陈述和动词表述，其意向的特点在于"这些意向的确定性恰恰在于，表象一个不确定的'某物'"②。胡塞尔指出这里的非意向的（不确定的）欲求和意向的欲求不具有属共同体〈Gattungsgmeinschaft〉关系，它们之间存有歧义〈Aquivokation〉关系。读者要注意这里讲的欲求的和对事态感受的非意向不同于前面那种作为经验和意向行为起点的感觉感受的非意向，胡塞尔只是在利用后者的结构层次并扩展到别的行为中；不过他的概念论述仍然容易造成误解，并且如前所述，非意向性感受的划分在笔者看来有些不妥，但如果坚持着这种说明后的区分也行，这时可以说意向性实际受到被意识性的规定，那么作为经验起点的感受性就还谈不上这种被意识性，才因此可以列在意向体验之外。

b. 实项内容和意向内容 以上烦琐的说明，表明了胡塞尔意向行为所涵括的范围和特点。接下来的一个现象学区分就是实项内容和意向内容的区分。前文实际已多次提到它们。这里笔者引用胡塞尔的话再强调一下："我们将一个行为的实项现象学内涵理解为这个行为所具有的无论是具体部分还是抽象部分的整体概念，换言之，实项地建造着〈aufbauend〉这个行为的部分体验的整体概念。阐明和描述这些部分，这是在经验观点中进行的纯粹描述心理学分析的任务。这种分析的目的完全在于，对内部经验到的自在自为的体验进行剖析，一如它们在经验中所实项地被给予的那样，而且同时不去顾及那些发生的〈genetisch〉联系，也不去顾及它在自身之外可能意味着什么，以及它可能对什么有效。"③胡塞尔还如此说道："在实项意义上的内容是对最一般的、在所有领域中都有效的内容概念在意向体验上的素朴运用。"④而意向内容是以从心理科学—经验科学的观点转变后的现象学—观念

---

① [德] 胡塞尔：《逻辑研究·第二卷第一部分》，倪梁康译，上海译文出版社 1998 年版，第 433 页。
② 同上。
③ 同上书，第 435 页。
④ 同上书，第 436 页。

科学为背景的。现象学—观念科学排除了经验科学的统觉和此在设定,在这个领域里,"……根据其纯粹的体验组成来接受被内部经验到的东西或以其他方式被内部直观到的东西(如单纯想象),并且将它们当作观念直观的单纯实例性基础;我们从它之中直观出观念一般的本质和本质联系——即在总体性的各个层次上的观念体验种类和观念有效的本质体验,它们对于有关种类的观念可能体验来说具有先天的和绝对一般的有效性"[1]。

胡塞尔说"……意向内容这个词已经暗示,它所涉及的是意向体验(或行为)本身的特性"[2]。他指出在"意向内容"这个现象学标题下有三个不同的概念呈现出来,它们都建基于意向行为的种类本性之中,是看待意向内容的三种方式,它们是:行为的意向对象、它的意向质料(与它的意向质性相对)、它的意向本质。这些在下面会专辟一节说明这三个在读者耳边出现得较多的现象学概念。

## 第五节　意向内容

a. 意向对象意义上的意向内容。"意向对象"被胡塞尔称作意向内容的第一概念。意向对象完全不同于实项内容:既不是行为所朝向的外部对象,也不是本己体现性的体验内容(除了当意向朝向在意向行为本身中被体验到的东西时,例如相应性感知的情况,意向对象才和实项的内容局部重合,但依然属于两种不同的分析层面)。意向对象意义上的意向内容可以做如下区分:一是如其被意指的对象(Gegenstand, so wie er intendiert ist),另一是那个被意指的绝然对象(schlechthin der Gegenstand, welcher intendiert ist)。后者指变幻不定的具体的(如判断、感受、欲求的)所意向的目标,该目标表现为同一个对象客体,其属性可能和眼前的意向根本没有关系,这个对象可能会产生许多新的表象,但其中被不同的意向所意指的对象是同一个(胡塞尔举的例子是:德国皇帝,腓特烈三世皇帝的儿子,维多利亚女皇的外孙,他们是同一人)。要注意的是,这个对象的规定不是从实项而是在意向

---

[1] [德]胡塞尔:《逻辑研究·第二卷第一部分》,倪梁康译,上海译文出版社1998年版,第435页。

[2] 同上书,第436页。

层面上从逻辑同一性的角度加以规定。那么，前者就是指各具体的、眼前的意向行为带有自身意向特征的所指向的对象，同样这也是在意向层面谈的。

还有一个更为重要涉及行为的复合关系的区分，即对象性〈Gegenständlichkeit〉与对象（复数）〈Gegenstände〉之间的区分（这个区分和《观念1》的意向对象的相关观点相关联）。前者是就一个完整行为的总体朝向而言的，后者是就这个总体行为的组成部分的行为朝向而言的。对象性是第一性的；而对象一般不等同于对象性即整个行为的对象；也可以在第二性的意义上说整个行为和对象相关。实际上完整行为是由第一性意指这些对象的行为所构成，"这些对象协助构造出这个完整行为的本真对象，并且是以它被意指的方式"①，在上述意义上才说完整行为的意向同样意指这些对象，后者才同样是完整行为的对象，"这些对象大体上是作为各个关系的关系点而起作用，这个第一性的对象正是借助于这些关系而被表象为相关的关系点"②。胡塞尔举例："桌上的餐刀"，整体行为对象是餐刀，部分行为的对象是桌子，餐刀在与桌子的这种状态关系中被表象；可以在第二性的意义上说，桌子是这个称谓的整体行为的意向对象。胡塞尔还要说明新的重要问题。他考察句子："餐刀躺在桌子上"，这里餐刀还不能说是第一性的对象，不是完整判断的对象，只是判断主体或主词的对象，这里的完整对象、第一性的对象是被判断的实事状态（Sacheverhalt），即餐刀躺在桌子上这种状态。这状态不等同于判断、不等同于对此判断的表象。相应的问题不是餐刀而是餐刀是否处于这种状态。

在进入到对下两个意向内容概念的说明之前，胡塞尔又分析了几个重要的概念情况。前面的章节中也曾数次提到复合行为。不是说若干行为机械地排列组合起来就是复合行为，而是复合行为的"每一个部分行为都具有它的特殊意向关系，每一个行为都具有它的统一对象和它与此对象的关系方式。但这些杂多的部分行为组合成一个整体行为，它的整体功能就在于这个意向关系的统一性"③。复合行为的对象性统一及其意向关系不是并列于部分行

---

① [德] 胡塞尔：《逻辑研究·第二卷第一部分》，倪梁康译，上海译文出版社 1998 年版，第 438 页。
② 同上。
③ 同上书，第 440 页。

为而构造起来,"而是在它们之中并且以联合它们的方式构造起来"①,通过联合得到体验的统一性、一个统一的行为。可以看到对复合行为的讨论是接着对象性和对象的区分来的。显然,部分行为必须在整体中发挥作用。前面的复合行为"桌子上的餐刀"的部分行为表象的是总体对象的部分,此外,复合行为的部分行为还可以是和总体对象的外在关系环节或关系形式。以断言的或假言的谓语陈述为例,断言陈述的主语环节是奠基性的行为,谓语设定②(肯定或否定)建立其上;假言陈述包括前设及建基其上的结论作为其部分行为。这两种情况的整体体验都为一个判断行为,带有一个整体的对象性或实事状态。显然,判断不与主语行为和谓语行为、前设行为和结果行为相并列,而是和实事状态相关的客观统一,该统一由那些部分行为所构成。胡塞尔也把复合行为叫作多环节行为。还有更为复杂的情况:在多环节基础上还可以建造起一个新的行为,例如在实事状态的基础上建立起一个喜悦,对该实事状态的喜悦。实事状态或判断对喜悦来说是奠基性的行为,规定着喜悦的内容,没有它喜悦便不能存在。同样,判断还可以为怀疑、提问、期望、意愿等行为奠基;而且后者也可以作为奠基出现。所以,存在着杂多的组合,行为在组合中相互交织、相互奠基;其中奠基、交织的方式的区别,胡塞尔认为迄今从未得到系统的研究,言下之意,观念—现象学会承担起这项研究。

胡塞尔以"语音"和"意义"之间的现象学关系这个他偏爱的例子来说明上述奠基方式的差异。他注意到了在行为中的主动性行为和从属性行为

---

① [德] 胡塞尔:《逻辑研究·第二卷第一部分》,倪梁康译,上海译文出版社 1998 年版,第 440 页。

② 设定(Setzung)、设定的(Setzend)概念是胡塞尔的常用术语,这里必须给出其含义才能不阻碍后来的理解:"'设定'概念在胡塞尔现象学中是一个'立场'(Position)同义的术语。因此,胡塞尔也将它与'命题'(Thesis)、'执态'(Stellungnahme)、'信念'(Doxa)等相应概念等义使用,它们被用来规定一个意识行为在进行时是否带有意识对象的存在信仰。这种存在信仰并非是指对事物之存在与否的设定;严格地说,设定对象的存在或设定它的不存在,这两种设定都已经是存在设定。因此,'设定'自身包含着存在与不存在的对应;而与'设定'相对应的毋宁说是'不设定'(Nichtsetzung),即对事物之存在与否的保持中立、不设定、不执态。相对于'不设定的行为'而言,'设定性的行为'是奠基性的行为,它的'原初权利基础是在本原的被给予性之中',因此胡塞尔也将'设定性行为'称作'基质行为'(Substrat-Akt)或'未变异的行为'(unmodifizierte Akt);而'不设定的行为'则是在质性上变异了的行为(qualitativ modifizierte Akte)。"(倪梁康:《现象学概念通释》,生活·读书·新知三联书店 2007 年版,第 435 页)

的区别：我们总是首先生活在主动性行为之中，当然也生活在从属性的行为之中，"但却只是根据它们对于整体行为及其意向所具有的功能含义的标准才生活在这些行为中"①，这种功能含义标准有利于一些部分行为而不利于其他的部分行为。比如表述行为，它涉及一些完全不同的行为的统一：表述作为感性的语音而被接受、被构造以及作为含义被构造，这两种行为在联结方式上有本质差异，"而且一种行为与另一种行为在被进行时所带有的主动性也各不相同"②。例如表述会被感知到但是这种感知是从属性的行为，"如果我们不分心的话，我们不会去注意标识〈Zeichen〉，而毋宁会去注意被标识之物〈das Bezeichnete〉；因而，起主导作用的主动性应当属于赋予意义的行为"③。而伴随着赋予意义的行为的阐明解释（比如作为含义充实的直观：看到了桌上的餐刀。然后陈述："餐刀在桌上"这个事态）或其他作用的直观行为（如对"表述"的感知），被一同织入整体行为之统一中了。可以说这些直观行为在不同的程度上利用了主导兴趣，但在一些情况下，这些行为也可以占据主导地位，比如只想表达我们生活于其中的那个感知或想象的图像性判断，或者是明见无疑的规律判断（比如蓝色色块具有广延）；它们也可以是完全附带性的，"例如在对主导思想的不完整的、甚或完全非本真的直观化的情况中（比如没有直观充实的表述行为——笔者注），这时，它们便只是一些几乎不带有任何兴趣的仓促的想象材料"④。这种从属和主导性的区分并不阻碍我们有一个确定的意向统一，如同胡塞尔所说，表述性的愿望不是表述与愿望的单纯并列，而是一个整体、一个行为，我们直接将它称作愿望。

还要注意，对于表述而言其作为物理语音显现的从属性行为，它对表述行为整体所做的贡献不同于之前的奠基性的例子中谓语环节对于谓语陈述总体所做的贡献，因为它"……不应被看作是这个在整体行为中被意指的对象性组成部分，并且根本不应被看作是某种'在实事上'属于这个对象性、

---

① ［德］胡塞尔：《逻辑研究·第二卷第一部分》，倪梁康译，上海译文出版社1998年版。
② 同上书，第442页。
③ 同上。
④ 同上书，第443页。

以某种方式规定着这个对象性的东西"①。当然，这种实事的无关性并不排斥确定的意向统一，表述的物理显现和给予意义的行为是联结在一起的。另外，对表述的物理显现的朝向也是可能的，这种情况下原来主导性的体验特征就会发生本质上的变化，人们看到的就不再是一个正常词义上的表述了。

胡塞尔还联系注意力问题来讨论意向对象问题。此处胡塞尔指出人们这样谈论注意力，"就好像它是对各个被体验到的内容的偏好性突出样式的一个标题……就好像这些内容（各个体验本身）就是我们通常所说的被我们注意到的东西"②。这固然不错：的确对被体验内容的注意是可能的，但是这里的所注意的东西实际上就是一个意向对象、一个对象性行为，就是感知、回忆、期待的对象，或实事状态。胡塞尔似乎仍要强调意向对象对于注意力概念的优先性，"只有当我们'在意识中具有'我们所注意到的那些东西时，我们才能谈及注意力"③。所以在意向对象或意向内容的意义上来谈及注意力，就比日常词义上的针对感知对象的注意力的用法范围来得广泛，这样可以对非直观的意向行为（如前述赋予含义的行为）谈论注意力；那么这种扩展了的注意力可以和前面关于意向对象的诸种分析融贯起来，因而人们也可以说注意力在本质上影响着复合行为的现象学建构。可见胡塞尔对由复合行为、奠基性问题所引发的行为交织情况的分析是非常细致的。

b. 质性和质料意义上的意向的内容。前面对意向对象意义上的意向内容的分析，胡塞尔主要是在对象性和对象、奠基和被奠基行为、复合行为、主动性行为和从属性行为等层面上进行；"在与此完全不同的方向上还存在着一个极为重要的、并且首先是完全自明的区别，即在行为的一般特征与行为的'内容'之间的区别"④。这就是读者比较熟悉的质性和质料之间的区别。笔者这里参考倪梁康先生的说明："首先，'质性'是指一种使某种行为能够成为这种行为的东西，例如，它使表象成为表象，它使意愿成为意愿。胡塞尔也将这种'质性'称之为'行为特征'〈Aktcharakter〉。一个表

---

① ［德］胡塞尔：《逻辑研究·第二卷第一部分》，倪梁康译，上海译文出版社 1998 年版，第 444 页。
② 同上书，第 445 页。
③ 同上书，第 446 页。
④ 同上。

象之所以不同于意愿，是因为表象作为一类行为具有自己的特殊特点……其次，在胡塞尔那里，'质性'还意味着这样一种东西，它决定着一个行为是否带有'存在设定'。一个行为或者具有'设定的〈setzend〉质性'，或者具有'不设定的〈nichtsetzend〉质性'，'前者是指在某种程度对存在的意指；……后者则将存在置而不论'……"① 这里可以看到，胡塞尔的质性概念有两个层次，第一个层次乃是就使得不同种属的行为相互区分而言，比如判断区分于感知、憎恨不同于喜欢等，质性正是它们相互区分的方面。质性的第二个层次是就设定和不设定这个层面而言的，比如感知和理解行为都可以是设定的也可以是不设定的，可见质性的这个意义不考虑第一个意义所涉及的行为本身的种属的区别，而是就它们的设定或不设定的性质而言的。

质料所涉及的不是行为的各个组成成分及其聚合统一，而是完全不同的东西，"质料意义上的内容是具体行为体验的一个成分，这个成分可以为这些行为体验以及完全不同质性的行为所共同具有"②。对于不同质性的行为，质料内容可以始终保持同一，如："同一个内容这一次可以是一个单纯表象的内容，另一次则可以是一个判断的内容，在其它的情况中又可以是一个问题、一个怀疑、一个愿望等等的内容。"③ 胡塞尔举例说，可以陈述"火星上存在着智慧生物"，也可以表象、提问和期望这同一件事。这样，对于质料的同一性，语法构成的一致性是一个极好的提示。

质性是行为的抽象因素，质料是不是，胡塞尔没有明说，但在意向层面的描述本身都是观念—现象学领域的，所以笔者认为它也应当是抽象因素。质料和质性各自离开对方都是无法想象的。

也可以联系意向对象层面更具体深入地来说明质料和质性的情况。④ 之前在意向对象层面进行分析时读者看到了在行为中对象性关系的变更（例如表述行为变更为对表述的物理语音的关注）及其相关问题，但这些不足以穷尽意向行为的全部本质。而在现在的层面上，任何一个质性都可以与任何一

---

① 倪梁康：《现象学概念通释》，生活·读书·新知三联书店 2007 年版，第 383—384 页。
② [德] 胡塞尔：《逻辑研究·第二卷第一部分》，倪梁康译，上海译文出版社 1998 年版，第 447—448 页。
③ 同上书，第 448 页。
④ 同上书，第 449 页。

个对象性关系相组合；质性相同，对象之物的朝向可以变幻不定。和上述对象性关系的变更以及质性变更不同的是质料变更。质性将一个行为（例如）标识为表象或判断，质料则赋予这个行为以对对象之物的确定朝向；但是不能认为有了质性和对对象之物的确定朝向就能单独规定一个行为，因为即使同时确定了质性和对象性方向，仍可能有某些变更。比如两个带有表象质性因而质性相同的行为，可以朝向同一个对象，但"方式"却不同，例如这两个表象"a+b 的长度"、"b+a 的长度"。所以，"对象性方向"、"对象之物的确定朝向"还不足以刻画这里的不同"方式"，胡塞尔认为质料在确定行为的对象性朝向的同时也应包含对这种"方式"的刻画，即质料这个意向特性确定了行为对各个对象的立义，还确定了将这些对象性立义为何物。① 质料因此也可以理解为"……为质性奠基的（但无视那些质性区别的）对象性立义的意义（或简称为'立义意义'）"②。这里也可以看到立义被胡塞尔拆分为两个组成：立义的行为层面和立义意义层面）胡塞尔说："相同的质料永远不可能给出一个不同的对象关系；但不同的质料却能够给出一个相同的对象关系。"③前一点很明显，后一点亦即不同质料的对象性方向、对象之物的确定朝向可以相同，如"a+b 的长度"、"b+a 的长度"这个例子表现出来的。由此可以看出对象关系、对象性方向、对象之物的确定朝向实际是从一个逻辑外延等值的抽象角度来谈，又如"等边三角形"和"等角三角形"的表象；但是朝向"方式"就不是逻辑层面所能描述的，这属于现象学的意义层面。④ 由此也可以看到，对象性关系的方式〈Weise der gegenständlichen Beziehung〉不仅可以从前面意向对象的层面去分析，在意向质料和质性的层面也可以得到分析。这里也出现了"立义意义"的意义用法，这显然不是英美分析哲学模式下的"意义"用法。

c. 意向本质意义上的意向内容。胡塞尔这里进一步认为质性和质料的

---

① 从这里可以看出，质料相当于胡塞尔在 1909—1911 年的关于意义问题的讲座中的物候学的意义，这些概念之间的关系参见本书第十章的相关内容。

② ［德］胡塞尔：《逻辑研究·第二卷第一部分》，倪梁康译，上海译文出版社 1998 年版，第 451 页。

③ 同上。

④ 在本书后文读者将会看到：质料=物候学的意义=意向相关物中的广义的意义=如其被意指的对象；朝向方向=现象学的意义=意向相关物中的意义核心=被意指的绝然对象。

统一仍不能穷尽一个行为的特征，"事实上，即使两个行为在质性方面和在质料方面相互相同，它们也仍然有可能在描述上相互不同"①。例如对同一个苹果的两个表象在生动性上以及感性内容的充盈上的差别。这种差异或变化并非是本质性的，归之于显现〈Erscheinung〉方式的不同。同样的情况也适用于想象表象，但这些情况并不妨碍感知或想象行为的本质内容的立义。

胡塞尔认为质料和质性乃是一个行为完全不可或缺的组成部分，这两者的统一被标志为行为的"意向本质"。在特别顾及表述行为时胡塞尔除了意向本质还专门引进了一个与之等价的概念，即合乎含义的〈bedeutungsmäßig〉本质。对这个合乎含义本质的观念化抽象产生出观念意义上的含义。在笔者看来，表述行为的意向本质可以用合乎含义的本质的提法替代。

引进意向本质以及合乎含义本质，可以从逻辑等值的角度②说明诸行为的同一性。例如，众多表象在同一个立义意义或根据同一个质料被表象给我们，那么我们所具有的实际上是同一个表象。涉及的表述行为则有，例如"如果在两个表象中的任何一个表象的基础上，并且纯粹自为地看（即分析地看），可以对被表象的实事作出完全同一而非不同的陈述，那么这两个表象在本质上便是同一个表象"③。又如"如果关于一个被判断的实事状态的一切在这一个判断看来（纯粹根据判断内容本身）都是有效的，并且这一切对另一个判断来说也必然有效，那么这两个判断在本质上便是同一个判断。它们的真理值［即'真值'——笔者注］显然是同一的，因为'这个'判断、作为判断质性和判断质料之统一的这个意向本质是同一的"④。所以，可以认为在胡塞尔那里表述或其他行为逻辑等值的根据是和意向本质相关的：首先必须是对象性性质相同（这同时也可以看作是在意向内容第一概念

---

① ［德］胡塞尔：《逻辑研究·第二卷第一部分》，倪梁康译，上海译文出版社1998年版，第452页。

② 正如这句话背后暗示的等值性："一个个体可以在不同的时间，或者说几个个体，无论在同一时间还是在不同的时间，可以具有同一个表象、回忆、期待，可以进行同一个感知、陈述同一个断言、抱有同一个愿望、同一个希望等等。"（［德］胡塞尔：《逻辑研究·第二卷第一部分》，倪梁康译，上海译文出版社1998年版，第453页）

③ ［德］胡塞尔：《逻辑研究·第二卷第一部分》，倪梁康译，上海译文出版社1998年版，第453—454页。

④ 同上书，第454页。

的层面上谈的），即不能一个是表象、一个是判断；再来看质料是否相同，质料如前所述不仅规定了对象性朝向的方向（这一点是逻辑意义上的以及就外延而言的）而且还规定了朝向方式（这一点决定更为细微的并非外延所能描述的层次区别，如前面两个表象的例子："a+b 的长度"、"b+a 的长度"）。在此也可以看出胡塞尔对于逻辑等值的处理不是单从形式逻辑来看待的，而是从更为基础的意向性层面来看待的，这也再次体现了胡塞尔纯粹逻辑学中意义和对象两层面的互属关系的突出特点；由此才能理解胡塞尔又为何强调逻辑等值、意向本质相同均不能说明于诸行为的对象性特性是一致的。例如在想象和感知这两种不同对象性特性的情况下，意向本质可以相同：一个想象表象以表象的方式，一个感知以感知的方式可以将表象和实事状态立义为一个东西。这说明直观行为的种类区别（想象和感知都被胡塞尔纳入到他的直观标题之下）并不受到意向本质的规定或者独立于意向本质，反过来也说明，意向本质并不受直观行为的种类区别的限制。这种情况不仅适用于直观，还适用于任何一种行为；例如愿望，几个人抱有同一愿望，"也许在一个人那里，这个愿望是明晰的，而在另一个人那里则不是；在一个人那里，这个愿望在奠基性的表象内涵方面是直观清楚的，而在另一个人那里则或多或少是非直观性的，如此等等"①。对象性关系存在这样那样的差异，但诸情形下的赋予含义的行为所要求的是同一个东西，这里行为的合乎含义之物——"即在它们之中构成观念含义之实项现象学相关物的东西['……东西'是指和含义相关联的实项意义上的体验，它还不是含义本质或意向本质——笔者注]，与它们的意向本质恰好是相同的"②。

由以上可见，意向本质（包括就表述领域而言的含义本质）是一个在立足于前两个意向内容层面且不同于它们并对其加以综合说明了的新层面；读者也可以看到胡塞尔在分析具体行为时这三个意向内容层面是交织着进行说明的，的确烦琐，但仔细分析还是可以辨认的。

---

① ［德］胡塞尔：《逻辑研究·第二卷第一部分》，倪梁康译，上海译文出版社 1998 年版，第 455 页。
② 同上书，第 456 页。

## 第六节　对胡塞尔"意识"理论之模式的评价

"当现象学家把一个本体论概念或原则认作构成性本质关联体时，当他把它们当作直观证明的导引，而后者仅在自身内就有其正当性时，他并未从本体论上进行判断。"[①]这是胡塞尔在《观念1》末尾部分说的一句话，那里涉及形式本体论和实质本体论对现象学分析进行导引的关系，它们以其自身的层级序列规定了现象学分析的层级序列（如《逻辑研究》的几个研究就是可以看作由形式本体论和实质本体论的层级序列所引导的）。胡塞尔并没有从本体论上进行判断，所以物、精神在胡塞尔那里都是起引导作用的，而对它们本身存在如何并不追究，它们只是一种原则，围绕着它们形成本质关联体。"意识"也是这样一个起导引作用的本体论概念和原则。意识框架和其下的分析本身可以看作是形式本体论之一部分，但是它同时也作为整个现象学的描述分析手段。胡塞尔对现象学的系统描述或分析本身是不可能再归结到比意识框架本身更深的基础层次上来的。所以笔者强调胡塞尔是属于意识哲学传统或范式的。

处在这个传统中的内容，处处都要经受意向性的分析，仿佛经过了一部编好程序的机器的改写。尽管如此，表象、想象、感受、感知、表述、体验等传统说法仍然保留下来了，尤其是对于感知和表象的基本处理和传统一致。但重要的不是胡塞尔从传统继承下来了一组概念，而在于他从传统继承下来的这幅意识图像或范式。这种意识哲学范式或图像在现当代受到挑战。胡塞尔的意向性分析强调的只是一种本质关系的把握，并且和纯粹逻辑学在认识、起源方面的澄清相关，而并非在心灵深处或者在生理学意义上进行分析，所以他的现象学和康德哲学一样都是属于意识哲学传统的；但是，由于意识哲学的范式本身在现当代受到了质疑或怀疑，并且还有一些替代性的或同样能够说明问题的范式能行得通，所以对于胡塞尔的现象学，人们可以在这个范式背景转换的意义上指出其可能的前定假设和条件，表明其有限性。

涉及这一点的哲学家有德里达、哈贝马斯等，笔者认为罗蒂是其中表述

---

① ［德］胡塞尔：《纯粹现象学通论》，李幼蒸译，商务印书馆1996年版，第370页。

得最有说服力和明确清晰性的一位。罗蒂认为笛卡尔和洛克在哲学史上，赋予了观念〈idea〉以新意义。笛卡尔用"思想"一词包括了怀疑、理解、肯定、否定、意愿、拒绝、想象和感觉，他"……把思想这个词理解作我们意识到在我们心中起作用的一切……因此不只是理解、意愿、想象，而且连感觉在此也与思想是同一种东西"①。与此对应地，洛克用"观念"来表示"'人在思想时成为理解对象的任何东西'，或表示'在思想中心的每一种直接对象'"②。罗蒂认为，"在希腊和中世纪传统中没有一个词，哪怕是哲学性的词，在用法上与笛卡尔和洛克对'观念'一词的用法相符合。也没有一种作为内在空间的人心概念，在其中痛苦和明晰的观念二者都在一个单独的内在眼睛前受检验……在这个空间里，身体的和知觉的感觉（用笛卡尔的话说：'感觉和想象的混合观念'），数学真理、道德规则、神的观念、忧伤情绪以及一切其他我们现在称作'心的'东西，都成为准观察的对象"③。虽然这样一个具有其内在观察者的舞台，在古代和中世纪思想的各个时期都被提出过，但是只有在17世纪才被人视为讨论认识论问题的基础，认识论开始成为哲学的核心。罗蒂说，笛卡尔用"明晰知觉""……代替了作为永恒真理的'不可怀疑性'。这就使不可怀疑性解脱出来被用作心理事物的一个判准。……其结果是，自笛卡尔以后我们必须在有关我们对内部状态确定性的特殊形而上学根据（'没有什么比心本身更接近心的了'）和作为我们有关其他事物的确定性根据的各种认识论理由之间加以区别了"④。罗蒂认为正是这种区分，导致了某物存在的确定性和某物性质的确定性之间混淆的驱散，经验主义开始取代唯理主义。在他看来17世纪的经验主义同样是由笛卡尔对于内部空间的开启而产生的。他认为贝克莱将笛卡尔的学说纯化和正常化，把广延实体去掉后，出现了完全成熟的"'观念'的观念（即把在观念中确定具体对象转变为追求其背后的条件——笔者注）"⑤。这样，一门以认识论为中心的哲学学科才有可能，"哲学可以说超出了古代哲人追求

---

① ［美］里查德·罗蒂：《哲学与自然之镜》，李幼蒸译，商务印书馆2003年版，第58页注[17]。
② 同上书，第41页。
③ 同上书，第41—42页。
④ 同上书，第46页。
⑤ 同上书，第47页。

的那种实践智慧而成为专业性的研究，其专业性几乎类似于数学，后者的主题象征了心灵特有的不可怀疑性"①，这可以说是："……确定性寻求对智慧寻求的胜利，从那时以后敞开了哲学家达到数学家或数学物理学家的严格性，或者达到这些领域严格性外表的大道……科学，而非生活，成为哲学的主题，而认识论则成为其中心部分。"②在罗蒂看来，对于古人而言，心是能够分离的存在，它思索不变的事物，而且本身就是不变的（比如柏拉图的哲学）；对于现代人来说心极其明显地能够有分离的存在，因为它是一团丰满、频繁流动的感觉集合（如现代的心理学的一些理论）。古人和现代人都没有接受笛卡尔堆积在"思想"之下的一切项目的可分离性的明晰知觉；在笛卡尔以后有关心的问题的哲学就是关于眼睛不能看、耳朵也不能听的问题。笛卡尔提供的将一切都带到内在眼睛前受检验的内在空间被罗蒂比作镜子的形象。

可以看到胡塞尔的描述现象学、观念现象学虽然都没有假定内部存在，但却仍然"假定"或"继承了"笛卡尔以来的内部空间，罗蒂实际已经表明这个空间本身是可怀疑的。

支持这个怀疑的在笔者看来是罗蒂的一个关键步骤，即在对于笛卡尔带来的心的内部空间有了解之后，罗蒂要对那种进入该空间并达到其中的心理事物的"特殊通道"的观点进行讨论。对此他以感觉这一心理事物为例做出了典型性的分析。罗蒂举了一个十分有趣的对跖人③的例子。对跖人有没有感觉呢？他们不理解地球人说的疼痛是什么意思，对于一个引发地球人感到疼痛的刺激他们用另一种语言进行报道：我的 C 神经纤维被刺激。他想通过这个例子表明，说对跖人有或没有感觉都不得要领。对这个问题，他主张

---

① [美]里查德·罗蒂：《哲学与自然之镜》，李幼蒸译，商务印书馆2003年版，第47页。
② 同上书，第48页。
③ 罗蒂所假想的一个星球上和我们一模一样的生物。他们的神经学和生物化学技术发达，"当他们的幼儿奔向热炉灶时，母亲喊道：'它将刺激他的 C 纤维。'当人们看到精巧的视觉幻象时说说：'多奇怪！它使 G14 颤动，但当我从旁边看时可以看到，它根本不是一个红的长方形。'他们的生理学知识使得任何人费心在语言中形成的任何完整语句，可以轻而易举地与不难识别的神经状态相互关联起来。"（[美]里查德·罗蒂：《哲学与自然之镜》，李幼蒸译，商务印书馆2003年版，第67页）

一种认识论的行为主义的观点——他也称认识的行为主义为实用主义①——并认为不可改变的或者追求确定性和必然性的知识（如这里的对跖人有没有感觉的问题——笔者注）只是关于什么样的正当性的实践为其同伴所采取的问题，而不是被引导去说某一类行为形成了感觉归属的必要和充分条件。他认为我们可以抛弃对于一个实体存在一个直接认知的特殊通道的看法——这些"实体"比如"纯感觉"、"精神"等，这些"通道"指比如直观、感知的通道等——那么，我们就会注意到"除非存在有典型痛苦的行为这类东西，我们就永远不可能教一个儿童明白（例如）'牙痛'的意义"②。"疼痛"看起来是我们学会的对某种事件——比如，用针扎一下手臂——的反应。可以这样定义疼痛吗？婴儿有没有疼痛呢？按照罗蒂的观点，他会认为这样的提问本身令人误解，它仍然为寻找某种对应实体的本体论思想所控制。

读者可以回忆胡塞尔认为在感知之前"有"感觉，并且感觉被胡塞尔归为非意向的行为，它就相当于罗蒂怀疑的感觉（虽然罗蒂采取的是心理学的态度，但从胡塞尔继承了这种意识图景的意义上说，他的"感觉"是和罗蒂的"感觉"相对应的），亦即胡塞尔认为须加立义已成为感知的东西，这是前语言的东西，其存在是不是纯感觉都是未知的。但是在理论表述中，胡塞尔显然预先设定了感觉的存在（即胡塞尔回答说有感觉），那么通过以上罗蒂的观点可以看到，胡塞尔还是通过了现象学的语言机器控制了这个前语言的过程并命名为"感觉"，并且提出对它"立义"就成为"感知"。读者如果对照对跖人的例子就可以看到这种控制和命名只是体现为众多控制和命名的途径之一，而被命名者的存在无法判定。如果说胡塞尔坚持认为自己

---

① "参照社会使我们能说的东西来说明合理性与认识的权威性，而不是相反，这就是我们将称作'认识论的行为主义'的东西之本质，这也是杜威和维特根斯坦共同具有的态度。我们最好把这种行为主义看作一种整体论，但它不需要唯心主义形而上学的基底。"（[美]里查德·罗蒂：《哲学与自然之镜》，李幼蒸译，商务印书馆2003年版，第162页）"认识论的行为主义（它可以被简称为'实用主义'，如果不嫌这个词含义过多的话）"主张"哲学只不过提供有关知识和真理的常识……成为行为主义者就不是提供还原论的分析，而是拒绝尝试某种说明：即这样一种说明，它不只是在环境对人的影响和人对这种影响的报道之间插入'认识意义'或'认识感觉现象'一类概念，而且利用这类概念来说明这类报道的可靠性。"（[美]里查德·罗蒂：《哲学与自然之镜》，李幼蒸译，商务印书馆2003年版，第163—164页）

② [美]里查德·罗蒂：《哲学与自然之镜》，李幼蒸译，商务印书馆2003年版，第101页。

的控制是一种本质的话,他就是不合理的了。胡塞尔遵循的传统实际上正好控制了他本人的意识图景,那么我们也可以认为胡塞尔的"本质"概念具有社会性、历史性。①

罗蒂认为婴儿在学会报告疼痛之前或者开口说话之前"……知道疼痛的方式,也就是自动换唱片装置知道螺纹已到尽头、植物知道太阳的方向以及阿米巴②知道水的温度的方式"③。他认为我们谈论感觉的同时,接受了这样一幅图画,"这幅图画按照人(而不只是人的心)是何物的某种形象把某种行为(内省报道)与其他行为(物理对象的报道)联系起来。行为主义者注意'痛苦'概念的社会作用,而并不企图越过这种作用去探索痛苦具有的不可表示的现象性质"④。以上说明,把感觉视为穿过了人类固有的感知通道的"自然所与物"是不合适的,因为根本没有自然所与物的地位;但是我们可以合理地谈论"直接知识",如果这种"合理"是这样表现的:直

---

① 上述问题德里达先于罗蒂注意到了,这里引述一下德里达的话并和罗蒂的观点相对照:"质素是在被意向形式激活前的情感之感觉[被体验而非实在的(这里的非实在应当是就情感感觉的行为质料这一抽象层面而言的——笔者注)]质料。它是纯粹被动性的极端,也是非意向性的极端,而没有这种非意向性的极端,意识就会接受不到任何除了它自身外的别的东西,因而也就无法进行它的意向性活动。这种接受性也是一种本质性的敞开。如果说胡塞尔在《观念1》所持的那个层次上,拒绝了为了质素本身并就其纯粹之天赋去描述并考察它的话,如果说他不打算验明无势之质素与无质料之形式(此即质素的特征,参见胡塞尔《纯粹现象学通论》,李幼蒸译,商务印书馆1996年版,第215页。——笔者注)的可能性的话,如果说他限于已构成的质素—形态的相关关系的话,那是因为他的分析依然在某种已构成的时间性内部展开(难道他的分析不将总是以这种方式展开吗?)。既然质素在其最深处及其纯粹特性中首先是时间质料,并且就是生成本身的可能性所在。因此,在开放的这两个极端(即质素既被规定为非意向性的、纯粹被动性的,又被看作是内时间意识的质料、生成本身的可能性——笔者注),从一切意识的先验结构内部,就可能显现向生成构成和这种新的'先验感性论'(即质素问题完全有资格成为一门先验感性论——笔者注)过渡的必然性,而这种新的先验感性论将会不断地被预示但又总是被后延,在这种新的先验感性论中,大写他者和大写时间这些主题应当让它们不可还原地共谋性显现。这就是他者和时间将构成现象学指向一个其'原则之原则'(在我们看来即其形而上学原则:原初自明性和物本身的显现)被根本质疑的地带(这里可以看到德里达和罗蒂同样都通过对质素或感觉问题的细致分析指向了胡塞尔直观、自明性的可疑性,但二人途径不同,前者追溯到胡塞尔的时间和他者领域让质素解构,后者则通过其独辟蹊径的语言哲学观点质疑感觉所属意识图像的可靠性——笔者注)。无论怎样,如可看到的那样,这种从结构的向生成的过渡之必然性就是(与从前的哲学家态度的)断裂或(向现象学态度的)宗教皈依的必然性。"(《"生成与结构"及现象学》,转引自[法]德里达《书写与差异·上册》,张宁译,生活·读书·新知三联书店2001年版,第294—296页)
② 一种微生物。
③ [美]里查德·罗蒂:《哲学与自然之镜》,李幼蒸译,商务印书馆2003年版,第101页。
④ 同上书,第95页。

接知识是这样一种知识，其所有者并未进行任何有意识的推论，但是也没有暗示，某些实体特别适宜以这种方式被认知；这种非推论地认识的东西，与我们碰巧熟悉的东西有关。罗蒂认为"'本质主义的直观'和'明晰的知觉'永远诉诸于由我们的前人在语言中确立的语言习惯"①。以上在笔者看来是适于胡塞尔的评论。

所以，对于婴儿有没有感觉的问题回答是不能判定。因为"痛感"在提问中已经被假设为某种"自然所与物"了，而这种"所与物"没有现实存在的地位，只是一种类似于 C 神经的报道。"痛苦"在这个问题中是一个前语言的东西，对于它，知道它像什么和知道它是什么是不同的，我们并无理由反对"知道痛苦（或红色）像什么的观念"，但是它和痛苦是什么没有任何联系。② 罗蒂总结说，"知道事物是什么样子不是一个在陈述命题时被证明的问题"③。人们将婴儿和机器自然地加以区分，认为婴儿有痛苦和心灵而机器没有，罗蒂对此表示怀疑。在他看来——认为婴儿有"痛苦"这一自然所与物的观点伴随着将感觉和区别能力进行结合或混淆的这一隐含看法："运用前者（感觉——笔者注）的欠缺来排除掉机器和容纳进婴儿，然后运用后者（区别能力——笔者注）的存在来使婴儿所有的东西类似于命题知识"④——是不恰当的观点。如果这种批评合理的话，那么本书第三章所述的胡塞尔的明见性理论也可以在这个意义上加以怀疑或理解。

罗蒂认为洛克也犯了类似的错误："即在对我们心智作用的机械论描述和我们知识主张的'基础作用'之间的混淆。"⑤罗蒂认为这种混淆恰使得认识论得以产生，因为笛卡尔只是提供了内部表象和空间，只有一种对于内部空间的构成和机能的系统描述才能构成关于认识论的系统理论；但是，洛克把"关于……的知识"看作先于"……的知识"，即把知识看作是人与对象之间而非人与命题之间的关系；而人与对象之间的关系（这里表现为人与内部空间的关系）是可疑的，因为内部空间或心灵只是一种发明，洛克的

---

① ［美］里查德·罗蒂：《哲学与自然之镜》，李幼蒸译，商务印书馆 2003 年版，第 44 页。
② 罗蒂这里的分析来自于美国哲学家塞拉斯的学说。
③ ［美］里查德·罗蒂：《哲学与自然之镜》，李幼蒸译，商务印书馆 2003 年版，第 171 页。
④ 同上。
⑤ 同上书，第 129 页。

"白板"也只是一个比喻的图像。罗蒂把洛克的混淆称为说明和证明之间的混淆。他认为"洛克和十七世纪一般作家根本不把知识当做被证明了的真信念。因为他们不把知识看作在一个人和一个命题之间的一种关系"①。胡塞尔显然不像洛克那样假设心灵空间的存在,他的现象学不证明内部空间是否如此存在,而是借助于这种内部空间展开分析,但是,即使"借助于",由于凭借的东西本身可怀疑,那么,胡塞尔的现象学就显得的确只是在一个可怀疑的框架内对该框架引起的分析的严密性追求进行导引。

在罗蒂看来,康德转向了寻求"……的知识"的模式,即转向了人与命题之间的关系。"康德的发现被认为是,在'心的构成性行为'之前不存在'有效的事物'(客体)。因此,一个客体(其若干谓词为真的东西)永远是一种综合的结果。"②但是由于"康德进行这种转变的方式仍然停留在笛卡尔的框架内;他的措辞仍然像是对我们如何从内部空间达到外部空间这个问题的回答"③。罗蒂认为《纯粹理性批判》中有一个未被质疑的假定:"杂多是'被给予的',统一是被造成的"④,在他看来,我们不能合适地得出原初的可感受性中感性给我们一种杂多,因为我们不可能内省到这样的情况;同样的,我们无法在综合之前得到我们关于直观的消息(罗蒂大概是指康德关于先天综合判断中先天直观形式和范畴连接感性经验的情况是值得怀疑的,因为康德继承的内部空间形象是可疑的)。他假设如果康德从命题不应与呈现于感觉的单一性等同以及不应与呈现于理智的单一性等同这一观点出发,达到人与命题之间关系的知识观,就不需要"综合"概念了。罗蒂并没有直接反驳康德,他只是怀疑康德所依据的那个内部空间的图像的合理性,他的建议是换一种显得合适些的谈论方式或者图像。在笔者看来,以上罗蒂对于"痛苦"、"自然的所予性"、"表象"的批评同样适用于胡塞尔的某些具体观点;比如本质直观和表象的观点。胡塞尔相信"反思现象实际上是一种纯粹的和完全明晰的所与物领域。它是一个由于是直接的所以是永远

---

① [美] 里查德·罗蒂:《哲学与自然之镜》,李幼蒸译,商务印书馆2003年版,第130页。
② 同上书,第135页。
③ 同上。
④ 同上书,第139页。

可以达到的本质洞见……"① "这里的任何一个语词都指示着内在构成部分的丰富性"②，其前提仍然是具有离作为所与物的本质最近的反思的这样一种特点的镜式空间。如果这个内部空间的形象本身是可疑的，那么，现象学实际也就失去了存在的可靠基础了。这种基础本身的合理性和以这种基础为假设的理论内部观点的一致性应当加以区别。

  读者可以看到胡塞尔自觉地排除本体论、存在设定，借用意向性的本质层面进行分析，这就和康德一致（当然康德还不彻底，他认为有物自体）也转向了人与命题之间的关系寻求，等价于用一种命题（体现为以意向性分析为中心的现象学本质描述）来表明认知的本质关系而不断定存在问题，这完全是一种纯粹理论和科学的追求，意向性层面就是这门科学的语言和初始规则。罗蒂所做的只是小声提议一下"我们可以换一种语言符号和初始规则"，显然，现象学的方式和别的方式并没有一个绝对优劣，这就足以消解其"本质的"这个修饰语了。

  罗蒂的见解的获得，来自于他对许多英美哲学家的理论及真理观的吸收与批判，这里只指出他从戴维森③那里得来的启示："关于真理符合显示方式

---

  ① ［德］胡塞尔：《纯粹现象学通论》，李幼蒸译，商务印书馆1996年版，第198页。

  ② ［德］胡塞尔：《哲学作为严格的科学》，倪梁康译，商务印书馆1999年版，第25页。

  ③ 戴维森的思想受到塔斯基对于形式语言的真之定义的影响，塔斯基的定义为：(T) X 是真的，当且仅当 P。其中 P 代表了任何可以与"真的"这个词有关的句子，而 X 是这个句子的名称，这个定义又叫"T 型等值式"或简称"T 约定"。举例说："雪是白的"为真，当且仅当雪是白的。这个定义目的是：一切可以用"真的"这个谓词加以述说的东西都只能是语句而非它所表达的事实内容。（参见江怡《英美分析哲学·下卷》，凤凰出版社、江苏人民出版社2005年版，第811页）戴维森要把这个定义用到自然语言上，他相信给出真值条件就是给出意义的一种方式，意义问题在他那里和自然语言真值条件的确立联系在一起。语句的真不再是语句本身的问题而是涉及到语句、说话人、说话时间。由这个理论可以推衍出这样的语句：由 p 在时间 t 所（潜在地）说出的"我疲倦"是真的，当且仅当 p 在时间 t 是疲倦的（参见江怡《英美分析哲学·下卷》，凤凰出版社、江苏人民出版社2005年版，第813—823页）。笔者认为罗蒂的做法实际上是借助于戴维森的理论对"符合论"的真理观做了旧瓶装新酒式的重新理解：符合不再理解为对世界的映现，而是按照符合所依据的（由形式语言和自然语言的真之定义所展示出来的）形式或条件，不再将命题或理论的真实性问题看作是在本体论上的追求，而是看成对各种语言符号系统的信念或者选择的问题。而塔斯基加上戴维森的理论的朴素的形式外表恰恰刻画了这样一个外表平凡无奇的实用主义观点。基于此可以理解罗蒂进一步的观点，"我想采取的一般路线是，有关于虚构物、价值和数的真陈述，也有关于席子上猫的真陈述，并试图展现像'符合'这类关系，根据符合关系来按照后者的模式去'分析'前者的真理是无意义的。塞拉斯是这样来表述这个论点的，他说，不是一切真陈述都'映现'世界，而只有'基本经验'的陈述才如此。我宁可说，没有真理映现世界，映现'只是一幅图画'，这幅图画只用于产生永远会是更复杂的语言争论"。（［美］里查德·罗蒂：《哲学与自然之镜》，李幼蒸译，商务印书馆2003年版，第292页注34）

的讨论摆脱了关于天地间存在着什么的讨论……对戴维森而言，符合是一种关系，它并无本体论的偏好，它可使任何一种词语与任何一种事物相联系。这种中立性表现了这样一个事实，按照戴维森的看法，自然对自己被再现的方式并无偏好，因此对标准符号系统并不关心。自然也不可能较好地或较差地符合，除了在我们可以有较多或较少的信念这样一种简单的意义上。"①

罗蒂虚构了这样一种预测声音发出的科技，但是"……即使我们能预测公元四千年时科学研究者集体所发出的声音，我们仍然不能加入他们的谈话……我们能预测声音而无须知晓其意义的事实，正是这样的事实，产生声音的必要而充分的微观结构条件，将极少类似于用于描述该微观结构的语言中的语句和由该声音表达的语句之间实质的相同。这不是因为任何事物在原则上都是不可预测的，更非因为自然与精神之间的本体论区分，而只是因为在适于对付神经细胞的语言和适于对付人的语言间的区别"②。再套用罗蒂的一句话，"这两种说明之间的区别并不比对桌子进行的宏观结构描述和微观结构描述之间的关系更为神秘"③。那么，胡塞尔的谈话方式也可如是看待，是一种对世界的描述和回应方式。而回应世界的方式并不一定非得通过谈论心灵、观念、感觉、意义、直观等概念而获得，且不论这些概念是否真有其对应物。

但是，也正是因为现象学所遵循的意识哲学传统，才使得它的生命能量和这个传统的生命相关联，笔者认为只要人们还会经常使用意识、精神、表象等表达以及它们所暗示的形象和背景，那么现象学就依然能够发挥它的深刻性，为人们思考和行动提供可参考和选择的视角和建议，发挥其理论资源的潜力。这些问题在笔者看来已经超出了胡塞尔对现象学的规定了。应当注意的是，罗蒂提供了一种观点或怀疑，这也是本书的出发点，在引言中笔者也表达了这样的立场。

在第一部分中，笔者没有顾及胡塞尔思想的发展，而把《逻辑研究》和《观念1》等著作中的观点平行列出，一方面是因为（在笔者看来）胡塞

---

① [美] 里查德·罗蒂：《哲学与自然之镜》，李幼蒸译，商务印书馆2003年版，第279页。
② 同上书，第331—332页。
③ [美] 里查德·罗蒂：《非还原的物理主义》，载《哲学与自然之镜》，李幼蒸译，商务印书馆2003年版，第458页。

尔思想具有一致性，另一方面是因为建立在这种一致性之上的《观念1》中观点的明确性较之《逻辑研究》中的更强。笔者强调了理解胡塞尔《逻辑研究》意义问题的背景，首先要理解胡塞尔的科学论即纯粹逻辑学，这样现象学才能合理地得以定位（作为纯粹逻辑学的前工作或干脆说具有哲学的地位），而意义问题是看待纯粹逻辑学的两个平面之一（另一层面是对象层面）。所以意义始终具有一种纲领性的研究地位。但在意向分析的细节处，胡塞尔也提到了表述意义和立义意义这两个非纯粹逻辑学纲领层面上的具体的意向分析中所涉及的意义问题。在接下来的第二部分中，当笔者从表述的意义或含义开始时，也请读者记住这一点。人们可以把这种纲领性的意义理解作大写的意义，而指表述意义的含义等理解作小写的意义。在胡塞尔那里，小写的意义必须联系到或者上升到大写意义的层面去理解作为其入口。

# 第二部分

## 胡塞尔哲学中意义问题的多重呈现

# 第五章

# 作为种类的意义：第一研究中的意义问题

"在所说中，说已经达乎完成了。在所说中，说并没有终止。在所说中，说总是蔽而不显。在所说中，说聚集着它的持存方式和由之而持存的东西，即它的持存，它的本质。但我们发现所说往往只是作为某种说之消失的所说。"①

在第一部分必要地对作为意义问题背景的现象学进行了澄清之后，我们真正地开始面对胡塞尔对意义或含义问题的一些具体分析了，我们将主要探索《逻辑研究》中和意义相关的问题，在笔者看来几个研究（第五研究放到了第一部分，被视为含义的背景之一）各自从不同的侧面涉及了意义问题。我们从第一研究开始。由于倪梁康先生把《逻辑研究》中的 Bedeutung 译为含义，而 Sinn 译为意义，因为《逻辑研究》中胡塞尔十分突出地用前者来指表述的意义，而后者除了包括了前者之外还可指表述之外的意义（这在胡塞尔《逻辑研究》之后的著作中才能明显看出来），所以笔者自己在行文中对二者不加区分，而所引述的倪先生译文中的含义依然保留。

## 第一节 意义问题提出的背景

之所以"含义"（Bedeutung）在胡塞尔的现象学里显得比较重要，是因为"逻辑学家需要用分析的现象学来为他的逻辑学做准备工作和奠基工作

---

① ［德］海德格尔：《在通向语言的途中》，孙周兴译，商务印书馆1999年版，第5页。

(六个研究都属于这项工作——笔者注），这种分析的现象学首先涉及到'表象'，更确切地说，它首先涉及到表述的表象"①。

"表述"是一个十分复杂的概念，对应的是一个复合行为（笔者在本书第四章第五节论述过），其中"逻辑学家的原初兴趣应当在于那些连同'单纯表述'一同出现并行使着含义意向和含义充实之功能的体验。同时，他也不能忽视这些复合行为的感性语言方面（'单纯'表述在其中所构成的东西）以及它与那些赋予活力的意指之间的连接方式"②。这里胡塞尔勾画了要进行的含义分析的内容：同"单纯表述"一同出现并行使着含义意向和含义充实之功能的体验、感性语言方面以及它与那些赋予活力的意指之间的连接方式，并且这种分析是对于进行纯粹逻辑学的逻辑学家而言有基础意义的。胡塞尔认为语法分析不能取代关于表述的含义分析。胡塞尔假设如果能够将表述行为中的话语和思维的关系"……看作是一种完善的、先天就有的相应关系，尤其是看作一种为本质性的含义范畴造就出其语法范畴中的完善的对应面的相应关系，那么，一门语言形式的现象学本身同时也就包含了含义体验（思维体验、判断体验等等）的现象学，含义的分析也就可以说是等同于语法分析③了"④。但这仅仅是假设，胡塞尔认为上述话语和思维之间的完善的对应关系并不存在，"表述"充满了差异，

---

① ［德］胡塞尔：《逻辑研究·第二卷第一部分》，倪梁康译，上海译文出版社1998年版，第10页。

② 同上。

③ 这里的语法分析不同于第四研究中胡塞尔的纯粹语法或纯粹句法分析，前者只是一般语言学方面的研究，后者与胡塞尔自身的独创和含义学密切相关，是讨论含义问题和纯粹逻辑学初始概念问题的另一个重要维度，《逻辑研究》第一卷提出的纯粹逻辑学可以在含义学的层面上映射出来。纯粹语法学和纯粹含义学及其纯粹逻辑学的关系这个维度还可具体参见倪梁康《现象学的始基》第六章的论述，以及胡塞尔《纯粹现象学通论》利科注43，利科提到胡塞尔纯粹逻辑学的第一项任务（即提出"初始概念"）时区别了两个平面：（a）意义（或含义的）的平面。这就是或者在诸命题之间的联系（合取，析取，假设等）或者在命题内部的联系（主词，谓词，多数等）的初始形式的平面，"第四研究的纯粹语法发展了这种研究；它将诸意义成分间的依属关系（按'第三研究'中提出的概念）样式的研究应用于意义"，并且纯粹语法的法则不同于纯粹逻辑学的法则（后者排除悖谬，但前者可以纳入，如"木质的铁"）。（b）由客体的形式范畴（客体、单一、关系等）构成的形式本体论的严格逻辑平面。（参见［德］胡塞尔《纯粹现象学通论》，李幼蒸译，商务印书馆1996年版，第499页）

④ ［德］胡塞尔：《逻辑研究·第二卷第一部分》，倪梁康译，上海译文出版社1998年版，第11页。

并非总是以含义的区别来决定,胡塞尔提到了修辞区别以及话语所具有的美学趋向,所以,"语法差异并不总是与逻辑差异携手并进",但过分强调这一区分则会"限制逻辑形式的范围,它把一大批极为重要的逻辑区别误作为单纯的语法区别加以拒绝"①。

所以胡塞尔的视点并不在于分析语法和语句、语词,而是从为纯粹逻辑学奠基的视角出发,将分析的重心放在了彻底澄清表述、含义、含义意向和含义充实之间的现象学本质关系上面,由此"我们才能获得一个可靠的中间位置,语法分析和含义分析之间的关系才能得到必要的澄清"②。胡塞尔这样看待自己的研究:"它们并不想提供一个逻辑学体系,而是想提供一门从现象学本源上得到澄清的哲学逻辑学的前工作",胡塞尔称自己采用分析性研究的方法,它"完全不同于那种对在逻辑体系中已充分获得的真理作最终阐明的方式"③,现象学自身就可能成为一门学科。

在讨论含义和表述的问题时,胡塞尔当然也遵循明证性的原则。"任何认识论的研究都必须在纯粹现象学的基础上进行。它所追求的'理论'无非是对下列问题的思索和明见的理解,即:思维和认识究竟是什么,即按其纯粹的属的本质来看,它们究竟是什么;它们必定具有什么类型和形式;它的对象性关系具有哪些内在的结构"④等。胡塞尔这里将现象学的研究领域勾画得更为具体,他认为由现象学得到的上述思索的结果并非"意见",而是"明晰的知识",这些须通过"……在被给予的思维体验和认识体验的典范性的基础上作为纯粹的本质直观来进行"⑤。

所以,从以上几个要点可以看到胡塞尔要求的现象学认识论:"实际上根本不是一种理论。它不是确切意义上的科学,即一种理论解释的统一。"⑥他表明现象学的研究应是先天的:"在先天的领域中我们所从事的则是:从全面总体的必然性出发并且最终从我们称之为公理的最原初和最普遍的关系

---

① [德]胡塞尔:《逻辑研究·第二卷第一部分》,倪梁康译,上海译文出版社1998年版,第11页。
② 同上书,第12页。
③ 同上书,第14页。
④ 同上书,第16—17页。
⑤ 同上书,第17页。
⑥ 同上书,第18页。

规律出发去理解低阶段上的特殊关系的必然性。然而，认识论在这种理论的意义上却没有什么可以解释，它不建立演绎性理论并且也不把自己纳入这种理论。"①所以现象学的认识论作为具有以上特点的认识论要先于所有的经验理论，即"先于所有解释性的实体科学；一方面先于物理的自然科学，另一方面则先于心理学，并且也先于所有的形而上学。它并不想在心理学或心理物理学的意义上解释认识、解释客观自然中的事实性事件，而是想根据其构造因素或规律阐明认识的观念；它不想考察事实的认识行为所处于其中的那些并存和延续的实体关系，而是想理解认识的客观性在其中得到表明的那些特殊关系的观念意义；它想通过向相应充实的直观的回复而使纯粹的认识形式和规律变得清楚明白"②。由以上可以得出胡塞尔想要获得的是：最为可靠的知识的形式和规律，采取的方法是以明证性为基础的直观。要记住，他认为认识论根本不是一种理论，不是确切的科学、不是一种理论解释的统一，而只是一种阐明和理解。所以，他关于表述的含义的观点也须同上述现象学的初衷一致。

## 第二节　和意义相关的符号理论和德里达的批评

胡塞尔讨论和表述相关的意义问题时首先是从符号的层面切入的，德里达《声音与现象》对此进行了发挥。笔者将结合德里达的论述对胡塞尔表述的符号理论做一番循览。

胡塞尔的含义问题与其符号理论紧密相连，他首先提出一对概念：表述（Ausdruck）和符号（Zeichen），人们常常在同一个意义上来使用这两个术语。但是它们在一般的日常用语中并不总是一致。胡塞尔认为"……并不是每个符号都具有一个'含义'〈Bedeutung〉（比如无意义的语音——笔者注）、一个借助于符号而'表述'出来的'意义'〈Sinn〉"，"符号也并不总是作为那种体现表述之特征的'含义'而有效"；作为信号〈Anzeichen〉或记号〈Kennzeichen〉、标号〈Merkzeition〉等意义上的符号"……不表述

---

① ［德］胡塞尔：《逻辑研究·第二卷第一部分》，倪梁康译，上海译文出版社1998年版，第18页。
② 同上。

任何东西，如果它表述了什么，那么它便是在完成指示（Anzeigen）作用的同时还完成了意指（Bedeuten）的作用"。①所以，符号的概念应当比表述的概念范围更广，因为在胡塞尔看来表述对应着含义，而具有信号功能的符号因此就不能归属其中。并且与之对应的，意指也比指示的范围狭窄，因为意指与表述、含义相对应，指示则同符号的信号相对应。一般的告知话语中意指总是同信号的存在状况交织在一起。但是"……信号可以摆脱这种交织的状况而单独出现"②，胡塞尔认为在心灵生活中表述在发挥作用，但不再作为信号而已。对这一点后来德里达提出了批评，读者马上将会看到。

胡塞尔指出指示产生于联想，他说"信号这个概念的起源是在心理事实之中，就是说，它在心理事实中抽象地得到把握，而这些心理事实又包含在一个更广泛的、被历史地称之为'观念联想'的事实组中"③；"在'观念联想'这个标题下不仅包含着联想规律所表述的东西，包含着通过'重新唤起'〈Wiedererweckung〉而引起的'观念共现'〈Vergesellschaftung〉的事实所表述的那些东西，而且还包含着更多的事实，在这些事实中，联想通过对特殊性质和统一形式的创造而在这些事实中显示出自身"④。所以，看起来联想的功能似乎十分强大。德里达抓住了这一点，他认为"指示是表现信号和表述之间全部交错的根源和必然性的地方"⑤，笔者赞同这个看法；由于和信号对应的指示的本质是联想，那么"联想"就同意义、意指相关联了。虽然信号和表述有如此的交错，但是联想本身不可否认，它可以作为我们从听到语词到把握住含义的瞬间和中介过程。胡塞尔只需指出这个本质的事态过程就够了。唯一的问题似乎是，"联想"仅仅意味着一个极大的并且万能的心理空间，而且原先的区分在这里似乎变得无效了，因为联想既和指示相关，又和意指相关。显然他至少在《逻辑研究》阶段没有很好地关注"指示"方面，而实际上"联想"标明的这个领域意味着"指示"层面可以继续挖掘下去，而不能简单地加以贬抑或避开不谈。胡塞尔后来就发展出来了

---

① ［德］胡塞尔：《逻辑研究·第二卷第一部分》，倪梁康译，上海译文出版社1998年版，第26页。
② 同上书，第27页。
③ 同上书，第31页。
④ 同上书，第31—32页。
⑤ ［法］德里达：《声音与现象》，杜小真译，商务印书馆1999年版，第29页。译文有改动。

发生现象学的维度，形成了更为系统化的现象学眼光。① 道恩·威尔顿说得很好："发生分析从处理不同种类的行为和对象关系的纵向综合开始（这一点和构造〈constitue〉说明一样），处理那些并非［意向——笔者注］行为又非综合的境遇化的（contextualizes）意识。恢复在意义和意向性入口处被有意排除的整个维度，胡塞尔认为《逻辑研究》中的'指示（Anzeigen）分析已经成为了发生分析的核心'②。指示把意义的说明投入到境遇和背景中。胡塞尔悬置过这一点以达到符号的纯粹表述功能和其意义的同一性。由于发生分析，指示的地位得以恢复。最终发生分析说明了意义不可见的联结网络，要没有这种联结，事物将无处安置，将没有固定着的智性，没有具体的显现，我们的行动将没有方向、没有具体的效果。这同时也是一个动态的说明：我们的行动、行为重新塑造和组织了它们所固定着的视域。不仅仅是我们的行为、行动沉淀为世界，而且视域在这些行为完成的结果中、在时间中经历了修饰和变更。这也是胡塞尔敢称这种分析为解释且这种分析极难理解的原因。起初好像他开启了描述分析的第一种形态难以处理和达到的行为方面和对象，实际上，这是关于行动和对象的交互关联的说明，且意义在纵向探讨的任一具体行为或行为系列中都没有显明（manifest）。这样发生分析将视域处理为指示或相关涵义（implication）的时间性联结。"③

胡塞尔对交流的告知的话语同内心独白或孤独的心灵生活中的表述进行了区分。前者是交往功能中的表述，其本质基础在于："表述是作为信号在

---

① 《经验与判断》中胡塞尔已经将这一点作为前谓词领域的分析充分挖掘出来了。这里无法论及发生现象学的具体问题了［具体可参见 Donn Welton, "Structure and Genesis in Husserls Phenomenology", in Bernet, R., Welton, D., Zavota, G. (ed.), *Edmund Husserl: Critical Assessment of Leading Philosophers*, Vol. Ⅳ, London and New York: Routledge, 1977］。发生现象学从三个方面将静态现象学（《逻辑研究》和《观念1》都仍处在静态现象学的基本架构中）的抽象立场加以释放，即：将孤立分析的纯粹自我放到共同体（community）的视野下分析；将《观念1》中处于意识内在领域中又作为意识的对立一极的"世界"置入到一个经历"沉淀"（sedimentation）过程的视域中，静态的意向性意识被精致化为意向性生活，原先的世界概念成为生活世界；将《观念1》未深入展开的仅视作所有生动的体验的统一形式的时间意识处理成各种表层领域之下的诸模态（这一点可参考《经验与判断》第一部分第三章的相关章节以及第二部分第二章§64，等等）。

② 此处可参见《经验与判断》第94页。另：邓晓芒先生将 Anzeigen 译为"显示"——笔者注。

③ Donn Welton, "The Systematicity of Husserl's Transcendental Philosophy: Fromstatic to Genetic Method", in Bernet, R., Welton, D., Zavota, G. (ed.), *Edmund Husserl: Critical Assessment of Leading Philosophers*, Vol. Ⅱ, London and New York: Routledge, 1977, pp. 164-165.

起作用。"①而心灵独白中则没有信号的功能起作用，没有在现实的说与听中的传诉功能。胡塞尔说"在孤独的话语中，我们并不需要真实的语词，而只需要表象就够了。……这里存在着的不是被想象的语词声音或者被想象的印刷文字，而是对这些声音或文字的想象表象"②。胡塞尔认为在心灵独白的孤独话语中"人们在某种意义上也在说，而且，他自己将自己理解为说者，甚至将自己理解为对自己的说者，这肯定也是可能的。……但在真正的、交往的意义上，人们在这种情况中是不说的，他不告知自己什么，他只是将自己想象为说者和告知者。在自言自语时，语词绝不可能用它的标志心理行为此在的信号功能服务于我们，因为这种指示在这里毫无意义，我们自己就在同一时刻里体验着这些行为"③。

德里达就此问题批评胡塞尔。德里达的起点也在于符号，他指出任何普通符号都属于原始的重复结构，内心独白虽然是对声音和文字的想象表象，但依然属于对于语音和语词的再现〈Repesantation〉，属于符号，并且信号和指示的功能根本不可能被消除，康德也讲过"思索就是和自己说话，……当然也就是在内心倾听（通过复制的想象力）"④。所以，德里达认为胡塞尔那里符号一开始就被虚构加工过，即一开始胡塞尔区分指示和表述功能就是不合理的，"从那时起，不论是有关表述的交流或表达的交流，都不存在区分一种外部语言和一种内部语言的严格标准。在一种内部语言提供的架设中，也不存在正式语言和虚构语言的标准。然而，胡塞尔要证明指明〈Hinweisen〉对表述的外在性以及这种外在性所支配的一切……是不合法的"⑤。

德里达发现了胡塞尔学说中不协调之处，并指出把信号指示作用从表述中排除或认为表述和意义是纯粹的这种观点是错误的，指出语词的物理方面（如书写、语音）是不可还原的，所以在他看来意义不可能是绝对和纯粹的，并且前者是后者的不可缺少的补充。不过，笔者认为德里达没有

---

① ［德］胡塞尔：《逻辑研究·第二卷第一部分》，倪梁康译，上海译文出版社1998年版，第37页。
② 同上书，第38页。
③ 同上书，第38—39页。
④ ［德］康德：《实用人类学》，邓晓芒译，上海人民出版社2002年版，第84页。
⑤ ［法］德里达：《声音与现象》，杜小真译，商务印书馆1999年版，第72页。

看到的胡塞尔现象学作为一种本质学研究的特点，意义或含义本身是作为意识行为（这里是表述行为）的一个本质特征出现的，意义和关于意义的符号理论本身已经是类和本质，是一个存在区域了，没有必要从带有心理学意味上的符号理论去批评了。并且德里达揭示出来并加以批评的胡塞尔对指示和联想的忽略，实际上在胡塞尔的后期思考中得到了正视，德里达没能考虑这一点。

## 第三节　对表述行为的详细分析和作为种类的含义

表述首先可以分为三个矢量[①]：表述本身、含义和传诉。传诉和相互交流的听者和说者之间的物理体验（语词、语音方面）和心理体验过程相关，说者把心理体验通过物理性的中介向听者传递，并且听者接受到这种心理体验，二者是互属的。胡塞尔认为传诉不存在于孤独的心灵生活中（刚才看到了德里达对这一点做了批评）。表述行为是意向行为，具有物理

---

① 这里笔者提出一种类比物理学研究中的矢量概念来对应胡塞尔的现象学分析，胡塞尔的概念层次繁多，本来我们可以用"层次"来概括种种烦琐分划，但有时类比使用"矢量"概念会更醒目更形象，便于记忆胡塞尔的分析。并且从本质学的角度来看，现象学是众多本质学中的一支，比如研究具体物理事物的本质学，那就可以明显使用矢量概念（"……单用一个数还不足以表示某些物理概念，认识到这一点是科学研究中的一大进步。例如对表征速度来说，方向和大小都是同样重要的。既有数值又有方向的这种量称为矢量，表示它的符号通常是一个箭头。速度就可以加用一个箭头来表示，更简单地说，速度是用矢量来表示；它的长度是某种选定单位的长度的若干倍，用以表示速度的数值，它的方向就是运动的方向。"［美］爱因斯坦：《狭义与广义相对论浅说》，杨润殷译，北京大学出版社2006年版）因而尽管现象学研究的是不同于物理事物的意识行为或现象，但是矢量分析的类比笔者认为还是合适的。利用这个概念配合作图会让人们更容易地看到胡塞尔概念之间的层次关系。胡塞尔本人在论述中也常类比于物理学研究——如"……任何人无法在方向、速度以及其它方面分解一个运动，但却可以区分在这个运动上的这些规定性"。（［德］胡塞尔：《逻辑研究·第二卷第一部分》，倪梁康译，上海译文出版社1998年版，第513页）这里的规定性即可以理解为本质。又如对于本质学胡塞尔说："存在有纯粹本质科学：如逻辑学、纯数学、纯时间学、空间学、运动学等等。"（［德］胡塞尔：《纯粹现象学通论》，李幼蒸译，商务印书馆1996年版，第57页）又如讨论知觉问题时胡塞尔说："虽然知觉所与物本身的这个感觉内容永远被当作是不同于存在于自身内的真物体，然而，被知觉的规定性的基底、载体（空x）永远被当作是运用精确方法以物理谓词来规定的东西。于是反过来，任何物理学知识都被当作可能经验进程的标志，这些经验具有在其中呈现的感觉物和感觉物的事件。因此，它被用于在我们于其中生存和行动的实显经验世界中的方向引导。"（［德］胡塞尔：《纯粹现象学通论》，李幼蒸译，商务印书馆1996年版，第114页）

的方面（语音），另一方面表述意指某物或对象①并与之发生关系，如果表述具有直观伴随的充实行为，那么这个对象性关系就得以成为现实，否则就是一个空乏的含义意向。表述的本质体现于"含义意向"②（具有激活意义和赋义作用的意指行为和含义意向之间是相关联的、具有同一性的），而其中是否带有直观的充实是非本质的。胡塞尔把直观充实和含义意向的统一叫作"含义充实"。

胡塞尔把上述对赋予意义、充实意义等具有实在意义上的考察称作"主观考察"（可以看作是隶属于《观念1》中的 Noesis 方面的描述现象学分析），接下来胡塞尔要进行"客观考察"，考察行为的对象或行为内容的观念关系，这里的客观考察相当于《观念1》中的 Noema 层面。胡塞尔在进行客观考察，考察表述行为和含义之间的观念关系时，认为含义此时就不再是激活或者赋予意义这种意义上的、主观层面上的东西，而是客观考察意义上的"种类"，和含义相关的表述由此也可以看作种类。可见含义在胡塞尔那里的多面性，这里含义又获得了胡塞尔所说的主观和客观两个层面，可以看作是 Noesis 和 Noema 的最初形态。胡塞尔此时举出数学中的"一个三角形的三条垂直线相交于一点"这样一个客观的有效的事态，并认为人们可以随时重复该陈述并把其含义作为同一的东西唤入其意识之中，而无论陈述是否处于认识功能（即带有直观、充实）之中。

a. 表述、含义与对象。胡塞尔讨论了表述所表述之物的多义性，被表述的东西和传诉、含义、通过意指而被表述的对象性都相关联。胡塞尔注意到了含义和对象的关系，并关注了弗雷格的所指或指称（Bedeutung）概念的用法（尽管胡塞尔的 Bedeutung 用来指含义，汉语译法已经体现出了两人

---

① 利科在《纯粹现象学通论》的注 140、152 对胡塞尔关于"对象"〈Gengenstand〉以及"对象"和"客体"的区别用法做出了说明。"对象（Gengenstand）是知觉或表象的客体，例如它是连带其性质一同呈现的。客体（object）往往是在现象学意义上理解的（不带引号的）；它表示比表象的对象更广泛的意识相关项，并且包括感觉和意欲的对象……"（［德］胡塞尔：《纯粹现象学通论》，李幼蒸译，商务印书馆 1996 年版，第 512 页）"对象是知觉一类行为的对立面，因而是狭义上的注意（把握，注意某物）的对立面；客体是在其一切形式（事物和价值）上的意识的对立面，因而是广义的现实……"（［德］胡塞尔：《纯粹现象学通论》，李幼蒸译，商务印书馆 1996 年版，第 514 页）

② 参见［德］胡塞尔《逻辑研究·第二卷第一部分》，倪梁康译，上海译文出版社 1998 年版，第 40 页。

对于 Bedeutung 的根本不同的用法）。胡塞尔指出：（1）存在含义不同而指称相同的表述情况，以名称比如："等边三角形"和"等角三角形"，"耶拿的胜利者"和"滑铁卢的失败者"。（2）表述具有同一的含义但对象关系不同，例如："布塞法露斯是一匹马"和"这批拉车马是一匹马"中的"一匹马"，又如："一"是具有同一含义的名称，但各个不同的一的对象关系是不同的。另外这里要注意胡塞尔区分了名称和专名，名称可以是含义相同而指称的对象关系不同，专名则仅指称唯一一个对象。

以上是以名称为例，对于陈述或判断胡塞尔也做了相关考察，其所意指的对象关系比名称要复杂。例如"S 是 P"这个形式的陈述句，我们可以把 S 理解为该陈述的对象，也可以把整体的隶属于该陈述的事态〈Sachverhalt〉理解为陈述的对象，胡塞尔认为"a 比 b 大"和"b 比 a 小"这两个句子在语法和含义上有差异，但事态是同一的。①

和弗雷格不同，胡塞尔没有单独分出一个"指称"层面，来刻画表述的对象关系，而是直接加以谈论，体现出了现象学或描述本质学的特色。而弗雷格如我们在引言中谈的那样，出于讨论真值、将陈述加以演算的目的才要求将所指固定下来，这同时也是弗雷格把一般句子的所指看作"真值"的原因了。

胡塞尔一言以蔽之："一个表述只有通过它的意指才能获得与对象之物的关系"②，即表述借助于其含义来称呼或指称其对象。意指这一概念作为表述的一个矢量不仅和含义相关，它还可以看作是意指各个对象的特定方式，意指方式和含义可以在对象方向保持同一的情况下发生变换（如刚才我们讨论表述与对象的例子所示）。由于表述的对象关系的变化不定，同一个直观可以为不同表述提供充实，由此胡塞尔更加要把含义意向看作是表述的本质了，表述的含义方面是和意义赋予行为、意指行为有本质联系的，而和对象方面的联系是非本质的。

可以看到，在表述的对象关系上的歧义不少，胡塞尔又在对象关系中区分出了一个双重性的东西并将其称作是被表述的：一是对象本身，二是在构

---

① 这里事态的同一可以对应本书第四章第五节中提到的质料可以决定意向行为朝向，似乎可以和这里的事态类比。"事态"可以理解为陈述的一个矢量：陈述→事态。

② ［德］胡塞尔：《逻辑研究·第二卷第一部分》，倪梁康译，上海译文出版社 1998 年版，第 50 页。

造对象的含义意向行为中对象的观念相关物,即充实着的意义,具体指在含义和含义充实的相合统一中,含义意向这一表述之本质和含义充实的本质达于一致,这就是充实的意义或者说通过表述而被表述出来的意义。所以,在笔者看来,充实意义乃是对于表述在其对象关系上的一个和含义相关的矢量。前面提到过含义充实的表述行为是带有直观的,包括感知和范畴行为(第六研究关注这一点)等。对于充实行为,胡塞尔区分出合乎含义之物和被感知的对象(类似于对于表述区分含义和对象关系层面),合乎含义之物乃是意向层面的,感知的对象是就经验外部对象而言的。

在作为含义意向本质的赋义行为中所分出的意指的含义与在含义充实方面区分出的充实着的含义,乃是一种矢量划分。对于一个带有直观的表述行为或感知行为而言二者都是统一的,属于直观行为的总体。所以,对于非表述的感知而言(胡塞尔上述区分并没有举表述行为为例,而是针对感知在谈),似乎同样可以做出这种划分,即区分赋义行为、意指的含义和充实的含义。这里也就表明在《逻辑研究》中胡塞尔实际上也没有完全把含义限制在表述的含义上,在这里就已经扩展到类似于《观念1》中的意义的普遍化处理了(参见本书第十章第二节)。

```
         ↗a 传诉
表述→b 表述本身            ↗a' 意指行为和意指的含义
         ↘c 含义→含义意向(表述的本质)→赋义
                            ↘b' 含义充实行为和充实的含义
```

(不带直观的表述仅具有 a',带直观的表述 a' b' 是统一的)

被表述之物或被表述内容的歧义总括如下:(1)意指意义或作为意义、含义整体的内容;(2)作为充实意义上的内容;(3)对应现实中对象的内容。如前所述,这些划分都属于对于表述行为的客观考察,具体来说是针对表述的对象或内容而言的客观考察。

```
              ↗意指含义
被表述之物或内容→充实含义
              ↘(现实中的)对象
```

对于表述所划分出的意指和充实行为被胡塞尔看作是双向行为而绝非同一个行为，尽管对于含义来说同样可以在充实意义上进行讨论。为了继续考察表述，须将含义继续理解为一种作为意向的同一之物对表述本身来说具有本质性的东西。胡塞尔把含义和意义看作是同义词，认为这是语言习惯。而弗雷格则区分二者，一个用于胡塞尔所说的含义（意义），另一个用来说明表述所关涉的外部对象（所指）。由前述分析可以看出，由于被表述之物、对象关系的歧义性，弗雷格的划分远无法说明此中的主观复杂性。对同一个表述而言，"人们可以时而把握到传诉的行为，时而把握到观念的意义，时而把握到作为有关表述之意义或含义的被表述的对象性"①。另外，胡塞尔区分名称的多义性和多值性（指一般名称所具有的与众多对象发生陈述关系的能力）以及集合名称（其含义充实时，被直观到的是多个事物，充实可以划分为多个单个直观），如果不划分意向和充实，那么人们会认为有关的集合表述具有众多含义，而弗雷格的所指和意义的划分则不适合刻画这样的情况，他就会把所指分派到各个单个对象上去。如果不采取胡塞尔的划分，则不好区分多义性和多值性，可见胡塞尔不欣赏的是弗雷格的划分无法灵活地适用于含义—对象关系的分析，胡塞尔的意识哲学背景下的主观主义的分析有其独特特色，不宜拉入分析哲学的范式内与弗雷格等类比。

b. 有含义和无含义。这个问题的讨论涉及分析哲学中所谓"专名"及其意义的有关问题。胡塞尔仔细辨别了"无含义"这个说法的歧义：（1）胡塞尔认为一个无含义的表述根本不是表述（因为含义是表述的本质），如一串莫名的音节，而"绿是或者"则与之相对。（2）有人认为表述是否有含义取决于是否有一个相对应的对象存在。胡塞尔不赞同这一点，他认为把对象视为含义是不合理的。（3）"金山"如果以对象来判别它是无含义的，但显然，人们一般会区分无对象性和无含义性，这是一种习惯，而西格瓦特和埃德曼都不认为"圆的四方形"有含义，语言学家马尔梯则反对之："如果词语无意义，我们怎么能够理解这类东西是否存在这样的问题，并且对此作出回答？"②胡塞尔赞同马尔梯，认为前两位学者

---

① [德]胡塞尔：《逻辑研究·第二卷第一部分》，倪梁康译，上海译文出版社1998年版，第54页。

② 同上书，第56页。

把无含义混同于（1）中的充实的先天不可能性。（4）和（3）相关，如果对表述进行"回溯"我们会认为表述第一次获得含义是从充实行为中才吸取到的，"人们会倾向于把充实的直观（人们在这里常常忽略了给出这些直观的范畴形式的行为）看作是含义"①。这里的"回溯"导致含义的汇票得以直观地兑现，胡塞尔并没有反对这一点，在含义起源问题上胡塞尔是持上述回溯的看法的。但此处胡塞尔认为这里对于直观的考察还太一般，充实并不总是完善的，而是包含着丰富的现象学差异。笔者认为胡塞尔不会赞同直观能与表述的含义相提并论，但的确是具有一种关联性的（比如为表述提供含义充实），（4）中的观点是胡塞尔基本赞同的，这里尤其暗示出了和"发生"分析相关联的一种"回溯"研究的可能性，"新的含义概念来自于含义和充实直观的混杂。根据这个新概念，当且仅当表述的意向（用我们的说法是含义意向）确实得到充实时，无论是部分的充实，还是遥远的或非本真的充实，表述才具有一个含义；简言之，当且仅当对表述的理解通过某一个'含义表象'（像人们习惯说的那样），即通过某一个说明性的图像而被激活时，才具有一个含义"②。这里的一些提法是初步的，但可以看出胡塞尔对于含义的起源的确追溯到了直观的层面上了。第六研究会给人造成一些对于含义理解的误解，由于那里局限于对于"认识"行为的说明，给人的感觉好像是含义必须和直观相关联，实际是含义在起源上必须是和直观相关联，但在此之后则无必要，记住表述的本质在于含义意向而不在于直观。读者在后文还会多次碰到这一点。

　　胡塞尔把 J. S. 穆勒关于无含义的说法列为上述第五点：（5）不共称的名称就是无含义的。共称的名称是指称呼一个主语且自身包含一个定语的名称，不共称的名称称呼一个主语但不指明一个定语为主语所带有的。如作为名词的"白"就是不共称的，粉笔记号（阿里巴巴和四十大盗中强盗用粉笔在欲盗窃房屋上做的记号）也是不共称的，由此可见专名在穆勒看来也是不共称的，如"科隆"，它没有含义。但是"这个城市是用大理石建造的"其中共称的名称"用大理石建造的"是有含义的。胡塞尔认为穆勒选取

---

① ［德］胡塞尔：《逻辑研究·第二卷第一部分》，倪梁康译，上海译文出版社1998年版，第57页。
② 同上。

《一千零一夜》中的例子是混淆了信号（记号）和表述，胡塞尔的理论告诉我们专有名称是一个表述，其本质在于含义意向，"信号的本质在于指出一个事实、一个此在"①，而专名则不会限于这种当下的对象性此在的要求，专名指称的对象根本不需要被看作是存在着的对象。

胡塞尔看到了穆勒的共称的名称，实际上提供了关于对象的"知识"，而非共称的名称则不提供关于对象的知识，"提供一个事物的'知识'和提供关于这个事物的定语，它们在这里指的是同一回事"②。胡塞尔认为，可以把共称和非共称的名称或者通过定语和非定语的中介来指称事物的区分看作是表述这个统一属之中的区分。胡塞尔提到穆勒有时也不得不谈论专有名称的含义，在涉及共称的名称时则谈论真正的和"严格的"意义上的含义，胡塞尔反问为何不把这种区分同样看作是表述这个统一属的区分呢？即干吗不改变术语的分类方式呢？另外，胡塞尔指出穆勒的分类当中，指称的东西和所意指的东西会混淆或没有详细说明，而胡塞尔的术语体系则能够很好地说明这里的关系。意指是和含义相关的隶属于表述的本质的，而指称所谈的乃是表述与对象（现实的外部对象）的关系。所以这里借对穆勒的评论，表达了对弗雷格术语区分的不同看法（当然弗雷格和穆勒不同，他认为专名也有意义）。胡塞尔可以谈论哈姆雷特这个名称具有含义，其意指层面上可以找出一个意向性意义上的对象关系，另外在自然态度的层面上也可以找出一个实际显示意义上的对象关系即莎翁剧中的一个具体人物。而弗雷格如我们在引言中看到的那样，认为只有对科学我们才关心真理、运用蕴含式，只有在这一领域才需要运用逻辑和意义分析理论，在诗歌、虚构和幻想领域中，不涉及真或假的问题。

20世纪的美国哲学家塞尔认为："支配一个专名的规则好像是必须设法以这样一种方式即名称不仅具有所指还具有涵义来与那个对象的某些特性建立逻辑上的联系。的确，除非专名具有涵义，否则的话，它似乎无法具有所指，因为，除非名称具有涵义，否则的话，它如何与有关对象相关联呢？"③那么，既然专名具有含义看起来不是没有道理的，那么它的含义是什么呢？

---

① ［德］胡塞尔：《逻辑研究·第二卷第一部分》，倪梁康译，上海译文出版社1998年版，第60页。
② 同上。
③ ［美］A. P. 马蒂尼奇编：《语言哲学》，牟博等译，商务印书馆2004年版，第521—522页。

塞尔没有立即回答，而是通过分析专名与其所指称对象的关系迂回着加以回答。

专名和其他的表达式都有指称特定对象的作用，专名与其他的单称的指称表达式之间的差别在于，"不同于指示词，专名在指称时并没有预设围绕着说出指称表达式的任何活动背景或特定语境条件。也不同于限定摹状词，专名一般来说并没有详细说明它们所指称的对象的任何特性"①。但是，既然专名没有说明所指称的对象的任何特性，它如何做出指称，它和对象之间的联系如何建立？塞尔的回答如下：

"以指称方式来使用一个专名，便是预设某些唯一的指称描述陈述的真实性，但是通常并没有断定这些陈述乃至表示恰恰预设其中哪些陈述。而这里正是大部分困难之所在。关于什么东西构成'亚里士多德'这个名称的标准的问题一般来说是被悬置的；的确，这个问题实际上很少出现，并且当它确实出现时，正是由我们（这个名称的使用者）以或多或少是任意的方式来判定这些标准将会是什么。"②

人们无法在构成专名构成标准上达成一致，这样才保持了专名不被取消，因为"如果专名的标准在所有的情况下都是十分固定的和明确的，那么，一个专名便不过是这些标准的缩略，一个专名的功能便会恰恰类似于一个精心构造出的限定摹状词。但是，专名在我们的语言中所具有的唯一性和在实用上的极大便利性恰恰在于这样一个事实，即它们能够使我们公共地指称对象而无需被迫提出关于什么样的描述特性恰好构成有关对象的同一性问题以及在这个问题上达成一致意见。专名的功能不同于摹状词，而类似于在上面挂住摹状词的挂钩。因此，专名的标准的不严格性是语言的指称功能脱离于描述功能的一个必要条件"③。最后，塞尔认为能够回答"专名具有涵义吗？"的问题了：

"如果这问的是专名是否被用来描述或详细说明对象的特性，那么回答是'否'。但是，如果问的是专名是否与它们所指称的对象的特性具有逻辑上的联系，那么回答是'是的，以一种不太严格的方式'（这部分地

---

① ［美］A. P. 马蒂尼奇编：《语言哲学》，牟博等译，商务印书馆2004年版，第524—525页。
② 同上书，第525页。
③ 同上。

表明对意义理论中的难题采取严格区分涵义与所指、外延与内涵的做法的贫乏性。）"①

读者在这里大概无法找到和胡塞尔分析"专名"问题在出发点角度的相似性，这的的确确属于两种不同类型的意义分析传统，各自有其术语系统，胡塞尔的现象学旨趣迥异于塞尔唯名论的英式传统。所以，大量涉及胡塞尔和英美 20 世纪意义理论的比较性研究的动机或出发点本身的合理性是显得可疑的。

c. 赋予含义的行为及其特征。有一种观点认为语言表述需伴随想象图像，如其不出现，则表述无含义，胡塞尔认为这不值一驳，"想象表象的存在并不构成表述的意指性〈Bedeutsamkeit〉（甚至不构成它的含义本身），它们的不存在也不妨碍表述的意指性"②。这不仅针对非常抽象的对象的表述和通过复杂的关系来中介的对象的表述，而且还适用于个体对象的名称（表述），比如人名、城市、风景的名称等，也许它们可以带有直观的当下化，但不要求必然如此。胡塞尔考虑到有人会将他的观点视为唯名论，他认为自己根本不是把语词和思想相等同。胡塞尔关于意义的观点可以称作是意义的内在主义（郑辟瑞博士在其《胡塞尔的意义理论》一书中给出了这一提法），这种在意识层面考虑意义的出发点本身就保证他的非唯名论的特点，"对于我们来说，当我们不借助于想象图像来理解象征时，在此存在的不仅仅是象征；毋宁说，在此存在的是理解，是这个特殊的、与表述有关、对表述进行释义〈deuten〉、赋予表述以含义并且因此而赋予表述以对象关系的行为体验"③。含义就存在于意义给与的行为特征中。

胡塞尔显然肯定表述能够有意义地但无说明性直观地发挥作用。这里顺带提及悖谬的情况（如圆的方、木制的铁），胡塞尔认为"悖谬"也是在意义中构造自身的（胡塞尔在这里继续赞同前面提到的马尔梯的观点），悖谬的表述在意义中包含着：意指某些客观上不相一致的东西，"如果意指性不

---

① ［美］A. P. 马蒂尼奇编：《语言哲学》，牟博等译，商务印书馆 2004 年版，第 528 页。
② ［德］胡塞尔：《逻辑研究·第二卷第一部分》，倪梁康译，上海译文出版社 1998 年版，第 66 页。
③ 同上书，第 69 页。

包含在直观之中，那么无直观的言说就不会因此而必然是无思想的言说"①。

胡塞尔指出不带有直观的思维领域②是十分广阔的，直观化的作用在这领域中的作用非常微小，甚至有时根本不起作用。比如我们生活在含义意识或理解的意识之中，即使无伴随的直观，这种含义意识和理解意识不会不存在。胡塞尔注意到对于符号行为而言，有其象征性的用法即强调思维中的符号的代表作用。胡塞尔认为象征思维只因为新的意向或行为特征才是一个思维，强调符号的体验而不考虑含义的符号方面，比如用符号替代概念的算术思维，算术符号除了其原本含义之外还有其游戏的含义，"这些含义是根据算术运算的游戏以及其众所周知的运用规则而制订的"③。算术思维中的符号，也并非关注其物理性质，摆脱了含义的作为带有算术含义的原初符号的替代物的单纯符号，它们本身当然是代替了算术上有含义的符号，但被赋予了运算或游戏含义。算术的原本含义或符号概念被这些符号替代后会减轻其思维工作的强度，在这个意义上可以称新的替代符号是"象征性的"，且具有游戏的含义。所以，就算术思维而言，它也可以不带有伴随性的直观或图像。对一般表述的符号而言，我们还可以谈论其物直观意义上的象征思维作用，这种象征思维当然也须和前述替代性运算中的具体的象征思维作用（减轻思维强度）区别开来。

胡塞尔现在考虑这样一个必然性：为了澄清含义和为了建立在含义中的真理而须应回到相应性直观上去。既然表述的本质在于含义或含义意向，而不在于是否带有直观，意指也并非借助直观才能进行，否则我们在大部分的话语和读物中所体验到的东西只是一种对声音和光线的组合的外在虚构物而已，那么为何这里还要强调直观呢？因为，要注意这里讲的是对于"建立在含义中的真理"的澄清，而对于真、真理，胡塞尔和康德一样认为其最终来

---

① ［德］胡塞尔：《逻辑研究·第二卷第一部分》，倪梁康译，上海译文出版社 1998 年版，第 71 页。

② "……在直观之外，除了借助于概念的认识方式，就再没有任何别的认识方式了。"（［德］康德：《纯粹理性批判》，邓晓芒译，杨祖陶校，人民出版社 2004 年版，第 62 页）"……概念是基于思维的自发性"，"知性是一种思维的能力。思维就是凭借概念的认识"。（［德］康德：《纯粹理性批判》，邓晓芒，杨祖陶校，人民出版社 2004 年版，第 63 页）康德这里强调思维和认识的密切联系，当然和胡塞尔以及日常用法一致，思维除了包含认识方面之外，还可以是任意的思索。

③ ［德］胡塞尔：《逻辑研究·第二卷第一部分》，倪梁康译，上海译文出版社 1998 年版，第 73 页。

源于经验。

　　胡塞尔之前提到的符号的象征性用法和意指是不矛盾的，任何表述都能分出象征这个可能的矢量（如胡塞尔所言："象征思维只是因为新的'意向'特征或行为特征的缘故才是一个思维，这个特征使有含义的符号与'单纯的'符号得以区分开来"①），在无直观的表述行为那里，同样存在这种象征性的但仍然是理解性的特征（"象征"的这个特征和"指示"的特征是十分相近的）。由于象征、指示的随意性和偶缘性，所以"各种单纯象征的含义意向彼此之间常常没有清楚的区别"，这样就使得无法可靠地、容易地对其认同和区分，比如可以用蚊子象征大象（比如在游戏密码中），这在实践上是可行的，由此显然不能依据表述的象征性特征来区分蚊子和大象的含义，所以才需要借助于"直观"的手段，通过回溯蚊子大象的直观起源，就可以在理论上区分出蚊子和大象而排除实际中的偶然的各种象征性情况。胡塞尔此时还只是静态的在理论上为了排除象征的偶然性从而确定建立在含义中的真理，显然真理和直观相连契，这保持了胡塞尔对于真理的一贯看法。但这里胡塞尔诉诸直观、充实以最终区分含义，多少还带有和对表述的现象学分析无关的一种方法上的辅助作用［似乎只要我们把此语含义的区别（通过最终的回溯到的直观而）看作是既成的就行了］；这里偶然性的情况和无直观的含义本身如何能够脱离直观而在实践中自由运用，此时的胡塞尔还未加以考虑，这留给后来的发生现象学来处理了。不过这一处处理的确可以看出胡塞尔持有一种在发生、起源上直观和充实的优先性立场，尽管表述就其本身的本质（含义意向）无关于直观（所以在《观念1》中他把表述作为一个单独的logos层，而其他的感性、直观的层次的行为都可以映射到这个层次上来。参见本书第十章第二节）。以上这些考虑指明了第六研究的任务，即分析含义和认识之间、含义和澄清性直观之间的关系，讨论充实性意义从而完满地阐明含义问题［但那里仍没有考虑不带直观、充实地表述的自由行为］。从这种安排的体例上可以看出胡塞尔在含义问题上的确存在一个发生学领域，只是此时尚未成熟，不能完整地阐明含义问题，这并不意味着胡塞尔无法处理无直观的意向行为。

---

① ［德］胡塞尔：《逻辑研究·第二卷第一部分》，倪梁康译，上海译文出版社1998年版，第72页。

在直观和真理的关联上可以看出胡塞尔和康德的一致性:"康德把感性直观看作是我们全部认识和思维(知性)的基础、对象、内容、质料的唯一来源,他说:'一切思维不论是直截了当地(直接地)还是拐弯抹角的(间接地),都必须借助于某些标志最终与直观相关联。'"[1]这里可以想到无论表述是否带有直观,它最终都可以回溯到直观上来,胡塞尔和康德的认识论都强调直观作为知识或思维的最终的外部来源。

胡塞尔引入了表述行为的又一个矢量:立义〈Auffassung〉。在立义中进行着一个意指,每一个立义都可以说是一个理解或意指(关于立义还可参见本书第四章第三节)。表述的"立义"是区分于"客体化"的立义的,二者的现象学结构不同。客体化的立义,一个对象(如一个外部事物)的直观表象(感知、虚构、反映)借助于一个被体验到的感觉复合而产生给我们。设想一个没有立义的感觉意识,那么该意识将无法直观到任何事物和事物性事件(树木、飞翔、犬吠),可以说此时感觉不意指任何东西,感觉不被看作是一个对象性的符号,它被体验到但缺乏一种客体化释义〈Deutung〉。表述的现象学的结构虽然与客体化的感觉直观立义不同,但仍可以在客体化立义的行为中谈论含义和符号,符号此时具有和对象相关的指示作用、带有物理意义。这里表述和客体化的立义的区别实际上是《观念1》logos 层和非 logos 层的雏形了(参见本书第十章第二节)。对感觉来说,应把它视为一个素朴直观性表象体验的组成部分、它作为表象但并非表象体验的对象,如果以表象特征为参照,可以说感知表象之形成乃由于立义、意指激活〈Beseelt〉感觉复合而成。之所以称为感觉复合,是因为感觉内容和对象的关系,比如感觉内容为对象提供"建筑材料",如颜色、广延、强度,但我们看到的是一个球体而未看到颜色或感觉到颜色(由此亦可以理解这种未立义的感觉内容乃是非意向性的感受了,但的确由于时间意识可能作为其意向结构分析的框架而对之加以分析,胡塞尔此时还没有对这里的感觉复合加以深入探究)。

对表述而言可以区分第一立义和第二立义。第一立义是对表述的物理符号的立义,是单纯的符号方面(如上一段所述),第二立义以第一立义为基

---

[1] [德]康德:《纯粹理性批判》,邓晓芒译,杨祖陶校,人民出版社2004年版,第68页。

础超出感觉材料的层面来进行意指。在这里胡塞尔说表述通过被奠基的行为第一立义才成为真正意义上的表述——这也是无直观被理解的表述的最简单的情况，当然，这种分析同样可以运用到与直观交织在一起的表述行为的分析之中。胡塞尔相信直观化对于表述的基础作用，他暗示在无直观表述中直观和含义的关系是作为赋予意义的体验而起作用的，[①] 这里"体验"正是和《经验与判断》中详加分析的前谓词前语言的领域相关。这个领域胡塞尔认为是一个逻辑学家所无法回避的领域，含义与对象、判断与真理、意见和明见性之间的关系之最终说明还有很长的路要走。从这里也可以看出"意义"问题的普遍性，对感觉感知谈论意义、含义，更强调了意义、含义的描述功能及其作为现象学描述的一个矢量或层面的普遍性。

d. 含义的偏差与统一。本节开头划分了表述的一个矢量——传诉，它是相对于心理体验而言的，以它为标准又可将表述区分为两种情况：（1）传诉内容和被表述指称的内容相合；（2）传诉的内容和指称内容不相合。属于（1）的有疑问句、愿望句、命令句等等，具体如"我想要一杯水"这个愿望同时是陈述的对象，属于（2）的有与外部事物、过去的本己心理体验、数学关系等有关的表述，如"2×2＝4"其传诉对象与指称相分离，因为它可能实际意味着"我判断2×2＝4"，因此"2×2＝4"和"我判断2×2＝4"显然不等值，前者必然为真后者可能为真。通过传诉内容与指称内容对表述进行划分是一般的静态的，这里应考虑动态的顾及听者和说者的具体情况。以（1）中的愿望句为例，其传诉内容和指称关系是随场合变化的，"我希望您幸福"可以是甲对乙而说，也可以是 M 对 N 而说，这也可以看作是一种多义性，但不同于 Hund（意思是"狗"或"小矿车"）的多义性，即多义词的多义性，它既指狗又指小矿车，后一种多义性不会影响到含义的观念统一，前一种多义性对含义的观念统一的影响是必然的、无法从语言中消除的。对这种无法消除的多义性的探讨，胡塞尔从划分本质上主观的表述（或机遇性的表述）和客观的表述谈起。客观的表述无须考虑陈述人及陈述的具体情况，只通过声音显现内涵而与其含义相联系。客观的表述也是多义的（不少研究者似乎都忽略了这

---

① 这里也充分表明，胡塞尔对于无直观的表述情况是有清醒认识的，不像有的学者认为的那样是胡塞尔意义理论中的一个难解决的问题（如郑辟瑞、陈志远在其作品中所持的观点）。参见［德］胡塞尔《逻辑研究·第二卷第一部分》，倪梁康译，上海译文出版社1998年版，第79页。

一说明，认为客观的表述是不容任何歧义挑战的，这根本代表不了胡塞尔本人的看法），但不涉及词语本身的含义，而只和说话者及其环境相关，但机遇性的表述则必须结合说话者及其环境的具体情况来说明其含义，其理解随时都必须进行调整，当然不同的情况下都存在对于听者而言的"支撑点"。客观的表述、机遇性的表述都是多义的，但多义性的层面不一样，可以说前者如数学定理的陈述"2×2＝4"，可以不考虑听者和说者是谁，而后者随时需要调整，如人称代词"我"必须结合具体的听说者的情况。前者当然也是由具体的说者说出，这一点和后者相似，但在含义相对于环境和人称的自身稳定性层面上可以不考虑。对于人称代词"我"来说，它是说者为了标志自己所用的语词，这个标志说者自己的功能当然不是本身直接地构成这个词的含义的概念。每一个说者的"我"的含义都不同，但是他们都说"我"，"我"因而具有一种对这事实而言普遍有效的信号特征。和"狮子"这个词不同，后者能够自在自为地唤起狮子这个表象，"我"则不具有这种直接唤起"我"的表象的力量，而需要一个指示性的功能发挥作用，它好像对听者呼唤：你的对立者指的是他自己。这个指示性的作用，胡塞尔认为是和含义相关联的，它可以称作指示性的含义，"并且它同时还以一种概括的方式将这个表象的对象标明为是一个此时此地〈hic et nunc〉被意指之物"①。所以对于指示代词胡塞尔区分了两个层次：（1）相对于每一个具体说者而言的我的具体含义；（2）指示性含义。指示代词"我""只有在对它的对象性相关物强行表象的基础上（意即必须要有（1）——笔者注），这个词的完整的和真正的含义才能得到阐明"②。

当然，应当注意到指示代词如"这个"的用法，在意指说者面前的房子、飞鸟，和"由此得出这个，即1+1＝2"这两种情况下，其用法是不同的，前者那里上述（1）、（2）的区分成立，后者那里"这个"实际已被确定，这种用法算不上是机遇性的，而是客观的含义了，虽然在这里也具有指示性的用法，但不要求对象相关物的强行表象，而只是对思想性意指特征的

---

① [德]胡塞尔：《逻辑研究·第二卷第一部分》，倪梁康译，上海译文出版社1998年版，第87—88页。
② 同上书，第88页。

简称和对此特征的简易管理。①

类似的上述机遇性表述还有"这里"、"那里"、"下面"、"现在"、"昨天"、"明天"、"后来"等。胡塞尔的讨论是深刻的，但表面上有些零散，他似乎也认为如"这里"本身也有一个普遍概念性含义。这难道不正是其客观性的表述的成分吗？如果对"这里"而言有一个普遍概念性含义，那么对于"我"来说也应当有，如果可行的话，那么似乎应当作为"我"的第三重含义：（3）普遍概念性含义。胡塞尔也承认机遇性特征可以转移到带有类似指示特征的各类表述当中去，比如 die Lampt 每个人都指的是自己的灯，dem Kaiser 即唯一一个作为德国皇帝的那一位。

胡塞尔还列举了一些其他类型的机遇性的或者有偏差的表述。（1）比如"那些由于省略性的简称而看上去固定和客观的表述实际上是一些主观的和动摇的表述"，如无人称动词的情况"有多面体"、"有蛋糕"显然不是普遍的有蛋糕而是此时此地的有，"在下面"也是如此。（2）"如果表述极其简略，以至于它们没有偶然性的机遇就不能够表达一个完整的思想"，那么始终相同的语词的含义或被把握的话语内容与它们的机遇性意指之间的差异就更大，如"走开"、"喂，这边！""哎呀！""怎么搞的？"表述的本质在于其含义意向，而不在于直观，那么这里具体的机遇、环境是否能等同于直观呢？显然不。可以认为"环境"参与了含义的确定，但在意识的层面上起作用的最终是含义意向或意指。（3）表述的偏差还体现在语词的模糊性中，如"树"、"灌木"、"动物"、"植物"等，这些表述是不精确的，不同于纯粹理论和规律中（如数学）中的表述，其所辖领域可以变化，并且随话语状况的不同以及话语所经历的思想引发状况的不同而产生偏差。比如并非专家的一般人会把植物学中的"灌木"认作是"树木"，专家则不同。（4）这种偏差是含混性的偏差，比如一些种属规定性的表述，"鲜红"、"乌黑"、"行板"、"急板"等。这里，质、强度等属性规定在不停过渡，其边

---

① 罗素对于"这"（this）的用法的说明实际上和胡塞尔有类似之处，罗素区分出了 this 作为严格的逻辑专名（"This dosen't exist"）和一般的代词用法（The wallet I normally carry, this dosen't exist）（参见 Scott Somas, *The 20th'Analytical Philosophy*, Vol. 1, Princeton: Princeton University Press, pp. 111 - 112）。"This"严格的逻辑专名的用法强调的是命名、指向某物，这同胡塞尔关于"这"的第二种含义或用法相应合，由此也可以获得"这"的第三种含义或用法，见下文。

界模糊含混，因而这些表述会产生偏差。

　　e. 观念统一意义上的含义。作为种的含义的观念统一是否会因为这些机遇性和有偏差的表述而受到影响？是否要做出这样的划分：一些含义以固定的种类的方式体现了观念的统一，不受主观、机遇干扰，另一些含义则处于主观体验的变动之中而作为暂时事件在此又不在此？否。胡塞尔明确认为机遇性的表述所意指的内容正是一个观念统一的含义或种。① 含义的偏差是意指的偏差，即赋予表述以含义的乃是主观行为，但就每一个这种意指或表述而言都可以做客观层面的考察，这是一个方法、术语上的选择问题，那么之前机遇性与客观性的划分实际是根据说话者的情况和表述话语的具体特征而做出的区分。现在胡塞尔倾向于忽略掉表述中的差异、偏差和机遇性而直接来谈论含义的观念统一。这种忽略是有理论支持的，在机遇性的表述中可以找到胡塞尔始终暗示了的其中具有的普遍的概念层面上的含义。从方法上而言，胡塞尔也有必要使用这种策略，当然他也可以采取另一种策略，即为每一个表述下一个具体的、替代性的客观的表述，但在实际操作中是不可行的。就纯粹逻辑学而言，它具有形式化的特征，追求的是科学理论之理论，因而纯粹逻辑学也具有观念化的特征，它本身不要求深入到体验的心理的主观细节中，而只对被看作是观念的含义统一的概念以及由该概念构成的真理感兴趣。所以如果"含义"作为形式化对象的质料领域，就不必考虑体验的主观细节，而只讨论含义统一和意指的对象性在规律上的相符合了，这正是和心理或主观层面无干的层面。这只是一种静态的对于含义或逻辑规律的考察，如同读者将在笔者对第四研究做出的分析中所遇见的那样。

　　在本书第一部分也谈到过含义层面实际上和意识层面一样可以映射本质学或纯粹逻辑学的整个内容，而且胡塞尔自己也认为所有科学都可以看作是含义的观念复合体。那么反过来，纯粹逻辑学也必须是关于含义本身的科学，且这种含义本身须形式化地加以研究，因为逻辑学中的定理、推论结论的关系并非体验心理学的关系，而是可能陈述的含义形式化的关系，这种形式化要求必然会导致含义的观念化、种类化处理。所以，连带有心理学比喻

---

　　① ［德］胡塞尔：《逻辑研究·第二卷第一部分》，倪梁康译，上海译文出版社1998年版，第94、99页。

味道的意指层面在逻辑学中都无须考察,"实际上,所有逻辑事物都包含在含义和对象这个互属的范畴中。所以,如果我们以复数的形式谈到逻辑范畴,那么这只能是指那些在含义这个属〈Gattung〉之内相互区分的纯粹的类〈Artung〉,或者是指那些范畴性地被把握的对象性本身的互属形式"①。笔者认为对于含义作为类,此时的胡塞尔主要是出于纯粹逻辑学方法的考虑,但实际上这种处理就含义本身而言也是可行的,任何一个含义本身都可以看作一个类,这实际上可以说是站在了本质学的立场上来看含义了,一个含义本身可以看作一个区域、类或本质。

f. 含义体验的现象学内容和观念内容。出于纯粹逻辑学的缘故,含义被视为观念意义上的类。现在胡塞尔更加明确了表述或含义体验的现象学内容(描述现象学)和观念内容的区分。② 他说意指不是体验心理学意义上的而是意向的统一,是观念意义上的。理解一个表述的体验的心理学组成是复杂而困难的,对每个个体而言都存在差异。表述的本质在于其含义意向,在表述的体验具有差异的情况下,这个表述的含义始终不变。表述的心理学内涵和逻辑内容当然是不同的层面,与个体体验的杂多性相对的是这些体验中被表述出来的同一之物,这是从逻辑学层面上来谈的同一性的判断。比如:"Π是一个超越数",这样一个表述在逻辑学的观念意义上是直接的、明见的,在不同的体验中,这句话的含义是同一的。这种同一性就是种类的同一性或观念的同一性,与之相关的是各种散乱的意指行为,此即种类的红与红颜色的纸条的关系。当然这个种类并非柏拉图意义上的,也不是世界中的,"而且也更不存在于'我们的思维之中',因为这个思维也一同属于实在存在的领域,一同属于时间性的领域"③。胡塞尔说:"含义的观念性是整个种类观念性的一个特殊情况"④,由此似乎可以推断种类观念性内涵更为丰富的。含义的观念性不是一种极限或理想值、不是认识的工艺论所要求的理想或规范。规范意义上的理想不排斥现实性,理想可以是一个现实的范例,可以作为现实事物而存在,如大师的作品,即使理想无法实现,在表象的意向

---

① [德]胡塞尔:《逻辑研究·第二卷第一部分》,倪梁康译,上海译文出版社1998年版,第99页。
② 参见本书第59页注③对Idee(观念/理念)的说明,这里的"观念"可以做"本质"来理解。
③ [德]胡塞尔:《逻辑研究·第二卷第一部分》,倪梁康译,上海译文出版社1998年版,第106页。
④ 同上。

中至少是一个个体。种类观念性绝不是个体，不是实践理想所追求的目标。胡塞尔谈到观念统一的含义或种类意义上的含义，如概念、定理、真，简言之，逻辑含义和现实的符号之间无必然联系，它们构成一个观念完整的总体对象的总和，"对于这些对象来说，它们的被思考和被陈述是偶然的。因此，有无数个含义在通常的、相对的词义上仅仅是可能的含义，但它们从来没有被表述出来，并且由于人类认识能力的局限性而永远无法被表述出来"①。这里的无数可能含义表述不能理解为柏拉图的理念，胡塞尔用以正确加以类比的例子是数学中的无穷数列，它具有一个客观固定的、由观念规律所严格刻画的总体对象的总和。这里似乎存在对于可能含义进行某种操作的可能性，这可能对应着《经验与判断》中的自由变更理论和理念意义上的、最高普遍性意义上的含义，由于《研究》阶段的发生学维度缺乏，这种理念意义和种类意义之间的联系和过渡尚未展示出来，读者可以参见本书第十章第三节。

也许"$\Pi$是一个超越数"的例子因为其数学的精确性还很难让人信服，实际胡塞尔认为"俾斯麦——最伟大的德国政治家"也可以谈论其种类意义上的含义，尽管这个表述本身针对的是个体领域。胡塞尔的区分是普遍的，无论含义本身是否是一般对象，在其所涉及的对象方面都可以划分个体含义和种类含义（或总体含义），如对上一句话的不同的个体的表象或表述是个体含义层面上的，但一个个体表象也具有总体性的层面，比如我们可以将俾斯麦本身看作一个类。②

胡塞尔提醒我们，含义在意指行为中并不对象性地被意识到，判断要在一个反思的行为中才能成为对象，在这个反思的行为中，人们不仅仅回顾这个被做出的陈述，而且也进行必要的抽象，或者毋宁说进行观念直观，而在现时的判断生活中，我们生活于其中，我们所指的乃是其对象而不是其含义（如"红纸条"）。反思在本书第一部分已经提到过，这是现象学研究的一

---

① ［德］胡塞尔：《逻辑研究·第二卷第一部分》，倪梁康译，上海译文出版社1998年版，第110页。
② 对于把含义从种类、属的层面加以考量，显然是和《观念1》中发展出来的本质学相关联的。我们可以把含义领域看作一个区域从而可以谈论分析其区域本质，如第四研究所做的那样，也可以把含义领域看作是其他本质区域的一种形式化形态，其他区域都可以映射到含义领域中来，这样含义领域本身又可以视为形式本质学的组成。参见本书第一部分第一章。

种方法，它本身也可以成为其他反思的对象。如果要对判断的含义进行认同，必须进行反思。但这并不是说在判断中就不存在含义因素，而是站在了反思的含义认同的层面来考虑。判断或表述作为一个意向行为，其本身是具有含义（因素）的。

第一研究中表述和含义的理论在笔者看来是十分详尽的，几乎囊括了胡塞尔对于含义的所有观点，包括以后发展出来的含义理论都可以在这里找到根源。胡塞尔考察含义的角度是从符号、表述的基本区分入手的，采取的是一种内在主义式的方法对表述行为进行了意识层面上的剖析，采用了一系列的术语，如意指、含义意向、含义充实等，涉及了表述和对象、表述和含义、对象和含义之间的关系，并且由对机遇性和客观性表述的两种视角的分析，指出了作为观念或种类意义上的含义层面，这个层面实际上是纯粹逻辑学或者本质学的层面，含义在此被视为一个区域、一个类。这一点在笔者看来是胡塞尔对含义的一种基本理解，他从未放弃过这一点。认为胡塞尔的理论受到含义的不确定性或机遇性的颠覆，在笔者看来是不合适的，且不说机遇性概念或语词在胡塞尔那里具有普遍性的层次，更重要的是胡塞尔走的根本不是要去忙于应对含义不确定的道路，他想澄清逻辑学概念的意义基础，只需要在本质学的意义上进行描述就可以了，概念或语词的意义都可以由回溯到的直观内容而固定下来。甚至可以说意义的不确定性、机遇性、场合化、特殊化在胡塞尔那里无论如何都是非主题性的，在笔者看来，甚至遭到了胡塞尔的明确反对。[①] 不过，这种逻辑学或本质学视角下的意义观，在多年以后因为胡塞尔深入到发生学的历史层面以后，越来越为本体论的视角所补充。

不过对于含义或意义究竟是什么胡塞尔仍没有直接说明，当胡塞尔说"含义在意指行为中并不对象性地被意识到"，以表明他的含义或意义学说同样也偏离了对含义本身究竟是什么的回答，其意义观点仍属于意义的幽灵学谱系之中。

在此，读者不难感觉到胡塞尔意识哲学背景下的强调主观意向的表述的

---

[①] 参见德·洛玛《附录：胡塞尔〈经验与判断〉一书的产生和原始资料》，载［德］胡塞尔《经验与判断》，邓晓芒、张廷国译，生活·读书·新知三联书店1999年版，第577—578页。

含义意向分析和英美哲学诸文本差异是极大的。

## 第四节 分析哲学中和意义有关的指称和摹状词问题

指称和摹状词问题是分析哲学传统中有关所指—对象的逻辑—经验分析系列,几乎成为一种讨论的范式,被编入各类文选之中,出于这种目录学的支配地位,笔者不得不做出必要的考察,以表明胡塞尔的不同立场。而胡塞尔的分析系列均来自于以意识哲学为背景的意向性分析系列,他所探讨的意向对象是内在的、最后剩下一个理想的近似于唐奈兰提出的指称用法 X,而克里普克将这种抽象用法——因而被一切其他用法所裹挟着的含混性——再度用经验和逻辑方式扳离抽象层面。读者即将见到他们的处理方式。

罗素在《摹状词》这篇文章中体现出来的态度标志出了一种强烈的经验论风格,他这样说道:

> 实在的意识在逻辑中很重要,谁玩弄戏法,佯称哈姆雷特有另一种实在,这是在危害思想,在正确地分析有关假对象(pseudo-object)的(所谓假对象即独角兽、金的山、圆的方等等)命题时,对于实在的健全意识是必需的。
> 
> 遵从实在的意识,我们要坚持:在命题的分析中,不能承认"不实在"的东西。但是可能有人问,假若没有不实在的东西,我们如何能够承认不实在东西?回答是这样的:在处理命题时,我们首先从符号入手,假使我们将意义赋予了本来是没有意义的符号群,只有在我们把它们当作对象来描述这样的意义上,我们才陷入了错误。①

罗素根本没有把像独角兽这样的词看作句子的日常一般语法中的组成部分,他是从符号逻辑入手,认为它根本就不是出现于其中的命题的成分,而胡塞尔对于含义意向的强调的,这一点根本不是问题。带着笔者自己的立场

---

① [美] A. P. 马蒂尼奇编:《语言哲学》,牟博等译,商务印书馆 2004 年版,第 403 页。

或偏见，罗素的论述几乎处处有问题：

> 在"一个如此这般的东西"的情形中，非常明显的，没有一个人会假定"一个人"是一个确定的对象，可以就其本身来定义，苏格拉底是一个人，柏拉图是一个人，亚里士多德是一个人，但是我们不能推论"一个人"的意义和"苏格拉底"的意义一样，和柏拉图的意义一样，以及和亚里士多德的意义一样……所以世界上我们找不到与特殊的个人不同的"一个人"这样的一个实体。因此我们不定义"一个人"本身，而只是定义它出现于其中的命题，这样做是很自然的。①

一个阅读德国哲学十多年的读者大概不会觉得罗素的这套论述是"自然的"，而会觉得他是有前提的，努力记住这个前提："实在的意识"后，大概就能体会罗素这里不太"合群"的处理方式。当然，话说回来，合不合群同习惯于哪一类阅读的读者的阅读倾向有关。

罗素的这个文本的一处出现了对"意义"的论述：

> 我们甚至可以说，在所有能用文字表达出来的知识中……严格地说，没有一个名字出现；而看来似乎是名字的其实都是摹状词。我们可以有意义地探究，是否荷马存在，但若"荷马"是一个名字时，我们就不能这样做。无论是真是假，"那个如此这般的东西存在"这个命题总是有意义的；但若 a 是那个如此这般的东西（此处"a"是一个名字），"a 存在"这几个字就没有意义。存在只有用于（限定的或非限定的）摹状词时才有意义；因为如果"a"是一个名字，它必指某个东西，不指任何东西的不是一个名字，如若有意把它作为一个名字用，那么它便是没有意义的符号；一个摹状词（如"那个当今的法国国王"），不会仅仅因为它不摹状任何东西而变成没有意义，原因在于它是一个复合的符号，它的意义是从组成它的符号的意义得来的。②

---

① ［美］A. P. 马蒂尼奇编：《语言哲学》，牟博等译，商务印书馆 2004 年版，第 406 页。
② ［美］同上书，第 411 页。

此处表明了罗素所认为的专名无意义的著名论点。但令人费解的是，摹状词有意义在于它是一个复合的符号，其意义来自这些组成摹状词的符号，但组成摹状词的符号最终就成为了意义的承担者，但这些承担者的意义却没有任何讨论。这难道不是一种奇怪的现象？胡塞尔那里非常自然地认为对广泛的表述领域来说，含义或者意义分析乃是一个不可分割的分析层面。笔者不得不猜测对于指向实在对象的"指称"的强调大概是英国经验论传统的延续。

P. F. 斯特劳森的《论指称》这篇文章一开头就十分出色地论述了指称的范围，请看斯特劳森关于"reference"——读者注意区别于弗雷格的"Bedeutung"，中译亦常译为"指称"——的论述：

> 在我们从事通常应说成是对于人、对象、地点、事件或过程作出陈述的这类事情的过程中，我们十分普遍地使用某种词语来提到或指称（refer to）某一个人、单个的对象、特定的事件、地点和过程。我把这种使用词语的方式称为"唯一指称用法"（uniquely referring use）。很普遍地以这种方式来使用的几类词语是：单称指示代词（"这个"和"那个"）；专有名词（例如"他"、"她"、"我"、"你"、"它"）；以及单称的、以后面跟有名词的定冠词 the 起首的、带有定语修饰或不带定语修饰的词组（例如"该桌子"、"该老人"、"该法国国王"）。其中任何一类里的任何一个语词，都能作为传统上被认作是单称的主—谓词语句的那种语句主词而出现；并且，当它们作为语句主词而出现时，它们就会作为我希望加以讨论的那种使用的例证。①

当然，斯特劳森认为除了这种唯一的指称用法制外还有别的其他的用法，在此处他只限定于主要讨论这一种。另外："我将把注意力限于如下情况：在其中以唯一指称方式来使用的语词是作为语句的语法主词而出现的。"②

---

① ［美］A. P. 马蒂尼奇编：《语言哲学》，牟博等译，商务印书馆2004年版，第414页。
② 同上书，第415页。

斯特劳森认为罗素的摹状词理论和他所提到的具有"如此这般"形式的语词类型有关，而这一理论仍为逻辑学家们所广泛接受，把它作为对于这类语词在日常语言中的用法的正确说明。斯特劳森首先想要证明，"在人们这样看待摹状词理论的情况下，这一理论包含某些根本性错误"①。

摹状词要回答关于具有"如此这般"形式的词组的哪种问题？斯特劳森这样论述罗素的动机：

> 所构思出的摹状词理论所要回答的问题之一就是：像"法国国王是贤明的"这类语句，甚至当不存在对应于它所包含的摹状词的事物……时，如何是有意义的？罗素认为对这个问题予以正确的回答是很重要的，他之所以这样认为的原因之一是，他认为，也许会给出其他的回答是错误的，而证明这一点是很重要的。②

斯特劳森重构了罗素的论证逻辑，罗素认为除他自己的摹状词理论之外的一种替代方案，表现为两种虚妄论证之中任何一个的结论，斯特劳森以语句 S："法国国王是贤明的"为例给出了这两个论证。

论证一：

(1) 词组"法国国王"是语句 S 的主词。

因此有，(2) 如果 S 是一个有意义的语句，那么 S 就是一个关于法国国王的语句。

但是，(3) 如果在任何含义上都没有法国国王，那么，该语句就不是关于任何东西的，因而也不是关于法国国王的。

因此，(4) 既然 S 是有意义的，那么，在某种含义上（在某一世界中）必定存在［或虚存（subsist）］法国国王。

论证二：

(1) 如果 S 是有意义的，那么它或是真的、或是假的。

(2) 如果法国国王是贤明的，则 S 为真；如果法国国王不是贤明的，则

---

① ［美］A. P. 马蒂尼奇编：《语言哲学》，牟博等译，商务印书馆 2004 年版，第 416 页。
② 同上。

S 为假。

（3）但是，仅当（在某种含义上，在某一世界中）由某个东西是法国国王时，"法国国王是贤明的"这个陈述和"法国国王不是贤明的"这个陈述才会以同样的方式为真。

因此，（4）既然 S 是有意义的，那么就会得出如前所述的相同结论。

这两个论证正是罗素所反对的迈农的思路，一个从语词出发，一个从句子是否为真的角度出发。罗素反对虚存的世界，如斯特劳森所强调，罗素认为：这违反了"甚至在进行最抽象的研究时都应当保持的那种实在感"。斯特劳森指出，尽管反对上述论证的结论，但罗素承认更关注上述论证的原则上的可能的错误所在：

> 罗素说，错误就产生于这样一种想法，即认为，D 无疑是 S 的语法主词，同时也是 S 的逻辑主词。但是，D 并不是 S 的逻辑主词。事实上，尽管从语法上讲 S 具有单称主语和谓语，但是从逻辑上讲根本不是一个主—谓词结构的语句。S 所表达出的命题是一种复合的存在性命题，其中一部分可被描述为"唯一存在性"命题。为了显示这种命题的逻辑形式，我们应该以在逻辑上适当的语法形式来重写这个语句。这样一来，S 与表达主—谓命题的语句之间令人迷惑的虚假相似就会消失……①

至此，斯特劳森重述了罗素的思路。他认为罗素指出了类似上述句子 S 的其他句子根本不具有主—谓词结构形式，如果要避免其无意义则必须具有不同于主谓词结构的其他形式，"并且，这也就似乎等于说，如果存在有任何真正具有主—谓词结构形式的语句，那么，这些语句是有意思的或这些语句具有意义这一事实本身，就可保证存在着由逻辑的（同时也是语法的）主词所指称的某物"②。斯特劳森认为罗素本人的一些论述也表明了这一点：即存在和语法上相似于 S 且真正具有主谓形式的语句，如罗素的"逻辑专

---

① ［美］A. P. 马蒂尼奇编：《语言哲学》，牟博等译，商务印书馆 2004 年版，第 417 页。
② 同上书，第 418 页。

名"①。所以，除语法主词是逻辑专名以外的句子要有意义的话，其前提只能是否认它们是具有主谓形式的语句。斯特劳森认为既然具有唯一指称的摹状词不是逻辑专名或逻辑主词，且这个摹状词要按照罗素的改写加以分析，因此哪里有什么摹状词呢？并且如果作为逻辑主词的逻辑专名既然没有指称一个对象，所以逻辑专名也是无意义的，所以哪来的逻辑专名呢？在斯特劳森看来，这里罗素本人的分析是不严格且充满矛盾的。

斯特劳森区分了语句（sentence）、语句的使用（use）、语句的表达（utterance），对应区分了语词（expression）、语词的使用、语词的表达。显然，"法国国王是贤明的"这个句子在不同的使用场合存在着显著区别，例如在不同时期说出这样的句子的情况，斯特劳森认为："无论是在这个语句的情况下，还是在其他许多语句的情况下，显然，我们都不可能谈到语句本身的真或假，而只能谈到使用语句做了一个真论断或假论断，或者说……使用语句表示了一个真命题或假命题，并且，同样明显的是，我们不能说语句论述某一个特定的人物（因为，同一个语句在不同的时间可以用来谈论完全不同的特定人物），而只能说对语句进行一种使用来谈论某个特定人物。"②

很明显，斯特劳森具有一种参照语境或者上下文的务实态度而不是像罗素那样追求逻辑处理的纯粹技术。

语句的上述三种区别和语词之间的这三种区别并非等同对应的，斯特劳森如此说道：

既然，一般来说，只有语句能够用来表述真命题或假命题，因而，我们显然不可能正确无误地谈到被用来表述一个真命题或假命题的"法国国王"这一语词；类似地，只有使用语句，而不是使用孤立的语词，你才能谈论某一个特定的人物。在这种情况下，我们会改换成这样的说法：在你使用语句谈论某个特定人物的过程中，你使用语词去提到（mention）或指称（refer to）某个特定人物。但是，显然在这种情况下，并在其他很多种情况下，正如不能说语句本身有什么真或假，语词

---

① logical proper names，参见本书第160页注①。
② [美] A. P. 马蒂尼奇编：《语言哲学》，牟博等译，商务印书馆2004年版，第421—422页。

(B1)［即指作为 expression 的语词——笔者注］本身也谈不上提到或指称什么东西。正如同一语词能用来作出具有不同真值的陈述，同一语词也能具有不同的指称使用。"提到"或"指称"并不是语词本身所作的事情，而是人们能够用语词去作的事情，提到某个东西或指称某个东西，是语词的使用的特征，正如"论述"某个东西与或真或假是语句的使用的特征。①

显然，斯特劳森对罗素的不满同样具有其个人色彩，罗素没有务实地区分句子和语词的使用，而在斯特劳森看来"指称"和"提到"只能相对于相应的使用而言，例如："'我'这个语词只可能由（且仅仅由）无数人当中的任何一个正确地来指称他本人。说出这一点也就是说出了关于'我'这个语词的事情；在某种涵义上，也就是给出了这个语词的意义。这是关于语词本身所能说出的那种事情。但是，关于'我'这个语词本身，说它指称着某个特定人物却是毫无疑义的。说它指称着某个特定人物这一点，仅仅是关于语词的某个特定使用所能说出的那种事情。"②

这里，附带涉及一点意义问题，在具体使用的某个场合，第一人称指称某个具体的他本人，说出这一点也就是"在某种涵义上"，给出了此时"我"的意义。不能漏掉这里的"在某种涵义上"，即：在具体的该场合的含义上。但是，如果硬是要问"我"本身的意义是什么呢？或者这个提问本身有道理吗？斯特劳森这里没有对此加以处理。不过，他用类型（type）标记句子或语词本身，即三重区分的第一种，这里的类型有点类似于胡塞尔在处理意义上时使用的那个"类"。

做出上述三重区分，斯特劳森的目的在于此：

> 我是说，我们不可能就类型、类型的使用和类型的表达这三者说出同样的事情。而事实在于，我们的确在谈论类型；事实还在于，由于没有注意到，在我们关于这些类型本身所能说出的事情与我们仅仅关于类

---

① ［美］A. P. 马蒂尼奇编：《语言哲学》，牟博等译，商务印书馆2004年版，第422页。
② 同上书，第423页。

型的使用所能说的事情之间存在着差别,因而就易于出现混淆。当我们正在谈论语句和语词的使用时,我们就易于想象我们正在谈论的是语句本身和词语本身。

造成这种混淆,这就是罗素所做的事情。一般来讲,正是在这一方面,我不同意罗素的观点。①

接下来斯特劳森就意义和指称表达了他的明确看法:"意义(至少就一种重要的涵义来说)是语句或语词的一种功能。提出语词的意义(就我使用这个词的涵义来说),就是为了把这个语词使用于指称或者提到一个特定的对象或特定的人而提出的一些一般的指导;提出语句的意义,就是为了把这个语句使用于构成某些真的或假的论断而提出一些一般的指导。……语词的意义不可能等同于该语词在某一特定场合下所指称的对象。语句的意义不可能等同于该语句在某一特定场合下所作出的论断。因为,谈论一个语词或语句的意义,不是谈论它在特定场合下的使用,而是谈论在所有场合下正确地把它用于指称或者断定某某事物时所遵循的那些规则、习惯和约定,因此,一个语句或语词是否有意义的问题,与在某一特定场合下所说出的该语句是否在那个场合下正被用来作出一个或真或假的论断的问题,或与该语词是否在那个特定场合下正被用来指称或提到某物的问题毫无关系。"②斯特劳森在这里对意义的论述是笔墨较多的,他所说的意义依然是在前述类型的含义上来谈论的。作为类型的意义和具体使用中的语句或词语的真假应归于两种不同视角上的区分。罗素认为弗雷格那里提出意义和指称的区分是混乱的,而斯特劳森则认为"罗素所犯错误的根源在于,他以为指称或提到(如果它们的确出现的话)必定是意义"③,他把意义和指称混淆了。在指称词组的领域,罗素认为没有意义,在唯一指称用法的词语领域,罗素认为这些词语的意义乃是这些词语被用来指称的特定对象,但是显然荒谬的是:"如果我谈论我的手帕,我或许能从我的口袋里掏出我正在指称的对象,但

---

① [美] A. P. 马蒂尼奇编:《语言哲学》,牟博等译,商务印书馆 2004 年版,第 423 页。
② 同上书,第 424 页。
③ 同上。

却不能从我的口袋里掏出'我的手帕'这个语词的意义。"①按照前面所述,"我的手帕"这个词语的意义乃是支配该词语使用的约定。

笔者认为斯特劳森已经说清楚了罗素的问题之所在,他屡次表达了对意义的看法:"一个语词的意义并不是该语词可以被正确地用来指称的一套事物或单个的事物:意义是为把语词使用于指称中的一套规则、习惯和约定。"②对于语句来说,情况也是一样的:"每个人都知道,'桌子上铺满了书'这个语句是有意义的,并且每个人都知道它的含义是什么。但是,如果我问:'该语句是论述什么对象的?'那么,我就是在问一个荒谬的问题——一个关于该语句本身所不可能问的问到的、而仅仅关于该语句的某种使用才可能问到的问题。而在对该语句进行使用的情况下,该语句并没有被用来谈论某个东西,它仅仅被当作一个例句。当知道语句的含意时,你也就知道了该语句是如何被正确地用来谈论事物的。因此,知道语句的意义与知道谈论某个东西的语句的任何特定使用毫无关系。同样,如果我问:'该语句是真还是假?'那么,我也是在问一个荒谬的问题,即使我补充说:'既然该语句是有意义的,因此它或是真的或是假的',它仍然是荒谬的。这个问题之所以荒谬,是因为,相应于该语句本身并非论述某个对象,它本身既不是真的也不是假的。……只有当使用语句的人的确在谈论某个东西时,语句才会被用来作出一个真论断或假论断。如果某人说出语句时并没谈论什么事物,那么,他对这个语句的使用就不是一个真实的使用,而是一个虚假的使用或伪的使用:他既不是在作出一个真论断,也不是在作出一个假论断,尽管他也许认为他是在作出这样的论断。……语句是否有意义的问题完全独立于关于该语句的特定使用所能提出的问题,即,它是真实的使用还是虚假的使用的问题,它是正在被用来谈论某个东西,还是正被用来冒充做什么事或正被用作哲学中的例句。语句是否有意义的问题,也就是是否存在着这样的语言习惯、约定或规则使得语句在逻辑上能被用来谈论某个东西的问题;并且,这个问题也就因此完全独立于它是否在某个特定场合下正被如此使用

---

① [美] A. P. 马蒂尼奇编:《语言哲学》,牟博等译,商务印书馆 2004 年版,第 424 页。
② 同上书,第 425 页。

的问题。"①

另外,还有对意义进行表述的另外一个版本:

"语句和语词分别具有意义这一点在于下述这样一个事实:语句能够在某种情况下用来说出某件具有真值的事情,而语词能够在某种情况下用来提到某个特定人物;知道它们的意义也就是知道这是怎样一种情况。[这也许是戴维森采取真值条件说明意义的方案的原因,但是斯特劳森此处在'能够'下面作了标记,他表达了这样一种事实上的等价,知道语词或句子的意义相当于知道怎样使用它们去表达真值或特定人物,这等价于斯特劳森之前的表述,但是这种等价的判断有些轻率。因为知道真并非等于知道意义,所以斯特劳森这里的重点是的确'能够'在不同情况下确实地使用某个句子去表达事态(不一定是作为真值的事态)或提到人物。这里的'能够'已经要求人们对句子或语词具有熟练的使用和知晓能力了。知道其意义正是具备了这种能力。——笔者注]因此,在事实上没有通过使用'法国国王'这个词组提到任何人的情况下说出'法国国王是贤明的'这个语句时,这个语句并非不具有意义:我们根本没有说出具有真值的事情,因为我们根本没有通过对那个完全有意义的词组的这种特定使用去提到任何人。如果你愿意的话,也可把它看成是语句的虚假使用和语词的虚假使用;尽管我们可能(或不可能)误以为它是真实的使用。"②

所以,斯特劳森告别了罗素,和塔斯基、戴维森对于意义的成真条件论,而贴近于人们对意义的直觉理解。需要解释的正是这种直觉究竟意味着什么,对斯特劳森而言这肯定不意味着所指或词语、句子所指称的对象。难道意义的所指理论和成真理论不具有一种强烈的疏离感吗?读者可以自己去比较这若干种对于意义的处理,属于日常语言学派的斯特劳森将弗雷格和罗素排除的句子或者词语的虚构使用的情形纳入到他的常识般的理解中。

斯特劳森这样评述"指称":"指称(to refer)不等于说你正在指称(to say you are referring)。说存在着你正在指称的某张桌子,不等于说正在指称某张特定的桌子。……指称或提到某个特定事物这一点不可能被分解为任何一种

---

① [美]A.P.马蒂尼奇编:《语言哲学》,牟博等译,商务印书馆2004年版,第424—425页。
② 同上书,第42页。

断定，指称不等于断定，尽管你作出指称是为了继续作出断定。"①对斯特劳森而言，说"该桌子上铺满了书"，更自然的看法是这表述了一个断定，哪里有指称呢？但罗素会把"该桌子"进行具有唯一存在的摹状词改写，这显然不够自然。但是罗素的分析的确在逻辑上就逻辑本身而言可以成立，因为如果我们把"该桌子上铺满了书"看作一个外在的物理化的对象，就可以好比物理学从对象中抽象出重心、体积或者从运动中抽象出矢量这样的形式因素一样，从而抽象出人们既熟悉又觉得不自然的逻辑形式。所以笔者刚才说，就逻辑上而言罗素没有错，但是这种尽管正确的逻辑分析却和我们所熟悉的语言表达现象脱节了，毕竟我们是在进行谈话交流而不是在进行矢量分析。这种将命题看作物理对象，的确偏离了语言现象本身。由此可以看到胡塞尔的现象学对于表述行为的分析确实是"面向实事本身"的。尽管，胡塞尔的分析同样是一种矢量分析，但是他基本上没有脱离当下的表述现象本身，罗素的分析则由于其技术上的追求偏离了这种当下或者在场现象的处理，而成了逻辑技术在场分析的演练场。斯特劳森对罗素的批评毋宁可以视为把罗素的这种处理看作犯下了一种不合时宜的"范畴错误"。按斯特劳森的话来说就是："罗素未能抓住可以被说成是一个词语的东西与可以被说成是这个词语的某个特定使用的东西之间的区别，以及未能认清那种表示无害的、必要的事物本身的语词的唯一指称使用和语词的谓语性使用（predicative use）或归因性使用（ascriptive use）之间的区别。"②斯特劳森可不认为大量的词语都不能作为真正的逻辑主词，指示词、名词词组、专名、代词连同其出现的语境，正是一个人用来表达出唯一指称的东西，"实际上所作出的唯一指称（如果有任何这种指称的话③），是在特定语境中的特定使用的问题；所使用的语词的意义，是允许作出这种指称的一组规则或约定。因此，在假装做什么事时或在小说中，我们能够通过使用有意义的语词自称是在作指称，或者当我们并没有在指称任何东西时误以为我们正

---

① ［美］A.P. 马蒂尼奇编：《语言哲学》，牟博等译，商务印书馆2004年版，第430页。
② 同上。
③ 斯特劳森也看到了指称乃是一种人为创立的分析规则，所以他补上了这里括号的内容。他明确认为：做到怎样一种程度才算是能够足以保障唯一指称是说不准的；并且反过来讲，"在指称时，我们不会、也不可能达到完全清晰的地步，以致此时语词可以不再继续履行指称功能"。（［美］A.P. 马蒂尼奇编：《语言哲学》，牟博等译，商务印书馆2004年版，第432页）

在指称"①。

斯特劳森认为，为了实现对于事物、人和事件的陈述，就必须要首先解答这样两个问题：什么是你正在谈论的（谁，哪一个等）？关于你所谈论的你正在述说什么？回答第一个问题就是斯特劳森所认为的进行指称的任务，回答第二个问题就是要解决归属性（attributive）［或描述性的（descriptive）、分类性的（classificatory）或归因性的（ascriptive）］的问题。主词和谓词就是我们所熟悉的传统语法上对应解决上述问题的方式。另外当对象明显存在的情况下，直接说出一个词或者归属词组，也能完成上述任务。当然还有别的方式，斯特劳斯举例说明：在桥上涂写"卡车通过危险"的字样，或把写有"一等奖"的标签缚在一个食用葫芦上，等等。斯特劳森认为上述两种功能本身是词语和句子在具体场合所具有的，但是这种功能区分本身可能带来了消极影响，即割裂了这两种本来是由同一个词语或句子同时具备的功能，而将其对应为两种分裂的对象："这种功能性区别在哲学上造成了长久的消极影响。殊相和共相之间、实体和属性之间的区别，就是由传统语句的语法所造成的这种伪物质（pseudo-material）的消极影响，在那种传统语句中，可区分的词语发挥着可区别出来的不同作用。"②

对于表达唯一指称的语词或句子情况，斯特劳森继续强调了语境的重要性：语境的重要性不论怎么说都几乎不会是过分的："我用'语境'这个词至少是指时间、地点、境况、说话者的身份、构成直接的兴趣所在的论题以及说者和听者双方的个人历史。……语词所指称的事物应该处在于说话者和表达语境的某种关系之中。我把这种要求称作语境要求（contextual requirement）。"③斯特劳森的观点是直截了当的，他认为判明指称的问题之所以逻辑学家们看不到上述符合直觉的处理是因为：（1）大多数逻辑学家专注于定义；（2）某些逻辑学家专注于形式系统。可专注于定义和形式系统都并没能考虑语境要求，就导致更为宽广的领域被置于一旁，导致罗素将关于唯一指称的问题的处理变成了逻辑问题。但是，在斯特劳森看来，对名词的描

---

① ［美］A. P. 马蒂尼奇编：《语言哲学》，牟博等译，商务印书馆2004年版，第432—433页。
② 同上书，第434页。
③ 同上书，第434—435页。

述力的期待除了其胜任指称功能之外,"我们还应该期望,我们自然地和普遍地用来作出唯一指称的词语所具有的描述力,能反映出我们对于事物所具有的既显著又相对持久的行为特征的兴趣所在,这两种期望并非相对独立;并且,如果我们考察在那种更加普通的普通名词和那种更加普遍的形容词之间的差别的话,那么,我们这两个期望都已实现了"①。——这也就是说,指称和描述功能同为名词所具备。斯特劳森将他的这种批评加到了洛克头上:"当洛克谈到我们关于实体的观念是简单观念的集合时,当他说'能力构成了我们关于实体的观念的大部分内容'时,当他接着把在简单观念的情况下实体本质与名义本质的一致性与在实体的情况下它们缺乏一致性以及名义本质的改变进行比较时,洛克细致地说到的那种差别正是上面所说到的名词和形容词之间功能上的差别。甚至当名词已被扩展为或多或少有些不确定的一串形容词时,名词和形容词之间在主要语言功能上的差别依然存在着,而'实体'(substance)这个观念本身不过是洛克对于这种差别的模糊意识所作的令人困惑的颂词而已。罗素重犯了洛克的错误。不过有一个区别,这就是,罗素承认从句法到实在的推断到了这样一种地步,以至使他感到,只要他能一并净化语言的所有指称功能,那么,他就能摆脱掉'实体'这种形而上学的未知物……"②

斯特劳森试图把语境要求和指称及描述功能的非割裂要求扩展到一切词类中去,但是他也很仔细地注意到了具体的差异。例如一个普通的人名用来指称,其使用不是由该词可能具有的人和描述性意义所支配,而是由一些为了对于某一特定的人的每一组特别的应用而特设的约定决定的,"重要之点在于,这种应用上的正确性并不是根据规定词语本身的使用的任何一般性规则或约定而得出的"③。斯特劳森在此认为罗素企图把名称看作伪装的摹状词的观念是明显的循环论证,甚至达到了荒谬的地步,因为罗素的这个观点所能推衍出的东西,"不过是现在正在被指称的、按常规是由那个名称所指称的某个人的存在而已"④。斯特劳森并认为:"无论是亚里士多德的逻辑规

---

① [美] A.P. 马蒂尼奇编:《语言哲学》,牟博等译,商务印书馆 2004 年版,第 438 页。
② 同上书,第 439 页。
③ 同上书,第 440 页。
④ 同上。

则还是罗素的逻辑规则,都未能给出日常语言中任何表达式的精确逻辑;因为日常语言本来就没有这种精确的逻辑。"①

斯特劳森的日常语言的描述分析和胡塞尔纯粹逻辑学背景下的内在主义的意向分析术语体系的差别,读者在此大概不会看不到其差别的巨大,同样罗素的风格也属一个意义问题的个例。

1966年,距离斯特劳森《论指称》发表16年之后,K.唐奈兰的《指称与限定摹状词》又继续了相关的话题。他认为限定摹状词具有两种可能的功用,"出现在同一个语句中的一个限定摹状词,可以在不同的场合以两种方式之一起作用。如果不研究这种功能上的两重性,就会使人们难以理解对限定摹状词的真正的指称使用。我将要表明,两种最著名的限定摹状词理论(即罗素的理论和斯特劳森的理论)都要对没有注意到限定摹状词的这种功能上的两重性而引以为咎"②。唐奈兰认为在罗素那里,使用一个摹状词指谓③某个实体,乃是实体和限定摹状词之间的唯一关系。唐奈兰认为这种唯一性的断言不成立,还有另一种关系存在于限定摹状词和实体之间。这种不同于指谓用法的使用,即唐奈兰所声称的限定摹状词的指称用法(referential use),即说话者使用限定摹状词去指称(refer)某个东西。唐奈兰认为,罗素不承认限定摹状词的指称用法。相反,唐奈兰认为斯特劳森认识到了限定摹状词的指称性用法,但却没有看到其非指称的使用同时存在着,"甚至在它出现在同一个语句里时也是那样";"斯特劳森指出过限定摹状词的非指称性用法,这是确实的。但是,对于他来说,限定摹状词所具有的非指称性用法似乎是这个摹状词在其中出现的那种语句的功能;然而,如果我是正确的话,一个限定摹状词在同一个语句里能够具有两种可能的用法"。④ 例如,

---

① [美] A. P. 马蒂尼奇编:《语言哲学》,牟博等译,商务印书馆2004年版,第445页。
② 同上书,第447页。
③ 按照唐奈兰的引述:根据罗素的看法,一个限定摹状词可以指称一个实体:"如果'C'是一个指谓词组〔由于限定摹状词是根据定义而来的〕,就可能有一个实体X(而不可能有一个以上的实体),对于实体X来说,命题'X等同于C'为真……。于是我们可以说,实体X是词组'C'的指谓对象。"因此,在使用一个限定摹状词时,说话者可以使用指谓某个实体的表达式,但是,这是在那个实体与罗素所认识到的限定摹状词的那种使用之间的唯一关系。([美] A. P. 马蒂尼奇编:《语言哲学》,牟博等译,商务印书馆2004年版,第437页)
④ [美] A. P. 马蒂尼奇编:《语言哲学》,牟博等译,商务印书馆2004年版,第448页。

"1968年的共和党总统候选人将是一名保守主义者",这一句中的"1968年的共和党候选人"乃是斯特劳森指称性用法的例证;唐奈兰认为,这种用法的确认不能脱离使用这个语句的特定场合(即语境),他由此推出"于是,结果会表明,对那个限定摹状词可能进行的是指称性使用,也可能进行的不是指称性的使用"①。因为,一切得看具体的语境如何。斯特劳森的观点至此并没有不同于唐奈兰。但是,唐奈兰认为斯特劳森在其批评罗素的论证中并没有能成功否定这样一个预设:"我们能够独立于一个限定摹状词的特定使用场合而询问它在某个语句里起作用的方式。"② 不过唐奈兰也要反对这个结论,这和斯特劳森一致,但他反对斯特劳森得出这个结论的论证。

唐奈兰认为罗素和斯特劳森第二个共同特征在于他们认为使用摹状词预设或蕴含了某个东西适用于摹状词,在这种预设为假的场合下,说话者所说的话的真值会受到影响。罗素会认为陈述为假,斯特劳森会认为该陈述没有真值。针对上述情况,唐奈兰认为:"如果限定摹状词有两种用法,情况可能是这样:预设或暗示的虚假在每个用法的情形下以不同的方式影响真值。这正是我实际上所要论证的观点。"③唐奈兰显然抓住了真值这一端,认为无论限定摹状词采取哪一种用法,陈述的真值都会受到影响,尽管影响的方式是有区别的。由此他这样评论罗素和斯特劳森:"我认为,结果会表明:这两种观点之中的某种观点(罗素的观点或者斯特劳森的观点)可能对于限定摹状词的非指称性用法是正确的,但两者均不适合指称性用法。作出这一结论对于罗素的观点并不那么令人吃惊,因为罗素无论如何都没有认识到指称性用法;但是,对于斯特劳森的观点作出这一结论是令人吃惊的,因为指称性用法正是他试图加以解释和辩护的用法。此外,根据斯特劳森的解释,没有适合限定摹状词的东西这一结果就意味着指称的失败[笔者认为斯特劳森并不持有这样的观点,笔者不知道唐奈兰如何能得出这样的结论!]。我认为,结果会表明,这个说法对于限定摹状词的指称性用法也是不正确的。"④

笔者认为,唐奈兰对斯特劳森可能存在误判,他本人的观点和斯特劳森

---

① [美]A.P.马蒂尼奇编:《语言哲学》,牟博等译,商务印书馆2004年版,第448—449页。
② 同上书,第450页。
③ 同上书,第449页。
④ 同上书,第450页。

之间并不矛盾，可以看作是对后者的修正和精细化。他想得出的结论是："当一个说话者以指称方式使用一个限定摹状词时，即使没有任何东西适合那个摹状词，那个说话者可能也述说了某件具有真值的事情；并没有这样一种清晰的涵义，在这种涵义上，那个说话者作出了一个既不真也不假的陈述。"①"摹状词在指称性用法中仅仅是使某一个人的听者辨认出或想到所谈论的那个东西的一个手段，是一个即使摹状词不正确也可用来达到其指称功能的手段。或许更重要的是，在与归属性用法相对的指称性用法中，存在有可由听者辨认出的一个恰当的东西，而这个东西之所以是恰当的东西，这完全不是由于它适合摹状词这一点所起的作用。"②

读者大概也可以感受到分析哲学传统中的这种精细风格，有些烦琐，笔者有时会怀疑这种烦琐本身可能会淹没主题的价值。

另一位对于逻辑学有深刻造诣的分析哲学家克里普克的文章《说话者指称与语义性指称》（1977）倒是指出了唐奈兰文章中的某些思考单独地并不构成对罗素理论的驳斥。尽管不满意罗素把限定摹状词看作是附加上了唯一性这一要求，克里普克仍然比较偏向技术性的罗素的观点：

"我将表明我比较赞成这样一种结论（尽管我对它也不感到完全有信心）：像罗素理论那样的一元理论比一些假定某种含混性的理论更可取。而唐奈兰论文中的大部分内容（尽管不是全部内容）都似乎假定了在他所谓的'指称性'使用与归属性使用之间的一种（语义上的）含混性。"③

克里普克并不怀疑唐奈兰（笔者认为实际上是斯特劳森率先做出的区分）提出的这两种用法的存在以及这种区分的重要性，但他同时并不认为这种区分包罗无疑。读者将会看到克里普克的逻辑技术揭示了更多的用法，针对这个事实，笔者倒是不能对符号逻辑技术一概不顾，很多场合它确有其便利。克里普克质疑唐奈兰的如下观点即：唐奈兰认为罗素的理论只适用于归属性用法，认为限定摹状词的指称性用法接近于专名甚至接近于逻辑专名，认为罗素的理论无法处理指称性用法的例子。

对于唐奈兰的上述两种使用的区分，克里普克认为存在着很多异议：

---

① [美] A. P. 马蒂尼奇编：《语言哲学》，牟博等译，商务印书馆2004年版，第470页。
② 同上书，第472页。
③ 同上书，第476页。

"第一，限定摹状词的关于命题的使用既无法与指称性使用等同又无法与归属性使用等同。弗雷格已经注意到了这里提到的那个基本观点，如果一个限定摹状词被置于内涵语境中，那么，我们既无法凭借被描述的那个东西满足这个摹状词也无法凭借其他什么东西而被说成是在谈论那个被描述的东西。"①

第二点异议在于唐奈兰指称性的使用不可能等同于关于事物的使用，因为归属性用法也是关于事物的。

第三点异议是认为唐奈兰两种用法的区分可以取代罗素关于摹状词辖域概念针对命题与事物关系的处理的观点不可取。这里克里普克采用了模态逻辑去分析命题，指出一个为真的句子其摹状词辖域没有指明是最大还是最小的可能范围。而罗素的摹状词辖域分析才可以和模态逻辑的分析相融贯。

当然，克里普克还有一些其他质疑，这里从略。克里普克认为唐奈兰并没有清楚地提出跟罗素不一样的关于句子陈述的真值条件，所以克里普克不认为唐奈兰的看法和罗素相冲突。克里普克认为唐奈兰的论点有问题：第一是其前提，即之前说过的非此即彼的区分摹状词的两种用法；第二，"在指称性使用与归属性使用之间的区别的性质上也存在问题"②。克里普克依据唐奈兰的论述认为，他提出的这个区别既非句法上的也非语义上的，而是一种有关言语行为意义上的或语用上的；因此当唐奈兰认为罗素完全可以对归属性使用做出一种正确分析时，根据前述语用使用可能存在的两可性，则这种正确分析显然因为其只可能有一种因而是不能建立在语用分析之上的，这是唐奈兰的一个不融贯之处。唐奈兰所做的在克里普克看来只是小心谨慎地区分了轻易不赋予句子真值的可能情况，但这一点和罗素的看法是否抵牾，克里普克表示怀疑，并且就语义而言唐奈兰的分析中也看不出避免了两可性，尽管他否认这一点。

克里普克想借助一些手段继续讨论摹状词的相关问题。他按照格赖斯的提示，认为在说话者在某个特定场合使用的语词所意谓的东西与说话者在那个场合说这些词语时所意谓的东西之间做出区别，那么下面的论述就是显然

---

① ［美］A.P.马蒂尼奇编：《语言哲学》，牟博等译，商务印书馆2004年版，第481页。
② 同上书，第487页。

的:"关于语词在语言中所能具有的含意的概念,是语义学上的概念:它是由我们在语言中的约定给出的。语词在某个特定场合的含意是在某个特定场合由这些约定连同说话者的意向以及各种不同的语境特征所确定的。最后,说话者在某个特定场合说这些词语时所意谓的东西,是从说话者的各种不同的特殊意向连同各种不同的一般原理……中推导出来的。"①据此,克里普克提出另一种区分——说话者指称和语义指称:"如果一个说话者在其个人言语中有一个指示词(designator),那么,这种言语里的某些约定(在给出了关于世界的各种不同事实的情况下)便确定出在这种个人言语里的所指:我们称之为该指示词的语义所指。[倘若这个指示词是含混的,或包含索引词、指示代词(demonstratives)等,我们就必须谈论在某个特定场合下的语义所指。语义所指是由语言中的约定加上说话者的意向和各种不同的语境特征所确定的。]"②

说话者所指被定义为:"……说话者(在某个给定场合)想要谈论,并且自认为它满足成为该指示词的语义所指而应具备的条件的那个对象。他带着这样一种意向来使用那个指示词,即作出一个关于所论及的那个对象的论断(这个对象可能并非真正是语义所指,如果说话者错误地认为这个对象满足适当的语义条件)。在说话者的个人言语里,说话者所指是说话者通过指示词所指称的东西,不过它可能不是该指示词所指。在上述例子里,琼斯(即那个名称所命名的那个人)是语义所指,而史密斯则是说话者所指,对那个问题['琼斯在干什么']的正确回答是'你指称的是谁?'""在某种给定的个人言语中,一个(不带有索引词的)指示词的语义所指,是由说话者所具有的一种在使用该指示词时用以指称某个对象的一般意向所给出的。说话者所指则是由说话者(在某个特定场合)用以指称某个对象的特殊意向所给出的。如果说话者相信他在某个给定场合下想要谈论的对象满足成为语义所指的条件,那么,他也就相信在他的一般意向与特殊意向之间没有矛盾。"③

这个区分可以用以推广唐奈兰关于指称性使用与归属性使用的区别。一

---

① [美] A. P. 马蒂尼奇编:《语言哲学》,牟博等译,商务印书馆 2004 年版,第 491 页。
② 同上书,第 492 页。
③ 同上书,第 493 页。

般情况下,说话者的特殊意向确实就是其一般的语义意向。而在复杂的情况下,说话者具有不同于其一般意向的特殊意向,但是说话者又相信这种特殊意向实际上所确定的对象和一般意向所确定的对象是一致的,例如说话者要想指称"在那边儿"的那个人,但是他同时相信那个人也确实就是琼斯。简单情况下,说话者所指根据定义和语义所指相同,而在复杂情况下,两种所指并不要求一定是一致的,例如在那边的那个人可能是史密斯而不是琼斯。克里普克认为唐奈兰的归属性用法适用于他这里所说的简单情况,而指称性用法适用于复杂情况。唐奈兰认为指称性用法适用于摹状词和专名,但是简单情况不同样适用于这两者吗?实际上克里普克倒是间接站到了斯特劳森一边。

接下来,克里普克极富想象力地进一步质疑了唐奈兰对罗素观点的反对。他充分借助了"语言"这一工具,克里普克提出一种对语言问题中反例的一种检验方法,即:"倘若某人断言英语中的某种语言现象是对某种特定分析的反例,那么,试考虑一种(尽可能地)像英语、但又规定所论及的那种分析对之是正确的假设语言。试想这样一种假设语言被引入一个语言共同体,其成员讲这种语言。如果所论的那种现象仍然会出现在一个讲这样一种假设语言(可能不是英语)的语言共同体中,那么,这种现象出现在英语中这个事实并不能否证下述假设,即那种分析对于英语来说是正确的。"[①]

这个假设的意图在于唐奈兰如果用英语批评同样用英语写作的罗素对于英语的某种分析不正确,而自己的分析正确,如果这种正确的分析引入一个语言共同体,该共同体说英语还是别的语言都没关系,这种共同体语言既能够用罗素的理论来分析,并且还可以用唐奈兰的所谓正确理论指出在共同体语言中罗素理论的反例。所以,克里普克指出了一种语言哲学内部的批评的循环。(笔者在这里,不知该赞赏哪一种想象力,擅长符号逻辑技术的具有将平面的常识思维贯彻到底的勇气的英美人,还是习惯于将一切置于活生生的内在主义语境以获得深刻分析的德国哲学家?)

为了进行上述论证操作,克里普克将罗素的摹状词分析改造成了三种形

---

① [美]A.P.马蒂尼奇编:《语言哲学》,牟博等译,商务印书馆2004年版,第494页。

态的罗素语言：弱化的、中介的和强化的罗素语言。如果有讲这些语言的人，他们和我们一样也会出错。弱化的罗素语言指："除了规定带有限定摹状词的语句的真值条件与罗素所说的真值条件一致之外，它类似于英语：例如'当今的法国国王是秃子'为真，当且仅当恰好有一个人是法国国王，并且这个人是秃子。"①这里"中介的罗素语言"是指："其中的包含限定摹状词的语句被看作是关于它们的那些罗素式分析的缩略或释义：例如'当今法国国王是秃子'的含意是'恰好有一个人现在是法国国王，并且他是秃子'（或具有像这样的'深层结构'）。"② 强化的罗素语言是指："它实际上把限定摹状词排除在语言之外，而用罗素的释义取而代之。讲这种语言的说话者不说'她的丈夫对她很亲热'，而必须说'恰好有一个人与她结婚，并且他对她很亲热'，乃至说（这是一个更好的说法）'只有唯一的一个人与她结婚，并且，每个与她结婚的人都对她很亲热'，如此等等。"③

克里普克说明他之前的"说话者指称"所带来的一些情况同样适用于这三种罗素语言。而这正是克里普克想达到的效果："既然唐奈兰所援引的那种现象会在一切罗素语言（假如真讲这些语言）里出现，所以，这些现象确实出现在英语（实际所讲的英语）里这一事实便不可能对英语不是一种罗素语言这一点作出论证。"④也就是说，唐奈兰和罗素的语言并无实质上的不同。

正如克里普克所说："我们有两种假设：一种假设说，英语是一种罗素语言，而另外一种假设则说，英语是含混而两可的 D-语言。哪一种假设更可取呢？正如我们所论证的那样，既然唐奈兰所引证的那些现象会出现在讲任何一种罗素语言的假设社会之中。那么，这类现象在英语中的存在并没有否证英语是一种罗素语言这一假设。……唐奈兰的例子本身并没有对英语是含混而两可的 D-语言而不是一种罗素语言这一点提供证明。假定情况如此，我们就可以问，是否有理由来使关于英语是罗素语言的假设比关于英语是含

---

① ［美］A. P. 马蒂尼奇编：《语言哲学》，牟博等译，商务印书馆 2004 年版，第 495 页。
② 同上。
③ 同上。
④ 同上书，第 497 页。

混而两可的 D-语言的假设更有说服力。"①

克里普克希望不像唐奈兰或者斯特劳森那样，通过设定语义的两可性来解释上述诸例子中所展示的现象。他认为自己的分析手段（即语义所指和说话者所指的区分）和罗素的手段是一种单一性手段，它足以解释清楚一切了："根据这种单一性解释，指称性使用决不构成限定摹状词的一种特殊的似名称的使用，指称与归属的区别不过是一种不仅适用于限定摹状词而且适用于专名的一般区别的一个特殊情况……"②

克里普克十分反感哲学中动不动就采取的两可态度，他批评说："遇到麻烦时便设定两可性，这种做法在哲学中是不折不扣的懒汉行径。倘若我们碰到对我们所宠爱的哲学论题的一个所谓的反例，我们始终可接受这样一种主张，即某个关键词项是在一种特殊涵义上被使用的，这种用法不同于该词项在本论题中的用法。尽管我们可能是正确的，但要得心应手地采取这一步骤，就要求我们奉行一种谨慎政策，即不要设定两可性，除非你真正被迫这样做，除非真正有在理论上或直觉上有说服力的根据来假定两可性真正出现。"③笔者觉得这种理论上的经济才是克里普克追求的，而并非仅只针对唐奈兰；所以，从这些讨论中笔者不禁要考虑这种思考的益处究竟何在呢？或许这正是一种需要去理解和接受的分析风格？

克里普克对于罗素的支持，实际上维护了罗蒂所说的正统的语言哲学，这的确是一种范式；不过同时也维护了对于意义问题的偏离，这种偏离确实也是对隶属于分析哲学意义问题乃至指称问题的讨论模式。这种偏离或许从奥康时代就开始了，"意义"在斯特劳森那里读者已经看到被"用法"所替代了。前述三位分析哲学家对于指称的讨论，唐奈兰和斯特劳森是聚焦在对指称相关的摹状词的不同用法的关注，而克里普克则站在技术派的角度维护罗素经典的逻辑处理。笔者这里仍然要评论一下哲学风格。如果没有这种风格的差异，意义将不成为理论或者问题，罗蒂说的可能是实情："哲学改革始于修正主义史学，而不始于逻辑形式。"④ "哲学听众是由他们以前读过的

---

① ［美］A. P. 马蒂尼奇编：《语言哲学》，牟博等译，商务印书馆2004年版，第498—499页。
② 同上书，第499页。
③ 同上书，第500页。
④ ［美］理查德·罗蒂：《哲学与自然之镜》，李幼蒸译，商务印书馆1996年版，第390页。

书籍所教育成的。这些书籍产生了关于什么问题或什么人是重要的一种观点。如果想劝说一批听众放弃关于什么问题是重要的信念，而不只是去改变他们关于对熟悉的问题给予什么回答的意见，那么就必须劝说他们相信他们读错了（或不尽正确的书籍）。"[1] "另一方面，如果实际上谁也不去读别人的书，如果我们始终分为两个文化传统……这并不是可悲的事。这并不比目前在哲学和宗教之间的分离或者和心理学的分离更可悲。"[2]后文中读者也会看到对英美派的"意义理论"来说，其与胡塞尔的深深区别依然是源自不同的传统。

---

[1] [美] A. P. 马蒂尼奇编：《语言哲学》，牟博等译，商务印书馆 2004 年版，第 389 页。
[2] 同上书，第 390 页。

# 第六章
# 一般对象和意义层面的转移：关于第二研究

"英国人不接受泛指［即一般 universal——笔者注］的东西，因为觉得个体［即 individual——笔者注］是不可变化的，难以同化和无双的。是伦理上的顾忌而不是思维上的无能妨碍他们像德国人那样与抽象打交道。"①

在第二研究中由含义和含义意向的关系与作为种类的红和具体对象显现出来的红的因素的关系之间的类比，"种类"和"因素"这一组关系被引出来了。胡塞尔十分喜欢举种类的红和红的对象的例子，我们可以意指红的种类而不意指个体的对象，这又类似于种类的含义和具体意指之间的关系。上述种种，都没有考虑行为是否带有直观，如果考虑到直观作为最为基础的知识的根本来源，则可以说"作为种类的含义是通过抽象而在被标明的底层上形成的"②。由此可以看出，个体对象、一般对象同样可以在表述行为中找到其同构的方面。这样，个体对象实际上可以通过一般对象而纳入纯粹逻辑学的领域。所以，胡塞尔认为在这里有必要研究抽象问题，维护与个体对象并存的种类（或观念）对象的固有权利来确定纯粹逻辑学和认识论的主要基础。胡塞尔承认观念之物是所有客观认识的可能性条件（其客观性根源在于直观，但需要由观念和 logos 来体现）。第二研究实际上将含义层面上的种类和个别的意指的，或者说客观的和机遇性的层面对应到对象这个层面上来了，而该研究现在要讨论的是一般对象、一般意识的意向性行为方式。

---

① 《博尔赫斯全集·散文卷上》，浙江文艺出版社1999年版，第441—442页。
② ［德］胡塞尔：《逻辑研究·第二卷第一部分》，倪梁康译，上海译文出版社1998年版，第112页。

## 第一节　一般对象与一般意识

　　一般对象或种类对象是在一种与个体行为有本质差异的行为中被意识到的。胡塞尔认为种类对象和个体对象的划分的有效性是由明见性来担保的，它随有关表象的澄清而自身被给予，"我们只须回到个体表象或种类表象在其中得到直观充实的情况上去"，"我们意指种类之物的行为与我们意指个体之物的行为是根本不同的"①，但也有共同点，即同一个具体物（例如一个红色的小球）在两者中都显现出来，并被立义或释义。但立义的方式、意指不同，一个是个体化的立义或意指，一个是种类化的立义或意指。对后者而言所意指的不是此时此地的这个红色球，而是其观念"红"，作为一般对象的种类由此立义方式特征而产生，种属关系也由此形成。如一个红的东西，这个红，种类与个别的原始关系在此展露，"那种通过比较来统观杂多与个别的可能性得以形成（这里的'比较和观察'实际上和前谓词领域相关联——笔者注），并且，我们有可能明见地判断：在所有这些情况中，个体因素都是一个不同的因素，但在'每一个'情况中实现的都是同一个种类"②。可以说个体和种类的区别，其"起源"在于意识的方式的不同，并且这种意识方式可以和可能的意识对象的情况相对应。

　　关于个体和抽象观念的区别与含义和纯粹逻辑学相关。逻辑学、种类、观念的立场本身也体现了现象学作为严格却非精确科学的特点，对于流动性的意识而言，"……不可能谈论任何本质具体项或一切直接构成着它们的因素的精确的概念确定性"；"现象学只是忽略个别化，然而在其充分的具体化中将全部本质内容提升到本质意识，并将其当做一种观念上同一的本质"。③ 所以，在描述的低层次的、具有差异的个体化水平上可能无法谈到和达到本质单一体的无歧义性，但在高层水平上（如纯粹逻辑学水平和观念水平上）可以做到维持同一性和严格性，"按照以上所说，演绎的理论化步

---

　　① ［德］胡塞尔：《逻辑研究·第二卷第一部分》，倪梁康译，上海译文出版社1998年版，第113页。
　　② 同上书，第114页。
　　③ 同上书，第181页。

骤从现象学中被排除了"①。胡塞尔认为，以为只有唯一一种方法论类型，即"精确性"的本质科学的观点是错误的，"先验现象学作为一种描述的本质科学属于一种本质科学的基本类别，它完全不同于数学科学所属的那种基本类别"②。尽管在《逻辑研究》第一版中胡塞尔还没有例如此处引用的《观念1》那样将其思想进一步提纯为先验现象学，但他偏好逻辑层面、谈论"类型"的倾向已经为日后先验现象学的明确化做出了充分准备。

胡塞尔认为关于一般性对象的说法是必不可少的。因为个体个别性和种类个别性之间的区分是不可避免的，意向对象可以是个体的也可以是种类的，"例如，经验事物是个体的个别性，数学中的数和流形、纯粹逻辑学中的表象和判断（概念和定律）是种类的个别性"③。这些区别也适用于判断领域，且贯穿于逻辑学的始终，单个的判断分化为个体单个的判断与种类单个的判断，普遍判断分化为个体普遍的判断与种类普遍的判断；胡塞尔认为这些区别无法抹消。胡塞尔多次强调过含义无论其所表象的是一般之物还是个体物都是观念种类的对象，所以，个体物同样可以谈论其种类层面；当然对于上述判断的各种区分，都是从个体和种类的角度进行的，但这种区分不是就含义本身可从种类上来看待而做出的，而是就判断的主词本身的普遍化水平或程度来进行的。另外，对于那些并非含义的或非表述的行为（如感知）同样可以做出上述区分。所以胡塞尔的一般对象超出了表述的水平而适用于所有的意向行为。

我们谈论的种类的同一性（比如苹果和鲜血的红）胡塞尔认为是本真意义上的，是无法进一步定义的。"同一"和"相同"不同，相同性是隶属于同一个种类的诸对象之间的一种关系；"如果人们不再被允许谈论种类的同一性以及谈论相同性产生的关系，那么关于相同性的说法也就丧失了自己的基础"④。所以种类的同一性规定着我们关于"相同性"的话语。相同性

---

① ［德］胡塞尔：《逻辑研究·第二卷第一部分》，倪梁康译，上海译文出版社1998年版，第182页。
② 同上书，第183页。在这里，读者可以对应本书第二章第三节，可见《逻辑研究》隐藏了许多《观念1》中的内容，在《观念1》中的本质学勾画清楚后，现象学作为描述本质学的形象更为清晰了，这一点在《研究》中是置于种类或观念对象的研究之下而涉及现象学的特征的，由此也可以看到本质学的本质问题是由种类或观念对象的思考而引入的。
③ 同上书，第115页。
④ 同上书，第118页。

和种类的同一或观念统一在意指特征上也是不同的,前者对某一组客体做出统一立义,认识到它们的相同性本身,或在比较性的个别行为中认识到一个客体和这一组中其他个别客体的相同性,这是相同性的意向特征。对于同一性而言,乃是将上述相同性关系或比较性的关系理解为一个观念统一,这是同一性的意向特征。这里意向特征在逻辑学和心理学的层面上都是不同的。对于种类同一或观念统一而言,甚至无须相同性直观或比较的进行。例如将纸认知为纸这个类而言,就无须当下有相同性的直观和比较,但胡塞尔同时暗示在这种情况下其实也需要那些通过相同性而发生相互直观联系的客体一同显现,比如联想、唤醒记忆、激活等提法,不过对于此处的最主要的讨论而言,胡塞尔只把以上的处理看作是无关紧要的心理学事实(胡塞尔学术生涯晚期的《经验与判断》则将这一点放大了详加研究),而只关注属性、种类、观念统一在认识中的功能和作用。另外,也不能把种类统一、观念统一理解为对相同性群组的个别性表象,即认为同一性、观念性无法穷尽群组整体,而只能一次次表象,那么我们根本就无法谈论全部 A(如:全体自然数);只谈论这个范围的所有成分彼此相同也不行,因为范围的统一已经是预设的前提了,并且如果没有观念统一,我们根本无法形成上述意识。将观念统一和散乱杂多相联系是荒谬的,所以胡塞尔认为经验主义者(如休谟)诉之于"相似性区域",通过向种类对象的范围进行回溯从而省略掉对种类对象的设定的做法是行不通的。如果诉之于相似性区域则无法回答相似性区域之间如何相互区分,因为会导致无限循环(不断的诉诸相似性区域)。这是诉之于外在主义的术语来解释种类或观念统一的一个困难,胡塞尔的解决方式是改变术语模式,采取内在主义的术语来描述。胡塞尔的主张不是经验主义的抽象论,也不把概念看作实在的(概念实在论),也不把属性看作实在的(属性实在论),而是认为有一个独立的观念的领域。J. S. 穆勒引入了心理学层面和经验性的个体的层面,他把属性、种的统一性交给名称和含义,即将种类的统一还原为语词含义的统一。胡塞尔反对这样的处理,在他看来必须要引入意向性的角度。

对于种类统一性或观念统一性的经验主义抽象论解释的基本错误在于两种混淆:(1)对现象学和心理学两门科学的混淆。后者涉及对体验的心理学解释,前者则要澄清体验的思想内容或在逻辑学层面澄清意义——可见意义或含义的确是得到了胡塞尔在逻辑学层面上的特别关注——并对它们进行认识论上的批判,目的在于探讨"概念的起源",要通过充实意义上(直观)的概念意向的明见性证实来澄清概念的"真正意指"或含义,从而使我们能澄清认识的可能性之基础,也是我们能够说明的一般对象的可能性及其陈述的有效性和可能性。(2) 对现象学分析和客观分析的混淆:"原来仅仅是由意指行为划归给其对象的东西,现在却被当作实项的〈reell〉构造物分配给行为本身。"① 所以,第一种混淆是现象学和心理学的混淆,第二种混淆是现象学内部的混淆(实项的和意向的相混淆),两种混淆都偏离了自己的目标。

## 第二节 批判:一般之物或观念之物的存在

对一般对象的实在论说明胡塞尔认为有两种占有统治地位的阐释:(1) 柏拉图式,胡塞尔把这一种阐释看作完结了的观点而不加讨论;(2) 对一般之物做心理学的实在设定,即设想处于思维之中的一个实在的种类存在。与(2)相对立的是唯名论的观点,洛克规定了自贝克莱以来近代抽象思想的发展(最后朝向了极端唯名论),人们为了避免洛克抽象观念的荒谬性而否认一般对象是特殊思维的统一,并完全否认一般表象是特殊的思维行为,人们相信可以以各种形式在对象和行为方面将一般之物解释成个别之物。胡塞尔相信这里对一般对象的争议和一般表象的争议不可分割,认为必须排除对于一般表象的怀疑,他认为那种主张只存在于个别客体、一般表象是完全非本真的或臆造的观点必须摒弃掉。

胡塞尔告诫,不要迷失在一种形而上学思路中:即"如果种类不是实在的,并且也不是思维中的东西,那么它们就什么也不是"②。他认为观念之物的存在是意识之中的存在,是一种意识内容;并且胡塞尔退一步说,实在的东西还可以是超越的自在存在的、意识之外的存在,如上帝。对于胡塞尔而言,在意识之中和意识之外同样都可以谈论实在,"时间性就足以是实在

---

① [德] 胡塞尔:《逻辑研究·第二卷第一部分》,倪梁康译,上海译文出版社1998年版,第125页。
② 同上书,第130页。

性的特征标志"①。但是胡塞尔认为观念存在和实在存在是有区别的,所以就"对象"概念而言,必须区分种类存在和个体存在。谓词陈述也分配有(或剥夺)一个个体或种类。胡塞尔如此总结谈论种类或观念的合理性和存在的必要性:"如果我们将所有那些存在着的东西都合理地看作是存在的、看作是就像我们在思维中明见地把握为存在着的那样的存在,那么我们就不可能去否认观念存在的特有权利。实际上在这个世界上还没有一门诠释术能够将这些观念对象从我们的语言和思维中消除出去。"②

在感知领域,胡塞尔认为"感觉在有关事物感知中借助于激活它们的立义来展示客观规定性,但它们永远不会是这些客观规定性本身。显现的对象……对于作为对象的显现来说是超越的"③。在胡塞尔看来,外直观的显现客体是被意指加以统一的,但绝不是洛克意义上的"观念"或观念的复合(在洛克的一般观念的标题下还混杂着作为特殊定语的特征和作为对象性因素的特征;他还将观念定义为内感知的任何一个客体,可见洛克的观念和胡塞尔的观念用法迥然有别),但直观到的客体的个体、个别的对象性因素还不是种类或属性,对于种类或属性因素的强调也和对个体对象的意指一样,并非意味着种类或属性因素是与对象相分离的东西,在对种类、属性因素的强调中"意指在某种程度上也朝向显现的因素,但这种朝向是以一种根本全新的方式进行的;在同一个直观基础上,有区别的只可能是行为特征。……我们在任何时候都必须区分:一方面是素朴的总体直观和局部直观,它们构成基础,另一方面是变动不居行为的特征,它们作为思想性的东西建造于直观的基础上,而无须对感性—直观内容作丝毫更动"④。这就意味着同样的直观既可以作为这里的这个个别之物被意指,又可以被意指为这个一般之物本身,即意义不同但作为基础的感性的感知是相同的。

另外,在表述领域,"意指性含义就在于表述本身。表述的含义意向构成一般意指意义上的一般表象,而这种一般意指无须任何现时的直观基础便

---

① [德]胡塞尔:《逻辑研究·第二卷第一部分》,倪梁康译,上海译文出版社1998年版,第130页。
② 同上书,第132页。
③ 同上书,第135页。此处可对应参见本书第二章第三节的相关内容。
④ 同上书,第136—137页。

有可能进行"①。与这里胡塞尔所说的不带有直观和充实的单纯表述的含义相对的就是本真地进行的思想，它奠基于一个感性直观的行为中，但这个感性直观当然不是这个行为本身（如种类直观或观念直观）。洛克由于其"观念"的含糊性，虽认为存在一般名称和一般观念，却把一般观念理解为对一个特征的直观的特殊表象（即洛克那里不存在表述含义这一领域，或者洛克把导致一般性的这个含义或观念领域还原或者等同于直观的或显现的领域），"所以，他提出的'一般观念'实际上是以心理学方式对一般之物进行实在设定，一般之物变成了实项的意识材料"②。胡塞尔的观念直观的学说于是便在和经验主义或心理学处理方式的论辩与批判中显现出来了。洛克著名的一般三角形的观念也就有上述心理学的实项意识材料的特征、被洛克视为是实在存在的。而在胡塞尔看来一般三角形观念是一个单纯被意指之物，它和真实之物、心理实在的存在是对立的，洛克的主要错误正在于此，即"观念"的含糊且具有心理主义色彩，没有注意到含义、观念、种类在现象学意指层面上的可描述性和独立性。

## 第三节　抽象与注意力

唯名论将"抽象"理解为注意力所具有的功能，这也是 J. S. 穆勒的观点，他认为：不存在一般表象，也不存在一般对象，但在直观地表象个体具体之物的同时，也可以将注意力和兴趣朝向对象的不同部分或不同方面；通过使用符号我们能够经过联想来唤起和一般表象、对象相关的思维过程并进行沉思或推理。胡塞尔对穆勒的观点进行了批评，他认为穆勒的具有心理学色彩的分析，以及在有关直观地得以实现的一般意识所具有的一种成分方面是富有教益的，但认为其不足在于明证性的缺乏，并且其目的根本在于否定这些明见之物是存在的，其学说根子上还是一种经验心理学。胡塞尔的立场是：一切种类表述的含义都应追溯到直观的基础上来，那种不带充实直观的

---

① ［德］胡塞尔：《逻辑研究·第二卷第一部分》，倪梁康译，上海译文出版社1998年版，第137—138页。
② 同上书，第138页。

意指行为是以本真的直观的意指行为为基础的。由此可见，一般之物不是一种虚无而是有根基的。当然，此时的胡塞尔还没有详细关注和考察这种非本真意指的表述行为层次的起源［"知识理论体现了胡塞尔早期现象学的直接目的，它被视为和普遍数学（形式逻辑和本体论）有着严格关联"①］。

胡塞尔认为现代唯名论的起源是对洛克关于一般观念之学说的过分反应。穆勒的一般之物的学说和单纯语音名称的盲目联想的观点虽然看到了符号的意义层次，但完全忽略了这个符号意义、这个一般之物的观念意义的根源在于构成一般之物的"本真"表象的相关性的充实行为（可见观念直观建立在感性经验的充实之上），即"展示在一般之物在其中'自身'被给予我们的那种明晰的观念直观〈Ideation〉［胡塞尔第一版作'现时抽象'——笔者注］中"②，而这些和心理学层次无关。实际上从心理学上可以说这种意识因果地依赖于种种因素或先行的体验、无意识的心境等，胡塞尔没有否认这些。但他对逻辑学和认识论的兴趣很浓，暂时还对这种心理学层面不感兴趣，不过可以看到，后来的现象学发展在现象学的意义上同样关注了这里的心理学内容，将其视为笔者已多次涉及过的前谓词前语言的领域，这是在发生现象学的构架下才能包括进来的东西。胡塞尔这里的表达暗示出了日后的理论发展："与任何的心理学体验一样，任何思维体验从经验上看都具有其描述性的内涵，并且从因果方面看都具有其原因和结果，它以某种方式干预生活的运转，并行使着它的发生作用。"③ 在此可以看出"发生现象学"的种子早在《逻辑研究》中就已埋下了。但现象学的目前阶段的兴趣从属于认识论和纯粹逻辑学的静态描述，只对本质形式和差异等感兴趣，比如如果在可被明见地指明的东西中发现一般表象和个体—直观表象之间的差异，那么考察到此就够了，而无须考虑其发生作用的和相关联系如何，④ 可见胡塞尔对于一般性、一般对象的考察是和现象学的含义和含义充实角度相关联的，而不是从心理学作用、注意力的突出等角度来进行的。

---

① Iso Kern, "The Three Ways to the Transcendental Phenomenological Reduction in the Philosophy of Edmund Husserl", in Bernet, R., Welton, D., Zavota, G. (ed.), *Edmund Husserl: Critical Assessment of Leading Philosophers*, Vol. II, Ed. by, London and New York: Routledge, 2005, p. 73.
② ［德］胡塞尔：《逻辑研究·第二卷第一部分》，倪梁康译，上海译文出版社1998年版，第154页。
③ 同上。
④ 同上书，第155页。

胡塞尔自己从现象学的观点的角度、从含义和含义充实方面区分了一般性的三种形式:"一个 A"、"所有 A"、"A"(如"一个三角形"、"所有三角形"、"三角形")。(1)"一个 A",它可以在无限多陈述中用作谓语、规定着所有的可能主语,"一个这个词所表述的是一个形式,这个形式明见地隶属于含义意向或含义充实,……这是一个最终无法还原的因素,……而不能通过任何心理学——发生的考察而被消抹","一个"表述了一个原始的逻辑形式。(2)"所有 A",一般性在这里属于行为本身的形式,该表述表述着和任何一个 A 有关的普遍判断。(3)"A",即表达一般性、种类,它属于 A 这个含义本身(含义正是在此从"类"的层面加以看待,当然和这里所表述出来的内容的一般性和种类应区别开来)。(1)和(2)中的一般性与(3)的一般性不同,后者乃种类的一般性,它和(1)所指的范围的一般性相近,但区别也明显。种类的一般性是本质上新的表象方式,"它不仅意味着一种对个体个别性的新的表象方式,而且还使一种新的个别性被意识到,即种类的个别性"①。一般性在(1)、(2)、(3)中的区别既是含义上的区别又是逻辑形式上的区别。而以心理学为背景的唯名论完全忽略了这种形式上的、本质上的意识形式(意向形式和充实形式)的不可还原的特性,也无法区分各种一般性概念[如(1)、(2)、(3)],它看不出来逻辑形式同时也可以看作是观念种类的含义意向形式,这也表明逻辑形式的根源乃为面对意识诸领域的现象学的探究所要澄清的。

胡塞尔接下来也对贝克莱的相关抽象的学说进行了讨论和批判。贝克莱认为被抽象的属性只是在我们称之为现象的对象的属性复合的显现中的一个组成部分,使这同一个属性的各个重复得以区别的仅仅是个体化的联结,这样抽象作为兴趣或注意力就会导致被抽象物的差异性的、个体性的丧失。胡塞尔认为这种观点必须加以拒绝,他认为抽象论的目的是要澄清一般含义和个体含义之间的区别,把握住这个区别的直观本质,在直观行为中语词含义随直观而充实,据此而来的抽象论之抽象乃是一种行为,在这个行为之中一般意识作为对一般名称的意向的充实而得以进行。胡塞尔认为抽象注意力将

---

① 参见[德]胡塞尔《逻辑研究·第二卷第一部分》,倪梁康译,上海译文出版社 1998 年版,第 158 页。

抽象等同于注意是不对的，抽象并不抹消抽象对象的个体性，比如我们无法只注意绿色而不注意叶片；并且按照注意的理论，对个体之物的意指和对一般之物的意指之间不存在本质的差异，而仅仅是精神偏好的不同，即属性、一般之物仍像个体物一样被把握，这就根本无法弄清属性、种类这样的语词的意义何在，这就导致对我们的知识来说不存在种类，但我们确实可以在清楚的意义上谈论种类，并指称和意指观念，和对观念加以陈述，所以将抽象等同于注意力的学说仍然偏离了其目标。对于个体对象的特征或属性进行意指时其个体化是否已被取消或排除？在个体化的行为中，个体化本身是否必然被意指？回答是：对对象的一个部分或特征进行注意和观察时，我们并没有特别地对于这个对象加以注意和想到要在一般表象的意义上进行抽象；"只要一般意识在直观地、作为真实的和真正的抽象在进行，基础直观的个体对象就肯定会一同被意识到，尽管它还完全未被意指"①。此时，我们并不对个体之物盲目无睹，"例如，当我们观看着盛开的茉莉花，嗅着它的芬芳陈述说：茉莉花具有一种醉人的芳香。这时我们肯定不会对这个个体的茉莉花视而不见"②。所以，即使直面个体性对象的因素，抽象注意力学说要排除个体化也是无法做到的。贝克莱的抽象注意力学说的基本缺陷根源于洛克的偏见："意识在其行为中直接地和本真地所朝向的那些对象，特别是注意的对象必然是意识的心理学内容、意识的实项〈reell〉事件。"③洛克仅仅是在心理学和实项层面上在研究一般对象领域，在洛克那里"意识行为只能在那些在意识中现实地被给予的东西上，即在意识自身实项地作为其组成部分所蕴含的那些内容上得以直接地进行"④。胡塞尔认为这不对，评判一匹马，我们所表象和评判的乃是这匹马而不是我们的各种感觉，"这里所包含的感觉或想象材料〈Phantasmen〉的总和被体验到并且在这个意义上被意识到，这并不意味着，并且也不能意味着：这个总和就是一个意识的对象，即一个在指向它的感知、表象、判断意义上的意识的对象"⑤。被体验的内容

---

① [德] 胡塞尔：《逻辑研究·第二卷第一部分》，倪梁康译，上海译文出版社1998年版，第167页。
② 同上。
③ 同上书，第168页。
④ 同上。
⑤ 同上书，第169页。

在此时并非我们所关注的正常客体即一般对象或属性规定。这些观念对象的产生和性质肯定不能用对在直观中被给予之物的单纯关注,甚至对被体验的内容的关注来解释。胡塞尔实际上依然坚持着意向层面的合理性。

对基于感性之上的抽象的领域胡塞尔区分了两种行为层:(1)一个属性因素直观地被给予;(2)是建立在(1)之上的行为,"它们不是单纯对这个因素的注意,而毋宁说是一种新的、总体化地意指着从属种类的行为"①。它不考虑直观是否以相应性的方式提供属性因素。对应行为(1)/(2)胡塞尔区分了两种抽象:第一,素朴地和有可能相应地以感性直观为依据的感性抽象。第二,非感性的或至多是部分感性的抽象,"已经实现了的一般意识一部分建立在感性直观的行为上,另一部分建立在非感性的行为上并因此而与思想(范畴)形式有关"②。和"第一"相应的有"来自外感性和内感性的、未经混淆的概念",如颜色、声响、疼痛、判断、意愿等,与"第二"相应的有系列、数目、对立、同一、存在等等(这里即第六研究范畴直观所涉及的诸范畴)。另外现象学意义上的"注意"和"抽象"并不局限在和与感性有牵连的上述(1)、(2)行为中,而且还涉及和直观无关的思维和判断领域,涉及这些领域的内容有相应特征的意指行为和含义与之相符,意指的客体之物随情况的不同可以是总体的实事状态、普遍的实事状态,也可以是不定的单个实事状态(如:"某个 A 是 B")。现在"注意"不是针对为思维奠基的个体直观,也不是和直观相关的充实特征,而是"……在此基础上(这是说不带直观充实的非感性的行为最终起源或可追溯到和直观相关的层次上,参见 291 页注③——笔者注)得以'明见的'思想客体,在思想上受到这样或那样理解的对象与实事状态。而且,我们在'抽象'中不是单纯地观看个体直观之物……而是把握一个思想性的东西、一个合乎含义的东西。这样一种'抽象'当然只能意味着:我们生活在对这种思想性的、时而这样时而那样被构形之行为的明晰性进行之中"③。所以,在现象学之下,注意力的概念包含了直观意指和思维意指的全部领域,包含直观与思维,该范围和关于某物的意识的范围一样广,因而可以说"注

---

① [德]胡塞尔:《逻辑研究·第二卷第一部分》,倪梁康译,上海译文出版社 1998 年版,第 170 页。
② 同上。
③ 同上书,第 172 页。

意"不依赖于意识类型或方式的差异了。这种广泛意义上的"注意"源于现象学考察本身的特点,在这里我们所意识到的对象不是可以简单发现并抓住的盒子里的东西,而"……首先是以对象意向的各种形式将自身构造为一种东西,即我们将它看作是它所是的那种东西"①。从直观到思维形态及其杂多的范畴形式和以其为依据的含义形式,都贯穿着一个本质统一的概念,有一个意指、一个意向存在着,指向一个对象,它是关于这个对象的意识。显然,胡塞尔的"注意"、"抽象"、"一般"对象的学说都可以最终追溯到"意指"层面上来,而心理学的"注意"则是在对体验内容的关注中形成的,包含的是实项层面。

## 第四节  抽象与代现（Reprsentation）

胡塞尔还考察了作为思维经济的技艺手段的一般表象。他认为将一般概念和名称看作是单纯技艺手段,使人省去对所有个体事物的个别观察和个别命名,这是一个从中世纪唯名论那里承袭下来的错误（洛克承袭了该思想并带给了近代哲学）。胡塞尔认为："没有一般含义,所有陈述都无法进行,因而个体陈述也无法进行,并且,根据单纯的直接个体表象而进行的思维、判断、认识在逻辑上的重要意义也就无从谈起。"②在胡塞尔看来,思维经济的观点无法得出思维的多余,因为思维经济可以达到的成效根本不是思维的成效。这里提到的认识不等同于单纯的直观,"而是那个相应的、在范畴上被构形并因此而与直观完全相合的思维"③,即是那个从直观中吸取着明见性的思维,即范畴直观或观念直观。胡塞尔认为只有在思维、认识的领域内思维经济学才有其广阔的领域。

所谓代现理论和将一般概念理解为省略思维的技艺手段是一脉的,即用个别直观来代表整个一般、等级。在胡塞尔看来,代现论无助于一般含义的本质描述,不值得分析,以这种理论眼光人们根本看不出赋予一般表象和思维的个别体验以其全部特征的新型意识方式。

---

① [德] 胡塞尔：《逻辑研究·第二卷第一部分》,倪梁康译,上海译文出版社1998年版,第173页。
② 同上书,第179页。
③ 同上书,第180页。

而在现象学的眼光之下真正的代现学说应该是这样：赋予名称或图像以代现特征的是一种新的表象行为，在意指中进行的是一种对于内/外感知而言新的意指方式，它和单纯直观中的意指意义完全不同，且具有非常不同的对象。并且根据一般名称的逻辑作用的不同，根据它所涉及的含义联系的不同，这个新的意指内容也不同，其描述性本质方面具有杂多的差异性。在这里被意指的不再是个体被直观所显现的情况，而可能是一个在其观念统一中的"种类"〈Spezie〉（"音阶c"、"数字3"）、可能是一个作为分有一般之物的个别性总体的等级性〈Klasse〉（"这个音阶上的所有声音"、"所有A"）、可能是这个种类（"一个A"）或等级（"在A中的某个东西"）中的一个不定的个别之物、可能是被看作属性载体的被直观的个别之物（"这里的这个A"）。每种情况下，"那种在逻辑学意义上叫作'表象'的东西……都会发生变化"①。各种相伴的个体直观是否保持不变无关紧要，只要意指发生变化逻辑表象就会变化，意指不变逻辑表象也就会保持同一，这里奠基性的显现可以完全被取消。实际上这里逻辑表象、意指可以说是思想的"立义"，胡塞尔提醒应区别感性的立义，意指"一个A"不同于素朴直观地表象"一个A"，也不同于在直接的意指和指称（通过专名指称）中关涉到A，其意向特征均是不同的。当然，逻辑意义上被表象的本真形式和直观充实的明证性是相关的。所以总结一下一般代现在现象学目光之下的解释就是，"如果我们将代现的一般性理解为那种在直观基础上进行的新的意识方式，或者更确切地说，理解为那种变换着的变更，一般性意识在这些变更中得到描述，无论它被描述为种类之物的意识，还是被描述为总体性意识，或是被描述为统一性意识或多数性意识等等"②。另外其他的代现情况，如直观图像的代现、无须形象的帮助而代现地起作用的名称以及个别观念的外在使用，甚至无意识联想的机械过程等，所依靠的都是意指行为及其差异。胡塞尔对于代现理论的批评和重新解释实际上是很简单的：用现象学的内在主义式的话语将一般性代现理论改写了一遍。

洛克和贝克莱还有一种关于代现的代表学说，胡塞尔对之也进行了批

---

① ［德］胡塞尔：《逻辑研究·第二卷第一部分》，倪梁康译，上海译文出版社1998年版，第183页。
② 同上书，第185页。

评。"代表"这一说法本身首先就是成问题的，每一个个别观念都可以被用来作为抽象的基础，作为一般含义的直观奠基，这样推理会导致每个个别观念理论上是等值的，这样会得出个别观念也是个别观念自己的代表这样一个自相矛盾的结论。在胡塞尔看来，贝克莱混淆了两个不同的事物：（1）符号（名称、个别观念）和（2）符号的含义，对于（2）而言不涉及代表意义上的代现，而是在思想和观念、逻辑的意义上被表象和实行代现，对于"所有 A 都是 B"而言，每个 A 都先天有效，谓词 B 可以合理地陈述 A。这种意义上的代现不将具体的判断实项地包含在自身中，"一般表象并不因此就将隶属于它的个别观念实项地包含在自身之中，无论这里所说的实项是在哪一种心理学的或现象学的意义上的实项①……"② 心理学意义上的实项会以一捆一束的代表方式包含个别观念。另外，由于"观念"最终追溯到和直观、明见性相关联，所以其范围是有限的（观念意义上的一般概念，如数、空间构成物、颜色、强度等，其范围都是有限），而贝克莱、洛克的"代表"理论则是由于唯名论的倾向而造成一个概念或观念可以代表任意对象，其范围无限，因而是荒谬的。在笔者看来，洛克和贝克莱都处在英国的经验主义传统之中，③ 强调经验和个体，能够用个体性来说明的就无须再使用一般性的概念或引入实体，所以他们都使感性—直观的个别性优于本真的思维客体。但这样一来，人们实际上只具有代表性的个别观念而根本就不可能具有思维，连一个谓词判断都难以成立！胡塞尔认为一般含义已经和逻辑形式、主语、谓语等相融合（实际上含义和逻辑层面都是考察意向行为的不同层次，参见本书第一章），但是在不同句法作用而有某些变更的情况下仍然保持着其核心内涵，在这些句法形式中思维的结构得以显示、含义的观念本质得以先天展开（后文对第四研究的讨论中会涉及这一点），而"代表"

---

① 这里可见实项概念是适用于心理学和现象学两个层面的用法的。
② ［德］胡塞尔：《逻辑研究·第二卷第一部分》，倪梁康译，上海译文出版社 1998 年版，第 190 页。
③ 早在 13 世纪经院哲学中，"牛津大学和巴黎大学的学术气氛就有不同……在巴黎大学引起争论的那些形而上学与神学问题在牛津大学并不是热门话题。两个大学的学术风格的差别来自不同的思想传统。巴黎大学继承了 12 世纪法国学者如阿伯拉尔、圣维克多学校的辩证法传统，牛津大学继承了 12 世纪英国学者研究数学与自然的传统……英国经院哲学家的知识体系中包含着更多的数学与自然知识，他们的科学精神已经有近代自然科学重视数学与经验的成份"。（赵敦华：《基督教哲学 1500 年》，人民出版社 1994 年版，第 330—331 页）

理论则无法说明这些情况。这里胡塞尔仍然在一种意向、内在注意的层面上去解读英国经验主义传统。同时，也不能说洛克和贝克莱根本上就完全无视个体意向中的个别观念与一般意向（作为概念意识的基础）中的个别观念之间的描述性区别，其基本的错误或混乱在于这样一个动机：他们仅仅坚持直观个别之物，坚持思维体验中伸手可及的东西。坚持名称和示范性的直观，却不知道如何从行为特征开始，这些特征恰恰不是伸手可及的东西，他们一再地寻找进一步的感性个别以及对这些感性个别性可表象的使用方法，以便能够赋予思维以意义，这样他们看不到立足于意指之上的全新的意识方式和特征，这些特征和方式就是对这些和那些含义内涵的意指〈Meinen, Bedeuten〉，"除了意指之外，人们在它们后面再也无法找到任何其他的东西或能够是其他的东西"①。如果联系第一研究中说的，表述的本质在于含义、含义意向，那么胡塞尔的观点是统一的，他坚持含义—意指层面的合理性。胡塞尔自己说出了对含义地位的一种评价："作为'含义'的东西可以如此直接地被给予我们，就像作为颜色和声音的东西是直接被给予我们的一样。它无法再进一步被定义，它是描述上的终极之物。只要我们进行或理解一个表达，这个表达就对我们意指某物，我们现时地意识到它的意义。这种理解、意指、实施一个意义，它们都是对这个语音的听或对某一个同时的想象材料的体验。"②含义的现象学在胡塞尔说穿了其本体论地位之后才变得分明，他规定了它的两个任务：（1）确定在象征—空泛的含义和直观充实的含义之间所存在的认识论上的基础性的区别（这正是第六研究所会涉及的内容）；（2）研究含义的本质种类和联结形式，这是现时含义分析的各个领域（实际上也是意识行为被映射的含义总体领域的一种研究，这实际上在现象学的各种意向行为的研究中均有表现），同时在纯粹现象学的认同与区别、联结与划分中，以及通过总体化的抽象，人们获得本质性的含义种类和含义

---

① ［德］胡塞尔：《逻辑研究·第二卷第一部分》，倪梁康译，上海译文出版社1998年版，第192页。借助罗蒂的观点，也可以把这处引文中的"东西"理解为话语、语汇。的确，有些研究的层次诉诸个别性是不好解决的，比如蒯因举土著人每当看到兔子时便说"Gavagai"的例子，是指一只兔子还是兔性或者兔子的白颜色？求诸外延（个别性）还是内涵（意指）？终究无法求证哪一种更有效力些，似乎只能说在某些场合某些背景下其中之一要更合适些。（参见［美］蒯因《语词和对象》，载《蒯因著作集·第四卷》，陈启伟、朱锐、张学广译，中国人民大学出版社2007年版，第223—250页）

② ［德］胡塞尔：《逻辑研究·第二卷第一部分》，倪梁康译，上海译文出版社1998年版，第193页。

形式、获得逻辑的基本概念，即对原始含义区别的观念把握。洛克和贝克莱没有进行含义的现象学分析以便确定逻辑的基本形式，他们没有看到"逻辑形式无非就是行为的典型特征和（在复合意向的构造中）它们的联结形式，而是进行通常意义上的逻辑分析，人们思考，在含义中就对象方面而言被意指的是什么，然后在行为中实项地寻找这个被意指为对象的对象"①。这里再次提示出胡塞尔的逻辑学观点，他谈论形式逻辑，并且尽量将研究通过形式化而体现出来，但是他另一方面坚持形式逻辑背后的基础是意识层面的，是现象学要加以考察的。洛克和贝克莱没有思考含义本身，而是反思含义的对象的情况，这同现象学的含义研究是根本不同的。这里已经再次表明，胡塞尔的含义思想从一开始就超出了表述含义之外。

## 第五节 关于休谟的抽象理论

胡塞尔认为休谟将贝克莱的代现论肤浅化了，是经验主义的更为彻底的形态："因为他不去观察（在含义意指和含义充实之中的）含义特征，而是迷失在那些发生性的联系之中，这些联系赋予名称以联想关系"，他"……企图将一切都还原为'印象'（感觉）和对'观念'的聚合排列（想象材料，作为'印象'的淡化了的影子），这样一种心理学和认识论当然会对意识方式、意向体验意义上的行为感到不舒服"②。对胡塞尔来说，种、属、相同性关系等是通过总体思维的行为才作为对意识而言的统一性而造出自身的，这里只需诉之于思想而已。

休谟想得出（1）别的观念如何会具有其代现作用，（2）一个个别观念可以纳入到许多相似性范围中，为什么恰恰是这个代现范围在此联系中得以突出？是什么在限制个别观念的代表作用？对于（1）、（2）的回答，休谟采取的是心理学意义上的发生分析，他把思维理解为一种认识—经济学的作用，这和洛克是一样的。这种方式缺乏充分的基础性的描述分析，无法达到理论上的完善性和最终的有效性，依然缺少了一个内在主义的意指、意向的

---

① [德] 胡塞尔：《逻辑研究·第二卷第一部分》，倪梁康译，上海译文出版社1998年版，第193页。
② 同上书，第200—201页。

维度。

休谟仍然从心理学上去澄清观念抽象因素和直观的客体的区分（又称为"理性区分"）得以成立的方式。这种区分涉及两个方面，具体以白色的球为例，"……一方面涉及到球体本身以及它的内属性，例如它的均匀的白色；另一方面又涉及到球体的显现以及包含在这个显现中的感觉复合；其中包括例如连续映射出来的白色感觉……但在这里和在其他地方一样，休谟忽略了这个区别。显现与显现之物在他那里融为一体"①。休谟坚持将抽象因素看作是真实内居的东西，他解决抽象因素和一般对象的关系诉之于"相似性"，而这会导致循环。从现象学的观点来看，抽象内容被理解为在具体观念统一中实项地被体验到的诸因素，然后胡塞尔诉之于明见性继续说明上述理性区分，"我可能会误识感知对象的存在，但我不可能误识这一点，即：我将这个感知对象作为带有这样或那样规定性的东西来感知，并且它在这个感知意指中不是一个完全不同的东西……"② 这是显而易见的、明见性的，"没有这种明见性，甚至连享有盛誉的内直观的明见性——只要'内感知'被理解为意向体验的感知……都是毫无用处的"③。胡塞尔认为直观对象的红与直观某个相似性因素是明见地不同的，如果人们将后一种直观归为未被注意或被意识到的东西，那么就会造成不利因素的增加，"因为人们为了一个不可被关注之物而牺牲了这个明见被给予的意向"④。胡塞尔在这里采取另一套语言，他认为这种区分（球体的显现和球体的白色），即事物与特性之间的区分是本体论上的差异，"它们不是体验特征，它们不是以一个实项因素的方式包含在各种被给予现象本身之中并在其中可被指明的东西……"⑤ 显然，对显现的体验乃是一种实项层面的描述，对于白色当然也可以说存在于实项体验层面，但若谈及上述差异，则要在意向层面上来说了。胡塞尔自己也如是说：可以将对于区分一般对象有效的明见性运用于对于内部材料（"内部材料"表明胡塞尔可以不再使用显现与被显现的区别这

---

① ［德］胡塞尔：《逻辑研究·第二卷第一部分》，倪梁康译，上海译文出版社1998年版，第207页。
② 同上书，第209页。
③ 同上书，第210页。
④ 同上。
⑤ 同上。

样的表述方式，而将二者融入新概念"材料"之下并区分其在内感知体验上的差别①）的意向区分，体验都可以分出意向层面并在意向层面上明见地进行描述。事实上，胡塞尔在整个第二研究中表面上错综复杂的论辩性写作背后的实际思想是简单明确的：强调意向层面、观念领域的明见性，及其在我们的表达和判断中的不可或缺性。他这里又强调了相同的意思："感觉因素、颜色因素、形态因素和其它内在的规定性确实作为构造直观的因素而从属于直观的统一，这个明见性是无法用任何方式被否定掉的。人们至多只能将它们解释为某种融合的结果，或者也可以解释为实项地、但却以不被注意的方式包含在这些结果的要素本身之中的产物；但是，无论这在心理学的角度上是多么有趣，这个描述性的直接成果，这个为了澄清概念和澄清认识而受到考察的东西却不会因此而有丝毫改变。从理论上排斥这些抽象内容以及抽象概念，这就意味着企图将那些事实上是所有明晰思维和明晰证明之前提的东西证明为是臆想的。"②

胡塞尔提到了梅农也谈论明证性，但显然不同于胡塞尔自己的。梅农的明证性是内部的和对象存在（实存）对应的表象的明证性，胡塞尔也不要求对象一定是实存的，而只要求明见性关涉表象方面的意指（即胡塞尔的对象不一定是现实世界中的实存的对象，但最后须能追溯到经验现实层面上），即表象的含义内容。由此可见，含义和对象由于现象学的内在主义层面而相互对应，胡塞尔将意指用以刻画感知，所以已经有足够的理由认为，"含义"用于感知等其他的意象行为同样是可行的（另参见本书第五章第三节）。表述的明见性是不能仅用感知层面的明见性来说明的，反过来也一样。所以，在《观念1》中，胡塞尔专门分出了 logos 层次和涵括 logos 层和其他意向行为的更为一般的意向相关项 Noema 层。

对于并非对象的抽象部分之内容的现象学事态，而是具体的白色色块和整个物体的白色的关系（即分片和整体的关系），休谟对此没有进行具体分析，胡塞尔猜测他也许把一个同质的白色平面"……看作是一个可分的客体，而所有在现时划分中可区分的部分都被我们作为事先就在它之中存在的

---

① 这里和《观念1》中的"质素"〈Hyle〉相关。参见本书第 130 页脚注①德里达对胡塞尔"质素"观点的相应批评。

② ［德］胡塞尔：《逻辑研究·第二卷第一部分》，倪梁康译，上海译文出版社 1998 年版，第 212 页。

部分而置入到它之中。……在对这个白色平面的观察中被现时地体验到的内容包含着块片，这些块片与总体内容的关系类似于客观平面块片与整个平面的关系"①。休谟的分析也许就会是这样的，他并没有深入到对具体的意识行为的分析，而是站到了外在注意的角度去说明，他没有明确说明"这个现在被给予的、复合的、被间断性所分片的〈zerstückt〉内容与原初的、完全统一的、自身无差异的内容是不同一的"②。而对于部分色块的注意在现象学的分析中显然具有和整体色块的注意不同的意向行为特征，"我们现在在这个内容上注意到这个部分，然后注意到另一个部分，再注意到另一个部分。但体验随着每一个步骤而发生变化"③。胡塞尔在这个地方还表述出了读者经常会碰到的、在《观念1》中经常出现的"视域"或"晕圈"模式的分析，"各次被注意到的部分不仅处在注意〈Bemerken〉的视点上，而且更确切地说，处在观看〈Sehen〉的视点上，并且，它所提供的感觉不同于当它处在背景中时所提供的感觉。如果我们更严格地坚持这些的内容，那么各次被偏好的内容便只能像是被一个与它不是分离、而是交织在一起的、模糊的、完全混乱的一堆东西所包围，或者说，被一个'边缘'，一个'晕'所包围……"④

对于现象学的不信任和怀疑体现为这样一种极端的情况：现象学者将抽象因素，块片内容都解释为和意指相关涉的、是"统一"、"综合⑤"之下的内容，那么究竟还有没有复数内容的存在呢？并且这种怀疑的顶点形态是对意识作为一个绝对统一的东西的怀疑，"我们至少无法知道，它是否具有部分内容，它是否会在某个体验中展开自身，无论这体验是同时性体验，还是时间上相续的体验"⑥。这种怀疑使得心理学也不可能了。胡塞尔认为这种怀疑不会取消现象学分析的有效性，也不会取消心理学的有效性，"首先将

---

① ［德］胡塞尔：《逻辑研究·第二卷第一部分》，倪梁康译，上海译文出版社1998年版，第214页。
② 同上书，第215页。
③ 同上。
④ 同上。
⑤ "'综合'概念在胡塞尔那里涉及到最宽泛意义上的意识统摄能力……"（参见倪梁康《胡塞尔现象学概念通释》，生活·读书·新知三联书店2007年版，第456页）这和康德的"综合"概念是极为相近的。
⑥ ［德］胡塞尔：《逻辑研究·第二卷第一部分》，倪梁康译，上海译文出版社1998年版，第216页。

这些现象纳入到尽管完全清晰的（因为是直接根据直观而构造出来的），但仍然模糊的概念中去，然后在这些概念的基础上进行杂多的、实事上虽然粗糙，但仍然明见的划分，这些划分足以使一项心理学的研究成为可能"①。（这里可对照本书第三章第一节——笔者注）。胡塞尔诉之于明见性，认为就感性、经验和心理学意义上的体验活动而言，各种怀疑都是非常可能的，但不是任何情况下都可能，"只要有大致的区别，那种排除了任何合理怀疑的明见性就是可及的"②。这里实际上就对应着《观念1》中提到的描述科学的严格性（参见本书第二章第三节），所以可以看到明见性不是说符合事实或对实在下断言，而是在意识的领域内承认我们可以承认的东西，而事物实在的真实面目则完全可以是另外的样子。另外胡塞尔这里也涉及了精确科学以及和描述科学的差异："如果我们将经验概念和关系转化为精确的概念和关系，如果我们构造出关于广延、平面、质性相同性和连续性等等观念，那么先天精确的定律便会产生，它们会将那些建立在严格概念意向中的东西分解开来。与它们相比，纯粹描述的陈述只是一些不准确的近似。但是，尽管含糊之物、全部单个的、现象的个别性领域不属于精确认识的领域（这种认识是用纯粹的观念之物来操作的），它却并不因此而被排除在认识一般的领域之外。"③

## 第六节  对各种抽象和抽象物的概念划分

前面关于抽象存在者的洛克的注意力学说和休谟理性区分的学说，二者具有差异，后者认为只存在部分、块片、可分离的或可被想象为是分离的部分，而前者区分独立与不独立部分（即具体和抽象的内容）。但这两种抽象理论都存在将进行强调性突出意义上的抽象混同于在概念构成意义上的抽象的问题。概念构成意义上的抽象问题之处理方式涉及种类的明见性，或者说涉及的是通过向充实性直观的回溯来澄清一个一般名称的含义，也并非是在心理学层面上的探讨，这里所探讨的抽象表象其意向朝向种类而不是朝向那

---

① ［德］胡塞尔：《逻辑研究·第二卷第一部分》，倪梁康译，上海译文出版社1998年版，第217页。
② 同上书，第218页。
③ 同上。

些不独立的或抽象的内容。这里可以看到抽象或者本质直观的问题和整体—部分的问题有区别（当然也有联系），不独立因素不能混同于种类，主观上被体验到的抽象内容也不能混同于抽象概念。在洛克那里"抽象观念就是一般含义；但它们被描述为特征并被心理学化〈psychologisiert〉为抽象的、与具体直观相分离的感觉内容"①。所以需要将抽象和抽象物的概念加以划分和澄清。这里胡塞尔实际上在为转向第三研究做铺垫。

按照上面提到的洛克和贝克莱所关注的抽象物的差异，胡塞尔在两个层次上区分了抽象物：（1）围绕不独立内容的各种抽象物和抽象概念的；（2）绕着种类的各种抽象物和抽象概念。

在（1）之下又讨论了具有关联的几点：（a）抽象内容是不独立的内容、具体的内容是独立的内容（关于独立与不独立的内容第七章将详解），"具体内容按其自然本性来说能够是自在自为的，而抽象内容只有在具体内容之中和之旁也［才］是可能的"②，比如说显现的外部对象作为整体而言是具体的，而寓居于其中的规定性如颜色、形式等那些被理解为外部对象统一性的构造因素的东西是抽象的。这个划分具有本体论的价值："有可能存在着这样的对象，它们事实上处在对所有人类意识来说可及的显现〈Erscheinung〉的彼岸。简言之，这个区分一般涉及到在无限一般性中的个体对象并且本身包含在先天形式本体论（这里的形式本体论是第二版的附加——笔者注）的范围之中。"③这里说的是抽象因素可涉及人类尚未触及的对象上，因而它是普遍形式的、观念领域的。（b）以（a）为基础的抽象行为就是得到和上述划分抽象内容相应的那些行为，它们朝向直观显现的具体对象但受到特殊的意指，因而抽象之物从这个具体的对象之中被抽象出来被直观地给予。（c）作为抽象内容立义基础的感性内容，它相对于别的感性内容而言可以得到突出，这种突出可以视为一种抽象。（d）在（c）的基础上以"突出"来刻画抽象，那么就可以在内容被给予方式上寻找抽象之物和具体之物的区别。（e）在（c）、（d）的基础上区分积极的抽象和消极的抽象［对应着（c）］，这似乎是按照意识的偏好程度来划分的，这里和围绕独立

---

① ［德］胡塞尔：《逻辑研究·第二卷第一部分》，倪梁康译，上海译文出版社1998年版，第232页。
② 同上书，第233页。
③ 同上书，第234页。

内容的划分的联系已不再紧密。

在（2）下胡塞尔讨论了几点：（a'）[和（a）的做法一样首先进行了]抽象概念和具体概念的区分。这里的概念胡塞尔从名称的含义的角度去看待，这样名称可以指个体和属性，一般来说，前者具体后者抽象。但是如果从谓语所表述的主语的情况来划分，与相应的谓语表述相关的主语若是具体的，则谓语是具体的，反之则是抽象的。另外胡塞尔还考虑到把概念和属性画等号的习惯做法，这里仍然可以划分（在笔者看来是相对意义上的）具体和抽象概念，一方面是属性，另一方面是具有属性但本身不是属性的对象。这就是从个体对象和种类对象的角度来看待的，比如红这个概念或者是指红本身（这是相对具体的概念）或者是指红这个名称的含义（即种类意义上的含义）。（b'）如果一个表象不借助概念[（a'）中提到的属性意义上的概念]来表示一个个体的对象，那么它是具体的，反之则是抽象的。如果将之映射或体现在含义领域上，此即专有名称的含义和其他称谓的含义，只有专有名称的含义称得上是具体的。（c'）以上基本上是从语法的层次上来考虑的，如果从意指、充实行为方面来考虑也可以，就可以得到前面涉及的"一个 A"、"所有 A"、"几个 A"、"一个是 S 的 A"等情况，这正是本章一再谈论的从观念直观和总体化抽象的角度来看待种类意义上的抽象物。这种划分是胡塞尔的现象学及其整个科学论或本质学构想所偏好的。

在上面（1）中的（a）正是和第三研究相关的内容，独立与不独立内容的研究即和抽象物的研究相关，这乃是一个值得探索的领域，并且可以和胡塞尔的逻辑学（语法学）、本质学以及作为前二者基础的意识层面贯通起来。胡塞尔自己也说："'抽象'内容与'具体'内容之间的区别表明自身是与不独立内容与独立内容之间的施通普夫式区别相同一的，这个区别对于所有现象学研究来说都具有如此重要的意义，以至于看上去不可避免地要预先对它进行详尽的分析。"①第七章笔者就来讨论和抽象—具体问题紧密相连的整体—部分问题或独立—不独立问题。

在本章中读者可以看到第二研究从第一研究关于种类意义上的含义进入

---

① [德]胡塞尔:《逻辑研究·第二卷第一部分》，倪梁康译，上海译文出版社 1998 年版，第 240 页。

到一般对象和抽象问题的讨论，但由于这两个层次的平行对应关系，加上意指行为作为中介交织于其中，含义问题确实成了现象学的分析线索之一，并且和对象层面紧密编织在一起。

# 第七章

# 整体与部分和纯粹语法学：第三、四研究中的意义问题

"It is not until Leśniewski's Foundations of a General Theory of Manifolds (1916, in Polish), that the pure theory of part-relations as we know it today was given an exact formulation."①

对意义的本质我们依然一无所知，但我们却更深入地了解到它在何处显现，如何演变。②

第一研究从意义的层面转移到种类和一般对象的层面上来，第二研究就这种种类作为一种抽象物的角度来谈抽象意识行为的特征，由此得到对于和抽象物有关的独立与不独立内容的划分方式，然后第三研究开始对这一点进行研究。这几个研究之间的关系背后夹杂着对象、意向和含义层面的相互交错和转换，胡塞尔的现象学分析就是在这几个不同舞台上的舞蹈。意义或含义的分析已经交错其中，笔者不能保证在每一处都一一指出其使用。

抽象和具体或者独立与不独立内容之间的区分首先是用于感觉材料的描述心理学领域中的，然后超出这个心理学的具体的、实项的层面还可以用到对象一般的理论中来（体现为《观念1》中所说的形式本体论）。所以胡塞尔得出："这门理论所探讨的是那些从属于对象范畴（正是利科在《观念1》中所说的对象平面。这里同时也可看到胡塞尔的对象范畴具体为何——笔者

---

① 参见维基百科 Mereology 词条（http://en.wikipedia.org/wiki/Mereology）。
② [法] A. J. 格雷马斯：《论意义——符号学论文集·上卷》，吴泓渺、冯学俊译，百花文艺出版社2005年版，第13页。

注）的观念，如整体与部分、主体与属性、个体与种类、属与种、关系与集合、统一、数、序数、数值等等，以及与这些观念有关的先天真理。"①这依然是要从认识论上来澄清逻辑学、检验这些起杠杆作用的概念的根源，为未来的（比如体现在《经验与判断》中的）逻辑谱系学或发生学阐述提供准备。

## 第一节　独立对象与不独立对象②

胡塞尔首先对于对象和其整体与部分的关系做出了划分：（1）对象可以处于整体与部分的关系中，也可以处在整体的并列的各部分的关系中。即每一个对象都是现实的或可能的部分，或者说存在着包含这个对象的现实的或可能的整体。（2）并非每一个对象都必须具有部分，即在观念层面上对对象进行讨论可将对象划分为：简单对象和复合对象。"复合"、"简单"这两个术语通过具有或不具有部分而得到定义。复合性指明整体的许多分离部分，那些不能分离为许多（至少两个）部分的东西就必须被标志为简单的。比如颜色（作为属）和完全确定的红色色彩是不可分离的因素，而红色和覆盖它的广延则是分离的因素，后者中的红色和广延毫无共同点，但是是相互联结的环节〈Glied〉，且环节间相互不独立。但作为组成整体块片的诸块片而言其环节是彼此独立的。胡塞尔认为后一例中的"环节"更贴近日常用法。又如一整个红色面积分为若干个矩形，每一个都是这个整体的块片，彼此独立。不管是块片还是因素，胡塞尔暂时把它们都统一放在"部分"这个标题下，于是部分的关系就处在各具特征的形式中，这些形式取决于独立与不独立的对象性的区别，这正是胡塞尔要考察的。

最宽泛的部分概念：所有在对象中"现存的"东西都叫"部分"；"或更确切地说，在实项的意义上所'具有'的一切，在一个现实地建造它的

---

① ［德］胡塞尔：《逻辑研究·第二卷第一部分》，倪梁康译，上海译文出版社1998年版，第240页。
② 胡塞尔指出独立与不独立的对象或内容的区别是在心理学领域中和内部经验的现象学领域中历史地形成的，追溯到贝克莱，读者可参见［德］胡塞尔《逻辑研究·第二卷第一部分》，倪梁康译，上海译文出版社1998年版，第244—245页。

东西的意义上所'具有'的一切，都是部分"①。如果要对部分做精确的界定首先就会碰到独立和不独立部分的区别。日常所谈的部分是独立的部分；同样，当谈到对象时，人们也会不自觉地想到独立对象。每一个对象之部分都可以成为一个对象或内容。但"对象"在此被使用得也很宽泛，比如不独立的内容广延、色彩等。胡塞尔说："在一个表象复合体［内容复合体］的因素按其本性来说可以分开被表象的地方，那里就有独立内容现存；如果情况不是如此，那么现存的就是不独立的内容。"②从这里的表述也可看出"因素"似乎同样能被用于"具体"的情况（可用于块片），这说明因素概念的外延很广，包括了块片。

对于上述"能够分开被表象"和"不能分开被表象"的进一步刻画是这样的：（1）如果某些内容连同其一起被给予的，但不包含在它们之中的内容中至少有一个内容的变化或取消必定会导致这些内容本身的变化或取消，这两种内容就都是整体的部分。（2）如果在所有与其共存的内容随意变化或取消的情况下，这些内容仍不受影响地保持原状，那么则没有任何东西与它们一起联合成一个整体。对于（2）来说，任何一个事物及其任何一个块片都是可分开被表象的，如"马头"。这种（1）、（2）式的区分不仅可用于显现的客体本身，且对于体验本身而言、对于此体验中被对象地立义的感觉复合体来说都是有效的，如音响或音响构成物的显现、气味和其他体验的显现都是例证，"我们可以轻易地想象它们是与所有事物性此在的关系相分离的"③。以上的解释来自施通普夫，根据他的分析，比如视觉的质：颜色与广延的关系，它们可以独立变更而不改变对方，更确切地说："这种独立的变更性只是在它们的属〈Gattungen〉中的因素的种〈Arten〉。"④但是考虑颜色的扩展和形态会因广延而变化成为不独立的因素，因为此时我们也可以认为"质"（种类）遭到侵袭，如广延变化为零，质也不复存在，这也是施通普夫的观点（胡塞尔认为这里遭到侵袭的不是质而是从属于它的质性的直接因素，相对于质性，质只是第二阶段的抽象物）。按照这一观点，强度

---

① ［德］胡塞尔：《逻辑研究·第二卷第一部分》，倪梁康译，上海译文出版社 1998 年版，第 244 页。
② 同上书，第 245 页。
③ 同上书，第 246 页。
④ 同上书，第 247 页。

与质的关系也和广延和颜色质的关系一样,"我们无法将强度如其所是地自为保留下来,并且随意地改变质,甚或湮灭质。随着对质的取消,强度也无可避免地被取消。反之,随着强度的取消,质也同样会被取消"①。胡塞尔认为这不仅是一个经验事实,也是一个先天的建基于纯粹本质之中的必然性即先天性(这和胡塞尔的本质学相关联了)。所以,直观内容的这些可区分的因素联结组成了感性—直观的整体,由此可以获得关于整体、联结的第一个(较狭窄的)概念,还可以区分出外部感性整体或内部感性整体的不同属性和类的不同概念。胡塞尔称这些因素为相对于组成对象构形而言的"形态的"因素,并且对这些因素可以区分为现象学(心理学)的统一因素和客观的(意向的)统一因素(这里的"现象学"具有《逻辑研究》第一版中的实项意味),前者赋予体验或体验部分本身以统一,后者是超越出体验领域的对象和对象部分——这里是关于整体、联结、部分的第一个结论。

施通普夫的不可分性概念也有令人生疑之处,比如之前提到的"马头"作为一个"可分开表象"的例子,但实际上我们不可避免地要在一个联系中想象马头,这样一来它还可能是可分的吗?所以需要更进一步地定义可分和不可分性或者独立与不独立性。胡塞尔对可分性或独立性的定义是:"在内容本身的'本性'中,在它的观念本质中并不建立着对其它内容的依赖性,它在其本质中(它正是通过这个本质才成为它之所是)并不关心所有其它内容。也许,其它内容事实上正是连同这个内容的此在并根据经验规则而被给予的;但在其可从观念上把握的本质中,这个内容是独立的,这个本质通过它本身,即先天地不需要一同混杂的其它本质。"②而不独立的意义或内容按其本质来说是与其他内容结合在一起的,如果没有其他内容与它同在,它就不能存在。在这里我们也可以不说"内容",而说"对象",这样一来就可以不在"立义"和"被立义"的现象学内容的层面上来谈,而直接获得一个客观的区分,并且由于新的界定完全是从"本质"的层面上来考虑的,因而就无须采用主观层面和主观表达,而是获得客观区分、谈论对象和对象部分。

---

① [德]胡塞尔:《逻辑研究·第二卷第一部分》,倪梁康译,上海译文出版社1998年版,第248—249页。
② 同上书,第250—251页。

从"能够被—思维"中胡塞尔看到了客观观念的必然性，这正是在明见性意识中被给予的，其中包含着确定的纯粹规律性；"一个自为的单个个别性在其存在方面是偶然的。它是必然的，这是因为，它处在规律性联系之中。禁止其他存在的恰恰是规律，这就是说，它不仅是在此地和此时是这样的，而且完全是这样的，在规律性的普遍性中是这样的"①。（这同《观念1》中的论述相对应，可对应本书第二章第三节的论述）这种纯粹的规律不是自然规律。因此对不独立的因素的阐述，所涉及的必然性正是这样一种基于实事性本质中的观念或先天必然性和本质规律性，由此可以看到观念、本质、先天必然性这几个概念具有等价性。胡塞尔说："据此，一个不独立部分的不能自为存在便意味着，存在着一个本质规律，根据这个规律，一个关于这个部分的纯粹的种（例如颜色、形式等等的种）的内容之存在预设了某些从属的纯粹的种的内容之存在，这些内容（如果还有必要补充的话）是指：这个不独立的部分作为部分、作为某种附在这些内容上的东西、作为与它们相联结的东西所应归属的那些内容。"②简单地说，不独立的对象即这样一些纯粹的类的对象，对它们而言存在这样的规律：如果它们存在，那么它们只有作为某些从属的类的全面整体的一个部分存在。更简单地说：它们是部分，这些部分只作为部分而存在，而不能被看作是某种自为存在的对象。如纸张的色彩就是这些纸张的一个不独立因素，"它不仅仅是事实性的部分，而且就其本质，就其纯粹的类而言注定是部分存在；因为一个色彩一般和色彩纯粹的自身只能作为因素存在于一个有色之物中。在独立的对象那里缺乏这样一种本质规律，它们可以被纳入到全面的整体之中，但它们并不必须被纳入到全面的整体之中"③。故而"马头"最终还是被胡塞尔归为独立之物，虽然它不可避免地作为总体的部分被给予，但通过将它从背景中"抽象"或"立义"出来可以分离地被表象。

所以胡塞尔说："一个对象……可以自在、自为地存在，另一个对象则只能在其他对象中或其他对象旁存在"④，胡塞尔强调这样的区别不涉及或

---

① ［德］胡塞尔：《逻辑研究·第二卷第一部分》，倪梁康译，上海译文出版社1998年版，第254页。
② 同上书，第254—255页。
③ 同上书，第255页。
④ 同上书，第253页。

者超越了主观思维的事实性〈Faktizitat〉,且建基于实事的纯粹本质之中,一个与此相偏离的思维是不可能的,与此相偏离的判断则是错误的,"我们不能思维的东西,就不可能存在,不可能存在的东西,我们就不可能思维……"① 所以,胡塞尔看到,即使是"思维"也可在其中发现先天的东西,也即本质性的东西,这里的基本思想是和康德一致的,即寻求认识的必要条件或先天条件。但不同在于,胡塞尔出于本质学的考虑,使得他的先天关注的层面变得非常广,从具体到抽象,从对象到意识、思维本身无所不包。因而除了独立与不独立不仅针对上述讨论的被思维的个体性存在(马头、颜色、广延物这样的东西),而且还上升到观念、普遍性一般性的本质层面。现在独立与不独立的讨论不仅针对个体物也可以针对观念本身,即区分独立与不独立的观念,"例如,在纯粹的种〈Art〉的直至最高的属〈Gattung〉的阶段系列方面,一个最高的纯粹的属的最低的差别〈Differenz〉可以叫作相对独立的,而且在这里,每一个较低的种相对于较高的种都是相对独立的。就某些属而言,与它们相应的个体个别性无法先天存在,除非这些个体个别性同时属于其它属的个体的,但纯粹被思维的范围[如红——笔者注];这样一些属在关系到后一类属时是不独立的。其他例证领域的情况在经过必要的修正后〈mutatis mutandis〉亦是如此"②。可见胡塞尔将独立与不独立的情况用于种—属观念本身,由于第一研究中将含义也从种属的角度看待,所以同时也可以看出这实际上也正是含义的独立与不独立性,它们也都根植于"实事性本质之中"。

胡塞尔注意到应当把独立和不独立内容之间的区分与直观上突出的内容和直观上融合的内容之间的区分相区别。"直观上融合的内容"如均匀的或连续映射的白色的直观到的平面上的各独立部分的情况,这些白色块片之间可以持续地一步步地联结,这同独立与不独立的情况有区别,不独立的内容如果其所处的具体总体内容没有得到统一的突出,它们就无法被注意。③

---

① [德]胡塞尔:《逻辑研究·第二卷第一部分》,倪梁康译,上海译文出版社1998年版,第253页。
② 同上书,第256页。
③ 对于"直观上融合的内容"胡塞尔也总结出一些规律性结论,这也是形式本体论追求形式规律性的体现,读者可参见[德]胡塞尔《逻辑研究·第二卷第一部分》,倪梁康译,上海译文出版社1998年版,第258—259页。

对于"融合"的讨论背后还体现着胡塞尔对于连续性和间断性的看法。在他看来,连续性和间断性不是数学分析可以"精确"把握的,因为胡塞尔总是要将这些数学的抽象对象追溯到其起源和发生上去。① 比如间断性,胡塞尔首先要考察的不是数学教材中出现的实数轴上的间断性,而是针对个体对象之因素而言的间断性,它关涉到同一个仅高于它的纯粹属中的最低的种类差,但不把它定义为共存内容在这些最低种差方面的单纯间距,因为这种定义下的间断性并不确切,如两个同时作响的乐音之间的间距。如何刻画这种间距性呢?胡塞尔认为只有当它超出一个连续变更的因素,即空间或时间的因素而相邻地扩展开来时,他才会得到那些种类差因素。这即是说间距须借助时间或空间的绵延,在不同质的过渡之中它才展现出来,如一颗缓释胶囊不同颜色的上下两部分。这里不仅颜色质得以划分,而且整个具体物也在相互界分视野为局部,实际上可以说间断性是由被覆盖的因素创造出来的,"并且,只有当那个与此变更的一个块片相符的整体随之而被划分出来,这个变更的块片才能作为地受到注意并且首先在意识中得到'突出'"②。这里也可以看出胡塞尔对空间的一种理解:将空间追溯到感觉因素,对它们的统摄(立义)才构造出呈现着的和本真的空间性。胡塞尔这里的空间性不是康德意义上的感性的先天直观形式,而讲的是"本真的"空间的起源和发生的情况(当然十分简略)。可见感性直观下的具体物是借助于相邻因素的间距才得以划分的,整个具体之物的自身突出实际也取决于这两相邻诸因素的"融合"、"渗透","这种融合不是一种以连续性方式或以另一种取消划分的方式进行的相互混合;但它仍然是一种尤为密切的共属性"③。这

---

① "所有直观被给予性本身的本质构形原则上都不能纳入到像数学本质构形所是的那种'精确概念'或'理念—概念之中'……直观性的颜色本身不是理念颜色,后者的种类在'颜色物体'中是理念点〈Punkt〉。在直观被给予性上通过直接的观念直观〈Ideation〉而把握到的本质是'不精确的'本质,它们不能混同于'精确的'本质,后者是在康德意义上的理念,它们(如'理念的'点、理念的面、空间构型或在'理念'颜色物体中的'理念'颜色种类)是通过一种特殊的'观念化'〈Idealisierung〉而产生出来的。"([德]胡塞尔:《逻辑研究·第二卷第一部分》,倪梁康译,上海译文出版社 1998 年版,第 259—260 页。译文有改动)所有纯粹描述的概念、现象学的描述概念都不同于客观科学规定的概念,这里所引的是《逻辑研究》1913 年第二版的文字,对应着《观念 1》中关于严格科学和精确科学的区分,其中关于 Idee 的用法是一致的。参见本书第二章第三节。

② [德]胡塞尔:《逻辑研究·第二卷第一部分》,倪梁康译,上海译文出版社 1998 年版,第 261 页。

③ 同上。

种"融合"现象并包含了突出与不突出、独立与不独立的内容，但其区分是建立在主观直观性领域中的，因而体现不出之前独立与不独立性区分的形式本体论层次。

对于独立与不独立性的讨论是要得出一些规律性来的，这也是形式本体论的要求，胡塞尔认为"在不独立性中任何时候都包含着一个先天规律，这个规律的概念基础是在有关部分和整体的一般之中"①。这些不独立与独立内容由于考察层面的不同（如上我们遇到了形式本体论和主观现象学的层面——笔者注），其存在的方式和规律也不同。例如"在这些规律中被联结的种类，即为那些……偶然个别性领域划界的种类有时是，但不始终是最低的差"②。如颜色和广延的规律规定的具体颜色或广延，最低的差对于颜色或广延而言在此不予考虑，规律仅和具有这些差的种（颜色、广延）本身有关；但如果对质的间距、对奠基的质的依赖性进行观察，那么可以看出，此间距是通过那些质的最低种差而单义地得以规定的。

各种不独立性的规律是"质料"规律或质的规律，它们建立在纯粹属的种类差的基础上，区分于"单纯形式概念的定律和不带有任何'含有实事的质料的'定律。后者包括《导引》中的"形式逻辑学范畴"以及与它们具有本质联系的"形式本体论范畴"，还包括"从这些范畴中产生出来的句法构成"③，它们不同于"房屋"、"树木"、"颜色"、"声音"、"空间"、"感觉"、"感受"等表述出实事内涵的概念，而是指这样的概念像"某物"、"一个东西"、"对象"、"属性"、"关系"、"联结"、"多数"、"数量"、"序数"、"整体"、"部分"、"数值"等，它们"……围绕在某物或对象的空泛观念周围并通过形式本体论的公理而与这个某物或对象相联结，而前者［指前一组概念——笔者注］则排列在各个最高的含有实事的属（'质料范畴'）的周围，'质料本体论'便植根于这些属中"④。这种形式的本质领域和含有实事的或质料的本质领域的划分就是胡塞尔的"分析—先天的科学"和"综合—先天的学科"的区别，或给出了"分析—先天的规律和必然性"

---

① ［德］胡塞尔：《逻辑研究·第二卷第一部分》，倪梁康译，上海译文出版社1998年版，第262页。
② 同上书，第264页。
③ 同上书，第265页。
④ 同上书，第265—266页。

与"综合—先天的规律和必然性之间的真正区别"①。胡塞尔认为不独立性的规律或必然性是属于综合—先天的规律领域范围内的（区分于不含实事的单纯形式的先天的规律）。这种规律像因果规律一样受到事物的实在变化的不独立性所规定，以及那些受单纯质、强度、广延、界限、关系形式等所规定；它不同于纯粹分析的一般性，"如：'如果没有部分；一个整体就不能存在'，或者是分析的必然性，如：'如果没有臣民、仆人和子女，国王、主人和父亲就不可能存在'"②；不独立性的规律与分析—先天的规律之区分是明显的，如："'如果没有一个具有颜色的东西，一个颜色就不能存在'……一个广延的存在并不是在颜色概念中得到'分析'论证的"③。总结性地说，有关分析规律是指除了形式概念之外不含有任何其他定律，除了形式范畴之外不含有其他范畴，分析定律也就是分析的必然性。这说明了分析必然性与经验的此在无关，分析定律是分析规律的一种经验性运用，但其内涵与分析规律相关，即保留定律的逻辑形式而"用'某物'这样一个空泛的形式来取代任何一个含有实事的质料，并且通过向相应的判断形式'绝对一般性'或规律性的过渡来排斥任何一个此在设定"，而"每一个以一种方式（这种方式不允许对这些概念进行保真的表述）包含着含有实事概念的纯粹规律（即每一个不是分析必然性的规律）都是一个先天的综合规律。这些规律的特殊化就是综合的必然性，其中当然也包含经验的特殊化，如：'这个红不同于那个绿'"。④这样，建基于内容的种类本性之中的规律与分析的和形式规律之间的区别就昭然了，前者是与不独立性相关的规律，后者则作为纯粹建基于形式范畴之中的规律而对所有"认识质料"都无动于衷。胡塞尔提示说整体和部分，独立与不独立性应当从本质而不应从经验上去理解。胡塞尔说康德的分析与综合和他自己的是一致的，同时指出了自己在本体论学说上和康德不同，胡塞尔要建立包含形式本体论和质料本体论在内的本质学。

在第三研究第一版第 12 节中独立性和不独立性的概念被引申地用于延

---

① [德] 胡塞尔：《逻辑研究·第二卷第一部分》，倪梁康译，上海译文出版社 1998 年版，第 266 页。
② 同上。
③ 同上。
④ 同上书，第 269 页。

续性和因果性的领域之中，以便这对概念更为一般化。这一节在第二版中被删去，形成了第二版中的第 13 节，原来的第 12 节变成了对分析和综合规律的一个总论（读者在上一段分析中已经看到了）。胡塞尔在阐述因果律时借助了时间因素，在胡塞尔眼中，因果规律体现为："……在某一个时间点上的具体之物的值［具体物在该时间点上被给予的构造性规定——笔者注］……可以借助于在任何以后的时间点上的'同一些'具体之物的值而得到规定，后一种值从而也可以借助于前一种值而被阐释为单义的时间作用。"①"同一些具体之物"这个表述表明，胡塞尔把日常观点中相互作用的因果关联的诸事物看作一个事物组、群，胡塞尔考察这个群、组的变化和保持、考察其"值"。"在因果性中，一个瞬间的具体之物，无论它是自为的，还是与其他共存的具体之物相连的，都依赖于以前的瞬间——因而在某种意义上是不独立的"②，这是一种共存中的不独立性或独立性。对这种共存中的作用和关系也可以不从因果的层面来考察，而仅从类似几何学所关涉的从确定的个别值到规律的变更和置换这个抽象层面上来考察。所以，独立与不独立内容可以在几何层次上加以抽象考察——从共存、相续、值的变更的角度加以看待。由此，独立与不独立的考察再次普遍化，不仅可以谈论共存，并且由因果性—时间的关联，它也可以谈论相续的情况，谈论"共存"话语下的事物群组。

最后在和时间、因果性的讨论相关的背景下，胡塞尔讨论了独立性的相对性。他认为把独立与不独立性的划分理解为相对的，原因仍在于实事本身。之前论述过的思想："在单纯感觉被给予性的领域之内……视觉延伸的因素连同它的所有部分都被我们看作是不独立的，但在受到抽象观察的延伸之内，它们的每一个块片都被看作是相对独立的，它们的每一个因素，例如'状态'和'大小'相区别的形式，都被我们看作是相对不独立的"③；但独立性都是涉及一个整体的，相关存在或者是与随意的时间点有关的共存，或者是在延伸的时间中的相互存在。在后一种情况中和内容相关涉的是有关时间性的一个整体 B，所以独立的内容 a 相对于整体 B 来说又成为不独立的

---

① ［德］胡塞尔：《逻辑研究·第二卷第一部分》，倪梁康译，上海译文出版社 1998 年版，第 282 页。
② 同上书，第 283 页。
③ 同上书，第 270—271 页。

了。胡塞尔这里不仅谈及了时间领域中的情况,并且将现象学的意识流事件或相当于后来的内时间意识的层面引入了进来:"每一个现时的、被充实了的意识——现在必然会并且始终会过渡到一个刚才的曾经存在者〈Gewesen〉之中;因此,意识当下对意识未来提出连续的要求;与此相关,这个刚才的曾经存在者本身具有现时现在的内在特征,(这个曾经存在者的保留〈retentional〉意识恰恰在要求这个被意识为曾经存在过的现象的曾经存在。)当然,我们在这里所说的时间就是那个属于现象学意识流本身的内在时间形式。"①这表明了时间意识也可以在整体与部分、独立与不独立的层次上面加以研究。显然,独立与不独立的相对性与不同层面或考察角度的变换有关联:"在我们的定义的意义上,每一个块片,即视野的每一个具体充实的片断,在视觉的因素直观的具体整体中都是独立的,而这样一个块片的每一个颜色,这个整体的颜色构成等等都是不独立的。而被充实的视野,被充实的触域等等在瞬间、感性的整个直观的整体中并且相对于这个整体而言重又是独立的,质、形式等等则不独立……"② 由此可见,随着划分界限的方式的不同,相对性界限也会产生移动。对于时间角度下的群组而言,如果将某个属于任何时间点的共存群组与包含着它们的相对群组进行比较,并且在可能的情况下也与无限完满的(现象学)时间进行比较,那么我们就会看到,并不是所有那些在共存的序列中被看作是独立的东西都必定要在相续的序列中也被看作是独立的,但反之有可能。比如视觉领域中的一个具有具体充盈的块片相对于被充实的时间整体而言是不独立的,只要我们将它的时间规定为单纯的时间点,一个时间点如前所示只能在一个被充实的时间中延伸,因而是不独立的,但如果在时间中按绵延看待,那么该块片在此绝对不变,即从绵延共存的角度看也可以视为独立的。

## 第二节 "分析性"及其问题

上节中读者看到了胡塞尔对于"分析性"的明确使用和表达,他在其

---

① [德]胡塞尔:《逻辑研究·第二卷第一部分》,倪梁康译,上海译文出版社1998年版,第272页。
② 同上书,第272—273页。

纯粹逻辑学和形式/质料本体论的前提下，使用了个性化的"分析—先天规律和必然性"和"综合—先天规律和必然性"及其相关术语群。现在看看蒯因的观点是必要的。

a. 蒯因论分析性。蒯因的那篇经典论文同样主题涉及对分析性的理解且关涉意义，但却被编者编入意义理论部分。尊敬的读者请允许笔者暂时偏离，您将会看到这里讨论分析性和蒯因将与胡塞尔以及意义问题不无关联。首先回顾一下蒯因的这篇文章。他首先点出了经验论的两个教条——教条之一：相信在分析的、或以意义为根据而不依赖于事实的真理和综合的、或以事实为根据的真理之间有根本的区别；教条之二：还原论，相信每一个有意义的陈述都等值于某种以指称直接经验的名词为基础的逻辑构造。放弃这两个教条的后果之一是打破了哲学和科学之间的疆界，第二就是转向了实用主义。

蒯因先界定分析陈述——被人定义为其否定便会陷于自相矛盾的一类陈述，但是他认为这个定义中使用的自相矛盾概念和分析性概念一样是有待阐明的，"这两个概念是同一个硬币的两面"。矛盾可能和分析性的性质是一致的，这表明上述分析性的定义可能会是一个循环定义。

接下来，蒯因在康德关于分析性之定义的讨论中涉及"意义"，认为意义本身和意义理论不同，他的态度是把意义理论和指称理论做一个严格区分，就会发现意义理论要探讨的首要问题将会是语言形式的同义性和分析性，而意义本身则被视为隐晦的中介物而被放弃不管。他在做出下属论述后实际上就转移了对意义本身的他认为并非首要的讨论："就意义来说，一个显著的问题就是它的对象的性质问题：意义是一种什么东西？感到需要有被意谓的东西，这可能由于以前不曾懂得意义和所指示有区别的。一旦把意义学说和指称学说严格分开，就很容易认识到只有语言形式的同义性和陈述的分析性才是意义学说要加以探讨的首要问题；至于意义本身，当作隐晦的中介的东西，就完全可以抛弃。"①

蒯因的这种姿态和戴维森有点类似，他们对意义的讨论本身避免使用或者触及意义这个表达式或概念，尽管在仔细避免循环后的处理方式截然

---

① 洪谦主编：《逻辑经验主义》，商务印书馆1989年版，第675页。

不同。

然后，蒯因把哲学上通常达成一致的分析陈述分为两类：逻辑上真的陈述（"一个逻辑真理就是这样一个陈述，它是真的，而且在给予它的除逻辑常项以外的成分以一切不同的解释的情况下，它也仍然是真的"①）和通过同义词替换而达成的逻辑上真的陈述。奎因首先关注第二类分析陈述，因为看上去它没有第一类那样明显。

同义词替换涉及同义词的定义问题，蒯因开始讨论定义。他讨论了三种定义的情况：词典式的定义、独特的卡尔纳普所说的"解释"式定义、形式化系统中出现的定义。但是在上述三种形式的或非形式的定义场合，"我们发现定义——除了明显地根据约定引进新记号的极端场合——是以在先的同一性关系为转移的"②。这表明定义本身无法说明同义性，回过头来，还是应该关注同义性问题。

假设分析性需要通过同义性的说明来澄清的话，那么在考察第二类分析性时就会发现一个循环："保真的互相替换性，在相对于一个其范围在有关方面都已详细说明地预言系统来描述以前，是没有意义的。"③通过构造一种最接近蒯因所关心的认识的同一性问题的外延语言，也仍然会发现外延语言仍无法说明第二类分析命题的分析性，而只能说明其真理性，也就是说外延语言仍不能给出第二类分析性的充分条件。如果要给出充分条件就必须说明第二类分析命题成立的必然性（即要求一个语言系统包含内涵副词"必然的"或具有必然含义的逻辑常项），但这个对必然性的要求又必然预设了分析性。那么蒯因下一步很自然地放弃了以阐明同义性为先的做法，而转向对分析性的直接讨论。

至此的整个思路，奎因自己做了总结："初看起来求助于一个意义领域便能够最自然地给分析性下定义。仔细推敲一下，求助于意义便给求助于同义性或定义让路了。但定义结果是捉摸不定的东西，而同义性结果是仅仅由于先前求助于分析性本身才被最好地了解。于是我们又回到分析性问题上

---

① 洪谦主编：《逻辑经验主义》，商务印书馆1989年版，第675—676页。
② 同上书，第680页。
③ 同上书，第682页。

来了。"①

接下来，蒯因决定考察人工语言的分析性问题。这时的分析性依赖于某个人工语言 L 所规定的语义规则，此时虽然无须诉诸分析性，可是，"我们现在却求助于一个没有解释的短语'语义规则'"②。并且，分析问题的语义规则方案会带来更棘手的问题，因为"对于 L 的真陈述的一个子类的任何突出都不比另一个子类的突出本质上更是一个语义规则；如果'分析的'意指'根据语义规则是真的'，没有任何 L 的真陈述是排除其它陈述而成为分析的"③。这样以人工语言为范例也无法说明分析性的问题。笔者认为，由于人工语言的实质仍是以采纳形式逻辑为其基础的，所以蒯因对人工语言分析性的批评可能也已经是对并非同义词替换意义上的第一类分析陈述即逻辑上的真陈述的先天分析性的怀疑。

蒯因此刻相信："……单纯地把分析性看作一种不可简约的特质的一个模型，是不会使这个解释分析性的问题清楚明白地显示出来的。"④而对于分析性这种不可简约的特质，蒯因认为或许来源于这样的看法，即认为真依赖于语言和语言之外的事实，于是人们便把陈述的真分析为语言成分和事实成分，分析陈述相当于事实成分为零的情况。不过，对于"没有一个不结婚的男人是结婚的"这一日常语言中的逻辑真的情况，似乎比人工语言中的分析性的情况要丰富。这个陈述是有经验内容的，并非事实成分完全等于零。

于是，蒯因想到下面一点：陈述的同义性如果能够从经验的证实加以说明，第一类分析性的概念还是可以得到拯救。那么"证实"要求首先要将陈述翻译为感觉材料的语言，这正是逻辑经验主义的经典做法。但是蒯因指出"……我们关于外在世界的陈述不是个别地、却仅仅作为一个有组织的团体来面对感觉经验的法庭的"⑤。这相当于指出证实本身是受到了语义规则的控制的，那么分析性这一说法在证实的标准又归结到语义规则的选择上来了，而这一选择就经验主义的选择的证实而言是预定好了的；这相当于说，

---

① 洪谦主编：《逻辑经验主义》，商务印书馆 1989 年版，第 684 页。
② 同上书，第 686 页。
③ 同上书，第 687 页。
④ 同上书，第 688 页。
⑤ 同上书，第 692 页。

这个陈述即使受到感觉材料的证实，这个证实也因为是空洞的而无效。这相当于质疑了传统的逻辑经验论对科学的看法。所以，第一类分析陈述和综合陈述的区分在证实的层面上同样是无法划出界线来的，那么也就不能从证实的立场挽救第一类分析性。所以，蒯因认为上述两个教条是根本上同一的。

b. 对分析哲学家们关于分析性的思考的分析。分析判断中的分析或先天在康德那里是从主词谓词的包含关系来判定的，这种判定分析判断的标准，后来弗雷格、艾耶尔都大体赞同。而先天综合判断之先天的内涵就绝不是事实成分为零的分析性的先天，而是恰好先天地创建了某种"事实"，如康德的例子，"两点之间直线最短"就是一个综合命题，"这谓词虽然必然地与那概念相联系，但并非作为在概念本身中所想到的，而是借助某个必须加在这概念上的直观"①。这里的直观就是一种事实，一种事实性，其实也可以看作一种特殊的区别于后天经验的先天经验。所以，如果分析性并非意味着事实为零，同时又保持着对于明显的所谓经验性的陈述的区别，那么，问题就在于对于分析性的"事实"要做出一种澄清才行。笔者主张可区分分析性的事实和经验性的事实。经验性的事实中的"经验"可以限制为在通过实验或实践加以确定的这个意义上的经验。

由于分析可以分后天分析性（如蒯因讨论的第二种类型的同义词替换意义上的分析陈述的分析性）和先天分析性（蒯因没有明确涉及的第一类逻辑上真的陈述的分析性），所以分析的事实性还应讨论。先天分析性所具有的分析性的事实性还应区别于后天分析性的事实性。后天分析依赖于同义词替换同时需要实在的经验事实（笔者称为经验2）以及分析性本身成立的元经验（笔者简称为经验1），而先天的分析性最终依赖的则是无法反驳的元结构或元经验（如蒯因的第一类分析性或逻辑上的真实际上也要最终依赖于这种元经验）即经验1。例如金岳霖先生所说的思维的三大规律就是来源于经验1的典型结果：同一律、矛盾律和排中律，②在笔者看来，各种形式逻辑体系最终依赖于这种元分析性规律或奠基于经验1。假设采取这样的思

---

① [德] 康德：《纯粹理性批判》，邓晓芒译，杨祖陶校，人民出版社2004年版，第13页。
② "同一律、矛盾律和排中律对一切思维形态都是普遍有效的，是一切逻辑规律都必须假设的。在这个意义下，我们把这三条规律叫做形式逻辑的基本规律。"（金岳霖：《形式逻辑》，人民出版社2006年版，第264页）

路，那么同后天分析和后天综合一样，人们就再很难决断这种元经验或元结构到底是先天分析的还是先天综合的了，因为他们都属于经验1层面。这样康德的先天综合判断也属于经验1。

但是，从弗雷格到逻辑经验主义的发展刚好令人遗憾的表明：分析性脱离了对分析性的事实的理解，而将分析性封闭于符号形式层面。如艾耶尔认为康德思想的关键性缺点是他使用了两个不等值的标准区分分析命题和综合命题。当康德说"7+5=12"是个综合命题时，其根据是从"7+5"的内涵不能主观地认识到"12"的内涵，其根据的是心理学的标准。但当他说"一切物体都有广延"是分析命题时他用的是逻辑标准（矛盾律）。但是，一个命题按前一个标准是综合的，按后一个标准可能是分析的（如"7+5=12"从逻辑标准看就是分析的了）。为了保留康德分析命题和综合命题的逻辑意义，同时避免其混乱艾耶尔重新界定了这两个概念："当一个命题的有效性仅依据它所包括的那些符号的定义，我们就称之为分析命题，当一个命题的有效性取决于经验事实，我们就称之为综合命题。"[①]根据这个定义，数学命题和逻辑命题都是分析的。但是按照笔者前面的分析，艾耶尔的这种方案仍显粗糙。分析哲学家们无法接受康德的经典区分本身具有的超越论哲学的背景，而采取形式逻辑澄清分析性，恰好是缩小了分析性的内涵。蒯因的工作可以视为将这个传统方案中的不精确加以展示。多数学家们恰好没有把分析性视为一种特殊的事实加以剖析，蒯因最早重新看出分析性不可避免地带有一种事实性（事实成分为零），但他没有深入澄清这种事实性的而只是指出了问题。

在分析传统内部也逐渐意识到了先天性或分析性可能具有的相对性性质，例如蒯因对于人工语言分析性的讨论，实际也是对约定的分析性的一种分析，正如叶峰教授所评论的："先天性也不再是绝对的，不再由先天感性直观决定，而成为一种语言框架的有意识的选择，仅仅是我们不得不采纳的从事经验科学研究的一些前提。"[②]但这个评述没有充分说明经验1或先天分析性的情况。

---

① 孙思：《理性之魂》，人民出版社2005年版，第25页。
② 邓晓芒编：《哲学名家对谈录：英美分析哲学PK欧洲大陆哲学》，湖南教育出版社2007年版，第287页。

假如在超越论哲学的层面上看，先天分析性具有明显的主观基础，这个主观基础是超越论的，即经验1。而通过这个超越论基础建立起来的分析性本身则同时具有有经验的事实性或经验2成分为零这一事实特点和对应的逻辑形式上的特征。如果采取这样的观点，大概能够兼顾形式逻辑与超越论的逻辑了。如：从形式逻辑上看，7+5=12 是个经验性事实成分或经验2为零的分析判断，而采取超越论逻辑的观点看，上述形式分析建立在它是一个具有先天分析性事实成分或经验1的先天综合判断。

超越论的或先验的解释可以看作是先于形式逻辑的解释，属于认识论的批判意义上的澄清方式。这种批判层次乃是一切科学的起点，这在笛卡尔那里看得非常明显。而英美哲学家们在这个问题上由于采取了经验主义（在经验2的意义上）的态度，而无法对分析性进行一种超越论澄清的尝试。在超越论哲学意义上的分析性本身具有一种主观的人性的哲学讨论水平。如果例如笛卡尔的"同一性"天赋观念超出人性层面，而把人还原为物理构成，如原子水平，那么分析性的问题将不再存在或者变成了一种经验科学的问题，而蒯因刚好说明了在经验论背景下不可能将分析性界定的循环，因为在经验论（经验2）水平上，"分析性"可能是一个超出其范围的元问题或多余的理论实体。分析性的问题在人性的层面上去理解可能是一个走出经验论循环的有启发性的思路。

叶峰谈到 BonJour 在 1998 年提出的观点认为分析性靠的是一种理性直观（rational insight），这已经很接近把分析性做主体性理解的方式了。"受乔姆斯基影响，一些语言学家试图以假设大脑在语义认知上的内在能力为基础（就像假设对句法结构的认知的内在能力那样），来说明同义性与分析性。"[①] 这些尝试都具有将分析性引向主观性和人性的层面上来思考的特点。

c. 思辨哲学家们关于分析性问题的思路。海德格尔在其《同一律》一文中认为 A=A 这个公式所传达的同一律是最高的思维规律，虽然海德格尔写这篇论文的目的是思考什么是同一性，但是如果同一性能够解释清楚的话，笔者相信分析性也能得到比较好的理解，因为同一律按照蒯因的论文刚

---

① 邓晓芒编：《哲学名家对谈录：英美分析哲学 PK 欧洲大陆哲学》，湖南教育出版社 2007 年版，第 288 页。

好是一个逻辑真意义上的分析陈述。

海德格尔质疑这个公式 A = A，他认为同一性要求的是某物是它自己，而不会要求像这个公式所呈示的那样有两方，公式 A = A 只是传达了"等同性"，"它不是把 A 称为同一的。因此，这个流行的关于同一性的公式恰恰掩盖了这个定律所要说的东西：A 是 A，即每个 A 本身都是同一的"①。他认为更恰当的公式是"A 是 A"，这个表述不仅只是说每一个 A 本身都是同一的，而且强调与其自身同一，"在同一性中有一种'与'（mit）的关系，也就是说有一种中介、一种关联、一种综合：进入一种统一性之中的统一过程"②。从这里，我们开始进入海德格尔的语境当中，他认为在西方思想的历史中可以看出同一性显现于统一性的特征中。但是，他没有展开论述这种中介作用是如何在哲学家当中体现出来的，他提供了一个包括莱布尼茨、康德、费希特、谢林和黑格尔的名单，并提示我们只需记住：从思辨唯心主义始，思想家们就不允许忽视在同一性中起支配作用的中介。实际上，英美传统按照这个标准正好就忽视了这个中介，陈述中事实成分为零的思路正好就将同一性抽象地进行表象了。

当然，海德格尔个人的观点是"A 是 A"传达的是每一个存在着如何存在，即它本身与其自身同一，或者说"每个存在者之为存在者都包含着同一性，即与它自己的统一性"③；"同一性之统一性构成了存在者之存在中的一个基本特征"④。这种同一性并非经验主义讲的事实成分为零，而是一种我们所感到的被同一性所"呼求"（Anspruch）的存在者的存在特征，如果没有这种呼求，存在者就绝不能在其存在中显现出来，"因此也就不会有什么科学了。因为就对科学来说，倘若没有预先总是确保了其对象的同一性，它就不可能成其所是。通过这种保证，研究才确保了它的工作的可能性"⑤。同一性或者分析性在海德格尔这里绝不是事实成分为零的，而是科学研究的前提和保证。海德格尔说："但关于对象的同一性的主导概念决不为科学带

---

① ［德］海德格尔：《同一与差异》，孙周兴译，商务印书馆2011年版，第28—29页。
② 同上书，第29页。
③ 同上书，第30页。
④ 同上书，第31页。
⑤ 同上。

来立等可取的成果。因此，从根本上说来，科学知识的成功和成果都基于某种无用的东西。不管科学有没有倾听这种呼求，也不管它把所听到的东西当作耳边风还是由此而惊愕，对象之同一性的呼求依然在说话。"[1]假如分析性通过这种对同一性的理解得以确立的话，它显然就不是一种传统经验论层面（经验2）上的特殊陈述形态了。经验论的分析性之所以得不到合适的解答正是因为其停留在经验2的水平上，但这个分析性的经验本身（即经验1）需要诠释，这个诠释如果停留在经验2层面上将导致蒯因为我们所展示的循环和经验主义立场下的无用性。而在超越论哲学的水平上这种无用性体现为一种不同于经验的属人的主观的超越性或经验1，它绝不平凡。

这种分析性或无用性的卓越之处在西方哲学的源头那里可以找到。《斐多篇》中柏拉图借克贝之口提到苏格拉底的一个命题："我们的学习就是回忆"，它等价于另一个命题"我们必定在以前某个时候已经学到了现在回忆起来的东西"，而这个命题有等价于"如果我们的灵魂不是在投生为人以前已经在某处存在过，这回忆就是不可能的"，或者说"灵魂不死"。[2] 克贝极为简略地总结出了回忆说的证明过程：任何人做出关于一个命题的正确回答这个事实即已经证明了回忆说，因为"他们如果不是自己已经有了某种知识和正确的理解，是不可能这样做的"。这实际上表明任何回答已经是以一种回忆方式表达出来的，或者说任何认识都是回忆。当然这里柏拉图借贝克之口表明一定是关于命题的"正确的回答"，但是我们可以不要求这一点，因为即使是错误的回答也能够表明回忆说（假如不是事先已有判断如何能做出回答呢），所以必然是对命题任何回答本身都是回忆说的证据。如果我们再进一步思考，语言表达本身已经能表明回忆说了，假如没有事先的见识我们将无法表达。另一个对手辛弥亚也展示出了极好的理解力。他说自己现在信服了，这种信服的原因是回忆，回忆刚才克贝的论证，可见一种态度（这里是"信服"）已经表明了这一点。回忆说至此实际已经提出了最早的对先天分析性的一种理解和处理方式：我们的所有经验知识都具有先天分析性并且这种分析性来源于回忆。

---

[1] ［德］海德格尔：《同一与差异》，孙周兴译，商务印书馆2011年版，第31页。
[2] 北大哲学编译室：《西方哲学原著选读》，商务印书馆2007年版，第76页。

苏格拉底对两人的睿智见解表示赞同，但他故意转向了另外的话题。他开始讨论相似性问题，或者同一性问题，或者关于"一样"的问题。他引导克贝和辛弥亚承认这样一个问题两个东西一样，但这种两个东西的"一样"不同于"一样本身"，或者说"一样的东西"不同于"一样本身"，前者和后者相似但是"差得多"。但是，两人都承认的这个命题实际上可以看作是克贝命题的一个例子，因为任何正确的回答必然事先有了回忆。苏格拉底将克贝的普遍命题转变成了一个例子，但是选择"一样"的例子并非是偶然的，柏拉图是有明显用意的。"一样"的例子已经表明我们实现已经有了关于"一样"的知识。关于"一样"的知识应该在使用各种官能之前就已获得，因为"我们在开始看、开始听、或者开始使用其他官能之前，必须已经在某个地方获取了'一样'本身的知识，这样才能把我们通过官能感觉到的那些一样的东西拿来同'一样'本身作比较，看出它们全都切望同它相似，却赶不上它"①。这里也表明柏拉图认为感官把握的并非是"一样本身"而是"一样的东西"，由此引出人出世前拥有的知识的内容问题。柏拉图借苏格拉底之口直接说出出世之前已经知道除"一样"外，还有"大些"、"小些"，这是合理的，因为如果没有小些大些的知识我们何以获得"一样"的知识呢？知道的"一样"实际上相当于知道了某事物"本身"。我们还可以直接以一个事物说明一样本身，这个事物和自己一样，但这个一样的事物自身的一样不同于一样本身。这里对于一样的讨论，实际上就是对分析性和同一性本身进行的一种最早的有意识的分析，用的还是一种诉诸主观的思辨的立场。

苏格拉底说关于一样的论证适用于"美"、"善"、"公正"……可以标记上"本身"印记的一切东西，这些都是在出世以前已经认识到的。柏拉图没有举出类似论证，我们可以以"美"为例复制这个论证模式。例如，一对孪生姐妹一样美丽，我们通过感官判断她们一样美，但是一样美的两个人，不同于美本身，你说两人一样美，这里的两个一样美的姐妹不同于美本身，这个一样本身是出生前认得的，那一样的美本身是否是出世前认得的呢？答案是肯定的。柏拉图的意思是"一样"是先天分析的，一样意味着

---

① 北大哲学编译室：《西方哲学原著选读》，商务印书馆2007年版，第80页。

反身关系，反身关系是先天分析的，这就意味着一切事物实际上都是先天分析的了。

现在既然已经知道"美"、"善"以及这一类的实体早就存在于我们心里，并且我们的一切感觉都归因于这类实体，那么这些实体即理念早在我们出世前就存在，我们既然认得出它们，这就表明灵魂必然在我们出世前就存在过，否则我们出世后无法知晓任何事物和理念。所以理念的存在表明了灵魂的存在。

在柏拉图这里，海德格尔的"中介"是以回忆或灵魂不死这种形象的解释表达出来的。柏拉图给我们提供了分析性的最原始的一种超越论的理解。

对于这种同一性或分析性的思辨哲学传统处理的现代版本中还有相对烦琐的胡塞尔的现象学，先天分析性胡塞尔那里体现为看、洞见或直观到的真或者说明证性，它是被给予的。这个被给予的分析性和柏拉图的认识论的分析性版本有着清晰的亲缘关系："……每个对象作为意识统一都具有它的杂多，并且根据它的对象属（区域）而具有其特有的、作为这个属的对象而属于它的被给予方式。"①从这里可以看出胡塞尔的现象学所探讨的对象已经超越论地有其本质区域的归属了，这是上述柏拉图回忆说中的先天分析性（"一样本身"）的变形，这种本质区域的归属也是明见性地、直观地把握到的，是经验1。显然，思辨哲学传统下的分析性具有无法抹杀的主观的属性，分析性的经验论背景下的贫乏，在思辨传统中是内涵丰富的，经验1在胡塞尔这里为一种明确表达的超越论结构。

d. 胡塞尔的超越论②哲学作为理解分析性的一种角度。也许有读者会认

---

① [德] 胡塞尔：《文章与演讲（1911—1921）》，倪梁康译，人民出版社 2009 年版，第 152 页。

② 这里的"超越论哲学"和传统的康德的"先验哲学"是同一个德文表达 transzendentale phanomenologie，但是由于胡塞尔在这个词的用法上比康德有着更广泛的含义，且能够容纳传统的康德先验哲学的含义，所以一些胡塞尔译者采用了超越论哲学这个译法，笔者也赞同这种处理方式。胡塞尔自己这样界定过这个术语："它是这样一种哲学，这种哲学与前科学的以及科学的客观主义相反，回溯到作为一切客观的意义构成和存在有效性的原初所在地进行认识的主观性，并试图将存在着的世界理解为意义的和有效性的构成物，并试图以这种方式将一种全新的科学态度和一种全新的哲学引上轨道。""如果我们再返回到康德，那么他的体系确实也可以在以上定义的一般意义上称是'超越论的'体系，尽管它远没有完成为哲学，为一切科学的总体真正彻底地奠定基础的工作。"（[德] 胡塞尔：《第一哲学》，王炳文译，商务印书馆 2006 年版，第 122—123 页）

为笔者要求回到思辨哲学传统是一种倒退，但这里只想表明关于分析性的一种主观主义的立场，可以有助于我们理解蒯因摆在读者面前的分析性的困境。如果在经验论的背景下，分析性的循环是不可克服的话，何不换一种术语背景，可以尝试着把分析性看作超越论的结构。所以如前文所引，叶峰教授也看到了"先天性"可能是"一种语言框架的选择"。笔者认为在理解分析问题或者分析—综合问题本身可采取这种视野；除非你想质疑超越论的传统的合理性（这是可能的），那将会带来对这个问题的进一步理解和讨论，本书在最后一部分将较多地超出胡塞尔的术语系统进行讨论。

哥廷根的现象学家雷纳赫（Adolf Reinach，1883—1917）认为，"当康德将休谟关于综合知识的因果知识的论述与作为分析的逻辑知识加以对比时，康德就曲解了休谟，这种思想路线是与休谟完全不相容的。休谟并不是依据概念与命题进行思维，而是依据印象和观念，就是说实际上是依据所意指的事物和关系进行思维"[①]。雷纳赫站在现象学的立场偏向休谟，认为现象学给出了一种休谟的经验主义和康德的超越论之间的道路，即坚持了一种特殊的经验方法即现象学的直观，这种直观经验的结果是先天分析性的、超越论的、自明的。这样一来，分析性本身就具有一种主观的综合性质或者事实性在其中了。可以认为，在胡塞尔的现象学中分析的事实性在这里得到了一种非常明确的表达。显然，在康德那里分析性还是参照当时的逻辑学（主谓逻辑）而提出来的，即主词谓词之间的意义包含关系或者如艾耶尔所修正的符号关系，而在胡塞尔这里上述关系被明确地要求通过现象学而给予奠基。康德对于分析性的确缺少再进一步的分析，正如胡塞尔所批评的那样："康德并没有认识到，他在他的哲学研究中是立足于一些未经考察的前提之上的，而且他的理论中的一些确定无疑的重要发现，只是出于隐蔽的形态中，也就是说，它们并不是作为完成了的成果存在于他的理论中。"[②]康德关于知性的逻辑机能及其先验范畴的理论，可能在胡塞尔看来由于他缺少直观的方法而陷入一种虚构，"它的字面意义虽然是指主观的东西，但指的是一

---

[①] [美]赫伯特·施皮格伯格：《现象学运动》，王炳文、张金言译，商务印书馆2011年版，第277页。

[②] [德]胡塞尔：《欧洲科学的危机与超越论的现象学》，王炳文译，商务印书馆2011年版，第126页。

种主观的东西的方式，这种方式从原则上说是我们不能直观地为我们所引起的"①，显然，胡塞尔认为康德的先天综合判断缺少直观上的奠基而显得"虚构"，同时，我们也可以将胡塞尔的奠基努力看作是揭示分析性事实是如何一步一步从前谓词前思维阶段建构起来的一种尝试（康德的理论可以视为这种奠基之上的一个理论体系）。

施皮格伯格对雷纳赫的评价同样适合于胡塞尔现象学，即他"提供了一种可供选择的办法来打破在不能证明其归纳原则的经验主义与建立在独断的先验原则之上的理性主义之间的僵持局面，这就是超出概念和命题的水平而走向它们所指的对象，并探讨有关事态直观的给予的结构。……一些情况下会显示出直觉上给予的本质关系，就如同它们在某些（如果不是全部的话）先验科学中所显示的那样。如果情况是如此，我们就能够借助于那些远远超越经验范围（它剥夺了能够支持'先验知识'的全部特征）的洞察来支持我们根据不足的先验'综合公设'"②。这是一条澄清分析性之关系的有效道路：在现象学直观面前先天分析的事实性本身就成为一个主题，可以视为属于胡塞尔的超越论逻辑的讨论领域，这里"分析性"和"同一性"恰好不是事实成分为零的，而是有着明确的"中介"作为其事实内容的。

另外，胡塞尔在《危机》中提出了一个具有启发性的区分值得注意：生活世界的先验性和客观的先验性。③ 后者在前者中被奠基。这有点类似于先天分析性和后天分析性的区分，在这二者中涉及的经验1和经验2的关系也同样适用，但应该看到更为合适的还是同这第三研究中的分析的先天必然性和综合的分析必然性具有更为类似的对应关系，因为胡塞尔还是处于纯粹逻辑学而非形式逻辑学的角度来看问题的，这个分类本身就具有先验哲学的

---

① ［德］胡塞尔：《欧洲科学的危机与超越论的现象学》，王炳文译，商务印书馆2011年版，第138—139页。

② ［美］赫伯特·施皮格伯格：《现象学运动》，王炳文、张金言译，商务印书馆2011年版，第276页。

③ 在《危机》第34节对生活世界的论述是较为集中的，其标题就很好："作为原则上可直观东西之全域的生活世界；作为原则上非直观的'逻辑的'基础结构的'客观上［对象性上］真的世界'。"（［德］胡塞尔：《欧洲科学的危机与超越论的现象学》，王炳文译，商务印书馆2011年版，第154页）笔者认为生活世界不得等于前谓词阶段，也不是前科学，而依然属于现象学还原或者自然态度克服之后的现象学领域，只不过在这里胡塞尔给了这个领域一个新名称和新视角，此处不再赘述。

主观色彩。胡塞尔说："现代数理逻辑学家相信能够建立起来的那种被认为是完全独立的逻辑学——甚至能在真正的科学哲学的称号下——作为一切客观科学的普遍的先验的基础科学建立起来，这只不过是一种朴素的想法。这种逻辑学的自明性缺乏由普遍的生活世界的先验性而来的科学根据。"①这里可以看到，在英美哲学的分析传统下分析性封闭在符号逻辑的形态下，对分析性的理解如果不跳出这种封闭势必会产生循环。

不过，在笔者看来，关于分析性的问题的数理逻辑或形式逻辑的理解和超越论哲学的理解实际上是从不同的角度在阐明问题，最好不要固执任何一端。尽管本书试图站在超越论哲学的立场上看这个问题，但是实际上超越论哲学自身也有一些不能回避的问题，例如胡塞尔自己直观方法是否是一种虚构，如同其对康德哲学的批评一样？以及超越论哲学的术语体系本身存在着向认知科学术语还原或转换的可能性，例如笔者相信本书所说的分析（无论是先天还是后天的）的事实性在自然科学和认知科学上会有其对应物。罗蒂的一段评论放在此处比较合适："我乐意将哲学教授看作通过在词语的使用中表明变化、通过将新词放进流通中——因此中止僵局并使交流更富有成果——而对文化做出贡献。"②

## 第三节 关于整体与部分的纯粹形式之理论的构想及其他分析

胡塞尔在第三研究第十三节提出过一个定律，这样一个定律不是经验规律（如果追溯其起源和发生当然可以拥有经验层面），也是先天得到证明的，它说："相对于一个 β 而言是独立或不独立的东西，相对于任何一个整体 β' 言也会始终保留这个特性，这个 β' 是指：相对于这个 β' 言，那个 β 独立的或不独立的——这样一个定律反过来当然不成立。"③这个定律似乎相当于下文将提到的定律 4。胡塞尔要演绎出这个定律，以揭示出"严格"

---

① ［德］胡塞尔：《欧洲科学的危机与超越论的现象学》，王炳文译，商务印书馆 2011 年版，第 170—171 页。
② ［美］理查德·罗蒂：《哲学与自然之镜》，李幼蒸译，商务印书馆 1996 年版，第 24 页。
③ ［德］胡塞尔：《逻辑研究·第二卷第一部分》，倪梁康译，上海译文出版社 1998 年版，第 273 页。

（第一版用的是"精确"。参考本书第二章第三节）规律的价值，这就是形式本体论的形态的一个例示了。形式本体论的演绎、证明是形式逻辑的，但其根子上的出发点、起源仍是直观体验。形式本体论这门"巨大的科学"[①]应具有演绎的理论化建构，对于整体与部分的形式本体论而言首先有：

定义：如果一个 α 本身本质规律性地只能在一个与 μ 相联结的广泛统一之中存在，那么说一个 α 本身需要由一个 μ 来奠基（或一个 α 本身需要由一个 μ 来补充；α 需要补充，或 α 奠基于某因素和"不独立"等价）。

定律1：如果一个 α 本身需要一个 μ 来奠基，那么每一个含有一个 α，但不含有一个 μ 的整体同样需要这样一种奠基，由 μ 来奠基。

定律2：如果一个整体将不独立因素作为部分包含在自身之中，但又不含这个不独立因素所需求的补充，那么这个整体同样不独立，并且，含有这个不独立因素的更高序列的整体同样是不独立的。（如红色块片中的因素，该块片不考虑广延，那么这个块片整体不独立，且含有这个块片的整个平面同样不独立。）

定律3：如果 G 是 Γ 的一个独立部分，那么 G 的每一个独立部分 g 也是 Γ 的一个独立部分；如果 α 是 β 的一个独立部分，β 是 γ 的一个独立部分，那么 α 也是 γ 的一个独立部分；或一个独立部分的独立部分就是前者所属的这个整体的一个独立部分。（对于这个定律，胡塞尔用的是反证法，设 g 相对于 Γ 不独立，根据定义，g 需要补充 μ，那么根据定律1，Γ 需要 μ 来奠基或补充，根据定律1，G 也需要 μ 来补充或奠基，再根据定律2得到 G 不独立，且相对于 Γ 不独立，这个结论和前提 G 相对于 Γ 独立相矛盾，所以 g 必然相对于 Γ 独立。）

定律4：如果 γ 是整体 G 的一个不独立部分，那么它也是任何一个 G 是其部分的其他整体的一个不独立部分。（证明过程是：γ 相对于 G 不独立，则 γ 需要 μ 补充，根据定律1，G 也需要 μ 来补充，继续根据定律1，μ 在任何一个比 G 更高的序列中出现，得证。胡塞尔在这里想表明不独立性在整体与更大的整体之间存在传递性；定律3说的是独立性的传递性。）

定律5：一个相对不独立对象也是可以是绝对不独立的，而一个相对独

---

[①] [美] 理查德·罗蒂：《哲学与自然之镜》，李幼蒸译，商务印书馆1996年版，第24页。

立的对象则可以在绝对的意义上是不独立的。（这一点在前一节末尾中已经说明。）

定律 6：如果 α 和 β 是一个整体 G 的独立部分，那么它们自身也是相互独立的。［反证法：设 α 和 β 相互不独立，则 α 需要 β 的补充或 β 的某个部分的补充，则 G 各部分的总和中存在 α 奠基于其中的部分（即 β），则根据定义，α 不是 G 的独立部分，这和前提矛盾，故 α 和 β 相互独立。］

在以上松散的形式化尝试［整体/分或独立/不独立理论在列斯尼夫斯基〈Lesniewsiki〉、来昂纳德〈Leonard〉、古德曼〈Goodman〉那里得到了重要的形式化的刻画，并在当代进一步严格起来。这种被称为部分学〈Mereology〉的研究，可以追溯到前苏格拉底的原子论者以及柏拉图的作品（如《巴门尼德篇》）、亚里士多德（尤其是《形而上学》，还有《物理学》、《正位篇》等），在中世纪的波埃修、阿奎那等，近代的莱布尼茨、康德那里都有体现。部分学进入现代哲学主要是通过布伦塔诺和他的学生胡塞尔[①]］之后，胡塞尔接下来考察了整体和部分、部分和部分之间的具体关系：并非每一个部分都以相同的方式包含在整体中，而且在整体的统一中，并非每一个部分都以相同的方式与任何一个其他部分交织在一起。比如：手是人的一个部分，但不同于这只手的颜色是人的一个部分，或广延的各个部分相互联合的方式与它们同颜色联合的方式不同。如果观看一个整体的任意一对部分，有如下两种可能性存在：（1）两个部分之间存在着奠基。其下又包含：a. 相互间奠基，如颜色和广延；b. 单方面奠基，如一个判断特征是单方面奠基于作为基础的表象之中的，因为表象无须作为判断的基础起作用。（2）不存在奠基。部分和部分之间的奠基还可以划分：a. 直接奠基；b. 间接奠基。这种划分方式取决于两个部分是处在直接的联结之中还是处在间接的联结之中。如 α 直接奠基于 β 间接奠基于 γ，这种次序是在纯粹的属中得到论证的，如颜色因素直接和红、蓝等种差相联系、直接奠基于其中，而它和广延因素是间接联结或奠基。胡塞尔认为从属于间接联系的规律是分析规律，是直接奠基的联系规律推断的结果。

胡塞尔在此时又对块片、因素、抽象、具体等许多概念做出了更进一步

---

① 参见维基百科 Mereology 词条（http://en.wikipedia.org/wiki/Mereology）。

的规定。在本章开头部分，初步展示了块片和因素，抽象和具体实际在第二研究中也进行了单纯的意向、意指层面的详细考察。"块片"：任何一个相对于整体 G 独立的部分。"因素"：任何一个相对于整体 G 的不独立的部分。整体本身绝对地或相对于一个更高的整体来看是否独立是无关紧要的；并且由于相对的关系，抽象的部分可以再具有块片（抽象的时间绵延可以再划分块片），块片也可以具有抽象部分（广延的块片本身同样具有广延这一抽象部分）。不共同具有同一块片的各个块片称为相互排斥的块片（或分离的块片），把一个整体划分为多个相互排斥的块片的做法叫作对于该整体的"分片"〈Zerstückung〉。被划分的块片可以具有一个共同因素，如缓释胶囊的两个色块部分，其共同的因素是连续的广延因素。如果块片被严格分离不具有同一因素，则是"被分开的"。

绝对观察是相对观察的极限情况，即受到对象一般的全部总和的规定。整体被划分，而块片是由未划分的整体所规定的属，那么该整体叫"扩展的整体"，块片叫"扩展的部分"，比如将广延分为广延，空间线段划分为空间线段、时间线段划分为时间线段等。一个对象与其抽象因素有关时该对象就叫"相对的具体"，与其最贴近的因素相关时叫"最贴近的具体"（后文"较为贴近"和"较为疏远"之间的区别和此处相关）。"绝对的具体"即本身在任何方面都不是抽象具体的对象；如每一个绝对独立的内容，例如一只杯子，尽管它具有抽象的部分（广延等），但这个绝对独立的杯子仍被称作是绝对的具体；绝对独立和绝对具体具有相等的范围（外延）。一个块片也可以出于以上理由被称作具体的部分，并且根据整体本身或相对于整体的抽象部分或本身就是抽象的整体的不同情况，这里的具体也被理解为绝对的和相对的具体。凡是在用"具体"的地方，胡塞尔约定指"绝对具体"。① 这些概念划分对应着《观念1》第一章"具体项"、"抽象项"的论述，读者可以参考本书第 60 页注③。又，如果 θ（G）是整体的一个部分，那么这个部分的一个部分，如 θ［θ（G）］就也是 G 的一个部分、间接部分。"绝对间接部分"，指的是这样一些部分，在整体中存在着其本身作为部分属居

---

① 以上诸烦琐概念可参见［德］胡塞尔《逻辑研究·第二卷第一部分》，倪梁康译，上海译文出版社 1998 年版，第 292 页。

于其中的部分，如一个广延所具有的任何一个几何部分都是绝对间接的，它一再地具有包含那些部分的部分。"绝对直接的部分"即"这些部分不能再被这个整体的任何一个部分看作是部分"①。对于一个视觉直观而言，一个视觉整体统一体，就其自身而言可看作是它自身整体的一个部分，它不可能具有更高序列的部分，对于单纯广延的整体而言也是如此，对于统一的色彩因素，对于那个色彩的整体也是如此，一个绝对的直接部分对此整体而言是单单就其统一的色彩因素而言的，而不涉及广延的属或考虑到块片的情况。对于间接部分和直接部分的说法并非是缺乏客观根据的随意说法，因为对于观察而言确实存在观察到的部分的先后区别，由此导致直接关系的不同；但这也是明确的，即在一些情况下随人们偏好的方式的不同，每一个间接的部分都可以被看作是直接部分，每一个直接部分也可以被看作是间接部分，如一个扩展性整体的块片的情况。

另外，例如对于一个旋律而言，声音是一个直接部分，而个别声音的质的因素、强度等因素相对于旋律而言是一个间接部分。只有当质的强度是这个个别声音的部分时，其自身才是这个旋律的部分，这里的"间接"和心理学的人们的主观偏好无关，而是自在地看，在这个旋律的整体中，"声音"是较早的部分，而"质"是较晚的间接的部分。强度也是如此。如果考虑到主观偏好，这里的直接与间接则是相对的，比如我们偏好把"质"作为整体，那么如音调 C 的质，对于其下的具体的每一个音调 C 而言是属因素，显然对于它而言，这个质是直接的部分；而声音、声音的构成物才是第二性的。又如一个直观之物作为一个整体，它的一个扩展的部分，其颜色或者形态因素首先是该整体的直接部分，然后这个部分本身才是第二性的。当然还有其他的例子可以说明部分在每一种情况下的绝对性。对于部分的这种并非相对的直接部分和间接的划分，在术语中可以标示为："较为贴近的部分"和"较为疏远的部分"，也可以说"第一性的"、"第二性的"……当然这些说法相对于考察的整体而言具有相对性，具体情况得具体分析。以上考察的是相对于整体而言的较为贴近的部分和较为疏远的部分，胡塞尔还考察了彼此相对的较为贴近的和较为疏远的部分。一种联结将 α 和 β 特定

---

① ［德］胡塞尔：《逻辑研究·第二卷第一部分》，倪梁康译，上海译文出版社 1998 年版，第 293 页。

的组合视为一个部分统一且排斥其他部分参与此统一，同时 β 以同样的方式和 γ 相联结，则 α 和 γ 相联结，该联结由 α⌒β、β⌒γ 的联结的统一形式来完成，α⌒β、β⌒γ 叫直接联结，α⌒β⌒γ 叫间接联结。当然，我们在 γ 之后还可以继续添加环节 δ、ε……这就构成了环节（部分）联结成的群组，即把部分之统一作为整体加以衔接的情况叫连锁〈Verkettung〉。联结可以划分为含连锁和不含连锁（即 α⌒β 形态）的，后者的环节"相邻"或"直接相联结"；而连锁这个整体之中必定存在直接相联结的环节，α⌒β⌒γ 是最简单的"连锁"。胡塞尔列举的情况中，各间接被联结的环节与直接邻近环节的直接联结可以视为属于同一个联结属，区别在于种差。胡塞尔没有深入这种关于连锁的分析，其考察背后仍然是他对于形式本体论目标的一种尝试，看看能否将整体与部分的关联形式化，显然这些考察看起来是很琐碎的。

上面胡塞尔考察了整体与部分之间和部分与部分之间及其相互结合成为一个"整体"的内容之间最一般的本质关系。胡塞尔承认至此的描述中，都预设了"整体"概念，但它可以处处省缺，且可以用那些被称之为部分内容的共存来代替。他认为还可以用奠基概念来定义"整体的确切概念"，如一个 α 按其本质来说没有一个 β 就无法存在，那么一个 α 类的内容便奠基于一个 β 类的内容之中。所以这个定义之下的"整体"是由一个统一奠基所涵盖、不依靠其他内容的内容之总和，总和中的内容称为"部分"。胡塞尔实际用一种"奠基统一"的新的术语策略刻画了整体和部分及其关系，每一个内容与每一个内容都通过奠基而相互联系，而不像之前那样计较是直接的还是间接的联系。在奠基统一中，"部分"可以穿透〈durchdringen〉上来，也可以是相互外在的但却规定着实在形式的全部连锁或成对的连锁方式；另一些情况中同一个整体可以在某些部分上是穿透，在另一些部分上是联合，"例如，感性显现的事物、被感性质所覆盖的直观被给予空间构形（完全如其显现的一般）就其相互奠基的因素如色彩、广延而言是穿透，这个显现的事物就其块片而言则是联合"①。

---

① ［德］胡塞尔：《逻辑研究·第二卷第一部分》，倪梁康译，上海译文出版社1998年版，第300—301页。

胡塞尔还将奠基统一的范围加以扩展："一切真正的统一者都是奠基关系。"① "统一"被理解为一个范畴②性的谓词，我们在统一性奠基所能达到的范围内可以谈论各种统一和整体。由于奠基对统一的限定，可见像布拉德雷的那种内在关系说③是胡塞尔所反对的，胡塞尔不认为那里有一种真正的统一关系，我们不能够对一切对象都谈论它们是统一的、奠基的。胡塞尔的奠基性整体的学说有其固定的、保留的限制，这样就不会导致整体部分关系的泛化，尽管胡塞尔本身的论述是相当烦琐的。胡塞尔明确反对这样一点："只要两个内容构成一个实在整体，在那里必定有一个特有的部分（统一因素）存在，它将这两个内容联结起来。"④这表明胡塞尔先于罗素注意到了布拉德雷的关系说可能导致的无限循环。胡塞尔认为这种观点没有区分出"感性质料"和"范畴形式"，将后者混入到前者之中了；他认为，例如在对扩展性直观物体的感知中"存在着的无非是整体的块片之总和以及建基于块片组合之中的感性统一形式"，至于为块片之内的因素或带有块片统一因素提供统一的东西，正是在胡塞尔定义下的奠基（这里实际上提示出了范畴直观也具有奠基性的因素，也可以在整体和部分、独立和不独立的层面上看待）。胡塞尔的这里的"统一因素"是在"整体"、"奠基"这些话语背景之下的，须诉诸直观明见性，而和它相对立的被称得上是联结形式的整体是唯一的可分片整体，在此之外的情况中去寻找这种形式是徒劳的。对于大多数不是上

---

① ［德］胡塞尔：《逻辑研究·第二卷第一部分》，倪梁康译，上海译文出版社1998年版，第303页。
② 对于范畴的理解，可以回忆胡塞尔纯粹逻辑学所划分的纯粹含义范畴和纯粹对象范畴，这是胡塞尔最基本的一组范畴，参见本书第一章第一节以及本章第一节的相关论述。
③ 布拉德雷把命题 aRb 视为一个整体，该命题对 a 和 b 无所陈述，仅陈述这个整体，a、b 两项如果视为这个整体的部分，分别又对应着关于这两项的命题，例如 R 表示大于关系，那么关于 a 项的命题就是"'a 大于 b'这一全体之部分的 a"，如此分析可以无穷进行下去。布拉德雷的对上述命题的分析还处在主谓逻辑的框架下，而罗素视之为二元关系命题，对于罗素而言，每一次探究和每一个命题本身是一个整体，足够是真的。布拉德雷具有形而上学和心理化、心灵化的倾向，把主词视为"实体"，谓词作为属性，主词谓词相互区别，产生矛盾，如"笔是红色"，笔和红色相矛盾，但是在更广大的实在之中，它们都只是其局部，从而矛盾克服；罗素的则不具有这种视角，他把命题视为研究对象、客体，即命题具有一种逻辑地位而非心理学地位，并且把认识对象和认识关系视为相分离的独立的客体，"当我们知道某物时，某物仍是某物，不论它是否为我们所知道。客体的这种独立性必须被反映到我们的真理定义中去……认识本身是一种外在关系说"。（［美］伊利莎白·R. 埃姆斯：《罗素与其同时代人的对话》，于海、黄伟力等译，云南人民出版社1997年版，第13页）由此可以看出胡塞尔关于"整体"的看法，相对于布拉德雷和罗素而言，处于一种独特的、中间的、调和的立场。
④ ［德］胡塞尔：《逻辑研究·第二卷第一部分》，倪梁康译，上海译文出版社1998年版，第304页。

述"例外"的情况下①，是不能像在考察连锁中那样几何化、形式化的，此时谈论的是统一因素而不是"形式"。不过统一因素和所有其他抽象内容一样，可以将自身按顺序纳入到各个纯粹的属和种之中，它单义地受到那些为它们奠基的内容属的规定。统一因素可区分为第一、二层次的因素或形式（这种层次划分是相对于其整体情况而言的），且更高阶段的形式内容必然被交织为一个整体，从中可以看出对于最终奠基性的绝对因素而言的复合形式。例如空间形态"移动、反转中保持同一的特定的三角形"隶属于"三角形"这个属，后者又隶属于"空间形态"这个更高级的属。

胡塞尔区分了"总和"与"整体"，认为"由某些内容构成的一个单纯的总和（一种单纯的一同存在）不能被称做整体，……'总和'是对一个'范畴的'、仅仅与思维'形式'相符合的统一的表述，它标志着某个与各自客体相关的意指统一〈Einheit der Meinung〉的相关物。……总和形式可以在那些被把握的内容发生完全随意变更的情况下继续存在。但一个被奠基的内容依赖于奠基性内容的特殊'本性'；存在着一个纯粹的规律，这个规律使被奠基内容的属依赖于奠基性内容的特定被标识出来的属。……根据各种不同的、作为部分而起作用的内容（即不同的规律——笔者注），各种不同整体得以规定自身"②。对于整体而言，部分的存在是"根据规律是建基于有关内容的纯粹属的规定性之中的，这些规律在我们的意义上是先天规律或'本质规律'"。因此若要建立系统的整体部分的理论，须"根据其从范畴上加以定义的并且从整体的'感性'质料中得到的抽象类型被给予"③。

从前面可以看到，统一观念或整体观念建立在"奠基"上，而奠基是建立在纯粹规律上，规律的一般形式是一个范畴形式，由此可以说奠基性的整体概念也是一个范畴概念。但奠基整体的规律来源于被奠基的内容的质料的特殊性，所以奠基统一的观念的每一种具体化、特殊化都可以称为质料的

---

① 即使对于这里的"例外"而言，那种布拉德雷的观点也是不成立的，因为胡塞尔看来不同块片、连锁的内容，是可以通过连锁、间接、疏远等概念来定义刻画的。并且这只是对部分和部分关系的考察，而"例外"中的整体是由这些块片为其奠基的"整体"，是相对于这些块片而言的新内容，可参见［德］胡塞尔《逻辑研究·第二卷第一部分》，倪梁康译，上海译文出版社1998年版，第303页。

② ［德］胡塞尔：《逻辑研究·第二卷第一部分》，倪梁康译，上海译文出版社1998年版，第305—306页。

③ 同上书，第306页。

统一或实在的统一。而整体建构性的综合先天规律，与此处受到形式化的单纯范畴形式的分析的先天规律及其特殊化（类似于代入具体常项）处于对立之中。这里也可以看出胡塞尔企图将整体与部分（或独立与不独立）的学说形式化的倾向。

最后胡塞尔回到关注形式化的整体的先天—分析规律的情况。之前连锁的分析（较为贴近和较为疏远部分的关系之区分）中已经有这种形式化的提示。连锁的情况可以用于线段；但例如对于一个由多个星形构成的星形构成物而言则不同，那里，点为线段、线段为个别星形、个别星形为星形构成物分别奠基，点、线段、星形等不像线段部分那样是并列的，而是有奠基层次上的区分的（当然对于这样的情形，同样可以在整体的间接或疏远的部分的层面上来进行谈论），胡塞尔总结出一条定律："块片本质上是整体的间接的或疏远的部分，它们就是这个整体的块片，只要它们通过联合的形式而与其它块片统一为整体，这些整体本身又通过新的形式而构造出更高阶段的整体。"这样，"相对于整体来说较为贴近和较为疏远部分之间的区别，其本质根据就在于那种可以从形式上加以表述的奠基关系的差异性之中"①。对于不独立因素而言情况也是如此，例如整体广延和块片的广延与事物的关系。胡塞尔明确表明，这里只是关于整体与部分的未来学说的一个暗示，他希望用数学的精确性来定义所有概念，从而实现、实施以形式化论证来演绎这些定理，他认为对这个领域的规律性的全面概观和精确认识是可以达到的，"无论如何，在这里和在其他地方一样，从模糊的概念构成和理论向数学精确的概念构成和理论的进步是对先天联系之充分明察的前提条件和无可避免的科学要求"②。

胡塞尔还提出了一个分析定律："对一个不独立因素的分片决定了对这个具体整体的分片，因为相互排斥的块片在本身不进入相互奠基关系的情况下将新的因素引向自身，通过这些新的因素，它们便个别地补充为整体的块片"，如"对一个视觉的、持续不变的、但抽象于时间因素的内容而做的拟〈quasi—〉空间性扩展之分片也规定了对这个内容本身的分片。对于与空间

---

① ［德］胡塞尔：《逻辑研究·第二卷第一部分》，倪梁康译，上海译文出版社1998年版，第309页。
② 同上书，第310页。

分片有关的空间直观被给予性来说也是如此"。①然后胡塞尔思考一种自然本体论,在其中寻找其先天关系,而不考虑其通常的经验事实真理如自然规律。这种自然本体论预示着《经验与判断》中的本质变更学说(参见本书第十章第三节):"……但如果我们想象一个事实上的自然的观念,它的单个的特殊化〈Besonderung〉就是我们现有的自然,那么我们就会获得一般的和不束缚在我们的自然上的关于经验的整体、关于经验的独立性等等的观念,而且这些观念对于一个一般自然的观念来说显然是构造性的,它们连同它们所包含的本质关系都必须纳入到一门一般的自然本体论之中。"②这里也是1913年第二版中的思想,可见此时胡塞尔把整体与部分或独立与不独立学说放入一门本质变更学说的更为系统化的眼光之中去了。在这种自然本体论眼光之下,时间和空间也获得了一种变更系列,即:"我们可以在想象中随意地扩展空间段和时间段,我们可以在想象中将自己置身于任何一个幻想的空间界限或时间界限,与此同时,新的空间和时间不断地展现给我们的内向目光——所有这些事实都没有证明这样一个必然性,即:空间和时间必须是实在〈realiter〉无限的或者也只能够是实在无限的。这些事实所能证明的仅仅是一个因果规律,这个因果规律预设并因此而要求:任何一个现有的界限都是可以继续超越的。"③

第三研究看起来是烦琐的,记忆这些不断更改的概念在笔者看来意义不大,要知道的是胡塞尔的意图是将独立和不独立或整体和部分的研究形式化、系统化。这里看起来和意义没有太直接的关联,但实际论述顺序上是由意义引发开来的,这里不妨再表述一番:由表述的含义问题引出了种类含义和观念含义的问题,后者又引出了一般对象、抽象对象的问题,从这里又生发出独立和不独立性的问题,然后胡塞尔将这个问题又映射到之前的所有问题或环节上,映射到整个现象学领域,并思考了一种自然本体论,这预示着

---

① [德] 胡塞尔:《逻辑研究·第二卷第一部分》,倪梁康译,上海译文出版社1998年版,第311页。
② 同上书,第313页。
③ 同上书,第315—316页。这里无论是时间空间还是因果规律,胡塞尔的视角和康德先验哲学的视角都是一致的,但都依赖主观意识的本质。这里还可以看出因果律在胡塞尔那里和时空的不独立性相关:"如果根据一个确定的因果规律在时间段 $t_1—t_0$ 上进行的具体变化序列必然与某个在相邻的时间段 $t_2—t_1$ 中的变化序列相衔接,那么前者相对于后者来说便会因此而丧失其独立性。"([德]胡塞尔:《逻辑研究·第二卷第一部分》,倪梁康译,上海译文出版社1998年版,第313页)

胡塞尔对于世界—本质关联的思考。所以，第三研究作为现象学的分析基础不应错过，从此出发也可以看到胡塞尔这个问题的完整思路；反转过来，第一、二章提到的"意义平面"也可以映射任何现象学研究领域，反映意义可以通过逻辑层面、对象层面，或者从类、范畴的角度去看，也可以从独立与不独立的角度去看。最后一种正是第四研究的内容。

## 第四节　独立/不独立含义和纯粹语法学

胡塞尔认为，在语法区别、自义与合义的表述、完备与不完备的表述之间的区别的澄清，会带来对于独立与不独立对象的区分在含义领域中的运用，即可以讨论独立与不独立的含义的区别。在此基础上，可以讨论本质性的含义范畴，植根于其上的是先天的、不考虑客观有效性的（实在的或现实的真理或对象性意义上的）含义规律，这些规律支配着含义复合体的领域具有区分意义和无意义的功能。不过这种含义规律还不是严格的逻辑规律，但它们赋予纯粹逻辑学以可能的含义形式，即复合的具有统一含义的先天形式，这些形式的真理或对象性"……才是由确切意义上的'逻辑规律'来制约的"[①]。可见含义规律是比逻辑规律在根源上更基础的东西。含义规律防止无意义，形式逻辑的规律则防止形式的或分析的悖谬、形式的荒谬性。后者陈述的是对象的可能统一根据的纯粹的形式的先天要求，前者则规定意义的单纯统一所要求的东西，"即：根据哪些先天形式而将不同含义范畴的含义联合为一个含义，而不是制作出一个杂乱的无意义"[②]。由此胡塞尔得出先天的语法学的可能性，而胡塞尔认为他所处时代的语法学建立在心理学和其他经验科学的基础上。胡塞尔还指出在纯粹逻辑学领域内可存在一个不考虑所有对象性的先天规律，即纯粹逻辑语法学规律，这还不同于上面的含义规律，纯粹逻辑语法学也不是确切的逻辑规律。不过胡塞尔将含义的纯粹形式学说区分于预设它们的"纯粹有效性学说"，在笔者看来，这是否是纯粹逻辑语法学和含义规律的区别所在呢？这里存在三个层次：含义规律、纯

---

① ［德］胡塞尔：《逻辑研究·第二卷第一部分》，倪梁康译，上海译文出版社1998年版，第323页。
② 同上书，第324页。

粹逻辑语法学、形式逻辑（对应着纯粹含义逻辑学或纯粹含义形式论，参见本章结尾部分）。

胡塞尔首先区分简单含义与复合含义，这个划分和简单与复合的表述相等价。复合表述由部分构成，部分本身也是表述且具有自己的含义。对于含义而言可以划分部分，但明显不能无限划分，必定会停止于作为因素的简单含义，如"Etwas"（某物）。

含义的简单性和复合性是否为在含义中被意指的对象的复合性或简单性所反映？否。简单的含义不仅能表示复合对象，复合的含义也可以表示一个简单对象，如简单含义Man、铁、国王，但像Etwas和Eins这些名称则可以在其不确定中与所有可能之物发生关系；另外，即使一个复合含义涉及的是一个复合对象，但在含义的每一个部分中也不会包含着对象的一个部分，反之亦然，如"无山的田野"。一个含义是否必须被看作是复合的含义或简单的含义？如何决定一个含义是简单的还是复合的？专有名称的含义是简单含义吗？是的话，那么在专有含义之内划分被意指之物和多少被表象的对象的一些属性规定是否应当被归属为部分含义？或者，这个专有含义和上述意义上的复合含义是否同一？胡塞尔认为：在一个意义上的简单性并不排斥在另一个意义上的复合性。胡塞尔显然拒绝了将专有名称的含义理解为上述复合的含义，他同时认为"含义意识自身确实带有一个确定的、当然是非常需要得到澄清的复合"①。这个意识层面的复合由专有名称的同一含义中的表象组成，"无论对这个人的表象［如'舒尔茨'——笔者注］是多么非直观，多么贫乏、模糊、不确定，这个表象内容不能完全没有"②。胡塞尔认为这种表象组成虽然变化不定，但确定是在固定的群组的直观范围内的，有其独特类型（即属于"舒尔茨"的属性类型显然不能占有"汉斯"的属性）。这里的分析显然涉及心理学的内容，但胡塞尔用"类型"标记出了这里的意识行为本质后就无须再争议。他认为应该区分含义本身的简单性与复合性和含义表象的简单性与复合性。前者应该从意指本身的纯粹本质来讨论，"专有名称E可以说是在一个射束中〈in einem Strahl〉指称对象，这个射束自

---

① ［德］胡塞尔：《逻辑研究·第二卷第一部分》，倪梁康译，上海译文出版社1998年版，第327页。
② 同上。

身是单一的，因而在同一个意向对象方面不需要被区分。阐释性的含义，如'E 是 a'；'（Ea）是 b'，'Eb 是 a' 以及如此等等，它们是多［射］束的，至少是在许多阶段上并且以各种形式构造出来的，以至于它们可以带着不同的内容朝向同一个对象"①。这种阐释性含义正对应被意指物在被意识到时所带有的表象内涵，它是多层次性的，不过不妨碍其统一性，但这种体验在纯粹含义方面乃是一个复合的意指了。对于其他实体性含义以及属性的含义等，都可以做以上区分。第一研究中讨论机遇性含义时采取纯粹逻辑学的界定——"种类"，没有意指层面的划分，而是从判断所应遵循的规范来刻画含义；这样，第四研究显得更"内在"的标准用来划分含义是对第一研究的一个极好补充（第二研究同样是诉诸这一"意指"的内在层面）。第一研究那里含义的划分非常类似于上述对"舒尔茨"的表象类型的讨论（从这里出发实际已可到达含义发生、起源层面上的视域、世界，和积淀意义上的本体论层面的问题了）。同时胡塞尔同意这一点：语法形式是区分含义形式的感性标志，尽管如何区分，每个语言学家意见不一。

  胡塞尔接下来要区分自义（独立）与合义（不独立）的表述，也要区分自义（独立）的与合义（不独立）的含义，他的一个基本判断是："正如不独立的含义只能作为某些独立含义的因素而存在一样，不独立含义的语言表述也只能作为独立含义的表述形式组成部分起作用，因而它们成为语言上不独立的表述、成为'不完整的'表述。"②对于独立和不独立表述之区别的理解是多种多样的：（1）把合义的表述和诸多不同种类的表述部分（无含义的字母、元音、辅音）置于一个层次（如屈折变化的情况），这均视为合义（即不独立）。（1）显然太狭窄，（2）是把合义的表述理解为在内容上确定的含义因素的载体（这再次表明可把含义看作是表述分出的一个矢量），这些含义因素需要补充。（2）和（1）的区别类似于"但是"、"父亲的"和"bi"这个词语块片的区别，两种情况下含义因素都需要补充，但性质完全不同，前者那里涉及的是"思想"，后者那里涉及的只是那些尚待成为表述和一个思想的可能引发者的块片。

---

  ① ［德］胡塞尔：《逻辑研究·第二卷第一部分》，倪梁康译，上海译文出版社 1998 年版，第 329 页。
  ② 同上书，第 333 页。

胡塞尔认为"独立含义和不独立含义的划分与简单含义和复合含义的划分相互交错"①。如下面的一些不独立的含义："比一间房更大"、"在上帝自由的天空下"、"生活的忧虑"、"但你的信使"、"先生"、"尊敬",它们均是表述,因为它们都包含有"一个"含义;并且其中还有复合表述,之所以是一个复合表述乃是因为它以划分的方式表述一个复合含义。上述每一例就其包含一个含义而言,它都是一个完整的表述,但又表述为不完整的,这是因为,它的含义虽然具有统一性,却仍然需要得到完整化,它只能在一个更广泛的联系中才能存在。这是对独立与不独立表述的继续考察。胡塞尔接下来还注意到了异常简略的表述,例如"怎么?""你!"这些话语赋予思想(无论独立与否)以一个不完整的表述②;欠缺的表述,其补充性不用于含义的补充性,不因为相应的含义不独立性,而是因为一个统一含义发生断裂,欠缺的话语才无法完备,甚至无法作为话语起作用,如一段残文:"Caesar……qui……duablus",其中交杂着合义的情况 qui,自义的情况 Caesar 等。胡塞尔列举的这几种表述的情况也是交错的,一个简略的表述(简单的)可以是自义(独立)的,一个合义的表述(复合的)也可以是欠缺的(不独立的),等等;所以,如果说含义被区分为简单的和复合的,这种区分体现在句法部分上、体现在表述上,那么,现在对于表述而言必须讨论独立与不独立含义的情况。③

另外,由于"意指"和"含义"的关系,含义可以做简单或复合的划

---

① [德]胡塞尔:《逻辑研究·第二卷第一部分》,倪梁康译,上海译文出版社1998年版,第335页。
② 这里可以看到,对于不独立含义或表述的划分涉及的层面包含了在本书引言中提到的达米特认为的弗雷格的意义标题下的语气和语力方面,胡塞尔没有单独分出如此细致的层面,而是统一把它们包含到含义、表述问题下面来了,"不独立的含义或表述"可以很好地做到这一点。这未尝不是一种研究含义和表述的思路。
③ 这也印证了第三研究对于独立/不独立的讨论适用于含义领域:"不独立的内容就是那些不能自为地、而只能作为一个更广泛整体的部分而存在的内容。这种'不—能'的先天规律根据是在有关内容的本质天性之中。每一个不独立性都包含着一个规律,根据这个规律,相关种类的内容,譬如说 α 这一类,只能在与整体 G(α β…μ)的联系中存在,β…μ 在这里是特定内容类的符号。我们强调特定,因为没有一条规律会仅仅意味着:在 α 类和任意的其他类之间存在着联系,也就是说,一个 α 需要补充,无论是哪一种补充;相反,在规律性中包含着联系本性的确定性;不独立的与独立的变项具有其通过固定的种、属特征所划定的领域。当然,而且从本质规律上说,连同种类一起被规定的还有这个联系的属形式。"([德]胡塞尔:《逻辑研究·第二卷第一部分》,倪梁康译,上海译文出版社1998年版,第338页)

## 第七章 整体与部分和纯粹语法学：第三、四研究中的意义问题

分，因而意指行为也可以做出简单或复合的划分；亦即整体中有一个整体含义，而在每一个部分行为中就包含着一个部分含义；"据此，如果一个含义能够构成一个具体意指行为的全部充分含义，我们就将它称作**独立的**，如果不是这种情况，我们就将它称作**不独立的**。不独立的含义只能在一个具体意指行为的一个不独立的部分行为中得到实现，它们只能在与某些其他的、补充着它们的含义的联结中得到具体化，它们只能在一个含义整体中'存在'"①。这种含义不独立性规定了合义的本质。但是这种关于含义不独立性的观点也存在一些困难，第一，含义的不独立性是否只在于意向对象的独立性？回答是含义的不独立性与被意指对象的不独立性并无对应关系，如"不独立因素"这个表述是一个自义的表述却表象着一个不独立之物，每一个不独立之物都可以并且是以直接的方式变成一个独立含义的对象，如"红"、"形态"、"相同性"、"尺度"、"统一"、"存在"。从这里可以看出，"**不仅质料的对象因素有独立的含义与其相符合，而且形式的范畴也有独立的含义与其相符合**"，对后者而言、有独立的含义朝向这些范畴形式使其成为自为的对象。独立的朝向不独立因素的含义并不令人诧异，因为含义不具有映像的特征，其本质在于某种意向，可以朝向独立之物也可以朝向不独立之物，"因此，任何东西都能够以意指的方式成为对象性的，即成为意向的客体"②。第二，如何理解被分离出的合义（不独立的含义表述）？比如"相同"、"相连"、"与"、"或"等。根据以上对不独立性含义的定义，不独立的因素是不允许分解的，因此上述的例子是不能放到联结之外去理解的。胡塞尔分两个层次说明这一点：a. 考察带有充实的含义的情况，此时"与"不能被分割出来进行直观的理解、不能单独获得含义充实，如果想弄清"与"的意味则必须现实地进行一个集合行为〈Kollektionsakt〉，在此表象中使"a 与 b"这种形式的含义得到充实。③ 所以充实性含义的不独立性是在一个**完成了的**充实中作为更广泛的内涵的一个充实性含义的组成部分起作用的（这也是含义意向的不独立情况的一个例证）。b. 不具有直观充实的单纯

---

① ［德］胡塞尔：《逻辑研究·第二卷第一部分》，倪梁康译，上海译文出版社1998年版，第339页。
② 同上书，第340页。这里又重复了第二研究所强调的"意指"层面。
③ 这里实际上是范畴直观的一种发生性质的描述，这一内容更为详尽地在《经验与判断》中体现出来了。

意指的含义的情况，单纯意指行为中同样存在独立与不独立性含义的情形，那么此时"与"这个单词的不独立性如何理解呢？胡塞尔认为单个的"与"也有一个自义的存在，但是这个自义中的含义根本不同于分离出来的合义的含义，或者说，即使具有一个含义，"但却经历了一个即使在实事上也完全不确定的含义补充，以至于它成为对暂时生动的和完整化了的含义的一个不完整表述"①。由此，可以说自义的"与"的理解是某个为我们所熟悉的小品词的间接的、在语词上来说出的思想；而合义的"与"的理解：乃是"a 与 b"这个思想的表象。

胡塞尔认为质料的、局限在一个实事统一的领域上的联结，与形式的（分析的）联结是对立的，形式的联结并不依赖于一个领域的实事特殊性。但对于前者来说，"……不能将所有个别性［此处'个别性（形式）'可理解为'单称'形式——笔者注］通过所有［此处的'所有（形式）'可理解为'全称'形式——笔者注］形式加以统一，相反，个别性的领域先天地限制了可能形式的数量，并且规定了占取它们的规律性。但这个事实的普遍性并不会免除人们的这样一个义务，即：在每一个被给予的领域中证明这些形式，并且研究它们之展开的特定规律性"②。胡塞尔认为含义与含义之间的联结是不自由的，各个含义只能以一种事先确定的方式相互搭配并且重新创造出有意义的统一含义。联结的不可能性是本质规律性意义上的不可能性，不是主观的不可能性，而是"……客观的、观念的奠基于含义领域的'本性'和纯粹本质之中的不可能性，并且它本身应通过绝然的明见性来把握"③。这种不可能性附着在含义范畴上，即含义的单个特殊性所属的本质属，"尽管个别的含义本身已经是种类之物，但相对于含义范畴而言，它还只是一个单个的特殊性［这里表明含义的种类不全然相同于含义的范畴意义上的属或种类，后者具有一个考虑到整个含义区域的意味——笔者注］"，这好比"数值上确定的数相对于数的形式和数的规律而言只是一个单个的特

---

① ［德］胡塞尔：《逻辑研究·第二卷第一部分》，倪梁康译，上海译文出版社1998年版，第342页。
② 同上书，第343页。形式化的尝试乃是延续胡塞尔纯粹逻辑学或形式本体论的构想的，这里的尝试同样也是利用第三研究讨论的独立与不独立或整体与部分的关系来进行的。
③ 同上书，第344页。

殊性"。①这种含义的不可能性是一种先天的不可能性,并能证明一个绝对普遍的规律。以上论述对于含义的联结也适用。例如由"这棵树是绿的"过渡到命题形式"这个S是P"这样一个形式的观念,如果对形式S、P加以质料化,当然是能以先天方式进行的,但不是毫无限制的,并非每一个随意的含义可以取代S或者取代P,仿佛可以用任何一个随意的在某种意义上是扩展了的意义上(见后文)的词的质料替代S,用随意的形容词质料替代P,就能够一再获得一个统一有意义的含义和独立命题似的。但不遵守上述质料范畴的界限,便会丧失此统一意义。如在S处代以形容词质料或关系质料或整体陈述的质料,则无法获得上述意义统一。所以范畴的性质规定了S处的质料必须属于该范畴。即使在对质料范畴之内的质料进行自由交换过程中会出现可笑、愚蠢的含义或错误的含义,但这里的语法表述或表述的意义仍可以得到统一的实施;由此出发,在胡塞尔看来,"圆的方"、"木质的铁"这样的表述都具有统一的含义,尽管是错误的。② 胡塞尔还注意到,在一个被划分了的含义中对本身已是形式统一的环节进行随意的交换,或者用一个其他含义中随意取出的环节来取代一个环节,也可能无法获得一个完备的意义:如用一个名词环节替代一个假言句的前句(即假言语句整体中的一个环节),或用一个假言后句替换一个选言的环节等。在这里有关纯粹形态的各个环节的本质决定了如此被意指的联结的不可能性,或者说,具有一定形式的命题只具有特定构造的含义形态作为其环节才是可能的。胡塞尔还发现,如果形式的纯粹因素在一个含义的具体统一之中,那么它们永远不能和经验因素相交换,"一个S是P","如果S是P,那么Q就是R"等,在这些纯粹形式因素的含义统一中,事实相关的质料已经被形式化。所以,像"如果这个或者绿了……""一棵树是与"等都无法理解为一个含义;胡塞尔从中得出一条分析定律:对一个整体而言,形式不能作为质料起作用,反之亦然,而且对于含义领域亦然。胡塞尔说:"每一个具体的含义都是一个

---

① [德]胡塞尔:《逻辑研究·第二卷第一部分》,倪梁康译,上海译文出版社1998年版,第344页。
② 读者可参看第一研究中胡塞尔从含义意指的角度举出过这两个例子(本书第五章第三节),此时胡塞尔是在纯粹语法学规律这个层次上来谈这两个例子。另,这里胡塞尔关于范畴置换的思想被看作是所谓范畴语法的古典思想来源,为范畴类型逻辑的基础之奠定做出了重要贡献(参见邹崇礼《范畴类型逻辑》,中国社会科学出版社2008年版,第5—6页)。

材料〈Stoff〉和形式的相互包容,每一个具体的含义都服从于一个可以通过形式化而得到的纯粹确定的形态观念,此外,每一个这样的观念都有一个先天的含义规律与之相符合。"①这种含义的先天规律体现在句法形式以及句法材料的构造统一上,句法形式自身是一个固定的形式系统。由此,胡塞尔看到了含义的先天王国、一门含义的形式论的形式结构的先天体系的可能性。

胡塞尔注意到了每一个表述都可以作为它自己的名称出现,或者说经历名词化的变更,这种名词化关系到含义的变化、关系到植根于含义领域本身的观念性本性中的意指的变化。如"'与'是一个连词"这个表述中作主语的"与"不是"与"通常的含义因素,而是自义性的表述了。类似这种含义变化,胡塞尔认为也是一种先天规律性,这个变化可以囊括进普遍语法学中的歧义性②这一个分类区域中。又如形容词的名词化,同样经历了一个变更,若具体分析"绿是一种颜色"和"绿的存在(绿色)是颜色存在(颜色性的一个差)",两种情况下形容词绿的名词化的核心形式不一样。前者是指一个出自具体对象之内容组成的不独立因素,另一次所指的是存在的名词化,这种差异在书写上有相应的体现 Grün 和 grün。尽管两种情况的核心形式不一样,但显然可以认为它们具有一个本质因素、一个同一的"核心"。

胡塞尔认为还要区分含义的不相容性和"圆的方"这种表述中的不相容性,后者那里聚合在一起的语词尽管提供了一个含义的领域,并且在观念世界中有其存在,但现实中明见的是没有一个对象能够与这个存在的含义相符合。这种情况下,部分含义在统一含义中是不相容的,以至于这关系到整个含义的对象性或真理(真),但这个含义本身是存在的,胡塞尔认为"木制的铁"、"圆的方"、"所有的三角形都有五个角"都是真的名称或命题。对于前面提到的含义的不相容层次和这里悖谬的层次不一样,这里的含义本身的可能性不容许一些部分含义在"真"中共存;或者说,那里的不相容性的层面针对的是含义的范畴的差别、体现着先天的不相容性,而这里的悖谬针对的是"对象"和"真"。

---

① [德] 胡塞尔:《逻辑研究·第二卷第一部分》,倪梁康译,上海译文出版社 1998 年版,第 346 页。
② 这些歧义性可以看成是动词性意指的歧义性。

胡塞尔已经提到了含义形式结构的先天体系的建立,这一任务就在于"研究含义的本质规律构造以及建基于其中的含义联结和含义变更的规律,并且将它们回归为最小数目的独立的原素规律"①。胡塞尔始终想搞一个含义的形式系统,他想"……首先探究原始的含义形态及其内部结构(这正是我们之前关于含义独立与不独立的烦琐分析种种——笔者注),并且与此相关地确定那些在规律中划定了不确定之物的(或者在一个与数学完全相似的意义上:变项的)意义和范围的纯粹含义范畴"②。胡塞尔说:"……与含义的存在或不存在有关的规律存在于含义领域之中,而且,在这些规律中,含义并不是自由的变项,而是局限在这些或那些建基于含义领域本性的范畴范围之中。"③含义范畴变更规则的确定相当于提供了公理、推理规则和论域,这样含义就不是自由变项(即取任意值),而是限定在论域之中——这些正构成了胡塞尔的纯粹含义逻辑学(亦即含义形式结构的先天体系)。可见,含义的本质构造学说是这门纯粹含义逻辑学的基础,它提供了含义范畴的划分及其独立含义、完整命题的原初形式的划分;因而,经以上体系演绎出的结论都是有效的。具体举一例说明。两个名词含义 M 和 N 中规律性地包含着原始的联结"M 与 N",那么"M 与 N"又是名词范畴的一个含义,由此可形成(M 与 N)与 P,{(M 与 N)与 P}与 Q……这样的套接〔其中 P 可以代入"M 与 N"、"(M 与 N)与 P"等形式〕可以无限进行,产生的都是束缚在此名词含义范畴方面的有效结论或含义联结。实际上演绎是形式的,但它的确依附于"名词的"、"形容词的"、"语句"等规定着变项的含义范畴观念,以及从中产生出的抽象句法形式,如此处的(M 与 N)这一原初形式。从这里也可以看到,"所有可能的含义都服从于范畴结构的一个固定的、在含义先天的总体观念中显示出来的类型论〈Typik〉④,并且在含义

---

① [德]胡塞尔:《逻辑研究·第二卷第 部分》,倪梁康译,上海译文出版社 1998 年版,第 353 页。
② 同上。
③ 同上。
④ 从这个"类型"概念用法上也可以看出,胡塞尔在第一研究中把含义从种类的角度看待是有其明确用意的,含义的偏差、机遇性属于意指或者意向作用的层面,而"种类"则属于可以形成纯粹逻辑学或者形式本体论,以及质料本体论的本质学、本体论的层面了。《观念1》中提到的"命题类型论"可以和这里的论述相呼应,参见[德]胡塞尔《纯粹现象学通论》,李幼蒸译,商务印书馆 1996 年版,第 321 页。

领域中有一个先天的规律性在起着支配作用，根据这个规律性，具体形态的所有可能的形式都处在对少量的原始的、通过存在规律而确定的形式的系统依赖性中，因此，可以通过纯粹的构造而将前一类形式从后一类形式中推导出来"①。这个规律性乃是"理论理性"② 建构的一个基本的和主要的部分。顺带说一句，这种纯粹的含义形式论或纯粹含义逻辑学本身的性质可以使得前面提到的质料偷换的错误在体系中得以消除，因为含义范畴本身的规定的领域自身已经排除了不合法的情况。

可以看到，纯粹含义形式论或纯粹含义逻辑学中的含义形式的先天规律并不决定形式中所构造的含义是具有对象性的还是不具有对象性的，它们只具有划分意义和无意义的功能。胡塞尔始终具有一种发生学的眼光，他认为含义形式论的先天规律根植于含义本身的本质之中，是从带有经验成分或者综合的先天的情况中抽象出来的，但在发生和起源的意义上，后者乃是更为根本的、奠基的。如果将这个奠基的领域做一种形式化（不具有纯粹含义形式学的普遍性）处理，那么它就可被称为"纯粹逻辑语法学"③ 了。胡塞尔在注释中透露，纯粹逻辑语法学是康德的纯粹自然科学的相似物，但是与康德不同的是，他认为相对于纯粹含义形式论，纯粹语法学具有优先权。这当然也是从发生、起源的角度来看待的，"在那些在语法上极有影响的心理主体之间的相互理解关系中还包含着一个特有的先天……"④ 由于纯粹逻辑学具有或可以分出含义层面，纯粹逻辑语法学实际上在这个意义上可以以纯粹逻辑学为研究对象或作为其构件了，这也是这种语法学的普遍性及其得名之所在。

---

① ［德］胡塞尔：《逻辑研究·第二卷第一部分》，倪梁康译，上海译文出版社 1998 年版，第 357 页。

② 关于"理论理性"，此处的上下文没有说明，笔者注意到《观念1》和《经验与判断》都具有一个特点，即把最为抽象和形式化的现象学结论安排在最后的章节，并且贯以理性或者理念的标题，这非常类似于康德在《纯粹理性批判》中的安排。在分析完知性的烦琐结构之后，随着对有理性者推理的结构分析、思维上升到理性所形成的三个理念，由此，一门未来形而上学或哲学的门径才显露出来。现象学也是如此，细琐的分析只是为了上升到最为普遍的一般化的理论操作上来，形成现象学哲学。本书第十章还会提到这一点。

③ 参见［德］胡塞尔《逻辑研究·第二卷第一部分》，倪梁康译，上海译文出版社 1998 年版，第 363 页。

④ 同上书，第 363 页注释部分。

# 第八章
# 表象和意义：第五研究中的意义问题

"每一代人，可能有些偶然地，都会建立自己的价值观，会增加一些名字也会消除一些名字，不会有什么丑闻或耻辱，但过了一段时间，会悄悄地建立过去的秩序。"①

## 第一节 单纯表象

笔者在本书第四章第一节那里已经接触过"表象"了，并且在接下来直到现在的论述中胡塞尔也一直不加说明地使用到表象概念，将其作为进行现象学分析的一个常见的术语。胡塞尔说过："……这种分析的现象学首先涉及到'表象'，更准确地说，它首先涉及到表述的表象。"②胡塞尔把"表述的表象"视为一种"复合行为"，或者说仅把它作为对和表述行为一同出现并行使着含义意向和含义充实之功能的体验等等和表述相关的行为进行分析的一个概括性"标题"。类似上述的宽泛用法胡塞尔一直经常使用，读者在不同时期的胡塞尔著作中都会遇见。但在第五研究③里"表象"被单独拿出来详细进行了讨论。

胡塞尔在第五研究分析了意向内容的三个层面之后（见本书第四章第五

---

① 《博尔赫斯全集·散文卷下》，浙江文艺出版社1999年版，第616页。
② ［德］胡塞尔：《逻辑研究·第二卷第一部分》，倪梁康译，上海译文出版社1998年版，第10页。
③ 第五研究分为两个部分，第一部分是胡塞尔对于意识的一些重要观点，这部分在本书第四章中反映出来。第二部分就是关于表象的重要观点。在论述上述两个问题时，实际夹杂着烦琐的现象学的许多细节问题，枝蔓很多但又非常重要，笔者也尽量不遗漏。在之前的章节的论述中，笔者也尽量遵循了这个处理原则。

节），开始考虑这样一个问题：虽然论述了质料和质性的关系，不同的行为可以有相同的质料，这里的这个同一性该怎么理解。在论述质料时，读者已经看到质料是行为的一个抽象因素，但是，不同的行为（不同质性）的这个同一性的关系、同一的抽象要素有什么区别呢？之前已经说过质料赋予了行为以特定的对象关系，但是，这种对象性关系不仅是一个抽象的可以从逻辑等值的角度看待的功能，而且具有更丰富的层次（不仅规定了对象朝向而且还规定了朝向方式，参见本书第四章第四节）。这种对象关系的丰富层次，在论述意向内容的第一个层面即意向对象层面的具体论述中提到过，笔者认为，那里的截然被意指的对象、如其被意指的对象，对象和对象性，复合行为，多环节行为，奠基关系等论述，都是关于对象关系方面的重要阐明。笔者认为表象问题和这个层面有很密切的关联，其问题的开端和这样一个胡塞尔所赞同的布伦塔诺的关于意向行为关系的重要命题相关联："每一个意向体验或者是一个表象，或者以一个表象为基础。"[①]胡塞尔首先说明上述布伦塔诺命题具有的不加论证的合理性，"这个奇特命题的意义在于，在每一个意向对象中，对象都是一个在一个表象行为中被表象的对象，并且，如果这里涉及的并非从一开始就是'单纯表象'，那么，一个表象就始终会与一个或多个行为的表象，或者毋宁说，与一个或多个行为特征如此奇特和紧密地交织在一起，以至于被表象的对象会因此而同时作为被判断的、被期望的、被希望的等等而存在于此"[②]。胡塞尔注意到在上述多重关系中意向行为如果没有客体化[③]的表象行为，也就是说如果它们不奠基于表象行为之中，这是无法想象的；并认为这是一个要求具有先天性的事态，具有明见清晰的本质规律。比如欲求行为具有与对象之物的关系，假如没有这种关系，即和一

---

① [德] 胡塞尔：《逻辑研究·第二卷第一部分》，倪梁康译，上海译文出版社 1998 年版，第 477 页。
② 同上。
③ 关于"客体化"的简明理解："胡塞尔的现象学分析表明，所有的意识行为种类都可以划分为'客体化行为'与'非客体化行为'。'客体化行为'在胡塞尔的意向分析中是指包括表象、判断在内的逻辑—认识的智性行为，它们是使客体或对象得以被构造出来的行为；而'非客体化行为'则意味着情感、评价、意愿等等价值论、实践论的行为活动，它们不具有构造客体对象的能力。胡塞尔强调，在这两种行为之间存在着奠基关系：'非客体化行为'奠基于'客体化行为'之中：任何一个意向体验要么本身就是一个客体化的行为，要么就以一个客体化的体验为其'基础'。"（倪梁康：《胡塞尔现象学概念通释》，生活·读书·新知三联书店 2007 年版，第 18—19 页）

个表象的紧密交织就先天地无法想象。这里和胡塞尔在后来的关于表象行为的关联如图：

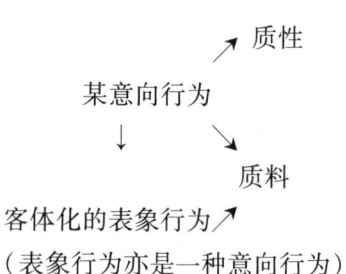

```
                        ↗ 质性
              某意向行为
                  ↓    ↘
                        质料
      客体化的表象行为 ↗
       （表象行为亦是一种意向行为）
```

这里的"表象"比一个单纯的行为质性要更"多"，"与那个通过它而被奠基的欲求质性相对，它完全可以作为'单纯'表象而自为地存在"①。所谓"单纯表象"，例如所有单纯想象表象〈Einbildungsvorstellung〉的情况，其中显现的对象既不被设定为存在的，也不被设定为是不存在的。单纯表象还包括例如理解地接受一个表述如一个陈述句，同时不做出相信或不相信的决定。这里表明单纯表象需要在上述信念〈belief〉特征之下来理解。

胡塞尔首先花了不少工夫考察了这样一种关于表象的观点："在质性变换的情况下，质料的同一性就建基于奠基性表象的'本质'同一性之上。"②这就意味着判断、愿望、怀疑等行为只要具有同一个"内容"（此处即质料），那么这些行为本质上就是以同一个表象为基础的。胡塞尔这里并没有说质料和奠基性表象就是同一个东西，质料是行为的一个抽象因素，所以本质上同一个表象可以说是涉及同一个质料这一抽象因素的表象；在笔者看来，表象行为本身是具体的，但对它的同一性考察是从（类似于考察质料的对象朝向方面时的）抽象的逻辑等值的角度来谈论的，可以忽略例如表象的生动性、强度等因素。由于这些同一性的表象行为质料相同，并且由于表象的质性是就其本身而言的，则不同表象的质性都是一致的，所以可以说它们具有同一个"意向本质"；那么也可以说表象的意向本质仅仅是质料，反过

---

① ［德］胡塞尔：《逻辑研究·第二卷第一部分》，倪梁康译，上海译文出版社1998年版，第478页。
② 同上书，第479页。

来说，在质料的标题下所理解的恰恰是这个必然的奠基性的表象本质，即表象、质料可以相互说明。就意向本质相同的单纯表象行为而言，质性和质料的区别完全消除了，这导致了一个后果：质性和质料的区别并非属于行为抽象因素的根本不同的种属；其质料本身就是质性即表象质性，其意向本质也就是质性。这样，对于复合行为而言，其意向本质就是统一联结在一起并且同时论证着一个整体质性的各个质性的组合体。这是因为复合行为的诸环节最终均可以追溯到奠基性表象行为，后者作为质料同时如上所述又可视为质性，所以加上复合行为本身及其诸环节的质性，整个行为同一体便可看作是质性统一体了。又由于表象质性就是表象质料，所以在涉及复合的整体行为时，它就叫作整体质料。（这里读者可能还不适应术语的烦琐，但此处的确需要理解由于术语的变化导致的重要后果。）

　　上述关于表象的观点是否合理呢？如果坚持上述表象理论会出现一个困难："如何来理解意向本质（或简称为：意向）的各个不同属的最终种差。"①以判断为例，一个由使实事状态得以表象的表象意向和一个作为本真判断特征的补充意向构成的判断行为，这里具有补充特征的判断意向的种是否就是那个作为最高属的判断行为的最终的种差？②胡塞尔认为假如接受这种说法并且对所有意向种类都如此对待，那么，在表象那里（前文说过的那种表象的观点）就会遇到严峻的困难。因为，假如在表象这个类中也不含有分差，那么使得表象相互区别（例如"皇帝"和"教皇"表象之间的差别）或者使表象的含义得以分差的东西就必定是和表象这个质性属（按照前文的观点也可以说是表象质料）不同属的另外的特征，那么之前说过的表象的意向本质现在便不可能是表象意向的最终种差。从这种概念术语上的冲突可以得出所有的意向行为种类都按照同样的方式分差——比如前面的例子，附加的判断和表象都作为自身的属的最终分差——这种观点是无法维持的。这表明之前认为表象的意向本质和表象的质料（或质性）是同一的观点无法维

---

　　① ［德］胡塞尔：《逻辑研究·第二卷第一部分》，倪梁康译，上海译文出版社1998年版，第481页。
　　② 一个便于理解这里最终种差的例子：质性属（这里的质性属显然不是就是否是存在设定行为而言的，而是接着前述表象质性的观点而发的）可分出颜色种，后者又分出下属的红，即特定的红的微差〈Rotnuance〉，它不能再进行在这个属（即红的微差）之内的分差〈differenzierend〉；在这个微差之外的其他属倒是可以和这个微差的属相交织，一起对内容起规定作用，这些其他属就其自身的属而言又已经是最终的差。这里的其他属比如说广延或延展。

持，因为它无法和表象的分差所要求的术语相容。

胡塞尔也想到了读者可能认为这种分析过于烦琐了，有人可能会说使表象区别开来的就是表象"内容"嘛！胡塞尔认为这种看法没有考虑到对象的内容和质料的内容（即立义或含义）的划分，没有注意到在表象中本真意义上的对象是"无"〈nichts〉。这里可以看出，在胡塞尔看来表象的意识并不是那种对于对象充分意识到了的那种意识。这样，我们就不能轻易认为是表象的对象的"内容"导致分差。如果导致表象分差的东西不是用于被意指对象的，而是寓居于表象本身之中的，那么问题就在于我们应当将这个内容表象为什么，对此有两种回答：（1）这个东西或内容是表象的质性本身，它构成意向本质和表象的实项内容中的对象性关系；那么"教皇"、"皇帝"表象的区别完全类似于"红"和"蓝"的颜色区别。从概念上可以理解为，这里，一般之物是"表象"，特殊[具体]之物是那个根据含义本质而完全确定的、最终分差的表象。如例子中的一般之物是"那个人"，具体特殊之物是"教皇"、"皇帝"。（2）"教皇"的表象以及关于这个语词含义的说法中经历了对教皇观念化抽象的完整意向本质（或完整含义本质），是某种本质上的"组合之物"。这里，似乎不再单纯谈论"表象"，还有观念化抽象这种含义相关的行为加入进来和表象一起构成组合物；那么，此时使表象分差的是这种含义或观念化的因素，而表象质性则就是表象行为的特征，这两者的关系就像是颜色和广延的关系，这种关联是必然的先天的联系。以上两种理解导致表象分差的内容要么归为表象质性本身，或者不归为它而是归为其他因素，该因素和表象质性构成组合。

可以看到，正是质性的处理（质性被处理成为与导致分差的质料是同一的）才会导致概念冲突。胡塞尔现在明确要求斩断质性和对象之间的关联，"如果我们在这里可以决定，将'内容'或'质料'区分于行为质性的属，那么我们就必须说：质性特征，即那个自在自为地使表象成为表象，并前后一致地使判断成为判断，使欲求成为欲求以及如此等等的质性特征，它在其内部本质中不具有与对象的关系"①。表象质性如果没有"质料"进行补充就不可能存在。对于例如表述、判断行为也是如此，判断行为或体验就需要

---

① [德]胡塞尔：《逻辑研究·第二卷第一部分》，倪梁康译，上海译文出版社1998年版，第485页。

判断质料内容和判断质性的相互补充交织。

现在回到上述给出的两种决定表象分差的内容的回答是否合理的问题，它们应当如何决断呢？胡塞尔对两种方案均不满意：第一，使表象分差的是表象质性本身，如果接受这种回答，那么表象在意向体验的系列中将显得极不协调。因为意向体验系列中的判断、愿望等行为的质性已经是最终的差，其内容区别只是与各个质性相组合而成的奠基性表象质性的区别，而表象质性这个属必定需要继续分差才能决定上述区别。这样一来很显然，表象与其他意向体验行为不具有同形性〈Gleichförmigkeit〉，它们的质性地位是不同的。第二，如果接受对于使表象分差的是不同于表象质性的另一种附加因素（含义观念化因素）的方案，那么之前布伦塔诺的那个命题就再没有理由遵循了，因为有了使表象分差的更加基础性的层次或行为了。

胡塞尔还指出了他所赞同的布伦塔诺的观点可能带有的歧义："从一开始就会使我们感到惊奇的是这样一种状况：即使我们确实以严格描述的方式坚持体验，对那些不是'单纯表象'的行为的分析也绝非能够始终成功地进入到那些所谓建构着这些行为的部分行为之中。"[①]这里想说明上述布伦塔诺的命题可能导致的歧义是"单纯表象"的行为是别的行为（如感知）的组成部分，胡塞尔想排除掉这一歧义。他以感知为例问道："感知据此可以被看作是一个行为组合，并且确实可以从它之中分离出一个作为独立行为的单纯表象吗？"[②]一种观点认为可以，该观点认为例如幻想行为在其假象揭穿之后被理解为一个孤立的单纯表象，它完全交织在感知之中，并为其提供质料。这个幻想在被识破之前始终是感知，识破之后此感知特征、信念的行为质性丧失了，留下的是单纯的感知表象。这种观点设定在所有感知那里都存在这样的组合：奠基性的感知表象——它们的质料构成感知的质性——始终受到信念特征的补充（即作为真实的感知而非幻想）。胡塞尔用对蜡像女士的感知的例子来反驳上述观点。你可能会先感知到一个真正的女士，后来感知到那位女士只是一个蜡像玩偶。显然，原初的感知再不会在玩偶感知中作为奠基性感知而服务于一个本真的感知；玩偶感知行为中被感知的只是玩

---

① [德] 胡塞尔：《逻辑研究·第二卷第一部分》，倪梁康译，上海译文出版社1998年版，第490页。
② 同上书，第491页。

偶，所以在原初感知到假象被揭穿后，所谓玩偶感知那里的表象，无非只是那个被取消了的感知意识，这个感知意识并不在原初的感知之中。那么，被反驳的观点中提到的幻想下的表象也应是一种并非存在于原初感知之中的感知意识，这种感知意识只有在幻想揭穿之后才在幻想的感知行为之下出现；显然，这里的玩偶感知和幻想的感知中并没有什么为感知质性提供质料的奠基性的感知表象。所以，对一个表象作为一个基本的意向性行为，胡塞尔从来没有否定，但他认为表象不能保留在感知之中（它们之间可能存在相等价的情况，比如对女士的原初感知的情况。原初感知的表象不同于玩偶感知的表象）。所以，"一个感知永远不可能同时是对被感知之物的臆想，一个臆想永远不可能同时是对一个被臆想之物的感知"①。"据此，这个描述性分析决没有偏好这个在许多人看来是不言自明的见解，即：每一个感知都是一个组合，在这个组合中，一个构成感知的质性〈Qualitative〉之物的'信念'因素在一个完整的，带有本己质性的'感知表象'的行为基础上构造起自身。"②所以胡塞尔不持有这样的观点：行为必须与表象构成一个组合体。可以看到，这种澄清甚至将胡塞尔的感知学说语言哲学化了，比之前的意向性感受更好地避开了一种本体论上或认识论框架中的责难，而是向一种功能化的感知理论靠拢了；另外也可以看出，胡塞尔并没有把表象看作是先于感知的意向行为，而是当作一个不同于感知的行为。

刚才表明感知和表象不可能同时联合在一起，这对于"判断"来说也是如此；"我们在这里是从流行的含义出发来理解'判断'这个词，此含义倾向于陈述（'谓语陈述'），并且因此而排除了感知、回忆和类似的行为（尽管在它们之间有着不无本质的亲缘关系）"③。在判断中的意向对象可以看作是实事状态，判断即使丧失感知也可以始终本质同一地持续下去，其中被意指的实事状态的显现不应该被理解为怀疑的猜测，而应被理解为确定的意指、确然性、确信，从而显现的内容可以以各种形式进行意指〈Vermeinen〉，如 S 是或不是、S 是 P 或不是 P，或者 S 是 P 或者 Q 是 R，如此等等。判断意指的客观之物也被胡塞尔称为被判断的实事状态（事态）〈Sachver-

---

① ［德］胡塞尔：《逻辑研究·第二卷第一部分》，倪梁康译，上海译文出版社 1998 年版，第 493 页。
② 同上。
③ 同上。

halt〉，并在反思中区分于作为行为的判断本身，① 这类似于在感知那里区分被感知的对象与作为行为的感知。胡塞尔认为从属于一个判断的单纯表象行为并非是判断的组成部分，它也不是通过作为一个增补〈Plus〉而附加给表象的判断性决断而使判断得以分差。胡塞尔并没有否定存在单纯表象的环节，虽然他也认为人们并不能从关于单纯表象这个说法中获得更多论据，即表象行为的质性同时又是作为判断行为的质料的提供者，和判断的质性间接相关的论据。前面胡塞尔把单纯臆构和感知对立起来，现在，把单纯表象和判断对立起来，"与单纯表象的缺失相符合的是判断的进行，即那种在恰恰只是被表象的实事状态方面的判断性决断的进行"②。显然胡塞尔反对表象作为单纯判断行为的组成部分的观点，他认为有些人可能还有异议，认为在其他一些情况下上述观点可以成立，例如这样的体验："在这些体验中，我们并不立即作判断性决断，但确有单纯表象浮现在我们心中，赞同（承认，或者说，拒绝、否认）只是在以后才作为一个明见的新行为补加进来"③，即认为在"赞同"行为中仍然存在表象作为其行为的一个部分。胡塞尔认为上述论点有一定道理，但要详加分析。的确可以认为在赞同等行为中有一个新的行为和单纯表象相衔接，但问题是：这个新的行为是否将老的行为完全包含于自身之中，是否简单地产生于老的行为之中，以至于特殊的判断质性、信念特征又与这个作为单纯表象的行为为伴，从而使这个具体的判断行为得以完备？可以肯定的是，在新老行为的过渡过程中，"一个同一之物，以及包含于其中的、被我们称作质料的东西都得到了保留"④，这个同一之物或质料，可以视为和意向对象相关的同一之物，而"……并不非得是一个完整的表象行为，而唯一的变化也并不非得是一个通过它而被奠基的新质性的附加"⑤。因此对这个过程可以做如下解释，新行为即判断的特征取代了老行为表象的特征，"而同一之物连同它所包含的质料则可以在一个抽象的

---

① 可对比《经验与判断》第 69 节事态和命题的关系："事态的意指性本身就是一个判断命题，而这个判断命题无非是那种对象性意义，在其中正是事态本身被意指着。"（[德] 胡塞尔：《经验与判断》，邓晓芒、张廷国译，生活·读书·新知三联书店 1999 年版，第 333 页）
② [德] 胡塞尔：《逻辑研究·第二卷第一部分》，倪梁康译，上海译文出版社 1998 年版，第 495 页。
③ 同上书，第 495—496 页。
④ 同上书，第 496 页。
⑤ 同上。

因素中存在，这个因素并不自为地构成一个完整的行为"①。至此，胡塞尔已经反驳了前述异议，证明了在赞同等行为中表象并不作为判断的一个组成部分。

胡塞尔对赞同行为还进行了更详细的分析。赞同所包含的毋宁是，首先，理解一个陈述，同时自己并不做出判断，"因此，被陈述之物是作为'单纯被搁置的'而被我们意识到，……所有这些行为都显然与赞同建基于其上的这个单纯表象有关"②。然后，我们对单纯被搁置的东西进行深思、提问，试图做出决断，也许和别人一致的判断被做出，承认的赞许产生出来。胡塞尔说"在这个判断中肯定不含有先前的'单纯表象'，不含有那个深思性的搁置和提问的行为系列"③。一致判断做出了，但此时还缺乏对赞同的种类之物的把握，赞同还没有形成起来，"显然有某个过渡性体验在为这两个不同的环节提供中介，或者毋宁说，在联结着这两个环节"④。这个中介环节即"充实"或充实意识。胡塞尔指出在素朴的一致判断中常常被置入了一些赞同的思想，"而真正的赞同是在组合体验中构造起来的，在这种体验中，一个被感知的或被表象的判断导向一个提问，这个提问在相应的现时判断中获得它的充实（并且在相反的情况中获得它的失实、拒绝）"⑤。经过上述论述之后，胡塞尔认为"我们就必须将赞同看作是一种过渡性体验，它与猜测、期待、希望、愿望以及这一类'瞄向的'意向完全相似。例如我们在愿望充实的过程中所具有的也不是愿望意向的单纯前后相续以及被期望之物的出现，而是在特征性充实意识中的统一。……只有充实意识才（以本质规律性的限制方式）使'S 是 P'的愿望与判断性经验'S 是 P'相互协调，并且给予这种经验以充实性行为的相对特征，给予这种愿望本身以（确切意义上的）意指性、瞄向性行为的特征"⑥。

通过对"充实"的意识行为进行分析之后，胡塞尔便使人明晰地看到：

---

① ［德］胡塞尔：《逻辑研究·第二卷第一部分》，倪梁康译，上海译文出版社 1998 年版，第 496 页。
② 同上。
③ 同上书，第 497 页。
④ 同上。
⑤ 同上书，第 498 页。
⑥ 同上书，第 498—499 页。

附加性质的"赞同","……不是一个附加给先前单纯表象行为的行为质性；通过这个分析而被现实地发现的东西，首先是单纯表象（而它在这里包括'搁置地—具有'、提问和思索这些行为的前后相继），它借助于充实特征而过渡到一个具有相同质料的判断中"①。这个判断不是对那个首先被给予的单纯表象的承认，而须在充实联系中才是承认的、赞同的，"只有在这种联系中，判断才含有这个相对的谓语，正如'表象'（或者说，思索）只有在这种联系中才具有对此赞同的'瞄向意向'的相对特征一样"②。所以，对于赞同（判断、愿望等行为）来说，并不存在这样的结构：即单纯表象行为乃是判断、赞同行为的组成部分，这是对反对表象作为单纯判断行为的组成部分之论点的深入和细致化。

有人仍然不相信上述结论，并提出了新的反对论据："同一些语词和语词构成物在最为不同的联系中保持其同一的意义，而且作为表述部分对于完全不同的行为保持其同一的意义。因此，必定会有一个始终相同的体验与它们相符合，这个体验只能被理解为是一个始终奠基性的表象。"③比如有人判断"S 是 P"，且不同的个人可以期待、希望、猜测、怀疑这同一个东西（S 是 P）；另一个人听到并理解这些语词，而听者自己却不做判断，这些语词仍在相同的意义上被理解、接受。这种情况就是"对语词的单纯理解"，"单纯理解在这里就是单纯表象"，它始终为同一个"质料"行为系列提供相同的基础。但是很明显，在单纯理解者那里孤立存在着的东西（即单纯表象），在判断者那里是附着于信念、愿望、希望等特征的。在后者那里共属的群组的所有行为都以一个特有的理解行为为基础，这种单纯的理解行为或表象提供的是观念性的同一和意义。即使在不做判断的单纯理解中，奠基性表象的孤立也不是完全和单纯理解相分离的孤立，它类似于单纯想象表象与完全相应的回忆的关系。"这是与同一个在相同'意义'上被意识的对象的不同意向关系方式，这就意味着：这是两个具有相同质料和不同质性的行为。"④这里，单纯理解的行为和奠基性表象的关系类似于一枚硬币的两面

---

① [德] 胡塞尔：《逻辑研究·第二卷第一部分》，倪梁康译，上海译文出版社 1998 年版，第 499 页。
② 同上。
③ 同上书，第 500—501 页。
④ 同上书，第 502 页。

（分出来两个矢量），单纯理解被胡塞尔等同于表象，但仍然不作为判断行为的组成部分，并且胡塞尔把表象视为独立的一个意向行为。这里的单纯理解、单纯表象用罗蒂的观点来看，当然可以怀疑（参见本书第四章第六节），但是如果坚持意识哲学的范式则依然可以成立。罗素曾经在一个时期内持有这样的观点，"表象可以是任何被认识的东西与主体间的一种关系，只要这种关系是直接的。他似乎认为，许多种对象，包括命题，都能够以这种方式被呈现"①。胡塞尔实际上也是按照这类似的立场来看待表象的，后文还会涉及这一点。

表象被胡塞尔视为"意向行为"，由单独的独立因素承担该行为，并且这里独立的因素属于所有行为，"因为它们作为抽象的因素属于所有行为的意向本质"②。意向本质在第一部分介绍过，是质性和质料的组合体，如果从意义的角度讲单纯表象和质料是等价的，和行为质性是奠基性的关系。针对前述的批评和怀疑（即表象作为行为的组成部分）胡塞尔指出，这种观点的出发点没有错："一个意向特征想要能够与一个对象之物发生关系，这个对象之物就必须表象给我们。如果我根本没有表象一个实事状态，那么我又如何能够将它认之为真、期望它、怀疑它，以及如此等等？表象性的东西〈Vorstelligmachende〉就是奠基性的表象。"③但是该观点没有看到表象作为每个意向体验所寓居的成分或方面，本身就是一个完整的行为，因而胡塞尔坚持说表象不是行为的组成部分，是就表象乃是一个完整的行为意义上说的。当然，之前的论述是从行为本身不属于表象，或只是分离于它而言。这里则从语词理解的角度使人看到，单纯理解作为表象的确乃是之前不同于感知表象的判断行为的寓居物，但是即便如此，单纯理解或表象仍是一个独立的行为。胡塞尔仍坚持了他的观点。当然"寓居"这个隐喻说法容易导致一种胡塞尔似乎让步的表现，如果从现象学的矢量分析的角度看，则完全不存在这种让步，因为单纯理解、表象，这和语词、意义有关，因为意义似乎被看作和表象相关的东西，实际上意义（单纯理解）和表象可以被看作是同一

---

① ［美］伊丽莎白·R.埃姆姆斯：《罗素与其同代人的对话》，于海、黄伟力等译，云南人民出版社1997年版，第95页。
② ［德］胡塞尔：《逻辑研究·第二卷第一部分》，倪梁康译，上海译文出版社1998年版，第503页。
③ 同上。

个（表象）内容的不同的意向分析矢量。

现在就容易理解胡塞尔的下属论述了："我们感到，这个成分就其本质因素而言，即就那个在它之中负责'表象'实事状态的本质因素而言，必定与我们称之为行为质性的那些特征本质上不属于同一个属"①，即不同于判断、期望等行为的质性属。这个意义上的表象不是或不具有行为质性②，但必须将它理解为一个现实的行为。既然作为意向行为，表象有其内容或质料因素，质料不可能孤立出现，须由别的因素的补充才能获得具体化，对于语词的单纯理解而言及其所具有的整个单纯搁置"……都在本质上完全不同于信仰③的'设定'或其他猜测的、愿望的'执态'等等"；由此胡塞尔下结论说："我们便必须承认并且在现象学上确定，在行为质性的总体属中存在着区别"④。即"质性"作为一个总体属具有区别，这是"观念1"中关于信念设定和中性设定的学说。

这一节里可以看到由于表象和意义实际上存在着关联，胡塞尔的意义乃是表象行为具有的一个矢量。由于到目前为止，胡塞尔实际上谈到了感知和表述的单纯理解这两种表象情况，则意义实际上也是感知所具有的，胡塞尔在《逻辑研究》阶段中意义已不仅限于表述行为了，这里又是一处例证。

---

① ［德］胡塞尔：《逻辑研究·第二卷第一部分》，倪梁康译，上海译文出版社1998年版，第503页。

② 这里的"质性"是就质性的设定/不设定层面的划分而言，前面一句的质性乃是就判断、意愿等行为不同种属而言的。参见本书第四章第五节。

③ 信仰〈belief〉："胡塞尔在其意识分析中经常使用英文的'存在信仰'概念。这一方面是因为胡塞尔意向分析在相当程度上受到休谟以及穆勒（J. S. Mill）等近代英国思想家的影响，因而在术语上也或多或少地流露出这方面的痕迹；另一方面，德文中的'信仰'（Glauben）概念较为笼统，不能表明'存在信仰'（belief）与'宗教信仰'（faith）的差异，而英文的'belief'则可以避免这个缺陷。胡塞尔用它来标识'存在信仰'的朝向，换言之，'对存在的执态'。它的对立面是'无态'（Stellung-nahmelosigkeit），即对存在与不存在问题的不决定、不执态。"（倪梁康：《胡塞尔现象学概念通释》，生活·读书·新知三联书店2007年版，第84页）Glauben则相当于关于是否具有存在信仰的研究标题，"早在《逻辑研究》第一版中，胡塞尔就将'信仰'问题作为行为的质性问题来探讨"（倪梁康：《胡塞尔现象学概念通释》，生活·读书·新知三联书店2007年版，第203页）。关于Glauben更为细的用法说明，还请参见《胡塞尔现象学概念通释》中的Glauben词条。本书中我们简单满足于上述基本说明。

④ ［德］胡塞尔：《逻辑研究·第二卷第一部分》，倪梁康译，上海译文出版社1998年版，第504页。

## 第二节 判断和作为称谓行为的表象

通过前面的研究胡塞尔得出必须区分关于表象的两重概念：（1）第一个意义上的"表象"是一个行为，就像判断、愿望是行为一样，这种表象例如分散的语词或完整的语句在其称谓功能以外单纯被理解的那些情况、包括那些对思想的非表述性的不带有任何执态的"单纯浮现地拥有"、"单纯的想象"等，这正是上一节所谈的内容。（2）行为质料意义上的表象（即笔者在前一节所说的对同一个表象内容的第二种矢量分析），质料是每一个完整的意向行为的意向本质的一个方面，这个意义上的表象（质料）乃是第一个表象的基础。质料和表象在这个意义上可以结合成一个整体；在各种不同行为中作为同一质料而起作用的质料，随着一个特有的行为质性"表象"以一种特有的"意识方式被给予"。显然，对于表象行为现在可以做质性与质料的区分了，它们被以上两个矢量所对应着，用胡塞尔的话说即"……可以区分那种单纯理解、搁置的特有心绪与构成这种理解之确定性的何物〈Was〉"①。通过这里的分析，可以得出布伦塔诺的那个命题有一个"被误认的明见性"，"这里的错误建基于表象所具有的上述双重意义之中。如果理解正确，那么这个命题的第一部分所说的就是在某个行为种类意义上的表象［对应（1）——笔者注］，它的第二部分所说的则是在单纯（在上述方式完备了的）行为质料意义上的表象。这个第二部分自为地看，亦即'每一个意向体验都以一个表象为基础'这样一个命题，是一个真正的明见性，只要表象被解释为完备的质料［对应（2）——笔者注］"②。胡塞尔现在要问是否还有对表象的其他说明或解释？根据一个其他的表象概念，上述布伦塔诺的命题是否就无法坚持？

胡塞尔提到之前将表象理解为行为乃是针对"单纯表象"而言的，包括对语词等的单纯理解和通过对有关的、我们"完全中立地对待的"陈述句的单纯理解；另外我们还接触到感知行为的表象。胡塞尔现在要为表象加

---

① ［德］胡塞尔：《逻辑研究·第二卷第一部分》，倪梁康译，上海译文出版社1998年版，第513页。
② 同上。

上一个新的概念,"关于名称就是对表象之表述的说法会将人们导向这个新概念","我们可以在'表象'的标题下包容每一个这样的行为,即:在这样的行为中,某物在某种'较为狭窄的'意义上对我们成为对象性的,或是根据那些一举把握性的〈in einem Griff erfassend〉、在一个意指束〈Meinungsstrahl〉中意指着对象之物的感知和类似的直观,或者也可以根据那些在范畴陈述中的单项的主语行为,即根据那些在假言陈述中作为前项而起作用的素朴前设性的行为,以及如此等等"①。

胡塞尔以谓语陈述为例来说明上述扩展的新表象含义。如"S 是 P",这里表象给我们的"是"〈sein〉也可以以完全不同的方式表象给我们,如"S 的 P 状态",又如作为一个判断的主语行为:"S 是 P 这个事实",或"'S 是 P'导致了……""'S 是 P'是可喜的","'S 是 P'是可疑的"等等。在一个假言句或因果句的前句中说"如果 S 是 P",或者说"因为 S 是 P"等情况亦如此。在这里的诸情况中,是事实状态(S 是 P)而不是判断在变化了的含义上是表象性的,"这个含义已经不同于在判断中的含义",而这个表象性的事实状态"……与事物在类似的意义上是对象性的,这里的所谓事物是指我们在感知或想象或图像观看中通过一束目光所看到的那种事物——尽管一个实事状态不是一个事物,并且根本不是一个在原来的和较为狭窄的意义上可以被感知、被臆构、被映像的东西"②。另外,"判断也可以作为主语对象而在判断中起作用。关于判断的判断便是这种情况"③。当然,"当一个语句处在主语的位置上时,这个语句并非始终具有指称一个判断的功能。对一个判断所进行的判断不同于对一个实事状态的判断……"④ 从主语上表象或指称一个判断和一个实事状态并不是一回事,"如果我譬如说,'S 是 P 是可喜的',那么我所指的并不是,这个判断是可喜的"⑤。所以,如果以新的表象概念为基础,对于复合的分节的意向行为来说,我们可以看到,表象并没有在所有情况下作为奠基性行为而包括了被奠基行为的全部质

---

① [德] 胡塞尔:《逻辑研究·第二卷第一部分》,倪梁康译,上海译文出版社 1998 年版,第 515 页。
② 同上书,第 515—516 页。
③ 同上书,第 516 页。
④ 同上。
⑤ 同上。

料（如单纯理解等情况），那么原来的命题：每一个本身不是表象的行为都必然奠基于一个表象之中，可以更确切地描述为："每一个行为或者本身是一个表象，或者便是奠基于'一个或多个'表象之中"；若以判断为例，则可以看到，"一个判断至少要以一个表象为基础，正如每一个完全被说出的陈述至少会含有一个'名称'一样"①。胡塞尔认为如果把"S 是 P"接受为简单判断的规范形式，那么对判断而言，我们至少必须要有两个表象，或两个名称，最大的数量是无限的，可以设想一个判断存在无限多的表象的情况。这里的情况也适用于其他所有完整的行为，如"愿望 S 是 P"，"愿真理胜利"等，这种愿望在 S 和 P 中具有其表象，"真理"是一个素朴的主语设定的对象，而愿望便建基于在真理上被谓语判断地表象出来的"胜利"之上。

新的表象概念仍然存在一些困难的情况。胡塞尔认为，虽然表象作为最后奠基行为都在某种确切的意义上"表象"一个对象之物，但却没有说明，这个意义上的表象是否标志着一个意向体验的本质属，并且这个属的统一必然纯粹通过行为质性而得到规定，表象领域之外的行为完全属于不同的质性规定的属，即是否所有表象具有同一个质性属，在本章第一节胡塞尔给出了肯定的回答。暂时将上述问题放到一边，还有一些情况需要说明：如果将名称标志为对表象的表述，那么会产生问题，因为关于表述的说法的不同意义导致了表象在这里既可以指称谓的含义意向，又可以指相应的含义充实。这里非直观的行为与直观的行为并不同等地属于这个表象概念。"名称"——胡塞尔认为不能理解为单纯的主语，因为作为名称起作用的语词或词组要么能够展示出一个完备的单层〈einfältig〉陈述主语（表述一个完备的主语行为），要么（不考虑句法构形）能够在一个陈述中在不改变其意向本质的情况下行使单层的主语作用。所以，单纯主语不能构成名称，也不可能与伴随的定语从句或关系从句一起构成一个完整名称。我们必须在语法形式上再加上一个具有极为重要的含义功能的定冠词或不定冠词才能构成，比如"这匹马"，"一束花"，"一所用砂岩建造起来的房子"，"这次会议的召开"，还包括"这次帝国会议召开了"这样的表述，它们都是名称。再进一步，胡塞

---

① ［德］胡塞尔：《逻辑研究·第二卷第一部分》，倪梁康译，上海译文出版社 1998 年版，第 517 页。

尔看到名称或者称谓表象类型各异，但作为表象，它们并不被看作完整的陈述。判断陈述可以做主语出现于新的判断中，但永远不能在意义不发生变更的情况下做主语，作为表象而起作用。完整的陈述仿佛处在主语中，那么所考察的便是名称。如"市场上的骑士塑像"、"过路的邮差"等，这些例子中有对象显现给观察者，他将它们表述，但他仍未对其做任何谓语陈述，即便以"现在存在着的 S"这样一种形式陈述出这个存在（或又如"被误认的 S"，"被臆构的 S"等），对于这种"设定"的情况（该设定也是在这个从语法上得以丰富的名称中通过行为所具有的这个在定冠词中被表述出来的因素而得以进行的），这里的谓语陈述（胡塞尔也把这种谓语陈述看作是名称的一种了）也不等同于"S 存在着"（二者质料不同），而是 S 以定语的形式被表象为现实存在的，"此外它还被设定，并且因此而以'这个现实存在的 S'的形式被指称；而指称在这里就其意义来说也与陈述不同一"①。

以上可以看出，胡塞尔区分两种名称，或两种称谓行为。"一种名称赋予被指称之物以存在的价值（'如现实存在的 S'这种情况——笔者注），另一种则不做此事（如单纯理解的情况——笔者注）。"②这种设定与不设定的行为特征（不设定行为其存在价值被剥夺）的区别适用于整个表象领域，而不限于称谓表象的领域，比如直观的表象（即那些本身不起称谓作用，但却具有充实称谓含义意向的逻辑使命的表象领域）。胡塞尔总结出规律："每一个设定行为中都包含着一个可能的、具有同一质料的不设定行为，反之亦然。"③如果从设定/不设定的层次上讲，则存在质性不同的表象之区别，这可以视为表象概念中的不一致，因此在同一个属的意义上谈表象又受到了怀疑，设定性的表象和不设定的表象能作为表象统一属的种差吗？有人认为这个困难可以一举克服：将设定性行为理解为被奠基的行为，并由此可以认为，它们根本不是单纯表象，而是奠基于单纯表象之中，设定的特征只是附加给单纯表象的特征。这种观点胡塞尔表示怀疑。首先这种奠基性的说法不完善，因为不设定的行为也不能脱离开称谓含义意向的设定行为（哪怕对于单纯被理解的，但从未被判断的陈述来说也是如此，它毕竟不能脱离一个现

---

① [德] 胡塞尔：《逻辑研究·第二卷第一部分》，倪梁康译，上海译文出版社 1998 年版，第 520 页。
② 同上。
③ 同上。

时陈述，也如一个单纯表象行为不能脱离开一个感知一样）。若又以称谓行为为例亦如此，每一个设定的完整称谓行为都先天地有一个可能的独立陈述与之相符，而每一个不设定的行为都先天地有一个相关变更了的陈述（单纯陈述理解）行为与之相符。由此得出，具有相同内容的设定行为和不设定的行为的共同之处不在于上述观点下相互奠基的完整行为，而在于一个单纯的行为质料，该质料在两种情况里是在不同的行为质性中被给予的。也即单纯理解并不包含在对这个名称的设定性使用中。说二者相互奠基的说法实际是以单纯表象为基础，而设定特征作为附加，这一说法抹杀了上述两种完全可以单独作为行为而表现的情况，因而无法真正克服上述表象分裂的困难，甚至是倒退到单纯表象的水平上来了。胡塞尔想说表象既可以是不设定的（本章第一节中的单纯表象）也可以是设定的（单纯表象的扩展）。

接下来，胡塞尔考虑设定性表象与陈述判断之间的关系。他认为必须分清，称谓行为与完整的判断行为永远不可能具有同一个意向本质，它们之间的区别是本质上的。也许有人认为设定性的名称提供了一个判断，被用来作为另一个建基于它之上的行为的前提或基础，是这个不变的判断意向内涵的功能在分别规定着名称和判断的语言形式；持有这种观点缘于这种情况，即：真正的谓语判断、完整的陈述事实上可以在某种方式上定语地起作用，比如定语陈述的情况：是 P 的 S。胡塞尔认为上述观点理解并不确切。定语陈述实际只涉及定语名称的一部分，在删除了限定性附加成分后，剩余下来的只是完整的名称，而想用一个只起定语作用的判断来代替这个名称是徒劳的。以"这位刚走了的大臣"为例，限定性谓语陈述依附的是"大臣"这个名称，它无法再分割成第二个谓语陈述。显然无法再用谓语陈述去替代名称"大臣"。不过，胡塞尔认为"名称的一大部分，也包括定语名称，都直接或间接地'起源于'判断，并且根据这种起源而可以回归为判断。但是，这种关于起源和回归的说法已经表明，名称与判断是不同的。……在名称中作为判断的显示而被给予的东西并不是判断，而是一个不同于判断的变更〈Modifikation〉。在进行了变更的行为中不再含有未变更的行为"①。"判断本身不是定语功能，并且也永远不可能行使这种功能；判断只提供一个基地，

---

① ［德］胡塞尔：《逻辑研究·第二卷第一部分》，倪梁康译，上海译文出版社 1998 年版，第 523 页。

定语含义在这个基地上现象学地产生出来。一旦这个作用得以完成，判断便可以消失，而定语连同它的含义功能却持存下去。"① 此外，胡塞尔还注意到了例外的定语功能和谓语功能相交织的情况，比如插入语"这位大臣——他刚才已经走了——将会作出决定"。胡塞尔补充说，不能在经验心理学和生物学的意义上理解上述关于"起源"和"变更"的说法，这种说法表达的是一个建基于体验的现象学内涵之中的特有本质关系。虽然说原初行为不再包含于"变更"的行为之中，但可以从逻辑的意义上说"原初的"判断行为逻辑地处在变更的行为之中。因为"称谓、定语表象的本己本质内涵就在于，这种表象的意向'回归到'相应的判断上，它将自己作为对这个判断的'变更'而给予自身"②。如果从"真"的角度看，如果完全清晰和本真地实施这个意义，例如实现"这个是P的S"或"这个超越数π"这种类型的表象的意义，类似于实证主义的证实，即踏上对被意指之物这样一个表述进行充实证明的道路，那么则须诉之于相应的谓语判断，从中原初地获得称谓表象，使此表象从这个判断之中产生出来、推导出来。如果是不设定的定语表象，则它们"……在'本真的'进行中从现象学上需要有那种在质性上变更了的谓语陈述行为（现实判断的对立面）"③，以便从这些行为中原初地产生出来。所以，无论是设定不设定的定语表象、称谓表象都本质地包含着某种间接性，该间接性一方面通过表象的起源、推导，一方面通过回归的说法而得到表述。表象和表述可以通过充实相关联，可以相关地说"称谓对象在对它的各种范畴理解中是从相应的实事状态中'被推导出来的'；这个实事状态在其真实存在中自在地先于称谓对象"④。胡塞尔由此得出，名称与陈述之间的区别，或是与合乎含义的本质有关（即名称通过充实和判断的陈述相联系），或是建立在作为本质不同的行为的"表象"和"判断"的基础上。但胡塞尔此时考虑这样一种情况，即面对那种无法充实的判断，那么名称和陈述的关联，如何在合乎含义的本质这个意义上相关联？或者说没有充实这个环节，是否仍有别的环节可以起到这种类似充实的起源的作用

---

① ［德］胡塞尔：《逻辑研究·第二卷第一部分》，倪梁康译，上海译文出版社1998年版，第524页。
② 同上。
③ 同上书，第525页。
④ 同上。

呢？这里抛开变更的层面，对这个问题真正令人信服的解释在《经验与判断》之中。① 而前述在这种表象、名称和判断相符合的背后是一个观念性规律的联系，这也属于胡塞尔纯粹逻辑学构想下的一个小小层次组成。纯粹逻辑学的最高理想是流形论，其下则是各种可能的形式学科和各种类型学分析（categorial anlysis），大概上述观念规律和第四研究提到的含义学、语法学一样都可以归属为《观念1》中所提及的命题类型学，如胡塞尔第二版的文字总结出了这里的一条观念规律："一个带有某些设定性名称的语句有效，而与这些名称相符的存在判断却无效，这是一个先天的不相容性。"②

针对以上观点，胡塞尔又具体地考虑了这样一个例子"终于下雨了，这使农夫们很高兴"，这个例子中"终于下雨了"是一个陈述，然后经过变更处于主语的位置上，为一个建基于其上的谓语提供基础行为。农夫们为下雨这个事实而高兴，下雨了指称或表象的是一个实事状态，特别地说，是一个经验事实，所以这个陈述变更为一个名称，起名称的功能作用。这种陈述变更，是对实事状态的指称，它和独立的陈述此实事状态有区别，对于前者而言，"'这'〈das〉就像一个手指一样指明了被陈述的实事状态。……但这个意指并不是判断本身，判断本身已经先行，也就是说，它作为具有这些和那些属性的物理事件已经流走；相反，这个意指是一个新的和新型的行为，它作为指明性的行为与那个事先已经在单束的命题中综合地（亦即多束地）构造起来的实事状态正相对立，即在与判断完全不同的意义上以此事实状态为对象"③。对于判断而言，如素朴的陈述"下雨了"，这里我们所进行的并

---

① 胡塞尔在《经验与判断》§68 第一段的论述是对胡塞尔空泛意指或表述的极好说明和补充："……在接受性经验之外并且在它之旁，还进行着一场多种多样的谓词表述性的判断生活（Urteilsleben）。甚至一切已经作出的判断和一切已经在其中被建构起来的范畴对象性，都是独立于原始经验的进程之外，而被置于已描述过的沉淀作用的规律性及其激活的可能性之下的。作为这样一些沉淀下来的获得物，它们可以进入那个重新原始地实行着的判断活动中去发挥作用。这些被激发起来的预先期望使自身得到充实，但却是在空洞的领域内，新的信念是与迄今为止习惯性地形成的信念相适合的……因此，即使是在空洞的、被激活的、不再返回到基底的原始的自身被给予性之上的判断这一领域内部，我们也有一种求知的取向（Zur-Kenntnisnahme），使从前已获得的知识与新增加的知识相适合，但这种求知取向并非确切意义上的经验性的知识取向（Kenntnisnahme）。"（[德] 胡塞尔：《经验与判断》，邓晓芒、张廷国译，生活·读书·新知三联书店1999年版，第329页）

② [德] 胡塞尔：《逻辑研究·第二卷第一部分》，倪梁康译，上海译文出版社1998年版，第526页。

③ 同上书，第528页。

不是对单纯表象的先后排列，而是一个判断、一种特有的将表象加以联结的"意识方式"。关于实事状态的意识可以说是综合的，根据某物来设定的，但却同判断是一而二，二而一，是一体的，"这个综合的意识显然不同于所谓在一个单束的命题中、在一个可能的素朴主语行为中、在一个表象中与某物的对置〈Gegenübersetzen〉"；胡塞尔说"这个实事状态在判断中'更原初地'被意识到；那个单束地指向这个实事状态的意向以多束的意向为前设，并且在其本真的意义上回归为多束的意向"①。这里，多束的意向似可以理解为，判断之前有表象行为或意向，加上判断的意向行为，所以是多束的，这在之前已经论述过，但作为判断而言，它这个单束意向可以在本真的意义上回归为多束的意向。胡塞尔认为这里又有一个观念性的本质规律，即在每一个多束的意识方式中，都先天地建立着被转移到单束的意识方式之中的可能性，"实事状态在这种单束的意识方式中在确切的意义上成为'对象'或'被表象'。就像例如在一个几何构成物的观念本质中先天地建立着这样一个可能性，即：'人们'可以在空间中转动它，通过变形而将它改变为某个其它的构成物，以及如此等等"②。由此胡塞尔再次强调了作为实事状态的名称而起作用的语句在意向本质方面关于相同实事状态的相应陈述之间是相区别的。当然，它们也不是完全不相关，陈述的质料与称谓行为的质料是部分同一的，以不同的形式意指同一实事状态，所以它们在表述的物理形式方面相近并非偶然且是建基于含义之中。在这里我们又可以看到"含义"这个矢量的确和质料相关，而且和表象问题交织；这里同时体现出胡塞尔有关"名称"问题的相关观点或理论是精细复杂的，不同于英美哲学的传统风格。

胡塞尔总结说："我们的观点便始终可以得到前后一致的贯彻，我们始终区分表象与判断，并且在表象之内区分设定的、赋予存在价值的表象与不设定的不赋予存在价值的表象。我们也可以毫不犹豫地否定因果前句、'因为 S 是 P'这一类语句所具有的判断特征，并且使它们与假言前句处于一种关系之中，这种关系与我们所认识到的在设定性名称与不设定名称之间的关

---

① ［德］胡塞尔：《逻辑研究·第二卷第一部分》，倪梁康译，上海译文出版社1998年版，第528页。
② 同上书，第528—529页。

系是同一个关系。"① 假言前句也是如此。所以，称谓表象实际上可以做上述十分宽泛的理解，不仅包括通常的名称、定语称谓，还包括上述变更了的命题的、单束设定的行为。另外，胡塞尔注意到"含义"这个术语，据此，"'判断'被理解为一个独立完结的陈述所具有的含义。这个含义不经历内部变更就无法成为一个假言前句或因果前句的含义，就像它也不能成为称谓含义一样……"② 实际上，这里的含义和变更的因果前句含义，都是含义，但乃是作为不等的矢量，一个是在判断意义上划分的，另一个是在称谓意义上划分的，两个行为的质料或含义是不同的。

胡塞尔接下来将继续扩展表象行为的范围，将会把判断也纳入作为表象的属之中来。

## 第三节 表象作为称谓行为和陈述行为的质性统一属

在前面的分析中，胡塞尔强调了"表象"与判断是本质不同的行为。但这是否就意味着表象与判断还有那些赋予指称与陈述以含义充实性意义的行为，属于意向体验的各个不同的无法统一的基本等级呢？胡塞尔的回答是否定的。他认为从意向本质即质性、质料方面来考虑，那么对行为的"基本等级"的区分只涉及行为的质性。从前面的讨论也可以看出，称谓和陈述的行为不必具有不同质性，称谓行为也可以是设定的，所以就"质性"而言，可以说称谓行为和陈述行为之间可以存在着（质性）属的共性。在质性保持同一的情况下，一个陈述向一个称谓的过渡，是质料发生变化，或者可以说是一种意义的变化。从这个质性属的共性出发，可以形成一个新的表象概念的划界，即它囊括了陈述或判断的行为，"……在涉及较为狭窄的表象概念时说'称谓行为'［即本章第二节中的表象概念的范围——笔者注］，在涉及较为宽泛的表象概念时则说'客体化的行为'"③。由此可得出：

---

① ［德］胡塞尔：《逻辑研究·第二卷第一部分》，倪梁康译，上海译文出版社1998年版，第530页。
② 同上书，第531页。这里的文字是第二版的附加。
③ 同上书，第539页。

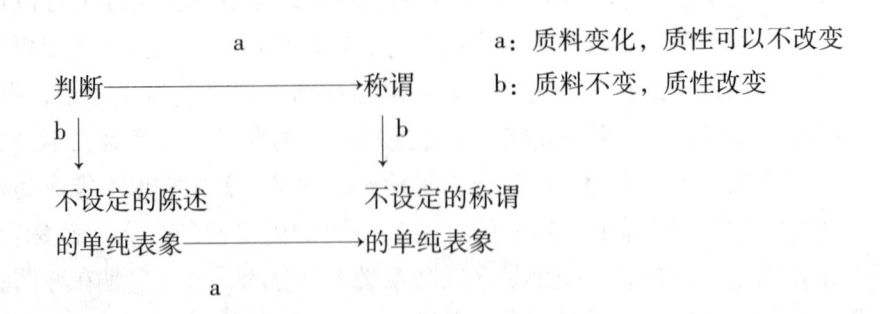

```
                    a
   判断 ───────────→ 称谓        a：质料变化，质性可以不改变
    │b              │b          b：质料不变，质性改变
    ↓                ↓
 不设定的陈述      不设定的称谓
 的单纯表象 ──────→ 的单纯表象
                    a
```

前面数次提到，胡塞尔将称谓意义上的表象分为设定和不设定的两种，又如这些说明："某种变更使每一个设定性称谓行为（也是一种表象——笔者注）都转变为一个具有同一质料的单纯表象。"①在判断那里也可以同样发现此种变更（此前也已描述过），"判断作为设定性的陈述行为所具有的相关物是作为不设定的陈述行为的单纯表象。这两方面是具有同一质料、但不同质性的一致性行为"②。在胡塞尔看来，以设定/不设定为标准可以构成一个质性属，"当我们涉及到从一个设定性称谓行为向一个断言陈述的行为过渡时，我们并没有发现有任何理由去假设一个质性区别"③。对于不设定的行为同样如此；这些情况下，唯有"质料"才构成了这一个和另一个的区别。由此，胡塞尔得出了关于表象的一个更广泛的确切定义。表象行为被刻画为"客体化行为"这样一个意向体验属，它是一个意向行为，按照其意向本质可以划分：（1）质性方面。通过质性区分可以得出设定与不设定的区分，如区分出判断行为及其变更之后的"单纯表象"行为。（2）质料方面。例如判断行为和称谓行为的区分。

胡塞尔说："在所有综合那里，称谓化的基本操作都是可能的，这种称谓化的过程也就是将那种综合的多束性转变为一个带有相应的回指性质料的'称谓'单束性。"④例如 A 与 B 与 C 是 P 这个谓语判断有三个谓语陈述层次，P 在一个三层次的行为中被设定，这三个谓语层次或环节联合在一起，

---

① [德] 胡塞尔：《逻辑研究·第二卷第一部分》，倪梁康译，上海译文出版社1998年版，第540页。
② 同上。
③ 同上。
④ 同上书，第542页。

且不是一个称谓表象，但这种综合，也可以被称谓化〈Nominalisierung〉，其中原来那个"通过综合而构造起来的集合体在一个新的单束行为中成为素朴地'被表象'的对象"，对这个集合体的称谓表象在其相对于原初行为而已改变了的质料中"'回指着'那个原初地构造着这个集合体的质料，或者说，那个原初构造着它的意识"①。胡塞尔由此得出，在客体化行为中也可包括对"命题的"、"综合的行为"划分，以及对单束与多束的行为，或不分环节的行为与分环节的行为的基本划分；每一个环节都具有其客体化的质性和质料，同时，综合的整体这个客体化行为又有其质性与质料。胡塞尔说上述分析在句法上也有体现，如所列举的复数谓语陈述的例子。② 简单的单束的客体化行为并不必然是第一性的环节，因为如上分析，单束的环节仍然可以是称谓化了句法，是对实事状态或对合取状态、析取状态的称谓表象，而构成它们的环节本身又可以是实事状态，等等。胡塞尔得出："在质料中表现出一种或多或少是复杂的回涉性〈Rückbezüglichkeit〉，并且随之而在特别变更了的、间接的意义上表现出'隐含的'划分与综合形式。如果这些环节不再是回涉性的，那么它在这方面也就是单层次的。"③ 这些单层次的环节如专有名称的表象、感知、想象表象等，它们是完全素朴的客体化，摆脱了所有范畴形式。胡塞尔认为："只要对每一个（非素朴的）客体化行为的分析是在这些为它所含有的称谓化中根据回指的阶段顺序而进行的，那么这种分析就最终会回溯到这种'素朴的'、在形式与质料方面单层的行为环节之上。"④胡塞尔由此还得出了和纯粹逻辑学——语法规律性相关的关涉于质料的规律：任何一个封闭的客体化质料（因而每一个可能的独立含义）都可以作为环节质料而在任何一个可能形式的任何一个综合中起作用，由此也使一个特别的命题得以自明：任何一个这样的质料或者是一个完整的陈述的（谓语陈述的）质料，或者是这个质料的一个可能环节。于是可以得出：

---

① ［德］胡塞尔：《逻辑研究·第二卷第一部分》，倪梁康译，上海译文出版社1998年版，第542页。
② 这里可见对于表象、客体化行为的探讨把第五研究对于意向对象意义上的意向内容（复合行为、分环节的行为等内容），以及意向本质、第四研究的语法学也带入进来了，这体现了胡塞尔的现象学分析的交错性质。对此，胡塞尔还有详细的论述，可以看出这种讨论的性质。
③ ［德］胡塞尔：《逻辑研究·第二卷第一部分》，倪梁康译，上海译文出版社1998年版，第543页。
④ 同上书，第540页。

"观念地看，任意的客体化质料可以与任意的质性相联合。"①这里可以感受到胡塞尔对于质料、含义、表述的形式化研究的追求。

胡塞尔经过上述分析提出了质料的转变（例如从陈述的和综合的质料向称谓的单纯转变或变更）和质性变更（如使设定性名称或陈述转变为无设定的名称或陈述），由于在质性变更中质料不变，所以，它又可称为"共形〈Komform〉变更"。胡塞尔接着认为，如果与质料无关涉的变更就是共形变更的话，那么共形变更的说法实际上比质性变更的概念更为宽泛。现在可以说，"在任何一个可能的体验中，……在任何一个可能的客体中都包含着一个与它相关的表象，而这个表象的质性既可以是设定性的，也可以是不设定的（作为'单纯'的表象）。但从根本上说，这并不是一个表象，而是各种不同表象的一个整个杂多性；即使我们在这里……局限于称谓表象这一类的表象上，这一点也仍然有效。这个表象可以将它的客体表象为直观客体和思想客体、直接客体或有表语中介的客体，并且所有这一切都是以多层次的方式进行"②。胡塞尔认为需要注意对判断的表象不是对这个实事状态的表象，"与此相同，更一般地说，对一个设定的表象不是对这个以设定的方式被表象的对象的表象。这两方面被表象的对象是不同的〈verschiedene〉。因此，例如想要实现对一个实事状态的意愿不同于一个想要实现对这个实事状态的一个判断、一个称谓设定"③。

胡塞尔又提出了新的划分，认为"设定性行为与它的质性对立面［不设定的情况——笔者注］相符合的方式完全不同于某个作为这种质性对立面的行为与对此行为的表象的方式。一个行为的质性变更仿佛完全是一种不同于对一个与它有关的表象之制作的'操作'"④。他认为"……'表象客体化'的操作根据符号 O、V（O）、V［V（O）］……是'无限'可重复的"⑤。这里，O 标志客体，V（O）标示着对 O 的表象，质性变更显然与此不同。此外"表象性的客体化可以运用于所有客体，而质性变更则只对行为

---

① ［德］胡塞尔：《逻辑研究·第二卷第一部分》，倪梁康译，上海译文出版社 1998 年版，第 543 页。
② 同上书，第 545 页。
③ 同上。
④ 同上书，第 545—546 页。
⑤ 同上书，第 546 页。

（即和非意向行为相对的意向行为——笔者注）具有意义"①。又，在表象变更系列中，表象毫无例外的是称谓表象，在质性变更中则无此种限制；在表象性的客体化那里与变更本质相关的是质料而完全不涉及质性，质性变更则相反。所以，表象变更属于质料的转变而不属于共形变更。

然后胡塞尔还注意到信念（信仰）行为和单纯表象的关系和区别。每一个信念行为都有有关单纯表象作为其对立面而与之相符，这个单纯表象和信念的行为一样根据同一的质料而表象出同一个对象性，它与信念行为的区别在于，它不是以存在意指的方式设定被表象对象的对象性，而是将这个对象性搁置起来。

胡塞尔强调一定要注意区分质性变更和表象的客体化操作或变更，表象的表象在现象学上是可能的。所以，表象变更不同于质性变更或共形变更，这里的区别"……不是单纯感觉材料的区别，而是立义性的行为特征的区别（尤其是意向质料的区别），没有这种区别，关于想象图像、绘画等等的说法也就毫无意义"②。对质性而言，它由共形变更得以相互协调。胡塞尔还谈到感知和单纯表象都通属客体化行为属，即广义的表象，它们和比如愿望相对立。

胡塞尔还注意到"人们很容易将设定性的行为标识为认之为真的〈Fürwahrhaltend〉行为，而将它们的对立面标识为臆构性的行为"③。在传统的主谓逻辑中只有在判断或陈述含义那里才谈及认之为真，而在胡塞尔看来，对于所有感知、回忆、期待、所有表述—称谓的设定都被标志为"认之为真"。显然，这里的"真"已不仅是一种事态或真值，而是对应着意向行为的一种了。臆构在通常说法中是指臆构的不设定行为，但其意义不仅和不设定行为相关，还包括了"所有认之为真"的行为的可能对立面。臆构当然也不总是带有有意识的臆构，比如我们接受一些讲述的故事，同时并不以某种方式对它们的真实或虚构做出决断，我们"知道"这里所涉及的是一个美学的虚构，但这个"知道"在纯粹美学的作用过程中始终是无效的；

---

① ［德］胡塞尔：《逻辑研究·第二卷第一部分》，倪梁康译，上海译文出版社1998年版，第546页。
② 同上书，第547页。
③ 同上书，第548页。

"在这些情况中,所有表述都既在含义意向方面,也在倾向性的想象充实方面是无设定行为的载体,是在这个被考虑过的意义上的'臆构'的载者"①。臆构是由整个陈述行为的各方面所承载的,"我们不带有任何'认之为真',只是让这些东西作用于我们,我们不进行现实的判断,而是进行单纯的'臆构'"②。这里并没有进行所谓想象判断,"毋宁说,我们所进行的不是判断,即不是对它的实事状态的'认之为真',而是质性变更,即对同一个实事状态的中性搁置,它绝不等同于对这个实事状态的一种想象"③。臆构所指明的是一种想象性的立义,是一种想象立义或一种在真正立义上的图像性的立义,但我们绝不能说,所有不设定行为都是想象性的行为,所有设定性的行为都是非想象性的行为。一个被想象的感性对象可以以设定的方式作为存在着的对象与我们相对立,并且对这个对象的直观的代现性〈repreasentation〉内涵保持同一。所谓"代现性"指的是不仅赋予直观以与这个对象的关系的规定性,而且同时赋予它以一个想象性代现的特征:这个特征将对象以想象性表象或映像性表象的方式当下化("代现"的用法和第二研究的用法是一致的,下文还会提及)。通过"臆构",胡塞尔实际上说明了"想象"的问题,现在他考虑感知。对于一般感知而言,"……在保持它的其他现象学组成完全同一的情况下是否可能发生质性变更,并且是否可能因此而丧失它的正常设定特征"④。这是可疑的,"问题在于,那种对于感知来说具有特征性的感知性〈perzeptiv〉对象立义,即:将对象立义为一个'自身'(并且生动)当下的对象,这种立义是否不会立即过渡为这样一个图像立义,在这个图像立义中,对象与在正常的感知性图像性(绘画等等)的情况中一样显现为图像性的,并且不再显现为自身被给予的"⑤。胡塞尔认为感知是可以在不改变其设定的情况下过渡为一个一致性的图像性,即过渡到成为一个行为,这个行为自身含有同一个质料,尽管是在不同的立义形式中。胡塞尔由此得出可以区分两种共形变更,即之前的质性变更和此处的想象性变

---

① [德]胡塞尔:《逻辑研究·第二卷第一部分》,倪梁康译,上海译文出版社1998年版,第549页。
② 同上。
③ 同上。
④ 同上书,第550页。
⑤ 同上书,第549页。

更，两种情况下，质料都保持不变。①

由以上的讨论，胡塞尔甚至开始考虑是否扩展"判断的传统涵义"，人们是像我们在传统意义上所做的那样，将判断这个词限制在（未变更）陈述含义的领域之中，还是承认整个"信念"的行为领域都是它的运用范围（第六研究最后也讨论了这个问题）？"判断"问题胡塞尔很早就在思考了。②胡塞尔注意到如果坚持自己以上对于表象的所有讨论的结论，显然，传统"判断"并没有完全包含着行为的一个"基本种类"，甚至没有完全地包含着一个最低的质性差，判断只在质料上区分于称谓等行为，只是因为从客体化的角度看质料而划分出判断与其他行为的界限。③虽然有着这样的不满意，胡塞尔还是觉得由于判断是一个逻辑术语，所以，唯有逻辑兴趣和逻辑传统才能决定其含义，"人们在这方面也许不得不说，像（观念的）陈述含义这样一种基础性的概念其本身就是最后的统一，所有逻辑之物都必须回溯到它之上；这样的概念必须保持它的自然的和原生的表述。因此，'判断行为'的术语应当限制在相应的行为种类上，限制在完备陈述的含义意向上，以及限制在与这些含义相适合的、具有同一个合乎含义之本质的充实上"④。此时的胡塞尔似乎还坚持认为不能将所有设定行为标志为判断，否则会将即使在质性相同情况下也可使称谓行为分离于陈述行为的本质性区别遮蔽起来，并且因此而使一系列重要的关系产生混乱。显然，这里的思考还不成熟，这种效应在《经验与判断》中能够看到最后的成品。

对于"表象"，胡塞尔也不敢贸然采取一种终极规定，他也认为和判断类似，这要据逻辑学的需求来决定。表象能否涵括判断，能否限制在称谓行为上，能否理解为单纯代现［这种单纯代现指各个行为的总体内容的抽象质性（代现具有质性这个方面或者可以分化出这个矢量来），自身仅包含意向

---

① 这里说明虽然质性、质料是意向行为的本质，但在行为中还可以区分出其他因素，关于第六研究的第十章研究将讨论这一点。
② 参见［德］胡塞尔《逻辑研究·第二卷第一部分》，倪梁康译，上海译文出版社1998年版，第551页注58。
③ 从第六研究以及后来的《观念1》、《经验与判断》中，可以看到胡塞尔对于判断没有进行扩展，还是保持了对判断范围扩展问题的限制。
④ ［德］胡塞尔：《逻辑研究·第二卷第一部分》，倪梁康译，上海译文出版社1998年版，第551页。

本质中的质料，可见代现又包含了质料方面①]，这些都还无法最终确定，"这要由逻辑学根据自己的需求来决定。在这种情况下肯定要考虑到在表象与判断之间的排斥性区分……"②"但有一点可以肯定，并非所有那些为了从现象学上澄清逻辑概念而需要的或不可或缺的区分都因此而已经作为先天教理而从属于逻辑学关系本身"③。可以说，这里表明胡塞尔对逻辑学还有一个深入的认识发展过程，这样，如我们看到的在《经验与判断》中对于判断可以说，它最后成为了为发生现象学层次所彻底讨论的对象了。也因为如此，胡塞尔在前面④指出了客体化的宽泛表象包含了判断陈述，和此处讲的二者排斥不是一种矛盾，而是立足点不一样了。

经过上述讨论，可以说表象这个术语已经扩展得十分宽泛，扩展为客体化的行为的整个领域，而甚至包括了判断。客体化行为给表象提供了一个作为刻画其质性属的基础概念。现在，接着布伦塔诺的命题，人们可以说"任何一个意向体验或者是一个客体化行为，或者以这样一个行为为'基础'，就是说，它在后一种情况中自身必然具有一个客体化行为作为它的组成部分，这个客体化行为的总体质料同时是、而且个体同一的是'它的'总体质料"⑤；"如果一个行为，或者毋宁说，一个行为质性不是那种客体化的行为，或者不借助于一个与它交织为一个统一行为的客体化行为，它就无法获得自己的质料……"⑥ 而与一个对象性的关系完全是在质料中构造起来的；客体化行为的作用就在于它首先将对象性表象给所有其他的行为，这些其他行为应当以新的方式与这个对象性发生关系。胡塞尔认为每一个质料都是一个客体化行为的质料，并且借助于一个客体化行为才能成为一个新的、奠基于它之中的行为质性的质料。在此基础上，可区分第一性和第二性的意向，在其中，第二种意向须要有第一种意向的奠基，第一性的客体化的行为是否是设定/不设定的行为是无关紧要的，有些第二性的行为完全需要"认之为

---

① 在《逻辑研究·第二卷第一部分》，倪梁康译，上海译文出版社1998年版，第556页。胡塞尔对质料又有新的理解，即将其放到"代现"标题之下。
② [德]胡塞尔:《逻辑研究·第二卷第一部分》，倪梁康译，上海译文出版社1998年版，第551页。
③ 同上书，第562页注 [58]。
④ 同上书，第539页。
⑤ 同上书，第552页。
⑥ 同上书，第552—553页。

真"，如喜悦和悲哀；有些只需单纯的变更，如愿望、美感。另外，胡塞尔还提到基层［底］的客体化行为，它往往是一个复合体，将第一性的第二性的意向包容于一身。笔者认为，这种基层的客体化行为，必定是如感知、素朴的感知一类行为（胡塞尔曾提及"原初的感性表象"可理解为原初感性的客体化行为）。①

通过上述分析，胡塞尔又考察了组合行为和复合行为的不同。胡塞尔说复合行为当然也是在质性方面的组合行为。复合行为都是被奠基的行为，其总体质性是一个质性，不是各部分行为质性的单纯的和，而是建基于这些建构性的质性之中，"正如总体质料的统一不是各个部分行为质料的单纯的和，而是奠基于部分质料之中一样……"② 在胡塞尔看来，"一个行为可以以本质不同的方式在质性方面组合并且可以以不同的方式奠基于其他行为之中"，其中差异在于不同的组合部分的质性"……以不同的方式相互之间发生关系、与统一的总体质料以及在可能的情况下与部分质料发生关系，并且，这些不同的质性以不同的方式通过不同的基本奠基而获得统一"③。另外，比如一个行为可以如此组合，其总体质性"……可以被分片成为多个质性，而这些质性中的每一个质性都个体同一地共有同一个质料；例如在对一个事实的喜悦中便包含着喜悦的种类质性与认之为真的种类质性"④。胡塞尔表明，如果认为任何一个属的质性都可以以上述方式与唯一的质料相联合，并且在各个属的质性中除了某个唯一的质性之外，其他的都可以丧失，这种想法是不可能的。胡塞尔想说明："在每一个这样的组合中以及在每一个行为中都必然存在着一个属于客体化质性属的质性，因为，如果一个质料不是作为一个客体化行为的质料，它就根本不能被实现。"⑤胡塞尔认为，"属于其他属的质性始终奠基于客体化的质性之中；它们永远不可能直接地和仅仅自为地与一个质料相联结"⑥。由于胡塞尔对总体质性的分片，所以总体行为可以

---

① 参见［德］胡塞尔《逻辑研究·第二卷第一部分》，倪梁康译，上海译文出版社1998年版，第492页。
② 同上书，第553—554页。
③ 同上书，第554页。
④ 同上。
⑤ 同上。
⑥ 同上。

说在质性上是"多形的"〈mehrförmiger〉行为，即含有总体行为质性的分片，应区分于组合的诸质性的不同质性属的各个质性的行为。单形行为似乎只是说客体化行为的质性不分片而言，可以认为所有客体化行为都是单形行为。当然客体化行为还是可以组合的，和客体化相对应的质料可以分片成质料部分，总体行为亦可以分成部分行为［如陈述语句的例子"A 与 B 与 C 是 P"所表明的与环节相应的组成部分的部分质料以及联结形式，如肯定（是），否定（不是），如果与所以、并且、或者等；由此可以看到符号逻辑学家们将肯定和否定作为联结形式的观点，这些联结形式也被胡塞尔视为部分质料①］。对复合行为而言，行为都是单形的，也只发现一个客体化的质性，这个质性属于总体质料，胡塞尔认为与整体质料发生关系的不可能是一个以上的客体化质性，属于其他属的质性始终奠基于客体化质性之中。多形和单形并不是严格地相对立的东西，"多形"是就质性的抽象的可能的分片而言的，"单形"按胡塞尔的表述看来是就组合行为（不等同于复合行为）的质料而言的，是就"一个"客体化质性而言的，是考虑到质料的。所以胡塞尔可以说："从这些单形性中现在产生出多形性"，多形性可以通过单形的分片以及与单形的质性上结伴的新的部分行为共同产生。胡塞尔说如果删除或不考虑客体化行为的质性，无论是建基于总体质料上的客体化行为质性，还是建基于部分上的客体化行为质性，那么剩下的就是一个完整的客体化行为，"它自身仍然还含有原初行为的总体质料"②。由此胡塞尔看到，在此处质性的分片组合的规律表明："每一个组合行为的最终奠基性行为（或者说，在称谓环节中最终隐含的环节）都必须是客体化行为。所有那些称谓行为都是这种客体化的行为，并且最后，最终隐含的环节从任何一方面来看都是简单的称谓行为［称谓行为现在在其扩大了的意义上被赋予了一个基础的地位——笔者注］，是一个简单的质性与一个单层的质料的素朴联合。"③胡塞尔还预告了客体化行为与范畴形式的关联，"只要在客体化行为中出现一个被划分的质料，那么在其中也就可以找到一个范畴形式，而本质上所有

---

① ［德］胡塞尔：《逻辑研究·第二卷第一部分》，倪梁康译，上海译文出版社 1998 年版，第 541 页。
② 同上书，第 555 页。
③ 同上书，第 555—556 页。

的范畴形式都是在被奠基的行为中构造出自身的……"①

在一番探讨之后，胡塞尔觉得也可以这样认识质料，无须将其理解为意向本质的单纯抽象因素，也可以用"行为总体"来取代它，它是行为抽掉质性之后的留存物。

胡塞尔在这一研究的总结处（第五研究第43节）似乎又回到刚才狭义的称谓表象并以之为描述表象的基点上来了。这里胡塞尔回顾强调：喜悦、愿望、意愿都不是客体化的行为，可见，它们还无法和判断、称谓行为看作是同一层次或同一质性的行为。按照这里的观点，最终奠基性的，客体化行为都是称谓行为、称谓质料。

胡塞尔最后对表象的最重要的歧义进行了明确的总结。（1）表象作为行为质料（这种观点胡塞尔曾经重点反对过）。现在，胡塞尔指出这种观点可以加以完善化，可以说"表象作为行为奠基的代现"，即除质性以外的全部内涵。这种完善化之后的将表象理解为质料的理解和最后胡塞尔关于表象的界定（参见第九章的分析）达到了一致。质料表明行为中被意指的是哪一个对象，并且它是在何种意义上被意指，代现还顾及意向本质之外的因素，"例如使这个对象恰恰是以感知直观的方式或以想象的方式，或以一种单纯非直观意指的方式被意指"。（2）表象作为"单纯表象"。（3）表象作为称谓行为。（4）表象作为客体化行为，客体化作为质性所属的种，包括了称谓行为和陈述行为或者设定和不设定的行为，因而（2）、（3）都在其中。胡塞尔也提到表象或客体化行为概念，和质料或代现相平行对应，因为它们原本都是作为这样一个完整行为的质料而被给予，所以由此可以，看出客体化是联结质料、代现的一种桥梁功能。或者用图表示就是：

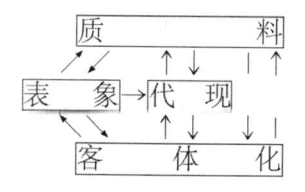

```
┌─────────────────┐
│   质         料  │
└─────────────────┘
  ↑ ↑  ↑ ↓  ↑
┌───────┐ ┌───────┐
│ 表 象 │→│ 代 现 │
└───────┘ └───────┘
  ↓
┌─────────────────┐
│   客  体  化     │
└─────────────────┘
```

**这四个概念是两两相关的**

---

① ［德］胡塞尔：《逻辑研究·第二卷第一部分》，倪梁康译，上海译文出版社1998年版，第556页。

胡塞尔认为列举这些歧义是逻辑学—认识论努力的工作。这些歧义还有：（5）表象与单纯思维对置。此处论述十分重大，表象在此处被理解为含义充实方面以及和一致性直观有关。（6）和想象、感知相关的表象。（7）在（6）的意义上，又增添了图像行为作为表象（略，其中有重大论述）。（8）在（7）的意义上引入"代现""符号"的行为引发的表象，差不多意味着代现和替代，不同于（1）中的原始定义的代现。（9）由于对于感知和想象的区分不明，所以人们时而将表象理解为想象表象［根据（6）、（7）］，时而理解为相应的想象材料（想象图像性的代现性内容的复合体）。（10）由于（9）混淆了显现与被显现者，则被表象的对象也被叫作了表象，如世界是我的表象（叔本华）。（11）这个表象很常见，由于把意识体验在实项现象学的意义上都是在内感知的或其他的内部朝向（被意识性、原初统觉）的意义上被意识到，并且随同这种朝向一起肯定有一个表象被给予（意识或自我将内容置于面前），这种看法导致人们将所有意识内容都标志为表象，这就是洛克以来的英国经验主义者的"观念"（ideas），在休谟那里被称作"感知"〈perceptions〉。"具有一个表象"和"体验一个内容"这两个表述经常被等值使用。（12）专有的逻辑表象，胡塞尔提到波尔查诺的在这个意义上的个人用法。（13）不甚有害的是意见〈doxa〉意义上的表象，这在日常口语中常见。

"表象"是许多哲学家所经常使用的概念，康德就使用得十分宽泛，他同意这种观点："'表象的总和甚至就是客体，就是心灵的行动，由于心灵的行动，表象的总和被表象，也就是说，把表象与客体联系起来'，这里您说的完全准确。"① 罗素对于表象的看法，在笔者看来是简洁而准确的："在罗素看来，表象可以是任何被认识的东西与主体间的一种关系，只要这种关系是直接的。他似乎认为，许多种对象，包括命题，都能够以这种方式被呈现"②；"罗素意识到，对梅农来讲，为了能够推论某些较高层次的对象，判断的层次，特别是与设定相关的层次的介入是必要的。因为表象的简单要素必须借助于判断

---

① ［德］康德：《康德书信百封》，李秋零译，上海人民出版社2006年版，第173—174页。
② ［美］伊丽莎白·R. 埃姆斯：《罗素与其同代人的对话》，于海、黄伟力等译，云南人民出版社1997年版，第95页。

或设定的认知关系才能结合成一复合……"① "梅农，发现对于可表述为如此这般的东西，人们可以采取各种认知态度（以及评价态度）以接受、或考虑、或猜测、或假定如此这般……但是这与肯定或否定如此这般是两回事，梅农指出，在许多情况中，一些假设是在相信与否之前，或不对相信与否作任何承诺时提出的。"② 这里可见梅农的判断、设定的问题同胡塞尔是一致的。胡塞尔研究者梅欧也认为："事实上，胡塞尔研究了梅农的对象理论［'梅农认为所有智力过程和态度都指示某一对象……'③——笔者注］，或许他还使用了梅农关于纯粹对象的概念和假设［设定——笔者注］理论中的某些内容，并试图以之阐述他所说的'现象学还原'。"④

罗素"批评梅农未把判断和假设归入表象［我们看到胡塞尔则这样做了，广义的表象包括判断在内，就是客体化行为——笔者注］，罗素的意思是，在梅农的理论中判断或假设的活动把那心理过程做成是其对象部分，而赤裸裸的表象则允许对象不同于和孤立于表象的活动及内容。并且，罗素承认，他不能肯定他理解了梅农所谓的表象是什么意思"⑤。罗素理解的表象如上所述是更为宽泛的，甚至和胡塞尔具有某种一致性。

不过，在1913年的书稿中，罗素不再在行为和对象之间插入表象内容这一环节，这时他认为："梅农提出，一个表象和另一个表象间的区别既不可能在行为中被发现（例如对绿色的感知和对黄色的感知间的区别），也不可能在对象中被发现，故那些区别必定是内容上的区别。罗素反驳道，不仅他没有在他的经验中发现任何与内容相应的成分，而且他发现也没有必要假设内容，因为一个表象和另一个表象间的区别能够通过行为中的区别（感觉或想象）或对象中的区别（黄色抑或绿色）得到充分的说明。从本质上说，罗素似乎是假设在亲知的直接二项关系中，所与的感觉性质是存在的，并且是其所是。被梅农认为是对象和性质（桌子和棕色）间的区别，在罗素看

---

① ［美］伊丽莎白·R.埃姆斯：《罗素与其同代人的对话》，于海、黄伟力等译，云南人民出版社1997年版，第95—96页。
② 同上书，第96页。
③ 同上书，第93页。
④ ［美］维克多·维拉德-梅欧：《胡塞尔》，杨富斌译，中华书局2002年版，第8页。
⑤ ［美］伊丽莎白·R.埃姆斯：《罗素与其同代人的对话》，于海、黄伟力等译，云南人民出版社1997年版，第97页。

来，乃是依据被感知的性质对对象的解释和推论所致。"①显然，罗素离开了对于表象的内在主义的诉求。胡塞尔还处在这一哲学范式上。读者同时看到胡塞尔的表象问题牵涉到了包括含义或意义、质料、代现、客体化等一系列概念链条，彼此通达，涉及几乎最为复杂的现象学术语的分析都包括进来了。大概没有哲学家对表象有过如此独特的用法，读者甚至可以说"表象"和"意义"相关联了，但是，也只是关联而已，"意义"和表象相关同样也没有回答意义究竟是什么的问题。

---

① ［美］伊丽莎白·R. 埃姆斯：《罗素与其同代人的对话》，于海、黄伟力等译，云南人民出版社1997年版，第115页。

# 第九章
# 意义与充实：第六研究中的意义问题

"伟大乃源于将最密切的观察运用在寻求最大限度的简单性过程中。"①

胡塞尔认为第五研究似乎"迷失在描述心理学的冷僻问题之中"，但对于澄清认识大有促进，"所有思维，尤其是理论思维和认识都是在某些'行为'中进行的，这些行为出现在与表述的话语的联系之中。……在这些行为之中也包含着相属的普遍、纯粹之观念的源泉，这些观念之间的观念规律性联系就是纯粹逻辑学所要获取的东西，而对这些观念的澄清则是认识批判所要从事的工作"②。既然这里说所有思维和意向行为都和表述话语相联系或可以找到其所属的观念规律性联系，即意向行为间接地可以和观念性之表述的话语层面相联系，这也就再度说明了含义表述层面的确是和逻辑学相映射的，并且具有统摄整个现象学分析的特征。不过现象学当前的首要任务是"观念的澄清"，胡塞尔认为逻辑体验可以纳入到表述及其相关行为之中；第一研究表面上只是对含义和赋予含义的行为的较小范围内的一些区别的说明，现在第一研究内容又在一个更广的领域中以最一般的形式重新出现。并且第五研究获得的意向本质的内容概念也和逻辑领域相关联，涉及"同一性"问题（即对质料的分析、认同的分析，读者已经多次遇到了）。胡塞尔认为把逻辑学纳入到含义及表述以及相关问题的讨论中，便于现象学的特征以及逻辑学自身领域观念统一的澄清，并且利于将二者统一起来。

---

① ［德］沃尔夫-迪特尔·杜贝：《表现主义艺术家》，张言梦译，生活·读书·新知三联书店2005年版，第11页。

② ［德］胡塞尔：《逻辑研究·第二卷第二部分》，倪梁康译，上海译文出版社1999年版，第1页

在对表述、含义及相关问题的进一步研究中，胡塞尔的第六研究尤其关注了"充实"的层次。和充实的层次序列相关的方面有意向本身所含有的或大或小的间接性，它们不可能得到素朴的充实，而需要一系列分阶段的充实，这就涉及间接表象的问题；然后自然会关注意向和充实在认识中逐渐融合的直观体验的或大或小的相合性区别，并且要确定客观完整的相即性的情况是怎样的，"与此相关，我们力求对可能性和不可能性（一致、相容性—争执，不相容性）的概念以及对与此相关的观念公理作出最终的现象学澄清"①；最终充实是一个理想，它永远处在一个相应的感知中，此处的感知须加以扩展超出感性的限制，这种情况的实际综合就是在确切词义上的明见性或认识，此即真理意义上的存在，它实现了"'事物与智慧的相即'〈adeaquatio rei ac intellectus〉，真理本身在这里被给予、被直接地把握到和直观到"②。胡塞尔强调以上研究的出发点是从含义意向开始的，具体是在与感性体验相关的逻各斯层面上进行的。

胡塞尔提到表象还未得到根本的澄清，"表象所具有的各个特殊逻辑概念以及判断概念仍然没有得到最终的澄清。在这里与在其他地方一样，我们还有长长的一段路要走。我们始终还处在开端上"③。另外"含义观念的起源"之澄清的目标也没有达到，"无可置疑的是，各个表述所具有的含义就包含在有关行为的意向本质中，这是一个极有价值的明察；但是哪一类的行为可以行使意指的功能，或者毋宁说，是否每一种行为在这一点都是平等的，这个问题还根本没有被考虑过"④。第五研究讨论意向对象意义上的意向内容时就已经触及这个问题，即分环节或复合行为（见本书第四章第四节）时碰到过这个问题，胡塞尔现在又挖出一个新层面，即在这里会遇到含义意向和含义充实的问题，"或者用纯传统的、但显然带有歧义的说法来表达：'概念'或'思想'（在这里恰恰被理解为在直观上未被充实的意指）与'一致性直观'之间的关系问题"⑤。所以，此处的含义载者的问题和胡

---

① [德] 胡塞尔：《逻辑研究·第二卷第二部分》，倪梁康译，上海译文出版社1999年版，第4页。
② 同上。
③ 同上书，第2页。
④ 同上。
⑤ 同上书，第2—3页。

塞尔澄清逻辑观念起源的问题密切相关，和类似于"证实"的基本立场相关，和胡塞尔的科学、知识观相关。胡塞尔认为含义意向的失实与充实的行为种类涵盖极广，"远超出逻辑领域"，它的范围是通过充实状况的特殊性而划定的，所以这里的现象学分析最终占据了主导。胡塞尔要在含义意向充实—失实的框架内来研究所有那些与认识统一有关的关系，将涉及依附于含义意向的表述的特殊意向充实，它可以独立于语法联结出现（即不属于含义层面或逻辑学层面的东西了）；胡塞尔还将意义给予行为和意义充实行为纳入到客体化的行为之中，将客体化行为划分为符号性的行为和直观性的行为，并要对"符号行为"与"直观行为"进行现象学描述，而且这种描述是在充实现象的回溯中进行的。这里还会涉及直观性内容和代现性（被立义）内容的概念。还有与意向本质相联系的认识本质，后者区分出意向质性、作为立义意义的意向质料、立义形式和被立义的（被统摄或代现性的）内容，"在这里，'立义'或'代现'的概念被定义为贯穿在立义形式中的质料与代现内容的统一"①。

另外，胡塞尔提出了范畴直观，认为它是非直观思维的对立面，也不属于非直观思维或象征（符号）—空乏思维，但也不是如同感性直观的直接性那样简单。胡塞尔坚信："关于'感性直观与范畴直观'的这一章连同前一章［第五研究——笔者注］的准备性的阐述为从现象学上澄清逻辑明见性（当然随之还包括对它在价值论领域和实践领域的平行项的澄清）开辟了道路。"②

胡塞尔提及范畴形式导致了崭新的质料概念，包括感性材料和范畴形式的基本对立，或感性行为和范畴行为之间的对立。观念性对象和范畴对象的对立。范畴的充实，奠基于感性行为之中，"但单纯的感性永远无法为范畴意向提供充实，更确切地说，永远无法为含有范畴形式的意向提供充实；毋宁说，充实随时都包含在一个具有范畴行为形式的感性之中"③。与此相关的是对直观和感知概念的不可或缺的扩展，使人们有权讨论范畴直观、普遍直观（第二研究已经有涉及，此处实际上给出了深层理由，第二研究主要是

---

① ［德］胡塞尔：《逻辑研究·第二卷第二部分》，倪梁康译，上海译文出版社1999年版，第4页。
② 同上书，前言第2页。
③ 同上书，第5页。

为第三、四研究服务的）。普遍概念因其植根于感性抽象和范畴抽象而得到划分，即区分为感性概念和范畴。胡塞尔认为，对素朴直观与感性直观以及和被奠基的直观或范畴直观的划分，使感性与知性之间的古老认识论对立获得了我们所期待的最终澄清。① 胡塞尔还认为，思维与直观也因此得以澄清。

由于区分了一般的感性直观和范畴直观或普遍直观，对于逻辑学而言，其"质料"也应该做出材料和形式的区分，"这样，材料和形式的逻辑对立

---

① 在康德那里感性限定于指分别和主观上先天的时间空间形式相关的内感知和外感知，而对于范畴如"存在"、"一"等对应的乃是知性领域的概念或思维，胡塞尔这里感知除了包括一般意义上的感知外，还包括了对普遍性和范畴的相关感知。康德并指出知性范畴和感性界限截然，为了沟通二者必须要有一个中介（即康德的时间图型学说）填补进来。胡塞尔提出的范畴直观或普遍直观，实际上是融合了康德的感知和图形学说于一体，他实际上以逻各斯层面为向导提出了一种新的感性理论，考虑到了语言和含义的层次。康德没有这个层次，但是他的图形学说的层次，笔者认为胡塞尔还是继承下来了。即体现在胡塞尔认为纽带、作为范畴代现的东西不是被奠基的感性感知的材料内容，比如一种范畴直观是集合性直观，如"……和……"，其代现性内容肯定不是感性方面的材料内容（即范畴直观的代现者不是本真的代现者），但又需要它；胡塞尔所说"和—形式"在笔者看来就是集合性直观的代现者，"是—形式"也是如此，（在笔者看来）它们正是胡塞尔也称之为"心理纽带"的对应物；"这些形式在这里被理解为感性核心的相似者、那个在感性直观中可感觉之物的相似者"。（[德] 胡塞尔：《逻辑研究·第二卷第二部分》，倪梁康译，上海译文出版社 1999 年版，第 173 页）很明显，这个介丁感性和 logos 或符号行为之间的层次和康德的图形概念的层次地位是一致的。胡塞尔在 1920 年第六研究第二版的前言中说到他不再赞同范畴代现的学说，但在笔者看来，他依然保留了类似于康德图形地位的理论，只不过不再叫作范畴代现，而是引入先验自我意识的历史和发生现象学的维度，将范畴代现的内容演化成了前谓词领域研究的一部分。例如对应"和—形式"，对应胡塞尔在《经验与判断》第 61 节中提到的作为知性对象性的"集合体"，"一个集合体就是通过某种集合性的主动性、在分离的那些对象相互联结时原始地预先建构起来的对象性，对它的主动把握就存在于对于刚刚建构起来的东西的一种素朴的再把捉（Nachgreifen）或攫取之中。作为自发性的纯粹构成物、集合体就意味着一种卓越的形式，任何可以设想的类型的主题性对象都可以作为一个环节而进入这一形式中，然后本身又借助于这种形式而在任何类型的规定性判断中作为一个环节发生作用"。（[德] 胡塞尔：《经验与判断》，邓晓芒、张廷国译，生活·读书·新知三联书店 1999 年版，第 289—290 页）康德的时间图形和内感官的先天时间形式相关，类似的并且更易普遍化的，胡塞尔认为知性对象同样具有时间性，它不同于实在对象所被束缚的客观（自然）时间点，而是具有不受束缚的随时性，因为"知性对象性的无时间性，它的'全在全无'，就表明自己是时间性的一个卓越形态……也就是说，贯穿于时间的杂多性之中的是某种存在于其中的超时间的统一性：这种超时间性意味着随时性（Allzeitlichkeit）"。（[德] 胡塞尔：《经验与判断》，邓晓芒、张廷国译，生活·读书·新知三联书店 1999 年版，第 305 页）知性对象当然不仅包括了集合体，知性对象性"是在谓词自发性中预先建构起来的。它们的原始的预先被给予性方式就是它们在自我的谓词表述举动中的产生过程，即作为一种自发作用的产生过程"。（[德] 胡塞尔：《经验与判断》，邓晓芒、张廷国译，生活·读书·新知三联书店 1999 年版，第 293 页）笔者认为，一切诉诸 logos 或话语、语言层面的东西在胡塞尔那里都是知性对象。因此，可以看到胡塞尔在第一研究坚持含义的种类、观念性的做法，被一直贯彻了下来，知性对象的时间形态就是"种类"所表达的客观性和普遍性的深层次说明。这一点可以参见本书第五章第三节的相关论述，这也正是胡塞尔反对含义机遇性、特殊化的理由。

便指明了一种确定的和易于理解的相对化,即对我们所提出的这些绝对区别的相对化"①。这再次说明,胡塞尔的纯粹逻辑学还包括了材料、未完全形式化的层面,因而可以讨论这个层面上的逻辑形式、范畴的发生和起源的问题。

最后,关于本真思维的分析规律,建立在纯粹范畴的基础上,独立于材料所具有的任何特性,而非本真思维、符号行为,也具有本真意义上的以先天的独立于被表述材料的方式进行表述的能力,并"从这一要求中产生出作为单纯符号行为之规范的本真思维规律的功能"②。此即和第四研究的纯粹逻辑语法学或纯粹逻辑含义论相关了。笔者将不再详细涉及范畴直观和本真思维规律的问题,上一页脚注①可聊做补充。

胡塞尔清楚地认识到这里的工作仅是现象学认识启蒙,这里还未"……对间接思维与间接认识的广泛领域作出丝毫的探讨;间接明见性的本质以及它的观念相关项的本质还没有得到充分的澄清"③。不过胡塞尔相信获得的已经不少,并希望"我们已经揭示出认识批判的最底层的、并且从其本性看来也是第一性的基础"④。胡塞尔认为自己的认识批判工作应知足谦虚,此处的分析还没有和不能去接触"……我们最感兴趣的认识问题的较高形态和最高形态",此处只是"……首先去把握它所能达及的认识问题的相对而言最简单的形式,把握它们最低级的构造层次"⑤。即便这项工作也须克服大量困难,如我们所看到的那样。这里也再次说明了为何在本书中没有正面处理不具有充实的含义。

---

① [德] 胡塞尔:《逻辑研究·第二卷第二部分》,倪梁康译,上海译文出版社1999年版,第5页。
② 同上书,第6页。
③ [德] 胡塞尔:《逻辑研究·第二卷第二部分》,倪梁康译,上海译文出版社1999年版,第6页。在笔者看来,这个澄清在《观念1》中没有处理,而在《经验与判断》中有充分的体现。"间接的明证性"在笔者看来和空乏的意指或者不带有直观充实的表述相关联。另外,《经验与判断》第327页关于意义或判断理论的极为重大的说明:三种情况分别和充实的判断、空乏的判断以及二者混合的判断相对应。空乏的判断实际是我们日常生活中遇见的最多的情况,即和间接的明证性有关,这里"不言而喻,这种对一个范畴对象性的初次的原始建构是以原初的,也是基底的被给予性为前提的,但这种对象性一旦被建构起来,我们就可以重新返回到这上面来,并再度把它产生出来,而不必在低层次上重新直观地给出这些基底"([德] 胡塞尔:《经验与判断》,邓晓芒、张廷国译,生活·读书·新知三联书店1999年版,第327—328页)。读者也可以回顾,对于第一研究的分析中关于不带直观的含义或表述,这里也是一处对应的说明。
④ [德] 胡塞尔:《逻辑研究·第二卷第二部分》,倪梁康译,上海译文出版社1999年版,第6页。
⑤ 同上书,第7页。

## 第一节　认识作为充实的综合及其诸阶段

　　a."含义载者"问题：意指活动是否仅只在某些有限行为属中进行？一种观点认为可以，即局限在表述中的意指行为是这个含义载者；因为任何行为都可以被表述出来，表述便提供了其含义。第二种意见相反（但在笔者看来与第一种差不多，只是更粗放），认为"所有含义都局限在一个有限的行为类别上"即"话语形式"，仍是在表述中，但是表述行为并不单纯。原来的行为（愿望、判断等）倘若"……没有在形式和内容上受到统摄，没有得到认识，那么它就无法找到与它相适合的形式。对话语的表述因而并不在于单纯的语词，而在于表述性的行为；这种行为在新的材料中将那些由它们所表述的相关行为表现出来，前者对后者做出思想性的表述，这种表述的最普遍本质便构成了有关话语的含义"[①]；"我们无须自己进行感知就可以理解对一个感知的表述，无须自己询问就可以理解一个对问题的表述，如此等等。我们不只是具有语词，而且也具有思想的形式或表述"[②]。

　　胡塞尔提到含义的充实，"也就是在那些被意指的行为确实是当下的情况下，表述便与须被表述的东西达到相合，附着在语词上的含义与它所意指的东西相符合，它的思想意向在其中得到了充实的直观"[③]。胡塞尔由"含义载者"引出一个古老的争论："疑问句、愿望句、命令句等等的特殊形式是否可以被看作是陈述，以及它们的含义因此是否可以被看作是判断。"[④]对于这个问题，胡塞尔指出亚里士多德认为"所有独立完整的语句含义都包含在各种不同的心理体验之中，包含在判断、愿望、命令等行为的心理学体验之中"[⑤]。而近代以来直至胡塞尔的时代流行的一种更为精致的观点认为，"意指仅仅是在判断行为或其表象性变异中进行。在疑问句中虽有一个问题在某种意义上被表述出来，但只是通过这样一种方式，即：这个问题被理解

---

[①]　[德]胡塞尔：《逻辑研究·第二卷第二部分》，倪梁康译，上海译文出版社1999年版，第9页。
[②]　同上。
[③]　同上。
[④]　同上。
[⑤]　同上。

为问题,它在这个思想理解中作为说者的体验被提出并因此被判断为他的体验"①。由此可以说"每一个含义要么是一个完整的陈述句的含义,要么就是一个这样的含义可能部分"②。胡塞尔认为就是述谓句,判断可以理解为述谓行为,显然,含义的问题同判断的问题相关。胡塞尔此时以陈述和判断为讨论的中心和出发点。至于以上两种观点,胡塞尔作为内在主义者并没有表示异议。

在胡塞尔看来,所有行为都可以被表述,这没有疑义,但不是所有行为都起含义载者的作用。"表述"是多义的,第一种关于表述的说法是,把赋予含义的行为、被传诉的行为称作表述的行为;第二种意义上的表述,"即我们指称那些我们正在体验的行为并且借助于这种指称来陈述我们对这些行为的体验"——即判断的行为——"我们既可以对外部的事物,也可以对内心的体验进行判断。倘若我们如此判断,那么有关语句的含义便包含在对这些体验的判断之中,而不是包含在这些体验本身之中,不是包含在愿望、问题等等之中"③。更具体地,胡塞尔还认为,"关于外部事物之陈述的含义并不包含在这些事物(马、房屋等等)之中,而是包含在我们内心对它们所做的那些判断之中,或者说,包含在那些协助构成这些判断的表象之中"④。可见表象、判断都是含义的载者,在论述表象问题时,通过"质料"这一重大中介,将含义和表象结合在一块儿了,此处含义、质料又和判断联系在一起,由此可以见到胡塞尔含义—质料的功能化作用。胡塞尔以愿望行为为例,描述了它和表象、判断、含义的关联,"充实着我的这个愿望一旦被陈说出来,它就与判断行为具体化而为一。但它并不实际地有助于判断。这个愿望在一个反思性感知的行为被立义,被纳入到愿望的概念之下,借助于这个概念以及对愿望内容的规定性表象而被指称;这样,对愿望的概念表象便直接有助于关于愿望的判断,而相应的愿望名称则从它这方面有助于愿望陈述,就像对人的表象也有助于关于人的判断一样(或者说,人的名称有

---

① [德]胡塞尔:《逻辑研究·第二卷第二部分》,倪梁康译,上海译文出版社1999年版,第9—10页。
② 同上书,第10页。
③ 同上书,第10—11页。
④ 同上书,第11页。

助于关于人的陈述)"①。但"愿望的确不属于判断的含义,即使在它有时与朝向它的判断行为相合为一的情况下,它也不属于判断的含义"②。胡塞尔由此得出,"对于所有行为是否能够以表述的方式而起到意义给予行为的作用这样一个问题来说,它们的可被表述性是无关紧要的,因为这种可被表述性无非只能被理解为对行为作出某些陈述的可能性。而恰恰在这时,行为根本不作为含义载者起作用"③。看起来,胡塞尔似乎认为例如愿望表象和对该愿望的判断共同构成了含义载者或对表述的含义做出了贡献,但严格说来,由于例如愿望表象不可表述性,因而应排除其含义载者的地位。

对一个行为的表述的第三种意义和第二个意义一样都关系到一个从属于相关行为的判断活动或客体化活动,"但这并不关系到一个关于这些行为的判断活动——即并不关系到与它们有关的表象和指称——,而是关系到一个在这些行为基础上进行的判断活动,它并不需要将这些行为客体化"④。即第三个意义不考虑第二种意义中例如愿望的表象,而只考虑判断本身。再以感知为例,对人们的感知进行谓语判断,人们从感知中吸取其判断,进行感知且如其所感知的那样来声言这些事实。但第三个意义上的表述行为不针对感知,而是针对要被感知之物。这个意义也可以推广到表述其他的如直观行为、想象、回忆、期待等行为。(胡塞尔在此认为以想象为基础的陈述,谈不上判断,但根据第五研究的论述,这里涉及的正是第五研究中读者已经见过的共形变更的行为,这里不考虑此种情况。)⑤

这里划分出的表述的三种情况,意味着意义的讨论也得随着三种情况为转移,那么意义在这三种表述类型中如何定位呢?或者这不是一个能够寻到定位的问题?意义或含义的载者问题更加陷入迷雾中了。

在对表述的话语做出重重区分之后,胡塞尔想澄清含义与被表述的直观之间的关系,直观本身是否就是构造着含义的行为。而一个更为一般的问题是:"能够进行表述的行为与能够经历表述的行为是否从属于一些本质不同

---

① [德] 胡塞尔:《逻辑研究·第二卷第二部分》,倪梁康译,上海译文出版社1999年版,第11页。
② 同上。
③ 同上书,第12页。
④ 同上书,第12—13页。
⑤ 同上书,第13页。

的、同时可以确切地规定的行为种类的领域，并且，在所有这些行为那里是否有一个跨越性的属统一在起着决定的作用，这个属统一包含着并穷尽了那些能够发挥广义上的意指功能——无论是含义本身的功能还是'含义充实'的功能——的行为总体，以至于所有其它属的行为都肯定地和有规律地不可能具有这种功能。"①

感知不具有陈述性的含义，针对一个感知的表述，其含义不可能存在于这个感知之中，而只能存在于本己的表述性行为之中。第一研究已经表明，在同一个感知基础上，可以有不同的陈述和不同的意义，并且感知即使消失，表述也不会停止它始终所具有的意指功能，如听者无须感知总能理解语词和整个语句。此时，意指功能胡塞尔只将它归之于与表述相统一的行为。这正是上述第三个意义上的表述层次，但如果考虑第二个层次，则有：在"感知判断"中感知与陈述的意义有内部的联系，陈述表述着感知，"或者说，陈述表述着'在感知中被给予的'东西，……同一个感知可以是不同陈述的基础，但无论这些陈述的意义如何变化，它还会'指向'感知的显现内涵；时而是这些部分感知，时而又是那些部分感知（即使它们或许是统一完整感知的不独立部分）为判断提供了特殊的基底"②，不过胡塞尔依然强调"但这些部分感知并不因此而就是本真的含义载者；所有感知都有可能消失，这个情况也就说明了这一点"③。感知、语音都无关乎对于感知的陈述，感知因为和表述相关才叫作被表述的。此处胡塞尔注意到了在感知和语音之间还被插入了一个行为，即与对象之物的意向关系（行为），无论表述体验是否伴有感知，这个中介性的行为都存在，它是作为意义给予行为而起作用的行为，"它作为本质的组成部分从属于那个行使着意义作用的表述，并且它决定着：意义始终是同一个，无论那个为它提供证明的感知是否能够与它相同"④。（这里实际上也已经涉及《观念1》中意向相关项的理论，参见本书第十章第一节。）

---

① ［德］胡塞尔：《逻辑研究·第二卷第二部分》，倪梁康译，上海译文出版社1999年版，第13—14页。
② 同上书，第15—16页。
③ 同上书，第16页。
④ 同上。

可以看到，感知作为规定着含义但不蕴含含义的行为，虽然永远不会创造出一个和陈述的完整含义相并论的陈述含义，但它仍然会对含义做出一些贡献。例如听者不感知花园，但他熟悉花园，可借助于花园的想象图像来完成对一个相同意义的理解。感知虽然规定含义，但并不包含含义，"诸如'这个'一类的本质机遇上的表述常常在没有合适的直观基底的情况下也被使用和理解。在恰当直观的基础上构成的对这个对象的意向可以在没有某个合适的感知或想象作中介的情况下被重复或被同音地复制"①。这里对"这个"的表述也是具有一个意向对象的意向行为；"据此，那些本质上机遇性的表述与专有名称非常相似，只要专有名称是在其本真的含义中起作用。……专有名称的含义因而在于一种'直接意指这个对象'〈Direct-diesen-Gegenstand-Meinen〉，在于一种意指，这个意指只是通过感知并且以'暂时的'（图象化的）方式通过想象而充实自身，但它并不等同于这些直观行为"②；对于直接直观对象从未给予我们的那些对象的专名的情况，如"西班牙的首都马德里"，"……这里所运用的并非是直接地意指，这种意指惟有对此城市的直观方能引发，而是对这种直接意指的指示〈Anzeige〉，即通过特征方面的标志表象和如此称呼之概念的中介"③。这里可以非常清晰地看到，在专名的问题上胡塞尔认为专名有意义，且体现在"意指"行为上。最终，胡塞尔的结论仍是要区分出感知和感知陈述的含义，后者的任一部分都不包含在感知本身中。尽管如此，笔者并不赞同郑辟瑞博士的观点，他只看到了"就表述行为而言，那么，只有判断行为才能赋予表述以意义，其他行为，比如疑问、愿望，它们都不能赋予意义，并且表述思想"，他由此推断，"将语言的功能狭隘地局限在对世界的认识和描画上"④乃是胡塞尔的和弗雷格相类似的局限。但胡塞尔在第六研究中的目的乃是对"本真认识"的分析，而它和对象相关，所以势必要研究充实的情形从而将主题加以限制，而并非是胡塞尔的理论局限；实际上读过第一研究的读者绝不会忘记

---

① ［德］胡塞尔：《逻辑研究·第二卷第二部分》，倪梁康译，上海译文出版社1999年版，第19页。参见本书第五章第二节关于机遇性的表述"这个"的论述。
② 同上书，第19—20页。
③ 同上书，第20页。
④ 郑辟瑞：《胡塞尔的意义理论》，中国社会科学出版社2012年版，第75页。

无对象的表述不一定无含义这一有别于指称强调模式的内在主义立场,胡塞尔绝不会如此限制。

在含义载者的层面上,胡塞尔还讨论了机遇性表述含义及指明相对于听者说者的差异问题:"在听者那里——被指明的东西或许根本不处在他当时的视野之中——首先被唤起的只是不确定的一般思想,即:某物被指明;只是借助于补充的表象(一个直观的表象,如果这里所涉及的恰恰是一个直观的被指明之物),这个指明的规定性以及指示代词的完整的和本真的含义才为听者构造起自身。"① 说者则不同,"他不需要那种在听者那里起着'指示'作用的不确定指示表象。在说者那里被给予的并不是指明的表象,而是指明本身,而这个指明正因此才是实项确定的指明;说者从一开始就具有'被指示'的含义,并且是在直接的、朝向直观的表象意向中具有这种含义"②。像并非直观现存的情况,是类似于对数学论证、定理的回溯一样,有关的概念思想会出来替代直观的功能指明的意向,会根据那个已消逝的思想的现时再造而获得其充实。实际上对于指明的这种分析已经涉及后来《经验与判断》中的论述领域了,只是此处的指示、回忆仍想停留在一种未经现象学处理的初始阶段。

b. 进一步研究直观行为与表述行为之关系。胡塞尔此时把讨论限制在称谓表述上,且不要求将称谓表述的整体论域都包容下来,所涉及的是与相关感知和直观发生联系的称谓表述,"……首先可以看到这样一个静止的统一关系:赋予含义的思想建基于直观的基础之上并因此而与直观的对象发生联系。例如我说'我的墨水瓶',而这个墨水瓶本身同时就站在我的面前,我看到它"③。其中可以发现语词显现的行为,另一方面会发现实事显现的行为。使这里的表述行为得以统一的是意指的行为,同时也是认识和分类的行为,"这个被感知的对象被认作是墨水瓶,并且只要这个意指的表述以一种特别密切的方式与分类行为合为一体,并且这个分类行为重又作为对被感知对象的认识而与感知行为合为一体,那么这个表述看起来就会像是安放在

---

① [德]胡塞尔:《逻辑研究·第二卷第二部分》,倪梁康译,上海译文出版社1999年版,第21页。
② 同上。
③ 同上书,第23页。

事物上一样，就会像是事物的服装一样"①。由此我们可以体会到第六研究重提含义、表述的问题的原因，是寻求一种"对一切有关的实际断言和实存意谓进行意义澄清的途径"②。所以第一研究的含义和表述问题还是一种就事论事的形式本体论领域的分析，而此处则不仅仅是这一分析，还牵涉到现象学的旨趣。所以"体验中的认识行为建立在感知行为的基础上"③，对于图像表象而言情况相同，与表述体验相结合的认识行为就与图像化行为相联系并统一起来了。

胡塞尔还提到"我的墨水瓶"和"对墨水瓶的感知"是不同的行为构造，前者更加复杂，"这个体验构造着一个认识，这个认识以确定的、素朴的方式一方面与表述体验、另一方面与有关感知融合在一起，即：将这个事物认识为'我的墨水瓶'"④。对于图像行为来说也是如此：在想象和回忆中的墨水瓶是称谓表述的可感受的载者，一个与表述体验相结合的认识行为以这样一种方式与图像化行为相联系，"我们将这种方式客观地称作对图像的被表象之物的认识"⑤。由于图像客体在表象（认识）中绝对什么都不是，这个体验（即表象，关于墨水瓶的体验表象）毋宁说是由某个想象材料（想象—感觉）组成的结合体，它渗透了一定的立义行为特征；体验这个行为与具有对一个对象的想象表象，这两者是一而二二而一的。这只是就图像表象和表述它的体验的同一而言的，假如又说某人具有一个想象图像，并且具有对一个墨水瓶的想象图像，那么在这个表述的活动进行时还进行了一个与图像化行为密切统一的认识行为。这里可以辨识出，对于一种认识行为而言，表述和直观体验不是简单含混地合为一体的，而是通过一个认同的行为的进行而联系起二者来的。

通过以上讨论，胡塞尔过渡到对认识行为的考量上来了，他说："在所有那些对一个在语词（或整个激活立义的语词）显现与实事直观之间的直

---

① ［德］胡塞尔：《逻辑研究·第二卷第二部分》，倪梁康译，上海译文出版社1999年版，第24页。
② ［德］胡塞尔：《笛卡儿式的沉思》，张廷国译，中国城市出版社2002年版，编者导言第17页。
③ ［德］胡塞尔：《逻辑研究·第二卷第二部分》，倪梁康译，上海译文出版社1999年版，第24页。
④ 同上书，第25页。
⑤ 同上。

观被给予之物进行指称的情况中,将认识看作是一个中介性的行为特征。"①——这如何理解呢?胡塞尔是这样考虑的:认识的行为实际上是在一种意向统一的行为中才现象学地被剥离出来的,这种统一的行为即这样,把一个现实客体命名为红,在这个行为统一中,直观和语词结合起来,且不是一种外在的并联和相接,"显现的红就是用红的名称所指的东西,而且是被指为红的东西。以这种指称意指的方式,名称显现为是从属于被指称之物的并且是与它合为一体的"②。考虑到语词在不带有直观的情况下也具有意义,所以须用"意义"特征来为指称的联系奠基,这里的意义仍被处理成一种种类意味的意义。因此上述统一是一个意向的统一,"我们有理由说:这两个行为一个[意指、指称——笔者注]为我们构造出完整的语词,另一个为我们构造出实事[直观——笔者注],它们意向地结合为行为统一"③。但其中指称预设了被指称之物的基础直观,指称为红和认识为红是同一的。由此可以体会到,认识行为正处于语词显现和实事直观之间的中介性行为地位之上,它们构成一个意向统一的行为,"……这个统一所具有各个隐含因素——物理的语词显现与含义的激活因素、认识因素与对被指称之物的直观——并没有明确地相互区分开来;但我们根据以上所述不能不接受所有这些因素"④;"语词之所以与直观的对象之物发生意义联系,这要归功于认识,而认识的行为特征并不是某种本质上从属于语音的东西;毋宁说,认识在其有意义的(合含义的)本质方面是从属于语词的"⑤。胡塞尔认为语言、语音的差异对于从属于语音的含义,以及含义在其中与被意指之物现时相结合时的认识行为是非本质的,如不同语言中对同一个认识联系的表述的语音差异,以及语音共同体中具有差异的语音从属于一个认识中的统一。

他始终明确这一点:即不获取相应直观的认识联系语词也可以存在,含义也可以实现,即"……并非所有被意指的认识都是可能的,并非所有称谓

---

① [德]胡塞尔:《逻辑研究·第二卷第二部分》,倪梁康译,上海译文出版社1999年版,第25页。
② 同上书,第26页。
③ 同上书,第27页。
④ 同上。
⑤ 同上书,第27—28页。

含义都是可实现的"①。比如"想象"的名称（如飞马）也是名称，但它们不可能处在现实的指称中，并不具有在可能性和真理意义上的普遍性，它们的普遍性是空乏的伪称。胡塞尔提示说："语词含义的普遍性"不是指称附加给对于个体概念的属概念的普遍性，而是我们在第一研究那里看到的那样是种类、观念的普遍性。他认为"认识"，即一个有意义地起作用的表述与一致性直观的关系中体现出的"认识"，不能同时理解为一种分类活动，"即那种将一个直观地或思想地被表象的对象——即必然地根据普遍性概念并在语言上借助于普遍性名称——顺序纳入到一个种类之中去的做法"②；即使对于专有名称而言，当其行使指称的功能时实际并不进行分类活动。和其他表述相同，专有名称与相应直观的联系仅只是一种间接的联系而已，因为"各个名称显然既不属于一个特定的感知，也不属于一个特定的想象或其他的图像化"③；"在无数可能直观中显现出来的是同一个人，而所有这些显现并不仅只具有和直观的统一，而且也具有认识的统一"④，因此此处成为专名的普遍性而不是种类的普遍性，而是根源于认识或直观基础而建立起来的。种类名称的普遍性和专有名称的普遍性⑤不同，这种区别是在意向行为特征的层次上做出的，⑥可比照蒯因 gavagai 的例子。所以区分专名和种类名称的外部经验不是胡塞尔考虑的问题，他把这种区分当作一个现成事实接受下来，直接分析其中的意向行为特征的差异。

现在胡塞尔开始研究在表述和被表述的直观之间的动态统一。笔者认为动态相合和静态并不冲突而且相映合，它们是考察表述和被表述的直观之统一的不同层面。在动态相合那里引入了"充实"和"认同"的层次，它们提供了动态考察的动机。意指与直观之间的动态相合，体现在象征[符号]地起作用的表述中，随后附加了或多或少的相应直观，"一旦这种附加发生，我们便体验到一个在描述上极具特色的充实意识：纯粹意指的行为以一种瞄

---

① ［德］胡塞尔：《逻辑研究·第二卷第二部分》，倪梁康译，上海译文出版社 1999 年版，第 28 页。
② 同上书，第 29 页。
③ 同上。
④ 同上。
⑤ 胡塞尔《经验与判断》第 368—369、383 页对此有描述，引入了前谓词领域中的发生情况，可以对照该书第 80 节。
⑥ 参见胡塞尔《逻辑研究·第二卷第二部分》，倪梁康译，上海译文出版社 1999 年版，第 30 页。

向意向〈abzielend〉的方式在直观化的行为中得到充实"①。胡塞尔认为这里的含义意向与直观是有一种相互属于的关系〈Zunzammengehörigkeit〉；象征［符号］行为中被想象的、被意指的对象起初是作为这样的那样的被规定的东西被直观到，它被意指，再经历直观当下化。②"如果我们说，直观行为的意向本质（或多或少完善地）适合于表述行为的含义本质，那么这只是对上述状况的另一种表述而已。"③胡塞尔谈到了表述和直观动态统一和静态统一的区别，认只的静态关系建立了名称与在直观中被给予之物的意义联系。但意指本身不是认识，意指指向某物，但没有什么东西被认识，这里的关键在于现象学的统一形式而不是被指称物的直观的单纯被给予。在含义意向和相应直观的基础上，现象学的统一以"充实意识"的形式宣示出来。胡塞尔说，对对象的认识和含义意向的充实表述的是同一个事态，只是立足点不同，前者的立足点在于被意指的对象，而后者是考虑到了对象和意指的关系。由于意向行为无论对象是否存在都是存在的，所以关于充实的说法表现了和"认识"相联系的现象学本质。这种"认识联系"可以在符号行为和直观行为之间发生，"这是一个最原始的现象学事实。而只要它们发生这种关系，只要一个含义意向的行为有可能在一个直观中得到充实，我们也就会说，'直观的对象通过它的概念而得到认识'，或者，'有关的名称在显现的对象上得到运用'"④。由此可见，在《逻辑研究》这里直观作为认识之基础的现象学地位。这是胡塞尔在此阶段上的一个限制，也是讨论符号行为的基础，他还无法进行他暗示的更低或更高层次的形态的研究（参见本章开头部分）。

胡塞尔对表述—直观的动态、静态相统一的区别总结道："在动态关系中，各个关系环节与那个将它们联系在一起的认识行为是在时间上相互分离

---

① ［德］胡塞尔：《逻辑研究·第二卷第二部分》，倪梁康译，上海译文出版社1999年版，第31页。
② 有学者（H. L. Dreyfus）认为这里存在一个循环（参见陈志远《胡塞尔〈逻辑研究〉中的直观和意义》，《哲学研究》2007年第3期，第73—74页），认为这里的过程似乎是：直观到对象——在此基础上对象被意指——再经历直观的当下化、充实，问题出在第三个环节上，即这处的直观充实又要被意指再经历当下化和充实，如此循环，但笔者认为这是误解了现象学，把现象学降低到了心理学的水平上了，而胡塞尔只需要诉诸明见性描述这里的本质情况就可以了。
③ ［德］胡塞尔：《逻辑研究·第二卷第二部分》倪梁康译，上海译文出版社1999年版，第31页。
④ 同上书，第32页。

的。在作为这个时间过程之持恒结果的静态关系中，它们处在时间的和实事的相合性中。"① 动态关系的第一步是作为完全未得到满足的含义意向的"单纯思维"，第二步是或多或少相应地充实在动态分析的具体陈述中。在第一步之前本来还应有一步，即最原初的直观，它在充实的当下化的直观之前（回顾胡塞尔关于动态分析的论述，他只强调了两个步骤，但笔者认为显然不十分合理；因为，对于无直观的单纯符号表述行为可以直接从第一步"单纯思维"开始，但带直观的表述或符号行为则不行）。静态关系中我们仅具有思维和直观之物的统一意识，"而在此之前很有可能并没有出现过一个界限分明的未充实意向之阶段。意向的充实在这里并不是一个充实的过程，而是一个静止的被充实状态，不是一个相合的活动，而是在相合中的存在"②。按照动、静态的区分，充实意向、意向充实可以视作动态层面上的一种现象学区分、划分，若从静态或认识上来看，则无须提供这种层面，笔者倾向于认为这种区分是一种抽象的区分。同时，就对象方面而言，我们可以说直观的对象与在其中得到充实的对象是同一个；但胡塞尔也注意到了对象在直观和思维中的同一性的层次不同，或这种同一性的行为有区别，比如在完全相应的情况下才可以说，"对象完全是作为同一个对象而被思考（或者同样可以说，被意指）并且被直观"③。

胡塞尔认为同一性不是通过比较和思想的中介的反思而被提取出来，它从一开始便已在此，是不明确的未被理解的体验，因此被直观到的客体方面和被意指的客体，也可以被表述为同一性体验、同一性意识、认同行为④。同一性本身也可以被看出是与充实行为相符合并在它之中显现出来的客体之物。从这种和对象相关的同一性的认识的角度出发，可以把符号行为⑤与直观行为和充实统一标志为一个行为："……关于认识的说法所表述的是从直观客体（或充实行为的客体）的立场出发并且在与符号行为之含义内涵的

---

① [德] 胡塞尔：《逻辑研究·第二卷第二部分》，倪梁康译，上海译文出版社 1999 年版，第 32 页。
② 同上。
③ 同上书，第 33 页。
④ 认识、认同的主题和《观念 1》第四部分的最后部分对应。
⑤ 这里的符号行为等价于表述行为，由于充实直观的层次被凸显，表述的语言符号层面被提取出来以代表表述行为。

相互关系中对同一个认识状态的理解。"① "认识"的动态层面，可以引出"认同"行为来，胡塞尔考虑到了它们的区别："在更仔细的分析［后］我们会注意到，当一个名称在现时的指称中与一个直观客体发生联系时，我们在这种情况中所意指的是那个被直观的以及与此一致地被指称的对象，但绝不是这个对象的同一性。"②

由于认同和认识统一可以说是两个不同的行为层次，认同实际上具有比表述的直观统一更广阔的适用范围：尽管它们可以发生关联，但认同的相合可以在本节所描述的直观统一未发生的情况下被体验到。对此胡塞尔并未举出例子，但是可以设想，对于一个判断的认同不涉及"直观"（感知、想象、回忆）的情况。胡塞尔实际在后来用明见性的视域、世界、积淀等研究取代了有限的直观和当下认识相关的直观理论，这可以看出直观理论的进步。

他总结说："为了达到解释静态认识行为这个目的，我们提到了动态的充实，即以分解了的过程的形式而反映出来的充实。"③ 读者一个自然的疑问是："我们真的可以说，在认识统一之中可以作出多种划分：动词的表述、意指的行为、直观的行为以及最终是包容性的认识统一或充实统一的特征?"④ 胡塞尔认为做出这种划分是必要的，因为它涉及不同的现象学意义上的行为，他举了三个原因或三个层次：（1）和认识相关的表述与认识作用之外的表述是明显不同的，虽然含义是同一个，但前者是根据直观来使用语词，后者可以使单纯象征性的理解。（2）［和（1）类似的］直观—表述的相合统一与构成空乏象征表象的那个含义意向行为是明显不同的，后者是"自由的"含义意向，但在相合行为中"受到束缚"，它和直观、充实一起构成复合体，"以至于它的含义本质虽未受到妨碍，但它的特征却以一定的方式经历了变异"⑤。（3）可以看到（2）中的行为一次是自为的，"另一次则看作是处在与其他内容的联结中的各个与整体的交织在一起的部分，……

---

① ［德］胡塞尔：《逻辑研究·第二卷第二部分》，倪梁康译，上海译文出版社1999年版，第33页。
② 同上书，第34页。
③ 同上书，第35页。
④ 同上。
⑤ 同上书，第36页。

如果被联结的内容并不通过联结而经历到任何东西，那么这种联结也就不再进行任何联结了。某些变化的产生是必然的，当然，正是这些变化才作为联结的规定性而构成了相关的对象属性的现象学相关项"①。显然，出于这些理由，胡塞尔认为这种划分是现象学上必要的，这里也涉及第一研究所谈及的含义作为种类、观念性，现在看来，这只是在进一步的现象学分析展开前的一种本质学处理。

c. 充实的问题。胡塞尔相信，充实意识的特征是心灵生活中的一个起着重要作用的体验特征。充实意识这个意向体验为充实关系奠基，充实意识是认识行为下一个意向体验的细分，不仅为认识行为提供充实，还包括了在认识中对其他意向充实的直观行为，"例如，当一段熟悉的曲调开始响起时，它会引发一定的意向，这些意向会在这个曲调的逐步展开中得到充实。即使我们不熟悉这个曲调，类似的情况也会发生。在曲调中起作用的合规律性制约着意向，这些意向虽然缺乏完整的对象规定性，却仍然得到或者能够得到充实"②，胡塞尔还列举了对于被遮住的地毯图样的外感知的例子。这两个例子实际涉及内时间意识、侧显、动觉以及被动综合的问题了。不过胡塞尔此时没有说那么多，他还是简单处理："按照我们的观点，每一个感知和想象都是一个局部意向组成的交织物，这些局部意向融合为一个总体意向的统一。这个总体意向的相关项就是事物，而那些局部意向的相关项则是事物的部分和因素。只有这样才能理解，意识任［似应作'如'——笔者注］何能够超出真实被体验的东西之外。可以说，意识能够超出地意指〈hinausmeinen〉，而意指可以得到充实。"③的确，此处在充实意识的角度上涉及了《观念1》在知觉物—体验方面的论述，这里的问题在《观念1》的构思中改变了论述的方式和位置（见本书第十章第二节），被放到了一个较为基础的作为现象学方法起点的位置，这同胡塞尔对现象学所进行的一种新的思考相关。

不带有充实行为的表述，不是指充实的缺失而是一个新的描述性事实，

---

① ［德］胡塞尔：《逻辑研究·第二卷第二部分》，倪梁康译，上海译文出版社1999年版，第36页。
② 同上书，第37页。
③ 同上书，第39页。

一个像充实一样的特殊综合形式，而真正"与充实相毗邻的是失实〈Enttäuschung〉"①。对于直观相关的认识而言，"认识的综合是某个'一致'的意识"②。与"一致"相符合的不仅体现在直观与含义意向的一致，还体现在"不一致"或"争执"上，存在这种情况，"直观并不'附和'〈stimmen〉含义意向，它与含义意向'相争执'。争执在进行'分离'，但争执的体验却在联系与统一之中进行设定，这是一个综合的形式"③。认识一致的行为作为综合是一种认同，那么失实或争执仍是一种综合，但带有"区分"的性质。胡塞尔为了描述这里的现象学事态而采用了"争执"、"区分"等名称，他自己也承认更积极的名称难以寻找。（这里的"这种'区分'不应该被混同于那种与比较相对立的区分"④。）"失实"行为在胡塞尔看来，不仅适用于符号或含义意向和直观的统一行为，而且单独对直观意向而言也成立，"……直观意向都是以认同的方式而得以充实，以争执的方式得以失实"⑤。胡塞尔也注意到了争执与充实的差异："诚然，这两种综合并不完全属于同一个级别，每一个争执都有所预设，即预设了由对争执行为之对象的指向所给予意向一般的东西，而这个指向最终只能由充实综合来提供给意向。争执可以说是预设了某个一致的基地。"⑥比如，说"A 是红的"，但在"真"中却被确定为绿的，所以，红的意向与绿的直观发生争执；"但无可置疑的是，这种情况只有在符号行为与直观行为中进行的对 A 之认同的基础上才可能出现。……意向被指派到归属于它的直观之物上，但却被这个直观之物所拒斥"⑦。可见失实的行为级别比简单的个别化的行为等级高。

胡塞尔总结道："所有争执都可以被回溯到这一点上，即：现有的失实意向是一个全面的意向的一部分，这个全面意向部分地，即在那些补充的部分方面得到充实，并且同时在那前一个部分方面得到疏离〈entfremdet〉。在

---

① ［德］胡塞尔：《逻辑研究·第二卷第二部分》，倪梁康译，上海译文出版社 1999 年版，第 39 页。
② 同上。
③ 同上。
④ 同上书，第 39—40 页。
⑤ 同上书，第 40 页。
⑥ 可以对应《经验与判断》§24 中的基底问题，由此我们可以看出胡塞尔在后来把失实、充实、争执纳入到了发生现象学的层次上来谈论了。
⑦ ［德］胡塞尔：《逻辑研究·第二卷第二部分》，倪梁康译，上海译文出版社 1999 年版，第 40 页。

每一个争执那里也都在某种程度上存在着局部的一致和局部的争执。……凡在谈及相合的地方也就会自发地展示出排斥、包含和交错的相关可能性。"①

前述涉及的种种关系，如果诉诸语言表达也有其不同表征。胡塞尔用 υ、υ' 表示失实的两个因素，η、ι……是和 υ 交织在一起的其他充实意向，η、ι……可以和 υ 一同构成整体行为 θ（υ；η、ι……），如果行为只涉及 υ 和 υ' 的统一，这是一种纯粹失实的情况，体现在表述上："这个红不是绿"；如果涉及整体 θ，则表述对应为"绿的语词意向在对红的直观中失实"②，后者中 θ（υ；η、ι……），θ（υ'；η、ι……）作为整体进入综合，其中 η、ι……是相合方面，υ—υ' 是争执方面，这就体现为混合争执；若 θ（υ'；η、ι……）的统一溶解在混合争执中，则表现为（还是以表述为例）："这个［这整个客体，这个红的瓦屋顶］是绿的"③，这个关系称作析出〈Ausscheidung〉。对应的还有一种纳入和包容的情况：一个意向可以在比这个意向充实所需要更多的行为中得到充实，"例如对一个红瓦屋顶的表象是被给予的，而在它之中，红这个语词的含义意向得到充实。红这个语词含义在这里以与被直观到的红相合的方式得到充实；但因此而进入到一种特殊的综合统一之中的则是对此红的瓦屋顶的总体直观，在其通过注意力的功能而突出于背景的统一中，带着红的含义意向：'［这个］是红的'"④。纳入、析出显然均和部分整体的关系相关涉，涉及语词的话，"是"和"不是"可以和此处争执、混合、纳入、析出的具体情况相对应。比如："单纯的'是'中始终包含着客观同一性一般，在'不是'中则始终包含着不同一性（争执）"，且形容词形式，名词形式，定语的功能在上述关系中均有体现，"例如形容词的形式，它标识着被具有之物本身、附加之物本身，正如名词的形式展示出具有者本身一样，即展示出这个具有者所行使的构造一个认同的'主体'的功能"⑤。定语也隐含着在形容词变化中的存在。胡塞尔还注意到"否定"和此处的直观、失实、争执等情况存在的种种关联，由此也

---

① ［德］胡塞尔：《逻辑研究·第二卷第二部分》，倪梁康译，上海译文出版社 1999 年版，第 41—42 页。
② 同上书，第 42 页。
③ 同上书，第 43 页。
④ 同上。
⑤ 同上书，第 44 页。

可以看到充实、失实和独立/不独立（或整体/部分）以及纯粹逻辑语法学方面的联系，并且在后来的《经验与判断》中以一种系统的、体系化的逻辑发生学的形态出现了，但此处"我们在这里还不想进入这些讨论"①。

最后，胡塞尔注意到含义和认同的关系、同一性本身实际已超出了"……那些确实能够通过一致直观而得到充实的表述领域之外。或者毋宁说，我们注意到，在通常的、我们自明地视作基础的外'感性'或内'感性'意义上的直观并不单单是一种功能，即可以对直观的标题，对真正充实成就提出要求的功能"②。即胡塞尔实际要引入范畴直观或本质直观了。

## 第二节 客体化和充实层面上的探索

认识的综合作为客体化行为而言，具有特征性的充实形式。充实（或失实）是一种特殊的过渡体验，也是意向行为。意指行为的意向在充实行为中得到充实，但只有在意指和充实行为的综合统一下，充实行为才成立为充实行为，因而它相对于这种综合统一而言是一种过渡体验或行为。这种过渡体验和认识统一相关，其本身是具有各种特征的，它所具有的认识统一或认同往往是借助一些交织的行为而产生于为认同统一奠定基础的群组上的。以愿望为例，一个愿望在一个行为中得到充实，该行为也包含在认同中且作为其必然组成部分。为什么愿望行为中有充实和认同的组成呢？联系到第五研究的表象就可以理解了，"愿望的质性奠基于一个表象之中，也即奠基于一个客体化行为之中，更进一步说，奠基于一个'单纯的'表象之中"③，表象即愿望得以充实的原因，愿望的充实就奠基在这个表象行为之中：对于充实而言，表象要充实愿望，它必须共形地变更，即由单纯表象转变为共形的认之为真〈Fürwahrnehmung〉。胡塞尔认为充实愿望的单纯表象是属于"想象"行为的，愿望和想象的认之为真在认同的相合中合而为一，所以我们可以在情感意向的领域谈论充实、满足。由此胡塞尔得出意向的特征和充实特征是相联系的，愿望意向和愿望意向的充实综合是有别于含义意向中出现的充实

---

① ［德］胡塞尔：《逻辑研究·第二卷第二部分》，倪梁康译，上海译文出版社1999年版，第44页。
② 同上书，第45页。
③ 同上书，第49页。

综合的。含义意向的充实与直观行为的充实肯定具有同一个的特征，但就愿望、含义意向直观行为都属于客体化行为而言，它们的充实统一都具有认同统一的特征，"并且有可能具有较为狭窄的认识统一特征，因此也就具有这样一个行为的特征，与此行为相符的是作为意向相关项的对象同一性"①。狭窄的认识不同于宽泛意义上的认识，后者把通常所说的任何一个现时的非认同都视为一个认识（如前面提到的争执、失实等情况），而"认同的统一的起源地，因而同时也可以说，在较狭窄和最狭窄意义上的所有的认识统一的起源地，都是在客体化行为的领域之中"②。胡塞尔由认识—充实—客体化的关系发现，可以重新定义客体化行为，"它们的充实综合具有认同的特征，而它们的失实综合因此也就具有区分的特征；或者也可以定义为这样一类行为：它们在现象学上可以作为一个可能的认同综合或区分的成分来起作用；或者……最后还可以将它们定义为这样一类行为：它们可以具有一个可能的认识功能，无论是作为意指的行为，还是作为充实的行为或失实的行为"③。客体化行为包含了表象和判断，这表明了认同和区分的综合行为本身从属于客体化行为，并且，含义意向行为与含义充实行为，相合的行为与直观的行为，它们都属于一个单独的行为种类，即客体化的行为种类。胡塞尔认为客体化行为以意义给予的方式起作用。其他非客体化的行为种类如附着在语词上的符号意向（不同于含义意向），后文会谈到它。接下来就要在客体化的层次上更细致地研究充实。

通过充实特性区分符号意向与直观意向及其现象学的特征描述，胡塞尔分两点来谈：

（1）符号、图像与自身展示。胡塞尔认为，"……客体化行为的种类恰恰可以通过充实综合的这个已被预设为已知的属性特征而得到定义，即通过一个认同的充实综合的属性特征而得到定义"④。可见，客体化行为可以分出充实综合的视角，现在的问题就是客体化种类之中的哪些本质种类区分也可以通过从属的充实本质的区别而得到规定。胡塞尔首先把客体化的意向分

---

① [德] 胡塞尔：《逻辑研究·第二卷第二部分》，倪梁康译，上海译文出版社1999年版，第50页。
② 同上书，第50—51页。
③ 同上书，第51页。
④ 同上书，第52页。

成了符号意向和直观意向。在第一研究中胡塞尔的出发点是表述行为,符号意向就理解为符号行为〈signifikation〉和表述的含义。符号意向的含义层次或功能之外的一个特征,即符号意向总是具有一个直观支点,在表述的感性之物上的支点〔(比如交流中的语言、独白中的图像胡塞尔这么看)〕,假如符号意向可以不考虑这个感性支点,那么我们就可以得到一种不同于含义层面的符号行为:上述感性支点是一个直观内容,但新意义上的符号行为却不考虑它,新的符号行为"它们只是在某种方式上与直观行为合而为一,但从种类上却完全有别于直观行为"①。这似乎就是第一研究未曾讨论的,表述的指示功能的一个方面。符号其内容本身不同于被标志物,这一点不同于图像,后者通过相似性而与实事相联系。"符号作为客体是在显现的行为中对我们构造起来"②,显现行为还不是标志性行为,符号从显现到意指、标志新的东西,还需要一个新的意向联结一个新的立义方式。符号不要求其显现与被意指之物具有相似性,但对于图像表象而言,则是必要的,"在这里,相似之物通过相似之物而得到的充实从内部将充实综合的特征规定为一个想象的充实综合的特征"③。和图像意向不同的是:"一个符号意向的特殊本质就在于,在它那里,意指行为的对象和充实行为的对象(例如在两者现实统一之中的名称与被指称之物)相互间'没有关系'。"④胡塞尔通过以上例子说明,可以用充实方式的描述来刻画不同客体化行为的特征。胡塞尔在充实层面上考察了符号意向和想象意向(以图像意向为例),另外对于感知而言从充实方面进行其特征描述(可见感知也是一种客体化行为)就是:"在感知中,对象是'自身'显现出来,而不只是在'图像中'显现出来。……想象是通过图像相似性的特有综合而得到充实,感知是通过实事的同一性综合而得到充实,实事通过'自身'得到证实,因为它从各个方面展示自身,但在此同时却始终是同一个实事。"⑤

(2)对象的感知映射与想象性映射。胡塞尔细密地研究了一下感知行

---

① [德]胡塞尔:《逻辑研究·第二卷第二部分》,倪梁康译,上海译文出版社1999年版,第52页。这似乎就是第一研究未曾讨论的和表述的指示功能相关的方面。
② 同上书,第52页。
③ 同上书,第54页。
④ 同上。
⑤ 同上。

为，他认为在所有"外"感知的情况中，感知都"伪称"给予了对象，实际上对象没有完整地作为它本身所是而被给予，例如"它只是'从正面'显现出来，只是'以透视缩减和预设的方式'以及如此等等的显现出来"①；对象的某些规定性在感知的核心内涵中被图像化，"而另一些规定性则根本都不具有这种在感知中的图像形式；看不见的背面、内部等等组成部分虽然以或多或少确定的方式一同被意指，它们通过第一性的显现之物而象征地被暗示，但它们本身根本不属于感知的直观（感知或想象）内涵。与此相关的是对同一个对象之无限多的、内容上不同的感知可能性。如果感知完全像它所伪称的那样是对象的真实的和真正的自身展示，那么，由于它的特殊本质在这个自身展示中得以穷尽，因而对每一个对象就只会有唯一的一个感知"②。在胡塞尔看来，自在状态即感知和对象的所有外感知规定的完全相合，即相即〈adäquat〉感知的充实联系，这构成了一个理想状态，这种理想的相合相即性不同于康德的物自体，后者乃是对本体论上的一种假设，而胡塞尔的相即性是一种可设想的感知状态，他认为这种自在理想的状态并不完全同于那个被感知以"……不完善的方式现实化了的对象"③。总的说来，"尽管普通的感知是由多重的意向所构成的，即一部分是由合乎感知的意向，一部分则是仅仅由想象的、甚至符号的意象所构成，它作为总体的行为所把握的仍然是对象本身，即使是以映射的方式"④。对于处在时空不同的同一对象的不同感知，对象时而在这个面显现，时近时远等，这里每一个感知虽然情况各异，但始终是同一个对象"在此"，"在现象学上与它相应的是连续的充实流或认同流，这种流动以'从属于同一个对象的'各个感知不断相互衔接方式进行。其中的每一个单个感知都是一个充实和不充实的意向混合体。在此对象上，与充实意向相一致的是在这个单个感知中作为关于此对象的或多或少完善的映射而被给予的东西，与不充实意向相一致的是关于这个对象的尚未被给予的东西，亦即在新的感知中将会成为现时的和充实的体现的东西。而所有这些充实综合都通过一个共同的特征而得到突出的标识，

---

① ［德］胡塞尔：《逻辑研究·第二卷第二部分》，倪梁康译，上海译文出版社1999年版，第55页。
② 同上。
③ 同上。
④ 同上。

即:将一个对象的自身显现认同为同一个对象的自身显现"①。以上详细论述了感知充实行为或者说感知的表象或感知的客体化行为。对于想象表象来说同样如此,"想象表象也是时而从这个面、时而又从那个面映像〈abbilden〉同一个对象;与杂多感知之综合相符合是杂多想象的类似综合;在那些杂多感知中,同一个对象始终是自身得到展示,而在这些杂多想象中,同一个对象则是图像地得到展示"②。想象映射的理想是,映射与完整的图像完全一致。

胡塞尔把感知和想象与符号意向相对立,"符号与被标识之物'相互间没有关系',而那些无论是想象的还是感知的映射与实事本身之间则存在着内部的、包容在这些语词意义中的相属性"③。这些区别既可以在意向的区别上得以说明,也可以,如读者所看到的那样,在充实综合的层次上加以说明,胡塞尔"……将每一个充实都解释为一种认同。意向处处都与为它提供充盈〈Fülle〉的行为达到相合,就是说,在意向中被意指的对象与在充实行为被意指的对象是同一个"④。这里胡塞尔所感兴趣的不是这"同一个"对象,而是处于与这些被意指对象的关系中的符号和映射,即其中的现象学的具体情况和区别。⑤

之前我们提到胡塞尔把符号行为或意向,理解为针对表述行为及其含义而言,这是对符号行为的一种处理方式,此外,也可以探究符号行为的含义功能之外的特征。胡塞尔说:"在至此为止的整个研究系列中,我们始终将符号行为看作是意指的行为,看作是在表述中意义的给予要素。……现在应当思考一个问题:一些行为通常只是在意指的功能之中为我们所发现,那么这些行为或本质同类的行为难道就不能在这种功能之外、在摆脱所有表述的情况下出现吗?"⑥胡塞尔的意思难道是说意指可以不是针对含义层次而言

---

① [德]胡塞尔:《逻辑研究·第二卷第二部分》,倪梁康译,上海译文出版社1999年版,第56页。
② 同上书,第56—57页。
③ 同上书,第57页。
④ 同上。
⑤ 胡塞尔这里的兴趣在于充实综合的特殊性,但"通过这些特殊性,直观行为与符号行为获得了一个仅只是间接的特征描述"。([德]胡塞尔:《逻辑研究·第二卷第二部分》,倪梁康译,上海译文出版社1999年版,第57—58页)本章第三节将会有更为细致的分析。
⑥ [德]胡塞尔:《逻辑研究·第二卷第二部分》,倪梁康译,上海译文出版社1999年版,第58页。

吗？回答是肯定的。胡塞尔认为那些无语词认识的情况同样具有"意指"功能，此时"语词在其意义—符号内容方面还根本未被现时化"①。又如："在语词还没有立即出现或根本不出现的情况下，我们将一个对象认识为古代罗马的路标，将它的沟纹认识为风蚀了的碑文；我们将一个工具认识为螺旋钻，但我们根本想不起这个语词"，胡塞尔这样描述这种无语词的行为，"从发生上说，通过当下的直观而在心境上〈dispositionell〉引起一个朝向这个意指性表述的联想；但这个表述的单纯含义组元没有被现时化，它们现在在相反的方向上回射到引发性的直观之中，并且是带着已充实的意向特征流渡到直观之中。这些无语词认识的情况因而无非就是含义意向的充实，只是这里的含义意向在现象学上已经摆脱了其他从属于它们的符号内容"②。直观提供的是含义充实，但含义充实不等于含义。胡塞尔在此的提法也不是很严格，他实际想说：此处的直观的内容就相当于直观—表述统一行为中的含义充实行为层面的充实方面（可参见陈志远对这个问题的论述）。从后文也可以看出胡塞尔的意思："向前涌进着的思想序列有相当大的一部分并不束缚在那些从属于它们的语词上，而是通过直观图像的流动或通过它们本己的联想交结而被引发。"③这里图像—联想行为和符号行为似乎重叠了，笔者认为这种重叠在于符号的"指示"〈Anzeigen〉功能十分普遍，想象行为中同样可以具有这种指示功能，对于无直观的表述行为而言同样如此，所以加上刚才谈论过的直观图像的流动或联想，我们可以认为胡塞尔涉及了意指或指示的三个层面（或者矢量），如图：

```
                ↗想象、直观图像的流动或者联想具有的指示
    意指————→指示————→带有直观的表述行为具有的指示
                ↘无直观的表述行为具有的指示
```

---

① [德] 胡塞尔：《逻辑研究·第二卷第二部分》，倪梁康译，上海译文出版社1999年版，第58页。
② 同上。
③ 同上书，第59页。胡塞尔也明确提到："'内'感知或图像性也可以作为充实直观起作用，……而且就表象的本质而言这一点是不言而喻的。"（[德] 胡塞尔：《逻辑研究·第二卷第二部分》，倪梁康译，上海译文出版社1999年版，第71页）

也可以认为此处的胡塞尔已经突破之前在表述、逻辑学上的局限,虽然,他前进得不多,还没有进入发生现象学的层次,但已暗示出一个广阔的领域。胡塞尔又提到了直观和表述的不相即的情况:表述远远超出了被给予的、直观的、图像性的东西,超出了那些为了使认识的表述的确能够合适的目的而必须直观被给予的东西。被认识的对象似乎不再仅仅是在总体意向中被意指的对象。胡塞尔在此似乎感到有必要扩展"认识的特征","认识"似乎不再只是和感知的被给予物的相符合,"而是至多存在着与直观过程相匹配的可能性,但这些直观过程本身却根本不需要被现时化〈aktualisiren/Aktualisirung〉"①。如,"……将一个人认作是皇帝的副官,将一个手迹认作是歌德的手迹,将一个数学表述认作是卡尔达诺公式,如此等等"②。在笔者看来,这里胡塞尔已经触到了后来的本质变更的学说的边缘,开始注意到大量的非相即性行为在认识层面上的可探究性、"可能性",无须现时化的直观过程、先天的认识序列等都是后来认识学说的增长点。当然,胡塞尔此时还远未达到这一步,而在纯粹逻辑学背景下对于最基本的认识问题还未澄清:"虚假的、甚至悖谬的认识存在着,而且还大量的存在着。但'实际上'它们并不是认识——即不是有逻辑价值的、完善的认识,不是确切意义上的认识。"③

尽管符号意向和含义意向和直观等有着差别,但它们仍被胡塞尔视为同一个种类,即客体化行为。胡塞尔认为图像和想象通过相似性而进行代现与认识,并使得图像与事实得以统一并显现为共属的,但它不具有符号代现性行为所刻画的相邻性中共属的特征,比如:"即使在相邻性代现的实现过程中首先出现的是图像,它们事先想象出符号性的被代现者,并且在充实时在实事之中证实自身,但相邻性的被代现者与由此而被代现之物之间的统一并不能通过图像关系而被给予(因为这个关系在这两者之间不起作用),而只能通过符号展现的绝对特别的关系而被给予,符号代现在这里是作为通过相邻性而进行的代现。"④由此,胡塞尔认为在不相即的感知和想象中的意向是

---

① [德] 胡塞尔:《逻辑研究·第二卷第二部分》,倪梁康译,上海译文出版社1999年版,第59页。
② 同上。
③ 同上。
④ 同上书,第60页。

具有复合构成的，其中除了感知因素和想象因素之外还有上述符号意向因素，这里的符号因素实际上正是符号的"指示"特征。上一段实际已经谈到了表述中的符号意向的和含义充实相关的指示作用，这种指示作用应同感知直观、想象的图像相邻性的符号意向相区分。① 这种图像性的指示也和充实相关，也构成客体化的种属分类的依据。剩下的问题即是无直观的含义意向中的符号意向如何具有以及是否具有上述客体化层次，胡塞尔没有分析不带有直观的表述的充实层面，笔者认为在《经验与判断》中他给出了肯定的回答。②

这一部分读者可以看到，"充实"作为对客体化行为的一种考察的层面，其内涵是相当丰富的，其组元如充实意向（感知、直观、符号性的充实等），还有胡塞尔所划分出的不被说成意向的意向，所意指的客体的自身展示，都只是充实却不再要求充实的组元。当然，就整体统一的客体化行为（如想象行为、感知行为或符号行为）而言，注意力偏好通常不在充实层面上。"意义"或"含义"的问题实际上为充实层面的术语分析操作所取代，读者可以回到第八章末尾的图式，回忆意义和质料、质料和表象、表象和客体化、客体化和充实相关联，这样一条意义延伸的线索就浮现出来了。当然，真正的含义载者问题并没有得以解决，而是在各种不同的意向行为中有不同的承担者。但是无论如何，胡塞尔没有办法回答含义究竟是什么，载者的问题实际上隶属于复杂术语的分析活动，含义或者意义的幽灵仍在徘徊。

## 第三节 认识阶段的现象学

在刚才的讨论中，"质料"系列的术语久未启用，现在胡塞尔又把这一维度带入到对认同综合行为的分析中来了："质料是一个在各个被综合行为的行为特征中对于认同来说（当然而后也是对于区分来说）本质上需要受到考察的因素。"③质料是综合的特殊载者，但它自身不被认同，认同是和那些通过质料而被表象的客体相关。此时在胡塞尔眼中，意向本质显然已经无

---

① 这里细碎的分析使得德里达对于胡塞尔的符号问题的讨论显得单薄了。参见本书第 271 页脚注①。
② 可见本书第 291 页注③。
③ [德] 胡塞尔：《逻辑研究·第二卷第二部分》，倪梁康译，上海译文出版社 1999 年版，第 63 页。

法穷尽整个意向行为，比如质料相同的情况下，认识可以划分出不同的完善性阶段，完善性的区别与质料无关，即质料并不规定认识相对于任何一个随意的认同而所具有的特殊本质。胡塞尔曾将充实等同于狭义上的认识，①但更具体地看：每一个充实中所进行的直观化并非相即的或完善的，"充实，也就是说，那个在充实综合中顺应性的、为意向提供其'充盈'的行为，将那些虽然为意向所指、但却以或多或少非本真的或不合适的方式而表象出来的东西直接地、或者至少是比意向更直接地放置在我们目前"②。所以，虽然在充实中可以说经历到一个对象就是它自身，但这个"自身"并不严格，它并没有使客体本身成为现时现象当下；因为，认识的进步是分阶段上升的，可能从较少认识充盈的行为向具有较多充盈的行为迈进。充实赋予单纯意向以自身的充盈，将单纯意向更直接地带到实事本身那里，但充实直接又是相对的，充实关系自身具有一种上升关系的特征，这个上升的界限是一个理想目标："绝对认识的目标，认识客体的相即自身展示的目标。"③对认同类型以内的充实的突出特征，以上只是简单说明，后文还要深入。认识和认同除了上一节提到的之外还有区别。就认同而言，并非每一个认同都发生着这样一种向认识目标的逼近。存在着无目标地向着无限迈进的认同，例如有无数多的算术表述具有同一个数值，类似的，同一个实事可以有无限多的图像，但它们都不追求任何认识目标的认同链条。所以，充实的特征并不预设"认识"这个属于逻辑概念的东西，认识要求"一个在通常的信仰意义上的意指得到加强或得到证实"④。

  胡塞尔接下来将要探索，"各个不同属的客体化行为——符号行为与直观行为以及在后一个标题下所包含的感知行为与想象行为——在认识功能中起着什么样的作用"⑤。至此在认识功能中"直观行为"都受到偏好，人们趋向于将所有充实都标志为直观化，或者将充实的效用描述为在直观充盈中的单纯上升；"意向与充实的关系无疑为思想（较为狭窄的理解：概念）与

---

  ① 参见［德］胡塞尔《逻辑研究·第二卷第二部分》，倪梁康译，上海译文出版社1999年版，第59页。
  ② 同上书，第64页。
  ③ 同上书，第65页。
  ④ 同上书，第66页。
  ⑤ 同上。

一致性直观这对概念的构成奠定了基础"[①]。直观行为当然比"一致性"要广泛，另外，直观行为这个词对应于胡塞尔所说的"实事"本身所显示给我们并因此而使其可能性和真理性得以认识的那种明晰性；对认识批判而言，明晰性则要求一致性直观或充实直观这个狭窄些的概念，认识批判要求"……向充实直观的回溯，从对其实事本身的直观向概念与定理之'起源'的回溯"[②]。胡塞尔要求更精确地揭示充实与直观化之间的关系来为认识批判和纯粹逻辑学之基础服务。他强调了和一致性直观或直观充实方面相对应的"充盈"概念，它是"……一个直观行为所具有的相对于质性和质料而言新的、以补充的方式特别从属于质料的因素"[③]。

    a. 间接充实和间接表象。胡塞尔以数学概念的定义链为例进行说明，"任何一个在一个定义链中自身展开的数学概念构成都向我们标明充实链的可能性，这些充实链乃是由诸多直观意向一个环节接着一个环节地构造而成"[④]。如 $(5^3)^4$；回溯其定义表象，先得到 $5^3 \cdot 5^3 \cdot 5^3 \cdot 5^3$，对于它又可以回溯到 $5^3$，即 $5 \cdot 5 \cdot 5$ 上，再又可回溯到定义链：$5=4+1$，$4=3+1$，$3=2+1$，$2=1+1$ 来澄清 5。所以 $(5^3)^4$ 最终会达到一个充分阐明的个位数的和，叫作 $(5^3)^4$ 的数本身。这里，读者一定要注意，并非在出现 $(5^3)^4$ 的情况下都要求有这种充实链条的进行，胡塞尔限定这里的情况为 $(5^3)^4$ 的定义之构成，即从认识批判的角度进行说明，这也是第六研究引论中的限定；在日常的情况中如 $(5^3)^4 \cdot 2 = \cdots\cdots$ 的情况，我们并不需要实际进行这种充实链。对于这种更日常一般的说明并非此时《逻辑研究》阶段的说明。这里所进行的间接充实永远不可能同时直接地进行，"……所有这些间接的、或符号或直观的表象所具有的共同特征，即：它们不是以素朴的方式来表象对象，而是通过那些相叠加的较低和较高阶段的表象来表象对象；或者我们可以更确切地说，它们将它们的对象'作为'其他表象的对象来表象，或者作为

---

    ① [德] 胡塞尔：《逻辑研究·第二卷第二部分》，倪梁康译，上海译文出版社1999年版，第66—67页。
    ② 同上书，第67页。
    ③ 同上。
    ④ 同上书，第68页。

与其他表象的对象相联系的来表象"①。在这里,"我们谈及间接的(或相互叠加的)意向或充实,亦即谈及间接表象。这里有效的是这样一个定理:每一个间接的意向都要求有一个间接的充实,不言而喻,这个充实会在完成了一组有限数量的步骤之后结束于一个直接的意向之中"②。

间接表象必须区分于表象的表象(参看本书第八章第三节),被表象的表象一般来说本身又是意向,本身可以得到充实,但其本性不会要求一种通过被表象的表象的充实而完成的间接充实。胡塞尔论述道:"表象之表象的意向 $V_1(V_2)$ 朝向 $V_2$。因此,这个意向[$V_1(V_2)$——笔者注]在 $V_2$'本身'出现时便被充实并且是全然地被充实;它并不会由于例如 $V_2$ 意向的充实而自身丰实起来,不会因为它的对象在图像中或在相对较丰富的图像中甚至在感知中显现而自身丰实起来。……不言自明,在更为复杂的交织[意向]那里,例如以 $V_1[V_2(V_3)]$ 这个符号以及其他等等标准,情况也不会有任何变化。"③例如,"……并非'整体'这个符号表象,而是对这个表象的内感知才是对'符号表象'这个思想的充实直观;……就像对一个颜色的思维在对这个颜色的直观行为中得到充实一样,对一个思维的思维也是在一个对此思维的直观行为中得到充实,亦即在一个对思维的相即感知中得到最终充实的直观"④。另外,他本人也强调"'内'感知或图像性也可以作为充实直观起作用,……而且就表象的本质而言这一点也是不言而喻的"⑤。

胡塞尔认为,"每一个间接的表象都包含着表象之表象,因为间接表象将它的对象意指为某些在它之中被表象的表象之对象"⑥。比如将 1000 表象为 $10^3$,后者就是表象的对象。由此也可以看出,间接表象和表象的表象可以是对同一个现象学现象的不同描述方面,它们的侧重点不一样。可以得出"真正的直观化在间接意向的每一个充实那里,在这个充实的每一步上都起着本质性的作用"⑦。表象的表象受到直观的充实,这些被织入的直观充实

---

① [德]胡塞尔:《逻辑研究·第二卷第二部分》,倪梁康译,上海译文出版社1999年版,第69页。
② 同上书,第69—70页。
③ 同上书,第70页。
④ 同上书,第70—71页。
⑤ 同上。
⑥ 同上书,第71页。
⑦ 同上。

赋予整个认同以一种充实的特征,主宰的总体意向和各个意向相叠、相容得到认同并且获得充实特征,这种充实胡塞尔认作是非本真的直观化,它为被总体表象的对象提供充盈的增长;所有的充盈都在于对那些对象本身所具有的规定性的现时当下化〈Vergegenwärtigung〉。而间接表象的充实必定会有符号意向,这个层次是不具有充盈的。

胡塞尔举例说道:"当一个符号意向的充实在直观基础上进行时,这两方面行为的质料并不像前面所预设的那样始终处在相合关系中,以至于这个直观显现的对象本身是作为在含义中被意指的对象而处于此。"①此意即符号行为的质料不同于直观行为的质料,二者不相合;当然我们可以假定一种全然理想的相合的情况,此时:"我们才能够在真实的意义上谈到直观化,只有这时,思想才以感知的方式被实现,以想象的方式被阐释。"②胡塞尔还注意到这种情况,"充实的直观使一个具有间接被代现者特征的对象得以显现;例如在指称一个地理名称时出现的对一张地图的想象表象,并且这个想象与此名称的含义意向融为一体;或者一个关于街道、河床、山脉的主张通过一张摆在面前的地图的那些载录而得到证实"③。这里的直观、充实是靠想象来完成的,"在这里,直观根本不能在真实的意义上被标识为充实的直观,它的本己质料根本没有活动起来;现实的充实的基础并不处在直观之中,而是处在一个与它相交织的并且显然是符号性的意向中"④。引文中的"符号意向"不是表述含义层面上的符号意向,而是在指示意义上的符号意向,这里的想象表象作为被意指和被指称的对象的间接被代现者起作用。这里的想象直观做出了超越这个显现的想象对象的指明,因此就将这个显现的想象表象描述为一个符号,"在显现者与被意指者之间有可能存在着相似性,这种相似性在这里并不能被规定为是一种素朴的图像表象,而是一种建立在图像表象之上的符号表象"⑤。

b. 直接意向层面的充实研究。胡塞尔刚才探讨了间接意向的充实,最

---

① [德] 胡塞尔:《逻辑研究·第二卷第二部分》,倪梁康译,上海译文出版社 1999 年版,第72—73 页。
② 同上书,第73 页。
③ 同上。
④ 同上。
⑤ 同上。

后回溯到直接意向的充实上,整个间接过程的最终结果是一个直接的意向。现在胡塞尔直接讨论关于直接意向的直观充实的问题以及关于在这里起作用的充实关系和充实规律。胡塞尔规定在下面的讨论中,意向本质方面唯有质料对于需被确定的关系来说是决定性的,质性可以随意假设。胡塞尔以这个命题开始:"在每一个直观意向中——在观念可能性的意义上说——都包含着一个在质料方面完全适合于直观意向的符号意向","符号意向只是指向对象,直观意向则将对象在确切的意义上表象出来,它带来对象本身之充盈方面的东西"①。胡塞尔认为"符号意向"根本不是"表象","对象没有任何东西在它[指符号意向——笔者注]之中得以活跃","……充盈是各个表象所具有的与质性和质料相并列的一个特征因素;当然,它在直观表象那里是一个实证的组成部分,而在符号表象那里则是一个缺失"②。人们也可以谈论充盈的理想,它可以在一个完整无缺地包含着对象及其现象学内容的表象中达到。如果考虑到个体化的规定性,那么想象直观还不是充盈的理想,而唯有感知才是;如果撇开个体化的规定性则想象也可算。被表象的对象的标记越是参与表象—代现,表象的充盈就越大,当然并非每一个对象标记都在表象的内容中有其类比(或图像化的)因素。对象标记和对应表象内容的融合是直观的意义的基础,"正是这些基础才赋予这些立义以相应对象因素的被代现者的特征,而这些相互密切交融的因素之总和便构成了想象表象的充盈"③。

　　充盈是表象的一个特征因素,对象标记可以对应表象内容中的类比因素。对于充盈—因素:(1)可以根据其特有的内容组成来看待它们,即赋予想象和感知以图像性或自身映射的价值,以及对充实功能而言的价值,这是从充盈因素的功能方面来看待;(2)也可以在"立义"之中来考察它们,即考察完整的图像或自身映射,或者说在排除意向质性的情况下考察完整的直观行为。直观行为和充盈—因素的关系是,直观行为对象性地阐释着这些因素,同时将其包含于自身之中。充盈—因素在直观中和被展示的对象规定性相联系,显然,直观本身还有不会得到本真展示的部分或方面的对象性联

---

① [德]胡塞尔:《逻辑研究·第二卷第二部分》,倪梁康译,上海译文出版社1999年版,第74页。
② 同上书,第75页。
③ 同上。

系。充盈对应纯粹直观方面，它们在充实序列中的联系是作为给予着充盈和提升或丰实着已有充盈的组成部分起作用，赋予行为整体以感知和图像表象的特征。对于被展示的对象规定性，胡塞尔把它和充盈本身的功能方面区分开来，理解为展示性内容或直观代现的内容；在不同的情况下展示内容有不同的称呼或名称，对于想象而言，其展示内容是类比的或映像的，对于感知而言，是体现的或自身展示的。展示性内容或直观代现内容从立义方面看又称作"行为的直观内涵"，仍不计较质性以及行为的符号组元。

胡塞尔接着又转到一个新的考察层面，即把表象（或客体化）行为的内涵划分为：（1）"行为的纯粹直观内涵，它与在行为中与客体的'显现着的规定性之总和相符合'"；（2）行为的符号内涵，它与其他的虽然一同被意指，但本身未被显现的规定性相符合。这两个区分不和直观的展示性内容和非展示性内容完全相对应，但有重合之处。这里把非展示性的内容和（作为直观表象行为的）符号组元相联系。纯粹直观内容必须从这个未被展示之物那里抽出来，"只是通过相邻性才会有新的、据此也是间接的符号类意向与直观内容相联结"①。胡塞尔用 $i+s=1$ 来表示表象（不限于直观表象）中的直观和符号内容的分量的统一，它们相互补充为对象规定性的总体概念。$i$、$s$ 分别对应直观和符号的分量，它们可以随意变化，观念上因而产生出两种极限的可能的情况：（a）$i=0$，$s=1$，此时表象仅有一个符号内容，"从它的意向对象那里没有留存任何使它在其内容上得以展示的规定性"②。纯粹含义意向的纯粹符号表象就对应此种情况。（b）$i=1$，$s=0$，即表象根本不含有符号内容，"它的一切都是充盈；它的对象每一个部分、每一个面、每一个规定性都直观地被展示，都不仅仅是间接地一同被意指。不仅所有被展示的东西都已被意指（这是一个分析命题），而且所有被意指的东西都得到了展示"③。这个表象就是"纯粹直观表象"。对于非纯粹直观的表象，抽掉其中的符号组元，局限在代现性内容中确实得到代现的东西，就得到了表象和对象联系中的纯粹直观或纯粹直观内容，或直观内涵。类似地可以谈论符号内涵，即纯粹符号的东西。若不考虑表象的直观和符号的分量，而考虑整

---

① [德] 胡塞尔：《逻辑研究·第二卷第二部分》，倪梁康译，上海译文出版社1999年版，第78页。
② 同上书，第79页。
③ 同上。

体的直观行为的感知特征或图像表象的特征，直观内涵则可以分别称作知觉内涵、感知内涵和想象内容、图像内容。

胡塞尔认为："感知内容所包含的是体现内容，尽管它通常并不仅仅包含这种内容；图像内容则只是包含类比化的内容。"[①]并且，可以考虑这样一个划分：将感知内容划分为纯借助于感知直观内容所包容通常所表明的感知组元与想象组元之混合的纯粹感知内容和补充的图像内容。如此，又可列出等式 wr+br=1，wr、br 分别对应纯粹直观的纯粹感知和或想象的组元。br=0 时，即纯粹感知的情况，这里不仅要排除符号性组元，而且还要排除掉想象性的组元。纯粹感知显然不能和对象的纯粹性混同，前者是直观的一种可能形态，而后者是指，"只有当对象的每一个部分都在内容中得到确实的体现，没有一个部分是被想象的或被象征的时候，体现才是纯粹的"[②]；进一步这种体现必须不是图像的，而是感知的，才是真正的、相即性的理想，"展示的内容同时也就是被展示的内容"；"不仅纯粹想象，而且纯粹感知都在坚持其意向对象的同时而带有充盈方面的区别"[③]，前者将内容立义为相似物，立义为图像，后者将内容立义为对象的自身显现。在区分出充盈的不同性质成分之后，胡塞尔针对充盈程度方面（代现内容的充盈程度实际上是与之相平行的）做了如下区分：（1）充盈的范围或财富（价值），它指对象内容的展示的完善程度。（2）充盈的生动性，它是指展示内容与对象内容因素的相似性接近程度（如当下感知比想象性的直观必定生动些）。（3）充盈的实在内涵，即充盈在体现性内容上的或多或少。（3）和（1）的区别在于（1）强调的是完善性、价值层面，相对于对象的展示而言，（3）强调的单只在于充盈的实在内涵而不考虑该内涵对对象性展示的贡献作用。胡塞尔评价说："在所有这些关系中的理想是相即感知，它具有最大限度的范围、生动性和实在性，并且恰恰是作为完整无缺之客体的自身把握。"[④]

如果，"我们将'充盈'的说法与'充实'状况相联系，即与认同综合

---

① ［德］胡塞尔：《逻辑研究·第二卷第二部分》，倪梁康译，上海译文出版社 1999 年版，第 80 页。
② 同上书，第 81 页。
③ 同上。
④ 同上书，第 82 页。

这种特殊形式的状况相联系"①，则明见无疑的是，内容实际综合所构成的可能上升序列与刚才对充盈的种种讨论相符合。读者已经知道，充实在"一致性"直观的一个符号意向的认同适合中调整自己，直观行为"给予"那个在相合关系中的符号行为以其充盈（这里的符号行为可以作笔者之前讲过的双重理解，既可以针对表述行为也可以针对感知、直观等行为），在这里，"上升意识建立在充盈与符号意向之相关部分的局部相合之中，而上升意识的任何一部分都不可能被归属于这两方面意向所具有的相互符合的空乏部分之认同的相合。而后，充实的连续上升继续在直观行为或充实序列的连续性中进行，这些直观行为以越来越扩展和上升的图像性（考虑充盈的三个不同因素：范围、生动性、实在性——笔者注）来表象着对象"②。这个序列是在充盈的展示性内容方面的相似性和相似性序列，"在充实序列的顺序中以及在行为之间完成的上升顺序中，每一个后面的充盈会显得更为丰富，只是因此，行为的代现性内容才获得一个上升的顺序……"③ 胡塞尔说："充实关系和上升关系显然建立在行为纯粹按其种类组成而所具有的现象学内涵之中。这里所涉及的完全是观念的、为有关种类所规定了的关系。"④当然，在直观行为中并不始终都发生着充盈上升，比如存在充实和局部失实、脱实并肩进行的情况等，以至于形成不了上升意识。胡塞尔最后还提及对"一个空乏的、即纯粹符号性行为的想象意向的充实，以及一个已经在某种程度上充实了的想象意向的可以说是增实〈Zufüllung〉，也就是说，一个想象意向的上升和实现"⑤。

c. 表象的新概念。胡塞尔现在要思考在充盈标题下所包含的表象内容的新概念及其与质料意义上的内容之关系。质料是客体化行为中的一个因素，它决定行为所表象的恰恰是这个对象，并且以具体的规定性和状况来表象对象，质料相同表象可以不同，但都表象同一个对象；这一点也适用于表

---

① ［德］胡塞尔：《逻辑研究·第二卷第二部分》，倪梁康译，上海译文出版社 1999 年版，第 82 页。
② 同上。
③ 同上书，第 83 页。这种上升序列，表现为一种可能的充实综合的特征，这是和后来的"本质变更"理论相关涉的，参见第十一章。
④ 同上书，第 83 页。
⑤ 同上书，第 84 页。这一点也可以作为对于无含义的表述情况的一种说明。

述行为。理解判断、陈述时人们可以采取不同的信念态度，相信或搁置，以及表述无须和一致性直观相适合，这些都不会影响这里的同一性对象关系。由此，"人们甚至趋向于（而我自己在这一点也动摇了许久）将含义就直截了当地定义为这个'质料'[①]；但这种做法的不妥之处在于，例如在谓语陈述中排除了对含义的现时主张因素"[②]。这里胡塞尔似乎还有些不情愿把含义处理成和质料一样是抽象的东西，但胡塞尔确实越来越明确地要排除含义的现时因素了。作为质料的含义，可以在含义意向和相关直观中出现并提供认同作用，"这样，在仅涉及各个表述的统一含义性时，究竟是获取还是放弃直观的因素乃至整个一致性直观，对此的［选择］自由之基础就在于：附加在语音上的总体行为在直观方面所具有的质料与在含义方面所具有的质料是同一个；即按照所有那些能够得到直观化的含义部分"[③]。

质料—认同的谈论并不涉及充盈及其上升序列，但质料并非和充盈毫无联系。显然，由于充盈可以理解为直观的直观内容，直观内容本身包容着一个完整的质料，所以是有联系的。接下来是更具体的讨论。

纯粹符号行为如果能够自为存在构成一个具体的体验统一，它就是质性和质料的单纯复合体，但这不可能，符号行为始终是一个奠基性直观的附加，该直观不是对符号行为的对象的直观，而是对物理符号的方面（如：木、铁、油墨等构成的字母）的直观。这个直观意向之上的符号意向进行着超越前者的指明。但"为符号行为提供根本依据的并不是作为整体的奠基性直观，而只是它（符号行为——笔者注）的代现性内容"[④]。可以说，每一个符号行为都需要一个奠基性的代现性内容。对于纯粹直观行为来说，也需要一个代现性内容提供补充。笔者认为，和质料概念平行的代现概念强调的是提供质料因素的那个整体性的表现〈Repreasentation〉行为。

代现性内容的概念可以扩展，并区分符号代现性内容和直观代现性的内容。如果考虑到直观和符号的混合直观的行为，还要考虑到这样的混合的被代现者，其特征可标志为："它具有这样一个代现性的内容，就被表象的对

---

① 这里和第五研究对于质料的看法是一致的。
② ［德］胡塞尔：《逻辑研究·第二卷第二部分》，倪梁康译，上海译文出版社1999年版，第85页。
③ 同上。
④ 同上书，第86页。

象性的一个部分而言，这个内容是作为映像的或自身展示的被代现者起作用，而就那个补充部分而言，它是作为单纯的指向〈Hindeutung〉在起作用。"①更一般地说，"每一个具体完整的客体化行为都具有三个组元：质性、质料和代现性内容"②。由于代现性内容所起作用的不同，行为或者是一个纯粹符号行为，或者是一个纯粹直观行为，或者是一个混合性行为。这里的纯粹符号行为显然包括了含义行为，混合行为显然也是如此。这里从客体化的行为三组元（质性、质料和代现性内容）可以看出"含义"（和"质料"相关或者说平行）被置入新的现象学术语框架之中了。

客体化行为三组元中，质料和被代现者的现象学统一称作代现的形式，该形式中的两个因素的整体称作"绝然代现"〈Repreasentation schlechthin〉，"这个称呼突出了在代现内容与被代现的内容（被代现的对象或对象的部分）之间、在其现象学根据方面的联系"③。代现性内容作为被代现者（对象之物）起作用，这里便涉及立义，因此可将代现标志为立义形式④。质料可以说是给明了意义，代现性的内容便根据此意义而被立义，这样我们也就谈到了"立义意义"，也可以说"立义质料"。可以说代现性内容本身有不同的三种形式或形态，相对于立义而言乃是一种"形式"了，因为意义—立义相对自身而言乃是质料。由此在代现这一新标题或背景下，"我们在每一个立义上都可以现象学地区分：立义质料或立义意义，立义形式与被立义的内容，后者区别于立义的对象"⑤。"在立义质料（即立义'为何'〈als was〉）同一的情况下，代现或立义的方式可以是不同的。"⑥不同代现方式的现象学特征是不相同的，上几节是通过充实形式的区别来描述代现的区别，而此处的不同现象学特征则是从意向行为的本己描述的内涵上来看待的，如"在质料和被代现者之间的符号代现所建立的是一个偶然的、外部的联系，而直观代现所建立的则是一个

---

① ［德］胡塞尔：《逻辑研究·第二卷第二部分》，倪梁康译，上海译文出版社1999年版，第87页。
② 同上书，第88页。
③ 同上。
④ 关于代现，按照第五研究《逻辑研究·第二卷第二部分》第552、556页的论述可以看到，"代现"是指去掉意向行为质性之后剩下的行为总体，包括了质料和充盈以及其他因素，它是和行为总体相关的一个抽象概念。
⑤ 同上书，第89页。
⑥ 同上。

本质的、内部的联系"①；前者之所以是偶然的是在于，"可以想象在同一个符号行为附加任何随意的内容。符号行为的质料只是需要一个支撑的内容而已，但我们并不能发现在它的种类特殊性和它的本己组成之间有必然性的纽带"②。由此，对于含义而言，它不可能悬在空中而无支撑，它需要符号行为，"但对于含义所指的东西来说，符号完全是无关紧要的，我们正是将此符号的含义称作含义"③。

对纯粹直观代现的情况而言，"在质料和被代现者之间存在着一种内部的、必然的联系，它受这两者的种类内涵的规定。能够作为一个对象的直观被代现者而起作用的只会是一个与此对象相似或相同的内容"④。对直观代现而言，人们无法任意决定将内容立义为何，因为须被立义的内容通过某个相似性或相同性的领域，即通过它的种类内涵，为我们设定了界限。⑤ 当立义质料整体与整个代现性内容联结起来时，即纯粹直观的情况，质料和代现性内容各个部分逐一联结在一起。而对非纯粹直观的情况而言，"种类的统一是一个局部的统一：质料的一个部分——那个被还原的、因而当然也是纯粹直观的质料——给明了直观的意义，内容便在这个意义中被立义；质料的其它部分并未经历任何通过相同性和相似性而完成的代现，而是经历着通过相邻性而完成的代现……"⑥ 这也就是混合直观的情况，其"代现性内容根据质料的一个部分而作为直观的被代现者起作用，而根据质料的补充部分则作为符号的被代现者起作用"⑦。代现被胡塞尔视为质料与代现性内容的统一，那么意向行为也可以被看作质性与被代现者之间的联结，所以，称行为是直观的或符号的行为，可通过代现而得到规定的。之前的"充盈"刻画了对充实的状况的研究，它划定了纯粹直观代现（=纯粹直观）的范围；胡塞尔说："'充盈'是一个特别为了对行为及其充实功能进行比较性考察而

---

① ［德］胡塞尔：《逻辑研究·第二卷第二部分》，倪梁康译，上海译文出版社1999年版，第89页。
② 同上书，第89—90页。
③ 同上书，第90页。
④ 同上。
⑤ 这里提到种类内涵和第一研究的种类或观念意义上的含义联系起来了。
⑥ ［德］胡塞尔：《逻辑研究·第二卷第二部分》，倪梁康译，上海译文出版社1999年版，第90页。
⑦ 同上。

制作的概念。"①

在第五研究胡塞尔说过,每一个行为或者本身是一个客体化的行为,或者以这样一个行为为基础,客体化乃是广义表象的同义语;第六研究说明:每一个客体化行为自身都包含一个代现,那么很自然,所有行为的最终基础是在代现意义上的表象。由于代现的术语系列被加入进来,那么"一个行为与它的对象具有各种各样的联系方式"这个说法所具有的本质的多义性,涉及:(1) 行为的质性:包括信仰的各种方式,单纯的搁置、愿望、怀疑等等。(2) 作为基础的代现,它又由三个方面组成:(a) 立义形式:指对象是单纯符号性的还是直观性的还是以混合的方式被表象;包含着在感知表象与想象表象之间的区别等。(b) 立义质料:指对象究竟是在这个还是在那个立义中被表象。(c) 被立义的内容:指对象借助于哪个符号被表象,或者借助于哪些展示性内容而被表象,这是胡塞尔对意向行为及其与对象关系研究的一个结论性成果。②

胡塞尔提及在第一研究第14节中就已经将充实意义与(表述意义上的)含义相对置,可见,含义〈Bedeutung〉和意义〈Sinn〉在《逻辑研究》中还是具有一些差异,充实的意义显然与含义具有不同的现象学特征,在《观念1》中这二者的差异才得以统一到 Noema 中来,充实的意义被理解为充实行为的意向本质,它不包含任何充盈方面的东西,不总括直观行为的总体内容。通过以上对充实、充盈、代现性等课题的细致考察,胡塞尔感到之前将质料、质性统一起来作为意向本质的理解显得狭隘了,遗漏了意向行为的一个重要组成部分,即代现及其标题下的分划因素或内容,如刚才所述。对于带有直观的客体化行为而言,还应具有不可忽略的直观和充盈内容,它们和质料质性一样与认识功能有关,作为客体化行为的认识本质;如果想避免充盈和直观的相互覆盖,则也可以合二者而称作"直观代现性内容",对于纯粹符号意向行为而言或空乏意向而言,则无"直观代现性内容这个组元",尽管符号意向具有感性支撑点,但它实际上不是符号行为(此处指表述行为)的现象学的本质特征。此外这里还涉及"客体化的意向本质",这类意

---

① [德] 胡塞尔:《逻辑研究·第二卷第二部分》,倪梁康译,上海译文出版社1999年版,第91页。
② 同上书,第92页。

向所完全不能缺少的东西"或者是在这类意向中——根据观念的必然性——一旦发生自由变更便会使意向与对象之物的联系受到触及〈berührt〉的东西"①。所以，符号行为的感性支撑点可以变更，但这些行为则始终意指继续带着同一些规定性的同一个对象，并且在质性上是以同一种方式进行意指，所以，这个感性支撑点并不构成客体化意向的本质；它也可以说是充盈，"但不是符号行为的充盈，而是那个为它奠基的、在其中符号作为直观客体符号而得以构造的行为的充盈"②。

直观表象中直观充盈可以具有不同的尺度，如前所述，展示性内容越来越与对象相似、更生动、更完整。即使被意指的客体根本未显现出来，直观仍可发生，直观表象内容不含有意指对象的展示性代现，这实际就是符号意向的情况了。由此胡塞尔区分：（1）直观表象"合适地"表象着它的对象（此表象中被意指的对象的每一个组成部分都有一个代现性的直观内容的组成部分与之相符）。（2）表象只含有对象的一个不完整的映射，"不合适地"表象对象。即表象与对象的相适性/不相适性。考虑到更具体的直观表象的划分，可考虑其中组合质性的差异：（a）与对象的简单联系，（b）即并非简单的表象与对象的联系，而关系到连续综合，对同一对象的感知不断持续，进行同一性融合；质料—质性在持续的同一性中，同一对象只显现唯一的一次，区分不出个别行为来。与（b）相关的是之前相适/不相适性表象的区分，相适性须在（b）中才能达及，由（b）可知在完整的直观中包含着客观简单的纯粹直观（a），但并不始终包含着客观组合的纯粹直观（b）。由此，胡塞尔得出和一个经验事物相应无法获得的纯粹直观隐藏在对此事物的直观完整综合直观之中，该综合中有符号性的被代现者不断出现，但我们可以将此综合直观还原到纯粹直观（这种还原是在观念中进行的），就会产生直观内容的连续性，如（b）所示。对表述行为而言，考虑其合适/不合适的直观化，可以在复合含义的情况中区分两种不可分离的完善性：（1）对含义特征部分而言，充实会通过充实直观的相应部分得以增长。（2）就充实直观而言，对象在含义分类和形式中被意指，那么就此对象而言的相

---

① ［德］胡塞尔：《逻辑研究·第二卷第二部分》，倪梁康译，上海译文出版社1999年版，第93页。
② 同上。

适性便自为地形成。① 第一点规定了符号行为与一致性直观的相适完善性；第二点规定了符号行为与对象本身的相适完善性。

在质性质料相同的情况下，充盈的区别导致下述重要概念：如果两纯粹直观具有同一个质料，那么两个直观行为具有同一个实质〈Essenz〉。所以一个感知或想象序列，只要其中任一都带有同一个充盈范围而表象同一对象，那么便具有同一个实质。符号表象自身不具有实质，除非它具有一个充实的意义，即通过一个直观而获得充实，这个实质是非本真意义上的。胡塞尔认为自己澄清了实质概念，它反映的是一个概念的现实可能性。

第六研究对认识的现象学分析几乎是一片概念之海，笔者认为大量的胡塞尔评论者总认为胡塞尔这里有着无法克服的困难，但实际上读者如果自己浸没于这片海洋中便会发现胡塞尔的观点其实保持了一贯性。意义最终已然分布在《逻辑研究》的表述和感知层面中，这根阿里阿德涅之线已经淹没在概念的海洋中，被大量概念所替换、覆盖。但是，意义本身确实没有得到正面回答，现象学面向事实本身的口号就意味着，胡塞尔的内在主义意义分析确实只是将意义作为一个功能化的分析工具，并且在第六研究（以及第五研究）中"意义被处理为行为的环节"②，这个幽灵在多重领域中以不同身份出现确实是胡塞尔没有考虑到的一个问题。在笔者看来，《逻辑研究》之后的意义问题，无非是随着现象学方法的明确和现象学分析领域的扩展而自然膨胀的后果。

---

① 参见 [德] 胡塞尔：《逻辑研究·第二卷第二部分》，倪梁康译，上海译文出版社 1999 年版，第 97 页。
② [美] D. 威尔顿：《另类胡塞尔：先验现象学的视野》，靳希平译，复旦大学出版社 2012 年版，第 380 页。

# 第十章

# 意义的问题的存在论或发生学视角:《逻辑研究》之后

"几乎每一个作家都有自己的鼓舞者,自己的守护神,后者一般也都是作家。"①

## 第一节 《逻辑研究》之后胡塞尔思想的发展

这节里大量摘录了《胡塞尔全集》德文编者们的导言,来说明胡塞尔思想的发展。在《逻辑研究》中对于现象学,胡塞尔还没有为它定好位,正如《笛卡儿式的沉思》编者所说:"针对意识的一种仅仅'自然的'反思,就像在一些科学中、如心理学和人类学中也在做的那样,还不是胡塞尔严格意义上的那种现象学的反思。这种反思顶多导致一种'描述性的现象学',这种描述性的现象学本身虽然是胡塞尔在他1901年发表的《逻辑研究》中首次提出来的,并无意中使它成为了'现象学学派'的一个纲领,然而他后来不久就对这种描述性的现象学进行了尖锐的自我批评。这种描述性的现象学要通过一定方法被实现为本质现象学。"②

"胡塞尔大概自1905年起就致力于一门现象学方法论的研究。……它的最重要的引导性的步骤是现象学的还原。这种现象学还原恰好要求:自然意识的每一超越性都应当作为在意识'之中'的现象超越性来理解;后者把自然的世界经验归结到作为意向意识之对象性相关项的'世界现象'。

---

① [俄]康·帕乌斯托夫斯基:《金蔷薇》,戴骢译,上海译文出版社2010年版,第154页。
② [德]胡塞尔:《笛卡儿式的沉思》,张廷国译,中国城市出版社2002年版,编者导言第4页。

但是，现象学的还原由此就成为了导致一个个全新研究领域之滥觞的步骤：也就是说，在它之中所有的超越性都显示为'现象'的那种意识，不可能是——由于自己的被束缚于身体的那个我也属于这种超越性———种经验性的意识，相反，它必须被理解为一种纯粹的意识，此外，就它里面所有的超越性都是被'构造出来'的而言，它又必须被理解为一种先验的意识。因此这种现象学的反思就导向一个先验的主体，在经过好几次类似的所谓转换之后，胡塞尔就把这个先验的主体修订为了一切意义给予和存在验证的原生地。"①

《观念1》的编者卡尔·舒曼也提到《逻辑研究》之后的"……十年中胡塞尔所继续的工作主要在于全面解决一个越来越复杂的问题。他把这个问题列入彼此十分不同而又广泛相互一致的领域名目下加以把握：知识批判、知识论、现象学的理性批判、系统的现象学或一般现象学"②。1905年全年胡塞尔都在考虑新的理论问题，即现象学作为一门哲学和方法的成熟化，"他在其探索中终于发现了'现象学还原的概念及其正确运用'。因此他的现象学终于获得了自身的工具，然而另一方面也要求他将迄今为止所用的方法与其结合，或者反过来说，在一段时间里把此发现提高到主题意识的高度"③。在围绕上述主题的工作中，1906—1907年胡塞尔开设了"逻辑和认识论导论"的讲座，"目的在于根据当时已掌握的现象学还原法为理论性结构的最终阐明奠定基础"④。

在1907—1908年，"胡塞尔陷入关于意义和分析判断问题的'一次艰难的分析工作'中，并'感到有在命题逻辑观念上使自己进一步弄清意义问题的必要'"⑤。1908年夏季，胡塞尔开设了他所说的"关于判断和意义"的讲座。在1906年的日记中胡塞尔说过，"现在应当把目前的讲演稿变成'逻辑的和实践的理性批判，一般评价行为的批判'"⑥，为了这个目的，胡塞尔于1908—1909年冬季学期开设了有关逻辑研究的讲座〔胡

---

① ［德］胡塞尔：《笛卡儿式的沉思》，张廷国译，中国城市出版社2002年版，编者导言第5—6页。
② ［德］胡塞尔：《纯粹现象学通论》，李幼蒸译，商务印书馆1996年版，编者导言第3页。
③ 同上书，编者导言第4页。
④ 同上书，编者导言第5页。
⑤ 同上书，编者导言第5—6页。
⑥ 同上书，编者导言第6页。

塞尔 1908—1909 年逻辑讲座中讲到判断问题（即命题行为问题）时提到关于范畴和其本体论的理论问题］同时也是伦理理性批判的讲座，在此之间他写道："'我深为不安的是，我还远未曾对一切问题获得完全明晰的内在统一性，将它们明确地分开、排列并加以系统整理。'于是胡塞尔在其 1909 年夏季班关于'知识现象学导论'的讲座中一开始就重新考虑他的全盘构想的基础，并开始提供对'现象学及其方法的观念'的一次说明，因为它是'最严格意义上的第一哲学'。"① 1910 年，胡塞尔企图通过这些课题——信念、印象、物构成、客观世界经验和认识论等一系列课题——来重新考虑判断问题："我将从一开始就根据自然意识的观点发展一套纯分析学（形式科学）思想"，"意义的道路应当从形式科学的分析性判断通向自然和价值存在论"。② 很明显，"意义"问题开始告别《逻辑研究》阶段描述现象学的概念之海，并正欲通向存在论，幽灵学状态似将被克服。对此，利科有一个基本判断是准确的："胡塞尔从 1905—1911 年的思想发展在于越来越努力地使自然态度的理解从属于现象学还原的理解，并且根据世界先验构成来阐明还原。"③

《第一哲学》编者导言也总结了转变后的现象学的地位："即被作为'第一哲学'的哲学之理念当做首要的东西所要求的超越论的［先验］还原，只不过就是——这一点绝对需要一种特别的证明——'现象学的还原'。由此就会表明，哲学的理念必须由它本身出发在现象学的还原理论中被系统地解释和阐明。于是现象学的还原从它那个方面对于现象学具有这样一种意义，即它将现象学从它的'较高的'，'超越论的［先验的］素朴性'，提高到现象学哲学的水平。"④

胡塞尔"在《观念 1》发表之后，紧接着就是多年不间断的研究工作，在这些年中，他更尖锐地强调了那些在《观念 1》中最初只是粗糙地勾勒出来的问题，使已开始的研究工作继续下去并加以深化，而且在

---

① ［德］胡塞尔：《纯粹现象学通论》，李幼蒸译，商务印书馆 1996 年版，编者导言第 7 页。
② 同上书，编者导言第 8—9 页。
③ 同上书，第 490 页。
④ ［德］胡塞尔：《第一哲学》，王炳文译，商务印书馆 2006 年版，编者导言第 18 页。

这些年中，他关于哲学的本质构想最终也获得这样一个确定的形态"①，即胡塞尔最终认识到现象学因为其天然局限（参见本书第三章第二节）而可能获得的最终形态："哲学按照其观念应当是一门普遍的和在彻底意义上的科学。作为这样一种哲学，它是出自最终的奠基，或者，同样可以说，出自最终的自身负责的科学，因此在这样一门科学中，并没有任何述谓的或前述谓的明见性可以作为无需置疑的认识基础而起作用。正如我所强调的那样，它是这样一种观念，这种观念……只是以一种相对的、暂时的有效性方式并在一种历史的过程中才得以实现——但如此一来，它也是在行动中才得以实现。"②

关于意向行为分析，在《逻辑研究》中只是初步地和不完善地提供出来，在《观念1》中获得了在重新拟定的先验立场上的进一步研究，从而越来越系统化。在《观念1》之后最具决定性的发展就是胡塞尔揭示了意向性："是一种能发生作用的意向性，它在'促创意义的作用'中构造起各种对象性。"③"意识并不是简单地'拥有'它的对象，而是'构成'对象，也就是说，对象是作为意义构成物（Sinngebild）而在本源的意义促创作用的基础上建立起来的。"④"现在对意向性的细致分析终于能够达到一种具体的被给予性了，而这在从前只是作为规定'自我极'的行动意向而仅仅抽象地进入视野之中的：这个先验的自我，即现象学还原最初阶段所归结到的那个自我，并不只是诸行为的一个'中心'或关联点，……相反，它现在就在'连续不断的行为生活之流'的多样性中与它所有的现实性和潜在性一起呈现为一个同一的东西，这个同一的东西连同每一个起作用的行为，借助一种先验的发生就获得了一些持久的规定和人格特性，即'习性'。从此以后胡塞尔便把这个同一的东西当作先验的自我来谈论了；这个自我就成为了先验'本我论'的研究领域。"⑤这样，《观念1》中的意向行

---

① ［德］胡塞尔：《笛卡儿式的沉思》，张廷国译，中国城市出版社 2002 年版，编者导言第 9 页。
② ［德］胡塞尔：《笛卡儿式的沉思》，张廷国译，中国城市出版社 2002 年版，编者导言第 1 页。另可参见 ［德］胡塞尔《纯粹现象学通论》，李幼蒸译，商务印书馆 1996 年版，第 477 页。
③ ［德］胡塞尔：《笛卡儿式的沉思》，张廷国译，中国城市出版社 2002 年版，编者导言第 10 页。
④ 同上书，编者导言第 11 页。
⑤ 同上书，编者导言第 12 页。

为—意向对象的反思深化为本我论的反思,"在其中我思—我思对象这一关系从此就被自我—我思—我思对象中的另一个环节所补充完整……"①本我论的问题就必然会扩展为对某种先验交互主体性的问题。同时,现象学"被扩展为一种发生学方法,根据这种方法,意识的历史被用作关于意识的现象学的重要工具"②。

从胡塞尔先验现象学的发展过程可以看出,对于意义的思考也是伴随其中的,对意义的存在论的转向越来越明显,不再是静态的而是发生的、动态的。在以下的小节中笔者将会简要涉及《逻辑研究》之后意义问题的发展,这里主要涉及以从《观念1》和后期(笔者以《经验与判断》为依据)发生学的意义为蓝本的意义观,胡塞尔的著作庞大,笔者只得做此选择。

## 第二节 《观念1》中的意义问题

在《观念1》之前,1908年夏季学期开设了一个"关于判断与含义的讲座",那里胡塞尔对《逻辑研究》中所运用的含义概念的证义(Berechtigung)在这个讲座中没有受到质疑,只是胡塞尔注意到还应当考虑和种类含义上的含义概念相关的其他含义的概念(种类含义毕竟只是涉及逻辑学方面的限制,对于具体的行为还需考虑到另外的能够囊括行为总体的含义概念),胡塞尔称之为"物候学的"(phänologisch)或"想象的"(phansisch)的含义概念,而对应种类意义上的含义概念则称作"现象学的"(phänomeologisch)或"本体的"(ontisch)含义概念③。笔者在本书第123页脚注④中表明了胡塞尔关于含义概念变化的情况。一切都表明胡塞尔的关于含义的基本思想是稳定的,而对于确切地描述含义现象学概念是不断变动的。

而在《观念1》中引人注目的是,胡塞尔开始以意向作用〈Noesis〉和

---

① [德] 胡塞尔:《笛卡儿式的沉思》,张廷国译,中国城市出版社2002年版,编者导言第12页。
② [美] 维克多·维拉德-梅欧:《胡塞尔》,杨富斌译,中华书局2002年版,第18页。
③ 可参考《逻辑研究》中文修订版(2006年)编者导言第18页注5,以及倪梁康《意识的向度》中的《意识现象学的意向分析》一文,郑辟瑞博士的论文《胡塞尔的意义问题》都有相关论述。

意向相关项〈Noema〉① 为框架来讨论现象学的相关问题。胡塞尔说:"……知觉有其意向对象,在最基层处即其知觉的意义,也就是知觉物本身……"② 但这里的意义(显然有别于《逻辑研究》中表述的意义以及和质料、表象相关联的意义)不等同于意向对象而是意向对象的相关物。胡塞尔举了对于树的知觉为例说明,被知觉的树本身就是这个知觉的意义,不可分离地属于这个知觉,"这个树本身可以烧光,可分解为其化学成分,如此等等。但此意义——此知觉的意义,即必然属于其本质的某种东西——不可能烧光;它没有化学成分,没有力,没有实在的属性"③。对于知觉而言,被知觉者即作为意义。但在上述例示分析中,"意义"并未穷尽意向对象,意向体验或行为的意向作用侧并不仅仅包括"意义给予"这一固有因素。意义因素乃是组成完全的意向对象的诸意向对象因素的复合体中的必不可少的核心层,所有其他因素本质上基于此核心层之上,所以其他因素也可以在一种扩大的意义上称作意义因素。

以上论点针对除开知觉的其他领域同样适用,比如回忆、期待同样一棵树等。这里的不同的体验中意义是类似的,即在一个核心成分方面、本质上类似,然而它们的意向相关项的意义却是种类不同的。相似的核心成分,是以不同方式被赋予特性的,这里意向相关项 Noema 对于知觉、想象、形象再现、回忆等在本质上是不同的。尽管有这些本质不同的层次,但可以看到它们都围绕着一个可用纯同一的客观语词来描述的中心"核"或"对象意义"。这个核是被还原出来的本质。对上述示例而言,当我们抛开设定的括号时,相应于不同的意义概念,我们必须区别不同的未变样的客体概念,但其中的"对象本身"的概念就是"核",是同一的一个中心概念,"它有时是被知觉物,有时是直接再现物,有时又在绘画中被形象地呈现,如此等等"④。

《观念1》第 92 节提到的是意向相关项的另外一个组成因素,它和对象

---

① 李幼蒸先生将 Noema 翻译成意向对象,考虑到在《逻辑研究》中已经有别的内容使用了意向对象这一译法,所以在本书中将李先生的"意向对象"一律改成"意向相关项"或者用 Noema 代替之。
② [德]胡塞尔:《纯粹现象学通论》,李幼蒸译,商务印书馆 1996 年版,第 224 页。
③ 同上书,第 226 页。
④ 同上书,第 232 页。

被注意的方式相关，如对象或因素是直观到的还是反思到的，是被首要地注意还是次要地被注意等，这和第六研究结论中提到的立义形式和立义内容相关。

对于相对于感知、知觉的更高层次如表述、判断的领域，上述意向作用和意向对象的论述同样有效，"在本质领域中不存在任何偶然的东西，一切都是通过本质关系，因而尤其是通过意向作用和意向对象联系在一起的"①。判断行为或者说具体的判断体验的意向相关项即被判断者本身，若就其主要核心而言即我们通常简单称作判断的东西。胡塞尔认为要区分被判断者〈Geurteilte〉和判断内容〈Beurteilten〉。"关于什么有关的对象"，尤其是具有主词形式的对象，是判断内容。判断体验的（上述广义上的）意义是：由判断内容所形成的一切、被判断的全体的东西［即被判断者本身——笔者注］、伴随着特性描述，被判断者在体验内"被意识"的所与样式的构成物或者说完全的意向对象相关物。

另外，这里可以看到第五研究的表象理论同样保留着："如果判断行为以知觉行为或某种其它单纯'设定的'表象行为为基础，表象行为的意向对象就进入了判断的完全具体化中（正如表象行为的意向作用变成了具体判断的意向作用的本质组成成分一样），并在其中采取某种形式。被表象者（本身）具有命题逻辑主词的形式或命题逻辑谓词的形式，或某些其它形式。"②胡塞尔指出，如果按照逻辑学或者像《逻辑研究》中做的那样谈论意向本质，那么 Noema 就相应被理解作判断或就一般形式逻辑意义而言的命题，这是一种对判断行为来说狭义的意向相关项，而完全的意向相关项则可以说对应着具体的判断体验的一切方面。狭义的意向对象是从逻辑的同一性上来看待的，它可以对应不同的判断体验，类比于知觉的意向对象，判断的狭义的 Noema 就相当于之前谈到的围绕着 Noema 意义的中心核。

以上也适用于其他意向体验或行为，例如显然适用于估计、猜测、怀疑以及拒绝等那些本质上类似于作为述谓确定性的判断行为的体验。它们

---

① ［德］胡塞尔：《纯粹现象学通论》，李幼蒸译，商务印书馆1996年版，第236页。
② 同上书，第237页。

和判断的一致之处在于，在意向相关项中出现了一种完全同一的意义内容，区别在于这个同一的意义内容具有种种不同的"特性"。如作为一个意向相关项核心即上述同一的内容"S 是 P"，可以具有如确定的、可能的、猜测性的相信等特征。意向相关项中"S 是 P"是某种非独立的东西，它是在完全的意向相关项的必不可少的变化着的特性中被意识到的，"而且这些特性作为相关项特别属于看作可能、看作或然、看作空无的等等意向作用的诸体验因素"①。所以就完全的意向相关项而言，判断显然区别于猜测、疑问、怀疑等，但是就狭义的意向相关项而言，它们具有相同的内容。

刚才对于判断领域的意向相关项和意义分析同样适用于意志和情绪领域，包括喜爱或不喜爱，任何意义上的评价、愿望、决定、行动等体验。胡塞尔没有一一详加分析。他对评价体验说得较多，在这个领域中应区分被评价的对象和价值对象，被评价事态和价值事态，被评价性质和价值性质。评价行为"……具有一种作为根基性的基底的事态意识。价值客体包含着它的事物，它将价值性作为新客体层引入了。价值事态包含着属于它的纯事态，同样，价值属性包含着事物属性以及在此之上的价值性"②。同样对应于上述对判断的分析，也应当区分"价值客体本身［全面的意向相关项——笔者注］和存在于意向对象内的在引号中的价值客体［狭义的意向相关项——笔者注］"。对于意志行为胡塞尔也有涉及，"意志设定是以评价设定、事物设定等等为基础的。……决定作为一种特殊种的客体，特别属于意志领域；而且显然它是一种以其它这类意向对象客体为根基的客体"③。如果我们简单一点，排除掉上述种种设定，那么对于意志现象而言，我们可以区分出"被意欲者本身"，即意志的完全的意向相关项。

以上都是胡塞尔就各种具体的意向行为在 Noesis-Noema 框架之下做出的基本分析。在表面上显得最为复杂的《观念 1》第二编第四章，胡塞尔实际考虑的是抛开各种具体行为的意向相关项和意向作用而上升一

---

① ［德］胡塞尔：《纯粹现象学通论》，李幼蒸译，商务印书馆 1996 年版，第 240 页。
② 同上书，第 241 页。
③ 同上书，第 242 页。

个层次，专门从形式的角度一般地来研究意向对象的存在方式，试图形成一种意向相关项和意向作用的形式理论。这实际上也对应着第五研究中在表象标题下的复杂研究，读者可以回顾第五、六研究看到，通过引入表象层次，胡塞尔实际上把各种意向行为和因素串起来了，共性变更、质性变更、表象的客体化操作都可以看作是对具体意向行为的一般化、形式化研究。只不过在《观念1》中这种研究换了框架和术语，体现为在信念样态、变样标题下的研究以及以 Noesis 和 Noema 为框架。

胡塞尔在第124节指出用 Bedeutung 来表示旧的意义概念即和表述相关的《逻辑研究》中的意义。用 Sinn 来表示广义的意义概念。在《逻辑研究》中胡塞尔也多次提到表述的含义和就感知、直观而言的意义，实际和《观念1》明确提出的这两种意义是对应的。但在《逻辑研究》阶段表述层面的含义（意义）之分析占据了主导。

《观念1》中胡塞尔还特别关注了语言表述即逻各斯的层次。他认为一个对象以确定的意义出现于知觉前的这个过程不需要表达（或表述），也不需要一点声音语言意义上的表达或任何类似语言意指的东西，如果我们想到了或说出了"这是白的"，一个新层次则会同时出现，"它纯知觉地与'被意指者本身'结合起来"①。同样，对于任何被回忆物本身、被想象物本身也是可说明、可表达的。胡塞尔说道："任何行为的任何'被意指者本身'，任何在意向对象意义上的被意指者［而且特别是作为意向对象（即 Noema 意向相关项——笔者注）核心］，都是通过'意义'可表达的。"②胡塞尔说我们可以设定逻辑意义，或者狭义意向相关项意义上的意义，或者（《逻辑研究》中的常见术语）质料是一个表达。这样胡塞尔可以把一切意向行为都映射到语言表述这个层次上来；"'表达'［即：表述——笔者注］是一种特殊形式，它可适应每一个'意义'（适应于意向对象'核'），并将其提升到'逻各斯'领域，概念的领域，因此也是'普遍的'领域"③。这背后

---

① ［德］胡塞尔：《纯粹现象学通论》，李幼蒸译，商务印书馆1996年版，第302页。
② 同上。
③ 同上书，第303页。

可以找到黑格尔"感性的确定性"的影子①。所以可以看到胡塞尔这里专门辟出一块儿篇幅讨论 Bedeutung 的层面，并且强调一切 Sinn 都可以提到这个

---

① 黑格尔说："那最初或者直接是我们的对象的知识，不外那本身是直接的知识，以及对于直接的或者现存着的东西的知识。我们对待它也同样必须采取直接的或者接纳的态度，因此对于这种知识，必须只想它所呈现给我们的那样，不加改变，并且不让在这种知识中夹杂有概念的把握。感性确定性的这种具体内容使得它立刻显得好像是最丰富的知识，甚至是一种无限丰富的知识。对于这种无限丰富的内容，无论我们追溯它通过空间和时间而呈现给我们的广度，或者我们从这种丰富的材料中取出一片断，通过深入剖析去钻研它的深度，都没有极限。"（［德］黑格尔：《精神现象学》，贺麟、王玖兴译，商务印书馆 1997 年版，第 63 页）

黑格尔继续讲："这种确定性所提供的也可以说是最抽象最贫乏的真理"，"在这种确定性里，意识只是一个纯自我，或者说，在这种认识里，我只是一个纯粹的这一个，而对象也只是一个纯粹的这一个"。仿佛遗忘了那丰富性，丰富性为何又是"纯粹"？又是"贫乏"？什么是"这一个"？"一个这样的，通过否定作用而存在的单纯的东西，既不是这一个，也不是那一个，而是一个非这一个，同样又毫无差别的既是这一个又是那一个，——像这样单纯的东西我们就叫作普遍的东西；因此普遍的东西事实上就是感性确定性的真理性。""当我们说出感性的东西时，我们也是把它当作一个普遍的东西来说的……当我们这样说时，心中当然没有表象出一个普遍的这一个或一般的存在，但是我们说出来的却是普遍的东西；换句话说，我们没有真正说出我们在感性确定性中所意谓的东西。但是我们将可以看到，语言是较真的东西：在语言中我们自己直接否定了我们的意谓；并且既然共相是感性确定性的真理，而语言仅仅表达这种真理所以我们要把我们所意谓的一个感性存在用语言说出来是完全不可能的。"黑格尔在《精神现象学》第一章"意识"中，举了"这时"、"这里"的例子："指出这时本身就是说出这时之所以为这时的真理的过程，即是说，一个结果或者一个由许多这时集积而成的复多体；指出这时也就是使我们经验到这时是一个共相。……一个被意谓的这里，通过诸个这里，成为一个普遍的这里的运动，这个普遍的这里［或作为共相的这里］正如白天是诸多这时的简单复合体那样，乃是诸多这里的简单复合体。"（［德］黑格尔：《精神现象学》，贺麟、王玖兴译，商务印书馆 1997 年版，第 70—71 页）在"共相"之前已经充满了"许多"，"集积"，"共相"的另一面是一个"复多体"，黑格尔已经直接穿过的时间与黑暗，并且运动起来："感性确定性的辩证发展不外是它的运动或者它的经验的简单历史，而感性的确定性本身不外是这个历史。"紧接着的一句话很有趣："因此素朴的意识总是进展到这一结果，进展到感性确定性里真的东西，并且通过这种过程造成它的经验。"这就是黑格尔的辩证经验。这里藏着一个类似极限更准确地说是繁多的构造：素朴的意识—感性确定性本身—运动（感性确定性的辩证发展）—经验（感性确定性的），例如"这一个这里，它事实上又不是这一个这里，而是一个前面和后面，一个上面和一个下面，一个右面和左面。上面本身同样是这一个上面，下面等等多方面的他物。那被指出的这里，消失于别的许多这里之中，而这些这里也同样要消失；那被指出的这一个之所以能持续存在，只是因为它一方面把诸多这里认作想他们应该被认作那样，而一方面又使它们在它那里互相扬弃掉；它乃是诸多这里的复合体"。（［德］黑格尔：《精神现象学》，贺麟、王玖兴译，商务印书馆 1997 年版，第 70 页）"感性知识的丰富内容只属于知觉而不属于直接的确定性，在直接感性确定性里丰富内容只是作为个别的平列在那里。因为只有知觉才包含着否定性，差别性，多样性为其本质"，在知觉里"感觉的成分仍然存在着。但已经不再像在直接确定性那里，作为被意味的个别东西，而是作为共相或者作为特质而存在着"。（［德］黑格尔：《精神现象学》，贺麟、王玖兴译，商务印书馆 1997 年版，第 75 页）可见这里的讨论对应着《观念 1》中的内容：logos 和非 logos 的分层相对应，实际上也凝缩了一段前谓词领域到谓词领域的先验发生史，对应着《经验与判断》；亦可参见本书第 271 页注①、290 页注①。

层面上来，可见胡塞尔的确同时考虑到了对象和含义的这两个层面，本书已经多次涉及；这两个层面也可以看作是被表达层和表达层之间的关系；"表达不是某种类似于涂在物品上的漆或象附加在它上面的一件衣裳；正是一种心理构成意向的底层实行着新的意向功能，而且它相应地受到这个底层的意向功能的制约。这个新隐喻的含义应当在现象本身内和在其一切本质变样中加以研究"①。在笔者看来，表达（或表述）层和"普遍性"具有天然的联系，胡塞尔也提请我们注意"普遍性"问题："一方面是那些属于每一表达和表达成分，同时也属于非独立的'是'、'非'、'和'、'如果'等等的东西；另一方面是与'布鲁诺'一类专名对立的'人'一类的'泛名'的普遍性；再次，那些属于一种本身在句法上无形式的本质的东西［猜测是指胡塞尔一直强调的种类的普遍性，可以参照对比上一页脚注①中黑格尔的论述——笔者注］，它们可与刚刚谈过的各种不同的意义普遍性相比较。"②这种普遍性意味着表达层相对于被表达层具有一种不完全性，"被表达者的一切特殊性不能在表达中被反映。意指层不是，而且必然不可能是一种对底层的复制。在底层中的可变性的各个方面一般决不进入表达的意指行为中，这些方面及其相关物一般根本不'表达自身'……"③

笔者向读者说明过的一个无法完成的遗憾（即对第六研究关于判断陈述和其他表述之间的关系问题的研究）在这里也有简单的结论性的提及，在《观念1》第127节胡塞尔明指出必须区分三个层次：（1）说明的或分析的综合，即在概念意义表达之前的判断，即《经验与判断》中所说的前谓词判断的广阔研究领域。（2）陈述或在一般意义上的判断。（3）信念（belief），在笔者看来指的是不同于判断陈述或命题的喜爱、愿望、怀疑、命令等行为的陈述，胡塞尔认为这三者是必须加以明确区分的不同问题。胡塞尔在《观念1》中对于判断以及意义还有结论性的话，他考虑到了"设定"因素："在《逻辑研究》中它们起初被［在'性质'（即质性——笔者注）的名称下］纳入意义的（意义性本质的）概念中，并因此在这个统一体中'质料'（按目前理解的意义）和质性这两个组成成分被区别开了。但看来

---

① ［德］胡塞尔：《纯粹现象学通论》，李幼蒸译，商务印书馆1996年版，第304页。
② 同上书，第305页。
③ 同上书，第307页。

似乎更恰当的是仅将'意义'一词定义作'质料',然后将'意义'和设定的特性统一体表示为'命题'。"①利科在注485中做出了总结:质料=意义、质性=设定样态、质性+质料=意向的或意义的本质、意向的意义+直观的充实=认识的本质。他又在注491总结认为,在《观念1》中,"胡塞尔把命题称作意义+设定特性的集合,即被知觉的、被想象的'什么'等等+信念样态(确定性、怀疑、猜测等等)"②,显然,"因此命题的概念令人惊异地大大扩展了,但仍在一重要的本质统一体的界限内。的确应继续注意,意义和命题这两个概念对我们来说未包含任何有关表述和概念意义的东西(即包含非Logos层——笔者注);而另一方面,它们在自身中包括了一切表述的命题或命题意义(即又涵括了Logos层——笔者注)"③。这里令人惊异的命题范围的大大扩展,其原因在于对"设定"的理解比较宽泛,不单单指存在设定。

正如读者所看到的那样,意义只是意向行为众多的矢量之一,尽管人们须臾不可离开它。

《观念1》的最后一编叫作"理性和现实",如果说把第三编的在Noesis和Noema框架下的研究看作是相当于康德的感知和知性领域的话,那么这里的第四编就相当于康德《纯粹理性批判》中的理性部分。只不过,胡塞尔把"真"或真理的问题④放在理性的标题下,并且突出了总结性的一般性和形式化的各种理论结果(对应着第三章),其标题就说明了问题:"关于理性理论问题系列的一般性层级",其中涉及形式逻辑学、价值学、实践学、形式本体论、区域本体论以及从物质物的区域向其他区域进行扩展研究等宏观方面,这些结论都是建立在第二编的具体现象学领域的细致描述和分析说明之上的,是对之前现象学分析的提升、系统化和形式化,预示着一种建筑

---

① [德]胡塞尔:《纯粹现象学通论》,李幼蒸译,商务印书馆1996年版,第320页。
② 同上书,第553页。
③ 同上书,第320页。
④ 体现在该编第一、二章(对应于笔者的第二个遗憾之处即第六研究的真理和明证性),具体表现在对这样一个问题的澄清上:"在现象学上如何按照意向阐明'正当的'和'非正当的'对象关联作用和意向对象呢?"([德]胡塞尔:《纯粹现象学通论》,李幼蒸译,商务印书馆1996年版,第312页)在笔者看来,不仅在这个问题上可以找到《逻辑研究》和《观念1》的对应之处,而且,如果我们认真阅读和理解的话,这两部著作的内容完全可以对应起来。

术、一门类似于康德的未来形而上学。这一编里胡塞尔问了一个更具一般性的问题,"……如果我们问,意识的'意义'如何达到'对象',此对象是它的并在不同内容的多样化行为中能够是'同一'的,而且我们如何在此意义中看到这一点——这样,新的结构就出现了,它显然具有极大的重要性。"这个新结构就无非是这样一种结构的抽象化,即:"每一个意向对象都有一个'内容',即它的'意义',并通过意义相关于'它的'对象"①;"……在任何意向对象中和在它的必然中心,都不可能失去统一点,即纯可规定的 X。没有'某物'又没有'规定的内容',也就没有'意义'"②。这里的 X 是个空 X,是意义的载者。这是非常明显的形式上的考察,或者用笔者的话来说是又一个矢量。如图:

$$
\text{意向相关物} \quad \begin{matrix} \nearrow \text{X} \\ \updownarrow \\ \searrow \text{意义} \end{matrix}
$$

笔者一直认为,评论胡塞尔的意义问题须参照其整个哲学的特征,就此而言,笔者坚持认为《观念1》正如其全名所表现出来的那样,乃是对《逻辑研究》在视野和方法论上的一次提升,但核心的立场并没有质的变化。

笔者的阅读经历和强调重心也会影响对胡塞尔思想的准确判定。道恩·威尔顿认为:"与传统的标准胡塞尔描述相反,胡塞尔现象学中有生长力的独创洞见,恰恰不在于,它为我们提供了一种意识分析,而在于它看到了,进行意识分析的同时,必然会提出一种对世界的分析,而且意识分析是不可能同世界分析分割开的。"③威尔顿提示读者注意头绪繁多的《观念1》实际上已经这样提出了胡塞尔在这部书中没有朝之行进的另一条现象学道路:

"世界本身把它的整体存在作为某种'感性意谊'(sense)来占有,这种'感性意谊'已预设了一种作为感性意谊的给予过程(Sinngebung)之领

---

① [德]胡塞尔:《纯粹现象学通论》,李幼蒸译,商务印书馆1996年版,第312页。
② 同上书,第318—319页。
③ [美]D. 威尔顿:《另类胡塞尔:先验现象学的视野》,靳希平译,复旦大学出版社2012年版,第53页。

域的绝对意识……胡塞尔的这一基础观念，直到他的最后一部著作《危机》中都未改变。……作为感性意谊之组联，世界最初可以被理解为针对经验中的事物的可能的规定性之视域。"①

胡塞尔为什么没能在《观念1》中打开这种思路呢？威尔顿认为此时的胡塞尔在方法论上的笛卡尔主义思路占据了主导，"关于意识是一种无剩余的存在的这个思想一直统治着还原的笛卡尔式表述"②。世界被有意识地排除和悬置了，以至"世界"在本体论上的优先性被压制，"还原的结果是，意识的'绝对存在'与世界的'相对存在'之间的差别"③。所以在《观念1》中一个对象只是最终作为一个对象—极或 X 来处理，"总之，笛卡尔式的途径切掉了主体性与世界的同等原初性"④。这种笛卡尔式方法的固执，和胡塞尔现象学诸思路中的强调"真"和"理性"的路径有关（笔者在此前的所有论述都无疑是行进在这条路径上的），胡塞尔在 1922—1923 的冬季学期讲课中明确指出了这个不足：

"在这一课程开始，胡塞尔担心，由于真理和理性得以建立的领域是先验现象学分析的主体性的场所，对真理和理性的兴趣结果会导致太过狭隘的主体性观念：即会把主体性仅仅视为一种'认知主体性'，即仅仅是认知行为的主体。这便导向了一个观念，这个观念比维特根斯坦对这一观念的强调早了二十年，这就是关于'生活形式'的观念。"⑤由于意识到了这一局限，胡塞尔走出这种将先验领域和自我论领域相等同的局限的方法之一就是直接把自我论改进为"交互主体性领域"。

笔者在第一部分指出过，现象学以意识分析的形式作为科学论的奠基，但意识领域又只是区域本体论中的一支，但这一支的特殊性就在于它将其他领域映射到自身中，不过其自身的存在基础已经被忽略了。所以，胡塞尔如果不突破自我论则他的科学论路径也无法继续行进。世界和自我的关系逐渐在胡塞尔的思路架构中翻转过来，虽然科学论的动机从没有消逝，但是胡塞

---

① [美] D. 威尔顿：《另类胡塞尔：先验现象学的视野》，靳希平译，复旦大学出版社 2012 年版，第 144 页。
② 同上书，第 166 页。
③ 同上书，第 167 页。
④ 同上书，第 169 页。
⑤ 同上书，第 175—176 页。

尔之后的种种表述和论著的确有了新气象，正如威尔顿所做的如下引用："被预想为整体的世界具有一种是一个'unniverse'（宇宙万有）的'意谊'和'是超越的'这样的'意谊'。世界作为无可置疑地存在于这里的宇宙万有（作为宇宙万有的不是作为大堆相互无关联的东西）的预先被给出，对一切实证科学来说是各种判断的基础。这个意谊把我们又引回到主体性，以及'现实的和可能的成功的多样性'中。"①

## 第三节　《经验与判断》中的意义问题

笔者引述过，《观念1》之后现象学"被扩展为一种发生学方法，根据这种方法，意识的历史被用作关于意识的现象学的重要工具"②。出于阅读和时间的限制，而无力顾及胡塞尔其他广阔的文献，笔者只得以检阅《经验与判断》为主，它是胡塞尔后期一部系统化论著，它描述了意识在上升到Logos层次之前的历史（如读者在黑格尔那里看到的感性确定性作为这里一历史的缩略的那样，胡塞尔在《逻辑研究》中也多次暗示过这一层面）。

在《经验与判断》中，可以看到胡塞尔对意义的理解延续了《观念1》中的看法。对于前判断、前谓词之前的例如知觉以及被动接受性阶段，胡塞尔也普遍使用了"意义"，比较随意、自然地使用了"意义储存"〈Sinnbestand〉③、"意义的超验性"〈Sinnestranszendenz〉④、"知觉意义内涵"⑤ 等。这里他早已突破Noesis和Noema框架下的分析，而是直接描述前谓词意识各阶段的历史，广义的"意义"（即靳希平先生所译的"意谊"）的使用似乎已经成了一个背景和前提。

胡塞尔这本书的目的是通过澄清谓词判断在前谓词经验中的起源，来建立一门逻辑谱系学，具体是要对判断的明证性的来源进行回溯，追溯到它在

---

① ［美］D. 威尔顿：《另类胡塞尔：先验现象学的视野》，靳希平译，复旦大学出版社2012年版，第178—179页。
② ［美］维克多·维拉德-梅欧：《胡塞尔》，杨富斌译，中华书局2002年版，第18页。
③ ［德］胡塞尔：《经验与判断》，邓晓芒、张廷国译，生活·读书·新知三联书店1999年版，第50页。
④ 同上书，第51页。
⑤ 同上书，第110页。

对象明证性中的起源，最终追溯到个体对象在明证性中的起源，追溯到生活世界。我们关注或认识的任何单个对象都不是孤立的，而是基于对该对象所处的环境和整个世界的存在信念、基于世界意识之上的，即基于一切经验的"前识"（Vorwissen）和"视域"，所以对照传统逻辑，新逻辑就成了世界逻辑、与生活世界密切相关的逻辑。

现实给定的世界乃是原始的生活世界的积淀物，胡塞尔"要从生活世界去追溯产生出这个生活世界来的主观作用，包括逻辑（认识）作用、实践作用和情绪、意愿、评价等等作用……要把谓词明证性追溯到生活世界经验的明证性"①。在这种背景下胡塞尔探究了前谓词经验、谓词思维和普遍对象性的建构，从而澄清了传统形式逻辑中谓词判断的起源和发生史。这里无法详述这一过程，在这一发生史的各个阶段都可以找到 Logos 层的对应物，比如在前谓词经验中的观察的知觉本身就产生出了共相和逻辑范畴的源头（个体、属性、种类、关系等），这一历程可以和黑格尔感性确定性对应起来，胡塞尔的分析乃是前者的一种精致化。到了谓词经验也就和《观念1》中的 Logos 层相对应了。《经验与判断》第三部分"普遍对象的建构"，关注的是共相和纯粹普遍性的构成问题，实际上这一部分相当于《观念1》第四编的地位，即在对一切具体的起源、阶段的现象学明证性的分析之后来一个一般化和形式化的分析和总结，构成理性现象学，使现象学达到一种系统化和体系化。

在这里做一下逗留，可以从宏观上把握胡塞尔本书中的一些内容。胡塞尔认为对相同东西的联想性综合将共相提升出来。任何经验对象从一开始就被作为类型上已知的经验，这一点胡塞尔将原因归结为一切统觉的沉淀作用及其基于联想之上的习惯性持续影响。在一个在场场境或整个体验流及其内在时间中，联想原始被动地产生出相同的东西之间的综合，这种综合能够由联想唤醒且又集合在某种再现性直观统一体中。这种联想的相同性关系可存在于在当下知觉中自身被给予的东西和多少是模糊的被回忆的东西之间，并建立起使经验性类型预先得以建构起来的熟悉性质。胡塞尔认为在这种预先

---

① ［德］胡塞尔：《经验与判断》，邓晓芒、张廷国译，生活·读书·新知三联书店1999年版，译者导言第5—6页。

建构性的被动性中，本质上包含了一条内在亲和性纽带，"只要隶属于它的那些个别对象具有一些共同特点，而它们基于这些共同特点就可以在出现于一个主题性兴趣的统一体中时得到概括"①。在自发产生的共相基础之上，人们可以形成个体性的判断和总体性的判断；可以"……对同一个共相加以个别化的无限性。现在，那些被束缚在个体之上的被把握的普遍性就获得了一个无限的范围，而失去了它们与自己一开始正是从中抽象出来的那些个体相联系的纽带"②。胡塞尔说："凡是有联想的相同性综合的地方，也就具有普遍对象性形成的可能性、'概念'形成的可能性。"③在经验性类型的普遍性基础之上乃是普遍性的各种阶段和类型之划分，例如独立的普遍性和抽象的普遍性、名词性的普遍性和形容词的普遍性、基于单纯相似之上的普遍性、实质的和形式的普遍性。从这些普遍性的名称上我们可以感到，它们实际对应着《逻辑研究》独立与不独立、纯粹语法学以至形式本质学和实质本质学的内容，所以笔者认为对于共相的研究乃是导向一种类似于《观念1》第四编的系统的理性现象学的结论。《经验与判断》的这一部分第二章于是就顺理成章地上升到了"纯粹的普遍性"。对于这一部分的内容，邓晓芒先生总结得很好："经验性的普遍概念只是实证科学的必要设定，纯粹的普遍性则是通过将所有现实存在置入括号存而不论、并在自由想象的变更中所直观到的普遍性，因而是现象学意义上的绝对普遍性。'纯粹'一词在这里类似于康德所使用的那种意义，即大体上和'先天'（a priori）的意思一致，指先于一切经验，不是时间上在先，而是逻辑上在先。但胡塞尔认为，纯粹普遍性虽然排除一切现实存在的设定，它却又必然具有与现实显现之物的关系，即每一种现实的显现都可以看作是它的一个实例，一种变体，'所以我们可以把一切现实性提升到纯粹的可能性，提升到自由随意的王国'。这个自由随意的王国在任意的想象中却具有自己的必然结构、规律、'艾多斯'（共相），而不是一片乱来的，它具有一个种和类的层次等级系统，是

---

① ［德］胡塞尔：《经验与判断》，邓晓芒、张廷国译，生活·读书·新知三联书店1999年版，第373页。
② 同上书，第380页。
③ 同上书，第381页。

先行于一切事实真理的普遍（本质）的真理。"①当然，除了经验物之外的本质变更之外，我们还可以使纯粹普遍性的层次结构通过理念的变更而获得最高层次的具体的类或区域，这是本质直观活动在普遍性中把握的顶点的最高普遍性，例如，一般颜色的艾多斯红、绿等的理念分有了颜色的理念，"我们也可以说：理念，纯粹普遍性，本身又可以作为一些变体而起作用；这样一来，就必须在更高阶段上从它们中看出某种共相来，即某种出自理念的理念或关于理念的理念；它们的范围是由诸理念构成的，并且只是间接地由诸理念的理想个别性所构成的"②。除了经验之物，"我们还'经验到'我们独立地汇集起来的集合体、实在的事态、内部和外部的关系……。因此我们也获得了关于集体、关于关系和关于每种不同事态的纯粹普遍理念，因为我们正是为在观看的活动的出发点上一切这样的对象性（这些对象性在观看的活动中达到了被给予性）而构成变更的杂多性、并从中看出了本质共相和必然的东西的。然后，我们也可以为这样获得的那些理念作出同样的处理，并照此处理下去。这样我们就获得了对象一般这个'形式领域'的理念。它包括可能的对象性的诸形式的理念于自身"③。实际上，经验物的理念变更可以达到的最高类就是实质本质学中讲的第三个类别（"物理物"），《观念1》、《经验与判断》都把"物"作为这个实质领域的最高类，而关系和事态的理念变更则可以对应形式本体论方面，当然这二者是相关联的。

显然，到了胡塞尔晚期，随着对意识的历史，谓词判断的前谓词根源的探究，可以认为意义问题实际上获得了明显的存在论色彩，胡塞尔实际上已经回到了黑格尔的传统上来，把意义追溯到其起源的生活世界上来了，把它置入意识发展的先验历史中，形成了意义存在和发展的一条脉络（把"意义"代换作"精神"似也说得通）。读者可以看到，这就在胡塞尔那里形成了不同于限制在或者规范在逻辑学或者本质学下的谈论意义的新的话语。并且在结合以往结论上又获得了新的理论总结和系统化（如本质变更、理念变更等）。这种本体论的含义或意义观，不应误解为把含义或意义视为存在物

---

① ［德］胡塞尔：《经验与判断》，邓晓芒、张廷国译，生活·读书·新知三联书店1999年版，译者导言第14页。
② 同上书，第415页。
③ 同上书，第417页。

或者实体。(况且我们曾引用过胡塞尔自己的态度:"当现象学家把一个本体论概念或原则认作构成性本质关联体时,当他把它们当作直观证明的导引,而后者仅在自身内就有其正当性时,他并未从本体论上进行判断。"①)不过也正因为胡塞尔从未"从本体论上进行判断",所以意义或含义问题在他那里终究只是本质物,同时也是幽灵物,意义本身只存在于现象学的言词分析中,尽管大体上胡塞尔勾画了其寓居空间。含义在这里已经成为人类生活的场域,人类的前谓词生活、感知、想象、表述、判断、表象等都无不和含义或意义相连,毋宁说这些活动本身就是具有意义的活动、就是意义之源。作为适量分析工具的"意义"概念,在胡塞尔具有历史感的发生现象学中显然已经超出了之前在《逻辑研究》和《观念1》中的工具化和功能化使用,不再仅仅是矢量分析的本质物,而具有了存在论的内涵。在这个视野下,"发生分析关心的不是行为,不是综合,而是那些同时把意识语境化的内容,把每一个对象作世界性处理的内容。……这是一种对行为、对象和意义(meaning)的相互作用的说明"②。这种意义观显然不同于英美分析哲学传统中的那种意义观,体现了德国哲学一贯的思辨深度;所以笔者认为,一切不加限制地将胡塞尔和分析哲学就意义所做的分析加以比较都显得十分粗陋。笔者最终得到的结论是:胡塞尔将"意义"推到了运用范围的最广处,意义已经无所不包了,此在或人的一切活动都处在意义之中或人就是朝着意义而生成和生活的,意义成为了具有存在论意味意义空间,意义在其中徘徊、不断在各种(无论是认识论的还是存在论的)水平上生成。在胡塞尔所坚持的本质学针对对象和意义的两个早期划分的两个平面,在发生学和存在论的立场下从静态的分析趋于动态地融合了。笔者认为,正因为如此,意义可以被推广到各级水平的意识活动中。尽管,对象和意义的交互作用使得胡塞尔的意义之用法进入一个新水准,但是威尔顿所说的意义和对象的"相互作用"并没完全澄清"意义"究竟是什么,"意义"仍没有得到直接追问。进一步推进这个问题的是海德格尔,尽管风格看起来有差异,海德格尔作为胡塞尔现象学思路的延续笔者仍无法绕开,对于他的分析将会在后文

---

① [德] 胡塞尔:《纯粹现象学通论》,李幼蒸译,商务印书馆1996年版,第370页。
② [美] D. 威尔顿:《另类胡塞尔:先验现象学的视野》,靳希平译,复旦大学出版社2012年版,第358页。

呈现。

在20世纪哲学的语言转向的条件下，对人们评判胡塞尔提供了非常好的平台，哲学史让理论自身给出了答案。胡塞尔的意义显然是不同于英美传统下对于意义的理解的。意义在胡塞尔那里和许多其他的概念是平行并存，相互映射的，我们不妨把这个景象看作是不同语汇的并行不悖或描述角度的不同转动。这种层次的多样性本身就为人们把"意义"作平凡化理解做出了贡献。英美传统、法国传统、德国传统或者中国传统对于意义的理解是不一样的。读者曾看到罗素就曾否定意义，认为只谈所指即可（为了形式逻辑的演算或者语义学的研究的方便），德里达则是在发挥作为意义的外壳的能指的剩余和漂移上而指出了意义不稳定性（拉康把这一点用到了心理学上，福柯把这一点用到了知识权力、社会制度、历史文化上等），而胡塞尔则是把"意义"作为存在论上无须置疑的谈论对象或方式。这实际上是三种不同的意义观或者语言观。[①] 到了海德格尔那里，就非常明显地显示了德国思想的发展的连续性，"德国则按照它自身的沉思习惯直接把语言同非人化的或反人类中心主义的'存在'渊薮同一起来，即与'存在—无'同一起来。这当然是海德格尔后期的'运思'所遗留的真正的语言之谜"[②]。实际上，海德格尔的存在又可看作是对意义的一种新的诠释了，一种新的讨论的语汇。邓晓芒先生也深刻地评价道："胡塞尔现象学一般来说主要是一种方法论，因为他把'存在'问题存而不论，并试图从本质直观中推出存在，主张本质先于存在。……不过，他也不得不承认，现象学也有自己的本体论（即存在论），因为即使'现象学的剩余'（即先验自我——笔者注），也是有某种存在的，但这是截然不同于现实存在的存在"，现象学的存在"是一切可想象之物的存在，是一切可能世界的存在"，"然而现象学的本体论在胡塞尔那里只具有某种'思维层次的含义'，是隶属于认识论的……只是在后来的现象学家们、特别是'存在主义者'如海德格尔和萨特那里，'先验自我'的自为存在这一含义才被进一步深挖，并建立起一门新型的形而上学本体论，这种本体论所讨论的存在，与传统形而上学所讨论的世界本体的存

---

① 参见张志扬《语言空间》，福建教育出版社2000年版，第77—78页。
② 同上书，第78页。

在大异其趣，它不再是自然主义的研究对象，而是现象学的直观的对象，不是从世界的存在中推出人的存在，而是由人的直接、最贴切和切身的存在（体验）中推出万物的存在（意义）。这就是现代形而上学对传统形而上学彻底颠覆和转换立场的最深刻的动机。另一方面，这种本体论也更不同于胡塞尔那种隶属于认识论之下的本体论意义了。在存在主义者那里，已不再是本质先于存在，而是存在先于本质；存在本身也不再只是一个认识和思维层次的问题，而是本原的活动，即'在起来'的活动，存在〈Sein〉还原为一个动词，它成了一切思维和认识的'前结构'、'先在'。'现象学运动'在其发展过程中越来越达到了认识论和本体论在更高层次上的统一，胡塞尔则为这一方向奠定了第一块基石"。①

笔者猜想读者现在大致能够体会出英美哲学家对于意义的看法和以上结论有明显区别，如蒯因和罗蒂可能是最为清醒而直爽地给出了对于意义应停止追问的态度的学者了："存在就是变元（变元取'意义'）的值"或者"意义分析是一种根本不会有益处的哲学方法"。笔者打算继续追问英美传统下的意义问题，以及不得回避的海德格尔的意义空间。对于前者，相关方面的文献习惯于称意义理论，读者即将看到这一提法本身也是很可疑的。

---

① 邓晓芒：《胡塞尔现象学导引》，载《中西文化视域中的真善美的哲思》，黑龙江人民出版社2004年版，第153—155页。

# 第三部分

## 哲学史所给出的自然回答：什么是意义？

# 第十一章

# 语言哲学中的意义理论群像或意义的幽灵学谱系

倘若有谁对那种依据传统的学术界线划分而属于不同的学科领域之间的关系感兴趣,那么,他肯定不会如他自己所期待的那样,被当作学科之间的桥梁建造者而受到欢迎,相反,他将被双方同时视作局外人和令人讨厌的入侵者。①

笔者必须把这一部分作为胡塞尔哲学中的意义问题研究的组成部分,尽管胡塞尔的现象学方法有其弱点,但是20世纪至今的哲学大概不能排除胡塞尔的洗礼,笔者头脑中的巨人们的战争还没有结束,胡塞尔作为主角之一规定了其他人的出场顺序和体貌特征。悬置判断的方法,使得这一部分的考察成为胡塞尔现象学方法的延续,笔者必须超出一般比较或类比的立场来看待胡塞尔意义问题和所谓分析传统中的意义问题之间的区别和联系,在笔者的阅读头脑中没有优劣的评判,只有关于意义的问题意识,笔者发现巨人们无人回答意义本身究竟是什么!胡塞尔的现象学的描述本性注定了这种意义的幽灵学伴随其现象学始终,那根阿里阿德涅之线所串起的只是意义的诸多替身!意义自身还处在深渊之中,如何谈论深渊呢?

笔者这里将超出胡塞尔烦琐文献的束缚,私人的阅读经验将构成一种考察性的私人的阅读的现象学,有目的同时细致同时阅读作为方法,加上不可复制的笔者个人的理解风格和理解力将构成这种阅读的、探索的现象学。笔者把它用于对另一线索的解读,读者将会在文献的相互映射和差异中发现意

---

① 《卡尔纳普思想自述》,陈小山、涂敏译,上海译文出版社1985年版,第16页。

义问题的幽灵学性质。笔者手头的洪谦先生主编的《逻辑经验主义》将提供第一个探索现场。但一出场，就会发现石里克的经典文献就复杂无比，意义与其说被澄清毋宁说被束缚。

## 第一节　石里克论意义与证实

逻辑经验主义的杰出代表石里克在 1936 年的《哲学评论》上发表了《意义与证实》一文，开头如此说道：

"同普通科学问题相比，哲学问题总是离奇地背乎常理，而特别使人感到背乎常理的，则是命题的意义问题竟成了哲学上一个严重的困难。因为，每一个命题的本性和目的，难道不是表达该命题自身的意义吗？事实上，当我们接触到一个命题（用我们熟悉的语言表达的）时，我们通常总是立刻知道该命题的意义的。"①石里克一开始的疑问并非针对命题的意义为何，而是针对命题的意义问题为何能够成为哲学史上的一个困难，笔者也认为这一点太反常，所以一开始就避免使用意义理论，如果"问题"就已经很可疑的话。可疑的原因石里克也清楚地表明，这本不应成为一个问题的，因为你听到一个命题总是会立即知道该命题的意义！所以意义问题或意义理论本身不就是一种反常吗？因为人们立即就领会了命题的意义，这种更加贴近内在主义意识哲学的立场难道不符合实情吗？所以，如果如此评价意义问题，就会发现，哲学家们都在功能化地使用"意义"这个词，而意义本身从未被关注。简单说，他们都另有所图。这种偏离和幽灵学性质不值得深思吗？

看看石里克对这一哲学史困难原因的回答："这些困难的根源就在于：我们常常并不知道如何掌握自己所用的词；我们说话或写作之前，并没有对那种构成我们用语的意义的一定逻辑语法取得一致的认识。我们错误地认为，我们只要熟悉了句子中所有的词，就知道了句子的意义（即把句子理解为一个命题）。但这是不够的。只要我们不越出日常生活的领域（我们所用的词是在日常生活中形成的，也是适用于日常生活的），这样做也不至于引起混乱或错误；但是我们一旦试图通过那些词去思考抽象的问题，而又没有

---

① 陈波、韩林合主编：《逻辑与语言：分析哲学经典文选》，东方出版社 2005 年版，第 217 页。

为这个新的目的仔细规定那些词的意义，这样做就糟了。因为每一个词都仅仅在它所适合的一定联系中才有一定的意义，在任何其他的联系中，除非我们在这种新的情况下对这些词的用法提供新的规则，否则这些词就是没有任何意义的；而新规则的提供，至少在原则上可以是十分任意的。"①这里又有一次偏离，并非每次理解都能了解相关命题的意义，问题随之产生：人们究竟如何掌握命题意义的呢？石里克接着说：

"所以，当我们问一个句子究竟意味着什么时，我们所期望的就是说明在哪些情况下可以用这个句子，我们需要描述出在什么条件下这个句子会形成一个真命题，在什么条件下会形成假命题。这样，一个词或一组词的意义就是由一系列的规则所决定的，这些规则规定了词的用法，我们可以按照维特根斯坦的办法，称之为词的语法规则，这是就语言这个词的最广义说的。"②所以这里的论述表明，石里克根本没有打算停留在内在主义的立场上像胡塞尔那样分析，而是倾向于外在主义的道路，但是当下能够理解其意义的现象如何解释呢？至少在这里石里克根本不想关注这种现象背后的意识活动究竟如何，这一点和胡塞尔迥然有异。

石里克认为很明显的是："为了理解一个言词定义，我们必须事先知道那些用来解释的词的意义；惟一无须任何事先的知识就能达到目的的解释是实指定义。我们的结论是，没有一种理解意义的办法不需要最终涉及实指定义，这就是说，显然是全部都要涉及'经验'或证实的可能性。

"这就是实情。我觉得再没有比这更简单、更无可置疑的了。当我们断言只有指出一个命题在经验中证实的规则，才能指出该命题的意义时，我们所描述的就是这个情况，不是别的。（加上'在经验中'，其实是多余的，因为没有别的证实方式是我们下过定义的。）"③

仔细体会石里克的说法，读者会发现这种意义来源的分析完全是术语上采取了一套和胡塞尔不同但却在体系上平行的系统，但极容易给人留下关于证实意义观和当下的意义理解脱节的印象，但石里克的观点仍属于瞬时的或当下的意义观。只不过解释这种当下理解活动，石里克采取了给人留下时长

---

① 陈波、韩林合主编：《逻辑与语言：分析哲学经典文选》，东方出版社 2005 年版，第 217 页。
② 同上。
③ 同上书，第 218 页。

印象的"证实"系列术语。石里克自己不承认自己在构造一种理论，不包含任何假设，只打算单纯地陈述那种实际上给日常生活中和科学中各个命题指定意义的办法，且认为别的办法是从来没有的。但他认为自己的意义观同常识和科学程序完全一致，且从其中引导出来的，且一直用于实践，只是很少表述出来。至少，在这位逻辑经验主义的创始人那里，笔者认为和胡塞尔的分析就意义的当下理解的分析前提是可以保持一致的。但很快，石里克就脱离了这种瞬时分析，他举了一个据说能够表明其意义标准的例子：

> 这就是爱因斯坦对下列问题的答复。问题是：我们说两个在不同地点的事件同时发生，是什么意思？他的答复就是描述一种实际确定这两个事件同时发生的实验方法。爱因斯坦的哲学论敌们曾经认为，而且其中的某些人至今仍然认为，他们无需任何证实的方法就知道上述问题的意义。我现在试图做的全部事情，就是坚持爱因斯坦的主张，不承认它有任何例外。①

这个例子表明了石里克确实没说明为何当下人们能够理解两件事情同时发生并就此交流，他的兴趣点在于像爱因斯坦那样提供同时用法的规则，但这种规则不是胡塞尔式的本质学矢量分析，而是外在的实验规则。实际上石里克刚好缺乏一种解释生活中的意义的理论，这种意义理论需要心灵哲学来承担。

所以石里克所说的，"陈述一个句子的意义，就等于陈述使用这个句子的规则，这也就是陈述证实（或否证）这个句子的方式，一个命题的意义，就是证实它的方法"②。这句话的含义必须放在上述语境中去理解，石里克认为知晓每一个单词的意义，并为之拟出逻辑规则无助于理解意义，因为新的语境总是会超出原来的单词界定，然而证实一个句子找到其使用的规则就是一种面对意义的开放态度，正如他所说：这就是实情。他觉得再没有比这更简单、更无可置疑的了。他开始投入到这种对于结果的接纳中。不过证实

---

① 陈波、韩林合主编：《逻辑与语言：分析哲学经典文选》，东方出版社2005年版，第218—219页。
② 同上书，第218页。

本身也是一种轻度的理论焦虑，一种轻度的划分。他很快地认为这种方法是从常识和科学中引出来的，他分解了意义，仍被科学分解模式所占据。石里克自述要为维也纳学派的某些特征负有责任，认为它确实根本没有把任何限制强加给重要的哲学讨论，但他没有注意到自己依然在提供限制。

石里克说："对于'逻辑上可以理解'，我们还有更多的话要说，这就是：我们完全知道这个句子的整个语法，也就是说，我们确切知道这个句子适用的那些情况。因此，知道一个命题怎样得到证实，就是在语词上和逻辑上理解该命题，而不是什么在它之外和之上的事情。所以我认为，我们要起一个命题可以证实时，并不是添上一项新的要求，而只是表述那些实际上一直被承认的作为意义和可理解性所必需的条件。"①所以，石里克提供的是意义的必要条件，但是可以有一种意义的充分条件吗？意义是有条件的吗？假如它无条件会是怎样？必要条件的意义观可能让人失去意义，但人们从来没有失去过。因为意义是无条件性的，被当下所把握的，如胡塞尔现象学的前提所接受的。如果，p 意味着："可证实性是作为意义和可理解的必须条件"，那么这一判定 p 本身就远离了意义。石里克此处构造出了意义的对立物，意义转移成为了证实。当这种可证实性要求的不是当下的证实或者当下的经验中证实时，而是放到了未来也可以出现时（"似乎有一种很大的诱惑力，使人用一种错误的方式把意义和'当下所得'联系起来；某些维也纳学派的实证主义者可能接受了这种诱惑，因而危险地靠近了我们刚才描述的那种错误"②），意义不是离我们更遥远了吗？

"一个命题是不能被'现成地给予'我们的，意义并不是包含在一个句子里，可以在句子里发现，而是必须由我们赋予句子的。要做到这一点，就得像我们在第一节里说明的那样，把我们的语言的逻辑语法规则用到这个句子上去。这些规则并不是我们能够'发现'的自然事实，而是下定义的行动所制定的法规。这些定义应当是那些讲述该句子的人以及听或读该句子的人所知道的，否则他们就根本无法证实或否证一串单纯的字眼。**在你知道意义之前，即在你建立起的可能性之前，你根本不可能着手证实。**"③

---

① 陈波、韩林合主编：《逻辑与语言：分析哲学经典文选》，东方出版社 2005 年版，第 220—221 页。
② 同上书，第 222 页。
③ 同上书，第 221—222 页。

注意这里笔者加粗的字体，石里克又回到意义的当下理解的正轨："换言之，同意义相联系的证实可能性不能是经验可能性；它是不能事后建立的，你必须先肯定它，然后才能考察经验的情况，探讨情况是否允许证实，或者在何种条件下允许证实。当你要想知道一个命题是不是真的时候（这是科学家的事情），经验的情况是不能有任何影响的。……必须强调指出，当我们讲到可证实性时，是指证实的逻辑可能性，除此以外，没有任何别的意思。""一个事实或过程如果是能够描述出来的，就是说，如果用来描述它的句子是服从为我们的语言制定的语法规则的，那么我就把它叫做'逻辑上可能的'（我这句话表达得有点不确切。一个不能描述出来的事实当然根本不是什么事实；人和事实都是逻辑上可能的。不过我想我的意思是可以理解的）。"①这里很明显，证实的逻辑可能性也着眼于意义的当下给予，可证实性和逻辑可能性是意义当下的一体两面，因为此处讲得分明：同意义相联系的证实可能性不是经验可能性、不是事后建立的。是石里克给当下意义的赋义，尽管他没有离开当下，但是他险些错过了意义的当下性，因为逻辑上不可能真的等价于没有意义吗？——"凡是我们讲到逻辑上的不可能性时，我们的意思是指我们那些词的定义和我们使用那些词的方式之间存在着矛盾"② ——但"使用那些词的方式"是可以改变的：

"当然，我们可以改变规则，从而给'既红又绿'、'既赤身裸体又穿着衣裳'这些词安排上某种意义；但是，如果我们决定坚持通常的定义（这种定义表现在我们的实际用词方式中），我们就已经决定把这些词看成无意义的，即不把它们当作任何事实的描述。"③

所以，为了迎合意义的当下把握，看起来石里克不得不选择"实际用词方式"，然而偏离日常实际用词的情况或者定义新规则的情况比比皆是（但是这里可以讨论这些情况是否真的是不同于实际用词的新情况），石里克也注意到了这种意义当下的实际偏离，他承认："我并不是在任何情况下都反对上面这种态度。"④并且他敏锐地对这种可能的偏离做出了精致的纠偏：

---

① 陈波、韩林合主编：《逻辑与语言：分析哲学经典文选》，东方出版社 2005 年版，第 226 页。
② 同上。
③ 同上。
④ 同上书，第 227 页。

我们考虑的结果是这样：可证实性是有意义的充足而必要的条件，是一种逻辑上的可能性，是在按照那些句子中语词下定义的规则构造句子时创造出来的。只有在一种场合，证实是（在逻辑上）不可能的，那就是你不提出任何使句子得以证实的规则，从而使证实成为不可能。语法规则并不是在自然界某处发现的，而是人造的，原则上是任意的。因此，你并不能通过发现一种证实某一句子的方法，而只能通过规定某一句子应该要如何构成，来给予该句子以意义。所以，证实的逻辑可能性或不可能性永远是由自己负责的。如果我们说出了一个无意义的句子，那永远是我们自己的过失。①

　　这真是令人惊讶的表述，为了追随意义的当下性，石里克将可能使用的句子背后所应符合的逻辑规则或语法任意化、私人化了。以这种逻辑的扩张作为意义当下化要求的代偿就意味着："意义和无意义之间没有什么逐步的过渡。因为，你要么为证实给出了语法规则，要么没有，第三种情况是没有的。"②"经验可能性是由自然规律决定的，但是意义和可证实性却完全不依靠自然规律。我能够描述或下定义的每件事情都是逻辑上可能的——定义决不是与自然规律联系着的。……如果我为一个命题的证实所规定的条件同自然规律不相容……那也不会使这个命题失去它的意义"；"一个真正的问题就是逻辑上可能回答的问题。这是我们的经验主义的最典型的结论之一。它表明我们承认的界限是属于经验性质的，因此绝不是最终的，而是能够不断地向后推的；世界上没有什么不可测的奥秘"。③由此他认为"不朽"是有意义的，"不朽的假设是一种经验陈述，它的意义就在于它的可证实性。离开了证实的可能性，它就是毫无疑义的"④。这种逻辑和语法在可能性领域的扩张以可证实性迎合意义的当下性的做法和胡塞尔在第四研究中探索的纯粹语法学有类似之处，胡塞尔在那里的目的在于一种建立作为科学论的纯粹逻

---

① 陈波、韩林合主编：《逻辑与语言：分析哲学经典文选》，东方出版社 2005 年版，第 228 页。
② 同上书，第 229 页。
③ 同上。
④ 同上书，第 226 页。

辑学的思考尝试，但是的确石里克的独立视角也间接证明了这种纯粹逻辑或语法学对应着意义平面，这也是胡塞尔在《观念1》中所强调的对象和意义两个对应平行观点的再现。

但很快，石里克意识到了一个惊人的矛盾："因为一方面我们如此强烈地坚持所谓'经验意义的要求'，另一方面又极其着重地断言，意义和可证实性并不依赖任何经验条件，而是纯粹逻辑上的可能性所决定的。我们的反对者会指责说，如果意义是个经验问题，那它又怎么会是一个定义和逻辑的问题呢？"①他又发现实际没有矛盾，因为："证实的可能性不依赖任何'经验真理'，不依赖某一自然规律或任何其他真的一般命题，而是仅仅为我们的定义所决定，为我们的语言中确定的规则所决定，或者说，为那些我们在任何时候均可随意规定的规则所决定。我们已经说明过，这些规则最终统统指向实指定义，可证实性就同第一种意义上的经验（即任何'直接的感觉材料'）联系起来了。没有一个表达规则要以世界上的任何规律或规则性为前提（这种规律是休谟和康德所说的'经验'的条件），但的确要以那些可以加上名称的感觉材料和情况为前提。语言的规则就是应用语言的规则；所以，必须有某种可以把语言应用上去的东西，可表达性和可证实性是一回事。"②

为了意义的当下性，可证实性和逻辑可证实性的一次等同，在这里转化成了二次等同，即和可表达性等同，可表达性几乎就是意义当下性的替代者。但替代不是重合，更不是同一；"逻辑和经验之间不存在任何对抗。逻辑学家不仅能同时是一个经验主义者；而且，他如果想要理解他自己所作的事的话，他也必须是一个经验主义者"③。

可以注意到挽救逻辑证实和经验的非对抗的最终承担者是实指定义，但这一点偏离了意义的当下性；尽管有可表达性加以弥补，但是这里还是偏离了意义，因为可表达性多数情况下并非实指定义的当下。围绕着当下的意义，石里克的思想也在周期震荡之中，正如他又说："我们决不能把意义同任何形成思索句子（或思想）材料的心理素材等同起来，正如不能把意义

---

① 陈波、韩林合主编：《逻辑与语言：分析哲学经典文选》，东方出版社2005年版，第230页。
② 同上。
③ 同上。

同任何形成口说句子材料的语音等同起来,或同形成书写句子材料的白纸黑字等同起来一样。……卡尔纳普很正确地着重指出了一件事实('心理主义'的批判者们总是强调这个事实),这就是:意义问题同研究某一思想活动可以包括的心理过程的心理问题毫无关系。但是我不相信他已经同样清楚地知道,引证实指定义(我们为意义所设定的)并不包含混淆这两个问题的错误。"[1]

那么实指定义在何处为意义而发挥作用呢?在何处?在哪个当下情境?("为了理解一个包含'红旗'二字在内的句子,我们必须能够指出一个地方,在那里我可以指着一个应该称之为'旗子'的东西,它的颜色我能够认出是异于其他颜色的'红色'。但是为了做到这些,我并不需要实际上想起一面红旗的形象。"[2])没有人能怀疑"能够指出"或者能够追溯到实指定义,但在理解"红旗"的当下,显然没有实指定义和所想起的实际红旗的形象在这个句子表达的当下起作用。这个对于"红旗"的当下领域乃是胡塞尔的诉诸内在主义术语系统的分析场所了。

这篇文章照理说来对于意义理论的陈述已经可以完结,但石里克又离题做了关于唯我论的讨论。这究竟是怎样的离题呢?唯我论的讨论可以看作是石里克对意义当下性的进一步处理,必然涉及认识论方面。他说:"我认为,在实证主义里看出一种唯我主义倾向或者和主观唯心主义的亲缘关系,这是对实证主义思想的最大的误解……"[3]石里克认为马赫、阿芬那留斯、卡尔纳普都是真正的实证主义者。他认为原始经验绝对中立,直接感觉材料没有所有者,真正的实证主义者否认原始经验须用"第一人称"来修饰作为一切经验的特征的性质或状态,"所以他们不可能感到'自我中心的困境'的严重性,因为对他们来说,这个困境是不存在的。在我看来,看到原始经验不是第一人称的经验,这是一个最重要的步骤,采取这个步骤,才能使哲学上的许多最深奥的问题得到澄清。'自我'的独一无二的地位并不是一切经验的基本特性,它本来是一个经验事实(像其他许多事实一样)。唯心主义(贝克莱的'存在=被感知'或叔本华的'世界是我的表象'所代表的)和

---

[1] 陈波、韩林合主编:《逻辑与语言:分析哲学经典文选》,东方出版社2005年版,第232页。
[2] 同上书,第233页。
[3] 同上书,第235页。

其他具有自我倾向的学说都犯了一个极大的错误,把本来是经验事实的自我的独一无二地位误认为是一个逻辑的、先天的真理,或者不如说,用一个代替另一个。我们很值得费点功夫来研究这个问题,分析那种似乎表达了自我中心困境的句子。这并不是节外生枝,因为不搞清这一点,就不可能理解我们的经验主义的基本主张"[1]。石里克的论述十分精彩,此时他已化身为一位取消论的心灵哲学家:"经验表明,所有的直接感觉材料,都是以这样或那样的方式依赖着那些构成我称之为'我的身体'的材料的。这个身体上的眼睛闭上时,一切视觉的材料便消失了;这个身体的耳朵堵住时,一切声音便停止了。这个身体同'别人的身体'有区别,就在于它总是呈现在一个特殊的角度中(例如它的背或眼睛除了在镜子里以外是永远看不见的),但是还有一件事比这更重要,就是一切感觉材料的性质都取决于这个特殊身体的器官的状况。显然,这两件事——或许原来是第一件事——形成这个身体之所以被称之为'我的'身体的唯一理由。这个物主代词把我的身体从其他的物体中间挑选出来;它是一个表示上述独一无二的形容词。一切感觉材料都依赖'我的'身体(特别是依赖'我的'身体中那些被称之为'感官'的部分),这个事实使我们形成了'知觉'的概念。那些纯朴的原始人的语言里,我们找不到这个概念;他们并不说'我看见一棵树',而是直截了当地说'有一棵树'。'知觉'蕴含着一个感知的主体和一个被感知的客体之间的区别。原来,感知这就是感觉器官或者是感觉器官所归属的身体,但因为身体本身(包括神经系统)也是被感知的东西之一,所以原来的观点立即被'修正':一个被称为'自我'、'心灵'或'意识'的新主体代替了感知者。这个新的主体通常被认为是以某种方式存在于身体之内的东西,因为感觉器官是在身体表面的。这种意识或心灵置于身体之内('在头脑里')的错误——曾被阿芬那留斯称为'嵌入'——就是产生所谓心物问题的种种困难的主要来源。如果避免了嵌入的错误,我们也就同时避免了导致唯我论的唯心主义错误。"[2]

石里克给出了自我产生演进过程的缩略版本,但是由于其关注科学的世

---

[1] 陈波、韩林合主编:《逻辑与语言:分析哲学经典文选》,东方出版社2005年版,第236页。
[2] 同上书,第237页。

界观，所以没有从这里展开他的心灵哲学，而是选择了意义问题。这里他本可以走入意识的当下，而取消意义问题。但是他保留了意义问题的问题意识，这个问题意识形成了对石里克本人而言的新的"嵌入"。这个新嵌入和认为有一个先验的自我意识一样，认为有一个可以加以刻画的意义问题。但到目前为止，这种刻画始终偏离了身体或机体的当下性，机体意识在意义问题中被压抑、忽略，意义问题就成了无穷符号的衍生品。其讨论选择的参照轴线全然脱离了意义的当下，而是不断地事后分割，越行越远。

针对唯我论，石里克做了如下分析，首先列举了两个命题。

只有当身体 M 受伤时，我感到疼痛。（P）

我只能够感觉我的疼痛。（Q）

A：第一种情况 Q 和 P 等值即我和我的指身体 M 等价。

假设一种情况：我能感觉到他人的疼痛；则 P，Q 均为假。则，Q 会有两种解释：一是 P，Q 都为假，Q 能够为一个下述真命题所替代，即：

我能够感觉到某个别人的疼痛，就像感到我自己的疼痛一样。（R）

R 陈述疼痛材料不仅在 M 受伤时出现，且当别的身体 O 受伤时也出现。

第一种解释或语法是石里克自己发明的，自然避开了唯我论，但会遭到虚构的指责，尽管这个观点本身不是没有意义的。石里克的回应："我只想把我的论据建立在如下的事实上，即：虚构和现实这两个词的差异只是经验的……"① 即 P 在现实中是具有一定或然率（实际上较高）的是可以用经验验证的。但是唯我主义的解释则是排除了经验验证的可能性或者说依赖于一种定义的经验。

对 Q 的第二种解释，即唯心主义者拒绝（R）而采用：

"我能感觉到别的身体里的疼痛，就像感觉到我自己身体里的疼痛一样。（S）

"我只能感觉到我的疼痛。　　　　　　　　（T）

"字面上 T 和 Q 一样。但是'我的'和'能'的意义不同。在 T 中，我的疼痛不再意味着'在身体 M 中的疼痛'，而是指'我感到疼痛'和'我感到我的疼痛'是一个意思。那么唯我论者便创造了一种属于他自己但却是

---

① 陈波、韩林合主编：《逻辑与语言：分析哲学经典文选》，东方出版社 2005 年版，第 240 页。

同语反复的观点。'我'和'我的'这两个词，如果我们按照唯我论者的规定来使用，那就是绝对空洞的，仅仅是话语的装饰品。"①

石里克的发现相当于指出唯我论者不允许我之外的世界分割，这无异于排除了唯我论者自己的观点。

最后石里克总结了唯我论者和唯心主义者的问题：

> 他［唯我论者］知道，感觉材料的许多特性根本不依赖于任何人体状况，比如说，一切可以用"物理规律"来表达的人体行为的规律性，就是这样；因此他也知道，说"我的身体是一切事物的所有者"是错误的，所以他就谈论什么"自己"，"自我"或"意识"，宣称这是一切事物的所有者。（顺便提一下，唯心主义者断言我们所认识的只是"现象"时，也犯了同样的错误。）这是无意义的，因为"所有者"一词这样用便失去了它的意义。唯我主义的论断既不能被证实也不能被否证，它凭定义成为真的，而不管事实如何。它仅仅是一种言词上的规定，把"为'我'所有"（owned by Me）这个短语加到一切对象的名称上去。②

所以，石里克将唯心主义者和唯我主义者的观点看作逻辑经验主义者视野下的不倾向于采取的子观点，他总结道：

> 这样，我们看到，除非我们愿意把我们的身体叫做感觉材料的所有者和承负者——这似乎是一种相当使人误解的说法——否则，我们就必须说，感觉材料没有什么所有者或承负者。这种经验的中立性——和唯心主义者所要求的经验的主观性相对立——乃是真正的实证主义的最根本的论点之一。"所有的经验都是第一人称的经验"这个句子，要么是指所有的感觉材料都在某些方面依赖我的身体 M 的神经系统状态这一经验事实，要么便是无意义的。在这个生理学的事实被发现之前，经验

---

① 陈波、韩林合主编：《逻辑与语言：分析哲学经典文选》，东方出版社 2005 年版，第 242 页。
② 同上书，第 244 页。

根本不是"我的"经验，它是自足的，不"属于"任何身体。"自我是世界的中心"这个命题可以被认为是对上面所说的这一事实的表达，它只有在涉及身体时才有意义。"自我"这个概念是建立在同一事实上的一个构造，我们可以很容易地想像这样一个世界，在这个世界里，"自我"这个概念还没有形成，在"我"（Me）之内的东西和在"我"之外的东西之间并没有任何不可逾越的鸿沟的观念。它是那样一个世界，在那个世界里，像那些相应于命题 R 或其他类似命题的事件乃是规则，在那个世界中，"记忆"的事实并不是像我们的现实世界中那样断定的。在那些情况下，试图表达这种困境的句子都是无意义的。[1]

对于唯心主义的反驳摩尔比石里克更为激烈。摩尔认为唯心主义者假定每一个存在者是其经验不可分割的方面，即实在是精神的，乃是因为其假定了某些东西与其经验不可分割，如蓝色。但是某些东西与对它们的经验是否真的不可分割，或者说这种不可分割的逻辑是否能够或怎样能够融贯起来是值得讨论的。按照摩尔的分析，这些东西是可以和唯心主义者的经验相分割的（如他人的经验唯心主义的唯我论也必须承认），所以唯心主义者就无法断言我们没有经验到的东西是和经验无法分割的，所以断言无论什么东西都与经验不可分割是无法成立的。

摩尔另一种反驳涉及"对象"这个词的用法。按照摩尔的观点，唯心主义者没有正确地使用"对象"这个词。因为，按照他们的立场，经验不可分割的一个方面乃是感觉的内容而非对象的话，那么任何一个唯心主义者都将不会知觉到他自己和其他任何真实的事物，因为，按照他们的立场他们唯一经验到的只称得上经验内容，而自己和他人也只是一个知觉的内容，而这个知觉无法知觉到任何东西，由此，更谈不上他能够知觉到实在是精神的。

最后，摩尔还是回到了他所主张的那种融贯的知道的用法上，而贝克莱、康德都没有融贯地使用这种"知道"，摩尔坚持：

---

[1] 陈波、韩林合主编：《逻辑与语言：分析哲学经典文选》，东方出版社 2005 年版，第 245 页。

我就像知觉到我自己的感觉一样，直接知觉到空间中的物质事物的存在，而且，关于这两者的每一个我所知觉到的东西，都是完全相同的，也就是说，在一种情况下，物质事物却是真实的存在，在另一种情况下是我的感觉确实真的存在。因而，关于物质事物需要问的问题，不是我们有什么理由假定任何相应于我们的感觉的事物存在，而是我们有什么理由假定物质事物不存在，因为它们的存在和我们的感觉的存在有完全相同的证据。说两者都存在也许是错误的，但是，如果说"它是我们的经验不可分割的一个方面"是怀疑物质存在的一条理由的话，那同样的推理也会最终证明，我们的经验也不存在，因为它也一定是我们对它的经验不可分割的一个方面。对于承认物质存在、精神也存在的唯一有理由的选择，是绝对的怀疑论，即，很可能根本没有东西存在。①

所以，唯心主义的"知道"的用法如果要融贯的话，必须连精神之存在也一并反驳，所以这也就是摩尔这里没有批评休谟的原因；绝对的怀疑论还是有其道理，不过如果放弃相信物质的话，就和最粗俗的迷信一样毫无根据了。摩尔同样表示了对于意识本性问题的迷惑和澄清诉求。例如，对于蓝色的感觉和绿色的感觉，摩尔认为二者有一个共同点，这一点大概人们不太会反对，即它们都是"意识"（consciousness）。这是所有的感觉都具有的相同因素。那么使得不同感觉之间相互区别的因素，乃是某种别的东西，摩尔命名为感觉的"对象"或意识的对象。摩尔反对唯心主义者所认为的"蓝色存在"指的是"蓝色的感觉存在"的断言，他相信说蓝色存在和说蓝色的感觉的存在是两码事，因为我们能够而且必须想到，蓝色可能存在而蓝色的感觉可能不存在。唯心主义和不少哲学家在其分析中无视摩尔提到的这种可能性。这个原因第一可能是语言的问题："除了通过称呼'蓝'、'绿'、'甜'这样一些对象为感觉之外，语言没有为我们提供谈及它们的方法。把它们称为'东西'、'对象'或'项'，这就明显违背了语言。与此类似，除了通过称呼诸如'因果关系'、'类似'、'同一'这样一些对象为'观念'、

---

① 陈波、韩林合主编：《逻辑与语言：分析哲学经典文选》，东方出版社2005年版，第164—165页。

'想法'或'概念'之外，我们也没有自然的方法来谈论它们。"①但是摩尔认为，应该看到这里提到的感觉和观念与其所对应的对象的区别，而哲学家们总是用同一个名称称呼上述两个不同的东西。另外，哲学家们可能为这样一种直觉所误导，即认为："当我们求助于内省而试图发现蓝色的感觉是什么的时候，我们很容易假定，在我们面前的仅仅是一个单一的项。"②摩尔对此评论认为，在这种情况下，蓝色是非常容易识别的，但是所有感觉所具有另一个也是它们共同的因素即意识是"极难确定的"，摩尔说："而且，一般地说，我们似乎没有注意到那个使蓝色的感觉成为一个精神事实的东西。如果我可以用个比喻的说法的话，它就似乎是透明的，我们透过它看，而且只看见蓝色，我们可能确信那里有某种东西，但我想，还没有哲学家清楚地认识到它是什么。"③在这里，摩尔认为对于蓝色是否以及怎样才作为一个我们面前的"单一项"这一点并没有人能够澄清；尽管这看起来像题外话，但是摩尔和石里克、弗雷格对于唯心主义的关注的确都需要在意识本性的认识论问题上予以推进。如石里克评价说：

> "在我死了以后，世界将继续存在吗？"这个问题是没有意义的，除非把它解释为问："星球等等的存在是否依赖于一个人的生存或死亡？"对这个问题，经验作了否定的回答。唯我主义者或唯心主义者的错误就在于拒绝这种经验的解释，而去追求经验背后的形而上学的问题；但是，他们企图构造这个问题的新意义的全部努力，仅仅以取消这个问题的旧意义而告终。④

和卡尔纳普不同，石里克认为唯心主义的观点不是没有意义，而是这种意义取代了更明晰的意义，而不在于其不具备逻辑可证实性。

"我之所以避免使用'心灵'一词，是因为我认为它同'自我'或'意识'等词一样，都是表示同一种东西，而这种东西我们已经发现是如此隐晦

---

① 陈波、韩林合主编：《逻辑与语言：分析哲学经典文选》，东方出版社2005年版，第155页。
② 同上书，第156页。
③ 同上。
④ 同上书，第246页。

和危险的。所谓生物，我是指那些能有知觉的东西，而知觉概念是只能援引活的机体与感觉器官来下定义的，所以我用'生物的死亡'来代替'心灵的消失'是正确的。"①

"不用'心灵'的证实之所以是在逻辑上可能的，是因为我们曾主张经验'中立的'、非人格的性质。原始的经验，一堆有秩序的感觉材料的单纯存在，并不需要事先假定一个'主体'、'自我'、'我'或'心灵'；即使没有任何导致形成这些概念的事实，这种经验也可以发生。它不是任何一个身体的经验。想象一个没有植物、没有动物和人的身体（包括身体 M）、没有上述心理现象的宇宙，是并不困难的：它确实是一个'没有心灵的世界'……但是，这个世界里的自然规律同我们现实世界里的完全一样，我们能够用我们的实际经验（只需要删掉一切涉及人的身体和情感的字眼）来描述这个宇宙；这就足以把这个宇宙说成一个可能经验的世界。

"最后这段话可以作为真正的实证主义一个主要论题的一个例证：对世界的朴素的表象，正如人们在大街上看到的那样，是完全正确的。既然我们已经指明，这些麻烦的问题之所以产生，仅仅是由于使用了错误的语言去对世界作了不适当的描述，所以重大哲学问题的解决，就在于返回这个原来的世界观。"②

所以，意义的形态学在石里克这里提供了一个典型样本，在这里意义的当下性、语言、逻辑、所指、心灵哲学等问题交织在一起，重读这些文本可以发现意义的形态学本应就是多样的、综合了许多可能领域的。但后来的发展却令人有些看不懂，因为哲学家、思想家、逻辑学家们可能各自将其兴趣集中到某一个方面，而将意义当下性的认识论彻底隔绝，而只是关注类似石里克和弗雷格所提供的众多角度中的一种或者提出新的单一品种。加上逻辑语义学或者语义学主题的逐渐形成，似乎对于意义的讨论更是将早期的丰富性变得单一化和专业化了；不过，这倒是为笔者清理出意义问题的形态学或者幽灵学谱系提供了素材。胡塞尔哲学中的意义问题并不能从上述单一角度去和这些分析传统所认定的哲学家们去比较，倒是可以放入意义的形态学中

---

① 陈波、韩林合主编：《逻辑与语言：分析哲学经典文选》，东方出版社 2005 年版，第 246 页。
② 同上书，第 247 页。

成为一极，读者也可以认为笔者的研究就是一项历史研究。

《语言哲学》的编者马蒂尼奇在该书第一部分真理与意义的编者引言中同样表达了所谓意义问题的多样性和头绪纷繁："意义是什么？依据什么来分析意义？这些作为意义之依据的东西的本体论地位如何？最基本地意谓某物或具有意义的究竟是语词，还是语句，或是人？这些问题是在这部分中以各种不同方式提出和回答的问题。"①笔者以为编者的编辑工作本身也许能够表明没有意义理论，只有意义问题或者从历史角度加以看待的意义类型学。马蒂尼奇指出支配了20世纪第二个25年的逻辑实证主义，在很大程度上由于亨佩尔和蒯因的批评而濒于破产。但是笔者认为，从亨佩尔和蒯因的文本倒是真可以看出来石里克那里的丰富内容被逻辑分析冲淡到何种程度，这当然不是说他们的逻辑分析毫无疑义，相反，其历史效应不可忽视，但是同时可能导致了对意义的形态学的主题的约束，当然没有这种约束，笔者同时也不会看到这一幽灵谱系的存在。来看看亨佩尔的工作将是有益的。

## 第二节 亨佩尔的有关认知意义的看法

在亨佩尔的《认知意义的经验主义标准：问题与变化》经典论文里已经看不出石里克所揭示的围绕意义问题的多重因素，一开始亨佩尔就概括出（他所认为的）现代经验主义的一条基本原则："一个句子作出认知上有意义的断定，因而可以说它是真的或假的，当且仅当，或者（1）它是分析的或矛盾的——在这种情况下人们说它又纯逻辑的意义，或者（2）它是能够，至少潜在地能够用经验证据来检验——在这种情况下人们说它有经验的意义。"②第二部分体现出了句子具有经验意义的可检验标准。当然之前读者已经看到石里克是怎样将经验意义和逻辑、语法意义相逼近，但在亨佩尔这里事情没有这么复杂，至少一开始没有引入这种复杂性，但是亨佩尔这篇经典论文的意图却和石里克接近。内行的读者一般都了解，这条经验意义的检验标准逻辑经验主义者用它来清除形而上学，亨佩尔的态度是：

---

① ［美］A.P.马蒂尼奇编：《语言哲学》，牟博等译，商务印书馆2004年版，第13页。
② 同上书，第16页。

"我想，经验主义的意义判据的一般意向基本上是合理的；尽管用法上往往过分简单化，它的批判的应用整个说来还是有启发作用的，也是有益的。然而，我却不大相信，这个笼统的观念有可能改述成一条准确的普遍的判据，（a）在有纯逻辑意义的陈述与有经验意义的陈述之间，（b）在确有认知意义的句子与确无此种意义的句子之间，划定截然分明的界限。"①

显然，从结论上亨佩尔和石里克达成了一致，但却是从假定经验意义判定标准的"一般意向"是合理的有益的前提出发的，即假定了简单的前提，最后却发现这个前提丝毫不简单。

批判的第一种形态是众多读者比较熟悉的。针对经验意义的可检验性标准或有经验意义的判定标准本身，亨佩尔将其一个必要条件概括为：

（A）如果按一条给定的认知意义判据，句子 N 无意义，那么含有在其中作为非定成分的一切真值函项复合句也无意义。因为既然 N 无法有意义地进行赋值，那么含有 N 的函项也无法有意义地赋值。

不过笔者认为，亨佩尔这里对经验意义的可检验性标准本身进行考察，当然也就不再停留在对这个标准的一般意向和启发作用的接受水平上了，而是进行逻辑上的严密考察；但笔者想问，标准本身的标准即（A）本身是否合理？既然标准只代表一般性，但这里作为（A）的必要条件是否成立呢？亨佩尔接下来利用的是观察句对句子的经验意义进行断定的方式，但是我们看到石里克最后的方式实际上是语法的方式而不仅仅是经验的方式。所以两个人的旨趣实际上有很大的不同，对亨佩尔而言："建立经验意义的标准这件事因而就变换成准确地刻画某种关系的问题，这种关系是一个假说于一个或更多的观察句之间的，每当后者描述的现象证实或否证前者的时候发生的。一个给定的句子同某个观察句集合进入那种关系的能力刻画着它的原则上的可检验性，因而刻画着它们的经验意义。"②对石里克而言："可表达性和可证实性是一回事。"③这个差别是巨大的。果真如此的话，亨佩尔构建经验意义的可检验性标准本身的方式可能是不成立的，至少不针对石里克成立。虽然有些偏离了意义问题的主题，但是看看亨佩尔的整个论证方式，可

---

① ［美］A. P. 马蒂尼奇编：《语言哲学》，牟博等译，商务印书馆 2004 年版，第 17 页。
② 同上书，第 18 页。
③ 陈波、韩林合主编：《逻辑与语言：分析哲学经典文选》，东方出版社 2005 年版，第 230 页。

以看到就经验意义问题而言可能具有的理论形态的多样性,但这种多样性可能是建立个人旨趣和必要地和无法阻止的误解之上的。

现在亨佩尔将原则上完全可核实性的要求表述为:"一个句子有经验意义,当且仅当,它不是分析的,而又可以从某个有穷的逻辑上一致的观察句类型逻辑地得出。这些观察句倒不必是真的,因为这条标准所要解说的东西是用'潜在可观察现象'可核实性或'原则上'可核实性。"[①]这条判据却被包括亨佩尔在内的一些批评者指出有若干缺陷。第一,很明显,如此判据,科学陈述中的所有全称句子或者含有全称量词的句子都没有经验意义,如(S1)所有鹳都是有红腿的,因为无穷观察句的要求是无法满足的。但是,S1的否定句¬S1"至少存在一只不是有红腿的鹳"确实有意义的。这个事实违背了之前的必要条件A。但笔者已经指出石里克的意义标准实际上可能灵活得多,而且科学中大概没有人能够有把握地使用全称句子,所以亨佩尔等人的例子可能只是恰好揭示了科学的经验性质,科学家本身不可能采取形式逻辑的分析法和表述。

亨佩尔反过来考察原则上完全可证伪的要求能否成立。按照波普的思想,这条原则被表述为:"一个句子有经验意义,当且仅当,它的否定句不是分析的,而又可以从某个有穷的逻辑上一致的观察句类逻辑地得出。"[②]按照证伪的思想,一个句子有意义则要看其否定句是否能成立,这样一来,前面的S就得到了拯救,但同样的标准句子S1本身又不具有认知意义。广而言之,完全可证伪性的要求导致否认一切存在假说有认知意义。

亨佩尔自己也看出来了,用规定句子和观察句之间必须发生逻辑联系来表明有经验意义的方法,对确立有意义的准确判据来说没有多大帮助。实际上,读者已经看到这是石里克造就到达过的地方。石里克实际上已经取消了逻辑标准而是采用可表达性作为意义标准。

亨佩尔另一种尝试是从判定句子中的非逻辑词项是否有经验意义的方法来判定以一个句子是否有认知意义,有意义的词项必须能够被所引用的可观察现象通过观察谓词或者直接指称加以解说,这种方式可以满足必要条件

---

① [美]A. P.马蒂尼奇编:《语言哲学》,牟博等译,商务印书馆2004年版,第18—19页。
② 同上书,第20页。

A。那么,现在需要处理的问题就是应当如何理解经验上有意义的词项与观察词项之间的逻辑联系。很自然,有经验意义的词项和观察词项之前的逻辑联系可以通过厘清可定义性要求来加以刻画,这就要求任何有经验意义的词项都必须要用观察词项给出显定义。这一要求看来符合操作主义,但可能会太狭隘,"因为,科学议论乃至前科学议论的许多重要词项并不能用观察词项给出显定义",但这却并不能成为使用这些词项进行议论的障碍。那么考虑一种并不狭隘的方式来规定词项有经验意义的一种方式便是是否满足可还原性要求,即:"每个有经验意义的词项都必须是能够在观察词项的基础上通过还原句链引进的。"①但是首先一个明显的困难便是一些基本的在科学中的基础词项将无法处理,例如长度值如果太小或太大或者是无理数,则根本无法还原成观察词项。所以具有认知意义的词项看起来不能限于观察词项,亨佩尔认为必须重视"构想"在科学理论中的功能。由此一直可以将演绎地展开的公理化系统纳入构想的范围。当然,"这种演绎地展开的系统,只有获得一种使得它同我们的经验现象相关联的经验解释,才能构成一个科学上的理论。对形式化理论的某些词项或句子用观察词项赋予某种意义,这样的解释就给出来了"②。参考这种对形式化公理系统赋予解释的做法,亨佩尔考虑到具体如何给予解释可能有不同情况,例如不是给原始词项或者原始命题以解释,而是给一些能够用原始词项定义的词项或某一些能从公设演绎出来的句子以解释,或者还可以局部地给予解释或赋义。由于存在进行局部解释或赋义的多种可能性,那么很明显的就是:"像人们常做的那样,孤立地谈一个词项或一个句子的'经验意义',是不正确的。在科学的语言中,基于甚至在前科学话语中的相似理由,单独一个句子通常并没有经验蕴含。在科学理论中,单独一个句子照例不能推出任何观察句;要能从它推导出断定某种可观察现象出现的推论,非把它同其他辅助假说的某个集合连接在一起不可。"③亨佩尔得到明确的结论就是:"表达式 E 的经验意义"是有所省略的片语;一个表达式有经验意义或在潜在经验材料方面意味着什么,是相对该表达式所属的语言框架 L 和该表达式所在的理论语境而言的;L 的规则

---

① [美] A. P. 马蒂尼奇编:《语言哲学》,牟博等译,商务印书馆 2004 年版,第 25 页。
② 同上书,第 26 页。
③ 同上书,第 27 页。

决定了一个给定的陈述或陈述类可以推出什么句子，而理论语境就是 L 中可以作为辅助假说出现的那些陈述的类。所以单从词项是否具有经验意义着手去制定句子有意义的标准也不成功，因为科学理论乃至前科学理论的一般特征正在于："理论形成与概念形成携手并进，两相孤立则无一可成。"①不那么严格地说，亨佩尔达到了整体主义和语境的水平上来了。但意义本身的当下性他不考虑。

在这种整体主义视角下亨佩尔论证了纽拉特等人所提出的孤立句思想当然是存在问题的，简单说来，因为孤立本身是难以成功的。所谓孤立句是这样的一种划分："它们既不是纯形式的真理或谬论，不能用给定语言系统的逻辑规则来证明或反驳，而它们确与经验毫无联系，这就是说，从该理论系统中删掉它们并不影响它对潜在可观察现象（即用观察句描述的那种现象）的说明力和预测力。"②这样一来，一个理论系统是具有认知意义的标准可以体现为这样的判据："当且仅当，它至少被局部解释到了它的原始句子没有一个是孤立句的程度。"③亨佩尔假定在一个理论系统 T 中有一个原始句：

(S1) (x) [P1→ (Qx≡P2x) ]

其中 P1、P2 是给定语言中的观察谓词，Q 相当于一个理论创想只出现在 S1 中。看起来，从 T 中删去 S1 后得到的 T'似乎和前者具有同样的系统能力即说明力和预测力。但是按照之前的整体主义视角，"只要把 S1 当作理论词项 Q 的局部定义，对它采取一种宽泛得多的看法也是可能的。照这样想，S1 就是规定：在可观察特征 P1 出现的一切情况下，Q 是可应用的当且仅当可观察特征 P 也出现"④。这就说明了新的判据是片面的。另外，亨佩尔指出卡尔纳普把像 S1 这样的句子看作是一种分析句，当然，这是就 S1 相对于理论系统 T 乃是一种初始创想而言的。但是 S1 是不是孤立句也具有相对性，如果给系统 T 增添句子：

(S2) (x) [P3→ (Qx≡P4x) ]

则 S1 和 S2 可以表达非分析的只用观察谓词就能表达的推论句子：

---

① ［美］A. P. 马蒂尼奇编：《语言哲学》，牟博等译，商务印书馆 2004 年版，第 28 页。
② 同上。
③ 同上书，第 29 页。
④ 同上。

$$(O)\ (x)\ [\neg\ (P1 \cdot P2 \cdot P3 \cdot \neg P4) \cdot \neg\ (P1 \cdot \neg P2 \cdot P3 \cdot P4)]$$

这样一来，S1 相对于其余公设不含词项 Q 的系统 T 而言是分析的，但却相对于添加了 S2 的系统 T 而言是综合的。由此亨佩尔评论说："严格说来，分析性概念还不得不是相对于手边的语言规则的，因为后者决定着从给定句子能引申出什么观察后承或别种后承。从句子的经验意义的概念至少要作双重化的那些考虑看来，分析性概念需要作同样的双重相对化，几乎是理所当然的。"①更为重要的是认知意义和分析性这两个概念看起来有某种相互接近和彼此融合的性质，亨佩尔说："两个概念都需要相对化；很大一类句子有同等权利可以再给定语境作为分析的来看待，也可以参照该语境作为孤立的或无意义的来看待。"②在这里亨普尔所达到的结论和蒯因的结论是一致的。

至于企图强化前述判据，即要求：一个理论系统有认知意义，当且仅当，它可以局部解释为任何等价于它的系统中都没有孤立原始句，这一限制也不符合实际。这一限制或许可以看作是彻底摒弃引用虚构实体只依赖于可观察现象的尝试，但它忽略了构想或者理论创想在科学理论中的重要功能："科学的奋进的历史表明，如果我们希望达到准确的，包罗广泛的和得到良好证实的普遍规律，我们就不得不超越直接观察的水平，我们的经验能直接到达的现象不是被适用范围广且非常严格的普遍规律联系着的。要表述这类高级的规律，理论构想是必需的。"③相反，如果沿着狭隘现象主义的或狭隘实证主义的路子走下去，"我们就会享受不到理论构想的极为丰富的内容，也往往会使删削后的理论的形式结构拙劣而无效力"④。

亨佩尔揭示出认知意义离不开整个系统本身，由此系统中的认知意义只是个程度问题："各种有意义系统排列成行，从全部非逻辑词汇均由观察词项组成的那一些开始，经过大大依赖理论构想来表述的理论，一直排到很难同潜在经验发现有任何关系的系统，较不任意而又较有成功希望的办法，似乎不是把这个队列二分为有意义和无意义系统，而是参照一些特征来鉴定和

---

① [美] A.P. 马蒂尼奇编：《语言哲学》，牟博等译，商务印书馆 2004 年版，第 30 页。
② 同上。
③ 同上书，第 31—32 页。
④ 同上书，第 32 页。

比较不同的理论系统……"① 这些特征例如清晰性和准确性、系统的说明力和预测力、理论系统形式上的简单性、理论被经验证据证实的程度。

笔者认为，亨佩尔的讨论即认知上有意义的问题和石里克所关心的意义问题有偏差，更不用说和胡塞尔对意义的讨论的更为巨大的差异了。亨佩尔实际上根本没有触及意义本身，而石里克一开始便是由这样的思考出发的，尽管时常在偏差中调整准星；但是亨佩尔基本上是在类似"教育意义"这样的用法上使用"认知意义"的，把这里的意义替换成"作用"或"功能"同样能够成立，所以不如考虑这样一个问题，即把这样的讨论置入"意义理论"是否太随意，且淆乱判断？读者姑且可以从意义的形态学的角度去欣赏这样的讨论，称之为"意义问题之一种"可能较为合适。

## 第三节 丘奇的内涵语义学

丘奇的内涵语义学是逻辑学家对意义进行处理的一个范例，在笔者看来这的确可以称作一种意义理论，但还是没有把意义本身是什么的问题端出来，或者说已经提前被摒弃掉，就像蒯因所关心的并非意义本身是什么而是分析性和同义性的本性究竟如何一样。作为逻辑学学家丘奇在这篇1951年的文章中指出来一门形式语言的获得，需要在逻辑系统句法规则的基础上再加上语义规则，"这些语义规则把在某种含义上的意义指派给该系统的合式表达式。语义规则的性质依赖于所采取的那种意义理论，而这本身又必须由这种意义理论旨在达到的目的加以辨明"②。丘奇的语义学目的在于提供一种关于人类交流的语言实际使用的抽象理论，相当于提供一人类实际语言或日常语言的规范或必要条件，类似于测地术和几何学之间的关系，并且丘奇这样要求这门意义理论："它是用于各种类型的明显提供知识的手段（包括诸如信念、模态陈述、反事实条件陈述这类不明的难以处理的情况）；或者说，这种理论至少应当为这些交流手段提供一种（理论上）可行的替代品。并且，还必须能为可能出现的一些关于意义的难题（例如'分析悖论'）

---

① ［美］A. P. 马蒂尼奇编:《语言哲学》，牟博等译，商务印书馆2004年版，第32页。
② 同上书，第66—67页。

提出解决办法。"①这里的趣味是塔斯基思想的更明确的表现，塔斯基明确规定了至少是他心中的语义学："语义学是研究语言的表达式和这些表达式'所指称'（refer to）的对象（或'事态'）这两者之间的某些关系的一门学科。"②这种关系在丘奇那里更为明确地表达为一种表达式和所指称对象之间相联系的必要条件，塔斯基关于真的形式语义学定义表达了同样的趣味。笔者认为这或许是康德趣味或传统在另一领域的再现。

丘奇还明确要采纳弗雷格含义和所指的区分并对其理论加以必要修饰。在丘奇的术语里，他把有意义的表达式做了最低限度的删减，划分为两类：名称和形式。这两个概念各自在其含义上都做了极大的不同于一般用法的扩展。名称是不包含自由变元的有意义的表达式，而包含自由变元的表达式就是"形式"。名称有其指谓对象（denotation）和涵义（sense，即"意义"），例如句子或语句也被看作是名称，其所指示语句的"真值"，其涵义是语句表达的"命题"。而意义或涵义涉及识别出一种语言中名称之涵义的"能力"，它也被丘奇称为是一个关于所指的概念。对于形式来说，其变元被常项所替换后该常项的所指就是变元的值，该常项的涵义就是变元的一个涵义值（sense—value），因此变元除了具有其值域还具有涵义值域。由于有了这些基本规定，然后丘奇设定了16条语义学原理，这些原理除了涉及基本的相关概念定义之外，所涉及的主要还是针对涉及相同涵义和相同指称的替换条件的规定，这也是和后来蒯因所说的语义学或者意义理论实际上要处理同义替换的问题所体现思想相一致的。这些原理和规则比较具体，已经包含了语义学中涵义部分和外延部分的规定了。丘奇认为外延部分和涵义部分实际上是各自独立的不存在有相互推断的关系。但是，丘奇注意到："因为用于表述关于指谓对象的规则的元语言词组本身必须具有涵义，所以，在某种涵义上，关于指谓对象的规则通过被当作初始规则而唯一地表示相应的关于涵义的规则。既然同样的说法对关于值域的规则和关于值的规则也适用，因此下述说法是允许的：如果我们仅仅表述了语义学的外延部分，那么我们便已确定了一种关于某个给定的逻辑系统、从而关于一种形式化语言的

---

① ［美］A. P. 马蒂尼奇编：《语言哲学》，牟博等译，商务印书馆2004年版，第67页。
② 同上书，第86页。

解释。"①这就是丘奇的整个语义学特征了，笔者这里略去了具体的语义学十六条形式规定。读者要注意的是这里的语义学规定被丘奇视为一般日常语言必须满足的必要条件，就这一点而言，当然人们可以提出不止一种语义学来。当然这门语义学是要通过某种具体的语言表达出来的如英语汉语等，丘奇认为这不会妨碍语义学的成立，因为"为一种自然语言制定规则（因为有必要弥合差距和判定可以之点）既是一个报告过程又在同等程度上是一个立法过程"②。把这种语义学文献安排到与语言与意义部分，是否恰当尚难以断定，但至少会抹消意义主题实际被多样分解的实情。至于其内涵语义学的名称笔者持有疑义，读者如果重读以上论述就会发现丘奇对内涵或意义的刻画还是根据外延来进行的，这是所有持有相当符号逻辑技术的哲学家们的共同选择，因为自现代逻辑的特点本身表明了这一必由之路。当然，笔者丝毫没有贬低这种路径，例如在蒙塔古那里，这种在笔者看来属于外延属性的方法被发挥到一个相当的水平。但是无论如何，这种方法的特点之一就是没有直接面对"意义"，而是采取了迂回、替换的方式。

英美哲学的独立性再次表现出来，正如政治上的特点一样，它们历来不愿意和欧洲大陆牵连在一起，正如丘吉尔曾经说过的："我们和它们意见相同，但不属于它们。"③

## 第四节 蒯因《本体论的相对性》中的"意义"

"在哲学上，我坚持杜威的自然主义。这种自然主义支配了他的后三十年。与杜威一样，我认为，知识、心灵、意义是它们不得不与之打交道的同一个世界的部分，并且必须按照使自然科学充满生机的同样的经验精神对它们加以研究。这里，没有先验哲学的位置。"④

上述这段蒯因的表态再清楚不过地表明先验哲学在他那里没有位置，因为不需要，先验哲学的术语并非必要的哲学用语。当然，这两种语言可能出

---

① [美] A. P. 马蒂尼奇编：《语言哲学》，牟博等译，商务印书馆2004年版，第73页。
② 同上书，第74页。
③ [美] 斯塔夫里阿诺斯：《全球通史·上卷》，上海社会科学出版社1999年版，第836页。
④ 陈波、韩林合主编：《逻辑与语言：分析哲学经典文选》，东方出版社2005年版，第409页。

于根本不同的目的。蒯因式的自然主义，要求的是自然科学般的清晰，尽管在如何看待意义问题上笔者认为这种清晰目前难以达成，是否可以达成需要更为严格和富有创造力的思考和论证，心灵和意义—语言的关系需阐明，这一关系的阐述落到了心灵哲学的肩上。先验哲学的目的可以说是科学论，即承担了元科学的任务：为科学奠基，无论是康德还是胡塞尔都怀有此目的。问题在于，这种奠基目的最后成为了一个解释学的问题，前提是无缝的对世界的把握，海德格尔的在世界之中标记出了这一特征，所以可以说这种哲学本身的结构是圆圈式的巨大体系。所以这种体系本身有其一套具足的术语系统。但是正是这种具足本身可能导致一种偷懒，因为其根本术语的设定可能需要进一步论证，对于这一点，分析传统可能有极大的帮助。但是这一点也正是分析传统以及这里提到的蒯因所共同面临的难题。所以，先验哲学从语言转向的后果上来看，也从最高的神坛跌落，成为诸提坦之一，并且随同分析哲学的主要哲学家们一同要面临新的任务，这一任务的确可以用语言—意义—心灵问题加以标记。

蒯因认为："当一位自然主义哲学家谈论心灵哲学时，他易于谈到语言。首先并且首要的是，意义是语言的意义。语言是一种社会的技艺，我们都仅仅是根据他人在公共可认识的环境下的外显行为来获得这种技艺的。因此，意义，即那些精神实体的典范，作为行为主义者磨房里的谷物碾碎完蛋了。在这一点上，杜威的看法是明确的：'意义……不是精神的存在物；它主要是行为的属性。'"[①]

蒯因反对一种博物馆神话，即反对把意义看作是一个在人心中确定的固定物：

"非批判的语义学是一种博物馆神话，在其中，展品是意义，语词是标签；转换语言就是改变标签。自然主义者反对这种看法，主要并不是反对那种作为精神实体的意义，虽然这也是完全能够加以反对的。即使我们不把加上标签的展品当作精神性的观点，而是当作柏拉图的理念甚至是当作被指称的具体对象，这个主要的反对意见依然成立。只要我们把一个成人的语义学

---

① 陈波、韩林合主编：《逻辑与语言：分析哲学经典文选》，东方出版社2005年版，第409—410页。

看成是在他的心灵中以某种方式确定的，而与可能内含于他的外部行为倾向中的东西无关，语义学就被一种有害的心灵主义所败坏了。正是关于意义的事实本身，而不是由意义所意指的实体，才是必须根据行为来解释的。"①

蒯因认为心灵主义语义学的弱点在于其模糊性，而作为自然主义者他所坚持的是"说话者的外部行为"，例如为了发现原住民词语的意义，就需要观察其行为，不过此时仍可以设想在原住民的心灵即他的精神博物馆中语词的意义仍是确定的；甚至即使就行为主义或自然主义的标准而论可能还有不确定的情况，不确定的东西不只是意义，而且波及外延或指称。蒯因就此评论说：

"我对不确定性的评论开始是作为对意义相似性的挑战。我曾让我们想象'一个表达式，可以用两种能够得到同等辩护的方式把它翻译为英语，但在英语中却意义不同'。确实，意义相似性是一个模糊的概念，不断地遭受挑战。对于两个外延上相同的谓词，什么时候说它们在意义上相同、什么时候说不同，决不是清楚明了的；这是有关无羽毛的两足动物与理性动物、或者等角三角形与等边三角形的老问题。指称、外延一直是确定的东西；意义、内涵是不确定的东西。然而，现在我们面对的翻译不确定性，以同样的方式贯穿于外延和内涵。词项'兔子'、'兔子的未分离部分'以及'兔子的时间段'不仅在意义上不同，它们也适用于不同的事物。指称自身证明是行为上不可测知的（inscrutable）。"②意义的地位受到蒯因不断的质疑，在两个教条的著名论文中他就表达过立场，这里他将怀疑的矛头指向了指称的地位。指称在行为上不可测知，这个表述的状语值得注意，什么叫作"在行为上不可测知"？笔者倾向于用矢量方法来理解意义和指称，这正是哲学家和语言学家们分析问题时采用的理论矢量。你总可以说一个陈述具有意义和指称，但是这两个矢量本身的地位并非不能被消解。所以，蒯因在此文中甚至完成了对指称这一分析哲学课题的某种消解。

在区分延迟实指和直接实指时，蒯因提出一种实指点（ostended point）的观点；在实指点上，正在指着的那个手指头上的纹络首次碰到一个不透明

---

① 陈波、韩林合主编：《逻辑与语言：分析哲学经典文选》，东方出版社2005年版，第410页。
② 同上书，第417页。

的表面。他说:"直接实指的特征是:正被实指的解释的那个词项对于包含该实指点的某物为真。"①翻译的不确定性已经表明了这种直接实指也有其不确定性,因为"存在这样一个问题:正被实指解释的那个词项打算覆盖一实指点周围的多大范围?也存在这样的问题:一个不在场的事物或实体在多大程度上可允许区别于正在被实指的、并且为正在被实指解释的那个词项所包含的事物?""延迟实指"现象可以对应胡塞尔在第一研究中的某些分析(参见本书第五章第二节中的论述),"当我指着油表(而非汽油本身)以表明还有汽油时,延迟实指就出现了。同样,当我们通过指着苹果或一个希腊文印刷符号而解释抽象词项'绿'或'阿尔发'时,也出现了延迟实指"②。但蒯因提出延迟实指却是想借此讨论数学和逻辑领域中的指称问题,例如对于一个印刷符号 a 的延迟实指可能是一个哥德尔配数,那么在什么是数的问题上,也可以通过延迟实指来说明,任何序列都可以作为数的一种形式,而任何序列都需要满足算术,但数比算术具有更多属性,所以在任意序列、算术和数三者间就构成了一个延迟实指的例子,当然,在此时指出这个序列的印刷符号时,人们总是能够以延迟实指为借口从而不能最终证明所谈论的一定是序列而非数。

指称的不确定性,蒯因当然是要将其推广到母语语言自身中去的:"经过更深入的思考,可以发现,彻底翻译[起点翻译]是从家里开始的。我们必须把我们邻居的英语单词等同于我们自己嘴里发出的同一串因素吗?当然不必;因为我们有时候并不把它们这样等同起来。有时,我们发现为了有利于交流,要认识到我们的邻居对诸如'冷'、'正方形'或'充满希望的'这些词的使用,不同于我们自己的用法;因此我们把他的那个词译为我们自己的个人习语中一串不同的音素。我们通常的母语翻译规则,实际上是同音规则,这种规则只是把每一串因素带进自身来。但是,我们仍然总是准备用威尔逊(N. L. Wilson)所谓的'宽容规则'来缓和这种同音(现象)。我们会不时地对邻居的语词做出异音解释,然后我们看我们的这种方式是否会使他的讯息少带些荒谬性成分。"③

---

① 陈波、韩林合主编:《逻辑与语言:分析哲学经典文选》,东方出版社 2005 年版,第 422 页。
② 同上。
③ 同上书,第 428 页。

"既然在家中、在母语中与在起点翻译中的情形没有实质上的不同，这里实际上只不过是一种翻译退化了的情形，那么的确：现在看来，指称不仅在彻底翻译中是无意义的，而且在家里也是无意义的。"①问题的实质在于："除了相对于一个坐标系，指称是无意义的。对这个困境的解决，在于这个相对性原理。"②蒯因由此认为我们需要一种背景语言作为退路，但是是否会因此陷入背景的无穷倒退呢？不会。因为"在实践中，我们通过某种像手势行为这样的东西来结束坐标系的倒退。而在实践中，当讨论指称问题时，我们通过默认我们的母语并按本义理解它的语词来结束在背景语言方面的倒退"；"我们所达到的相对主义论点是：说一个理论的对象是什么，而不去说怎样用另一种理论来解释或重新解释该理论，是无意义的"③。但是，人们还可以正常地理解并对一个理论交换意见，为什么说这个理论的对象是无意义的呢？蒯因认为我们对这个理论的理解是相对于日常理论而言的，其相对者正是日常理论，而后者的对象也会随时受到质疑。所以，蒯因认为这种理论本体论的相对性并非是因为其背景理论具有一个更大的论域，"使它变得无意义的，不是全称性，而是循环性"④。因为不确定性将不可消除。

接下来，蒯因从形式逻辑的角度进一步考察了本体论的相对性与本体论还原程序的关联，涉及代理函项被用来还原一个本体论的情形，以及勒文海姆—斯柯伦定理所暗示的那种本体论还原，这两种情况相对于前面的有关一个理论是关于什么事物的一般讨论其严格性程度依次增强；在较为一般性的讨论中，涉及关于理论词项指称什么事物的最低程度的严格性，需要说明如何把对象理论的部分或者全体翻译成背景理论，对此蒯因总结道："实际上，它是这样一件事情：表明我们打算如何把对象理论的词项和背景理论的词项关联起来，尽管带有某种任意性，因为我们考虑到了指称的不可测知性。但是，这里并没有要求背景理论有一个对象理论更广的论域或更强的词汇。这些理论甚至能够使彼此等同的；在同一种语言中的其他词汇的基础上，当一

---

① 陈波、韩林合主编：《逻辑与语言：分析哲学经典文选》，东方出版社2005年版，第429页。
② 同上书，第430页。
③ 同上书，第431—432页。
④ 同上书，第434页。

些词项通过定义而被澄清时,情况就是这样。"① 前两种更为严格的情况意味着关于指称和本体论的相对性在逻辑学中也有体现,由于这里充满了有些专业性的论述,笔者这里只引述蒯因的结论,即:"……本体论和满足[例如语义学中的真、满足、命名等——笔者注]都是指称问题,无论如何由于其难以捉摸性,由于其不时出现的空虚性(除非相对于一个更宽广的背景),在某种突然相当清楚并且甚是宽容的意义上,真和本体论都属于超验的形而上学。"②所以,可能在这个意义上,蒯因证明了"所指"、"指"或"外延"的谈论都可归入形而上学领域。所以蒯因这里不仅对意义进行了排除,而且对于指称和外延理论也揭示了其本质上的不确定性。

## 第五节 戴维森有关意义的观点

接下来需要回顾戴维森在《真理与意义》这篇经典文献中的观点了。经典当然并不意味着一定正确,经典是不管对错无论出于任何理由为人们所长期阅读的那些文献。1967年的这篇文献一开始就指出当时语言学家和语言哲学家中存在的一种共同倾向:

> "令人满意的意义理论必须对语句的意义依赖词语的意义的方式提出一种解释。除非能够对某一语言提供这样一种解释,否则,人们便会论证说,这就没有对于我们为何能学会这种语言这一事实作出解释,也就是说,没有对于这样一个事实作出解释:根据对于有限词汇和有限地加以阐明的一组规则的掌握,我们便有条件去造出并理解其数量无限的任何语句";上述观点倾向戴维森一开始并没有表示反对,而是从另一个角度提出问题,"我想要问的是,一种理论提出所勾画的那种解释,这是怎么一回事"③。戴维森想问:"解释"在这里意味着什么。

---

① 陈波、韩林合主编:《逻辑与语言:分析哲学经典文选》,东方出版社2005年版,第441—442页。
② 同上书,第447页。
③ [美]A.P.马蒂尼奇编:《语言哲学》,牟博等译,商务印书馆2004年版,第127页。

## 第十一章 语言哲学中的意义理论群像或意义的幽灵学谱系

赞同上述倾向而提出的一种观点就是："首先要把某种作为意义的实体指派给语句中的每个语词（或其他有含义的句法成分），这样，我们便能在'忒厄图斯飞翔'这个语句中把忒厄图斯指派给'忒厄图斯'、把飞翔这种特性指派给'飞翔'。因此就产生了语句意义如何从这些语词以一种生成的问题。把这些语句的联结视为在句法上是有含义的片断，我们便能使这种联结具有参与关系或例示关系（the relation of participating in or instantiating）。可是，显然我们在这里开始了一种无穷倒退。"①

这里的无穷倒退指的是上述联结或参与关系本身又需要给出解释或需要意义指派因而陷入无穷。

戴维森实际上认为这种无穷倒退如果坚持"意义理论必须对语句的意义依赖词语的意义的方式提出一种解释"的话，就很难避免；所以弗雷格也无法避免。弗雷格把对应于谓词的实体和对应于名词的实体分别称为"不饱和的"或"饱和的"的做法在戴维森看来并没有解决上述困难，而只是标明了困难。戴维森相信关于复合表达式（不是专名）的意义理论，"可能并不需要一些实体作为所有各组成部分的意义"②。戴维森建议令人满意的意义理论对个体语词的要求不要超出下述事实："个体语词对它们出现于其中的语句意义具有系统的影响。"③戴维森的意思是，不要在此之外再设定个体语词对应任何实体，这当然是典型的唯名论。那么，作为人们通常熟悉的戴维森式的意义理论就在这样的背景下出场了：

> 我们曾获得的、并已获得了的理论是这样一种理论，即可以从这种理论中推衍出每一个具有"t 指称 x"这种形式的语句（其中，"t"可由一个单称词项的结构性描述短语所替换，而"x"由这个词项本身所替换）。进一步讲，我们的理论是在不求助于超出"指称"这一基础之外的任何语义学概念的情况下做到这一点的。最后，这种理论清楚提出这样一种有效的程序，这种程序对于在其全域中的任一单称词项来说确

---

① [美] A. P. 马蒂尼奇编：《语言哲学》，牟博等译，商务印书馆2004年版，第128页。
② 同上书，第128—129页。
③ 同上书，第129页。

定了该词项的所指。①

当然,以上理论的描述中出现了"指称",如果要利用上述指称理论模式作为意义理论,例如将词项的意义等同于其指称则这样的意义理论会有困难。这个困难是弗雷格的逻辑上等值的单称词项具有相同的指称,以及若所包含的一个单称词项被另一个具有相同指称的单称词项所替换后指称并不改变这两个假定所带来的。由于弗雷格把语句看作是复合单称词项的特殊形式,所以语句的真值相同则指称相同;如果"指称"被用来刻画"意义",所有真值相同的句子意义相同,这是无法让人接受的。戴维森想说用指称来刻画意义如果采取弗雷格模式是不成功的,弗雷格自己也不得不把意义和指称并举。用"指"的模式来刻画意义的局限,必然会要求人们求助于意义和指称之间的区别。寻求从指称到意义的转化,在理论上戴维森认为走入了死胡同,戴维森想找到一种具有首先直接处理"意义"而不是"指称"的能力的理论:"它具有形如's 意谓(mean)m'(其中,'s'可被一个指称该语句的意义的单称词所替换)的语句作为推断;此外,还要求这种理论对于获得任意一个从结构上加以描述的语句的意义提供一种有效的方法。"②能够达到上述要求的理论选择之一便是递归语义学。

笔者认为注意顺序是很重要的,弗雷格从指称到意义或二者并举,并且有时候把作为实体的意义当作指称使用,就使得意义和指称的区别丧失掉了,成为自相矛盾的东西,这正如我们在罗素的批评中所看到的那样。"自相矛盾的是,意义似乎办不到的一件事情便是使意义理论能够自圆其说",戴维森如是评论他之前的意义理论,这也是理解戴维森的关键处,对此戴维森补充说明自己的视角:"我对意义理论中的意义所提出的异议并不是说,这些意义是抽象的,或者说,它们的同一性条件是难解的,而是说,它们不具有被表明了的用法。"③戴维森既要坚持对于意义的唯名论即不利用意义实体,同时又要形成一种理论。笔者曾读到上海大学王天思教授的《微观认识

---

① [美] A.P. 马蒂尼奇编:《语言哲学》,牟博等译,商务印书馆 2004 年版,第 129 页。
② 同上书,第 131 页。
③ 同上。

论导论》、《哲学描述论引论》，其中说法有助于理解笔者在这里所勾画出来的意义问题的特点，意义正处在哲学描述的边缘，"当描述涉及作为自身前提的规定时，会因达到该描述的边界而失去意义"①。戴维森已经到了意义问题的边缘，但他没有利用本体论显微镜继续考察意义的本体论问题，而是要构造一个意义理论。对于经验论的偏好，有时也显得僵化，笔者无法知道是什么阻止了这些大人物们对意义的本体论警醒本应该早就进行的讨论，他们似乎只想得到一个既能够用形式逻辑处理的又满足唯名论的意义理论。出于上述考虑，戴维森认为那种给出每个句法原子的意义的词典加上递归句法的递归语义学也无法令人满意，例如递归句法对于信念语句而言，"我们甚至不可能对这类语句的真值条件做出解释"②。进而，戴维森对整个语义学现状做出了评论：

> 尽管人们一致认为，语义学的中心任务是对语言中的每一个语句提出语义解释（给出意义），但是，就我所知，在任何语言学文献中，人们都不会找到关于一种意义理论如何完成这一点的直接解释。③

对于意义的"直接解释"，请注意"直接"两个字。人们彼此间的理解可以说是当下一瞬间直接完成的，又如读者您现在正读到的并正理解的这句话。而戴维森绕了一个语义学的传统的大圈子，再次回到直接这个问题上来。正是出于这样的动机，戴维森指出来"某种整体论的意义观"。这种意义理论戴维森认为从中必须能够推衍出一切形如"s 意谓 m"的语句。为了避免用 m 指称意义，在 m 的位置最好用一个语句 p 替代；p 本身不命名意义，不过，一旦前面缀以 that 的语句是名称则 p 可以起到命名意义的功能。而这种能够推衍一切上述形式的理论，很自然地就能想到塔斯基有关对象语言和原语言之间的关系的论点，即和 p 匹配的 s 乃是其本身或者是它在原语言中的翻译。此时，还剩下一个问题，即"意谓 that"仍充满内涵意味，这就无法达到戴维森之前所要求的意义理论能够自圆其说和避免循环同时又能

---

① 王天思：《哲学描述论引论》，上海人民出版社 2009 年版，第 2 页。
② ［美］A. P. 马蒂尼奇编：《语言哲学》，牟博等译，商务印书馆 2004 年版，第 132 页。
③ 同上。

表明意义的用法，戴维森的如下处理方式就显得非常自然了：

"作为最后一个大胆的步骤，让我们尝试以外延的方式处理由'p'所占据的地位：为了做到这一点，就要抛弃难解的'意谓'（that），向替代'p'的语句提供一个恰当的语句关联词，而向替代's'的描述与提供它自己的谓词。看起来合理的结果便是：

"（T）s 是 T 当且仅当 P。"①

戴维森的整体论依然是通过同一性要求而得以满足的。所以，他依然在兜圈子，打转，但貌似高明。在意义的名义下，或者在名为意义的一台机器的内部，找到了其传动部分，而又无须解释其机器的运动表现。这种本质上就是塔斯基检验关于真的形式语义定义是否适当的 T 约定就是戴维森意义理论的本质，由于塔斯基对真进行了递归方式的表征，但"是 T"所适用的语句乃是语言 L 中的真语句，所以它能够避免一般带有附加词典的递归句法式的语义学，即在戴维森看来，塔斯基的理论实际上规避了对语句意义如何依赖语词意义的方式进行具体刻画的要求。就戴维森看到了塔斯基语义真之定义提供了一种避免了不少困难和循环的意义理论而言，他是具有首创精神的。戴维森相信塔斯基给出了每个语句为真的充分必要条件（在达米特那里我们看到了对一结论的批评），这种条件同时是给出语句意义的一种方式："知道一种语言的语义性真理概念，便是知道一个语句（任何一个语句）为真是怎么一回事，而这就等于理解了这种语言……"② 不过，王浩已经表明塔斯基诉诸递归定义的方法本身存在根本问题。③

戴维森很满意目前的结果，因为他的意义理论没有使用"意义"这个词，避免了任何可能的循环。不过他在这个理论的名称上有些犹豫，因为正是因为避免了"意义"的循环定义，他的这种意义理论按照蒯因的方式恰好应被称作"指称理论"，戴维森说："对于我称之为意义理论的那种东西，可以提出很多支持的理由；也许，对于我如此称呼它，也可以提出很多反对的理由。"④笔者并不认为这里的名称问题是一个小问题，它恰好要求意义理

---

① ［美］A.P. 马蒂尼奇编：《语言哲学》，牟博等译，商务印书馆2004年版，第134页。
② 同上书，第135页。
③ ［美］王浩：《超越分析哲学》，徐英瑾译，浙江大学出版社2010年版，第202—203页。
④ ［美］A.P. 马蒂尼奇编：《语言哲学》，牟博等译，商务印书馆2004年版，第136页。

论自身的解构,意义理论必须谈论别的东西。胡塞尔那里我们也看到了种种别样的迂回。戴维森这里同样如此。也许,所谓意义理论或者问题对于每一位谈论它的哲学工作者而言都是个案。

戴维森认为他的意义理论应该是一种经验理论,"它的抱负便是对自然语言的活动方式作出解释。就象任何一种理论一样,它也可以通过把它的某些结论同事实进行对比而得到检验"①。仔细想想这些立场有些刻意,这是一种经验理论吗?关于语义真的充分必要的形式条件,同时可以作为意义理论的经验检验的条件?这种意义理论还需要检验吗?也许按照戴维森的想法,在"一些样本情形下"这种检验体现为"我们只需询问,被这种理论断言为语句真值条件的东西是否真正存在"。但是,"一种典型的检验情形"下,即要判定:"'雪是白的'是真的,当且仅当雪是白的,但这种不依赖人数多寡的检验是否是经验检验令人生疑。"② 虽然避免了在意义理论中使用意义,但这种意义理论需要检验,但这种检验的裁决戴维森不得不把权力交给他命名为"能力"的实体:"在这样一种理论中的经验能力,依赖于成功地重新获得关于一种十分复杂的能力(讲一种语言并理解它的能力)的结构。我们能十分轻易地说出,对于这种理论的特定论述在什么情况下与我们对语言的理解相一致;这一点是与一种对我们的语言造诣的机制结构的微弱洞见相一致的。"③

那么对自然语言的活动方式进行解释的戴维森的采取真之定义形式的语义学能真正成立吗?其前景在塔斯基和许多逻辑学家、语言哲学家、语言学家看来是悲观的,因为自然语言的一般性会导致语义悖论,又因为自然语言复杂不定难以运用形式化方法。戴维森认为因为语义悖论而取消讨论在某种语言中为真的主题对这门语言来说不公平,更重要的是因为语义悖论就放弃一种有趣味的哲学讨论是不恰当的。至于自然语言因为过分复杂化而难以运用形式化方法,戴维森也认为站不住脚,他指出:

> 哲学家们长期以来一直在从事这样一项艰苦的工作,即通过使本国

---

① [美] A. P. 马蒂尼奇编:《语言哲学》,牟博等译,商务印书馆 2004 年版,第 136 页。
② 同上。
③ 同上书,第 136—137 页。

日常语言中的语句与他们对之具有一种理论的语句相匹配而把理论应用于日常语言。①

逻辑学家和语言学家都在从事这样的工作，他提到了乔姆斯基把自然语言的复杂情况纳入正规理论的努力，双方任何一方取得成功，人们就把握到了一般理论与自然语言的聚合点。另外含混词项的问题并非连同理论问题一道需要加以解决，正如读者在戴维森理论中看到的那样，"只要含混性没有影响到语法形式，并能翻译为元语言（含混性对应于含混性），真理定义便不会蒙骗我们"②。在此，戴维森的整体主义当然是遗留下了个体语词的含义问题，他的意义理论并没有要求对个体语词的改进、澄清或分析施压，对语句的同义性、分析性也没有处理，等等，这正是他的风格，形式逻辑也可以作为它的对象语言。对于一般哲学家的做法而言，戴维森的这种整体主义有点另类，因为人们都认为应该先弄清逻辑语法，之后才能着手分析，但是戴维森认为这种看法站不住脚，人们无法事前就弄清楚应当成立的分析究竟如何，在接受某种分析之前人们无法知道这种分析是否有效，"实际上，判定是决定性的。"③戴维森这里实际上坦率地指出了分析哲学的一个特点，即分析就是一种决定、判断、裁决，一种意志，一种分节。之前分析哲学家们的细致分析的决断本质在戴维森的整体主义这里只不过体现得更为明显和突出，他看到了这一点，也承认他的意义理论需要求助于关于逻辑真、逻辑等值和逻辑蕴含的直觉。读者可以思考这是怎样一种意义理论呢？一种没有解决任何问题的意义理论？一种故意不采取任何措施的分析？整体主义不就是不进行分析？读者现在到达的位置看来是戴维森说过的"直觉"和"能力"。

不过在文章的末尾，戴维森进行了针对指示词的相对具体一些的分析。对于指示词戴维森的态度是：

逻辑学家所作出的反应经常是贬低自然语言，并试图表明如何在没

---

① ［美］A.P. 马蒂尼奇编：《语言哲学》，牟博等译，商务印书馆2004年版，第141页。
② 同上书，第142页。
③ 同上书，第145页。

有指示词的情况下取得进展；而他们的批评者所作出的反应则经常是贬低逻辑学和语义学。这两者之中的任何一种看法都不能令我满意：很清楚的是，不能够在不造成损失或没有作出根本改变的情况下从自然语言中消除指示词，因此除了使理论迁就指示词以外，别无其他选择。①

所以，戴维森依然主张把指示词看作常项，对句子中的指示性因素完全不加理睬，仍能完成他主张的语义学定义，如："我是聪明的"是真的当且仅当我是聪明的。有批评者认为对指示词的理解需包括指示词如何调整其对境况的指示规则，而指示词常项化无法体现这一点。对此，戴维森认为可以对自己的语义学理论进行一个简单的修正，即：把真看作一种话语的而非语句的特性，"或者叫语言行为的特性，或关于语句、时间和人的有序三元组的特性，而恰恰把真看作语句、人与时间之间的关系，这是最简单不过的了"②。尽管这种处理无法消除指示词以做到指示词的替换，但是戴维森认为这种处理似乎能够有效地构成对意义理论正确性的检验以及构成语言与人所关切的宏观对象之间的最直接的联系："一种不过是为语言定义真理的理论比起表面上的分析可能表明的要更接近于构造一种完全的意义理论；至少我极力主张过这种看法。"③尽管如此，戴维森还是认为他的语义学无法处理反事实句，有关概然性的语句，副词的逻辑作用，信念和意向的语句的系统解释，不具有真值的祈使句、疑问句……戴维森承认自己的语义学并非一种全面的自然语言的意义理论，无法处理上述所有的问题。笔者认为这似乎是很自然的，整体主义的要求当然无法和细琐的分析相兼容，除非重新拆分。戴维森的启示在于意义理论并没有处理意义，其意义理论的处理方式（类似还有后文将要提到的无辜的语义学），都是从技术上相提供对语句子的所有可能细节方面进行全面对应的分析的尝试。但是这种全面对应会遇到一个真正的全面映射——人脑，这的确很简单，没有一种分析能够取代人脑对意义的瞬间的全面性理解。相对于这一刻，哪里有一种意义理论可以说明呢？仅仅关注语言是不够的，遑论出于一种逻辑趣味的关注，而胡塞尔的分析意识

---

① ［美］A. P. 马蒂尼奇编：《语言哲学》，牟博等译，商务印书馆2004年版，第146页。
② 同上书，第146—147页。
③ 同上书，第148页。

哲学的分析框架也无法处理，他只是展示了意义的踪迹，较全面地使用了意义这个词的可能功能。

## 第六节 达米特论意义理论

20世纪70年代另外一篇受人关注的文献是达米特的《什么是意义理论（I）》。由于写作的年代，这篇文章一开始有资格回顾意义理论的一般问题了，达米特说：

"根据一种众所周知的观点，阐明围绕意义概念和一些相关概念的哲学问题的最好方法，就是追问，任何一种完整语言的所谓'意义理论'究竟应该采取何种形式；这个语言的意义理论就是要详细刻画该语言所有词的意义和语句构成的操作，以产生对语言中每一个表达式和语句意义的刻画。"[①]这个概括基本上反映出了构建意义理论的不同流派和人物的共同点，他们都在追求各自认为可靠的意义理论形式，尽管并不能解决所有的词和语句的意义及其构成之操作的刻画。但是正如读者已经看到的那样，似乎无人在彻底意义上是成功的，交流意向论者的归纳局限，语义论者的片面，直到斯特劳森指出来人们的努力只是获得了进一步讨论的起点。笔者赞赏斯特劳森的判断。达米特在其文章的开头也表达了类似的判断：

> 当包括我自己在内的大多数人都赞同意义概念是不可或缺的同时，我们甚至对包含这个概念的陈述的表层结构都不清楚。自然语言中什么类型的句子应该被看作是给出某个给定的词或表达式赋予具体意义的典型形式？不仅我们不知道对此的回答，我们甚至也不知道这是否是一个可以提出的正确问题。也许，一般地说，陈述一个表达式的意义是不可能的：也许我们应该考察，以何种语言学的方式，或甚至可能是非语言学的方式，才可以传达（convey）一个表达式的意义，而不是明确陈述这个意义。或许这甚至也是错的：也许问题不应该是我们如何表达出一

---

① 陈波、韩林合主编：《逻辑与语言：分析哲学经典文选》，牟博等译，商务印书馆2004年版，第578页。

个具体的表达式由某个意义,而是我们应该怎样以某种不同的方式去分析含有意义概念的句子。这恰恰是因为,在哲学的这个领域甚至比在其他领域,我们对于我们正在谈论的东西究竟是什么知道得还太少,所以,考虑我们怎样才能刻画一个完整语言中的表达式的意义,以此来解决我们的问题,看来并非是浪费时间,而类似的提议在认识论中则显得是在浪费时间。①

达米特对于意义本身的困惑,导致了他将意义理论进行了范围限制,即也许人们能够做的只是采用各种不同方法去分析含有意义概念的句子,以及去探寻刻画表达式意义的途径本身这种"在路上"的状态就是"意义理论"这一问题模式下的理论家们的诸实践所能提供的。

意义本身似乎是注定要被绕开的,甚至达米特自己也认为不得不如此。他提到蒯因那众所周知的处理方式,即绕过意义,而去寻找对同义性的分析。绕过意义本体论实际上也是所有意义理论范围内的作者们的共同处理方式。对于蒯因及其同道而言,"他们不是去研究作为构造一个语言的意义理论之基础的原则,而是去研究作为构造从一个语言到某个已知语言的翻译手册的基础原则"②。达米特认为,寻找把被翻译语言映射到进行翻译的语言中句子需满足的条件的这一道路偏离了对意义概念的揭示,借助于翻译的见解说明无法表明语言如何起作用,而掌握一个表达式的意义就是要理解它在语言中的作用。简言之,达米特认为从翻译到意义不存在一个说明关系,甚至有可能是如果没有对语言作用方式的完整说明即完整的意义理论,就不可能对翻译框架的正确性提供恰当基础。笔者对于达米特的这一评论有所保留,因为笔者认为蒯因在翻译思想中展现出来的绕开意义的做法本身可能有认识论意义,而在认识论上澄清翻译的机制对于澄清意义的认识论和本体论机制来说是具有启发力的,可以提供一种语言起作用的方式的理解。达米特的评论有点专注于逻辑层面,即因为翻译就字面意义而言不是对意义的直接说明,反而依赖对意义的完整说明,当然是排除了认识论和本体论层面的可

---

① 陈波、韩林合主编:《逻辑与语言:分析哲学经典文选》,东方出版社2005年版,第579页。
② 同上书,第579—580页。

能性的。

达米特的立场是：

> 一种语言的意义理论的任务，就是要说明这种语言是怎样起作用的，也就是说这种语言的说话者是怎样以此交流的：这里"交流"的含义完全就是指"做以说出这个语言的一个或多个句子所能做的任何事情"。……一个意义理论就是一个理解理论；也就是说，一个意义理论必须说明的，就是一个人知道一个语言时所知道的东西，也就是当他知道这个语言的表达式和句子的意义时所知道的东西。①

笔者认为如果意义理论被规定为理解理论且要说明语言怎样起作用，那么对意义或者语言交流的认识论机制以及由此可能涉及的本体论的原理进行说明就会是必然要走的下一步，所以，之前的各种意义的形态学展示可能都只是采用不同方案来到了这个起点上，想不涉及认识论或本体论的方法论抉择可能是不合理的。

达米特的意义理论的要求当然是合理的，反过来也可以说："在知道了一种语言的所有表达意义的含义上，一旦我们能够讲述某人知道这种语言是怎么回事，我们实质上已经解决了关于意义产生的每一个问题"；"所以，如果一个意义理论说明了与之相关的语言的作用，那么，它必须包含那种语言中至少可以由统一的表达式所表达的所有概念的一种解释。……掌握一个概念的典型情况是，对概念的这种掌握就在于对某个语言中的某个词或某个表达式或表达式的域的理解"②。这里，达米特将其对意义理论的思考具体化了一点，即意义理论要说明一个语言中表达式和其所表达的概念之间的关系，或者说要对概念和词之间的联系进行解释。在这个层面上他划分了两种意义理论。局限的（modest）意义理论满足于解释概念和词之间的联系，这种联系即"显示或陈述那些概念可以用哪些词来表达"。全面的意义理论则追求解释用语言的初始词项所表达的概念的意义理论，例如对于一个外国人

---

① 陈波、韩林合主编：《逻辑与语言：分析哲学经典文选》，东方出版社 2005 年版，第 580—581 页。
② 同上书，第 582—583 页。

要理解某一新语言而言,就会碰到初始词项和其概念间的联系问题。局限的意义理论则不要解释初始词项和其概念之间的联系,而只是针对已经掌握了概念的人进行概念和词之间联系的说明。

显然按照上述定义,达米特把以塔斯基的真定义模型为基础所构造的真理论作为意义理论的核心的戴维森的意义理论看作是局限的意义理论是自然的。达米特认为,虽然戴维森反对把蒯因式的翻译手册看作是构成了意义理论,但是和翻译理论中必须理解翻译所使用的语言一样,戴维森式的局限的意义理论必须只能通过掌握其初始表达式所表达的概念来理解对象语言,而这些初始表达式表达的概念本身没有被解释。达米特由此认为,上述戴维森的理论不能完全显示对对象语言的理解。所以和翻译手册思路一样,戴维森的道路同样依赖于外在预设;戴维森提出自己理论的初衷,是为了避免循环,避免预设,但他依然预设了"理解"本身,对母语的掌握本身。其意义理论仍表现为直接的意义归属,表现为"能力"。达米特对此背后的隐秘有质疑:"意义理论应该表现为直接的意义归属吗?当然,一个意义理论应该告诉我们,对于语言的每个表达式,它意味着什么;但由此就得出意义理论中能推出'以表达式 X 意味着……'开头的陈述,则是肤浅的。"① 达米特实际上提出了对意义理论的一种相对明确的界定,他举例说:"化学"本身不是化学理论的一个概念。我们确实要求化学理论能够使我们说出一种物质中的哪些性质是化学性质,哪些相互作用是化学的相互作用,等等。同样,对意义理论也可以要求它能够使我们说出一个表达式中的哪些性质是语义性质,也就是说,哪些性质依赖于且仅依赖于表达式的意义:"但我们至少不能要求'意义'本身是意义理论的概念,如果这后一点隐含着,我们能够根据这个概念,借助于'此表达式的意义是……'或'此表达式意味着……'开头的陈述,来刻画一个表达式的语义性质。"② 所以,意义不是意义理论,正如化学本身不是化学性质一样,达米特直接表明了意义理论的确是意义的幽灵学、意义理论并不处理意义。站在这种意义理论的立场,直接归属的意义理论的确有其局限,例如此前论述过戴维森就已承认对并非一般

---

① 陈波、韩林合主编:《逻辑与语言:分析哲学经典文选》,东方出版社 2005 年版,第 585 页。
② 同上书,第 585—586 页。

陈述句的句子或者比句子更小的单位等就存在着直接意义归属范式可加以应用的困难。达米特则还想看看对于戴维森认为可以适用直接意义归属的情况是否真的合理。他想表明，一个意义理论表现为直接的意义归属这个事实本身，并不足以断定该理论给出了意义知识内容的充分说明。例如句子 M："'La terra si muove'意味着地球在运动"；对 M 来说，你知道了 M 所陈述的内容，是否就给出了关于"La terra si muove"的意义知识的充分说明呢？显然不是。

在达米特看来，知道一个句子的真与知道它所表达的命题之间是有区别的。他这样举例阐明上述看法：对于像 M 语句"'地球在运动'是指地球在运动"这样的句子来说，人们只要掌握了动词"是指"（to mean）用法的规则，加上知道"The Earth moves"（地球在运动）是一个英语句子，他就能在不知道句子"地球在运动"的情况下肯定上述 M 语句为真，但对于 M 表达的命题却无法理解。在达米特看来，M 语句是非解释性的，它完全没有解释其所引用的句子的意义究竟是怎么回事。这对于一个包含了对象语言的元语言的 M 语句和对象语言异于元语言的 M 语句是一样的。达米特说："并非对每个真信念的恰当辨明（justification），都足以使这个信念的持有者有资格被宣布为拥有知识。辨明必须被适当地关联于使信念为真的东西。"①这也就是说，知识与辨明之间的联系构成了知道一个句子的真和知道它所表达的命题之区别的基础。当然从来就没有人承认仅通过援引和某个句子相关的 M 语句就能给出对该句子意义的恰当解释或理解，达米特说自己的目的是在于："……要分析我们大家共同持有的拒斥那个论点的直觉上的理由，以便引出我们也可以应用在其他情况的某些一般性的论点。"②

若要知道语句 M 为真，除了需要知道其所表达的命题这种刻画以外，还有一种方式就是刻画它的构成词的意义。达米特把讨论暂时带向了对词的意义的探究，满足对于词的真正理解和其意义的刻画的理论，同样不能违反之前提到的方法论原则："即不要把要求某人知道某物作为解释的一部分，而同时却并不给出什么构成了这样的知识的说明。这里的'知识'是在严

---

① 陈波、韩林合主编：《逻辑与语言：分析哲学经典文选》，东方出版社 2005 年版，第 589 页。
② 同上书，第 591 页。

格的意义上被看作超越了单纯意识那样的一类含义。"①这一点反过来也就意味着："即人们不可能在严格的意义上知道一个名称指称一个仍存在的广为人知的对象，却不知道这个名称的准确用法。"②这个原则又表明："为了能算做是知识，有关事实的意识必定是以一种特殊的方式导出的。"③满足这一点的意义理论就是把掌握语言看作是知道演绎上相互关联的命题而不是相互孤立的命题，这种意义理论意味着某种类型的导出过程是被包含在对句子的理解之中的。戴维森的理论实际上也求诸了这种理解，但表面上诉诸看上去并不求诸推导的真理论。达米特由此认为这种意义理论模式存在循环：比如，理解了"伦敦"这个名称就是在严格意义上知道了"'伦敦'指称伦敦"这个句子为真，并且进一步说，拥有这种知识的条件就是掌握了这个名称的准确用法："因为我们正追求的就是要刻画构成掌握这种名称用法的东西。"④理解词是如此，理解句子意义也是如此，达米特提到连戴维森本人也意识到了意义理论产生某种理解理论的责任。看起来戴维森的意义理论除了用作公理的句子所表达的表示意识到其为真的命题知识外，还需要加上关于这些句子的已经有所理解的背景知识，但这就意味着人们已经对元语言有了预先的理解，或者说戴维森预设了形式理论的解释："它并没有解释独立于任何其他知识来掌握一个语言是怎么回事，比如说掌握一个人自己的母语。"⑤但对于语言命题的预先理解或解释可并没有一个模型，戴维森的理论也并未提供。对于这种反驳，戴维森的支持者可能会辩护："对这些命题的领悟不可能零碎地来解释，分别对所采取的真理论的每一个句子；而真理论的知识恰是作为整体表现为说出和理解对象语言的能力，以至于不存在任何疏漏。我们被给予的是实践能力的理论模型，即使用语言的能力。"⑥看上去这种辩护清晰地给出了意义理论和语言整体论之间如何联系的视角，但是达米特认为这种整体论本身可能恰好成了一种限制，在戴维森看来可能已经达

---

① 陈波、韩林合主编：《逻辑与语言：分析哲学经典文选》，东方出版社 2005 年版，第 594 页。
② 同上。
③ 同上。
④ 同上书，第 595 页。
⑤ 同上书，第 596 页。
⑥ 同上书，第 597 页。

到了意义理论的理想的理论模型形态,但达米特却认为这种形态本身当然不可能回答是什么构成了说话者对任一词或句子的理解的问题,并仅停留于这个理论模型形态表现为说话者说出语言的能力,"特别是,表现为在大体上符合 T 语句所陈述的条件时,识别出语言中句子为真的倾向"①。达米特坚持戴维森的理论不足以跨越知道真理论的一个公理或定理为真与知道它所表达的命题之间的鸿沟,笔者认为,戴维森的趣味正在于它所致力于的既坚持整体论又试图避免援引意义的循环论证的尝试,他精心设计了一种小装置。这个装置本身可以运转,但是可能和运行在正确的诠释意义的轨道上有所偏离,"真理论的清楚表达不应被看作对应于实践能力的任何清楚表达,而拥有这种实践能力就显示了理论被呈现为其理论模型的那个知识"②。达米特认为必须把戴维森理想中的以表达真语句所体现出来的理解能力分解为不同的能力,使后者能对个体词、句子、句子类型加以理解,"为了施行这样的分解,有必要详细说明构成对单个词或句子的理解的实践能力,反之,根据整体论的观点,不仅说话者对其语言的驾驭能力不能被如此分解,而且对它到底是由什么构成的也不可能给出任何详细的说明。因此,对这个理论的清楚表达对于说明是什么构成了说话者对自己语言的掌握不起真正的作用"③。达米特认为,对句子的判定理解以及如何达到这种判定和理解是充分的意义理论要能加以说明的,而这一点不能一般地通过直接识别适当的条件的发生而达到对句子为真的评价的这一方式而做到,他甚至想到:"我们是否这样说,多少是个偏好问题,即我们希望把多少内容看作属于意义理论;这样的说明确实属于对语言运作机制的完整描述。"④这种完整描述人们不能指望意义的整体论能够完成。对于戴维森理论的批评的最后,达米特如此总结:"如果这种形式的意义理论在字面上被看作关联于以实际的句子构建起来的真理论,它就不会比翻译手册有更多的优越性,因为它不得不预设对元语言的理解。另一方面,如果它被解释为赋予说话者一种关于由该理论的句子所表达命题的非语言的知识,它的解释就消失了,因为它没有提供任何方式,

---

① 陈波、韩林合主编:《逻辑与语言:分析哲学经典文选》,东方出版社 2005 年版,第 598 页。
② 同上。
③ 同上。
④ 同上书,第 601 页。

使得我们可以解释我们把不同的相互区别的命题及它们演绎上的相互联系归属给个体的过程。这就是说,局限的意义理论要么并不能完成比翻译手册更多的东西,因为并不能一般地解释,当一个知道一个语言时他知道什么;要么就非得对它进行整体论的解释,在这时,它宣称能够系统地说明对语言的掌握便是虚假的,因为语言的整体论观点排除了任何这类说明的可能性。"①

一个意义理论除了能够说明被表述的命题被推出的方式以便有资格成为知识,还可能要刻画知道这个知识是怎么回事,即实践能力,以及把什么看作是对命题知识的宣示。达米特做了如上设想,可知意义理论要包含的内容可能是复杂的。在否定了意义理论的整体论之后,达米特追问意义理论应采取怎样的形式?回答这个问题达米特以构成句子的分子,专名为讨论对象。就专名的承担者问题来说,这一问题关注应该把什么看作一个对象是该专名的证明,达米特因此认为指称理论更准确地应被叫作专名的意义理论。达米特评论说:"如果意义理论根据真值条件给出,那么当考虑专名时,丰富的理论将使理解这个名称的说话者知道必须由作为这个名称的承担者的对象所满足的条件,而简朴的理论则简单地断定,说话者知道这个名称所代表的对象就是它的承担者。"②这里丰富的理论和简单的理论对应于之前区分的全面的理论和局限的理论:"就丰富的理论而言,也许可以说:'我们不是简单地识别对象:我们是以某些特征来识别它们。'而根据简朴的理论,可能回应说,我们怎样识别对象那是心理学的事情,与意义理论无关,而且在任何情况下,也不是非得有一种我们据以识别出对象的方式,比如说对我们可据以识别出谓词'……是红的'适合于某物的方式。"③对于简朴理论的这里的观点,达米特的具体回应有点类似普特南的结论(参见本书第十二章第二节):"即决定一个词意义的东西,与其说是在实际中正常地引发了其应用的东西,倒不如说是在有争议的情况下公认为结论性地证明了其正确应用的东西:认为在通常使用的情况下我们并不需要依赖于指导我们使用它的任何原则,就是错失了这一熟悉思想的要点。"④

---

① 陈波、韩林合主编:《逻辑与语言:分析哲学经典文选》,东方出版社2005年版,第603—604页。
② 同上书,第605页。
③ 同上。
④ 同上书,第606页。

达米特最后总的结论是:"意义理论,如果毕竟想成为可能的,就必须相合于原子论的,或至少是分子论的语言观念,而不能是整体论的观念;它必须是全面的,而不是局限的,必须是丰富的,而不是简单的。它不需要表达为任何直接的意义归属;但它必须不仅对任何人欲知道任何给定表达式的意义必须知道的东西给予说明,而且构成了拥有这个知识的东西给予说明。"①

到了达米特这里,意义理论已经明确了不需要表达可能也不可能表达为某种直接归属的形式,为什么是这样可能还需要进一步说明。并且,达米特还点出:需要考察格赖斯语言行为的概念以及这些行为和它们在心灵中的内化的关系,以进一步讨论意义理论。这里有一种明显的诉诸心理学领域的可能性或者说倾向,但此处他没有篇幅继续讨论了。

在这篇文章的附录(发表于1974年)中,达米特调整了前文的观点,它由弗雷格就专名和句子区分出指称和意义说起来,指出之前认为戴维森的真理论语义学是局限的意义理论就相当于只通过句子的指称而撇开意义而形成了意义理论,而这一点肯定不是戴维森想传达的意思。于是达米特思考到底什么是局限的意义理论:"它是一个为说明说话者赋予词的意义(亦即让他们联想到词的概念)留有空间,但本身又不提供这种说明的一种理论吗?或者它在原则上否认可能给出任何折衷说明的一种理论吗?"②如果戴维森的理论属于第一种,那么给它填补上说话者赋予语言的语词以特定意义的说明,则戴维森的理论就可以转变为全面的原子论的理论。不过这一新的理论的整体局面会使得这种理论成为"在意义理论证据方面的整体论",而达米特认为应该关注"语言的整体论","后者考虑意义理论本身,而不是不懂此种语言的人得到这个语言的意义理论的方式;特别地,它关系到对被给定的一种方式的说明,以这样的方式,认为说话者隐含地掌握意义理论就表现为他对这个语言的使用,并如我认为的那样而表现于那个理论的内容中"。③达米特认为,关于一个人怎样从零开始得到的证据方面的意义理论这个意义上的整体论和这里的整体论相比显得索然无味,而戴维森的整体论肯定是想

---

① 陈波、韩林合主编:《逻辑与语言:分析哲学经典文选》,东方出版社2005年版,第606页。
② 同上书,第610—611页。
③ 同上书,第611页。

比从零开始的整体论多增添些内容。达米特因此修正了之前对戴维森意义理论的评价，因为戴维森肯定不愿意停留在之前达米特刻画的那种局限的意义理论中。

那么，整体论在何种意义上能够具有充分的说明效力呢？达米特接下来便考察了整体论的相关支持方案。首先对于专名的意义而言，达米特开始考察了维特根斯坦的看法。例如"摩西"："维特根斯坦的论题是，存在着我们通常相信对于摩西是真的许多事情……并非其中每一条都得被继承认为是真的，否则我们便会失去'摩西'这个名称的用法：只要我们相信只存在一个人，哪些事情中的大多数对他都是真的，我们就可以拒绝其余的。"①这种关于专名意义的看法表明，部分地决定一个专名的所指的任何一件事情都可以证明为假，尽管专名的意义会受到一些改变，但不会使得专名丧失所指，"因为我们不再把被拒斥了的陈述算在大多数对于专名承担者来说肯定为真的那些陈述里头"②。这种看法看起来还可以扩展到其他类型的各种语词上，这似乎就可以达到某种形式的整体论了；一种支持整体论的在逻辑技术上的称谓完全赋值的方案似乎可以为这种整体论提供支持。整个方案针对一个很大的句子的类（T），其中的句子为真，其合取决定了包括名称和谓词的语词的指称，在设定我们有一个确定的对象全集，谓词的确定和名称的指称都在该集中确定。赋值就是给名称和谓词指派对象：每个这样的完全赋值都将构成对该语言的一个解释，关联于给定的全集，这个解释是就经典一阶语言的标准语义学的意义上来说的，除了一个完全赋值可以允许一个或多个名称没有所指；完全赋值都将决定语言的原子语句的真值，通过支配语句构成算子的那些真理论公理，此决定程式可扩展到所有语句。完成了这种赋值，便可以刻画名称的实际所指和谓词的实际外延，即在优选的（preferred）或正确的完全赋值下的那些对象；这些对象反过来可根据类 T 来解释。对优选的或正确的完全赋值的一种可能会被整体者所采纳的方法就是，"优选的完全赋值即是使得 T 中最大数量的语句为真的惟一的（如果有的话）赋值"③。达米特认为如果以这种方式再看戴维森的意义理论，根据上文

---

① 陈波、韩林合主编：《逻辑与语言：分析哲学经典文选》，东方出版社 2005 年版，第 612 页。
② 同上书，第 613 页。
③ 同上书，第 613—614 页。

提供的优选附值的思想，说话者所掌握的指称是以这种整体论的方式被决定，这种知识再进入由真理论公理表达出来的说话者的命题知识，这也就意味着说话者的判断被整合进意义理论之中，因此戴维森的理论就绝不再是局限的意义理论，作为其真理论的"证据"的东西内在于这个理论。达米特举例说明了现在其理论分析到达了哪一步：

> 如果某个人对包含名称"摩西"的哪一些句子一般被相信为真一无所知，而只知道，如果所论及的个体确实存在的话，那个名称就指称大多数巨资对其为真的那个唯一个体，那么，维特根斯坦就不能说这个人掌握了名称"摩西"的用法：他只是大致地正确说明了刻画那个名称或任何其他名城称用法应当采取的形式。为了知道名称"摩西"的特定用法，他必须知道包含那个名称的哪些特定的句子一般被认为是真的。因此，个体说话者常常去发掘名称或其他语词业已确定下来的用法是否存在，在他们自己没有完全掌握它的情况下，认为自己有责任响应决定词的使用的已然确定的方式……①

又如：为了知道"'地球'指称地球"这个命题的意义，一个人必须能够确定哪一些句子构成类 T，还有知道相对于类 T 的优选附值是哪些。

达米特认为这种结合了优选附值的整体论同时也表明语言是一个社会现象，"为了要以不同于记录装置的风格来使用名称和其他语词，说话者必须知道有关决定指称的方式的某种特殊的东西，即使他不能知道相关的每一件事情；存在着说话者本人认为有责任响应的由社会确定下来的用法，这一事实依赖于存在着发现支配那个使用的因素的方式"②。

但是，是否这种整合进了优选附值思想的整体论的意义理论是否就此确立起来了呢？达米特要证明上述尝试看起来有道理，但终将归于失败。就专名的指称的确定而言情况就已经很复杂，达米特指出确定最优赋值将会具有不确定性。最优赋值具有最大的赋值的度（degree），赋值的度即该赋值使

---

① 陈波、韩林合主编：《逻辑与语言：分析哲学经典文选》，东方出版社 2005 年版，第 615 页。
② 同上书，第 616 页。

得包含一个词（如专名）的 T 中的大多数语句为真时该赋值赋予一个所指的名称的数量。如果考虑两个专名"a"，"b"，和包含它们的为真的五个句子，分别为："Fa"，"Ga"，"Rab"，"Hb"，"Kb"；又假设上述谓词的外延已被确定，只有四个候选个体：i，j，m，n，这四个个体将会作为 a 和 b 的候选者。达米特进行了如下构造：如果 i，m 在 F 的外延中，唯有 m 在 G 的外延中，j 和 n 在 H 的外延中，唯有 n 在 K 的外延中，⟨i，j⟩ 是唯一满足关系 R 的有序对。在这样的情况下 i 赋值于 a，j 赋值于 b，和另一种赋值即把 m，n 分别赋值于 a 和 b，这两种情况将会得到同样数目的真句子；所以，在这种情况下根本无法确定最优赋值。可见，最优赋值可能根本无法说明这种大量存在的不确定性情形，它是否能够作为戴维森整体论的一种支持理论的地位就遭到质疑了，看起来人们没有什么理由来确定任意一个词的指称应该被证明为将使得包含那个词的最大数量的 T 语句为真，也无法确定名称的所指就是句中谓词的大多数对其为真的那个个体。所以，没有充分的理由能够表明，"为什么任意一个词的指称内证明将使得包含那个词的最大数量的 T 语句为真……说话者也几乎无法从这样一个思想中得到指导，即认为名称的所指正是由这些句子中抽离出来的谓词的大多数对其为真的那个个体。……因为他不可能将任何一个这样的谓词对任何特定的个体为真是何种含义看作是给定的……"[①]而决定谓词对何种个体为真这一行动，可能最终是通过实指来决定的，而不可能用其他语词来决定，因为其他语词在决定谓词的外延之前也已经有了给定的用法。所以优选赋值的思路不可行，因为对真值做决断并不要求采用优选赋值的方式，"就像有关摩西的判断并不需要确切地决定我们对摩西通常所相信的事情中哪个为真；一个人也许确实可以从整体论的理论中推出，不可能提出关于真的最终证明"[②]。达米特的分析最后得到的是提不出有效的真理论这一结论。另外，如果考虑到索引句的情况，则对于一个 T 整体来说，整体论者如果认为它由那些所有说话者或者许多人都接受为真的句子组成的这种做法将是不恰当的，因为这样一来，大量的具有差异和重要意义的索引特征的句子将会被排除在整体之外。这种做法还有一

---

① 陈波、韩林合主编：《逻辑与语言：分析哲学经典文选》，东方出版社 2005 年版，第 617 页。
② 同上书，第 617—618 页。

个结局，就是整体 T 具有足以决定许多谓词的使用这一效力，然而实际情况是这种对于一个包含该谓词的句子来说，大部分说话者承认其为真和具有相同外延这一情形是罕见的。那么，面对上述理论压力，真理论者或许必须考虑不再把整体 T 当作由句子构成，而是由特定的说话者关于真所做的个人判定所构成，这就意味着一个陈述被看作是由一个句子、一个说话者和一个时间构成的三元组。然而在满足个体性差异的同时，"在 T 被看作由语言的说话者实际所作的判断的地方，任何说话者都不会接近具有对那个语言的正确的意义理论的掌握，因为这些判断的大多数对他而言是未知的"[①]。并且，上述修正还意味着"语言"被窄化为"方言"，真理论就只相对于个人而言了，但却与他人的方言无关；然而，"在日常意义上，语言本质上是许多人参与的一种社会实践；而且正是这个概念，而不是方言概念，才应该被看作是首要的"[②]。

　　这里达米特得到的结论不禁令人想起索绪尔对于语言和言语的划分，当然这种划分只是分析或观念层次上的。不过这是否意味着一个说话者对他的语言（方言或者说言语）的掌握实际上暗含着他对那个语言的整体论意义上的意义理论的持有？他是否必定知晓包含基本整体的那些判断？看起来，一个人的言语显然不是完全隔离于语言的。整体论者希望通过找出能够确定语言中所有词的指称的说明来确定某些句子为真，然而达米特已经注意到了："我们的语言是一个具有多层次的结构，凭借言语解释把新的表达是引入语言或特定说话者的词汇表之可能性，依赖于我们首先以不同的方式来构建较低的层级"[③]；他的意思是整体论者的思路恰好错过了这最底层级的构建而追求整体的实际上难以符合实际的普遍或高层级的做法是不恰当的，整体论在语言累积习得的说明上是最弱的。尽管蒯因提出的语言整体论图示并不追求能够涵盖一切的公式，但是他的语言图示对句子而言做了一种核心层和边缘区域的区分，但这未必符合语言的整体形象；而戴维森的整体论则更加显得像一个庞大的单层复合体，"它在解释我们语言的点滴习得方面的困

---

[①] 陈波、韩林合主编：《逻辑与语言：分析哲学经典文选》，东方出版社 2005 年版，第 619 页。
[②] 同上。
[③] 同上书，第 621—622 页。

难源于下述事实,即它不能使知道语言的一部分的想法有意义"①。

不过直到最后,尽管达米特不停地强调正确的意义理论必须给出掌握了一种语言到底是怎么回事的说明,可是掌握一种语言是怎么回事的说明是一个能够在语言哲学分析领域能够确定的事情吗?笔者表示怀疑。在笔者看来,语言哲学的分析动机,与先验哲学的动机几乎没有本质上的区别,二者均是要寻找人类知识(此处是"意义")何以成立的必要条件。从这个意义上讲,分析哲学和胡塞尔的现象学哲学动机没有太多区别,但是其分析对象和路径迥然有别。

## 第七节 格赖斯《表达者的意义和意向》中的意义理论

面对这篇文章的分析,读者必须再次熟悉和学习一种新的术语和分析风格。完全表达类型的无时间性的意义的说明、不完全表达类型的无时间性的意义的说明,完全表达类型的应用无时间性的意义的说明、不完全表达类型的应用无时间性的意义的说明,对一个表达类型场景意义的说明,以及对表达者场景意义的说明,以上四种主要的意义说明形式,这是格赖斯一开始就交给读者的。显然这里不是对意义的说明,而是对意义的说明形式进行的讨论。格赖斯的主张是以上四种表达意义的说明类型都可以通过某种方式解释为表达者意向。看看格赖斯对"意向"的讨论也许不是浪费时间。

一切意义表述形式都可以还原为表达者场景意义的说明,这种还原假定了意向在所有陈述行为背后的普遍性。格赖斯的意义理论就是建立在对表达者场景意义的说明上的,它通过一个定义模式表达了他的理论,该基本模式可以根据各种情形加以补充或修正:

"U 通过说出 x 意味着某事"是真的,当且仅当,对某听众 A 而言,U 说出 x 是想要:

(1) A 产生一种特定的反应 r。

(2) A 想到(承认)U 的意欲(1)。

(3) A 在完成(2)的基础上完成(1)。

---

① 陈波、韩林合主编:《逻辑与语言:分析哲学经典文选》,东方出版社 2005 年版,第 622 页。

或者缩写为："U 表达 xM-意欲 A 产生 r"。①

除去不适合在此讨论的各种细节，格赖斯理论受到了胡塞尔的批评，但这种批评揭示说话者 U 说出的句子 x 和它的字面意义之间的联系在 U 的言语行为中可能只是次要的，格赖斯因此认为这够不上批评："如果要想使 A 认为 U 期望 A 能理解说出的句子，并要想使 A 赋予这个句子以一种 U 知道它并不具有的意义，那么，表达者不应当被描述为用他的话语意味着某种意义。我并没有看出这种争论有什么力量，我也不觉得应用这种差别很容易。"②那么胡塞尔的例子中出现的字面意义的分析实际上为意向分析所取代，字面意义在此并非正题，用胡塞尔的分析则更为直接，这里的字面表达唤起了新的更为重要的意向，重新立意的意义才是正题，当然这个重新立意的意义如何看待，胡塞尔和格赖斯都没有从本体论上进行说明，胡塞尔的现象学当然只能作为一门描述科学止步于此，格赖斯则更为关心如何去修饰他的定义模式而非对意义本身进行进一步思考。例如他在后文中认识到前述定义可能过于严格了，因为可能的情况是："当 U 意欲 A 应该想到 r，他并不期望（和意欲）A 基于 U 关于 A 应推出 r 的这一意向而相信 r。这里被假定发挥作用的是那些前提［这些前提可以推出 r——笔者注］，而不是对 U 的信任感。"③当然，后面还有针对各种情形的修正，这里不便详举。格赖斯的说话者场景定义当然可以不断完善，笔者认为他的尝试也是一种意义形态学，他没有从本体论上阐述意义，这一点和其他意义形态学者们没有不同，并且他的抱负也是希望自己的定义具有普遍性，他对此很有信心，他认为有希望相信："我们不但可以得到对表达者的场景意义的简要论述，而且可以表明，任何人类的规定（其作用在于为自然记号提供人工的替代物）都必须体现出这样一种概念作为其关键概念：这种概念大致具有我所赋予关于表达者场景意义的概念所具备的那些特征。"④不过，笔者认为这种描述的方式可能需要无尽的验证和修补，这是由其归纳性质所决定了的。

---

① ［美］A. P. 马蒂尼奇编：《语言哲学》，牟博等译，商务印书馆 2004 年版，第 170 页。
② 同上书，第 167 页。
③ 同上书，第 172 页。
④ 同上书，第 181—182 页。

## 第八节 素朴无辜的语义观与不妥协的境况概念

本书导言中所提到的指称模式在意义理论以及语义学中的主导模式，在分析哲学家内部也有人有充分的认识，但却又未全然摆脱，如 J. 巴怀兹、J. 佩里的《素朴无辜的语义观与不妥协的境况概念》这篇文章便是如此。这篇论文如一开始便有用意地引述了戴维森《论说出》中的基本立场："自弗雷格以来，哲学家们便坚定不移地持有下述看法，即认为在谈论命题态度时所涉及的内容句子可以奇怪地指称诸如内涵、命题、句子、表述和题写（Inscription）之类的实体。……如果我们能恢复我们的那种前弗雷格的素朴无辜的语义观，那么，我认为下述论题在我们看来完全是难以置信的，即在'伽利略说（that）……'之后表述出的'地球转动'这些语词，与它们出现在其他语境中时所惯常具有的含义或所指相比，具有不同的含义或指称不同的东西。——巴怀兹和佩里则和戴维森针锋相对，他们想以某种方法恢复前弗雷格语义学上的无辜，这种方法就是：'重新发现一个古老的想法，即陈述代表境况（situations），亦即世界上的对象和性质的复合体（盎格鲁—萨克逊人的传统经验论体现——笔者注）。'"[1]巴怀兹和佩里认为这种想法在罗素、维特根斯坦以及奥斯汀以及美国中西部的实在论者那里都能发现和找到，同时这种思路对于坚持"传统的形式语义学模式"的语言哲学研究者来说没有"号召力"。那么，这就只是一个传统的问题了，一个术语选择和学术传统的立场的区别。

两位作者认为"境况"思想由于弗雷格的语言哲学假设所抛弃，尤其是下属观点几乎成为主流："一个句子的指称必是其真值"[2]，他们认为像丘奇、蒯因、戴维森这样的大人物也属于弗雷格传统阵营，而作者自己希望推广这样的基本立场："世界（至少人类语言所反映的常识世界）不仅是由对象和对象的集合构成的，也不是仅由对象、性质和关系构成的，而是由具有某些性质和彼此具有某种关系的对象构成的。存在着我们成为境况的世界的

---

[1] ［美］A. P. 马蒂尼奇编：《语言哲学》，牟博等译，商务印书馆2004年版，第776页。
[2] 同上书，第777页。

部分，在常识和人类语言中我们可以清楚地辨认出它们，尽管我们不能准确地把它们个体化。"①作者将"境况"概念界定为："事态是境况，事件和情节是带有时间的境况，场面是视觉上可以感知到的境况，而事实是由语言所充实了的（或污染了的）境况。"②盎格鲁—萨克逊人的经验分割风格令人印象深刻，有其呆板执拗的特点，但分割往往会带来意想不到的效果，如逻辑学，电子计算机技术等，不可小觑。例如，此处的两位作者，便提出一种看似枯燥的概念分割：外在的和内在的境况。简单说，"外在境况"有点类似常识意义上理解的，而"内在境况"则适合两位作者将要给出的语言分析框架。例如"那只猫在那架钢琴上走来走去这个事件令亨利很烦。猫的如此这般的做法是我们称为该事件的外在性质的东西。该事件是由某只猫在某架钢琴上完成某种活动所构成的；这些性质是其内在性质"③。读者可能会觉得这种前弗雷格的素朴无辜的语义学也并非常识一般素朴。举简单的直陈陈述为一种境况类型来表示前述例子中的境况为：S（在……上，那只猫，那架钢琴）= 1，这是一个以关系序列和对象为主目，以 1 或 0 为值的部分函数，如果对于那只猫没有在钢琴上走动，而是待在垫子上这一陈述而言其对应的 S（在……上，那只猫，那架钢琴）= 0。对于这里出现的"关系"或者"性质"，作者给出了其本体论承诺，认为"它们既不是意义，也不是个体集合，也不是个体序列的集合。个体域 A 和关系域 R 是概念活动即个体化活动的平行产物。它们同样是抽象的但又同样是我们在感觉和语言中所处理的最具体的事项。个体化提供了语言抓住世界所必须的对世界的连接（articulation of the world）。现实的境况是现实世界的一部分。将世界个体化的概念活动使得我们能够按照境况类型给境况分类"④。很显然，借助德勒兹的术语"节段化"，此处的"连接"就是分节和提供节段，就是此处所说的个体化的活动必须对世界加以分割截断，否则无法形成任何类型。当然，除了前述例子中的现实的境况还可以划分未现实化的境况，例如希望、恐惧、意图和信念。我们在前面已经熟悉了胡塞尔的意识哲学背景下对这些意

---

① [美] A. P. 马蒂尼奇编：《语言哲学》，牟博等译，商务印书馆 2004 年版，第 778 页。
② 同上。
③ 同上。
④ 同上书，第 778—779 页。

向行为的处理,但在此处在另一传统中学者们则要使用逻辑、函数、有序对……的数学背景。

两位作者开始其语义学问题是这样来陈述其总问题的:"语言是如何抓住世界的呢?"①语义学抱负看起来并没有不同于其他哲学抱负的地方,是对世界和语言关系的一种理解。但这种理解和研究趣味全然不同于德国的哲学家,两位作者有其传统,尊重经验和常识。语言如何抓住世界,"在最初级的层次上它是以下述方式做到的:令简单的直陈陈述描述境况的类型,而一个句子的意义便是使它适合于担当这个任务的东西"②。但是,作者认为"意义"含糊不定且复杂,将语言的用法的许多不同方面糅在一起,正因为如此在分析哲学这个传统中,哲学家们提供了很多途径"将意义分析为更小的组成部分",作者提到了弗雷格的所指和含义,卡尔纳普的外延和内涵,大卫·卡普兰提出的由特征、内涵(或内容)和外延组成的一个三级体系。作者在这里也准备将意义进行更小组成分析的前提下提出新的道路,一个以"语言意义,解释和赋值"构成的三级体系。读者已经熟悉,胡塞尔的意义分析是在意识哲学的层次上进行的,尽管十分细致,但和分析哲学的传统建立在对对象的承认的尝试前提截然不同。这里的"解释"层级便是"对象和性质的复合体,而不是弗雷格第三域的居民,也不是从可能世界到外延的程序或函项。(最近语言学家们曾用此方式解释弗雷格的涵义。)我们可以在弗雷格的所指这一层次上发现对象和性质,但弗雷格的所指概念反映了他的下述观点:涵义域可为被套嵌陈述(embededed statsments)提供所需要的规定性"③。作者认为弗雷格的上述处理是误入歧途的,而作者的解释层将会对所指进行"彻底的修改"。

解释层和赋值层实际上就是作者对意义进行的处理的核心区域,当然,如果习惯于以意识哲学作为背景的读者会觉得这太简单化了,许多复杂因素这种分析哲学处理方式均未被考虑,如黑格尔的"这一个"问题所包含的对象意识之诞生的诸多分节考虑,而此处的作者认为:"在解释和赋值这两个层次上有很多可以加以探讨的东西,而这些东西似乎在很大程度上是与语

---

① [美]A.P.马蒂尼奇编:《语言哲学》,牟博等译,商务印书馆2004年版,第779页。
② 同上。
③ 同上书,第780页。

言意义的其他复杂性不相干的。"①可见,"其他复杂性"不是解释和赋值要考虑的,对这些复杂性摒除在外的做法也是一种传统。

接下来的讨论作者首先给出了他们的两个原则:第一,"在解释的层次上,直陈陈述代表、描述或指示(designate)……诸多境况类型"。第二个原则关于构成性,"它断言:一个陈述的意义是其构成部分之意义的函项。在它被表述得如此含混的情况下,它几乎不可能是假的"②。对于原则二,作者提到弗雷格很明显在两个层次上使用到了它:"一个符合表达式的所指是它的诸部分表达式的所指的真值函项,同样,对于涵义他也坚持这样的原则。"③

作者这样说道:"一个句子是某种语言的句子,该语言所提供的东西的一部分便是这个句子的语言意义。就一个特殊的用法而言,语言意义提供了对句子的诸部分和句子整体的解释。对整体的解释应是由该陈述所指示的境况类型的集合。"④对于意义要提供对句子诸部分和句子的整体解释来说,胡塞尔采取的节段化处理是植根于意识哲学或意向性术语系统的,而这里由于不以此为背景,那么提供对句子部分和整体的解释的乃是意义的继续节段化,即需要句子陈述所指示的境况类型集合(当然这里讨论的是直陈句)。例如作者举例直陈句"杰基在叫",作者说其解释将是一个命题,"也就是说是一个杰基在其中叫的境况类型的集合"⑤。所以,在这个个案中,意义层被分解第二层即解释层,解释层由一个相当于命题的境况类型,该境况类型是以之前我们已熟悉的集合形态所呈现出来,即 $\{s\mid s(在叫,杰基)=1\}$;"这样,在解释的层次上,我们将对象作为关于名称、变元和其他非复杂词项的解释,将性质和关系作为关于简单谓词的解释,而将命题(即境况类型的集合)作为关于陈述的解释"⑥。当然,在上述例子中读者已经看到了赋值,赋值体现了作者这样的想法:"通常通过观看世界或它的某一部分

---

① [美]A. P. 马蒂尼奇编:《语言哲学》,牟博等译,商务印书馆2004年版,第780页。
② 同上。
③ 同上。
④ 同上书,第781—782页。
⑤ 同上书,第782页。
⑥ 同上。

（乃至观看某个不适合于世界的相关境况类型），我们可以给一个表达式提供一个'载值解释'（value-laden interpretation）——这种解释取决于境况类型整理事物的方式。这个'载值解释'是该表达可以关于它作为其组成部分的陈述的解释所做出的一个可供选择的贡献。"①作者认为他们的赋值方式较之传统的语义范畴更为清晰界限分明，能够确定一个给定境况是否是在一个给定的命题中，以及确定一个性质在给定的境况中的外延，和确定一个个体在给定境况中所具有的性质，而弗雷格的所指概念则是"……某种处于解释和赋值之间的乱作一团的东西，它由赋值在理解语言时所起的中心作用所引起。因而命题被当作是真值，性质被与外延相混淆，而在蒙塔古的著作中，个体几乎被等同于性质的集合"②。

作者认为弗雷格放弃无辜语义学出于两个理由，这两个理由在笔者看来都是出于弗雷格对于真值分析的偏好，"第一个理由是，在那些被嵌套于某些语言中的陈述之内，具有共同所指的表达式的替换不保持整个嵌套陈述的真值"③。第二个理由就是在处理各种类型的句子中，采取真值能够进行保真替换。之前笔者已经分析过弗雷格，是他将真值的偏好引入到分析哲学中，与这种忽略掉句子中所有具体东西的做法相反，"一种无辜语义学认为一个陈述的所指——依赖于该陈述的组成部分之所指的那个意蕴（signification）方面——恰好是对整体（该陈述是被嵌套在这个整体中的）所指做出有贡献的东西"④。作者认为"在境况中，一切具体的东西都没有丧失"⑤。作者这种不同于弗雷格和蒯因等人的态度乃是因为新的逻辑处理方式，或许更多的是分析哲学内部分析处理方式的变化。他们如此说道：

"例如，我们认为 X 看到 S 这种形式的陈述嵌套着一个陈述 S，只有当 X 看到属于对 S 的解释中的某个类型的一个场面（一种具体的境况）时它才是真的。我们认为 X 相信 S（就其最中心的和最一般的用法而言）这个陈述说了下述事情：X 具有某种复杂的关系性质，而这种关系性质是由作为命题

---

① ［美］A.P. 马蒂尼奇编：《语言哲学》，牟博等译，商务印书馆2004年版，第784页。
② 同上书，第785页。
③ 同上书，第786页。
④ 同上书，第787页。
⑤ 同上书，第789页。

S 的组成部分的对象和性质所构成的。在这两种情况下，被嵌套的陈述的组成部分具有它们在整体中的通常解释。这种无辜的态度会有什么错误呢？"① 当然没有什么错误，而只是分析哲学内部分析传统的一种改变，这是一种更为贴近直觉和常识的语义学的世界分节方式，"直观上说，境况是对象和关系（从此我们把性质视为是从属于关系的）的复合体。给定了这个概念，句子的诸部分的作用便是识别得以从中构造出复合体的对象和关系"②。

但是，两位作者指出由丘奇提出，并被蒯因、戴维森加以扩展的一个论证似乎排除了上述境况语义学的可能性，这个证明的结论是："具有相同真值的所有句子必须指示相同的东西。"③由于这个论证篇幅短小影响力大，作者简称为"弹弓式论证"。丘奇论证的企图依然是为了促成把真值作为展开逻辑的关键点。作者评论说，"这个论证就像一个模糊的图表或一个埃舍尔素描一样"④。强调真值就抹消了句子（5）到（8）⑤之间的直觉上的区别，罗素的摹状词理论会更好地处理（6）、（7）之间的联系，但他选择这种否认摹状词指谓所描述对象的方式，也偏离了常识的摹状词部分本应给关系或对象构成给出的贡献；所以，作者提到正是因为罗素的理论的偏离境况，所以这个理论引起了讨论，它背后还有东西：

"我们认为唐奈兰用他的指称性和归属性用法的区别查明了这'某种东西'，而且弹弓式论证的这种说法以及它的所有说法只不过依靠着从无值解释到载值解释的转换。在第一步我们对限定摹状词作了载值解释，下一步对它们作了无值解释，继而为了完成此论证我们又对它们作了载值解释。"⑥

从（6）到（7）的转变，丘奇只是利用了斯各特是斯各特，二十九是二十九这一逻辑等价的模型，但换一个角度两个句子乃是偶然恰巧相对

---

① [美] A. P. 马蒂尼奇编：《语言哲学》，牟博等译，商务印书馆 2004 年版，第 788 页。
② 同上书，第 790 页。
③ 同上书，第 789 页。
④ 同上书，第 790 页。
⑤ 这几个句子分别是：
(5) 沃尔特·斯各特爵士是《威弗利》一书的作者。
(6) 沃尔特·斯各特爵士是那个总共写了二十九部关于威弗利小说的人。
(7) 沃尔特·斯各特爵士所写的关于威弗利的众多小说的数目是二十九。
(8) 犹他州的县的数目是二十九。
⑥ [美] A. P. 马蒂尼奇编：《语言哲学》，牟博等译，商务印书馆 2004 年版，第 792 页。

于同一个模型中为真。那么，出于类似的动机，如果把上述等价换作具有相同真值即意味着句子间的等价，这种等价就是丘奇引入的"逻辑等价"。但显然相对于境况视角而言："'逻辑等价'并没有恰当地命名在相同模型中为真的陈述之间的关系，这样的陈述根本无需具有相同的题材（在由这些陈述的诸部分指示的对象和性质的含义上）。一旦这类具有不同题材的'逻辑等价'陈述被嵌套在其他的陈述中，它们在逻辑力量上的差别便变得明显起来。"①

  作者认为在蒯因和戴维森那里都存在上述弹弓式论证。蒯因令人印象深刻的对外延原则的强调在笔者看来是对对象或所指的偏好的体现，从而专注的依然是"逻辑等价"和保真替换，而把逻辑等价背后陈述的不同题材或者说陈述的诸部分所指示的个体和关系的不同抛弃了。并且蒯因的保真替换并不区别陈述的透明语境和逻辑等价性质，所以才能得到对于在真值上等价的陈述不区别对待的结论。但作者认为，如果被关注的即使是透明语境下逻辑等价的情况，也不能相互替换。他们质疑了指称不透明这个术语划分的有效性。认为戴维森那里有一种弹弓式论证的观点，两位作者分析错了例子。他们所分析的正是戴维森所反对的。作者认为，由弗雷格创造并被丘奇扩大其效应的立场影响了整个语义学几十年的进程，并且可能世界语义学也是其副产品，作者认为应该补充以境况语义学，认为它和可能世界语义学合并可能会导致一门行得通的自然语言语义学。

---

① ［美］A. P. 马蒂尼奇编：《语言哲学》，牟博等译，商务印书馆2004年版，第793页。

# 第十二章
# 意义理论的批评者们

## 第一节　意义理论的批评者1：斯特劳森论意义

斯特劳森在《意义与真理》这篇文章中想对交流意向论者与形式语义论者的观点予以评述。二者笔者已经分析和展示过了。在笔者看来，二者都要在寻找一种语言交流之所以成立的必要条件，但是角度不同。斯特劳森的概括可能有些过激嫌疑，他认为交流意向论者主张"要在不参照说话者具有的某种指向听者的复杂意向的情况下对意义概念作出适当的解释，这是不可能的"[①]。语义论者当然有其为塔斯基所规定了的语义学的考察表达式及其对应物之间关系的主题，斯特劳森认为他们对于确立旨在交流的规则系统不感兴趣，笔者认为这个评论也有些过火。因为，语义学的规则同样可以说是对语言交流的必要条件的确定方式之一。笔者并不认为两个阵营具有一种论争关系。不过斯特劳森的批评值得考虑。对于交流意向论者，斯特劳森认为其理论的创立有不合情理之处，例如在格赖斯的论文中对于其要达到的约定的交流意向规则的不断修改这一点表明：

"这种丰富和发展本身又使思想的扩大以及交流需要的扩大成为可能，以至于在一个约定系统可以加以修改以便满足我们在该系统出现以前几乎无法想象其存在的那些需要。这种修改和补充本身又可以造成这样一些思想的可能性：再不假定作出这类修改和补充的情况下，我们便无法理解人们具有

---

① [美] A.P. 马蒂尼奇编：《语言哲学》，牟博等译，商务印书馆2004年版，第184页。

这些思想意味着什么。我们用这种方式便可以对一种可供选择的发展图景作出描述。初始的交流意向和成功促成出现一个有限的约定性的意义系统，这个意义系统使其自身的丰富和发展成为可能，以至于再一次对现存的语言手段造成压力（现存的语言手段本身对这样的压力很敏感）……"①

所以，格赖斯的这种寻找规则的方式在斯特劳森看来总是落后于语言的存在，总要预设语言的存在。不过笔者认为语义论者同样也无法避免参照语言而不断做出修正，斯特劳森可能也会如此认为，因为斯特劳森本人的评论清楚地表明了两个阵营之间的诸多共性和差异：

"双方均赞同：一种语言中的语句的意义在很大程度上是由那种语言上的和句法上的规则或约定所确定的。双方都同意：任何一组共同具有关于一种语言的知识（具有共同的语言能力）的人都具有一种或多或少的强有力的交流工具或交流手段（他们由此修改彼此的信念或态度，或者影响彼此的行动）。双方都赞同：这些交流手段是以一种完全约定性的方式而被有规则地使用的，人们想要通过他们的话语来交流的东西是由规则地与他们所表述出的那些语句的约定性意义相联系着的。双方的分歧在于（一方面）确定意义的语言规则与（另一方面）交流的功能之间的关系：一方面坚持认为，这些规则的一般性质只能通过参照这种交流功能加以理解，另一方面（明显地）拒绝参照交流功能来理解语言规则的一般性质。"②

如前所述笔者认为这并非分歧，而是基本趣味的差异。斯特劳森并不倾向于把语言规则的一般性质从交流的社会功能方面加以考量，在他看来只有一种替代方案值得考虑，实际上就是语义论者依赖于真值条件的道路。斯特劳森提到了戴维森的语义学工作，但正如戴维森自己提到的那样，语义论者的理论会碰到一些例外和异类或者说边缘部分，无法用确定语言 L 中语句的句法规则及语义规则来确定其意义成立之条件，这些边缘部分似乎可以参照交流意向论者的道路去加以说明。此时，斯特劳森才给出了他在这篇文献中想要讨论的中心问题："它只不过在于这样一个貌似简单的问题，即是否能在无需参照交流功能的情况下解释或理解真值条件概念本身。"③但是问题依

---

① ［美］A. P. 马蒂尼奇编：《语言哲学》，牟博等译，商务印书馆2004年版，第188页。
② 同上书，第189页。
③ 同上书，第192页。

然，很多句子人们无法自然地说它们是有真假的东西，此时真值概念就无法适用，真值据以成立的真值条件也无法适用。所以，斯特劳森尽管表明他愿意针对意义理论押宝在真值条件或者真概念上面，"但是，除非我们相信我们有一个关于真理概念的适当的一般性理解，否则的话，我们仍然无法相信我们有一个关于意义概念的适当的一般性理解"①。关于真的一般性理解和说明按照斯特劳森的表述实际就是："一个做出一个陈述或论断的人做出一个真陈述，当且仅当事情的存在方式如同他在做出那个陈述时对事情的存在方式的陈述一样。或者说：表达一个假定的人表达真假定，当且仅当事情的存在方式如同他在表达那个假定时对事情的存在方式所做出的明确假定一样。"②结合上述真的一般说明，以及意义和真值条件的想法，可以得到关于语句意义的下述说法，这样的说法实际上是语义论者的态度："一个语句的意义是由这样一些规则所确定的，这些规则确定事情是如何被一个在说出该语句时作出了一个陈述的人陈述成如此这般的，或确定事情是如何被也在说出该语句时表达了一个假定的人明确地假定成如此这般的。"③这里提到的规则可以理解为语义论者提出的诸种规则，"这些规则确定了一个在给定条件下说出该语句时做出一个陈述的人做出什么样的陈述，或确定一个在给定条件下说出该语句时表达了一个假定的人表达什么样的假定；如此等等"④。但是陈述、断定等概念表达了语言行为的内容，"交流意向论者坚持认为，除非依据所指向听者的意向，否则的话，我们便无法阐释关于陈述行为或断定行为的概念"⑤。斯特劳森认为意向—交流确定了某个陈述实例中所论及的信念是什么，并且这一点又决定了做出什么样的陈述；而语义论者所揭示的真值条件规则确定了陈述人做出什么样的陈述。所以，看起来坚持语义论立场会把人带到意向—交流论立场。斯特劳森认为这种退却不可取。意向交流论是通过把在某些语境条件下表述出的语句与某些可能事态相互关联起来从而确定意义的，但在格赖斯的不断修改规则定义的行为已经可以看到，这

---

① [美] A. P. 马蒂尼奇编：《语言哲学》，牟博等译，商务印书馆2004年版，第193页。
② 同上书，第193—194页。
③ 同上书，第194页。
④ 同上。
⑤ 同上。

种规则与可能事态的关联太不明确，从而意义和真的规定似乎无法提出任何规则要求了。因此"有必要找到某种方式来详细说明在每种情形下的某种特定的相互关联，即把语句与这样的可能事态相互关联，这些可能事态的成立是在所设想语境条件下表述语句时说出某种真话的充分必要条件"①。所以，如果要重新回到真值条件概念的确定上来的话，必须另找出路。

在经过上述讨论后，斯特劳森认为要做到这一点，语义论者必须在某些方面效仿交流意向论者，但是又必须坚持语义论者的特征。接受的地方在于接受了交流论者的陈述、论断这具有行动意味的概念，并且做出一个论断就是表达一个信念，保持语义论者独立性的地方在于，否定对断定概念的分析必须参照任何一种指向听者的意向。上述策略是去掉了交流意向参照，即把仅仅说出或表达一个信念的概念作为基本概念，认为这就足够了。妥协之后的结果便是："为语言中的一个语句确定意义的规则是这样一些规则，它们确定一个在给定语境条件下表述该语句的人按约定方式表现出什么样的信念。"②显然，这种妥协仅仅去掉了语义论者的部分形式追求，引入了信念、断定这样的语力成分。斯特劳森认为这种妥协行不通，但如果要坚持这一妥协则必须能够证明："即我们是否也能在不具有指向任何听者的意向的情况下做出我们在具有这样一种意向时所能做出的事情呢？这也就是说，当存在指向听者的意向时，这种意向是某种附加在表达一个信念的活动之上的东西，这种意向对于表达信念（或表达信念这个概念）来说决不是必不可少的。"③但看起来，这种证明可能无法存在。斯特劳森认为语义论者的做法无异于认为存在这种满足意义概念分析之所需且本质上独立的关于信念表达的概念，至少这个独立的信念表达的成立不会是简单的，语义论者可能为一种虚假的概念算术所诱惑，正如我们在所有的语义论者（如之前达米特的最优附值策略）那里看到的那样。

独立的信念表达如果能存在，同时，语义论者的意义分析还能够成立。那么独立的信念表达是何意味？是否存在呢？甚至需要追问"信念表达"是何含义？在追问的过程中斯特劳森指出语义论者无法避免求诸交流意向：

---

① ［美］A. P. 马蒂尼奇编：《语言哲学》，牟博等译，商务印书馆2004年版，第196页。
② 同上书，第198页。
③ 同上。

"当（譬如说）我们把一个人的表达信念的行动或行为看作是指向一个似乎可有理地归之于他的目标或目的……时，我们有时能合乎情理地谈论这些行动。"①但是语义论者无法采纳这种引入了交流目标的说明。另外，上述表达信念的行动能否按照语义论者的理想加以形式化，即是否能够是服从规则的呢？并且这些规则对行为作为信念之表达起调节作用？这样的行动的形式化现实中无法实现，因为一个表达行为的可能的意味或寓意是多样的。确定一个表达行动的形式服从规则或形式化，并以之作为意义分析所想得到的结果是很难有效的，因为："确定一种语言中的语句之意义的规则或约定是公共的或社会的规则或约定，这一点是作为一个关于语言的完全偶然的真理而出现的。"②所以，看起来信念表达本身可能就是一个偶然真理或事实，独立的信念的表达这个概念因而就更不具有严格性了。认为语句表达的公共规则或许能够在非边缘的部分作为语义论者成立的限制条件，认为就这种意义核心而论，交流的功能是次要的、派生的，概念上是非必要的，这种试图修正的思想斯特劳森认为无济于事且显得反常而任意，交流论者将会赢得争论。在斯特劳森看来，语义论者提供了一个起点："知道一个语句的意义便是知道一个说出这句话的人在什么样的条件下说出真话，这种说法的确是一种一般来说无害的和有益的说法。但是，如果我们所希求的是对意义概念作出哲学上的阐释，那么，上述说法所表示的是我们的任务的开始，而不是其结束。"③"表达一个真命题"和"一般地说真话"以及"解释表达真命题意味着什么"是不同的，前者可以采取很多方式说出事实上为真的东西（如演戏或引用一段话），且无须表达对其为真的信念或断定，后者却不可避免地要参照信念。这里的区别斯特劳森认为极为重要，正是由于这种偏差，"真"好像成了一个关于类语句的谓词，语义论者的"真"尤其如此，尽管其旨趣可能只是形式上的追求。这种偏差需要纠正："它易于使我们忘记语句的用途是什么。我们把意义与真相联系，又（过于简单地）把真与语句相联系；而语句又属于语言。但是，作为理论工作者，除非我们理解了人类

---

① [美] A. P. 马蒂尼奇编：《语言哲学》，牟博等译，商务印书馆2004年版，第199页。
② 同上书，第200页。
③ 同上书，第203页。

言语（speech），否则的话，我们便对人类语言（language）一无所知。"①斯特劳森最后发人深省的具有历史感的概括类似于达米特的观点。实际上他已经表明了两个阵营的各自缺陷。语义论者有偏差，交流论者处于无限经验归纳的过程中，意义本身并未得到真正的追问。

## 第二节 意义理论的批评者 2：普特南论意义

普特南 1979 年的文章开篇就指出人们对语言形式的分析、对自然语言句法的描述取得了进步，但是对语言的另一维度"意义"却仍处于黑暗之中。他想澄清这个局面的原因：

> 在我看来，所谓的语义学，之所以处于比句法理论远为糟糕的境地，是因为语义学所依靠的那个前科学概念——关于意义的前科学概念——本身就比句法学的前科学概念糟糕。②

这个评论道出了意义形态学或者幽灵学谱系绵延的原因，的确，"意义"本身一再被略过。有些持唯名论的怀疑论者认为意义根本就不存在，但是其论证并没能够表明为什么关于意义的前科学概念会处在一种糟糕的状态中。虽然普特南也认为意义不存在，但究竟在怎样的意义上不存在，这需要说明。在策略上，普特南完全针对语词的意义，这是针对戴维森的"语句的意义才是首要的"这一立场。他对以往传统的意义理论下了一个结论：

"传统的意义理论都是吞噬意义的神话（Myth-eaten）（注意，在哲学中，关于'意义'这个话题的讨论，可以说除了'理论'别无他物——也就是说，根本没有可以称作或者可以讽刺为'常识观点'的东西）。"③的确，读者一开始在对石里克关于意义的经典文章分析中已经可以看到这一点，包括胡塞尔在内，没有人关注当下对一个词或句子的理解是怎么一回事，胡塞

---

① ［美］A. P. 马蒂尼奇编：《语言哲学》，牟博等译，商务印书馆 2004 年版，第 204 页。
② 陈波、韩林合主编：《逻辑与语言：分析哲学经典文选》，东方出版社 2005 年版，第 450 页。
③ 同上书，第 451 页。

尔可能是使用"意义"这一概念工具最为贴近当下理解的哲学家。

接下来，普特南质疑了中世纪为消除意义日常概念中的歧义而引入的外延—内涵，或者意义与意谓。当然，对于不少语词而言外延有时是很难界定清楚的，如"树"，有些边缘性的对象很难断定是否是其指称。还有同一个语词的含义可能也是多义的。如果外延是意义这个词的含义之一的话，那么一定还有一个含义和意义所具有的另一含义相联系，此即内涵：

> "有心脏的动物"显然不同于"有肾脏的动物"这个概念。因此这两个词项具有不同的内涵。当我们说它们具有不同的"意义"时，意义＝内涵。①

以上观点，普特南称为对意义的两面性，即意义包含"内涵"和"外延"的标准解释。证明这种不圆满是普特南全文的任务。普特南认为没有充分证据表明外延是意义的一个含义，因为，很明显，外延和内涵的含义清晰度是迥异的：

事实上，尽管"外延"这个概念已经比照着"真"这个基本的逻辑概念而得到了精确的界定（当然存在着上述严重的理想化），但内涵这个概念，却像"概念"这个概念一样模糊（而且，如读者将要看到的那样，有误导性）。这就像有人解释"概率"这个概念，说"在一种意义上，'概率'意味着频率，而在另一种意义上，它意味着倾向性"，"概率"从来都不意味着"频率"，而且"倾向性"至少跟"概率"一样模糊。②

不少哲学家认为，概念是某种心理的东西（mental）或某种心理的实体。也有像弗雷格、卡尔纳普还有《逻辑研究》时期的胡塞尔这样的反心理主义者，他们认为意义是某种公共属性，不同的人可以在不同时候掌握它，因而意义被看作并非心理实体的某种抽象实体（例如胡塞尔第一研究中纯粹逻辑学背景下的作为"类"的意义）。对此普特南评论说："这些哲学家中，没有一个人怀疑如下事实，理解一个语词（知道它的内涵），就是处

---

① 陈波、韩林合主编：《逻辑与语言：分析哲学经典文选》，东方出版社2005年版，第453页。
② 同上。

于一定的心理状态之中（就像是说，知道如何在头脑中分解因子，就等于是处于某种十分复杂的心理状态之中）。"①

另外，人们通常认为两个词项可以外延相同而内涵不同，而内涵相同外延不同被视为不可能的，但后一种观点是否真的不可能呢？人们似乎缺乏思考，从没有人对此做论证。

由此，普特南归纳出传统的意义理论的两种不受质疑的假设：（1）知道一个词项的意义就是处于某种心理状态；（2）一个词项的意义或内涵决定其外延或相同的内涵意味着相同的外延。

针对第一点，普特南分析了"状态"，他说："在一种意义上，一个状态就是一个两位谓词，它包含着一个个人和一个时间。"②这可以理解为一种矢量分析，人和时间都暗含在语境中，大概满足这个必要条件的事情太多了，例如普特南给出的例子：有五英尺高、很疼、知道字母表，甚至包括离巴黎有一千英里，这些都算心理状态。对这些句子的完整分析形式如下："x 在时间 t 有五英尺高"、"x 在时间 t 很疼"等。如果按照这种分析，将没有什么不是心理状态了，有什么东西不能分析出人和时间呢？甚至这里有一种贝克莱式的倾向。所以，普特南认为在科学的语境中"状态"被限定为由一些衡量个体的参数来定义的一些属性，这些个体在科学中具有基本性的地位。但他据此认为，"至少离巴黎有一千英里"算不上是一种自然的状态是理由不足的。不过这个瑕疵不会影响我们的理解。普特南认为这里分析的心理状态不同于（1）中的心理状态。传统哲学家们谈论（1）中的心理状态时具有一种方法论的唯我主义假设，即不预设该状态所属的主体之外的个体的存在，甚至也会否认状态所属主体的身体的存在，这正是观念主义的立场。普特南认为，这种立场肇始于笛卡尔且暗含于整个哲学传统中。对这种观念主义普特南进行了简要的反驳。例如唯心主义如何解释嫉妒这种心理状态。类似这种用法："x 嫉妒 y"，这不就预设了 y 的存在吗？而另一用法："x 嫉妒 y 对 z 的态度"不预设了 y 和 z 都存在吗？如果坚持唯心主义，则要么嫉妒就不属于心理状态，要么嫉妒就被解释为嫉妒主体自己的幻觉或想象

---

① 陈波、韩林合主编：《逻辑与语言：分析哲学经典文选》，东方出版社 2005 年版，第 454 页。
② 同上书，第 455 页。

的东西。唯心主义选择了后者。在这个意义上的心理状态具有很强的"因果封闭性"。

普特南认为，弗雷格虽然认为意义不是心灵实体而是柏拉图主义的实体，但是："抓住"这些实体仍然是处于一种心理状态［狭义的（即唯我主义的）］。所以普特南看到弗雷格依然受到关于意义的传统理解图式的支配："因此，一个人是把'意义'当做'柏拉图主义'实体还是当做心理状态，就只是一个约定俗成的问题了。"①所以，仍可以认为在弗雷格那里，意义还是一种心理状态。所以，传统的对于意义的两个假设都赞同这样的立场：两个说话者不可能处于一切方面都相同的心理状态，而对某词项有着不同的理解。这却正好是普特南通过孪生星球的例子要反对的观点。孪生星球的例子指出下述这样的情况是可能的："两个人所处的心理状态（狭义的）完全相同，但一个人所说的 A 的外延却不同于另一个人所说的 A 的外延。外延并不是由心理状态决定的。"②

实际上，这个道理是浅显的，因为人们不会认为单只依赖于自己的头脑就会产生意义，依赖自己的心理活动就能产生意义。婴儿的头脑能产生对某词项的理解，从而对应有某种心理状态吗？这是很难想象的。笔者认为，当人们说心理状态决定意义，或内涵决定意义时，可能混淆了两个层次：一个是意义的发生学层次，另一个是意义的静态表现。在孪生星球和地球上的水的不可辨别前提下两个人种对于水的意义的理解相同，实际上表明了意义在发生学层次上未能产生分别，同时这个例子的特殊在于其种意义的静态表现是一致的。假设从 t 时刻所有地球人知道了孪生星球上的水的结构为 XYZ，那么发生学的意义相同已经被打乱，其同时意义的静态表现也不再相同，但蒙在鼓里的另一人种依然如前理解。从发生学上人们可以确定词项的外延，所以当普特南说"'水'这个词项的外延（而且，事实上，'水'这个词在其直觉的、前分析的用法上的'意义'），并不是说话者的心理状态的函项"③ 时，他阐明的是一个十分朴素浅显的事实。不过，当普特南由此断言："意义"就是不在头脑中，他却把发生学的层次叠加到了意义的静态表

---

① 陈波、韩林合主编：《逻辑与语言：分析哲学经典文选》，东方出版社 2005 年版，第 458 页。
② 同上书，第 459 页。
③ 同上书，第 461 页。

现上来了，他却没有看到另一个同样朴素的事实：我们在说水是液体这句话的时候，并没有求助外延，而的确是处在某种心理状态中。笔者称这第二个朴素的事实就是意义的静态表现的确是心理状态层次上的。在笔者看来，研究胡塞尔意义理论的研究者们，可能都没有分清楚意义的发生学层次及当下理解意义的静态表现。胡塞尔在《逻辑研究》中的绝大多数时刻都限定在后者的范围内，体现为内在主义，但是这种内在主义和外在主义并不一定是矛盾的，胡塞尔在发生学上的研究表明了普特南这里的没有进一步澄清上述区分是可以结合在一种具体的意义形态学之中的。

普特南提出人们对于自然种类词项外延的把握需要借助语言的劳动分工。例如普通人都需依赖于专家的判断来决定水或者金子的外延究竟是什么。这就表明自然种类词项实质也是索引词。显然在这种情况下，个人的心理状态并不决定词项的外延，而是说话者所属的语言共同体的集体的社会语言状态才决定该词项的外延。针对这样一种索引词理论，普特南构想了如下的两可情况："或者说'水'这个词在孪生地球人的英语中的意义与地球英语是相同的，只不过两者的外延不同（就像在不同的说话者那里'我'这个词的情况一样）——这样就放弃了'意义（内涵）决定外延'的原则；或者说（这是我们的方案），就自然种类的语词来讲，外延上的区别事实上就是意义的区别——这样，我们就放弃了意义是概念（或实际上任何种类的心灵实体）的原则。"[①]笔者认为，放弃"意义决定外延"是合理的，普特南的说明已经足够充分。但是说外延的区别等同于意义的区别能成立吗？头脑中发生的事件和意义的关系究竟是如何呢？在这个意义上，普特南的理论同样属于吞噬意义的理论的范围内。他同样偏离了当下静态地意义理解的事实。要想不吞噬意义，必须回答它是什么？意义虽然由外延决定，但是物理对象外延如何决定脑的活动，以及脑中意义被决定后如何能够独立工作呢？作家在构思的时候，是概念思维或者意义在决定文本吗？这里的意义仍是一个谜？意义本身如何能够被决定，这需要进行一种心智哲学的思考。但是读者马上会看到，普特南类似蒯因的外延主义倾向决定了其排除了这种探索。

在继续的讨论中，普特南认为甚至连"铅笔"这样的非自然种类的人

---

[①] 陈波、韩林合主编：《逻辑与语言：分析哲学经典文选》，东方出版社2005年版，第474页。

造物类别的词同样难以消除其索引性，既然外延本身是被索引性地决定的话，因此"我们完全可以怀疑，自然语言中是否存在真正的单一标准词项——除了在那些有约定的上下文中"；"词项的外延有赖于充当范例的特定事物的实际上的本质，而这种实际的本质，一般来说，并不是完全被说话者所知晓的。传统的语义学理论忽略了对外延起决定作用的两种贡献——来自社会的贡献和来自真实世界的贡献"[1]。所以，外延对意义有贡献，但不同于意义。然而，如果说内涵是类似于说话者心中的概念的某种东西，由于外延对意义的影响意义也就不能等同于内涵了。对此，普特南认为解决方案之一是保留意义与概念的等同性，但同时意义不决定外延。方案之二是将意义等同于一个实体的有序对其中一个要素即外延。普特南倾向于第二种方案，在这个方案的意义上可以说意义决定外延，既然外延已经作为意义的矢量因素之一的话。在这个方案下，普特南认为传统的意义问题就会明晰地展示出两个关键问题，其一是解释外延的确定，之前的语言的劳动分工理论已经解释了，他认为这是社会语言学家的问题。其二是个人能力如何描述的问题，因为每一个人在语言的劳动分工中扮演的角色是不同的，这属于心理语言学的课题。

普特南提出"范型"理论作为说话者"掌握"了该词或者"知道"该词意义的标准。具体说来，普特南要求说话者的使用方法符合要求，即不能除了例如知道"老虎"的外延是一个物理对象以外一概不知；另外，老虎的外延是由社会决定的标准外延，即范型。通过以上方式，普特南想固定一种何谓掌握一个词的标准。他反对这样的所谓"掌握"标准：掌握一个词就是拥有一种所谓它的意义的东西，这个标准当然含混；同时，他也反对下述标准：掌握一个词的充分条件就是将它与正确的概念联系起来，或者说就是出于有关这种东西的正确的心理状态之下。普特南的意思是："关于（典型的）老虎，说话者必须知道某种东西，否则就不能算是掌握了'老虎'这个词。"[2]他还说："语言共同体也有它的最低标准，这标准既关乎句法学，也关乎语义学。"[3]但是问题来了，这个最低标准的确立恐怕是个民主问题。

---

[1] 陈波、韩林合主编：《逻辑与语言：分析哲学经典文选》，东方出版社 2005 年版，第 487—488 页。
[2] 同上书，第 493 页。
[3] 同上。

笔者想起一个真实的故事，某男孩天生双目失明，通过收听广播爱上了足球，并且熟悉了足球的规则，通过家人制作足球场地模型并讲解，他自己能够"听懂"一场足球，并且自己能加以解说。那么，按照普特南的观点，这个男孩是否真的了解一场足球比赛呢？这里的语言的共同体对于足球比赛的最低标准又在什么地方呢？普特南认为，尽管能够知道老虎一词的用法，但没有亲见到老虎就算不得掌握了"老虎"，那么这个男孩也算不得掌握了"足球比赛"。所以这里普特南就显得有些依赖于民主的暴力了，但不能对少数人的特殊用法视而不见，那毕竟是一种用法。用范型来构成一种句法或语义学是不合实际的，有着重大缺陷。

普特南对戴维森的语义学观点给出了批评。戴维森的观点是："可以根据数理逻辑学家所说的关于形式化语言的真定义的模型，来构造关于自然语言的语义学理论。"①撇开技术性的层面，普特南总结戴维森的立场是："我们可以具有一套规则，以说明（1）对于每一个语词来说，在什么条件下它适用于某事物（对于某些词语来说，是具有外延；对于其他语词来说，它们将被当作虚词）；（2）对于超过一个语词的句子来说，要有一个规则来说明，它们的真值是如何依赖于组成它们的更短的句子的真值的（词语被当作独词句，例如'雪'就等于'那是雪'）……"②戴维森借助塔斯基的启发，认为一种真定义可以是一种意义理论。普特南认为首先的困难就是："对于很多语词来说，虽然可以给出一个外延上正确的真值条件，但这种真值条件在任何意义上都不能算是关于这个词语的意义理论。"③例如，水对 x 为真，当且仅当 x 是 $H_2O$，这不能算是关于词项"水"的意义理论。戴维森清楚这一点，所以他为了让这种来自塔斯基 T 语句的形式理论构成一种意义理论，他提出要发展一种翻译理论，所以戴维森的理论是既采纳一个真定义系统，该系统同时又是一个翻译系统，普特南批评道，这相当于说一个意义理论就是一个真定义加上一个意义理论。另外，这种翻译理论的基本单元是句子而不是语词，普特南也加以反对。因为，和达米特一样，普特南也认为对于大多数语词而言，真理理论的要求和意义理论的要求并不是相互兼

---

① 陈波、韩林合主编：《逻辑与语言：分析哲学经典文选》，东方出版社2005年版，第506页。
② 同上。
③ 同上书，第507页。

容的:

问题在于,一般来讲,一个表达式,如果既要跟 x 兼容,又要与 x 具有大致相同的范型,那么这个表达式可能就包含着 x 自身。如果我们排除这样的真值条件句……

"x 是水"为真,当且仅当 x 是水。

因为它们并没有提到任何关于"水"这个词的意义的东西,如果我们再排除这样的真值条件句:

"x 是水"为真,当且仅当 x 是 $H_2O$。

因为它们作为对"水"这个词的意义的描述是错误的,那么,我们就不剩任何东西了。[1]

另外,塔斯基就是在对一种特定的语言为"真"的"真"这个词给出外延,而不是给出"雪是白的"的意义。不过,普特南也认为或许"戴维森真正想要说的是,意义理论,在任何严肃的意义上,是不可能的,可能的只是构造翻译函项"[2],但如果是这样,他怀疑戴维森的做法究竟具有多大的启发意义。

紧接着对戴维森的反驳后面的,乃是普特南对一种更为广泛的语义学研究路径的批评,即他认为由晚年的卡尔纳普所开创的"加利福尼亚语义学",普特南简略地将其概括为:

"设 f 是一个所有可能世界为'空间'来界定的函数,它在任意一个可能世界 x 中的值 f(x),总是 x 中的实体集合的一个子集。这样,f 就被称作一个内涵。一个词项 T 对于一个说话者 x 具有一个意义,如果 x 将 T 与一个内涵 f(T) 联系起来的话。词项 T 在一个可能世界 x 中对于一个实体 e 为真,当且仅当 e 属于集合 f(x)。"[3]

普特南评论说:"将内涵等同于集合论的实体 f,这确实为内涵这个概念在现代数学风格之下(参照着'可能世界'和'集合'这样的概念)提供了'具体'的实现方式,但是这样做的代价在于,我们因此就很难理解一个人是怎样在心中拥有一个内涵的,或者他怎样想到一个内涵,'抓住'一

---

[1] 陈波、韩林合主编:《逻辑与语言:分析哲学经典文选》,东方出版社 2005 年版,第 509 页。
[2] 同上书,第 510 页。
[3] 同上书,第 512 页。

个内涵，或者将一个内涵与某种东西'联系'起来。说想到一个内涵就是使用一个语词或者一个语词的功能替代品……这也无济于事，因为这些语词或者语词的替代品要指称到这里的内涵，而指称（即作为一个词项的外延）这个概念本身，在这里是由内涵来定义的。尽管加利福尼亚语义学对'想到一个抽象实体'（比如函数或者属性）的解释肯定是正确的，但是现在在这种上下文中，它却显然是一种循环论证。而关于该理论中的这个基本的概念，从来没有人提供一个非循环的解释"；"加利福尼亚语义学解释了什么是内涵，但是，对于我们何以能够'抓住'内涵，何以能够将内涵与词项联系起来，何以能够想到它们、指称它们，加利福尼亚语义学却没有提供一种非循环的解释"。①

这种循环论证实际上就是对意义理论吞噬意义的一种普遍描述。对意义的说明能够是非循环的吗？实际上我们一直就理解意义，问题实际在于解释它究竟是什么，笔者已经指出，其实普特南自己也属于这种吞噬意义的理论。加利福尼亚学派有人认为其工作只是对理想语言进行处理，但普特南相信由于我们的自然语言具有不可消除的索引性，所以将其还原成非索引性语言是不可能成功的。

对于普特南自己的道路，他自己认为还需要做大量的科学工作，包括："（1）发现哪些种类的事项可以出现在范型中；（2）找出一个令人满意的系统来表征这些范型；等等。不过，这种工作不能通过哲学讨论来完成。它毋宁是语言学和心理语言学的研究范围。"②普特南相信一般来说，能够找到一个词项所对应的范型，这些词项具有一些比较稳定的分类特征，这些特征可以称作范畴标记。

最后，普特南对意义问题的建议就是："要定义意义这个概念，我们不能去找一个与意义等同的什么东西（尽管如果有人坚持要这么做，我们也可以用一种一般的集合论风格来做到），而要以一个正常的形式（或者毋宁说，一类正常的形式）对意义作出描述。如果我们知道，关于一个词的意义的一种'普通形式的描述'是什么样的，那么，在我关注的范围之

---

① 陈波、韩林合主编：《逻辑与语言：分析哲学经典文选》，东方出版社2005年版，第512—513页。
② 同上书，第516—517页。

内，我们就知道了，在任何一种科学上让人们感兴趣的意义上，意义究竟是什么。"①

具体说来，普特南建议：

"对一个词的意义的一般形式的描述应该是一个有限的系列，或者'矢量'，其成分将包括下面这些内容（其他种类的成分也是可以考虑的）：（1）适用于这个词的句法标志，比如'名词'；（2）适用于这个词的语义学标志，比如'动物'、'时间段'；（3）对范型的额外特征的描述，如果有的话；（4）对外延的描述。

"这个建议还包括这样一个约定：这个矢量中的诸成分，除了外延之外，代表着一种假定，一种关于个体说话者的能力的假定。"②

但是，普特南认为自己的这个建议通过构造意义而决定了外延，但抛弃了单个说话者的心理状态决定其所说的意思这个立场。

普特南最后的评论倒是总结了笔者所说的意义幽灵学谱系的特点："关于意义理论，令人惊讶的是这个话题陷于哲学误读的时间是如此之长，而且这种误读是如此之强烈。一个又一个哲学家把意义等同于一个充分必要条件。在经验主义传统中，又是一个又一个哲学家，把意义等同于证实的方法。而且这些误读还不具有排斥性的优点：有不少的哲学家都主张，意义＝证实的方法＝充分必要条件。"③

"关于一个我们每个人经验中都很熟悉的话题，一个关于它我们知道得比我们会做得还要多的话题，一个关于它我们都具有（如果带有一点偏见的话）足够清晰的直觉的话题，专业界的观点和普通人的观点为什么都如此地误入歧途？如果这个问题有一个原因的话，它应该与这样一个事实有关，即关于语言的那些荒谬观点，从来都反映这两种特殊的而且极有核心意义的哲学倾向：将认识当作纯粹个人事务的倾向，以及忽视世界（世界中的东西要多于个人所'观察'到的东西）的倾向。忽视语言的劳动分工，就是忽视了认识的社会性；忽视我们所说的大多数语词的索引性，就是忽视了来自环境的贡献。传统的语言哲学，就像大多数传统哲学一样，把他人和世界抛在

---

① 陈波、韩林合主编：《逻辑与语言：分析哲学经典文选》，东方出版社2005年版，第519页。
② 同上书，第519—520页。
③ 同上书，第522页。

了一边；关于语言，一种更好的哲学和一种更好的科学，应该把这两者都包括进来。"①

笔者认为任何一种"意义理论"大概都无法避免被吞噬的命运，因为意义本性如何，它是什么呢？当人们这么问的时候，人们究竟是在谈论什么呢？你说你懂得了一句话的意义，究竟懂得的那个东西是什么呢？是普特南所说的那四个矢量吗？在某种意义上也许是的。但如果问在你听到那句表述的当下你的大脑中就同时把握了这四个矢量吗？理解一个意义的当下究竟该如何理解呢？也许意义问题发展到今天，其终极处理路径不是很明确了吗？即要解释从心灵哲学的角度看，意义究竟是什么。克里普克的如下思考无疑指明了这一点。

## 第三节 意义理论的批评者3：克里普克对意义批判性的反思

克里普克是一位机警的分析哲学家，笔者在本书中最后引用的分析哲学家也是他，这也并非偶然；《语言哲学》的编者将其作为整编书的最后一篇文章或许也不是巧合，这种编纂本身也为笔者提供了论述的秩序。看起来笔者没有处理克里普克著名的指称的因果理论，而是这篇被作为《语言哲学》压轴篇目的文章《规则、私人语言和意义问题》，因为读者您也将会发现，这篇解读维特根斯坦的文章和维特根斯坦的哲学一样是对一切哲学主题的怀疑和否定姿态的体现。

克里普克对所谓维特根斯坦私人语言的论证做了更为明确的解读，他不认为这个论证主要是处理关于"感觉语言"的难题，在他看来，"应用于感觉的'私人语言论证'仅仅是预先论证过的关于语言的更一般考察的一个特殊情形"②。

克里普克认为第 201 节中的陈述，或许是《哲学研究》的中心问题，"它可以被看成是哲学怀疑论的一个新形式"，在那里维特根斯坦说道："这

---

① 陈波、韩林合主编：《逻辑与语言：分析哲学经典文选》，东方出版社 2005 年版，第 523 页。
② [美] A.P. 马蒂尼奇编：《语言哲学》，牟博等译，商务印书馆 2004 年版，第 924 页。

就是我们的悖论：任何行为过程都不可能由一个规则来确定，因为可以使得每一行为过程都与这个规则相符。"

克里普克以自己的方式拓展了该悖论。克里普克以数学中的加法规则为例子进行阐述。假定出现了一位古怪的怀疑论者，他提出当克里普克过去使用"加"这个词项时，他想得出的"68+57"的答案可能是"5"。这位怀疑论者指出，当克里普克使用"+"这个符号完成"68+57"得到或者指谓"125"时，并非因为克里普克给了自己一个执行加法的以 125 为结果的指令；有可能情况是这样的，即克里普克以前使用"plus"和"+"指谓一个称之为"quus"和以"$\oplus$"表示的函项。该函项定义如下：

$x \oplus y = x+y$ 如果 $x$，$y<57$

$=5$ 在其他情况下。

怀疑论者指出克里普克是在麻醉药物的影响下精神错乱而用"plus"意指 quus。克里普克认为这个假象事例，尽管荒谬但不是逻辑上或先天不可能的，"（我可能除了错，不是在数学上，而是在我与我以前的语言意向相符这个假设上）怀疑论者提出，我恰好出了错，将加与 quus 弄颠倒了"[①]。

克里普克接着思考："通常，我设想，在我计算'68+57'时，我并不只是秘密地做出了一个不经辨明的跳跃。我遵循预先给予我的指示，它们唯一地决定了在这个新实例中我将说出'125'。"[②] 到这里为止似乎没有疑义，但问题是预先给予的"指示"是什么呢？克里普克说："依照假定，我从没明确告诉自己，在这个实例中我将得出'125'。我也不能够说，我只是在'做我经常做的相同的事情'，如果这意味着'根据我以前的例子所显示的规则计算'的话。"[③] 克里普克说这规则可能是 quus 函项规则，也可能是加法规则，而在前述假想中由于精神所乱而颠倒了两个规则的用法，克里普克使得"规则"的问题戏剧化了。克里普克试图更清晰地表达怀疑论者的观点，既然怀疑论者在真诚地和克里普克交流，所以克里普克有理由假定怀疑论者并非是在怀疑他现在对"加"这个词的使用：

---

① ［美］A. P. 马蒂尼奇编：《语言哲学》，牟博等译，商务印书馆 2004 年版，第 928 页。
② 同上。
③ 同上。

他承认根据我现在的用法,"68+57"指谓125。他不仅在这一点上与我一致,而且他用我现在所用的语言与我进行全盘辩论。他只是怀疑我现在的使用是否和过去的使用一致,我现在是否在遵从我以前的语言意向。问题不是"我如何知道68加57等于125?"(这个问题通过给出一个算术计算就可以回答),而是"我如何知道,像我过去意指'加'一样,'68+57'应指谓'125'?"如果我过去使用的词"加"指谓quus函项而不是加函项……的话,那么我过去的意向就是这样的,当问起"68加57"的值时,我应回答"5"①。

克里普克指出,这个怀疑论的重点在于指出维特根斯坦实际上以内省的角度提出了一种和蒯因从外在的行为主义的角度所提出的"翻译不确定性"有所交叉的问题:"是否存在某个关于我的过去的事实(我用加'意指'什么),它指示我现在应该做什么?"②克里普克认为维特根斯坦由此提出了一种极富创意的新式怀疑论:"没有任何东西证明以一种方式回答问题的盲目的倾向比另一种更有道理"③;"维特根斯坦的主要问题是,他好像已经表明一切语言、一切概念形成都是不可能的,实际上都是难以理喻的"④。

克里普克看出维特根斯坦自己尚未能看出来的他和休谟的怀疑论之间的相似之处:"两人都发展了一个怀疑论悖论,它以对从过去到未来的某个关系的质疑为基础。维特根斯坦探究过去的'意向'或'意义'与现在的实践之间的关系:例如,我过去关于'加'的意向与我现在的计算'68+57=125'之间的关系。休谟探究了两个其他相互关系的联系:一个过去事件借以使一个未来事件不可避免的因果关系和从过去到未来的归纳推理关系。"⑤克里普克认为在维特根斯坦和休谟以及贝克莱之间存在类似的相似性,尽管维特根斯坦并不承认怀疑论这个称号以及在关于精神状态的性质问题上批判休谟。克里普克认为维特根斯坦将赞同怀疑论者这样的论点:即不存在这样

---

① [美] A. P. 马蒂尼奇编:《语言哲学》,牟博等译,商务印书馆2004年版,第929—930页。
② 同上书,第932页。
③ 同上。
④ 同上书,第933页。
⑤ 同上。

一个关于我的心智的"最高事实",它构成我用"加"意指加法,并预先决定为了与这个意指相符我应该做什么,并且他认为而我们在日常关于加的用法之中却会认为"加"有着确定的意义、意指着由公式所确定的相关步骤,是一种误解,换句话说,要寻求在精神状态中寻找区分加法的意指或表明"68+57=125"的必然性这一企图并没有抓住问题的关键。这一看法来自克里普克对休谟的怀疑论的理解,克里普克如此评论休谟乃至贝克莱的怀疑论:"怀疑论论证的价值大多恰好在于这样一个事实,即他已经表明一个日常实践(即使要捍卫它的话)是不可能以某种方式来捍卫的。一个怀疑论的解决方案也可能涉及到(按前面提出的方式)对日常信念的一个怀疑论分析或说明,这个分析或说明揭露了这些信念似乎在表面上参照一种形而上学荒谬性。"①

克里普克似乎是在提醒人们,日常信念或实践本无依据为何却能作为可信任之物?在这个背景下,克里普克认为休谟怀疑论的真正意味可能并不在于表明因果关系来自于习惯联结,而在于因果关系根本就是荒谬的:

"只有当特定事件 a 和 b 被认为是分别包含在两个事件类型 A 和 B(A 和 B 通过 A 类型的所有事件都以 B 类型的事件追随其后这样一个概括联系起来)之下,才能够说 a '导致'(cause)b。当单独地考察事件 a 和 b 时,任何因果观念都是不合适的。这个休谟式的结论可以称为:私人因果性的不可能性。……似乎根本不存在像'产生'这样的关系,似乎因果关系是虚构的。……因果性在宇宙的其余部分被排除的情况下应用于两个孤立的事件时,是没有意义的。只是因为这些事件被认为是通过规律性而联系起来的事件类型的实例,它们才能被认为是因果地相联系的。如果两个事件不知怎么的是如此之独特,以至于在逻辑上排除了它们被置于任何(好像自然的)事件类型之下,那么因果观念就不适合于它们。"②

克里普克的意图在此终于彰显——维特根斯坦的反私人语言论证具有一个类似于休谟的反私人因果性论证的结构。维特根斯坦对于"+"的意指或用法的怀疑,表明了这种怀疑本身引出的事实效果,即:

---

① [美]A. P. 马蒂尼奇编:《语言哲学》,牟博等译,商务印书馆 2004 年版,第 936 页。
② 同上书,第 937—938 页。

"这种怀疑论绝不容许我们谈论一个被单独和孤立地考察的单个个体在意指什么东西。……维特根斯坦对其问题的解决是一种怀疑论的解决。"①

经由克里普克解释的维特根斯坦的思想提出了一个惊人的可能波及任何语言所覆盖之处的普遍怀疑,孤立地考察单个个体无法决定其任何意义,维特根斯坦通过孤寂的狭窄的个人对语言思考所发觉的和黑格尔通过激情饱满的思辨所得到的是惊人的一致。但是其中的差异意味着什么呢?或许不同哲学传统之间存在着某些"飞地",尽管如此其疆界又不因为飞地的存在而发生任何剧烈变化。克里普克甚至能够以此解释维特根斯坦的写作风格:"维特根斯坦公开声称不能用惯常地组织好的论证和结构写一部著作,至少部分地不是出于个人的和风格上的倾向,而是出于他的工作的性质。……如果维特根斯坦……以明确论题的形式陈述他的结论的成果,那就很难避免以这样一种形式阐述他的学说,这种形式存在于对我们日常主张的明显的怀疑论的否认中"②;"即一旦采取明确的论题形式,这种论题形式本身也会遭到和这个论题所讨论的内容被怀疑和否认的相同命运,因为论题形式本身之所以能够成立和因果关系的成立以及加的用法的成立会遭受同样的被怀疑的命运:当我们试图给出一个准确的、关于我们正在否认的恰好是什么……的描述时,危险就出现了"③。

通常认为私人语言是一种其他人不可能在逻辑上理解的语言,而私人语言论证就是用来反驳私人语言在这种意义上的可能性的,克里普克则指出:"这个构想并没有错,但在我看来,重点稍微有点错位。真正被否定的是可以称之为关于遵从规则的'私人模型'的东西,即仅仅依据有关规则遵从者的事实而不参照他在一个更广泛的共同体中的成员性来分析关于一个人遵从给定规则的概念。(同样,休谟所否定的是关于因果性的私人模型:一个事件是否导致另一个事件是一件只涉及这两个事件之间关系的事情,与它们被包含在更大的时间类型之下无关。)"④

克里普克对维特根斯坦的这种解读使得人们被迫再次思考人类语言和思

---

① [美] A.P. 马蒂尼奇编:《语言哲学》,牟博等译,商务印书馆 2004 年版,第 938 页。
② 同上书,第 939 页。
③ 同上书,第 940 页。
④ 同上书,第 942 页。

维本身的性质，既然："事实上，似乎在任何一个给定时刻不论我的心智中想什么，在未来我都可以以不同的方式自由地解释这个概念……"① 所以维特根斯坦提出的是一个和语言及意义本性的问题，意义究竟如何确定，来源于何处？一切不都应在读罢这本《语言哲学》的论文集最后一篇文章之后重新开始思考吗？既然如此，由于胡塞尔相信的被给予所引起的现象学革命本身的效力就值得在这一层面上进行重新思考了。在笔者看来，这也是众多胡塞尔的批评者提出来的针对现象学的最为致命的批评。如果不回答通过概念被表述出来的，被胡塞尔付诸文字的内容本身的有效性何在，胡塞尔的现象学就时刻处在危崖之上。他的有关意义的一切文字都将付诸流水。

克里普克提示维特根斯坦的怀疑论并非想引发一种真值条件理论：这种理论就是，对于任意 m 和 n，我们用"加"意指的函项的值，就是（按照定义）（几乎）整个共同体将作为答案而给出的值。这种理论是关于这样一些主张的真值条件的理论，如"我用'意指'某某函项"，或者"我用'加'意指一个函项，当把它应用于作为自变数的 68 和 57 时，就得出 125 作为值"……这种理论断定，125 是被意指的函项对于给定变数的值，当且仅当给定这些变数，"125"几乎是每个人将给出的答案。②

实际上，更深一层的困扰维特根斯坦的问题乃是由这个怀疑论所自然引发的对于数学基础的困惑；例如"加"到底是什么，并没有得到回答。维特根斯坦在《数学基础评论》中也表达了这样的问题意识，"当然，'人类相信两个二是四'和'两个二是四'这两个命题并不意指相同的东西"③。

数学本性的问题绝非无关紧要的，王浩认为"分析哲学中很多核心争端都可以被视为企图解决这一困难的努力所产生的后效"④。即强调经验的分析哲学（王浩干脆称分析哲学为"分析经验主义"）没能解决和无法解决的困难就是："经验主义如何充分地说明数学的确定性、清晰性、适用范围以及可应用呢？"⑤克里普克为读者展示了维特根斯坦所关注的这个问题的可

---

① [美] A. P. 马蒂尼奇编：《语言哲学》，牟博等译，商务印书馆 2004 年版，第 940 页。
② 同上书，第 942—943 页。
③ 同上书，第 943 页。
④ [美] 王浩：《超越分析哲学》，徐英瑾译，浙江大学出版社 2010 年版，第 17 页。
⑤ 同上。

能效应之一。王浩本人坚持:"数学、集合论和逻辑的公理和定理统统都是'分析的',却不必因此付出'内容空乏'的代价。"①他相信:数学和逻辑的确具有"实在的"内容。在这个意义上,王浩认为既然数学并非像蒯因等人认为的是约定主义的并因此而内容空泛,所以他把数学看作是忠实显露的人类的知识本相之一,他认为自己的哲学指导原则就是:"忠实显露吾辈之所知、所信及所感的本相。"②所以,王浩本人也认为其哲学应作为现象学出现,但却是那种摆脱了胡塞尔主观性限制的"现象描述学"。③

维特根斯坦是一个复杂而深刻的人物。早期的维特根斯坦对形式逻辑以及形式化符号语言的偏好是很合维也纳小组胃口的,"但是后来维特根斯坦明确地否定了这种观点。他对于下述问题的重要性持怀疑甚至否定态度:即使用符号逻辑来澄清和纠正日常语言中以及哲学家所惯用的语言中出现的混乱(维特根斯坦本人曾指出,后一种语言往往是哲学难题和假问题产生的根源)。在这一点上大多数分析哲学家都同意维特根斯坦的主张,而反对维也纳学派以及大多数美国分析哲学家的观点"④。

卡尔纳普这样评论维特根斯坦和维也纳学派及与自己思想的分歧:

"我们从维特根斯坦的著作中看到,有些事物可以自我显示,但却不可言说。例如,句子的逻辑结构以及语言与世界的关系。与维特根斯坦的这种看法相反,我们起初是试探性地,而后又逐步地日益明确地提出了我们对此的看法:我们完全可能有意义地谈论语言以及一个句子与它所描述的那个事实之间的关系。纽拉特从一开始就强调说,语言现象是属于世界内部的事件,而不是存在于世界外部用来指称世界的东西。口语是由声波构成的,书写语是由纸上的墨水痕迹构成的。纽拉特强调这些事实的目的,是为了否定那种认为语言中存在着某种'更高的'、'神秘的'和'神圣的'东西的观点。这种观点在德国哲学中十分流行。我同意纽拉特的看法。可是我要指出,与语言作用相关的只是墨迹的结构形式,而不是它的物理特性。因此,构造一种有关语言的理论,也即称之为书写型的几何学是可能的。这种思想

---

① [美]王浩:《超越分析哲学》,徐英瑾译,浙江大学出版社2010年版,第20页。
② 同上书,第2页。
③ 同上书,第51页。
④ 同上书,第44—45页。

最终导致我称之为语言的'逻辑句法'理论的产生。"①

维特根斯坦认为句子的逻辑结构以及语言和世界的关系只能显示，在笔者看来，其原因在于维特根斯坦的思考绝非卡尔纳普般囿于句法学，而且已经跨入了心灵哲学的门槛，他并非是重复德国古典哲学中的最高和神秘之物，而是看出来一旦进入心灵哲学或者意识领域（正如胡塞尔所思考的领域），那么形式逻辑的某个层次上的局限便会显现（如同克里普克刚才所揭示的那样）。当然，胡塞尔还没有对意识进行一种科学探究，而是诉诸直观，他也只是抓住了意识或者语言和意识之间的关系的"显现"，而"不可言说"的意识本身则没有进行本体层面的讨论，在这个意义上可以说他的现象学是排除自然科学的。类似的是，分析哲学范式下的卡尔纳普们实际上撇开了语言和世界的关系，撇开了产生语言的意识的物理或生理特性，满足于构建语言在墨迹层面上的"书写型的几何学"，维特根斯坦则逐步叩开了心灵哲学反思的大门。

笔者认为，对意义本相的追问和回答类似于克里普克在分析哲学内部把经验主义带来的休谟悖论推至数学本性乃至一切规则②（包括语言规则的）本性的有无意义的怀疑论一样，人们对于意义这个主题可以行进到何种地步呢？在克里普克或者维特根斯坦扫荡了一切基础之后，如何从零思考呢，既然一切"意义"皆已变得可疑和被排除，确实是到了直面"意义"本相的时刻了。

---

① ［美］卡尔纳普：《卡尔纳普思想自述》，陈小山、涂敏译，上海译文出版社1985年版，第45页。
② 贾可·辛迪卡提到维特根斯坦本人的读写困难症和他无法找到引导"规则"的实体有关，"或许正是在这儿，维特根斯坦的读写困难症打败了他。对于概念化的主要的语言游戏，他没有对它们在决定具体的理论模型或其他阐释意义时的作用给予一个说明，在同样的意义上，他也没有对构建模型性的阐释可以揭示逻辑演绎规则的具体含义作出说明。最终，对于一个规则是如何引导我的行为的问题，他认定他不能给出一个一般性的说明。……除了依照规则行事，对于遵循规则，我们不能说任何东西。（一般情况和在典型情况下）我不依赖于对规则的任何清晰的公式化表述：我们遵循它，就好像它是盲目的。对维特根斯坦来说，这意味着，规则与标准失去了它们的首位性，而变成了附属于语言游戏的概念化说法。按照这个新观念，一种语言游戏不是通过把它的规则传达给学习者被教会的。相反，那些规则只有通过掌握语言游戏才被理解。语言游戏不仅仅是语言与实在之间所有语义学关系的中介，它们还是语言理论中提起上诉的最后［终审——笔者注］法院。早些时候，维特根斯坦警告说，规则之后无一物。现在，他可以通过指出语言游戏之后无一物，提出他的新观点"。（［美］贾可·辛迪卡：《维特根斯坦》，方旭东译，中华书局2002年版，第48—49页）关于维特根斯坦的读写困难症，海德格尔的哲学将给出一种解释。

跟随笔者的读者如今到达了何处？在展示过胡塞尔的意义的诸侧面之后，在展示过英美哲学中"意义"的多重样态之后，读者看到他们均没有回答意义究竟是什么？"意义"真的是个好问题吗？笔者在这里不做过多评论，无论如何在这最后即将呈现的部分中的确要回答已经迂回许久的对这一问题的承诺。作为胡塞尔现象学的一种另类的效应，此处召唤海德格尔，在他这里笔者能够发现一种导向"意义"本体论追问的思考踪迹。

# 第十三章
# 意义究竟是什么：从海德格尔到心灵哲学

我确信，讲话和写作是可以无止境的；但是，当事实在讲话时，我就特别习惯于沉默。①

## 第一节 海德格尔对于"意义是什么"的另类回答

海德格尔对于胡塞尔的不满显现为一种更为彻底的存在论上的兴趣，而非认识论追求。除了海德格尔令人印象深刻的风格，笔者认为其哲学的最大特色就是对主客二元对立的超越。笔者在论及石里克时，读者就已经看到了石里克和摩尔对于观念主义或唯心主义的批评，摩尔和石里克一齐证明了站在实证主义的角度观念主义不容易保持其观点的一贯。他们的立场可以追溯到休谟著名的批判。对胡塞尔而言，虽然其术语乃是主观主义的，但因为现象学的悬置方法保持了极大的方法论的克制，强调直观内省，所以这种方法正如倪梁康先生所说是介于实证主义和形而上学之间的。② 海德格尔则借助了胡塞尔方法论地基，将胡塞尔的整个反思行动做了高阶思考，所以他说："我们无意以史学方式了解，那名为现象学的现代哲学流派，其情形如何。我们不讲现象学，而讲现象学所讲的。"③

"为了界定具体问题，我们最终并不需要得到澄清全面奠基的现象学概

---

① [德] 费尔巴哈：《基督教的本质》，荣震华译，商务印书馆1984年版，1843年第二版序言。
② 倪梁康：《思者的疑虑》，《中国图书评论》2008年第4期。
③ [德] 海德格尔：《现象学的基本问题》，丁耘译，上海译文出版社2008年版，第1页。

念。毋宁说，遵照如今在'现象学'名义下所了解的东西或许也就够了。"①

笔者这里打算集中关注海德格尔的《现象学的基本问题》，这里有着海德格尔的哲学秘密。

海德格尔说："现象学一般被理解为一门哲学性的前科学——该前科学为真正的哲学科学（逻辑学、伦理学、美学以及宗教学哲学）提供基础。但在把现象学规定为前科学时，人们接受了哲学学科的传统构成，而没有追问，难道不正是现象学中没有这样一种可能性，消除哲学在这些学科中的肤浅化，并且从哲学在大势上的本质性回答出发，重新继承并激活哲学固有的伟大传统？我们主张：现象学并非侧身诸科学之间的一门哲学性科学，亦非其它科学之前科学，'现象学'乃是科学的哲学一般之方法（die wissenschaftlichen Philosophie uberhaupt）的名称。"②海德格尔对于现象学的基础主义地位的断定，且从作为科学的哲学的角度看待现象学，使得在这个意义上的现象学正是对作为形而上学作为第一哲学的传统的重新"激活"。同时这的确是一种对于哲学本身的高阶反思，正如王浩所断言："我的看法是，哲学的一个与众不同的特征便是它通常是包含元哲学的（老实说，哲学还是将元哲学作为哲学的一个主要部分来包含它的）……"③

海德格尔则这样表述同样的思想："在古代早期，philosophia［希：哲学］的意思与科学（Wissenschaft）大体一致。后来，个别的哲学，也就是个别的科学，像医学和数学脱离了哲学。现在保留 philosophia［希：哲学］这个称号的是这样一门科学，它为所有其他科学奠基并囊括它们。哲学简直就成了科学。哲学发现自己越来越是第一和最高科学。"④

"按照这种理解，哲学不该仅仅是、不该首先是一种理论科学，而应该在实践上控制对诸物及其关联的理解，控制对诸物的立场态度，应该规范引导对此在及其意义的阐明。"⑤

在这个意义上哲学必定也是一门作为世界观的学科。如同胡塞尔的现象

---

① ［德］海德格尔：《现象学的基本问题》，丁耘译，上海译文出版社2008年版，第2页。
② 同上书，第3页。
③ ［美］王浩：《超越分析哲学》，徐英瑾译，浙江大学出版社2010年版，第14页。
④ ［德］海德格尔：《现象学的基本问题》，丁耘译，上海译文出版社2008年版，第3页。
⑤ 同上书，第4页。

学作为严格科学一样。不过胡塞尔的矛盾之处似乎在于他在尝试在作为描述现象学和严格科学的现象学之间取得终难以成功的平衡（尽管这并非意味着其哲学缺乏重要的启发力）。海德格尔的个人旨趣则使其义无反顾地成为了另一位形而上学哲学家。海德格尔也陷入对哲学形象的思忖中：

"此间必须想到，关于哲学之概念的这种探讨只能是临时性的，不仅从整个讲座来看如此，毋宁说，在根本上就是临时性的。因为哲学之概念乃是哲学自身最独特、最高级的结果。同样哲学到底是否可行，这个问题也只有通过哲学才能解决。"①

只有哲学的尝试才能解决哲学的可能性问题，这种对于哲学形象的犹疑未决恰好表明：

"哲学自身是世界观一种突出的原形式。与许多其它东西相比，哲学更可以（也许必然）显示出，诸如世界观这样的东西属于此在的本质。哲学可以并且必然界定，究竟是什么建构着世界观之结构。它固然无法构造和设定这样那样的特定世界观。哲学照其本质不是世界观教化，但它也许恰恰因此拥有了与一切（甚至不是理论性的，而是实际上历史性的）世界观教化的基本的、原则性的关涉"；"那么这种与世界观教化无关的原形式研究什么呢？自然不是任何具体的存在者，而是无，因此也是对存在的领会"。②但是，同时这种原形式也正是一种新的世界观，哲学和元哲学的确在此相互包裹。

海德格尔很自然地得出，"存在是哲学真正的和唯一的主题"，哲学是关于存在的科学或存在论，"我们尽可能宽泛地把握这个表达，而不像经院哲学甚或笛卡儿和莱布尼茨近代哲学中用较狭隘的意思来把握它"③。海德格尔的任务便是使亚里士多德的存在学说得以重现。当他以康德的论题：存在不是实在的谓词为出发点考察存在时，他认为康德把实存、实有、现成性或者说把存在最终诠释为知觉时（"物作为被知觉者、作为被发现者来与我们照面，并且基于行知觉、作为现成的东西被我们所通达"④），"'知觉'

---

① [德]海德格尔：《现象学的基本问题》，丁耘译，上海译文出版社2008年版，第4页。
② 同上。
③ 同上书，第13页。
④ 同上书，第58页。

这个现象自身便无法以心理学的方式来澄清了。毋宁说，如果心理学不想以盲目的方式来研究事实性的知觉过程及其起源，那么它必须首先知道知觉一般之所是"①。作为形而上学家的海德格尔没有探索心理学的兴趣，从而此处的"知觉"并非经验认识论的趣味所系，而是形而上学的话题。海德格尔认为作为实证科学的心理学不足以在存在论上阐明知觉，并且认为：康德是用一种相当粗糙的心理学来工作的。但即使立足于事实来工作，海德格尔仍不满意，在他看来实证心理学无法担当对于知觉进行彻底探讨的工作。海德格尔认为在他所处的时代心理学已经大大超过了19世纪的自然主义，其对象不再是感觉、触觉印象和记忆功能，而是生命现象之整体，不过即使如此它仍然是实证科学，"就像一切实证科学那样，它本身需要对它所课题化的存在者之存在建制进行先行界定。……这个建制自身不是实证科学所能通达的，如果存在确实不是存在者，因而在原则上需要另一种把握方式"②。笔者认为，如果海德格尔看到了今天心灵哲学的发展可能不再会做如此断言，此处他仍然坚持的是他自己有关存在论术语的纯洁性，但是如果实证性的心理学家或者心灵哲学家对其研究对象的存在建制已有所领悟，那么，他们从事的仍然是一种海德格尔心目中的较之存在学次等的实证科学吗？笔者认为，显然并非如此。如丹尼尔·丹尼特、埃德尔曼等作者都已经不再全然是海德格尔笔下的实证心理学家了。心灵哲学本身的出现和发展已经让海德格尔的存在学空间有了被压缩甚至被取代的可能性。这里，海德格尔坚持："所有关于存在者的实证科学只能（如同柏拉图所说）以梦幻的方式看待存在者，即以梦幻的方式看待他们的课题对象。这就是说，对于使存在者成为它作为存在者所是的，对于存在，关于存在者之存在实证科学是不清醒的。然而，存在仍然被以某种方式，也就是梦幻的方式向着实证科学一同给出了。柏拉图提及（必然而非偶然地）做梦的科学与哲学之间差别的时候，考虑了几何学与哲学的关系。"③几何学仍然无法清晰地看到理念，这如同胡塞尔那里精确科学仍无法媲美作为严格科学的现象学的科学论奠基旨趣一样，也对应着海德格尔眼中的实证科学和存在论之间的关系。他把心理学固

---

① ［德］海德格尔：《现象学的基本问题》，丁耘译，上海译文出版社2008年版，第68页。
② 同上书，第64页。
③ 同上。

定化了:"任何心理学只是以梦幻的方式看待人和人的此在(maschliche Dasein),因为它必然就人的此在的存在建制,以及人的此在之存在方式——我们称之为生存(Existenz)作出预设。这种存在论预设对于作为存在科学的心理学来说,是永远保持隐蔽状态的。心理学必须让作为存在论的哲学给出这些预设。然而实证科学……恰好在这种梦幻中取得了自己的成果,它们无须在哲学上变得清醒。既然如此,它们只是偶尔从梦幻中醒来睁眼注目于那它们所研究的存在者之存在。"① 海德格尔把此种实证科学状态看作"庸常知性",不过这确是一种明显的价值评判了。

在海德格尔看来,康德的哲学把实存和实有诠释为知觉和肯定,但他缺乏有关人之此在的存在论,而心理学在此想作为澄清工具作为哲学的基础乃是荒谬的,海德格尔始终认为:"我们无法期待它来帮助阐明哲学问题。"② 海德格尔如此分析知觉:"知觉着(者)把自己指向被知觉者(wahrnehmendes Sichausrichten auf Wahrgenommenes),以至于把知觉者领会为在其被知觉性本身之中的被知觉者。……知觉与在其被知觉性中的被知觉者是共属一体的。"③海德格尔指出知觉的这种"把自己指向"的结构造就了"知觉"现象的架子。海德格尔感到自己的这种分析是否称得上是哲学尽管不太确定,但是这种分析的意蕴不应忽视。上述这种知觉行为具有"把自己指向"的结构,在现象学中在胡塞尔那里依照经院哲学的术语称之为意向性。经院哲学谈论意向的时候考虑的只是意志,而布伦塔诺和胡塞尔尽管拓展了意向性的本质,但在海德格尔看来"意向性这个谜一般的现象还远没有在哲学上得到充分的把握"④。

笔者在第一部分已经谈论到胡塞尔的意向性类似一种矢量标记,展现了相关行为的本质结构,这种结构分析在胡塞尔的思想发展中几乎保持了一致。但在海德格尔看来,这种意向性的矢量结构当然明显缺乏存在论上的彻底澄清:

"意向性把 intentio[拉:意向]与 intentum[拉:所意向]这两个环节

---

① [德]海德格尔:《现象学的基本问题》,丁耘译,上海译文出版社 2008 年版,第 66 页。
② 同上书,第 67 页。
③ 同上书,第 70 页。
④ 同上书,第 71 页。

包含在它迄今为止仍然晦暗的统一性之中。每一行为中的这两个环节都是不同的，intentio［拉：意向］或者 intentum［拉：所意向］上的分别构成了行为方式的分别。考虑到它们各自的意向性，它们都是各自有分别的。"①

所以，只有当胡塞尔放弃了这种意向结构的图示之后，这种图示所掩盖的问题才能被呈现出来，而胡塞尔做到这一点是通过其对新领域的不断深入反思探索而达到的，例如胡塞尔的发生现象学分析就在很大程度上突破了意向性分析框架的限制，逐步使得其在前谓词领域中不再采用意向性的矢量图示，因为这一图式在这些领域中不再适用。而海德格尔的做法则是一开始就开辟出一个新的哲学空地来。因而观察海德格尔的哲学行动有助于理解胡塞尔的局限究竟在何处。

海德格尔由知觉引出意向性，并由此探索此在行为的结构，他要追问："意向性结构自身看来如何，特别是，它是如何在存在论上植根于此在的基本建制之中。首要的事情是把作为此在行为结构的意向性更为切近地带给我们……"②

按照一般的庸常分析知觉具有意向关系意味着，谈论知觉及其被知觉者或被知觉客体的关系，胡塞尔瞄向的意向性矢量图示也是如此。例如："在其中现成在那的窗户对主体的我（这个我作为现成在这的人）持立。"③于是，意向性似乎就被描述为两个现成者即心理主体和物理客体之间的现成关系。但正是在这种图式的指引下："意向性的本质与存在方式从根本上即告阙如。这种阙如在于，把意向关系解释为这样一种东西，它每次由于一客体之现成存在之浮现才附加到主题上去。这个意见就意蕴了：自在地作为孤立心理主体的那个主体无需意向性而存在。"④简单说这一种主客体二分的图示，这种二分法刚好没有解释意向性的存在论特征，尤其是主体的存在方式缺乏任何说明。海德格尔由此出发看到了二分图式在存在论上空缺、乏力。他指出："意向关系并非由于客体附加到主体之上才出现的，就象一个现成物体附加到另一现成物体之上，于是在两个现成物体之间才出现并现成存在

---

① ［德］海德格尔：《现象学的基本问题》，丁耘译，上海译文出版社2008年版，第72页。
② 同上。
③ 同上书，第73页。
④ 同上。

着一段距离。与客体的意向关系并不是随着并通过客体之现成存在才归于主体的,毋宁说主体原本就是意向结构化的。"①这表明例如知觉不是通过面前的客体的现实存在而出现的,而是存在于行知觉自身之中,知觉已经是对某物的知觉,借此主体才能知觉到某物。现在意向性不再是抽象的矢量图示:"意向性作为行为自身的结构就是自身施为着的主体之结构。意向性作为这一关系之关系特性存在于自身施为着的主体之存在方式之中。意向性属于行为之本质,以至于所谓意向行为就是某种赘词,差不多就像说'空间的三角形'一样。反过来说,只要没有看到意向性本身,那就会糊涂混乱地思考行为,如同只表象了无相应空间理念的三角形,正是这个理念是三角形的基础且使之得以可能的。"②尽管破除了形式意向性学说的干瘪无血状态,但这种新的充血的意向性有点偏向主观领域,而意向性分明具有超出自身的体验领域的特征,海德格尔需要进一步质问这一从笛卡尔以降就没有受到彻底追问的主观自我的根源何在:

"问题是:这一拥有意向体验的自我如何才能越出其体验领域并且同现成世界建立联系?自我如何才能超越其本级领域以及封闭于其中的意向体验?这种超越性存在于何处?……我们怎么才能从主体中的意向体验中越出而抵达作为客体的物体呢?"③

海德格尔问了一个好问题,即意向性本身的超越性,即它越出主体指向对象这一特征本身如何成立,如何理解本身就是需要澄清的问题;换句话说,胡塞尔为什么能够把意向性简约为一种矢量图示这一做法本身可以展开为一个尚待澄清的课题。海德格尔的这一逼问更具有现象学的悬置判断的态度:"按照现象来指引理论,而非相反,以预先设想的理论来呈报现象。"④海德格尔认为意向性正是超越性之所在,所以把意向性主观化也是一种误释,自我是一个拥有独立领域的东西,而自我的意向体验就属于该领域,实情乃是意向行为自身造就了超越者:"不能基于主体、自我、主观领域这些任意的概念来错误地解释意向性,也不可以利用这些来提出超越性这种头足

---

① [德]海德格尔:《现象学的基本问题》,丁耘译,上海译文出版社 2008 年版,第 74 页。
② 同上书,第 75 页。
③ 同上。
④ 同上书,第 78 页。

倒置的问题，倒是应该反过来，基于意向性及其超越性之无先见的特性，主体首先就其本质加以规定。由于连带其内在领域的主体与连带其超越领域的客体之间的流俗分离乃是建构性的，由于内与外的区别乃是建构性的，并且为进一步的建构提供了机会，我们以后就不再谈论主体、主观领域，我们把意向行为所归属的存在领会为此在，以便我们尝试借助于被正确领会的意向施为来贴切地描述此在致存在（其基本建制之一）之特性。"①这里海德格尔给出了他使用"此在"这一术语而不使用主体以及连带的传统的意识、精神②等术语的原因，因为从存在的发问角度和分析角度超出了传统的二元对立的哲学框架：

"意向性既不是客观之物，如同客体那样现成，也不是内在于所谓主体（其存在方式仍完全未被规定）这个意义上的主观之物。……通过对意向性的充分解释，传统的主体概念和主体性概念都会变成问题。这不仅指心理学对主体的理解，而且也包括了对于实证科学的心理学自身关于主体的观念和建制所必须预设的东西，包括了哲学自身迄今为止在存在论上以极不充分的方式加以规定并留于晦暗之处的东西。"③

如果意向性获得了超越主客的视角，那么传统的许多认识论提法都需要重新考察了，例如"认识能力"自身就其存在论建制而言当然也具有意向结构，它不再是外物与内部主体之间关系的终端环节，"认识能力的本质就是以这样的方式自身相关：自身相关的意向此在作为生存者一向已经直接逗留在物那里。对于此在而言没有什么外部，出于同一理由谈论什么内部也是荒谬的"④。

从这种结构出发，海德格尔甚至质疑了表象概念的合理性，不过他没有具体展开，对于笔者而言，这可以构成对胡塞尔第五研究中的表象问题的存在论视角的批判："表象本质地与被表象者相关，指示这样一个被表象者，然而不是以这种方式：似乎它必须首先建立这一指示结构，表象原本就具有

---

① ［德］海德格尔：《现象学的基本问题》，丁耘译，上海译文出版社2008年版，第78—79页。
② 这里值得一提的是德里达在《论精神》一书中考察了海德格尔对"精神"这个词的在其不同时期文本中的种种不同阐释，但是大多数时候德里达只是在追踪"精神"在海德格尔那里的种种痕迹，而错过了对海德格尔《现象学的基本问题》中在笔者看来的哲理正在分析的最为关键的文本内容的分析。
③ ［德］海德格尔：《现象学的基本问题》，丁耘译，上海译文出版社2008年版，第80页。
④ 同上书，第81页。

作为表—象的这个结构。至于表象是否正当地给予它所声称给予的东西，这就是下一个问题了。如果那种声称的本质仍然处于晦暗之中，讨论这个问题是没有意义的。"①英美的经验主义哲学家们实际已经对"表象"的概念的合理性做了批判，比如之前已经论述的"所与的神话"。

对于知觉而言（胡塞尔也是以感知作为现象学讨论的典型事例的），知觉如何和海德格尔目前所达到的关于意向建制的东西相关？知觉之所意向是什么？海德格尔的结论是："现成者之被知觉性并不是现成者自身上的现成东西，而是属于此在的，这并不意味着，被知觉性属于主体及其内在领域。被知觉性属于知觉着的意向施为。这种施为使得现成者得以就其自身来照面。知觉揭去了现成者的遮掩（Verdecktheit），使得现成者敞开，因而能够显示自己的自在自身。这是对某物进行的每一自然环视和每一自然定向之意义，其之所以如此，乃因在行知觉自身之中，与其意向意义相应，就含有揭示（Aufdecken）的样态。"②

知觉行动或者行知觉，是海德格尔看待知觉的动态视角，知觉乃是一种活动，在这种活动中任何静态的概念把握都不可能把握知觉的全部，出于这种活动的动态的知觉视角，读者才能理解海德格尔对于知觉的如下刻画：

> 行知觉是行知觉之显敞性让照面（freigebendes Begegnenlassen）。超越就是发现。此在作为发现者生存。现成者之被发现性正是那使得显敞能够成为来照面者的东西。行知觉中的存在者之被知觉性，也就是其特殊的显敞，就是被发现性的一般的一个样态。被发现性也是在制作……或者判断……中对某物显敞之规定。③

从知觉行动到让照面到超越，到发现，到制作、判断，这就是海德格尔属于系统的别样特色。上述行知觉中的现成者之可能的被发现性样态必定已经在行知觉自身中得以勾勒，这意味着"对现成者的知觉性发现必定已经预先领会了现成性之类的东西。……我们早已在运用这一属于知觉意向性的对

---

① ［德］海德格尔：《现象学的基本问题》，丁耘译，上海译文出版社2008年版，第82页。
② 同上书，第85页。
③ 同上书，第86页。

现成者之领悟，而不曾明确标出该结构"①。这种先行领会我们不必特定地去实施，而是在此在的基本建制中就已经生存着领会了现成者之存在方式，而不必顾及现存者在多大程度上被发现；类似的，"属于知觉之意向性的不仅有 intentio［拉：意向］和 intentum［拉：所意向］，而且还有对所意向中所意指者之存在方式的领悟"②。所以在海德格尔看来，康德对于知觉的看法背后有着丰富的结构与结构性环节，胡塞尔的意向性的背后同样有着丰富的结构："属于（在知觉中被知觉到的）存在者的不仅仅有存在者之被发现性（存在者是被发现的），而且还有：被发现的存在者之存在方式被领会了，也就是说被展示了。因而，我们不仅仅在术语上，而且是出于实事性的理由区分一个存在者之被发现性与该存在者之存在之被展示性。仅当存在者之存在已被展示时，仅当我领会其存在时，存在者才能询问，该存在者是否现实，才能以某种方式着手确认存在者之现实性。"③海德格尔明确认为，存在之被展示性是为存在者之被发现性奠基的并为它提供根基和基础的，这种展示和发现的区别的同时是对存在与存在者之间区别和差异的确认。这里读者可以看到从对康德知觉概念的讨论到意向性问题是如何和存在论差异问题关联起来的。

"在阐明存在论基本现象时，一切哲学，不管它们如何解释'主体'且将之置于哲学研究的中心，总要回溯到灵魂、精神、意识、主体、自我"，海德格尔认为"出于某种事实性的理由，向自我、灵魂、意识和精神的回溯是必然的"④。对于笔者而言，阐明"意义"同样也是如此。引文中"事实性的理由"出于前述读者已经领略过其存在论的基本思路，而且海德格尔据此批评了天赋观念论。他认为天赋观念论，如存在、现实性、实有这些与自我联袂而来的普遍概念等，或明或暗地统治着整个哲学，人们往往随着天赋性说出的所意味的并非生物学或生理学意义上的，而是意味着存在和实有先于存在者而被领会，仅仅表明了在先者、先天者、行预设者的意味，从笛卡尔到黑格尔都将其等同为主观性的东西，而海德格尔要求对先天性进行如何

---

① ［德］海德格尔：《现象学的基本问题》，丁耘译，上海译文出版社 2008 年版，第 86 页。
② 同上书，第 87 页。
③ 同上书，第 88 页。
④ 同上书，第 90 页。

基于此在之存在建制来提出它和分析它。据此海德格尔说例如矛盾律，"人类在矛盾律有效性上的一致只是天赋性的表征而非其根据"①。这里的表征就意味着还有可分析的存在论空间可以挖掘，同时这也是海德格尔对于天赋观念论和先验哲学的批判思路的展露（读者也可参见本书第七章第二节）。

读者可以在《现象学的基本问题》的这头一百页里清楚地看到海德格尔现象学的生发动机。到此为止，海德格尔所揭示的下一步问题就是要说明此在的存在论基本建制，由此才能获得对存在的领悟，他认为"我们已经表明，此在存在论是西方哲学全部发展的隐秘目的，而且一直或明或暗地是它的要求"②。

那么，此在的存在论建制如何切入进行分析呢？在《现象学的基本问题》中海德格尔还是以康德作为基本切入口。不过，在康德那里"人"和"物"之间有着根本性的存在论区分。在敬畏这一道德感受中道德人格的存在论得以彰显，道德人格乃是人的目的，由此康德才能够获得自我性的存在者和非自我性的存在者，区分主体和客体。海德格尔引用了康德在《道德形而上学奠基》中所说的：

> 其实存（Dasein）并非根据我们的意志，而是根据自然［海：这就是说，根据生理组织意义上的自然］的存在者仍然拥有（如果它们是无理性的存在者）一种仅是相对的、作为工具的价值，因而叫做物（Sachen），反之，有理性的存在者则被称为人（Personen），因为其自然［海：这里"自然"的意思等同于 essentia（拉：本质）的 physis（希：本性、自然）］已将自己作为自在目的自身（即作为不可仅用为工具的东西）加以突出了，其限制了一切任意（并且是敬之对象而言）。③

不过，尽管康德清晰地区分了人和物，但是其自我学说有一个本质缺陷：

---

① ［德］海德格尔：《现象学的基本问题》，丁耘译，上海译文出版社 2008 年版，第 91 页。
② 同上书，第 92 页。
③ 同上书，第 183—184 页。

"我们面临着康德自我学说内部的一个特别的矛盾。就理论自我来看，可以表明不可能对其进行规定［这是由康德的先验自我的纯粹统觉学说决定的——笔者注］。从实践自我的视角看，则有着一种对其进行存在论界定的尝试。康德那里有着一个特别的疏忽，他未能本源地规定理论自我与实践自我之统一性。……身体、灵魂与精神，它们的本源整全性之存在的方式，这些在存在论上全都处于晦暗之中。"①

所以，尽管区分了人和物，但是由于上述本源整全性未得以澄清，所以事实上，"归根结底康德那里的人格都是被立义为现成者的，即使在这里，他也未曾超越现成者存在论"②。海德格尔认为："必须看到，有限的实体，无论事物还是人格，其之所以是现成的，并非由于简单随意的缘故，毋宁说由于它们出于交互作用之中，处于 commercium［拉：交流］之中。……"③ 人格这一有限实体通过其自发性被康德描述为心智，海德格尔要问其有限性如何理解呢？他的分析如下：

> 每一个在其他实体之旁的实体都预先有其界限，它冲撞着其他实体，仿佛后者是一种在任何情形下都被预先给予实体的存在者，并且仅以发挥作用这种方式显示着自身。如果一个存在者应当对自身所不是的存在者有所认知，并认知着有所施为；这就是说，如果能达到实体之间的某种 commercium［拉：交流］，那么一个实体对另一实体所表现出来的作用就必须能被后者所接受。对于心智来说，这就意味着：实体必须具有这样一种机能，仿佛能被其他存在者所击中，因为它不是其他存在者。因而，有限实体就不能仅仅具有自发性，而是必须以同样本源的方式被规定为接受性；这就是说，被规定为对于其他实体之作用的感受机能。有限精神实体之间的 commercium［拉：交流］只有以如下方式才得以可能：这种实体在存在论上不仅同通过自发性（也就是从自身出发施加作用的机能）被规定，而且同时也通过接受性被规定。康德把其他实体所施加的作用（只要这个作用击中了某个实体的感觉性）称为激

---

① ［德］海德格尔：《现象学的基本问题》，丁耘译，上海译文出版社 2008 年版，第 194—195 页。
② 同上书，第 197 页。
③ 同上书，第 198 页。

发（Affektion）。因而他也可以说，心智意义上的实体不仅是功能、认知，而且同时也是激发。①

心智的有限性在于它并非其他实体以及它自身的制作者，海德格尔在此借助了康德的视角进行评述，连带德国古典哲学一齐进行了批判：造物主之外的存在者都无法觉知他物之实体，所以，物之存在必须被领会为"被制作存在"；"我们自身也是被制作者；因而，正如康德所云，我们只是部分的创造者"②；"事物与人格之有限性植根于物一般之被制作性之中"③；"……把主体规定为自身意识，这并未就自我之存在方式说出任何东西。哪怕最极端的自身意识辩证法（就像费希特、谢林与黑格尔各自以不同的形式发展的那种辩证法）也无法解决此在生存的问题，因为这个问题根本不曾提出过"④。

海德格尔接下来的论述就十分明显地接近东方哲学了："根据意向性，主体已然处于与它自身所不是的东西的关联之中"⑤；"对客体的关系属于自我，反过来说，对主体的关系也是客体的特征。关系乃是一种相互关系"⑥；"然而，通过把存在者刻画描述为客体与对象，我已不再把在其自身中的、就其本己特有的存在方式的存在者当作问题，而是把存在者当作相对持立者、当作对象。在这个伪似的纯康德式阐释中，存在的意思不过是对象性"⑦；"然而，更切进地观察，就会发现，始于主体—客体—关系的这个开端阻断了我们真正存在论上追问存在方式之进路。这里的存在方式既包括主体之存在方式，又包括可以成为然而未必成为客体的存在者之存在方式"⑧。

海德格尔追问从主—客体关系开始质疑其区分的合理性——"为什么主体'需要'一个客体，并且反过来，为什么客体'需要'一个主体？因为

---

① ［德］海德格尔：《现象学的基本问题》，丁耘译，上海译文出版社 2008 年版，第 198—199 页。
② 同上书，第 200 页。
③ 同上书，第 202 页。
④ 同上书，第 204 页。
⑤ 同上书，第 207 页。
⑥ 同上书，第 208 页。
⑦ 同上书，第 209 页。
⑧ 同上。

一个现成者不会为了随后需要一个主体，就先从自己出发成了客体；毋宁说，它在一种通过主体而行的客观化中才成了客体。存在者之存在无需主体，只有对于一个行对象化的主体而言，才会有诸客体。因而主体—客体—关系之实存方式。……主体完全可以放弃对客体的关系。难道它不能这样吗？如果它确实可以如此，那么主体对客体的关系就不包含于客体之中；[与客体的]自行相关就属于主体自身之存在建制。自行相关就包含在主体这个概念里。主体就自在而言便是自行相关者……"① 主体的自行相关意味着意向性的特征，意向性属于此在之生存，"对于此在而言，随着此在之生存已经以某种方式解释了一个存在者以及与存在者的一种关联，这一点是无需专门客体化的。与其他东西不同，生存意味着：自行施为着即存在者而在"②。现在很明显需要进一步追问的是什么了，即如何理解主体的"自行相关"，理解了这一点也就意味着从存在论上理解了意向性的结构。海德格尔的回答是："属于意向性的不仅有'朝着某某—自行指向'，不仅有它所指向的存在者之存在领悟，而且还有（自行施为而与某物相关的）吾身之'随同被揭示存在'。意向的自行—指向并不就是一种发于自我—中心的活动射线……毋宁说，吾身之'随同被展示性'是属于意向性的。但是这样一个问题仍然保留着：这个吾身是以何种方式被给予的？"③

这种吾身的随同被展示不是以我思或先验统觉或自身意识的方式被给予的，海德格尔认为德国观念论的意识辩证法虽然采取了自身意识的结构框架，却远没有阐明此在现象的实情，远没有阐明此在如何在实际生活中把自己显示给自身。海德格尔的回答是：

"吾身就其自身而言便对此在在此，毋需反思，毋需内知觉，先于一切反思。

"毋宁说，不是在别处，正是在诸物自身之中，在这些日常环绕着它的诸物当中，此在才发现了自己自身。它发现自己原本就在诸物之中，持续不断地在诸物之中。因为它料理诸物，为诸物所纠缠，总是以某种方式栖息在诸物之中。每个人都是他自己操劳与关切的东西。人们对自己及其生存的日

---

① [德]海德格尔：《现象学的基本问题》，丁耘译，上海译文出版社2008年版，第209—210页。
② 同上书，第210页。
③ 同上书，第211页。

常领会都是出于他们所操劳及关切之物。人们由此出发领会自己自身，因为此在首先是在诸物之中发现自己的。毋需为了拥有吾身对自我进行专门的监视与窥探；毋宁说，在此在直接地、热切地把自己交给这个世界之时，此在之本己吾身就由诸物反映出来了。这不是什么神秘主义，也没有预设什么万物有灵论，而只是指引了此在之基本现象学实情——在有关主—客体—关系的一切谈论之前，人们必定已经看到了这个实情——不管这种谈论有多么敏锐犀利。在这种实情面前，人们必有自由以实情衡量概念，而非相反以概念框架阻截现象。"①

接下来的问题：我们得怎样以现象学的方式在概念上把握这个吾身？回答："实际的此在从日常所关切的事物中领会自己、领会其吾身，此时我们不可以某种被臆想的灵魂概念、人格概念或者自我概念为基础［可见人类思想中的概念分割到了何种地步，海德格尔的做法就是指出围绕着存在的概念分割的哲学史或者理智史中的表现——笔者注］；毋宁说必须看到，日常性中的实际此在运行在何种自身领会之中？回答是：我们不是持续不断地从我们生存之最本己、最极端的可能性，而是以非本真的方式来领会自己的；我们诚然领会着我们自身，然而其方式一如我们并为具有自己，一如我们在生存之日常性中已然在诸物和众人那里迷失了我们自身。'非本真'意味着：归根结底我们对于自己不能是本己的。……此在出于诸物的非本真自身领悟既非不真切的，亦非虚幻不实的……本真的此在本身恰恰是在其特殊的'现实性'中——是以一种真切的方式，如果可以这么说的话——经验到非本真的自身领悟的。对吾身的那种真切现实然而非本真的领会是这样进行的：这个吾身（我们通常作为这个吾身混混沌沌地过日子）从它所交付给的东西那里'反映'出自己。"②这里本真和非本真的关系有点像佛教思想所说的"真谛"和"俗谛"的关系，或者直接说"烦恼即菩提"。

在这里读者看不到精神、意识、主体、灵魂、自我这样的字眼，这种传统哲学中的二元分割模式下的主观方面的描述字眼已经被消解了。笔者认为，正是这种解构使得海德格尔在胡塞尔之后明确标记出了另一意义空间。

---

① ［德］海德格尔：《现象学的基本问题》，丁耘译，上海译文出版社2008年版，第212—213页。
② 同上书，第213—214页。

威尔顿认为发生学路径下的胡塞尔和海德格尔一样,"都是依靠 Sinn(感性意谊)的观念来把握'前谓词的'东西的理解性结构,依靠 Bedeutung(语言意义)概念来达到内在于断定内部的概念性"①。威尔顿还认为"如果将胡塞尔后期的关于感知的理论加以扩充,我们就可以说,感知性意谊是具身化(与身体融为一体)的动作行为的格式,这些具身化行为或者是作用于应手之物,或者是与应手之物相互作用的"②。威尔顿指出海德格尔与胡塞尔不同,他不打算把意谊的构成限制在感性领域,而是要"把意义做成意谊"。海德格尔的做法是把胡塞尔在《逻辑研究》第一研究中关于表达与指示(Anzeige)之间的关系联系起来。简单说,海德格尔放大了表述的符号指示功能:

"'根本上看,符号并不传达任何认知信息(Kenntnis),而是给出一个指令(Anweisung)。'在符号这样做的时候,它便'使得周围世界在操心中当下在场(Appräsentation)'。……因此,作为'指示性的结构'的世界,是那些'既在手又应手(vor-und-zuhanden)'的符号之基础。用我们使用的术语来说的话,那就是:只是当诸符号在更广大的意谊组联的领域发挥作用时,为了便利于我们同诸事物的真正交往,诸符号才要求一种稳定的表指意义(表指意义是靳希平先生对 significance 的翻译,具有强调指示和符号功能的意味——笔者注)。这里,符号本身的功能与工具的功能相类似。"③

由此,符号也是居住于意谊之中的符号和意义共生,海德格尔就此把意义做成了意谊,并且在他的术语体系中无须进行内在主义的对于话语表达意义如何和精神状态相关的说明,在他那里话语的功能并非是对精神实体的表达,而是使得此在渗透介入到其正在从事的事物之中去。这样一来,表达的意义——外延这一二元对立的意义图示在存在论上同样也早已经被海德格尔消解了。这种和世界、此在相关的"意谊"的领域正是维特根斯坦失语之地,不过后者还是对自己的处境有非常清晰的认识:"我们的错误在于,我们在本该把所发生的情况看成一种'原始—现象'的地方,去寻求一种解释。

---

① [美] D. 威尔顿:《另类胡塞尔:先验现象学的视野》,靳希平译,复旦大学出版社 2012 年版,第 496 页。
② 同上书,第 499 页。
③ 同上书,第 509—510 页。

就是说，在那儿，我们本该说：这种语言游戏被玩了。"①

不过，笔者还是要继续阐明，被海德格尔所看低的心理学或者心灵哲学实际上已经能够从实证科学的角度提出海德格尔认为其无法做出的分析。下一小节笔者将正面给出对于意义为何的最后回答。

这里附带阐明一下海德格尔的时间观念，在《现象学的基本问题》中也有对此问题的明确论述："人们以现今的方式使用的'主体'与'客体'概念在存在论上是未经规定的，因而也是不充分的，对于规定我们自身所是的存在者，即人们用灵魂、主体来意指的存在者而言尤为如此。当我们把时间置于'属于主体还是属于客体'这样两个选择项中时，我们从一开始就把关于'时间之存在'的追问方向搞反了。人们可以在这里发展出一套无穷无尽的辩证法，而没有就实事说出哪怕一丁点儿东西，如果没有确认自身之存在如何存在，如果没有确认它是否可以这样存在。此在，就其生存而言比每一个客体都更外在，同时又比每一个主体亦即灵魂都更为内在（更为主观），因为作为超越性的时间性就是敞开性。我们早已经指出，世界现象便表示了诸如此类的情况。只要此在生存，这就是说，只要此在存在于世界之中，那么来与之照面的一切现成存在者都必然是世界内的，都必然被世界所包容。我们将会看到，实际上如果从一种更为本源的意义加以理解，时间现象是同世界概念，因而也就同此在结构自身联系在一起的。我们姑且只得把困难放在一边，一如亚里士多德所确认的那样。时间乃是前与后，只要前与后被计数。作为被数的数，时间不是一种先前的自—在—现成者。没有灵魂，时间就不存在。尽管时间如此依赖对数的计数活动，但这也并不意味着，时间是灵魂中的某种心理的东西。同时，时间存在于 en panti（一切地方），存在于 en ge（大地之上），en thalatte（海洋之上），en ourano（天空之中）。时间无处不在，但又一无所在而只存在于灵魂之中。"②

这里可以发现时间问题的处理仍然建立在主客的对立的拔除的认识上，时间和世界以及和此在生存是一种相互属于的关系。

---

① 《哲学研究》第 1 部分第 654 节，转引自 [美] 贾可·辛迪卡《维特根斯坦》，方旭东译，中华书局 2002 年版，第 48 页。
② [美] 海德格尔：《现象学的基本问题》，丁耘译，上海译文出版社 2008 年版，第 348—349 页。

海德格尔在存在层面上展示出的种种概念划分的局限，完全可以用威尔伯的理论解释之：

> 换句话说，无论我在何时寻找真实的"自我"，我所找到的都只是观念的客观对象，这是对"绝对主观"之中不存在主观和客观的空间的最确切论证。于是马哈希尊者就可以宣称："'观者'与被观者是不同的，这一概念存在于心性之中（即在心智之中），而对那些明白（'绝对主观'）的人而言，'观者'与被观者是相同的。"简言之，"绝对主观"是伴随着其认知到的万物的，所以实际上，你就是你所观察的东西。
>
> 因此在"此处的主观"和"彼处的客观"之间的这种分割、这种空间是一种微妙的幻觉。真实的"自我"不能从远处认知宇宙万物，只能成为宇宙万物来认知它们，它们不会受到哪怕一点点空间的干扰，而无空间的东西就必然是无限的。①

上述海德格尔说"时间的存在"这个说法搞反了方向，威尔伯也有完全类似的看法："时间是一个庞大的幻觉，而没有时间的时刻就是'永恒'本身。因此，'永恒'并不是永久的时间，而是真实、不会消逝、无法摧毁，而且没有时间的'当下'，因为，薛定谔说过，当下是唯一没有终点的东西。"②在笔者看来，禅宗以及威尔伯所说的"当下"就相当于海德格尔所说的存在，但在后者那里"存在"总是需要通过去蔽而被思考到，而此在或者人的生存总是要沉沦或者跌入时间之中的，威尔伯则点明"时间"是一个幻觉，他也如同海德格尔般论及主客观之划分：

"类似的，有关主观与客观的二元论和有关过去与未来的二元论有着同样的幻觉性，而其幻觉的本质可以得到轻易的论证。因为，在这一时刻，你能够真正找到一个独立的自我，找到一个与其'客观'相分离的'主观'吗？当你听到声音时，你能听到自己正在听吗？当你正在品味时，你能品尝

---

① ［美］威尔伯：《意识光谱》，杜伟华、苏健译，万卷出版公司2011年版，第88页。
② 同上书，第99页。

到品尝者吗？你能嗅到嗅探者吗？你能感觉到感觉者吗？当你看到一棵树时，你能同时看到观者吗？当你现在正在思考这些问题时，你能够同时找到一个正在思考它的思考者吗？所有这些不都是不存在独立于主观的客观的最明显的论证吗？被称为'此处的你自己'的感觉和被称为'彼处的客观对象'的感觉始终都是同一种感觉。如果我们借瑜伽学派的教义来说，在这一时刻你就是正在阅读自己的这一页纸！"①

威尔伯将这种总是在当下的非二元意识称为"心性"，这表明："宇宙万物从来没有真正地分割成观者和被观者，而观者和被观者在这当下的行为中总是统一的。"②

这是一种对于日常健全知性而言的"不二"思想。T. 内格尔在他的《本然的观点》或《无源之见》的书名中——*The View from Nowhere*——就表达了类似的观点，内格尔认为："精神状态不是物理状态，因为它们不能被以物理状态的方式被对象性地描述，但这并不意味着它们必定是不同于物理事物的某物的状态。物理主义的错误并没有导致要求非物理的存在物。而只是要求意识存在物的作为真切之物因其主观特征而不能被还原至物理语言。为什么身体拥有的物理性质和其拥有的精神性质不相容，通过二者非常紧密的相互依赖？……我设想我应当考虑'非—占有者关系'的视角，根据它精神事件不是任何事物的性质或变更，而只是既不以灵魂也不以肉体的方式的简单地发生，尽管在身体中二者有着因果关联。"③内格尔认为这种视角不容易理解（"But I don't find this view intelligible"）。不过读者从海德格尔到威尔伯之间的这种超越二元对立关系的努力可逐步理解。所以，读者不要误解了威尔伯，以为他是个彻头彻尾的唯心主义者，因为他同时认为："……意识和宇宙万物并非相分离的实体。因此，和'空虚'，或者'法界'，或者'唯心'，或者'梵天'一样，'绝对主观'只是真实世界的另一个名字罢了，它与其本身是没有区别的，从而与其自身相符。"④

这种东方哲学以及海德格尔哲学中的不二理论，实际上已经是一种不采

---

① [美] 威尔伯：《意识光谱》，杜伟华、苏健译，万卷出版公司 2011 年版，第 99—100 页。
② 同上书，第 100 页。
③ Thomas Nagel, *The View from Nowhere.*, Oxford：Oxford University Press, 1986, pp. 29-30.
④ [美] 威尔伯：《意识光谱》，杜伟华、苏健译，万卷出版公司 2011 年版，第 100 页。

取任何立场的诠释学,一种矛盾的无矛盾,或者无矛盾的矛盾,真正的"太一"(the One)。胡塞尔的现象学及其矛盾或者局限如果要发展必然会到达这种最终的经过重重概念探究而达到最后的无分割。分割后的无分割也正是解释学循环的最终表现,描述的非描述或者非描述的描述。

在此,读者可以看到海德格尔整个完整的现象学思路,虽然他是立足于其存在论思想去消除主客二元对立的,但是其诸做法本身已经对传统哲学中的不少概念进行了消解。在此在生存论分析的层面上,精神、灵魂、人格、自我概念都成为了可疑的幻象。这种独特的存在论消除主义,可堪比当代心灵哲学中的消除主义。尽管海德格尔并不认为实证心理学或者生物主义能够对问题有所帮助,但在笔者看来,20世纪后半叶以来的心智哲学已经在很大程度上达到了海德格尔通过反思所能达到的层次,并且在实证生物学或者神经学机理方面走得相当远了。海德格尔的存在论现象学完全可以改写为一种心智哲学。这里,关于笔者研究的主题,读者自然可以发觉意义问题究竟在目前的阶段被置于何方了。笔者认为一种"意义"的消除主义恐怕摆在了人们眼前,既然到目前为止所有的"意义理论"都只是意义的幽灵学,意义的替身,且意义所隶属的主观划分本身已经被推入存在论的解构之中,那么很自然,作为依附这种主客划分的"意义"本身也不再在存在论上获得实体地位。① 藏传佛教僧人讲过:"事实上,科学家们对'心'的活动的研究愈精细,就愈接近佛法对'心'的理解——'心'是一种不断的活动(event),而不是一个明确的实体(entity)。"② 意义的命运也将如此。那位僧人说:大部分人误将那些"由习性造成、神经元构成"的自我形象,认作是真正的自己。这样的形象通常以二元的方式表现出来:自和他、痛苦和快乐、拥有和缺乏、吸引和排斥。但我也逐渐了解到,这些其实都是生存的最基本条件。

然而,当我们的心被这种二元观着染时,每一个经验——即使是喜悦和

---

① 所以,笔者认为威尔顿在其卓越的《另类胡塞尔》书的最后一章中想重新建立一种名为语义场的意义理论有一点画蛇添足,海德格尔的去对象化的解构哲学已经具有一种反理论的姿态了。德里达和罗兰·巴特这样的思想家们也干脆放弃了理论,而寻找踪迹和写作的欢愉,构成了一种反理论的理论的摇摆风格的实践行动。

② [尼泊尔]咏给·明就仁波切:《根道果:禅修的方法与次第》,江翰雯、德噶翻译小组译,海南出版社2010年版,第20页。

快乐，都会被某种有限感束缚，因为总有个"但是"潜伏在背后。① 对于"意义"本身的理解也是如此，假如它是一个实体、一个可探测的时空占据物，那么依然会有一个"但是"潜伏在其背后——什么东西在维持它呢？形而上学的阐述到此结束，笔者在结尾处将跳跃大量心灵哲学的文本，而专注于一位表达清晰的神经学家的论述，毕竟解构固然有其道理，但仍需要一种正面的建构性的说明，所以读者依然要依靠自然科学的明晰论述，来弄清楚"意义"究竟是怎么一回事！

## 第二节　心灵哲学背景下的意义空间

作为神经学家和意识哲学家的埃德尔曼和丹尼特一样相信，"虽然人们对自己的意识进行报告是有用的，但是单纯内省在科学上无法令人满意，这种报告不能揭示隐藏在它背后的脑的工作机制。然而，仅仅研究脑本身也不能使人明白意识究竟是怎么回事"②。

笔者认为对于意义的理解必须将问题带向心灵哲学领域，不理解意识就无法理解意义。在笔者看来，胡塞尔对于内省的依赖以及大多数分析哲学家对于心理学和意识探索的排斥，都注定了他们无法走出意义的幽灵学迷宫。③ 有理论家对胡塞尔做了如下评价："胡塞尔向经验和事情本身的转向完全是理论的，或者从相反的方向来看，它完全缺乏任何务实的维度。所以，它不能克服科学与经验之间的断裂"④，海德格尔批判了胡塞尔拼命抽

---

① ［尼泊尔］咏给·明就仁波切：《根道果：禅修的方法与次第》，江翰雯、德噶翻译小组译，海南出版社 2010 年版，第 37 页。

② ［美］杰拉尔德·埃德尔曼、朱立欧·托诺尼：《意识的宇宙》，顾凡及译，上海科学技术出版社 2004 年版，第 8 页。

③ 和罗蒂主动引用心灵哲学的成果做法不同的是，即使是分析哲学的批评者王浩也对于心理学并不热衷，他对丹尼特等人的工作如此评价道："这种没头脑的将心理学和哲学相互联系起来的多样化努力，只是留给了我们这样的印象：尽管有很多这样的研究项目能够得到资助，我们还是没有看明白，今日一位优秀心理学家，如何能够期望在未来的哲学或文化史中获得显赫的地位——比如作出堪比洛克、贝克莱、休谟和康德等人的成就。"（［美］里查德·罗蒂：《哲学与自然之镜》，李幼蒸译，商务印书馆 2003 年版，第 284 页）成就大小的评判，在今日一切事物均已贬值的情况下并不重要，重要的是是否能为困扰着人们的难题给出尽可能合理的解释。在笔者看来，至少在意识和意义本性问题上心理学绝非可有可无。

④ ［德］帕格尔：《拉康》，李朝晖译，中国人民大学出版社 2008 年版，第 16 页。

离于经验的努力,但他仍然赋予现象学以特权,认为那里存在着一个逻辑在先的、作为主宰的统治一切存在的结构。只有梅洛-庞蒂认识到了"科学和现象学都总以事后的方式阐释我们具体的、具身的存在。它(即现象学——笔者注)试图抓住我们非反思经验的直接性,并试图在意识反思中表达它。但正因为理论是作为事后活动而成之为理论,所以它无法重新把握经验的丰富性,它只能成为对经验的谈论"①。"事后谈论"正是西方哲学传统中秉承的反思的基因,这种传统态度本身也会带来障目。尽管如此,笔者还是得对于意识或心灵的理解给予正面阐述,作为本书最后要关注的意义的最终产生背景或意义所处的意识空间;虽然也属事后谈论,但却是必需的。

"在意识哲学领域中有一个所有心灵哲学家都想要解答的即叔本华所说的'意识之结'的问题——'主观经验怎么和可以客观描述的一些事件关联起来',这也正是罗素所说的:'看见'是某种'精神上的'东西,它与先于它并伴随着它的物理过程在性质上是完全不同的,这个问题该如何解答的问题。"②在海德格尔那里我们已经看到了一种存在论回答的轮廓,即主、客的二元分化乃是一个不合理的幻觉。当然,海德格尔的存在论说明显然需要科学解释,埃德尔曼的方法则表现为:"想解开这个结的希望就寄托在经得起检验的理论和精心设计的实验结合起来的科学方法。"③在这种态度的指引下,埃德尔曼和丹尼特一样指出和现象学方法接近的内省主义仅凭个人对内心的考察来描写意识是不太可靠的,同样计算主义以及功能主义因为没有牵涉到真正的有关意识的专门的神经相关物,也不是正途。埃德尔曼打算探究意识的神经相关物;与此同时,质疑也就来了,"我们再一次碰到了世界之结。通过什么样的神奇变换,使得位于脑特定部位的神经元发放或是天生有某些生化性质的神经元发放会变成主观经验,而别的神经元发放则不会?"④看起来,这是一个"范畴错误",但要理解这个范畴错误,及其消解还是需要从神经相关物说起。埃德尔曼首先发出了和东方思想一致的看法:

---

① [智] F. 瓦雷拉、[加] E. 汤普森、[美] E. 罗施:《具身心智:认知科学和人类经验》,李恒威等译,浙江大学出版社 2010 年版,第 16 页。
② [美] 杰拉尔德·埃德尔曼、朱立欧·托诺尼:《意识的宇宙》,顾凡及译,上海科学技术出版社 2004 年版,第 2 页。
③ 同上。
④ 同上书,第 10 页。

"我们认为意识不是一个物体,而是一个过程。"①这里的难题和海德格尔碰到的是一样的,在后者那里需要说明意向性何以超越了主客观,而埃德尔曼要说明"科学总是企图在描绘世界时不带主观性。但是,如果,它所研究的主题就是主观性本身,那又如何呢?"②

对于自己即将采用的科学方法,埃德尔曼思考了其在意识之结课题上的有限性,科学能做什么和不能做什么:"科学解释可以说明发生某种现象的充分必要条件,可以解释这种现象的性质,甚至也能解释为什么只有在这些条件之下此现象才能发生。但是没有一种科学的描述或解释能够替代真实的事物。……并没有什么东西阻止我们给予意识相应的特定类型的神经过程以恰当的科学描述。那么,意识的特殊性究竟又在什么地方呢?意识的特殊性就在于它和科学观察者的关系方面。与别的科学描述的对象不同,当我们想要说明的神经过程实际上谈到的正是我们自己——有意识的观察者……我们不能把我们作为有意识的观察者置身事外,但在我们研究别的科学领域时我们总是这样做。"③

薛定谔早就看到了:"物理学的新发现已经推进到了主观与客观的神秘分界线,并且告诉我们这根线不是一个明显的界限。它使我们明白,对一个物体的观察永远无法不被自己本身的观察行为所修改,它同时也让我们理解,在改进观察方法和对实验结果进行思考之后,主客观间的那种神秘界限已经被破坏"④;"我只被赋予了一个世界,而不是存在和感知分开的两个世界。主体和客体是同一个世界。它们间的屏障并没有因物理学近来的实验发现而坍塌,因为这个屏障实际根本不存在"⑤;"对于我们来说,我们自己既是斧头也是雕塑,既是征服者也是被征服者——它是一个真正持续不断的'自我征服'"⑥。

这里对于意识作为科学对象的种种描述对于意义问题来说有何关联呢?

---

① [美]杰拉尔德·埃德尔曼、朱立欧·托诺尼:《意识的宇宙》,顾凡及译,上海科学技术出版社2004年版,第10页。
② 同上书,第11页。
③ 同上书,第15页。
④ [奥]薛定谔:《生命是什么》,罗来欧、罗辽复译,湖南科学技术出版社2003年版,第124页。
⑤ 同上书,第126页。
⑥ 同上书,第98页。

只有理解了意识的物理过程及其性质,以及在什么条件下会出现意识,才能理解意义究竟在神经学、生物学或者物理学上如何理解,到那时此前的一切意义问题的有关争论方能看清其所处的位置。在直面意识的机理之前,埃德尔曼采取了三条工作假设:物理假设、进化假设和主观特性假设。

头两个假设顾名思义,第三条假设乃是心灵哲学中一个核心问题之一。主观特性(即感质 qualia)。在给出感质问题的解答之前,埃德尔曼提出主观特性作为工作假设是为了避免如下观念:"有关意识的成功科学理论就是意识经验本身的复制品,或者只要根据科学描述和假设(不管它们和意识的关系如何密切)就可以经验主观特性。"①因为例如"我们每个人都意识到'看见'了光。看见是一种主观的东西,完全不同于先于它以及和它同时进行的客观物理过程。简而言之,这就是意识的特殊问题——世界之结"②。这也就是说,尽管神经科学理论可以解释主观特性的本性,但无法替代它。

意识现象五花八门,埃德尔曼对此做了如下描述:"意识状态表现为感知、想象、思想、内语(inner speech)、情绪(emotional feeling),以及有关意志、自我、亲昵等的情感。还可以对这些状态再加以细分,或者组合成心的状态。感觉知觉是意识经验的组成部分,它来自许多不同的模态:视觉、听觉、触觉、嗅觉、味觉、本体感觉(有关我们自己身体的感觉)、动觉(有关身体位置的感觉)、愉悦和痛苦。此外,每个模态又包括许多不同的子模态。例如,视觉经验包括颜色、形状、运动、深度等等。"③思想、内语和意象(conscious imagery)表明意识可以是主动的,"即使在没有外界输入的情况下,还是可以构造出意识场景(scence)"④。意识经验还有不同的强度,它不可避免地要和记忆的某些方面联系在一起。埃德尔曼指出:"对意识的经验不同方面的这种划分和分析还可以无限推广。一个人可以终其一生对其意识经验的某个方面(从欣赏音乐到品酒,从锻炼意志和集中思想学会导致只感受某些单纯的知觉状态)进行分析和更敏锐的区分。"⑤在笔者看

---

① [美]杰拉尔德·埃德尔曼、朱立欧·托诺尼:《意识的宇宙》,顾凡及译,上海科学技术出版社2004年版,第17页。
② 同上书,第20页。
③ 同上书,第24页。
④ 同上书,第25页。
⑤ 同上书,第26页。

来，像胡塞尔那样的现象学家和东方智者们的共同点就在于其对于意识的集中思想的观察、分析和静观。尽管埃德尔曼没有强调，笔者认为"意义"当然也是意识的经验种类之一。

在以上意识的众多特征中，埃德尔曼概括出了意识的三个基本方面：私密性、整体性和信息性。私密性乃是个人专有性和主观性，并且私密性和整体性紧密联系在一起，"我们说意识状态有整体性就是指经验到的整个意识状态总是大于其各个部分之和，当处于某种特定的意识状态时，不管纯粹是经验到某种温暖的感觉，还是看到一大群人在走动的生动而多彩的场面，是深沉而睿智的思考或是稀奇古怪的梦境，它们都是某种整合成统一而协调的整体的信息，它大于其各部分之和。……特定的意识状态是一组紧密交织在一起的相互关系，不可能将它分解成一些独立的成分"①。整体性还要求意识状态的协调一致，"我们知道 mean 这个词的意思可以是平均或平庸，但在每个特定的时刻，根据上下文我们都只意识到它的一个意思"②。意识对整体性的要求极为强烈，埃德尔曼指出脑裂病人和中风患者的一些症状都表明了意识在病患的条件下仍要重新综合成组织化和有意识的新的自我世界。意识具有数量超过任何人造物的状态和信息，但是我们仍然能够对其进行区分，即使不易用语言来描述。

无论如何多样，意识的这些特点终将与脑及其神经底物（neural substrate）联系起来。这里不适合复述人脑的复杂的神经解剖学结构，那些神经元和突触构成了"头颅里的丛林"。这个丛林网络可以分成三个拓扑结构。第一是丘脑皮层网络，这是由许多分散的回路整合而成的一个大的三维网络，接受感觉输入和其他输入，"丘脑皮层网络的组织看来非常适合于把大量的各有特殊功能的部分整合，产生一个统一的反应"③。第二类拓扑结构和小脑、基底节和海马有关，建立在三者结构之上的突触结构是不同于丘脑皮层系统的串行多突触结构，"这种联结一般是单向的，而不是交互的，形成长长的回路，并且可能除了负责短程相互抑制的情形以外，很少有不同

---

① [美] 杰拉尔德·埃德尔曼、朱立欧·托诺尼：《意识的宇宙》，顾凡及译，上海科学技术出版社 2004 年版，第 28 页。
② 同上书，第 30 页。
③ 同上书，第 52 页。

回路之间的水平相互作用。总之一句话,这些系统看起来非常适合于各种各样复杂的运动和认知程序,绝大多数这种程序要求在功能上尽可能彼此隔离,从而保证执行的速度和精度"①。第三类拓扑结构是类似扇子的一组弥散联结,这个系统称为价值系统,对整体精神功能方面有着巨大效应,能够作为药物治疗的精神疾病和技能障碍的靶器官。

具有上述结构的每一个大脑都是独一无二的,"虽然特定的脑的总体上的联结模式可以用同样的词语来描述,脑在神经元的最精细部分上的微观差别是巨大的,这种千差万别使得每个脑都独一无二。这些观察给基于指令和计算之上的脑模型提出了根本性的挑战……"②埃德尔曼自己提出的脑模型则叫作"脑的选择理论",强调了每一个脑在成长和经验中的无法替换的历史的动态过程:"发育史和本身经历的结果都独一无二地印记于每个大脑中。例如,经过一天之后,同一个脑中的某些突触联结不大可能还精确地维持不变;某些细胞会收缩它们的突起,另一些会长出新的突起,还有些会死掉,所有这一切都有赖于这个大脑的特定历史。随之而来的个体差异并不只是噪声或误差,它们能影响到我们记忆事情的方式。正如我们将要看到的那样,这还是脑能够适应将来可能发生的无数不可预测事件并对其起反应的关键因素。现在还没有哪一种人造的机器在设计时把这种个体的多样性作为一条主要原则来加以考虑,虽然建造真正类脑机器的那一天必然会到来。"③

在神经动力学即脑的活动模式随时间变化的方式方面,一种被埃德尔曼称为"再进入"的过程被其看作是高等脊椎动物的独一无二的特征:"这个过程依赖于在丘脑皮层网络以及我们前面提到过的其他网络中信号循环传输的可能性。这是在脑内相互联结的区域之间并行信号不断进行着的循环的相互交换,这些相互交换不断地协调着这些区域在时空两个方面彼此影射的活动。这种相互交换和反馈不一样,它有许多并行的通道,并且没有特别的指令性误差函数。它改变选择性事件以及不同区域之间信号的相关性,它对同

---

① [美]杰拉尔德·埃德尔曼、朱立欧·托诺尼:《意识的宇宙》,顾凡及译,上海科学出版社 2004 年版,第 53 页。
② 同上书,第 55 页。
③ 同上。

步和协调区域相互之间的功能也至关重要。"①

"再进入的最令人惊异的结果之一,是分布在许多不同功能区的不同神经元群的活动大范围同步。由再进入所联结起来的分布各处的神经元的同步发放是知觉过程和运动过程整合的基础"。

"虽然大脑与像丛林这样的巨大生态实体有许多相似之处,但是在任何丛林中都找不出哪怕有一点儿像再进入这样的东西。人造的通讯系统也是如此。再进入系统在脑中非常普遍,而在我们的通讯网络中却闻所未闻。无论如何,通讯网络在下面这一点上不像脑:它处理的是预先编好码的且在绝大多数情况下都是没有任何歧义的信号。"②

埃德尔曼绞尽脑汁想要来描述这种再进入的机理,打了一个非常形象的比方:"由于再进入的动态性和并行性,也由于这是一种高级的选择过程,不容易用另一种也有再进入的所有性质的东西作为比拟来说明。请想象一种特别的(甚至是稀奇古怪的)弦乐四重奏,其中每个演奏者都按照自己的想法以及来自环境的所有各种感觉线索即兴演奏。由于没有总谱,每个演奏者都演奏自己拿手的曲子,最初,演奏者演奏的这些各种各样的曲子并不协调。现在请想象一下用许多细线把演奏者的身体彼此联接起来,通过同时随动作变化的线的张力信号迅速前后传送他们的动作或运动,以此给每位演奏者的动作打拍子。在每一瞬时都把四位演奏者联结起来的信号使得他们所发出的声音相互关联起来;这样一来,由本来是独立的每位演奏者的演奏中产生出一种关系更为紧密、整体性也更强的新声音。这一相互关联的过程也会改变每一位演奏者的下一步动作,由此不断重复上述过程并产生关联得更为紧密的新曲调。虽然并没有人在指挥或协调这一群人,每一位演奏者仍保持着自己的风格和作用,但是所有演奏者的演奏趋向于更为整体性和更为协调,而这种整合会产生一种相互协调的音乐,这是每一个演奏者独自演奏时所做不到的。

"联结性、多变性、可塑性、分类的能力、对价值的依存关系,以及再

---

① [美] 杰拉尔德·埃德尔曼、朱立欧·托诺尼:《意识的宇宙》,顾凡及译,上海科学技术出版社 2004 年版,第 55—56 页。
② 同上书,第 57 页。

进入的动力学，脑的所有这些特性多方面地作用在一起从而产生协调的行为。正如我们在前面提到过的那样，为了认识作为基础的知觉分类、运动和记忆的过程，我们必须考虑脑、身体以及来自环境的各种各样的并行信号之间的相互作用的非线性方面。"①

如丹尼特认识到意识活动不存在一个脑中的仿佛剧场般的固定场所一样，②埃德尔曼指出意识的神经相关物涉及在脑中分布广泛的诸多大神经元群，特别是丘脑皮层系统中的神经元群。他认为没有专门司职意识经验的单独脑区，"……当练习我们想要学会的任务时，执行这种任务就变得愈来愈自动；此时它从意识中淡出，而与执行这个人物有关的脑区数目变少"③。他认为："表现出由意识知觉调制（modulation）的不同脑区的特定子集极度因人而异。"④这表明涉及意识经验的有关活动的脑区分布很广且同时具有局域特异性，这种局域特异性因人而异。

埃德尔曼认为神经元群选择理论或者神经达尔文主义能够解释上述意识的脑及神经机理的理论。每个脑的突出特点就是其个别性（individuality）和多变性（variability），神经元群选择理论可以很好地解释这个特点。这个理论有三条主要信条。第一是发育选择，脑的解剖结构受到基因和遗传的约束，不过从胚胎的早期阶段初始以及个体的发育，"体细胞选择在突触层次建立起各种联结。例如，神经元在发育中向许多方向伸展大量的分支。这种分支过程产生了个体联结模式的巨大多变性，由此造成极其多样的神经回路。在这之后，神经元根据它们的电活动模式而加强或者减弱其联结。其结果是，同一个群中的神经元彼此的联结要比不同群中的神经元之间的联结要密切得多"⑤。信条之二是经验性选择，"这种选择交叠于以上的早期阶段并在此后延续终身。行为经验使得各种各样的神经元群众出现突触选择过程。

---

① ［美］杰拉尔德·埃德尔曼、朱立欧·托诺尼：《意识的宇宙》，顾凡及译，上海科学技术出版社 2004 年版，第 58 页。
② 参见［美］丹尼尔·丹尼特《意识的解释》，苏德超等译，北京工业大学出版社 2008 年版，第五章。
③ ［美］杰拉尔德·埃德尔曼、朱立欧·托诺尼：《意识的宇宙》，顾凡及译，上海科学技术出版社 2004 年版，第 59 页。
④ 同上书，第 66 页。
⑤ 同上书，第 96 页。

……这种选择过程受到弥散投射价值系统活动所产生的脑信号制约，这种制约不断地受到正确输出的修正"[①]。第三个信条就是之前提到的再进入机制，"在脑的各个映射区（map）的选择性事件之间的相关性是由再进入的动态过程产生的。每个动物的神经系统都是多变的和独一无二的，在没有小矮人或计算机程序的情况下，再进入使得一个动物能够把未加标记的世界分隔成各种对象和事件［这可以用到二元分割上——笔者注］。……再进入使得不同脑区中神经元群的活动同步化，并把它们绑定成一些能给出暂时一致的输出回路。因此，再进入是使各种各样的感觉事件和运动事件的时空协调得以发生的核心机制"；"再进入在解剖上的一个前提条件是，在脑区要有大量的并行的交互联结"。[②]

关于非表达性记忆的观点使得胡塞尔的时间意识分析的特点和局限展露无遗。记忆如果是某种写入和存储信息，那么存储究竟是什么？如何读取、还原它？埃德尔曼认为这种有关记忆的提法都依赖于一种流传甚广的假定，即存储的是某种类型的表达（representation），埃德尔曼认为和其选择主义的方法一致记忆应该是非表达性的。脑面临着一个并非依赖某种编码输入的外界信号，它模糊不清且处在前后关联之中，人可以做出"树"这一报告，但是这一过程不可能根据计算机的存储编码进行类比，因为："由于各种各样变化的组合数极多，想要用编码的或者复制的存储系统做到这一点就需要无尽的误差纠正，并且其精度至少要和计算机一样高或者更高。但是并没有证据表明脑的结构直接会有这种能力：神经元并不能进行精确的浮点运算。在脑中并不直接表达出这种数学能力……"[③]由此看来，关于意识的计算主义观点至多只是一种具有启发性的类比而已了。Representation意味着符号活动，人们在回忆之前经历的图像常说脑在表达，这种看法现在看来也有不少问题，这种视角仍处在一种机器类比之中。埃德尔曼认为记忆不是一种表达，"记忆是脑为了使得它能够重复某种行为而改变其动力学方式的一种反映。在一个复杂的脑中，记忆是在分布各处的进行神经活动和来自外界、身

---

[①] ［美］杰拉尔德·埃德尔曼、朱立欧·托诺尼：《意识的宇宙》，顾凡及译，上海科学技术出版社2004年版，第97页。

[②] 同上。

[③] 同上书，第110页。

体和脑本身的信号之间进行选择性匹配的结果。其后发生的突触变化会影响到个体的脑对垒死活不同的信号的反应。这种变化反映在，经过一段时间之后，尽管外部条件发生了变化，仍能复现某种智力或体力活动，例如'回想'某个图像。……在某种意义下，记忆是在不断进行着的经验中创造性的重新分类的一种形式，而不是精确地重复先前的事件序列"①。

埃德尔曼把承担记忆的结构称为全局映射（globball mappings），该结构负责知觉分类和运动控制："全局映射是一个动态结构，它包含多个再进入局部映射区（既有运动区又有感觉区），这些局部映射与脑、基底节、海马以及部分小脑中的非映射区又相互作用。全局映射的活动反映了这样一个事实：知觉既有赖于动作又导致动作，当一个人转动他的头去跟踪某个运动目标时，全局映射的运动部分和感觉部分都在不断地调整。换句话说，分类并不只是在某个皮层感觉区内发生，然后执行某个程序而激活运动输出。相反，序列运动的结果也被看作是知觉分类的一个实质性部分。这一思想意味着执行这种分类的全局映射必须包含感觉和运动量方面的要素。全局映射中的神经元群选择是在一个动态环路中进行的，它连续不断地使姿势和某些类型的感觉信号匹配。换句话说，全局映射的动态结构通过连续不断的运动而得以维持、刷新和改变。"②全局映射包含着广泛的神经系统，是联系分类和记忆的物质基础，"在全局映射内部，突触强度的长时程变化有利于某些神经元群的再进入活动，这些位于不同映射区的神经元群的活动在过去的行为中是相关的。例如，当我们拿起杯子喝水时，就激发了许许多多为以前的突触变化所修饰的不同回路。在很大部分的全局映射中发生的这种突触变化是记忆的基础，但全局映射中的记忆并不是存储起来的一些固定的或编了码的特性，以便以复制的形式予以提取或组装，就像计算机中所作的那样。相反，记忆是一种连续不断在分类过程的结果……"③

在全局映射中的不断的突触变化是联系的结果，这种不断联系重复有利于简并具有类似输出的通路。笔者想，如果读者接受了这样一种术语和分析

---

① ［美］杰拉尔德·埃德尔曼、朱立欧·托诺尼：《意识的宇宙》，顾凡及译，上海科学技术出版社2004年版，第111页。
② 同上书，第112页。
③ 同上书，第112—113页。

角度，胡塞尔的《内时间意识现象学》是否将会被视为"遗迹"？因为胡塞尔凭内省开辟道路对于真实的脑结构而言显得太粗糙了，尽管作为一种描述现象学的趣味固然可以说是自足的。丹尼特在《意识的解释》中通过复杂例子展示出来的现象学的直观局限，敏锐的神经学家通过分析脑的结构动力就能做到。在神经学家的视野中："记忆是由回路中某些选定出来的子集合动态地产生出来的。这些子集合是简并的：由比较可以发现不同的子集合包含的回路并不一样，但是激活其中的任何一个都能够复现某个特定的输出。在这些条件之下，某个特定的记忆并不唯一地等同于任何特定的一组突触变化，因为，和某个特定的输出有关进而最终要和整个行为有关的特定突触变化，在那个行为发生的时候还要进一步变化。因此，当复现某个动作的时候，我们所看到的必然是任何一个或几个适合于这种行为的神经反应模式，而不是某个特定的序列或者细节。……在一个简并选择系统中的记忆是一种重新分类而不是严格复制。决定记忆分类的并不是某些代码，而是先前的网络群体结构、价值系统的状态、在特定时刻所执行的身体动作。在脑的复杂多变的神经解剖结构中，一些回路和另一些回路联结的动态变化使得脑中创造记忆。"①

"记忆本身是一种系统性质。它不能等同于回路、突触变化、生化、价值约束，或者行为动力学中任何一个单独的因素。相反，它是所有这些一起作用的因素相互作用的动力学结果，从而选出某个输出的复现某种行为或动作。"②

简并即结构上不同的成分产生类似的输出或者结果的能力，其特点是它可采用不同的方式得到同样的输出，而并非要在结构上完全相同。简并保证了联想并使得记忆行为具有极高的稳定性，"在一个简并系统中，要产生某个特定的输出可以有许许多多不同的途径。只要还有足够数量的回路子集合还在给输出，一二个回路中的变化或细胞的死亡，或者输入信号前后内容上的切换，一般说来都不足以根本地破坏某个记忆。因此非表达性记忆是超乎

---

① ［美］杰拉尔德·埃德尔曼、朱立欧·托诺尼：《意识的宇宙》，顾凡及译，上海科学技术出版社2004年版，第114页。
② 同上书，第115页。

寻常地鲁棒"①。

对于记忆的这种机理，埃德尔曼用高山冰川作为类比说明。高山山顶上的冰川随气候变化而融化和重新冻结，变暖条件下冰川融化形成某些小溪并注入山谷的湖中，其后改变小溪冻结，解冻后冰川山丘以及小溪的路径结构改变了，可能还会有新的小溪继续注入原来的湖中，这个小湖及其形成就是记忆的类比，突出的变化就是冻结和融化，山顶地貌岩石模式就是神经解剖结构，气候变化就是信号的输入。可以想象，新的小湖可以不断形成，并且和原来的小湖相联通。这样一来关于记忆的最后描述就非常容易理解了：

"这样的记忆具有使得知觉改变回想，而回想又改变知觉的性质。它没有固定的容量限制，因为实际上它是由结构产生'信息'的。这种记忆是粗野的、动态的、联想的和适应的。如果我们有关记忆的观点是正确的话，那么，在高等动物中，每一个知觉作用在某种意义上都是一种创造作用，而每一个记忆作用都是一种想象作用。这样，生物学记忆是创造性的而非严格复制性的。"②

德里达在《论精神》中质疑过海德格尔在区分人与动物问题上的含混，这并非是一个仅凭通过哲学学科的孤独阅读训练所能获得答案的。动物和人共同具有的重要神经过程或性质有：第一，知觉分类，"它把各种信号成分分成一些对在某个环境中的某个物种有用的类别，这个环境服从物理定律，但它本身并没有这些类别"③。第二，概念形成，"在这里概念一词并不是测试哲学家或逻辑学家的真值表所用到的命题或谓词。它指的是把与一场景或对象有关的不同的知觉分类联系起来的能力，以及构造某种'普遍特性'的能力，这些普遍特性反映了对各种知觉的某些共同特征的一种抽象"④。第三，价值约束及反应、再进入。埃德尔曼认为动物的初级意识无法将事件或者信号联结成复杂的场景，不能基于自身的依赖于价值的反应历史构建出种种关系，他说："随着初级意识的出现，以及人类在进化上突现伴有语言

---

① [美]杰拉尔德·埃德尔曼、朱立欧·托诺尼：《意识的宇宙》，顾凡及译，上海科学技术出版社2004年版，第116页。
② 同上书，第118页。
③ 同上书，第121页。
④ 同上书，第122页。

的高级意识之后，和生存有关的重要全局性价值之一就是自我的连续性和一致性。再进入在简并系统中连续地运作从而产生再分类（recategorical）记忆，它是尽管不断发生内外变而连续性仍能得以实现的基本机制。"①自我出现在有高级意识的人类之中，"这只是在进化的后期在语言中枢和概念中建立起一组新的再进入联结时才发生的"②。

到目前为止，有一个重要的大脑皮层以及神经组织问题埃德尔曼尚未分析，例如视觉模态包括有许多不同的子模态如颜色、运动和形状等专用的特异化或功能上分离的映射区，但尽管有这种分离和多样性，人们仍能知觉到一个统一协调的知觉场景，"这就引发了所谓的绑定问题：在没有高一级控制器的情况下，各种功能上分离的映射区如何得以协调一致呢？"③当然回答起来并不困难，即脑中不同组织部分的再进入信号传送能够很快建立起瞬时性的全局相干过程，为此，埃德尔曼提出了动态和新假设，"这个假设说的是，如果在几百毫秒的时间里，在一些神经元群之间有很强的相互作用而构成某种功能性聚类，那么，作为这种功能聚类一部分的神经元的活动可以直接对意识有所贡献。要想维持意识经验，这些功能性聚类就必须有高度的分化性，表现为有高度的复杂度。我们把这样一种聚类称之为'动态核心'，这是由于它的组成部分老是在变化，然而始终保持着整体性，一般说来这个动态核心大部分（尽管并非全部）都落在丘脑皮层系统之中"④。

动态核心的假说和丹尼特的有关语言生成的群魔混战模型⑤相一致，"动态核心是一种过程，而不是一种东西或者一个位置，并且它是用神经相互作用来定义的，而并非通过特别的神经部位、联结或活动来定义。虽然动态核心有一定的空间范围，但是一般说来它在空间上是分布性的，同时其组

---

① ［美］杰拉尔德·埃德尔曼、朱立欧·托诺尼：《意识的宇宙》，顾凡及译，上海科学技术出版社 2004 年版，第 128 页。
② 同上书，第 129 页。
③ 同上书，第 124 页。
④ 同上书，第 164 页。
⑤ 参见［美］丹尼尔·丹尼特《意识的解释》，苏德超等译，北京工业大学出版社 2008 年版，第八章第 2 节。

成一直在变动,因此它不能被局域化于脑中的某个单独的位置"①;"因为我们的假设强调了分布性神经元群之间的功能性相互作用,而不是它们的局域性质,所以同一群神经元有可能在某个时刻是动态核心的一部分,对意识经验起作用,而在另一个时刻可能就不是动态核心的一部分,从而和无意识的过程有关。此外,由于是否参加动态核心取决于神经元群之间快速变化的功能性联结,而不是解剖上的邻接性,核心的组成可以越过传统的解剖边界。最后,……与某个特定意识状态有关的核心确切组成大大因人而异"②。

动态核心假说能够很好地解决感质或主观性质问题。埃德尔曼认为围绕主观性质的争论都源于主观特性不能再进一步还原,在他看来尽管主观特性用神经学术语来解释具有难度,但也仅仅是解释的困难罢了。笔者也认为,令人望而生畏的感质或主观特性的问题的确在很大程度上是一种言辞之争,如果有一种令人信服的对这种不可还原的解释存在,为什么不尝试接受呢?埃德尔曼的基本解释是主观特性需要脑和肉体作为物理支撑,"其次,每一种可区别的意识经验都表示一种不同的主观特性,不管它主要是一种感觉、一幅影像、一种思想或一种情绪,也不管在回想的时候它看起来是简单还是复杂。第三,每一种主观特性都对应于动态核心的一种不同的状态,这种状态可以从高维神经空间中的几十亿个其它状态中区分出来。有关的维数由高度复杂度动态核心的神经元群数目决定,它们的活动通过再进入相互作用来整合。因此,主观特性是一种高维区分(disicriminations)。第四,法语最早的主观特性大部分基于多模态以躯体为中心的区分(body-centered discriminations)而产生。这种区分在胚胎和婴儿的脑,特别是脑干中本体感觉系统、运动感觉系统和自主系统所实现。这些最初的区分构成了最原始的自我基础,所有随后的主观特性都和它们有关"③。

为了表明自己的看法,埃德尔曼需要再次使用模型类比,例如对于颜色这种主观特定的感知的说明:"我们假设中的一个关键性含义是,意识经验合理的神经参考空间(neural reference space),包括颜色在内的任何一种意

---

① [美]杰拉尔德·埃德尔曼、朱立欧·托诺尼:《意识的宇宙》,顾凡及译,上海科学技术出版社2004年版,第170页。
② 同上书,第171页。
③ 同上书,第187页。

识经验,不是由人和单个的神经元群(例如在一个群—种主观特性的假设中所说的对颜色有反应的神经元群),甚至也不由一小群神经元群(例如在我们的神经模型中的三元组神经元群,它们合在一起就可以区分所有各种颜色)来决定,而由整个动态核心的活动来决定。"①

埃德尔曼用 N 维神经示意这个颜色感知空间,在任何给定时刻作为动态核心一部分的神经元群数目为 N,N 数量相当大,对于这里的颜色知觉而言,N 中有一部分对应于有颜色选择性的神经元群,"但是,在动态核心中还表示有许多别的维数,正如对应于特异化神经元群活动的坐标轴所指示的,像对应于视觉形状或视觉运动的、听觉输入或体感输入的、本体感觉输入的、体位(body schemas),等等"②。埃德尔曼提醒上述仍是一种机械的简化图解,"我们还需要其发放和体位(即身体在环境中的特殊位置以及和环境的关系)有关的神经元群。此外,我们还需要其发放和对你所处情景的熟悉有关的神经元群,以及表明发生了什么突出事件的神经元群。如此等等。一直到有一个神经参考空间,其丰富多彩的程度足以把相应于某种特定颜色纯粹知觉的意识状态从无数其他的意识状态中区分出来"③。现在,可以设想或者回答红色感觉的主观特性了:

"构成动态核心的所有神经元群的整体活动定义了一个 N 维神经空间;红色纯感觉是一种特殊的神经状态,这种状态由 N 维神经空间中的一个点来确定。红色感觉的主观特性对应于在同一个空间的无数其他状态中进行的一种区分。呈现红色时起反应的神经元对于红色的意识经验当然是必要的,但很显然并不充分。只有在一个适当的神经参考空间中进行考虑,才能充分体现相应于红色主观特性的意识区分是什么意思";"根据我们的假设,知觉到红色绝对需要在整个动态核心的整体状态中进行区分,而绝不可能从有某种特殊位置或内在性质的单个神经元群的发放中奇迹般地突现出来"。④当然,在这里的大量神经上下文中还有着时间因素,例如和某种颜色选择性相

---

① [美]杰拉尔德·埃德尔曼、朱立欧·托诺尼:《意识的宇宙》,顾凡及译,上海科学技术出版社 2004 年版,第 193 页。
② 同上书,第 196—197 页。
③ 同上书,第 199—200 页。
④ 同上书,第 200 页。

关的神经元在极短的时间内被激活，这种激活对与这些神经元相联结的其他神经元的发放造成差别的同时，也会对参与该动态核心的其余神经元群的发放造成差别。这时，分布在各处的神经元通过它们之间的再进入相互作用而实现关联，这种再进入过程使一个神经元群中的扰动迅速地影响到相关功能性聚类的其余部分，从而实现时间上的同步。当然，其中的神经学细节不必在此阐述了。

除了感质这一心灵哲学的古典难题，有关"自我"的难题也可以通过动态核心理论进行解释。动态核心的 N 维参考空间并非固定不变，随着时间和发育变化可以包括不同的神经元群，发育早期动态核心的巨大变化是无疑可以感受到的；成年后，动态核心在其维数方面同样在发生演化，"例如，一直到我们积累起足够的经验之前，不同的葡萄酒的味道尝起来都差不多。但是，它们的味道很快就会变得显著不同。很明显，以前只能区分葡萄酒和水，而现在能够区分红葡萄酒和白葡萄酒，并且能够区分卡百内葡萄酒和比诺葡萄酒。这种进步意味着在动态核心中添加了可资区别的新维数，因此，在意识状态中添加了大量微妙的分化"[①]。可以设想在个体发育中最早出现的动态核心是怎样的，埃德尔曼描述道：

"最早出现的很可能是包括那些有关我们身体的维数和区分。根据包括本体感觉、运动感觉、体感和自主成分在内的多模态信号，它们通过脑干上的有关结构映射身体状态及其与内外环境的关系。我们把这些成分称为原我（protoself）的维数。这些成分是我们通常只是隐隐觉知到的身体功能，但是，它们却影响到我们的几乎每一个方面。价值系统表明整个机体发生什么突出事件，它的维数也同样重要和发展很早。因为记忆是重分类的（recategorical），并且在价值—分类系统（value-category systems）和进行性知觉分类之间一直有相互作用，在 N 维神经参考空间中，这种早期的基于躯体的意识可能定出起主宰作用的初始坐标轴，由此形成了以后基于来自外界信号（'非我'）的记忆。这种信号愈来愈多，根据与构成原我的初始维数有关的模态和类别可对这些信号进行区分。甚至在语言和高级意识出现之前，在

---

[①] ［美］杰拉尔德·埃德尔曼、朱立欧·托诺尼：《意识的宇宙》，顾凡及译，上海科学技术出版社 2004 年版，第 208 页。

初级意识中就已建立起基于躯体之上的有关场景表象和经验分类的神经参考空间。……在增加进了有关语言的新维数，并且将它们整合到动态核心中去之后，在人类中出现了高级意识。我们现在可以想象，在初级意识存在的条件下，把思想和语言与过去和未来的概念联系在一起，由此产生新的意象。通过社会相互作用发展起一种可区分得开并有称谓的自我（discriminable and nameable self），这种自我与初级意识场景的经验以及基于概念之上的意象（它把各种经验都联系起来）联结在一起。"①读者可以想象感质早在能够被命名之前已经被区分开了，而且复杂中的大量主观特性或者感质乃是自我意识的基础，埃德尔曼认为感质或者主观特性就是所有可资区分的意识的状态。

还有一些无意识神经过程，例如"当我们需要的时候，词汇似乎自己弹跳出来，在确切的时间在确切的地方，用确切的声音表达确切的意思"②。

如果人们在每一步都要有意识地搜索每一个词或者语法，有意识地生活将不堪重负。这种无意识的语言触发过程同样可以用动态核心的脑神经机制来解释："无意识的过程与核心在输入端口和输出端口处形成界面。核心的特定状态触发特定的过程。当这些过程在运行的时候，它们可能也可能不产生明显的运动输出。当它们结束的时候，它们再一次和核心建立联系并帮助实现特定的意识状态。就像运动外周和感觉外周中的神经过程一样，这种过程对意识经验有很大的影响，但是它们本身并不会直接引起有意识的经验。虽然它们在输入端口和输出端口处和核心有联系，但它们并不直接参与造成核心本身的各种全局性相互作用"③；"核心内部神经相互作用的场景可被想象成类似于一次国际危机中来自不同国家的高层外交家召开的秘密会议。会议最后会发生什么结果显然有赖于这些外交官在会议上的意见交换。但是，每个外交官都通过电话与他或她的政府以及各种各样的官员（我们把他们看成代表了无意识的过程）保持秘密联系。如果外交官需要在会议上发表公开声明，他们首先要向政府官员请求指示或提出技术性的问题。每个外交官和

---

① ［美］杰拉尔德·埃德尔曼、朱立欧·托诺尼：《意识的宇宙》，顾凡及译，上海科学技术出版社2004年版，第200—210页。
② 同上书，第216页。
③ 同上书，第219页。

这些官员之间交换的信息都是保密的,甚至在同一个政府的不同官员之间也很少通气,不同国家的官员之间更是壁垒森严。但是每个外交官和他或她的国内顾问之间不断进行的意见交换显然会影响到会上的意见交换"①。无论如何,被胡塞尔用"立义""赋义""联想"所概括的语言无意识出发可以用神经学家的理论继续加以阐释。现象学的反省模式下的术语看起来就是一种在物理上并不精确的独特术语了。

对于笔者的讨论而言,"意义"究竟是什么,通过以上神经学家以及心灵哲学家的解释,至少可以给出一个判断,即这个问题可以通过物理的神经学的手段加以解释,但同时并完全的非消除主义,因为无论是知觉"意义"还是语言表述"意义"都是意识分类的一种状态。之前谈及的初级意识阶段的知觉分类、概念形成、价值约束可以和胡塞尔在逻辑研究之后的对于前谓词领域的继续讨论对应起来。当然,现象学学家有一套自己的术语系统。在语言加入进来之前,相应的负责语音分类和语言记忆的皮层和其他结构已经进化出来,"关键的一步是在进化中产生出这些结构和负责概念形成的脑区之间的再进入联结"②。

而"表述"则牵涉到参与者、符号、对象这些要素,埃德尔曼认为正是某个对象或事件的稳定性以及每个脑中的选择性网络的简并性,保证了有意义的稳定词汇的建立,这相当于解释了分析哲学家外延主义背后的神经学机制:"所用的符号多少是任意的,而由于简并性,在两个交流者的脑中参与的神经元也是不同的,但这都没有关系。在每个脑中关于某个对象的恒常性以及固定地把对象和约定俗成的符号联系起来,足以保证有意义的交流。

"在这些相互作用中,交流的单元很可能并不是单词,而是相当于原始句子的东西。这种句子就像一个手势一样可以表达动作或内心世界(immanence),也可以表示事件或事物。'手势性'的原句法以一连串的运动动作把比划动作和对象联系起来,由它再演变为句法,其结果就是产生了区分词序的能力。这种能力大概需要在诸如温尼克氏区和布洛卡氏区这样的皮层区及其有关的皮层下回路中扩大选择。真正发展的次序是从语音到语义,与之

---

① [美]杰拉尔德·埃德尔曼、朱立欧·托诺尼:《意识的宇宙》,顾凡及译,上海科学技术出版社2004年版,第220页。
② 同上书,第236页。

交叠的是从原句法到句法。这些相互作用都是情感（affective）性的，和价值系统都有很强的联系。语言除了指明对象和事件之外，还有用以交流情感和下判断的表达功能。"①

行进到此处，读者可以发现"意义"正是这样被消解了，变为了一套神经学可以用来说明的术语及其对应的神经相关物。当人有了语言之后，才能使用"意义"概念，以及像在这里一样对意义的机理进行说明。"意义"当然也是一种主观特性，"从人的观点看，主观特性就是自我对于这个自我的意识经验所作的高级分类，这是通过价值—分类记忆和知觉之间的相互作用介导的"②。在此基础上，语言保证了能够给出（在胡塞尔表述意义上的）意义概念并对之加以讨论的基础。在此基础上可推知道金斯创造出"弥母"（memes）概念来作为文化传递的或模仿的单位（"弥母的例子包括：曲调、观念、妙语、服装款式、制罐或建拱的方法等"③），造就了更为复杂的分类和符号意义系统。

埃德尔曼把初级意识的产物称为精神生活1，把高级意识的产物称为精神生活2，对人类而言，这两种意识形式总是共存，相互有重叠的部分，并且相互影响，"绝大多数思想都带有从精神生活1中来的杂音，不管这种杂音有多小"④。维持思想不断运行的"……很可能就是不断进行着的知觉、注意、记忆习惯和奖惩的复杂组合，也包括以前学习的许多方面。其动力依然是来自精神生活1和精神生活2的混合物。如果某人的思想是在回忆，那就可能有多种多样的联想意向。如果这种思想是关于立意进行某个行动，那就既可能同时有也可能没有任何意象；如果是关于数学对象，那么它既可能有联想意向，也可能只是一连串内在的（habitual）符号运算而没有任何图形"⑤。

在本书尾声之处，笔者想起读到过的王天思教授的《哲学描述论》，正如罗蒂所说的在科学接收了哲学的一切领域之后，如此处科学接收了意义领

---

① ［美］杰拉尔德·埃德尔曼、朱立欧·托诺尼：《意识的宇宙》，顾凡及译，上海科学技术出版社2004年版，第237页。
② 同上书，第240页。
③ 同上书，第229页。
④ 同上书，第246页。
⑤ 同上书，第246—247页。

域一样,哲学还剩下什么呢,胡塞尔的现象学已经给出了回答,即描述现象学,描述的哲学。无论是面向语言的分析还是现象学分析的局限性在20世纪迅速发展的自然科学下变得越来越明显,语言不再被神话。这种经过否定了的"语言"就变成了自在自为的"描述"。所以,胡塞尔的描述现象学应当被重新评估。

埃德尔曼在其作品的结尾进行了哲学思考得出三个具有启发性的结论:"存在先于描写;选择先于逻辑;在思想的发展中行动先于认识。"①尽管存在先于描写,但是高级意识包括意识到人自己有意识的能力要靠语义能力、依赖于语言和描写,"伴随这些特性而来的是产生了真正的自我,发生了社会交往,同时有过去和未来的概念。在初级意识和记忆中的现在的驱动下,我们可以通过符号交换和高级意识创造出叙事文、小说和历史。我们可以提出我们是如何认识的问题,因此使我们步入哲学"②。自我意识本身就是一种高级意识的语言描写的产物,知觉到的现实感也必然受到用以知觉的肉体手段的修饰,埃德尔曼由此认为一切现实领域包括他自己的对意识的科学研究本身也都具有"修饰","对意识的科学研究也是和人的个体性和主观性一致的"③。因为个体性和主观性本身就是经过修饰而产生并不断丰富和演化的。埃德尔曼意识到自己的研究也是肉体性的,并且这种认识和他的理论构成了一种解释循环,这是一种超出了行为主义和内省的主义的态度,描述者本身就是被描述的,想象将来造出具有人一样意识水平的人工装置,我们仍无法知道该人造物自身的感知经验:

"我们中的每一个人,不管是人还是人造装置,所经验到的主观特性都取决于我们自己的形体实现,我们自己的表现型。这里并没有什么真正的神秘之处,赋形予具体的躯体是为了取得这种定性的经验所要付出的代价。"④

德里达在《论精神》中提出的海德格尔为什么不谈论以及如何谈论精神的问题,神经学家可对此回答得干脆:"正是神经系统和肉体的极端复杂

---

① [美]杰拉尔德·埃德尔曼、朱立欧·托诺尼:《意识的宇宙》,顾凡及译,上海科学技术出版社2004年版,第251页。
② 同上书,第252页。
③ 同上书,第263页。
④ 同上书,第269页。

的物质结构产生了动态的精神过程和产生了意义。并不需要在假设什么,既不需要彼岸世界,或者灵魂,也不需要像量子重力这样的还没有深入研究过的力。"①虽然在使用精神这个词,但人们已经告别了二元论,这个词的使用已经无法从人类的肉体记忆中删除,但它的确不神秘。

胡塞尔曾经在其发生现象学系列文本和思路中展示过"意识"生成的道路,这些在《笛卡尔沉思》、《经验与判断》等作品中有着明确表达。同样,笔者认为意识朝向高级的自我意识及诸高级意识的生成同样也伴随着意义从自身意识到知觉分类到明确的自我意识等的生成过程。东方思想中对这个问题也有着自己的独到看法。威尔伯提到印度教和佛教徒的"玛雅"的思想,maya 中的 ma 取自梵文词根,由 ma 产生了"母亲"(mother)、物质(matter)和测量(measure)这样的英文词汇,玛雅世界也是"测量的世界":

"也就是说,精神和纯符号的地图按照惯例将宇宙万物分割开来并加以测量。同样,'玛雅世界'也就是'物质的世界',因为,正如我们所认识到的,物质的东西只不过是我们心理测量和分割的产物。因为一切测量都只是抽象的,而且,就其本身而论,是对于实相的部分忽略,所以如果将测量和物质世界误认作终极实相,那么它实际就是幻觉的世界。关键不在于在空间、时间、客观对象、阶级、图形、边界、限制、殊相、共相、个体、一般或者任何类型、种类的分类中,将这个世界的本质与这个世界所测量的结果相混淆。原因很简单,一切测量都是思想的产物,而非实相的产物,例如,木材并不是由英寸组成的,而只是按照惯例在心理上用叫做'英寸'单位加以测量或者分割。同样,这个世界并不是由在空间中延展、在时间中连续的独立事物所组成的,除非我们通过'玛雅'、测量的神奇幻觉来看待它。如果不理解这一花招,那么你就让自己陷入了永久的挫折之中,试图收集'英寸',并将它们保存在盒子里。"②

威尔伯说人们无法给出有关"玛雅"产生的推理,"因为这推理本身

---

① [美]杰拉尔德·埃德尔曼、朱立欧·托诺尼:《意识的宇宙》,顾凡及译,上海科学技术出版社 2004 年版,第 267 页。

② [美]威尔伯:《意识光谱》,杜伟华、苏健译,万卷出版公司 2011 年版,第 105 页。

在'玛雅'之中，因此无法解释它"①。这个态度和神经学家是一致的，埃德尔曼最后谈到的无法删除的"修饰"，实际上就是这种命运般的概念分割。玛雅世界意味着原始的切断与分割，威尔伯将其称之为"初级二元论"（Primitive Dualism）：

"从认识论上讲，它是知者与被知者之间的切断；从本体论上讲，它是'无限'与有限之间的切断；从神学上讲，它是原罪；一般而言，我们可以将它称为主观和客观之间的幻觉分割。"②

从上述角度上看，意义当然也沿着这种原初分割而产生，高级意识、抽象思维的高级能力也正是这种分割界分世界的核心过程。当胡塞尔和分析哲学家们循着自己的分割线进行深入时，我们看到他们都碰到了这种分割本身存在的某些边界，从而使得自己的哲学立场自行解构（"胡塞尔在斯特拉斯堡逗留的时候给列维纳讲过一个他童年的故事：一天，有人送给小胡塞尔一件礼物，那是一把小刀，胡塞尔觉得小刀不够锋利，他就不断地磨它。他只想让小刀更锋利一些，但没有想到，他越是磨刀刃，这刀刃就变得越小，最后刀刃几乎就没有了。列维纳说，当胡塞尔讲述他童年的这个有着一定深刻含义的故事时，他的语调是悲哀的，他似乎认为这件事具有某种象征意义。"③这里胡塞尔刀和分割的例子触及了现象学自身的乃至哲学分析自身的边界）。威尔伯认为在这种初级二元论的分割线继续产生了机体与环境、自我与肉体、人格面具与其投射物的类似光谱般的（并可以看作是围绕意识的）二元分割。无论胡塞尔的表述的意义还是非表述的其他意义用法和相应的不同的意识水平，都可以在这个明显带有发生学立场的光谱中找到其对应关系。这里不必再详述这种对应关系，无论如何，正如威尔伯所说：

"如果某个事物具有了含义或意义，也就是说，如果它指向了自身之外，那么也必须将宇宙至少割裂为两个片断：一个用于指向，另一个用于被指向，即指向者与被指向者的对立！这难道不是宇宙从自我分开，随后又背叛自我的又一证明吗？为了使我的生活有意义，就需要将我的经验和现实深深

---

① ［美］威尔伯：《意识光谱》，杜伟华、苏健译，万卷出版公司2011年版，第105页。
② 同上书，第106页。
③ 李鹏程：《胡塞尔传》，河北人民出版社1998年版，第一章。

地片断化。

"当然我们也可以认为真实的世界是没有意义的，它不指向任何事物，因为它之外再无可指之物！"①这就是海德格尔所说的"虚无"了。真实的世界无意义，无法指向，无价值，因为："它自身就是终点，没有目的或目标、未来或结果、意义或价值。这是一场没有终点的舞蹈，有的只是当下。这正是佛陀用术语'真如'表达的洞见，世界以其'本然'或'如是'的方式存在着。爱克哈特将之称作'在'，老子称其为'自然'，印度教称之为'雾哈嘉'（saluija），柯日布斯基说得更到位，他将之称为'无法言说'。对于真实的世界、道的世界而言，因为它不存在任何概念、符号和映射，因此也一定不存在任何含义、价值和意义。……我们说'树'这个字的意义就是真实的树木本身，那么这个真实的树的'意义'又是什么呢？它又指向何处呢？有人问一位禅宗大师佛教的本质是什么时，他只是说：'啊，这个！'……我们强迫自然的某一方面，即我们称为观念的那些，去代表其他方面，比如'事物和事件'，这不奇怪吗？"②

当然，大多数社会中的人都会从出生起完成沿着初级二元论开始的逐步的愈来愈高级的划分，才会有无穷纷杂的各种文明现象，不过回头来看看这些分划的源头恐怕能够理解意义究竟意味着什么吧。

笔者在上一节中展示了海德格尔对主客二元论的超越，以及东方不二思想的启发性，在神经学家的思路下同样达到了这种超越二元对立的立场。那么，对于意义问题，笔者必须将胡塞尔的意义问题纳入这种扩展性的哲学图景中，才能使人看到胡塞尔的对意义问题的认识究竟到达了何处。他的确在《逻辑研究》中把意义主要固定于表述行为层面，而在其后的思想发展中的确把这个问题引向了超出表述领域的广阔的意识行为的各个方面，"意义"在非表述领域、在非意向性领域、在前谓词领域都在广泛使用；尽管，在胡塞尔的思想发展中的确越来越深入到"看"不见的只能靠反思和理智加以分析把握的各个领域，但是总的说来他仍然没有超出为科学论奠基的现象学的基本定位，也只有到了海德格尔那里，胡塞尔的这一根本局限才得以明确

---

① ［美］威尔伯：《意识光谱》，杜伟华、苏健译，万卷出版公司2011年版，第224页。
② 同上书，第225页。

出来，但此时的现象学已经不再是胡塞尔所规定的课题域了，而是获得了新生命，"意义"的内涵在逐渐变得明朗的超越主客二元对立的视角下得到了新的内涵，神经学家和心灵哲学家依赖于科学的实证做法也让意义的内涵得以扩展的同时变得精确起来。

# 结　语

　　这就是笔者最后所能给出的胡塞尔哲学中的意义问题的全部所思。该说的都已说过，只是出于结构的完整和写作的规程，在这场由胡塞尔引发的意义问题探寻之旅的终点，笔者须回顾来时路。为了分析意义问题，笔者不得不分析胡塞尔现象学的性质究竟如何，由此引发不得不探寻六个研究中意义的可能踪迹，以及之后的路径，与此同时又不得不分析英美哲学中的意义诸理论的性质和立场及究竟如何，最后方能直面意义究竟是什么，由此才能展示笔者关于胡塞尔的意义问题的诸判断和结论，及其哲学位置。对于胡塞尔意义问题的研究，如同意义诸理论一样总是离题的，笔者所做的无非只是要让胡塞尔自己将"意义"的观点展示出来。但是这个目的的达成需要理解的完备，穷千里目需登更高层楼，笔者只能竭尽所能占据尽可能高处，才能将胡塞尔纳入万神殿中。为此，笔者不得不论及英美哲学传统中的部分重要论文。但就其中的意义理论或意义问题，笔者已经呈现了英美传统中的这个问题的显现和胡塞尔哲学中的意义问题的显现一样，同样构成了幽灵学谱系。

　　罗蒂说："关于分析哲学，我最坚信的一种元哲学观点是，罗森伯格所说的一种'更相宜的说明性语言'、'逻辑语义的'等等，并不比海德格尔的语言更清楚，如果'清楚'意指'使人看到其真正存在的东西'。如果'清楚'仅指'引起人们对某一社会在传统上注意的那种东西的注意'，那么，'逻辑语义'语言当然相宜于某些社会，正如海德格尔的语言更相宜于其他社会一样。"①

读者看到，两种传统实际最终都给出了消除主义的意义阐释，但是其路径风格迥然有别，对于这两种传统的区别与联系，罗蒂也早有判断：

"……很多美国的分析哲学家和非分析哲学家，大多数德国的哲学家，都会同意拒绝关于直观会使我们'瞥见实在'的观念，而且会满足于说，直观显示了必须加以考虑的我们语言的一些特征……那未被罗素和卡尔纳普劝说相信哲学问题的逻辑和语言的特性的人，被海德格尔、伽达默尔和德里达劝服相信语言无处不在……美国哲学暗中'比一般认为的更接近大陆哲学的发展'，但在我看来，只有通过（如法国人所说）不把这种一致性'主题化'（thematizing）才能保持某种具有一贯性的自我形象。……也许分析哲学和非分析哲学之间的区别不再那么重要了……无论是朝向欧洲大陆的美国人还是隔着海峡相望的欧洲人，都不大可能发现可以载浮他们长风万里的新浪潮。他们将只会发现过往扔出的石子所留下的余波涟漪而已。"②

最后，意义问题连同哲学风格和传统的问题连带引发的乃是对哲学本性的关注。哲学是否会归入史学？哲学学科的性质究竟如何？这些都需要另一部不同风格的书来说明。不过，哲学诸课题的被压缩乃是人类知识发展的必然，哲学似乎被推入学科边缘，但这正是哲学所期待的一贯姿态，对智慧的爱的一种预备姿态只有在这种边缘处方能总览人类知识的处境，不致陷入偏执。哲学的这种姿态或许从来就未曾改变过。在这种边缘处，现象学的命运究竟如何呢？笔者之前回答过（见本书第三章第二节），但此处不再有信心了，这个问题或许也不再重要。在如剧幕般的理论表演中，最后一幕乃是对这个剧场的怀疑，演员纷纷退场，剧场朽坏，笔者有幸观摩部分剧目，分享现象学的趣味；尽管现象学这个名称本身就标记了一种虚幻不实，甚或早已被焚之成灰，但对于笔者个人来说，现象学趣味的日久不散的熏习才是笔者不会也无法舍弃现象学的缘由吧，这种眷恋无法消除。

笔者的冗长分析伴随着读者您的忍耐，这个过程本身将构成一种具身的阅读的或"书"的现象学，这将是笔者下一部书的主题，那本还未诞生的

---

① ［美］理查德·罗蒂：《哲学与自然之镜》，李幼蒸译，商务印书馆2003年版，第389页。
② 同上书，第397页。

书将是本书思路的延伸，但将会轻松得多。至于"意义"，无论有意识还是无意识，人们或许还会继续长期使用这个词，"意义问题"注定将被新的话题所完全取代而变得索然无味，最终被遗忘，本书的命运也必定如此。

# 参考文献

1. ［美］杰拉尔德·埃德尔曼、朱立欧·托诺尼：《意识的宇宙》，顾凡及译，上海科学技术出版社 2004 年版。
2. ［美］伊丽莎白·R. 埃姆斯：《罗素与其同代人的对话》，于海、黄伟力等译，云南人民出版社 1997 年版。
3. ［瑞典］詹斯·奥尔伍德、拉斯·冈纳尔·安德森、奥斯坦·达尔：《语言学中的逻辑》，王维贤、李先焜、蔡希杰译，北京大学出版社 2009 年版。
4. ［美］爱因斯坦：《狭义与广义相对论浅说》，杨润殷译，北京大学出版社 2006 年版。
5. 《博尔赫斯全集·散文卷上、下》，浙江文艺出版社 1999 年版。
6. ［法］加斯东·巴什拉：《火的精神分析》，杜小真、顾嘉琛译，岳麓书社 2005 年版。
7. ［法］加斯东·巴什拉：《水与梦》，顾嘉琛译，岳麓书社 2005 年版。
8. ［法］加斯东·巴什拉：《空间的诗学》，张逸静译，上海译文出版社 2009 年版。
9. 陈波、韩林合主编：《逻辑与语言：分析哲学经典文选》，东方出版社 2005 年版。
10. 陈志远：《胡塞尔〈逻辑研究〉中的直观和意义》，《哲学研究》2007 年第 3 期。
11. ［法］德里达：《声音与现象》，杜小真译，商务印书馆 1999 年版。
12. ［法］德里达：《书写与差异》，张宁译，生活·读书·新知三联书店 2001 年版。

13. ［法］德里达：《论精神》，朱刚译，上海译文出版社 2008 年版。

14. ［美］丹尼尔·丹尼特：《意识的解释》，苏德超等译，北京工业大学出版社 2008 年版。

15. 邓晓芒、赵林：《西方哲学史》，高等教育出版社 2005 年版。

16. 邓晓芒：《胡塞尔现象学导引》，载《中西文化视域中的真善美的哲思》，黑龙江人民出版社 2004 年版。

17. 邓晓芒：《关于现象学文献翻译的思考》，《学术月刊》2007 年第 9 期。

18. ［美］迈克尔·弗里德曼：《分道而行：卡尔纳普、卡西尔和海德格尔》，张卜天译，北京大学出版社 2009 年版。

19. ［法］A. J. 格雷马斯：《论意义——符号学论文集·上卷》，吴泓渺、冯学俊译，百花文艺出版社 2005 年版。

20. ［德］黑格尔：《精神现象学》，贺麟、王玖兴译，商务印书馆 1997 年版。

21. ［德］胡塞尔：《逻辑研究·第一卷》，倪梁康译，上海译文出版社 1994 年版。

22. ［德］胡塞尔：《逻辑研究·第二卷第一部分》，倪梁康译，上海译文出版社 1998 年版。

23. ［德］胡塞尔：《逻辑研究·第二卷第二部分》，倪梁康译，上海译文出版社 1999 年版。

24. ［德］胡塞尔：《纯粹现象学通论》，李幼蒸译，商务印书馆 1996 年版。

25. ［德］胡塞尔：《伦理学与价值论的基本问题》，艾四林、安仕侗译，中国城市出版社 2002 年版。

26. ［德］胡塞尔：《哲学作为严格的科学》，倪梁康译，商务印书馆 1999 年版。

27. ［德］胡塞尔：《第一哲学》，王炳文译，商务印书馆 2006 年版。

28. ［德］胡塞尔：《笛卡儿式的沉思》，张廷国译，中国城市出版社 2002 年版。

29. ［德］胡塞尔：《经验与判断》，邓晓芒、张廷国译，生活·读书·新知三联书店 1999 年版。

30. ［德］胡塞尔：《文章与演讲（1911—1921）》，倪梁康译，人民出版社 2009 年版。

31. ［德］胡塞尔：《欧洲科学的危机与超越论的现象学》，王炳文译，商务印书馆 2011 年版。

32. ［德］海德格尔：《在通向语言的途中》，孙周兴译，商务印书馆 1999 年版。

33. ［德］海德格尔：《现象学的基本问题》，丁耘译，上海译文出版社 2008 年版。

34. ［德］哈贝马斯：《现代性的哲学话语》，曹卫东等译，译林出版社 2004 年版。

35. ［美］苏珊·哈克、陈波、尚新建编：《实用主义文选》，东方出版社 2007 年版。

36. 金岳霖：《形式逻辑》，人民出版社 2006 年版。

37. 靳希平：《胡塞尔语言哲学简介》，《辽宁大学学报》1989 年第 4 期。

38. 江怡：《英美分析哲学·下卷》，凤凰出版社、江苏人民出版社 2005 年版。

39. ［德］康德：《纯粹理性批判》，邓晓芒译，杨祖陶校，人民出版社 2004 年版。

40. ［德］康德：《实用人类学》，邓晓芒译，上海人民出版社 2002 年版。

41. ［德］康德：《康德书信百封》，李秋零译，上海人民出版社 2006 年版。

42. ［美］蒯因：《语词和对象》，载《蒯因著作集·第四卷》，陈启伟、朱锐、张学广译，中国人民大学出版社 2007 年版。

43. 《卡尔纳普思想自述》，陈小山、涂敏译，上海译文出版社 1985 年版。

44. ［英］罗素：《逻辑与知识》，苑莉均译，商务印书馆 1996 年版。

45. ［美］里查德·罗蒂：《哲学的场景》，王俊、陆月宏译，上海译文出版社 2009 年版。

46. [美] 里查德·罗蒂：《哲学与自然之镜》，李幼蒸译，商务印书馆 2003 年版。

47. [法] 保罗·利科：《论现象学流派》，蒋海燕译，南京大学出版社 2010 年版。

48. 李鹏程：《胡塞尔传》，河北人民出版社 1998 年版。

49. [美] 维克多·维拉德-梅欧：《胡塞尔》，杨富斌译，中华书局 2002 年版。

50. [美] A. P. 马蒂尼奇编：《语言哲学》，牟博等译，商务印书馆 2004 年版。

51. [法] 让-吕克·马里翁：《还原与给与》，方向红译，上海译文出版社 2009 年版。

52. [尼泊尔] 咏给·明就仁波切：《根道果：禅修的方法与次第》，江翰雯、德噶翻译小组译，海南出版社 2010 年版。

53. 莫伟民：《论胡塞尔的意义理论》，《复旦大学学报》（社会科学版）1992 年第 1 期。

54. [德] 尼采：《曙光》，田立年译，漓江出版社 2003 年版。

55. [美] 欧内斯特·内格尔：《哥德尔证明》，陈东威译，中国人民大学出版社 2008 年版。

56. 倪梁康：《现象学及其效应——胡塞尔与当代德国哲学》，生活·读书·新知三联书店 1994 年版。

57. 倪梁康：《现象学的始基》，广东人民出版社 2004 年版。

58. 倪梁康：《意识的向度》，北京大学出版社 2007 年版。

59. 倪梁康：《胡塞尔现象学概念通释》，生活·读书·新知三联书店 2007 年版。

60. 倪梁康：《思者的疑虑》，《中国图书评论》2008 年第 4 期。

61. [美] 彭罗斯：《皇帝新脑》，许明贤、吴忠超译，湖南科学技术出版社 2007 年版。

62. [德] 帕格尔：《拉康》，李朝晖译，中国人民大学出版社 2008 年版。

63. [美] 康斯坦斯·瑞德：《希尔伯特》，袁向东、李文林译，上海科学技术出版社 2006 年版。

64. ［美］赫伯特·施皮格伯格：《现象学运动》，王炳文、张金言译，商务印书馆 2011 年版。

65. 孙思：《理性之魂》，人民出版社 2005 年版。

66. ［美］D. 威尔顿：《另类胡塞尔——胡塞尔现象学的"标准化"和"非标准化"的解读》，靳希平、郑辟瑞译，《世界哲学》2008 年第 3 期。

67. ［美］D. 威尔顿：《另类胡塞尔：先验现象学的视野》，靳希平译，复旦大学出版社 2012 年版。

68. ［智］F. 瓦雷拉、［加］E. 汤普森、［美］E. 罗施：《具身心智：认知科学和人类经验》，李恒威等译，浙江大学出版社 2010 年版。

69. ［美］王浩：《超越分析哲学》，徐英瑾译，浙江大学出版社 2010 年版。

70. 吴增定：《意义与意向性——胡塞尔的意义学说研究》，《哲学研究》1999 年第 4 期。

71. 魏敦友：《回返理性之源》，武汉大学出版社 1999 年版。

72. 王天思..：《哲学描述论引论》，上海人民出版社 2009 年版。

73. ［美］威尔伯：《意识光谱》，杜伟华、苏健译，万卷出版公司 2011 年版。

74. ［美］贾可·辛迪卡：《维特根斯坦》，方旭东译，中华书局 2002 年版。

75. ［奥］薛定谔：《生命是什么》，罗来欧、罗辽复译，湖南科学技术出版社 2003 年版。

76. 许艾琼：《胡塞尔意义理论纵横》，《湖北大学学报》（哲学社会科学版）1990 年第 3 期。

77. 杨祖陶、邓晓芒：《〈纯粹理性批判〉指要》，人民出版社 2001 年版。

78. ［丹麦］扎哈维：《胡塞尔的现象学》，陈忠伟译，上海译文出版社 2007 年版。

79. 朱刚：《本原与延异：德里达对本原形而上学的解构》，上海人民出版社 2006 年版。

80. 邹崇礼：《范畴类型逻辑》，中国社会科学出版社 2008 年版。

81. 郑辟瑞：《胡塞尔的意义理论》，中国社会科学出版社 2012 年版。

82. 赵敦华：《基督教哲学 1500 年》，人民出版社 1994 年版。

83. 张志扬：《语言空间》，福建教育出版社 2000 年版。

84. 张廷国：《重建经验世界——胡塞尔晚期思想研究》，华中科技大学出版社 2003 年版。

85. Edmund Husserl, *Logische Untersuchungen Zweiter Band Erster Teil*, The Hague / Boston / Lancaster, Martinus Nijhoff Publishers, 1984.

86. Edmund Husserl, *Logische Untersuchungen Zweiter Band Zweiter Teil*, The Hague / Boston / Lancaster, Martinus Nijhoff Publishers, 1984.

87. Edmund Husserl, *Erfahrung und Urteil: Untersuchungen zur Genealogie der Logik*, Felix Meiner Verlag, 1972.

88. J. N. Mohanty, *Husserl's Theory of Meaning*, The Hague, Martinus Nijhoff, 1977.

89. Ed. by Bernet, R., Welton, D., Zavota, G. (ed.), *Edmund Husserl: Critical Assessment of Leading Philosophers*, Vol. I ~ IV, London and New York: Routledge, 2005.

90. Simons, P., "Meaning and Language", in Smith, B., Smith, W. D. ed., *The Cambridge Companion to Husserl*, Cambridge: Cambridge University Press, 1995.

91. Bell, D., *Husserl*, London and New York: Routledge, 1990.

92. Ed. by Hopkins, C. B., *Husserl in Contemporary Context*, Dordrecht / Boston /London, Kluwer Academic Publishers, 1997.

93. Krzysztof Michalski, Adam Czerniawski (tr.), *Logic and Time*, Dordrecht /Boston / London: Kluwer Academic Publishers, 1997.

94. Donn Welton, *The Origin of Meaning: A Critical Study of the Thresholds of Husserlian Phenomenology*, The Hague: Martinus Nijhoff Publishers, 1983.

95. Scott Somas, The $20^{th}$ *Analytical Philosophy*, Vol. 1P, rinceton: Princeton University Press, 2003.

96. Thomas Nagel, *The View from Nowhere*, Oxford: Oxford University Press, 1986.

# 后　记

　　完成一本书最终是要将其埋葬。笔者一开始就打算完成一本书，完成这个简单又有些复杂的理想。四年来，笔者在本书及在远离家乡的琐碎工作和忙碌生活中，在点滴的时间空闲里，断断续续进行着该书的相关阅读和写作，被何时才能终结它的念头所折磨。在工作地和家乡之间，在一个默默从事名谓哲学的活动中，在一个说着现代汉语的无名教师的粗浅眼光中，无论如何必须按时推进，排除一切困难，写作也是一种德性。技术和新媒介、全球交流，出版和学术的密切关联、翻译作品增殖蔓延……让说汉语的我对这个主题有了些许文献上的信心，当然也伴随着困惑。在思考和阅读中感到了速度带来的压力，阅读外国文献会让思考和写作在时间框架内减慢节奏，规定的时间内必须提速，所以笔者欠下了一笔语言上的债务。

　　辽阔的国土所拉开的时空的距离让笔者时刻处在一种轻微的乡愁和分裂中。在于奇志 2008 年所翻译的《胡塞尔哲学中的发生问题》中译本中，德里达在其 1990 年"致读者"中介绍他青年时代的这篇论文时说到它作为一种信号："在哲学与政治的版图上，在 50 年代的法国，一个哲学大学生力图选定其志业方向。"[①] 德里达如此高调地回顾当年的文本，笔者觉得至少就哲学而言，怎能确定方向？谁能就其志业和方向如此笃定？无法确定，我猜想，才是常态。在翻译和阅读时空的滞后或者交错中，笔者要承担起这样一笔学术债务或项目工程，很显然，暂且力所难及；但笔者又相信，在大量文献的穿梭指引、交叉阅读、相互诠释下，在不同的坐标参照下，一切所谓难读的作品、难解的思想必定都可以瓦解。实情确实也是如此，如果没有这种

---

① ［法］德里达：《胡塞尔哲学中的发生问题》，于奇志译，商务印书馆 2009 年版，第 5 页。

对项目主题之瓦解的些许肯定和期待，笔者也绝不敢写下这些见解、意见，尽管如此，笔者得随时为自己的鲁莽负责和表示歉意。老一辈学人王浩先生的话倒能作为宽慰或自我麻醉："根据一种能够让我感到舒服的观点，哲学的核心目标就是找到一种具有包容性的方式，把事情聚拢在一起；以一种融贯的方式去取得（并表达出）一种对于世界的富有包容性的、相对稳定的、比较合理的观点。""如下信念或许能够给我们多少带来点慰藉（此信念之真假暂且不提），此即：现存的哲学已经发展出了有用的工具以处理材料，而比起目前的缺陷，毋宁说是没有采用范围足够大的材料。"本书的材料也难免过于繁多，简化的表述或许只需要几万字。为了更好理解胡塞尔的意义问题，笔者必须面对意义究竟是什么这一困惑自己的问题，为了解决这一困惑，笔者不得不在阅读胡塞尔的同时，阅读语言哲学、心灵哲学的相关经典文献，甚至这些阅读最后把笔者引向了东方思想对这个问题的可能解释。有时候会觉得学院化的哲学规范要求慢动作、缓慢解释，仿佛一个展示复杂性的平台；其他学科则具有快慢不一但明显快于哲学的行动节奏，日常生活则可能是最简本，这里的快慢简繁是相对于概念诉求而言。读者也不必被显得反复的论述和材料所哄骗，正如本书的主题"意义"一样，可能繁复论述正是为了最终结论的简化，在这个意义上这本书也好像有关意义问题的一份个人备忘录。记得五年前博士研究生毕业的时候，导师邓晓芒教授提醒笔者今后一定要从胡塞尔的文本中跳出来，这几年来笔者可能做到了这一点。如果没有在二十岁时读到《逻辑研究》倪梁康先生的中文译本，没有跟随邓晓芒先生研读康德哲学的训练，还有未曾谋面的作者们的众多书籍的帮助，这里的文字就不会产生。在缺乏熟练的外国语的掌握和永无充分阅读的前提下，笔者只带着万分歉意去遵循项目工程的准合同期限，读者您所读到的乃是一个赶在截止日期前完成的粗坯、自己手中把玩的笨活儿。

身边的所有师友对笔者的书生趣味的迁就，笔者永远感激不尽，此处无法一一谢过，还望谅解。完成这件被计时的半自动半被动的个人手工制品，笔者对家人的歉意最多，他们对生活的忍耐给了我引领。感谢我的妻子，唯有她才能令我在全书最后的这个句子里使用完整的正式的第一人称，没有她的趣味和天赋，我无法跨过生活、思考和行动中随时出现的各种状况。

2013 年冬于昆明

写下这些句子的时候时间已经过了两年半，令人奇怪的是这段时间里大脑里又发生了令自己都觉得惊讶的思想观念上的变化，以至于我更加确信应该将这部书稿视为一个结束和对于一个新的路途的准备。我深感德里达所说的对于现象学的那种既继承又必然背叛的情感，说继承是因为现象学应该是一种近乎苛刻的思维训练的必要财富，说背叛则在于从事哲学者对于前人和自我的永不满足、对于这个冥顽的世界打上属于自己的烙印的男性的冲动。这当然同时也是一种局限性。一旦意识到这种局限性，便又放弃了那种留下烙印的冲动，暂时温顺下来。

近两三年来，我终于能够放下沉重的胡塞尔，投入到轻与梦的法国思想领域之中，从罗兰·巴尔特那里学会了一种避免或者警惕任何暴力（尤其是思想或语言的暴力）的姿态，当然我无法做到大师与生俱来的娴熟，而只能憧憬它。最近的一次偶然阅读之中，我又被马克思及其效应所震撼，抬起头来，重新发现现实，重新辨识了我的身份。同学师友之间各种相互攻讦辩驳的思想、语言在我眼中突然变得清晰，我发现了和各类语言（思想）之间的保持微妙距离的愉快。我为在这样一个亟待建设性的赫拉克利特式的时代而从事思考而快活，话语彼此碰撞，吞没于历史的巨流之中。载着妻儿的我的脆弱之舟又可以出发了，它的韧劲足以对抗巨浪吗？试试看，谁又知道未来会怎样。

书稿的出版应该感谢中国社会科学出版社付出了辛苦劳动的同人，感谢所有帮助过我的无私的人，家人，师长，同学和朋友。

2016 年 6 月 16 日又记　昆明